铁路职业教育铁道信号类系列规划教材

# 车站信号


杨明钦　付向明　主　编

涂序跃　赵德生　孔筱筱　副主编

林瑜筠　主　审



中国铁道出版社有限公司

2024年·北　京

## 内 容 简 介

本书为铁路职业教育铁道信号类系列规划教材之一，全面系统地阐述车站联锁系统的基本知识和基本组成，包括联锁、6502电气集中、计算机联锁和车站联锁设备维护。

本书可作为铁路职业院校信号类专业教学用书，并为铁路信号工程技术人员和信号维修人员学习参考，也可作为铁路现场技术培训的教材。

本书内容如有不符最新规章标准之处，以最新规章标准为准。

**图书在版编目(CIP)数据**

车站信号/杨明钦，付向明主编.—北京：中国铁道出版社，2017.11(2024.1重印)
铁路职业教育铁道信号类系列规划教材
ISBN 978-7-113-23373-0

Ⅰ.①车… Ⅱ.①杨… ②付… Ⅲ.①铁路信号-职业教育-教材 Ⅳ.①U284.18

中国版本图书馆CIP数据核字(2017)第178757号

**书　　名**：车站信号
**作　　者**：杨明钦　付向明

---

**责任编辑**：吕继函　　**编辑部电话**：(010)51873205　　**电子邮箱**：312705696@qq.com
**封面设计**：王镜夷
**责任校对**：苗　丹
**责任印制**：高春晓

---

**出版发行**：中国铁道出版社有限公司(100054，北京市西城区右安门西街8号)
**网　　址**：http://www.tdpress.com
**印　　刷**：三河市国英印务有限公司
**版　　次**：2017年11月第1版　2024年1月第4次印刷
**开　　本**：787 mm×1 092 mm　1/16　**印张**：21.75　**字数**：565千
**书　　号**：ISBN 978-7-113-23373-0
**定　　价**：56.00元

---

# 前　　言

车站联锁系统是铁路信号最重要系统之一。车站联锁系统对于保证站内行、调车作业安全，提高车站工作效率，减轻作业人员的劳动强度，起到不可替代的作用。

在车站联锁领域，随着计算机技术的迅速发展，尤其是对于可靠性技术和容错技术的深入研究，出现了计算机联锁，现其技术已成熟且在大力普及。计算机联锁安全可靠、功能强大、处理速度快，与继电集中联锁相比具有十分明显的技术经济优势，无论在安全性、可靠性、经济性等方面都是继电集中联锁所无法比拟的，更能满足现代化铁路对车站联锁设备的要求。计算机联锁具有广阔的发展前景，是车站联锁设备的发展方向。计算机联锁是计算机应用于铁路信号的重要突破口。计算机联锁的研制成功和推广使用，使铁路信号进入了一个新阶段。计算机联锁是本教材的重点。

目前，双机热备型计算机联锁已停止生产，鉴于现场有部分双机热备型计算机联锁仍在使用，本教材仍保留双机热备型计算机联锁的内容，但不详细介绍。三取二型计算机联锁早已停止生产，所剩数量有限，本教材不再介绍。二乘二取二型计算机联锁是本教材重点，最新出现的国产二乘二取二型计算机联锁的内容都纳入了本教材。

6502 继电集中联锁在我国铁路曾经起到积极的作用，创造过巨大经济效益和社会效益。目前正逐步被计算机联锁取代，但是，一方面现场仍还有一定数量的继电集中联锁正在使用，另一方面掌握继电集中联锁的基本原理对于学习计算机联锁还是十分有益的。所以，本教材仍然系统地介绍 6502 继电集中联锁。

本教材共分四章，第一章介绍联锁基本概念、联锁图表和联锁设备，使读者建立对于联锁的基本认识。第二章介绍继电集中联锁的操作、电路原理。第三章介绍计算机联锁的基本原理、双机热备型计算机联锁、二乘二取二型计算机联锁、计算机联锁电路、计算机联锁的使用，同时，还重点介绍了高速铁路的计算机联锁。第四章介绍车站联锁基础设备的维护、6502 继电集中联锁的维护、计算机联锁的维护。

为了提高读者的阅图能力，本教材和《6502 电气集中图册》《计算机联锁图册(第二版)》(已由中国铁道出版社出版)配套使用。凡是图册中有的大图，教材中不再出现插图。而且，对于 6502 电气集中和计算机联锁，都安排阅图练习。本教材未介绍图纸识读，可参阅《铁路信号工程图识读》。

本教材中计算机联锁的使用以 DS 系列为例，对其他系列，可参阅《正确使用计算机联锁》。本教材未介绍联锁试验，可参阅《铁路信号联锁》。

本教材由洛阳铁路信息工程学校杨明钦、四川管理职业学院付向明任主编，华东交通大学涂序跃、南京铁道职业技术学院赵德生、孔筱筱任副主编，南京铁道职业技术学院林瑜筠任主审。付向明编写第一章；杨明钦编写第二章；付向明、赵德生、孔筱筱编写第三章；涂序跃编写第四章。

在本书编写过程中，得到全路不少单位和同仁的支持和帮助，于此一并表示感谢。

由于中国铁路计算机联锁制式众多，资料难以搜集齐全，再加上编者水平所限，时间仓促，书中不免有错误、疏漏、不妥之处，恳望读者批评指正，以不断提高本书水准。

编　者

2017 年 5 月

# 目　录

# 第一章　联　　锁

## 第一节　联锁基本概念

联锁是保证行车安全的重要技术措施，指的是信号设备与相关因素的制约关系。为保证行车安全，联锁关系必须十分严密。

### 一、联　　锁

列车和调车车列在站内运行所经过的径路，称为进路。按各道岔的不同开通方向可以构成不同的进路。列车和调车车列必须依据信号的开放而通过进路，即每条进路必须由相应的信号机来防护。如进路上的道岔位置不正确，或已有车占用，或敌对信号已开放，进路未锁闭，有关的信号机就不能开放；信号开放后，其所防护的进路不能变动，即此时该进路上的道岔不能再转换，且敌对信号不能开放。信号、道岔、进路之间的这种相互制约的关系，称为联锁关系，简称联锁。

### 二、联锁道岔

在车站联锁区范围内纳入联锁的道岔称为联锁道岔。

1. 道岔的定/反位

每组道岔都有两个位置：定位和反位。道岔的定位是指道岔经常开通的位置，而另一个位置则称反位，是排列进路时改变的位置。

确定道岔定位的原则是：

(1)单线车站上正线的进站道岔，为由车站两端向不同线路开通的位置为定位，由左侧行车制决定。道岔的定/反位如图 1-1 所示，以 1 号道岔开通 1G，2、4 号道岔开通 ⅡG 为定位。

(2)双线车站正线上的进站道岔，为向各该正线开通的位置为定位。

(3)所有区间及站内正线上的其他道岔，除引向安全线及避难线者外，均以向各该正线开通的位置为定位。

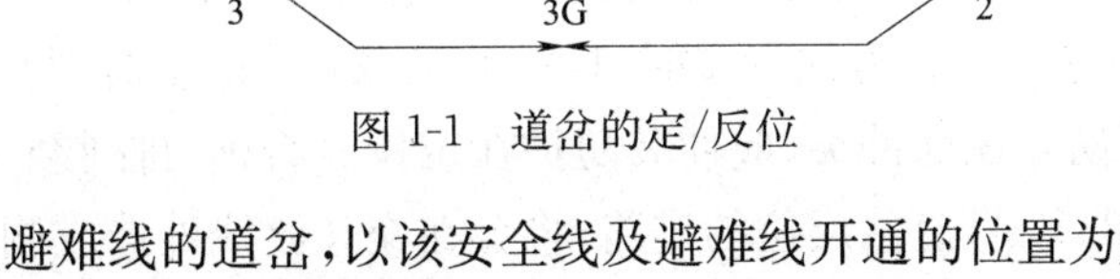


图 1-1　道岔的定/反位

(4)引向安全线、避难线的道岔，以该安全线及避难线开通的位置为定位。

(5)侧线上的道岔除引向安全线和避难线者外，为向列车进路开通的位置或靠近站舍的进路开通的位置为定位。

站内其他道岔，由车站依据具体情况决定。

2. 联动道岔

排列进路时，几组道岔要定位都要在定位，要反位则都要在反位，这些道岔称为联动道岔。渡线两端的道岔，例如举例站场（见书末附图 1）的 1 号和 3 号道岔，1 号定位时 3 号必须在定位，1 号反位时 3 号也必须在反位，即 1 号道岔和 3 号道岔是联动道岔，记为 1/3 号，也称双动道岔。它们必须同时转换，否则不能保证安全。

复式交分道岔包括两组尖轨和两组可动心轨，需 4 台转辙机牵引。其中前一组尖轨和前一组可动心轨联动，后一组尖轨和后一组可动心轨联动。复式交分道岔如图 1-2 所示。根据不同的站场布置，可能有三动、四动和假双动（所谓假双动，指室外由两台转辙机牵引，室内道岔电路按单动道岔处理的双动道岔）的情况。如图 1-3(a)所示，2、4、6 号道岔为三动道岔，记为 2/4/6 号，简记为 2/6 号；8、10 号为假双动，记为 8/(10)号。如图 1-3(b)所示，2、4、6、8 号为四动道岔，记为 2/4/6/8 号，简记为 2/8 号。10、12 和 14、16 为假双动，分别记为 10/(12)号、14/(16)号。

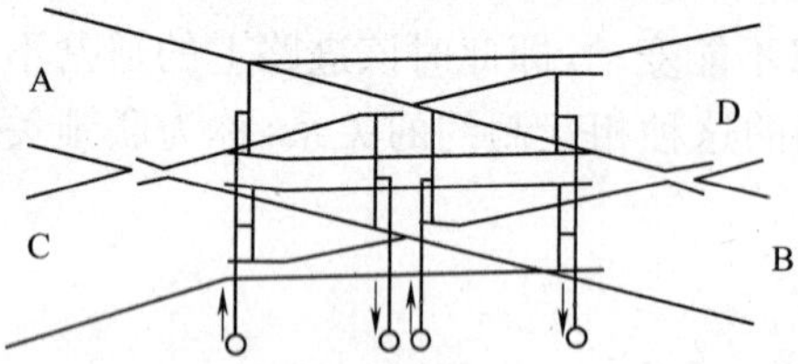


图 1-2　复式交分道岔

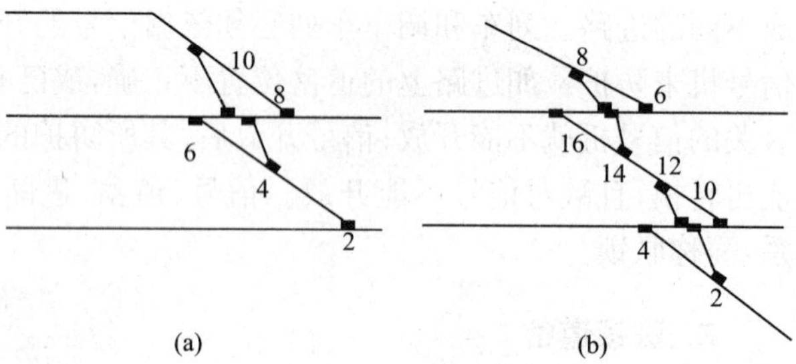


图 1-3　三动道岔和四动道岔

3. 防护道岔

为了防止侧面冲突，有时需要将不在所排进路上的道岔处于防护位置并予以锁闭，这种道岔称为防护道岔。

如图 1-4(a)所示，排列 $D_3$ 至 $D_9$ 的进路，尽管 1 号道岔不在该进路上，但仍然要求 1 号道岔锁闭在反位，1 号道岔即为防护道岔。为的是防止 1 号道岔在定位时，一旦下行列车在长大下坡道运行失控而冒进下行进站信号机，在 5 号道岔处造成侧面冲突。将 1 号道岔锁在反位，该失控列车最多进 1 号道岔侧向，不致造成侧面冲突。

又如图 1-4(b)所示，下行经 3/5 号道岔反位接车时，1 号道岔不在该进路上，专用线方面也无长大坡道，但因 1 号道岔是引向专用线的道岔，应使其锁闭在定位，开通安全线方向，以免专用线方面调车车列闯入 $D_1$ 信号机在 5 号道岔处造成侧面冲突。

经由交叉渡线的一组双动道岔反位排列进路时，应使与其交叉的另一组双动道岔防护在定位。例如举例站场上行 5G 正方向发车时，1/3、9/11、21 号道岔需锁在反位。13/15 号道岔不在该进路上，但为了防止侧面冲突，应使其防护在定位。否则，排列经 9/11 号道岔反位进路时，若允许再排列经 13/15 号道岔反位的进路，将会在交叉渡线处造成侧面冲突。将 13/15 号道岔防护在定位，经两组双动道岔反位的进路就不能同时建立，而且由于 9/11 号道岔已锁在反位，经两组双动道岔定位的进路也不能建立，可避免侧面冲突的发生。

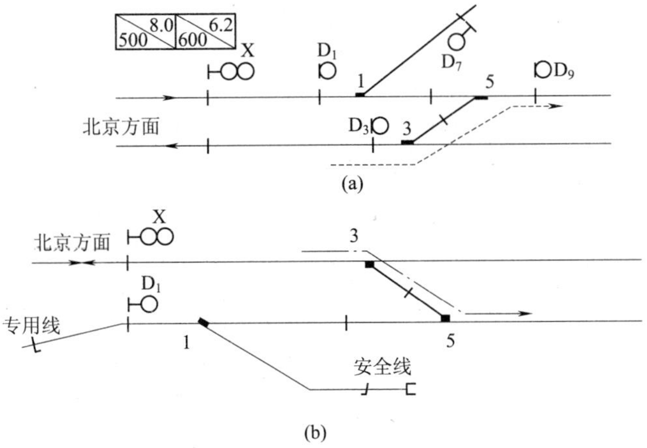


图 1-4 防护道岔

4. 带动道岔

为了满足平行作业的需要，排列进路时还需把某些不在进路上的道岔带动到规定位置，并对其锁闭，这种道岔称为带动道岔。

例如举例站场下行 4G 接车时，要求 5/7、1/3、9/11、13/15 号道岔定位，17/19、27 号道岔反位。23/25 号道岔不在该进路内，但考虑平行作业，需将其带动至定位。因 23/25 的 23 号道岔与 17/19 的 17 号道岔同属 17-23DG 区段，若 23/25 号道岔反位时锁闭了下行 4G 接车进路，它就被锁在反位，不能再排经 23/25 号道岔定位的进路。如东郊方面至ⅢG 的接车进路须等 17-23DG 解锁后才能建立，这就影响了平行作业的进行，降低了效率。如果在建立下行 4G 接车进路时，将 23/25 号道岔带动至定位再锁闭，就能满足平行作业的要求。

对防护道岔必须进行联锁条件的检查，防护道岔不在防护位置，进路不能建立。对带动道岔则无须进行联锁条件检查，能带动到规定位置就带动，带动不到(若它还被锁闭)也不影响进路的建立，它不涉及安全，只是影响效率。

## 三、联 锁 区

联锁区或称集中区，是指站(场)内纳入联锁，由信号楼集中控制的区域。

划分联锁区就是确定站(场)内哪些道岔由信号楼集中控制。一般原则是：

(1)凡与接、发车进路有关的道岔(线群出站信号机前方道岔除外)和转场进路上的道岔，以及与这些作业有联系的调车进路上的道岔须集中控制。当根据需要不列为集中控制时，须与有关信号机联锁。非接、发车进路上的道岔，当集中操纵控制有利时，可划归集中控制。

(2)防止机车车辆由其他线路进入接、发车和转场进路的防护道岔，如图 1-5 中的 3 号道岔，当 1 号道岔和 3 号道岔相距较近，两者之间不能设置调车信号机时，显然要把 3 号道岔划入集中区，把防护的调车信号机设于 3 号道岔尖轨前方；当 1 号和 3 号道岔相距较远，两者之间能设置调车信号机时，为了防止机车车辆由非联锁区闯入联锁区，也要将 3 号道岔划入联锁区。这时，1 号与 3 号构成双动道岔。

(3)难以划开联锁区和非联锁区的个别道岔，如图 1-6 中的 3 号道岔。由于 3 号道岔与 7 号道岔距离较近，两者之间无法设置调车信号机。

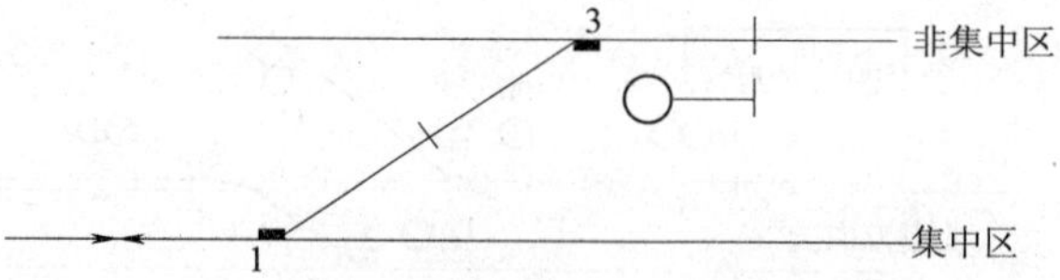


图 1-5 联锁区的划分(一)

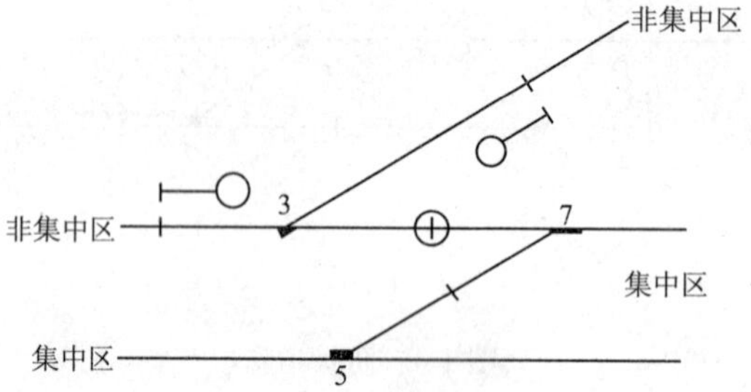


图 1-6 联锁区的划分(二)

(4)两个联锁区道岔之间,距离它们较近的道岔,如图 1-7 中的 13 号道岔。该道岔不划入集中区时,利用牵出线向货场调车的进路,势必经集中区(17DG)—非联锁区(13 号道岔)—联锁区(9DG),这对保证运行安全不利。从经济方面考虑,将 13 号道岔划入联锁区,虽增加了一组集中道岔,但能节省一架调车信号机(如图中虚线所示)。

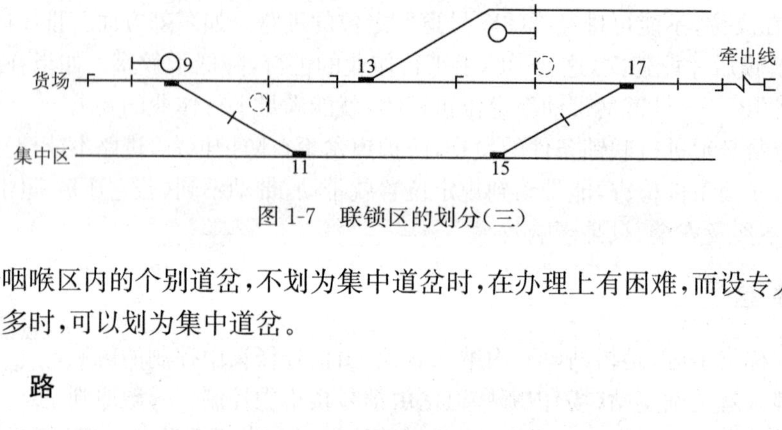


图 1-7 联锁区的划分(三)

(5)一个咽喉区内的个别道岔,不划为集中道岔时,在办理上有困难,而设专人办理又不经济,当投资不多时,可以划为集中道岔。

## 四、进 路

进路是车站内列车或调车车列由一点运行至另一点的全部径路。进路分为列车进路和调车进路。列车用的称为列车进路,调车用的称为调车进路。进路要求其包括的道岔(包括防护道岔)必须处在规定位置。进路包括一个或数个轨道电路区段。

1. 列车进路

列车进路分为接车进路、发车进路和通过进路。

接车进路指列车进入车站(车场)所经过的径路,始于进站信号机(或接车进路信号机),终于另一端咽喉的出站信号机(或进路信号机)。如举例站场的下行ⅠG 接车进路,由下行进站信号机 X 至下行ⅠG 出站信号机 $X_Ⅰ$。

发车进路指列车由车站(车场)驶出所经过的径路,起于出站信号机,止于发车口。如举例站场的下行ⅠG 发车进路,由下行ⅠG 出站信号机 $X_Ⅰ$ 至下行发车口处。

通过进路指列车经正线不停车通过车站(车场)的进路。如下行通过进路,由下行进站信号机X至下行发车口,包括下行ⅠG接车进路和下行ⅠG发车进路。

2. 调车进路

调车进路包括短调车进路和长调车进路。短调车进路指从起始调车信号机开始,到次架阻挡信号机为止的一个单元调车进路。如举例站场中的$D_3$至$D_9$。而长调车进路则是由两个以上的单元调车进路组成的进路。如$D_3$至ⅠG的调车进路,是由$D_{13}$至ⅠG、$D_9$至$D_{13}$、$D_3$至$D_9$三个单元调车进路构成的长调车进路,也称组合调车进路。调车进路的长与短,不是指进路长度的长与短,而是指调车进路中,阻挡信号机是一架还是几架。例如,$D_{13}$至ⅠG调车进路只包括17-23DG一个道岔区段,而$S_Ⅰ$至$D_7$的调车进路却包括9-15DG和17-23DG两个道岔区段(此时$D_{13}$不能作阻挡信号用,只有$D_7$才是$S_Ⅰ$为始端的调车进路的阻挡信号),但以上两条调车进路均属于短调车进路,不能认为$S_Ⅰ$至$D_7$是长调车进路。

3. 基本进路和变通进路

站内由一点向另一点运行有几条径路时,根据站场线路及运营需要确定的第一条列车进路或调车进路,称为基本进路。基本进路一般是两点间最近的、对其他进路作业影响最小的进路。此时,基本进路以外的其余进路叫做变通进路(又称变更进路、迂回进路)。例如举例站场下行ⅢG接车进路有三条。把23/25号道岔在反位,其他各道岔定位的进路定为基本进路,则其余两条进路(即5/7号道岔反位,其他定位;9/11号道岔反位,其他定位)就是变通进路。又如上行ⅡG发车进路有两条,其中27、17/19、1/3号道岔定位的进路为基本进路,经27、9/11、13/15号道岔定位,17/19、1/3号道岔反位的进路为变通进路。

设计变通进路的目的是为了提高作业效率,增加列车或调车车列运行的灵活性。当正常行车线路上的道岔发生故障、轨道电路被占用或故障等原因不能开通基本进路时,可以开通变通进路,使列车或调车车列迂回前进而不致受阻。

当经过两组邻接的渡线形成的进路(俗称小"八"字)时,如举例站场下行ⅢG接车进路经5/7号道岔反位、13/15号道岔反位的"S"形进路,因为过于曲折,不便于列车或调车车列运行,不允许建立。

4. 敌对进路

同时行车会危及行车安全的任意两条进路是敌对进路。下列进路规定为敌对进路:

(1)同一到发线上对向的列车进路与列车进路。如举例站场下行ⅢG接车进路和上行ⅢG接车进路。

(2)同一到发线上对向的列车进路与调车进路。如下行5G接车进路和$D_{16}$至5G的调车进路。

(3)同一咽喉区内对向重叠的列车进路。如下行东郊方面ⅠG接车进路和上行东郊方面ⅠG发车进路。

(4)同一咽喉区内对向重叠或顺向重叠的列车进路与调车进路。顺向重叠进路指两条方向相同、互相间有部分或全部重合的进路。如下行ⅠG接车进路和$S_Ⅰ$至$D_7$的调车进路,以及上行ⅠG发车进路和$S_Ⅰ$至$D_7$的调车进路。

(5)同一咽喉区内对向重叠的调车进路。如$D_{11}$至4G调车进路与$S_4$至$X_D$的调车进路。

(6)进站信号机外方制动距离内接车方向为超过6‰下坡道,而在该下坡道方向的接车线末端未设有线路隔开设备时,该下坡道方向的接车进路与另一端咽喉未能隔开的接车进路、非同一到发线顺向的发车进路及另一端咽喉的调车进路。

(7)防护进路的信号机设在侵限绝缘处禁止同时开通的进路，如图 1-8 所示。

所谓超限绝缘，即设置的绝缘节位置距道岔警冲标不足 3.5 m 的绝缘。当超限绝缘一侧停有车辆，绝缘另一侧有车驶过时，有可能发生车辆侧面冲撞，因此要实行检查。由于 $D_{10}$ 处轨道绝缘侵入限界，则 $S_{\mathrm{III}}$ 至 $D_8$ 调车进路与 $D_2$ 至 $D_{10}$、$D_4$ 至 $D_{10}$ 调车进路为敌对进路。因车辆停留在 $D_{10}$ 信号机前方时，如建立 $S_{\mathrm{III}}$ 至 $D_8$ 或 $D_6$ 至ⅢG 调车进路，均可能发生侧面冲突事故。

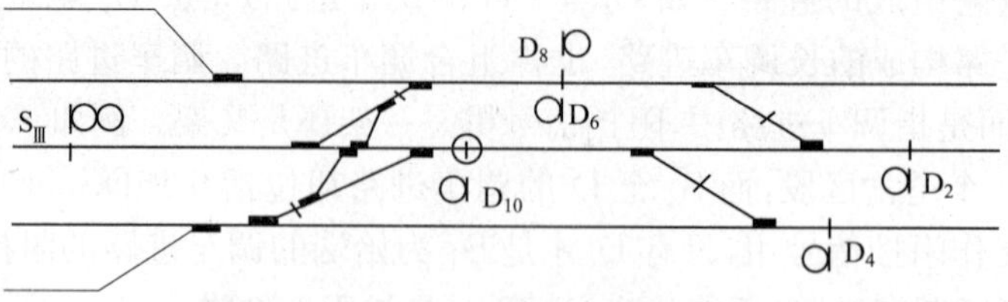


图 1-8　侵限绝缘

(8)向驼峰推送车列占用的股道与另一端向该股道的接车进路或调车进路。

敌对进路必须相互照查，不得同时开通。

同一到发线上对向的调车进路允许同时建立，如举例站场 $D_{11}$ 至 5G 调车进路与 $D_{16}$ 至 5G 调车进路。这样对调车作业较多的车站可提高作业效率。但对于调车作业较少的中间站，当同一到发线上对向的调车进路无必要同时开通时，也可作为敌对进路。股道、无岔区段有车占用时允许向其排列调车进路，便于取车。但不允许两端同时向无岔区段办理调车进路。

5. 进路的锁闭与解锁

将进路上的道岔固定在进路所要求的位置(定位或反位)，使它不能任意转动，叫做道岔被锁闭。进路解锁，即解除进路上道岔的锁闭，允许转换。

(1)进路的锁闭

进路有建立和未建立两种状态。建立了进路，即排列了进路且处于锁闭状态。进路未建立，即未排列进路，其在解锁状态。

进路的锁闭是为实现联锁关系而将所排进路上的各道岔限制于规定位置。集中联锁以道岔区段为主要锁闭对象，进路的锁闭即由构成该进路的各道岔区段的锁闭组成。所以，进路的锁闭实质上就是对进路上各道岔的锁闭。

根据道岔的锁闭情况，可分为进路锁闭、区段锁闭、人工锁闭和其他锁闭及故障锁闭。

①进路锁闭

当进路排出后，将进路上各区段的道岔锁闭在规定位置，并使敌对进路不能排出，叫做进路锁闭。

②区段锁闭

当道岔所在的轨道区段有车占用时，使道岔不能转换，叫做道岔的区段锁闭。

③人工锁闭

人工锁闭指利用操纵设备(如单独锁闭按钮)断开道岔控制电路或用转辙机安全接点断开启动电路的单独锁闭。

④其他锁闭

其他锁闭包括：引导总锁闭，超过 6‰下坡道的接车进路的延续进路锁闭，到发线中间出岔的接/发车进路锁闭，非进路调车锁闭，到达场推送进路锁闭等。

⑤故障锁闭

在故障情况下道岔区段被锁闭即为故障锁闭。例如，列车通过进路后因轨道电路故障使个别区段未解锁，轨道电路停电恢复后引起的区段锁闭，维修时更换继电器引起的区段锁闭。

集中操纵的道岔受上列任一种锁闭时，应保证道岔均不转换。

(2)预先锁闭和接近锁闭

根据进路的锁闭时机及对行车安全的影响，进路锁闭又分为预先锁闭和接近锁闭。

预先锁闭，是指信号开放后，其接近区段空闲没有车占用时的进路锁闭。预先锁闭在进路选通、有关联锁条件具备时构成，此时列车或调车车列尚未占用该进路的接近区段。

接近锁闭（又称完全锁闭）在信号开放后接近区段有车占用时构成的进路锁闭。对于列车进路，接近锁闭须持续到进路第一道岔区段自动解锁或人工解锁。当无接近区段时，信号开放后即构成接近锁闭。之所以设接近锁闭，是从行车安全考虑，在信号关闭后不能让进路立即解锁，为了防止列车或调车车列接近后信号突然关闭而停不住冒进信号时，进路上道岔有可能转换以致发生挤岔或进异线而危及行车安全。因为在这种情况下，列车或调车车列已驶入接近区段，此时关闭信号使允许信号突然变成禁止信号，列车或调车车列距信号机的距离已小于制动距离，司机看见禁止信号后，即使采取紧急制动也可能冒进信号机，这时若让进路立即解锁，道岔就可以转换，敌对进路也允许排出，这是很危险的。

列车及调车进路，应设接近锁闭，接近区段是指信号机前方的区段，信号机的接近区段(应有足够的长度)与列车运行速度有关，一般情况下应符合如下规定：

①接车进路的接近区段为信号机外方的闭塞分区或轨道区段。列车进路的接近区段的长度既要满足列车制动距离的要求，又要考虑车站的作业效率，一般为进站信号机外方的第一个闭塞分区或轨道电路区段。接车进路的接近区段必须大于 800 m。在非自动闭塞区段，还需在预告信号机前方增加 100 m 确认信号显示的距离。在自动闭塞区段，接近区段为进站信号机外方的第一个闭塞分区。

②发车进路的接近区段为发车线(一般为股道)。有通过进路的正线，应从前方列车信号机内方第一个轨道电路区段开始。

③正线上同方向相邻两架列车信号机，当信号显示上有联系时，后一架信号机所防护进路的接近区段，应从前架列车信号机后方第一轨道区段开始。

④调车进路的接近区段为调车信号机前方的轨道区段，最短不得小于 25 m。当信号机前方未设轨道电路时，则信号开放立即无条件地构成进路的接近锁闭。

⑤当进路入口处的列车速度大于 120 km/h 时，正线上列车进路的接近区段的长度，应满足最高速度制动距离的要求。

此时，在四显示自动闭塞区段，接车进路的接近区段为进站信号机前方的第三接近区段和第二接近区段，发车进路的接近区段为自出站信号机至同方向的进站信号机及第三接近区段。在半自动闭塞区段，接车进路的接近区段为进站信号机前方的两个轨道区段。

在设有通过信号机的高速铁路有车载信号或地面信号两种行车凭证，分别适用于列车高速和低速两种运行状态。但是对于联锁设备而言只有一种接近区段，即以速度高的计算接近区段长度。接近区段的长度要保证按最高允许速度运行的列车在该信号关闭后进入接近区段时经采取常规制动措施不会越过停车点。

(3)进路的解锁

进路解锁指解除对进路的锁闭。进路的解锁也是构成该进路的各区段的解锁。按不同情况,进路的解锁分为正常解锁、取消解锁、人工解锁、调车中途返回解锁和故障解锁。

①进路的正常解锁

进路的正常解锁是指列车或调车车列驶入进路后,防护进路的信号机关闭,顺序出清进路上的各区段后,各区段自动解锁。

集中联锁大多采用逐段解锁的方式,即采用多次逐段解锁的方式,车出清一段解锁一段。这样可以充分发挥咽喉道岔的利用率,缩短两项作业间的间隔时间,提高车站咽喉区的通过能力和调车作业效率。进路正常解锁必须得到列车或调车车列确实进入该进路使信号关闭,并占用和出清了进路上的各道岔区段的证明后方可进行。作为车曾占用过和已出清道岔区段的证明,对轨道电路的动作来说,就是该区段的轨道继电器一度落下后又吸起。

采用检查一个道岔区段来证明车曾占用过并已出清该区段的方法,叫做一点检查法。很明显,当人工短路该区段时轨道继电器也落下,取消短路后它又会吸起。因此,一点检查和人工短路无法区别,用它来证明车曾占用过并已出清某道岔区段是很不安全的,不能采用。

采用车曾占用过并出清某区段相邻的前一区段,以及占用并出清本区段的方法,叫做两点检查法。两点检查也有问题:一是单机高速通过两相邻轨道电路之间的绝缘节时,占用下一个区段和离开本区段是一瞬间,而轨道继电器的失磁落下比励磁吸起来得慢,这样用一个继电器来记录相邻两区段的轨道继电器曾经落下过就不行了;二是轨道电路采用极性交叉来防护绝缘破损,当相邻轨道电路之间的绝缘破损时,使得两个轨道继电器同时落下,导向安全,但若因行车振动可能使破损的绝缘瞬间恢复时,又会使两个轨道继电器同时吸起,从而造成进路提前错误解锁。因此,两点检查也是不安全的,一般也不能采用。

实践证明,采用三点检查法来解锁道岔区段最为安全,在集中联锁中普遍采用。所谓三点检查,就是用三个区段的轨道电路作为解锁的检查条件。一个区段的解锁不仅要检查车占用过并已出清本区段,而且还要检查车占用过并已出清前一区段,已进入后一区段。例如图 1-9 进路有 a、b、c 三个道岔区段。对 a 区段来说,车占用过并已出清 a 前方的接近区段,车占用过并已出清 a 区段,车正占用 b 区段,a 区段才能解锁。对 b 区段来说,a 区段被占用过并已出清,b 区段占用过并已出清,c 区段正被占用,b 区段才能解锁。对 c 区段来说,b 区段被占用过并已出清,c 区段被占用过并已出清,后一区段(例如股道)被占用,c 区段即能解锁。

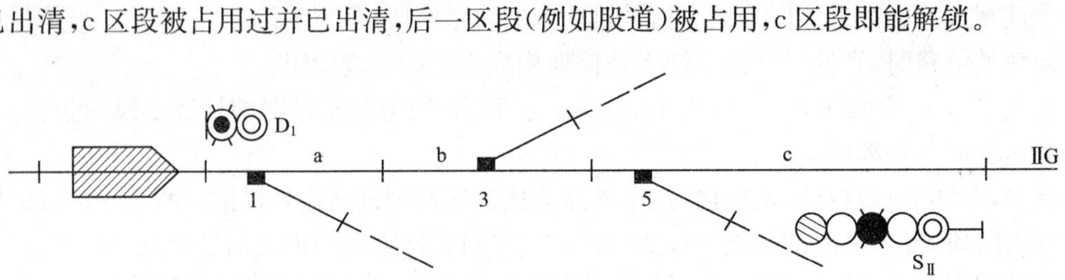


图 1-9　三点检查示意图

调车进路的正常解锁一般也要三点检查,但在股道或无岔区段上留有车辆向外调车时,只能实现两点检查。

在高速铁路的中间站、越行站等较小车站可设计为进路一次解锁方式。

②取消解锁

当进路建立信号机开放后，列车或调车车列尚未接近时，即进路处于预先锁闭状态，有可能不使用就要办理解锁，如试验电路时办理的进路，或进路建立后欲变更进路，例如将基本进路改为变通进路，或因故改变为另一条进路，或因故不再办理，都要将已建立的进路取消掉。要使预先锁闭的进路解锁，只需办理取消手续，信号关闭后进路就能立即解锁。取消解锁不应延时。

③人工解锁

要解锁接近锁闭的进路，必须采用人工延时解锁（简称人工解锁）的办法，即办理人工解锁手续，先使信号关闭，再经过一定延时时间后，证明车已停在信号机前才允许进路解锁。

接车进路及有通过列车的正线发车进路人工解锁延时 3 min（高速铁路为 4 min，下同）。之所以延时 3 min，是为了防止因信号故障关闭（如灯丝断丝、电路断线或轨道电路故障）或改变进路时，已运行在接近区段的列车看不见突然关闭的信号，或虽看见了信号关闭但不能保证停于机外而冒进信号造成危险，所以延时 3 min（3 min 是满足列车以 120 km/h 进入接近区段后经常用制动到停车所需的时间 165 s 并考虑一定余量的时间），在 3 min 内列车已在信号机外停车，这样就能保证停车后再解锁。调车进路和站线发车进路因车速较低，故只延时 30 s（高速铁路为 1 min，下同）就解锁。

④调车中途返回解锁

转线作业包括牵出和折返两个过程。为了提高作业效率，牵出时常常不走完牵出进路就按最近的反向调车信号机的显示折返。这时原牵出进路可能有部分区段或全部未解锁，需用调车中途返回解锁电路使未解锁的区段解锁。

调车中途返回解锁是指调车中途折返时对原牵出进路上不能正常解锁的区段，在调车车列退回后也能使之自动解锁。

⑤故障解锁

使故障锁闭后的区段解锁称为故障解锁。列车或车列占用进路后，其运行前方区段不能实施区段故障解锁。信号因故关闭，不应导致锁闭的进路自动解锁。已锁闭的进路不应因轨道电路瞬间分路不良或停电恢复而错误解锁。

轨道电路停电恢复后，已锁闭的区段应经车站值班员办理故障解锁后才能解锁。这是因为轨道电路在停电恢复后因轨道继电器参数不可能完全一致，吸起有先有后，当吸起顺序和列车或调车车列驶过的顺序一致时，有可能造成错误解锁。所以当轨道电路停电恢复后，须经车站值班员确认无危险因素存在时进行故障解锁。

### 五、联锁的基本内容

联锁的基本内容包括：防止建立会导致机车车辆相冲突的进路；必须使列车或调车车列经过的所有道岔均锁闭在与进路开通方向相符合的位置；必须使信号机的显示与所建立的进路相符。

进路上各区段空闲时才能开放信号，这是联锁最基本的技术条件之一。即，向有车占用的线路排列进路时，有关列车信号机不得开放（引导信号除外）。如果进路上有车占用，却能开放信号，则会引起列车、调车车列与原停留车冲突。

进路上有关道岔在规定位置才能开放信号，这是联锁最基本的条件之二。即，进路上有关道岔位置不正确，道岔的尖轨与基本轨不密贴（有 4 mm 及其以上间隙），防护该进路的信号机不得开放。如果进路上有关道岔开通位置不对却能开放信号，则会引起列车、调车车列进入异线或挤坏道岔，甚至造成列车冲突、脱轨或颠覆。信号开放后，其防护的进路上的有关道岔必须被锁闭在规定位置，而不能转换。

敌对信号未关闭时，防护该进路的信号机不能开放，这是联锁最基本的技术条件之三。即，敌对进路未解锁或照查条件不符合时，防护该进路的信号机不得开放。否则列车或调车车列可能造成正面冲突。信号开放后，与其敌对的信号也必须被锁闭在关闭状态，不能开放。

## 六、基本联锁功能

联锁设备必须在规定的联锁条件和规定的时序下对进路、信号和道岔实行控制，应保证车站(场)值班人员，对接车、发车、调车进路及信号机开放与关闭的控制。对于来自操作设备的错误操作，应具备有效的防护能力。

1. 进路的锁闭和解锁

(1)进路的锁闭

①敌对进路必须相互照查，不得同时开通。当向邻接的联锁区开通进路时，应与邻接联锁区照查锁闭。

②进路的锁闭分为预先锁闭和接近锁闭。列车及调车进路应设接近锁闭。

③引导锁闭分为引导进路锁闭和引导总锁闭。

(2)进路的解锁

①任何操作不得使占用的区段解锁，也不得使列车、调车车列运行前方的区段解锁。

②进路的解锁必须在信号关闭后进行。锁闭的进路应能随列车或车列的正常运行而自动解锁。解锁时，有条件的区段均应满足三点检查，延时 3 s 自动解锁。必要时，接车进路的接近区段也可作为三点检查的条件之一。

③已锁闭的进路不应因轨道电路瞬时分路不良或轨道电路停电恢复后错误解锁。

④在联锁区内进行中途折返调车作业时，在下列条件下调车进路应能实现中途返回解锁。

a. 当调车车列驶入调车进路后，因中途折返而使该进路的部分区段不能解锁时，在检查调车车列确已根据开放的折返信号机驶入该信号机的内方，并且出清全部未解锁的区段后，该部分区段应自动解锁。

b. 当调车车列驶入调车进路后，因中途折返作业而使该进路全部区段均不能解锁时，在检查调车车列顺序退出该进路和其接近区段后解锁。

c. 当调车车列完全驶入并置调车信号机内方后，因中途折返而使该进路全部区段均不能解锁时，在检查调车车列确已根据开放的反向并置调车信号机驶入该信号机的内方，并且出清全部未解锁的区段后，该进路自动解锁。

⑤进路的取消或人工解锁进路。

进路在预先锁闭状态时，办理取消解锁应检查信号机关闭和进路空闲，取消解锁不应延时。进路在接近锁闭后，应能办理人工解锁。

⑥除占用区段和处于列车、调车车列走行前方的区段外，其他区段均可采用区段故障解锁方式解锁。

⑦引导进路建立后，需在人工确认后办理进路解锁。

2.信号的开放和关闭

(1)正常办理进路或办理了重复开放手续,除引导信号外,防护该进路的信号机必须检查进路空闲、超限绝缘相邻区段空闲、有关道岔位置正确、进路已锁闭、未施行人工解锁、敌对进路未建立及照查条件正确后方可开放。出站信号机还必须检查区间闭塞条件。

(2)一次排列由几条进路组成的组合调车进路,只当其各条进路均构成后,防护各进路的调车信号机由进路最远端开始依次开放或同时开放。

(3)进站、进路、出站信号机(办理自动通过的除外)及调车信号机,在信号关闭后,不经再次办理,不得重复开放信号。

(4)信号机的关闭。已开放的信号机于下列情况之一时应及时关闭:

①列车信号,当列车第一轮对进入该信号机内方第一轨道区段时。

②调车信号,当车列全部越过信号机时或当信号机外方区段留有车辆(含未设轨道区段)出清其内方第一轨道区段时。

③在专用的机走线和机务段出口处及机待线上的调车信号机,当机车第一轮对进入该信号机内方时。

④发生故障导致联锁条件不能满足时。

⑤办理取消或人工解锁进路时。

⑥复示信号机当其主体信号机关闭时。

必须保证值班人员能随时关闭开放的信号机。

(5)在自动闭塞区段,根据需要对于正向经常有连续通过列车的车站,经办理自动通过后,应能使该通过进路内的有关列车信号机随列车运行自动变换相应显示。此时进路中的道岔必须保证处于锁闭状态。

(6)进站或接车进路信号机因故障不能正常开放信号或向非接车线路接车时,应使用引导信号。

引导信号开放时必须办理引导进路、检查引导进路中的道岔位置正确、未建立敌对进路、引导进路在锁闭状态;或者对道岔进行总锁闭。开放引导信号必须检查其主体信号机为红灯显示。

引导信号在下列情况下应及时关闭:

①列车未驶入引导进路之前信号保持开放的条件不能满足时。

②信号机内方第一轨道区段无故障的情况下,列车第一轮对进入该区段时。

③办理引导进路解锁时。

④解除引导总锁闭时。

⑤人工关闭信号时。

(7)信号灯丝监督。信号灯丝应监督的情况:

①列车主体信号机和调车信号机应设灯丝监督。

②在信号开放后,应不间断地检查灯丝完好。

③进站、进路或出站信号机,当开放的信号灯断丝,应自动显示禁止灯光。

④进站和有通过列车的正线出站或进路信号机应检查红灯灯丝完好方能开放。

⑤开放预告或复示信号机时，应不间断地检查其主体信号机在开放状态。

⑥列车信号机及进站、接车进路信号机的复示信号机的点灯电路应具有主、副灯丝的自动转换功能，当主灯丝断丝时，应有表示和报警。

3. 道岔的控制

(1)集中联锁道岔应能单独操纵或随进路的排列而自动选动，自动选动宜采用顺序启动的方式。道岔的单独操纵应优先于进路的自动选动。

(2)联锁道岔应受进路锁闭、区段锁闭及人工锁闭。

(3)道岔控制电路应符合下列要求：

①道岔转换设备的动作，须与车站值班员的操纵意图或调度集中控制命令的要求相一致。

②道岔在任一种锁闭状态下均不得启动。

③道岔一经启动，不论其所在区段轨道电路故障或有车进入轨道区段，均应继续转换到底。

④道岔因故被阻不能转换到底时，当所在区段无车占用时，对非调度集中操纵的道岔，应保证经操纵后转换到原位；对调度集中操纵的道岔，当道岔的转换时间超过 30 s 时，应自动切断道岔控制电路，道岔停止转换。

⑤电动机电路故障，道岔不应再转换。

⑥道岔转换完毕，应自动切断启动电路。

⑦采用三相交流电源控制的电动或电液转辙机，必须设置断相保护装置。

(4)道岔表示电路应符合下列要求：

①道岔表示与道岔的实际位置一致，并检查自动开闭器两排接点组及其他表示装置均在规定位置。

②联动道岔须检查其各组道岔均在规定位置。

③单动、联动和多点牵引道岔，必须检查各牵引点的道岔转换设备均在规定位置。

④当道岔处于不密贴位置时，严禁出现定位或反位表示。

⑤道岔启动时，应先切断道岔的位置表示。

⑥人工锁闭时，不影响道岔的位置表示。

⑦道岔发生挤岔时，应有挤岔表示。

## 第二节 联锁图表

联锁图表是车站联锁设备间联锁关系的说明，采用图和表的形式来表示。它由信号平面布置图和联锁表两部分组成。联锁图表说明车站信号设备之间的联锁关系，显示了进路、道岔、信号机及轨道电路区段之间的基本联锁内容。电路设计是根据联锁图表的要求严密进行的，联锁试验和竣工验收时也以联锁图表作为检查工程质量的重要依据。因此，联锁图表必须认真编制，避免任何差错和遗漏。

1. 信号平面布置图

信号平面布置图是编制联锁表的主要依据，为满足编制联锁表的需要，信号平面布置图上一般应有以下主要内容：

(1)联锁区范围内的线路及非联锁区中与联锁区有密切联系的线路布置及编号，正线应以粗线标出。

(2)正线和到发线的接车方向，区间线路及机车走行线的运行方向。车站线路应以箭头表示其接车方向，双线双向运行时，实心箭头指示正方向，空心箭头指示反方向。

(3)联锁区范围内所有道岔的定位状态。

(4)信号机、信号表示器、轨道电路区段(含股道和无岔区段)等有关设备及其编号、名称和符号。

(5)信号机的灯光配列。

(6)轨道区段的划分，对不与信号机并置和不是渡线上的绝缘节，应标出其坐标，侵限绝缘节应用圆圈标出。

(7)与信号机位置有关的及侵入限界绝缘节处的警冲标坐标。

(8)信号楼(或车站值班员室) 设置位置，并标出其中心公里标(距该线路起点的公里标)，联锁道岔和信号机距信号楼(或车站值班员室)中心的距离。

(9)进站信号机外方制动距离内接车方向平均换算坡度超过 6‰线路下坡道示意图。

(10)站台的位置、宽度及线路间距，信号楼外墙至线路中心的距离。

(11)桥梁、涵洞的坐标和宽度。

(12)机务段闸楼的坐标。

举例站场的信号设备平面布置图如书末附图 1 所示。

2. 联锁表

联锁表是根据车站信号平面布置图所展示的线路、道岔、信号机、轨道电路区段等情况，按规定的原则和格式编制的。联锁表以进路为主体，逐条地把排列进路需顺序按压的按钮、防护该进路的信号机名称和显示、进路要求检查并锁闭的道岔编号和位置、进路应检查的轨道电路区段名称，以及与所排进路敌对的信号填写清楚。

联锁表有以下各栏：

(1)方向栏。填写进路性质(通过、接车、发车、转场、调车或延续进路)和运行方向。

(2)进路号码栏。按全站列车进路和调车进路顺序编号，亦可按咽喉区、场分别编号。通过进路由正线接、发车进路组成，不另编号，仅将接、发车进路号码以分数形式填写。例如，接车进路号码为 2，发车进路为 8，通过进路就写作“2/8”。

(3)进路栏。逐条列出列车及调车的基本进路。在较大车站，列车进路同时存在两种以上方式时，除列出基本进路外，还需列出一条变通进路作为第二种进路方式。

列车进路：如将列车接至某股道时记作“至×股道”。列车由某股道发车时记作“由×股道”。由某信号机发车时记作“由×信号机”。通过进路应记作“经×股道向××方向通过”。

调车进路：如由 $D_{\times\times}$ 信号机调车时记作“由 $D_{\times\times}$”。调车至另一顺向调车信号机时记作“至 $D_{\times\times}$”。调车至股道记作“至×股道”。向尽头线、专用线、机务段、双线出站口等处调车时分别填记由各该线向集中区调车的调车信号机名称，记作“向 $D_{\times\times}$”。当进站信号机内方仅能作调车终端时，应记作“至×进站信号机”。

延续进路：区间接近车站一端接车方向有超过 6‰的下坡道而接车线末端又无隔开设备

时，有下坡道的一端向某股道接车进路的延续进路应列出，并按接车进路方式检查延续进路上的全部道岔位置、轨道电路区段和敌对信号。

当向某股道接车进路末端有多条延续进路时应列出其推荐的进路。

延续进路编号由接车进路号码和接车进路的第×条延续进路号码组成。

(4)排列进路按下按钮栏。填写排列该进路时需按下的按钮名称。

(5)确定运行方向道岔栏。当有两种以上方式运行时，为了区别开通的进路，填写关键对向道岔的位置。

(6)信号机栏。填写排列该进路时开放的信号机名称及其显示。色灯信号机按显示颜色表示，进路表示器一般以左、中、右区分，如超过三个方向以两组进路表示器组合后的灯位分别表示。

(7)道岔栏。顺序填写进路中所包括的全部道岔及防护和带动道岔的编号和位置。其填写方式如：1/3，表示将 1/3 号道岔锁在定位；(5/7)，表示将 5/7 号道岔锁在反位；[9/11]，表示将 9/11 号道岔防护在定位；[(9/11)]，表示将 9/11 号道岔防护在反位；{23/25}，表示将 23/25 号道岔带动到定位；{(27)}，表示将 27 号道岔带动到反位。

(8)敌对信号栏。填写排列该进路的全部敌对信号。

其填写方式举例如下：

列车兼调车信号机的填写方式为：$S_5$，$S_5$信号机的列车和调车信号均为所排进路的敌对信号；$S_5$L，$S_5$信号机的列车信号为所排进路的敌对信号；$S_5$D，$S_5$信号机的调车信号为所排进路的敌对信号。

调车信号机的填写方式为：$D_1$，$D_1$信号机为所排进路的敌对信号。

有条件敌对时的填写方式为，〈1〉$D_1$，经 1 号道岔定位的 $D_1$ 信号机为所排进路的敌对信号；〈(3)〉$S_5$L，经 3 号道岔反位的 $S_5$信号机的列车信号为所排进路的敌对信号。

(9)轨道电路区段栏。顺序填写排列进路时须检查空闲的轨道电路区段名称。

其填写方式举例如下：5DG，表示排列进路时须检查 5DG 区段的空闲，〈21〉21DG，表示当 21 号道岔在定位时排列进路须检查侵限绝缘区段 21DG 区段空闲；〈(25)〉25DG，表示当 25 号道岔在反位时排列进路须检查侵限绝缘区段 25DG 空闲。

(10)迎面进路栏。填写同一到发线(或场间联络线)上对向列车、调车进路的敌对关系，以线路区段名称表示。

(11)其他联锁栏。

非进路调车：F，表示所排进路与非进路调车为敌对进路。当有多处非进路调车时，以 $F_1$、$F_2$……表示。

得到同意：T，表示由本联锁区向其他区域排列进路需要取得对方同意。

延续进路：Y，表示所排接车进路延续至另一咽喉线路末端。

闭塞：BS，表示所排发车进路与邻站间的闭塞关系(含各种闭塞)。

(12)非进路联锁的联系关系应单独列表，包括非进路调车的进路上应锁闭的道岔编号及位置、进路上应开放的信号机、检查侵限绝缘区段及照查关系(敌对信号)。

表 1-1 为举例站场上行咽喉联锁表。表中只列出上行咽喉的各列车进路和调车进路。下行咽喉的联锁表见书末附图 2。

表 1-1 举例站场上行咽喉联锁表

| 方向 | | | 进路 | 进路方式 | 排列进路按下按钮 | 确定运行方向道岔 | 信号机 | | 表示器 | 道岔 | 敌对信号 | 轨道区段 | 迎面进路 | | 其他联锁 | 进路号码 |
|---|---|---|---|---|---|---|---|---|---|---|---|---|---|---|---|---|
| | | | | | | | 名称 | 显示 | | | | | 列车 | 调车 | | |
| 列车进路 | 天津方面 | 正方向接车 | 至 5 股道 | | SLA、$X_5$LA | | S | U、U | | (6/8)、[10/12]、(16)、(18/20)、22 | $D_6$、$D_{10}$、$D_{12}$、$D_{16}$、$X_5$ | ⅡBG、6-12DG、8-10DG、16-18DG、20DG、22DG、5G | 5G | 5G | | 78 |
| 列车进路 | 天津方面 | 正方向接车 | 至Ⅲ股道 | | SLA、$X_{\mathrm{III}}$LA | | S | U、U | | (6/8)、[10/12]、(16)、18/20 | $D_6$、$D_{10}$、$D_{12}$、$X_{\mathrm{III}}$ | ⅡBG、6-12DG、8-10DG、16-18DG、ⅢG | ⅢG | ⅢG | | 79 |
| 列车进路 | 天津方面 | 正方向接车 | 至Ⅰ股道 | | SLA、$X_{\mathrm{I}}$LA | | S | U、U | | (6/8)、[10/12]、16 | $D_6$、$D_{10}$、$D_{12}$、$X_{\mathrm{I}}$ | ⅡBG、6-12DG、8-10DG、16-18DG、ⅠG | ⅠG | ⅠG | | 80 |
| 列车进路 | 天津方面 | 正方向接车 | 至Ⅱ股道 | | SLA、$X_{\mathrm{II}}$LA | | S | U | | 6/8、10/12、14 | $D_6$、$X_{\mathrm{II}}$ | ⅡBG、6-12DG、14DG、ⅡG | ⅡG | ⅡG | | 81 |
| 列车进路 | 天津方面 | 正方向接车 | 至 4 股道 | | SLA、$X_4$LA | | S | U、U | | 6/8、10/12、(14) | $D_6$、$X_4$ | ⅡBG、6-12DG、14DG、4G | 4G | 4G | | 82 |
| 列车进路 | 天津方面 | 正方向发车 | 由 5 股道 | | $X_5$LA、$S_F$LA | | $X_5$ | L 或 LU 或 U | | 22、(18/20)、(16)、6/8、10/12、2/4 | $D_8$、$D_{10}$、$D_{12}$、$D_{16}$、$S_F$、$X_5$D | 22DG、20DG、16-18DG、8-10DG、4DG | | | BS | 83 |
| 列车进路 | 天津方面 | 正方向发车 | 由Ⅲ股道 | | $X_{\mathrm{III}}$LA、$S_F$LA | | $X_{\mathrm{III}}$ | L 或 LU 或 U | | 18/20、(16)、6/8、10/12、2/4 | $D_8$、$D_{10}$、$D_{12}$、$S_F$、$X_{\mathrm{III}}$D | 16-18DG、8-10DG、4DG | | | BS | 84 |
| 列车进路 | 天津方面 | 正方向发车 | 由Ⅰ股道 | | $X_{\mathrm{I}}$LA、$S_F$LA | | $X_{\mathrm{I}}$ | L 或 LU 或 U | | 16、6/8、10/12、2/4 | $D_8$、$D_{10}$、$D_{12}$、$S_F$、$X_{\mathrm{I}}$D | 16-18DG、8-10DG、4DG | | | BS | 85 |
| 列车进路 | 天津方面 | 正方向发车 | 由Ⅱ股道 | 1 | $X_{\mathrm{II}}$LA、$S_F$LA | | $X_{\mathrm{II}}$ | L 或 LU 或 U | | 14、(10/12)、[6/8]、2/4 | $D_8$、$S_F$、$X_{\mathrm{II}}$D | 14DG、6-12DG、8-10DG、4DG | | | BS | 86 |
| 列车进路 | 天津方面 | 正方向发车 | 由 4 股道 | 1 | $X_4$LA、$S_F$LA | | $X_4$ | L 或 LU 或 U | | (14)、(10/12)、[6/8]、2/4 | $D_8$、$S_F$、$X_4$D | 14DG、6-12DG、8-10DG、4DG | | | BS | 87 |
| 列车进路 | 天津方面 | 反方向接车 | 至 5 股道 | | $S_F$LA、$X_5$LA | | $S_F$ | U、U | | 2/4、6/8、10/12、(16)、(18/20)、22 | $D_8$、$D_{10}$、$D_{12}$、$D_{16}$、$X_5$ | 4DG、8-10DG、16-18DG、20DG、22DG、5G | 5G | 5G | | 88 |
| 列车进路 | 天津方面 | 反方向接车 | 至Ⅲ股道 | | $S_F$LA、$X_{\mathrm{III}}$LA | | $S_F$ | U、U | | 2/4、6/8、10/12、(16)、18/20 | $D_8$、$D_{10}$、$D_{12}$、$X_{\mathrm{III}}$ | 4DG、8-10DG、16-18DG、ⅢG | ⅢG | ⅢG | | 89 |
| 列车进路 | 天津方面 | 反方向接车 | 至Ⅰ股道 | | $S_F$LA、$X_{\mathrm{I}}$LA | | $S_F$ | U | | 2/4、6/8、10/12、16 | $D_8$、$D_{10}$、$D_{12}$、$X_{\mathrm{I}}$ | 4DG、8-10DG、16-18DG、ⅠG | ⅠG | ⅠG | | 90 |
| 列车进路 | 天津方面 | 反方向接车 | 至Ⅱ股道 | | $S_F$LA、$X_{\mathrm{II}}$LA | | $S_F$ | U、U | | 2/4、(10/12)、[6/8]、14 | $D_8$、$X_{\mathrm{II}}$ | 4DG、8-10DG、6-12DG、14DG、ⅡG | ⅡG | ⅡG | | 91 |
| 列车进路 | 天津方面 | 反方向接车 | 至 4 股道 | | $S_F$LA、$X_4$LA | | $S_F$ | U、U | | 2/4、(10/12)、[6/8]、(14) | $D_8$、$X_4$ | 4DG、8-10DG、6-12DG、14DG、4G | 4G | 4G | | 92 |

续上表

| 方向 | | | 进路 | 进路方式 | 排列进路按下按钮 | 确定运行方向道岔 | 信号机名称 | 信号机显示 | 表示器 | 道岔 | 敌对信号 | 轨道区段 | 迎面进路列车 | 迎面进路调车 | 其他联锁 | 进路号码 |
|---|---|---|---|---|---|---|---|---|---|---|---|---|---|---|---|---|
| 列车进路 | 天津方面 | 反方向发车 | 由5股道 | | $X_5$LA、SLA | | $X_5$ | L | B | 22、(18/20)、(16)、(6/8)、[10/12] | $D_6$、$D_{10}$、$D_{12}$、$D_{16}$、S、$X_5$D | 22DG、20DG、16-18DG、8-10DG、6-12DG、ⅢBG | | | BS | 93 |
| | | | 由Ⅲ股道 | | $X_{Ⅲ}$LA、SLA | | $X_{Ⅲ}$ | L | B | 18/20、(16)、(6/8)、[10/12] | $D_6$、$D_{10}$、$D_{12}$、S、$X_{Ⅲ}$D | 16-18DG、8-10DG、6-12DG、ⅡBG | | | BS | 94 |
| | | | 由Ⅰ股道 | | $X_{Ⅰ}$LA、SLA | | $X_{Ⅰ}$ | L | B | 16、(6/8)、[10/12] | $D_6$、$D_{10}$、$D_{12}$、S、$X_{Ⅰ}$D | 16-18DG、8-10DG、6-12DG、ⅡBG | | | BS | 95 |
| | | | 由Ⅱ股道 | | $X_{Ⅱ}$LA、SLA | | $X_{Ⅱ}$ | L | B | 14、10/12、6/8 | $D_6$、S、$X_{Ⅱ}$D | 14DG、6-12DG、ⅡBG | | | BS | 96 |
| | | | 由4股道 | | $X_4$LA、SLA | | $X_4$ | L | B | (14)、10/12、6/8 | $D_6$、S、$X_4$D | 14DG、6-12DG、ⅡBG | | | BS | 97 |
| | | 通过 | 经Ⅱ股道向北京方面通过 | | SLA、$X_F$LA | | S/$S_{Ⅱ}$ | L或LU/L或LU或U | | 6/8、10/12、14、27、17/19、1/3 | $D_6$、$X_{Ⅱ}$、$S_{Ⅱ}$D、$D_{15}$、$D_5$、$D_1$、$X_F$ | ⅡBG、6-12DG、14DG、ⅡG、19-27DG、1/19 WG、1DG、ⅡAG | ⅡG | ⅡG | BS | 81/19 |
| | | | 经Ⅰ股道向北京方面通过 | | $S_F$LA、XLA | | $S_F$/$S_{Ⅰ}$ | L/ L | B | 2/4、6/8、10/12、16、23/25、17/19、13/15、9/11、1/3、5/7 | $D_8$、$D_{10}$、$D_{12}$、$X_{Ⅰ}$、$S_{Ⅰ}$D、$D_{13}$、$D_7$、$D_9$、$D_3$、X | 4DG、8-10DG、16-18DG、ⅠG、17-23DG、9-15DG、3DG、5DG、ⅠAG | ⅠG | ⅠG | BS | 90/40 |
| 调车进路 | 由 | $D_2$ | 至$D_8$ | | $D_2$A、$D_8$A | | $D_2$ | B | | (2/4) | ⟨8⟩$D_{10}$、⟨(12)⟩$X_{Ⅱ}$、⟨(12)⟩$X_4$ | 2DG、4DG、 | | | | 98 |
| | | | 至$D_{14}$ | | $D_1$A、$D_4$A | | $D_2$ | B | | 2/4 | $D_4$ | 2DG | | | | 99 |
| | | $D_4$ | 至$D_2$ | | $D_4$A、$D_2$A | | $D_4$ | B | | 2/4 | $D_2$ | 2DG | | | | 100 |
| | | $D_6$ | 至$D_{12}$ | | $D_6$A、$D_{10}$A | | $D_6$ | B | | (6/8)、[10/12] | S、⟨(16)⟩$D_{18}$、⟨(16)⟩$X_5$、⟨(16)⟩$X_{Ⅲ}$ | 6-12DG、8-10DG | | | | 101 |
| | | | 至Ⅱ股道 | | $D_6$A、$X_{Ⅱ}$DA | | $D_6$ | B | | 6/8、10/12、14 | S、$X_{Ⅱ}$ | 6-12DG、14DG | ⅡG | | | 102 |
| | | | 至4股道 | | $D_6$A、$X_4$DA | | $D_6$ | B | | 6/8、10/12、(14) | S、$X_4$ | 6-12DG、14DG | 4G | | | 103 |
| | | $D_8$ | 至$D_{12}$ | | $D_8$A、$D_{10}$A | | $D_8$ | B | | 6/8、10/12 | $S_F$、$X_5$L、⟨(20)⟩$X_5$D、$X_{Ⅲ}$、$X_{Ⅰ}$ | 8-10DG | | | | 104 |
| | | $D_{10}$ | 向$D_2$ | | $D_{10}$A、$D_2$A | | $D_{10}$ | B | | 6/8、10/12、(2/4) | $D_2$、$D_8$ | 8-10DG、4DG、2DG | | | | 105 |
| | | | 至$S_F$ | | $D_{10}$A、XDZA | | $D_{10}$ | B | | 6/8、10/12、2/4 | $S_F$、$D_8$ | 8-10DG、4DG | | | | 106 |
| | | | 向$D_6$ | | $D_{10}$A、$D_6$A | | $D_{10}$ | B | | (6/8)、[10/12] | S、$D_6$ | 8-10DG、6-12DG、ⅡBG | | | | 107 |

续上表

| 方向 | | 进路 | 进路方式 | 排列进路按下按钮 | 确定运行方向道岔 | 信号机 | | 表示器 | 道岔 | 敌对信号 | 轨道区段 | 迎面进路 | | 其他联锁 | 进路号码 |
|---|---|---|---|---|---|---|---|---|---|---|---|---|---|---|---|
| | | | | | | 名称 | 显示 | | | | | 列车 | 调车 | | |
| 调车进路 由 | $D_{12}$ | 至$D_{16}$ | | $D_{12}A$、$D_{16}A$ | | $D_{12}$ | B | | (16)、(18/20) | 〈(6)〉S、〈10〉$S_F$ | 16-18DG、20DG | | | | 108 |
| | | 至Ⅲ股道 | | $D_{12}A$、$X_{\mathrm{III}}DA$ | | $D_{12}$ | B | | (16)、18/20 | 〈(6)〉S、〈10〉$S_F$ | 16-18DG | ⅢG | | | 109 |
| | | 至Ⅰ股道 | | $D_{12}A$、$X_{\mathrm{I}}DA$ | | $D_{12}$ | B | | 16 | 〈(6)〉S、〈10〉$S_F$ | 16-18DG | ⅠG | | | 110 |
| | $D_{14}$ | 至$D_{16}$ | | $D_{14}A$、$D_{16}A$ | | $D_{14}$ | B | | 20 | $D_{18}$、$X_5$ | 20DG | | | | 111 |
| | $D_{16}$ | 向$D_{18}$ | | $D_{16}A$、$D_{18}A$ | | $D_{16}$ | B | | (22) | $D_{18}$、〈(18)〉S、〈(18)〉$S_F$、 | 22DG | | | | 112 |
| | | 至5股道 | | $D_{16}A$、$X_5DA$ | | $D_{16}$ | B | | 22 | $X_5$、〈(18)〉S、〈(18)〉$S_F$、 | 22DG | 5G | | | 113 |
| | $D_{18}$ | 至$D_4$ | | $D_{18}A$、$D_{14}A$ | | $D_{18}$ | B | | 22、20 | $D_{14}$、$D_{16}$ | 22DG、20DG | | | | 114 |
| | | 至$D_{10}$ | | $D_{18}A$、$D_{12}A$ | | $D_{18}$ | B | | 22、(18/20)、(16) | $D_{16}$、$D_{12}$、〈(6)〉S、〈10〉$S_F$、 | 22DG、20DG、16-18DG | | | | 115 |
| | $X_5D$ | 至$D_4$ | | $X_5DA$、$D_{14}A$ | | $X_5$ | B | | 22、20 | $D_{14}$、$D_{16}$ | 22DG、20DG | | | | 116 |
| | | 至$D_{10}$ | | $X_5DA$、$D_{12}A$ | | $X_5$ | B | | 22、(18/20)、(16) | $D_{16}$、$D_{12}$、〈(6)〉S、〈10〉$S_F$、$X_5$ L | 22DG、20DG、16-18DG | | | | 117 |
| | $X_{\mathrm{III}}D$ | 至$D_{10}$ | | $X_{\mathrm{III}}DA$、$D_{12}A$ | | $X_{\mathrm{III}}$ | B | | 18/20、(16) | $D_{12}$、〈(6)〉S、〈10〉$S_F$、$X_{\mathrm{III}}$ L | 16-18DG | | | | 118 |
| | $X_{\mathrm{I}}D$ | 至$D_{10}$ | | $X_{\mathrm{I}}DA$、$D_{12}A$ | | $X_{\mathrm{I}}$ | B | | 16 | $D_{12}$、〈(6)〉S、〈10〉$S_F$、$X_{\mathrm{I}}$ L | 16-18DG | | | | 119 |
| | $X_{\mathrm{II}}D$ | 至$D_2$ | | $X_{\mathrm{II}}DA$、$D_2A$ | | $X_{\mathrm{II}}$ | B | | 14、(10/12)、[6/8]、(2/4) | $D_2$、$D_8$、〈(10)〉$S_F$ | 14DG、6-12DG、8-10DG、4DG、2DG | | | | 120 |
| | | 至$S_F$ | | $X_{\mathrm{II}}DA$、XDZA | | $X_{\mathrm{II}}$ | B | | 14、(10/12)、[6/8]、2/4 | $D_8$、〈(10)〉$S_F$、$X_{\mathrm{II}}$L | 14DG、6-12DG、8-10DG、4DG | | | | 120 |
| | | 向$D_6$ | | $S_{\mathrm{II}}DA$、$D_6A$ | | $X_{\mathrm{II}}$ | B | | 14、10/12、6/8 | $D_6$、〈6〉S、$X_{\mathrm{II}}$ L | 14DG、6-12DG、ⅡBG | | | | 121 |
| | $X_4D$ | 至$D_2$ | | $X_4DA$、$D_2A$ | | $X_4$ | B | | (14)、(10/12)、[6/8]、(2/4) | $D_2$、$D_8$、〈(10)〉$S_F$ | 14DG、6-12DG、8-10DG、4DG、2DG | | | | 122 |
| | | 至$S_F$ | | $X_4DA$、XDZA | | $X_4$ | B | | 14、(10/12)、[6/8]、(2/4) | $D_8$、〈(10)〉$S_F$、$X_4$L | 14DG、6-12DG、8-10DG、4DG | | | | 123 |
| | | 向$D_6$ | | $X_4DA$、$D_6A$ | | $X_4$ | B | | (14)、10/12、6/8 | $D_6$、〈6〉S、$X_4$L | 14DG、6-12DG、ⅡBG | | | | 124 |

# 第三节 联锁设备

控制车站的道岔、进路和信号，并实现它们之间的联锁的设备，称为联锁设备。联锁设备可以采用机械的、机电的或电气的方法来实现，可以分散控制也可以集中控制。

## 一、联锁设备分类

目前我国铁路的联锁设备主要有继电集中联锁、计算机联锁。

在发展继电集中联锁以前，多采用电锁器联锁。电锁器联锁是一种非集中联锁设备，它用电锁器来实现主要联锁关系，由带电锁器的道岔握柄与转换锁闭器配合，用人工在现场就地分散操纵道岔。信号机可采用色灯信号机、臂板信号机或电动臂板信号机。采用色灯信号机的电锁器联锁称为色灯电锁器联锁。采用臂板信号机的电锁器联锁称为臂板电锁器联锁。采用电动臂板信号机的电锁器联锁称为电动臂板电锁器联锁。臂板电锁器联锁的信号机由车站值班员控制，扳道员在现场操纵。色灯电锁器联锁和电动臂板电锁器联锁的信号机由车站值班员通过控制台操纵。电锁器联锁作业效率低，安全程度差，行车人员劳动强度大，而且无法与现代化信号系统相结合。随着我国铁路信号现代化的进程，已绝大部分改造成为集中联锁。

集中联锁用电气的方法集中控制和监督全站的道岔、进路和信号机，并实现它们之间的联锁。集中联锁包括继电集中联锁和计算机联锁。若是用继电器组成的电路来进行控制并实现联锁的设备，称为继电集中联锁，计算机联锁用计算机完成联锁及控制功能。

集中联锁采用色灯信号机，道岔由转辙机转换和锁闭，进路上所有区段均设有轨道电路，在信号楼进行集中控制和监督、指挥，实现了站内行车指挥的自动控制，能准确及时地反映现场行车情况，不再需要分散控制时所需的联系时间，而且完全清除了因联系错误而引起的事故，因而大大提高了行车安全程度和作业效率，并且极大地改善了行车人员的劳动条件。集中联锁具有操作简便、办理迅速、表示完善、安全可靠等一系列优点，采用集中联锁可较大幅度地提高咽喉通过能力和到发线通过能力，较快即可收回成本。集中联锁是一种安全、高效、经济的车站联锁设备，是实现铁路现代化的重要基础设备之一。正因为如此，集中联锁已在我国普遍推广使用，并得到了迅速的发展。

## 二、继电集中联锁

继电集中联锁电路曾有过多种制式，但经使用，并几经改进和完善，6502 电气集中被认为是较好的定型电路，而得到广泛应用。目前绝大部分继电集中联锁是 6502 型。

1. 6502 电气集中的主要技术特征

(1)组合式电路

按道岔、信号机和轨道电路区段为基本单元设计成定型的单元电路，称为继电器组合，简称组合，将各种组合按站场形状拼装起来即成为组合式电路。采用站场型单元式电路的电气集中，称为组合式电气集中。6502 电气集中是组合式电路。组合式电路具有简化设计、加速施工、工厂预制、便于使用及维修等优点。

(2)双按钮进路操纵

进路操纵式亦称按钮式,6502 电气集中采用双按钮选路方式,一般只需按压两个进路按钮,就能转换道岔、开放信号,而且不论进路中有多少组道岔均能一次转换,简化了操作手续,提高了效率。

(3)逐段解锁

6502 电气集中采用逐段解锁方式。它把进路分为若干段,采用多次分段解锁的方式,即列车或调车车列出清一段解锁一段,称为进路逐段解锁制。它可以充分发挥咽喉道岔的使用率,缩短两项作业之间的间隔时间,提高车站咽喉道岔的通过能力和调车作业效率。

2. 6502 电气集中的设备组成

电气集中包括室内设备和室外设备,其组成如图 1-10 所示。

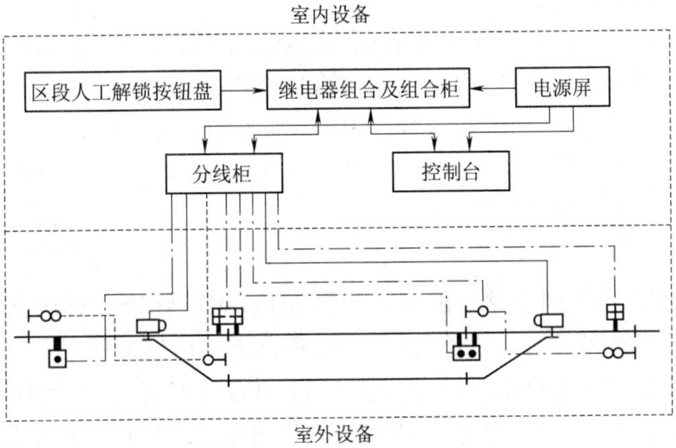


图 1-10 电气集中联锁设备的组成

(1)室内设备

室内设备有控制台、区段人工解锁按钮盘、继电器组合及组合柜、电源屏、分线柜等。

控制台安装在行车室内,是车站值班员指挥列车运行和调车作业的控制设备,用来控制道岔的转换和信号的开放,并对进路、信号、道岔进行监督。

区段人工解锁按钮盘安装在行车室内,其作用是,在更换继电器、轨道电路停电恢复等情况下使设备解锁恢复电路的正常状态;在道岔区段因故不能解锁时办理故障解锁;在取消进路时若发生不能关闭信号的情况下也可用来关闭信号。

继电器组合及组合柜安装在继电器室内,用以插放继电器,其构成的电路完成全站信号设备的联锁关系,执行对室外设备的控制和监督。

电源屏安装在继电器室或电源室,给整个车站电气集中设备不间断地供出各种交、直流电源。

分线柜则起着室内设备和室外设备的连接作用。

此外,还装设区间移频柜、区间综合柜(自动闭塞区段)及电码化用的移频柜、综合柜、信号集中监测装置的站机和采集机、TDCS 分机/CTC 自律机等。TDCS/CTC 自律机车站终端设于车站值班员室。

(2)室外设备

室外设备有:指挥列车及调车车列运行的色灯信号机,转换道岔的转辙机,监督轨道上有无车占用的轨道电路，以及连接这些设备的电缆线路(包括电缆和箱、盒)。电气集中室外设备的布置见书末附图1。

①信号机

电气集中采用色灯信号机，集中供电，由室内电源屏供出交流220 V电源，在信号机处设信号变压器变压后供给信号灯泡点灯，都采用双丝灯泡并设灯丝转换继电器。

在普速铁路，举例站场为适应双线双向运行的需要，除正方向进站信号机外，设$X_F$、$S_F$反方向进站信号机。反方向按站间闭塞运行，反方向进站信号机没有黄灯和绿黄灯显示。因下行东郊方面ⅢG接车为进直出弯，不能办理通过进路，故$X_D$进站信号机绿灯予以封闭。东郊方面仍为半自动闭塞区段，故设预告信号机$YX_D$，但为了延长接近区段长度，$YX_D$外移了400 m。

站内正线和各到发线均为双方向运行。为适应双线双向四显示自动闭塞的需要，出站信号机亦为四显示，并且带进路表示器。

对于矮型出站信号机，因绿灯和黄灯有同时点亮的时候，故左侧采用矮型三显示机构，在绿灯和黄灯之间空一个灯位。上行出站信号机有次要方向——东郊方面，共有三个发车方向，不能采用双绿来表示向东郊方面发车，只能用三个进路表示器来表明三个发车方向。下行出站信号机有两个发车方向，用一个进路表示器来表明发车方向，正方向发车时进路表示器不亮，反方向发车时进路表示器点亮月白灯。

②转辙机

车站联锁区域内每组普通道岔一般设一台转辙机，用以转换和锁闭道岔。当采用大号码道岔、尖轨弹性可弯道岔和可动心轨道岔时，一组道岔需多台转辙机转换和锁闭。

在举例站场，为适应提速的要求，站内正线ⅠG、ⅡG上的道岔均改为提速道岔，侧线仍采用非提速道岔，但除了2号、22号道岔保留采用9号道岔外，其他一律为12号道岔。

提速道岔均为固定辙叉。12号提速道岔的尖轨必须有两个牵引点。一组双动道岔有四个牵引点。

提速道岔均采用钩式外锁闭装置。提速区段正线道岔可采用S700K型电动转辙机、ZDJ9型电动转辙机或ZYJ7型电液转辙机。采用S700K型、ZDJ9型电动转辙机时，每个牵引点需设一台转辙机。采用ZYJ7型电液转辙机(主机)时，一般带SH6型转换锁闭器(副机)，此时一套主机和副机牵引两点。如不采用副机，则与S700K型一样，每个牵引点一台ZYJ7型主机。

其他道岔采用ZD6型电动转辙机。

③轨道电路

广泛采用25 Hz相敏轨道电路(包括97型25 Hz相敏轨道电路和25 Hz微电子相敏轨道电路)，用来检查轨道区段内有无车辆占用，并监督钢轨线路是否良好。为了节省电缆，轨道电路采用集中干线供电方式供电。电气化铁路区段因钢轨上有牵引电流流过，轨道电路不能采用50 Hz电源，而采用25 Hz。

为满足不中断发码的要求，站内轨道电路电码化正线采用叠加预发码方式，反方向接车进路也采用叠加预发码方式。侧线采用叠加发码方式。东郊方面的接近区段如采用移频轨道电路，可直接发码，就不需要电码化了。

④电缆线路

电缆线路包括电缆和连接设备(电缆盒、变压器箱)是连接室内、外设备，传送信息的通道。

(3)6502电气集中的基本工作原理

6502电气集中电路的动作层次是:先选择进路,再锁闭进路,然后开放信号,车出清后是解锁进路。

6502电气集中电路是继电逻辑电路,包括网路电路和局部电路。网路电路的形状与站场形状相似,有15条线网路。6502电路分为选择组电路和执行组电路两大部分。

选择组电路由记录电路和选路网路组成,主要用来记录车站值班员按压按钮的动作,按要求自动选通所需进路,并将操作意图传给执行组电路。

所有联锁关系,包括检查道岔位置正确且被锁闭、轨道电路区段空闲、敌对进路未建立且锁闭在未建立状态,都由执行组电路完成。经检查联锁关系正确后,锁闭进路,开放信号。各种解锁条件的检查也通过网路电路进行。

继电集中联锁性能较稳定,得到了普遍采用。但其由继电器组成逻辑电路,难于表达和实现复杂的逻辑关系,因而功能不够完善,安全性尚有欠缺,不便于与现代化信息系统联网,经济上没有优势,势必为更高层次的联锁设备——计算机联锁所取代。

## 三、计算机联锁

随着计算机技术的迅速发展,尤其是对于可靠性技术和容错技术的深入研究,出现了计算机联锁,正渐趋成熟并推广使用。计算机联锁用计算机和其他一些电子、继电器件组成具有"故障—安全"性能的实时控制系统。它与继电集中联锁相比具有十分明显的技术经济优势,无论在安全性、可靠性、经济性等方面都是继电集中联锁无法比拟的,而且设计、施工、维修和使用大为方便。它具有广阔的发展前景,被认为是车站联锁设备的发展方向。

计算机联锁,通常采用通用的工业控制计算机,由一套专用的软件来实现车站信号、进路、道岔间的联锁关系。它实质上是一个满足"故障—安全"原则的逻辑求值器,自动采集、处理信号机、道岔、轨道电路的信息,把车站值班员的控制命令和现场的各种表示信息输入计算机,再根据储存在计算机内的有关条件,进行联锁关系的逻辑运算和判断,然后输出信息至执行机构,实现对车站信号设备的控制和监督。它实现的是多变量输入和多变量输出的复杂的传递函数的转换。

1. 计算机联锁的技术特征

计算机联锁是以计算机为核心构成的联锁控制系统,它与继电集中联锁相比,主要区别是:

(1)利用计算机对车站值班员的操作命令和现场监控设备的表示信息进行逻辑运算后,完成对信号机、道岔及进路的联锁和控制,全部联锁关系由计算机及其程序完成。

(2)用屏幕显示代替控制台表示盘,大大缩小了体积,丰富了显示内容,简化了操作。

(3)采用模块化硬件和软件设计,便于站场变更,并易于实现故障检测分析功能。

与继电集中联锁相比,它具有以下优点:

(1)进一步提高了安全性、可靠性。

(2)增加和完善了联锁功能。

(3)方便设计。

(4)省工省料。

2. 计算机联锁系统的组成

计算机联锁包括室外设备和室内设备。

(1)室外设备

书末附图1为普速铁路信号设备平面布置图,清楚地表示了室外信号设备的布置。

普速铁路站内信号机、转辙机、轨道电路设置同继电集中联锁。

(2)室内设备

室内设备包括计算机联锁机柜、控制台、电务维修台、接口柜、组合柜、25 Hz轨道柜、防雷分线柜、电源屏。

①计算机联锁机柜

计算机联锁机柜内主要安装联锁机和输入/输出接口,进行联锁运算,控制信号机和转辙机。为保证计算机联锁系统的可靠性,采用二乘二取二的计算机联锁。

在高速铁路,计算机联锁系统必须具备与调度集中、无线闭塞中心(在采用CTCS-3级列控系统时)、列控中心、信号集中监测等设备的接口能力。计算机联锁完成车站联锁功能,并接收和执行CTC的命令。

二乘二取二计算机联锁系统的联锁机有两套,每套内有双CPU,满足"故障—安全"要求。属于这类计算机联锁的有DS6-K5B型计算机联锁、EI32-JD型计算机联锁、iLOCK型计算机联锁、TYJL-ADX型计算机联锁,以及DS6-60型、TYJL-Ⅲ型计算机联锁。这些计算机联锁系统的具体结构不尽相同。

计算机联锁机柜安装在信号计算机房中。

②控制台

控制台采用LCD显示和鼠标操作,供车站值班员用。控制台安装在控制台室(或称车站值班员室、运转室)中。

③电务维修台

电务维修台包括显示器、键盘、打印机等,为电务维修人员用。电务维修台安装在信号计算机房中。

④接口柜

接口柜用于联锁机输入/输出单元和组合柜的连接。

⑤组合柜

组合柜用于安装继电器,组合柜的多少要根据车站具体所需组合数量而定。

⑥25 Hz轨道柜

25 Hz轨道柜安装25 Hz相敏轨道电路所需器材。

组合柜、25 Hz轨道柜、接口柜安装在信号机械室中。

⑦防雷分线柜

防雷分线柜用于信号设备防雷和室外电缆的引入和室内设备相联系。防雷分线柜安装在防雷分线室或信号机械室内。

⑧电源屏

目前均采用智能电源屏,包括车站用和区间用。车站用电源屏的电源模块要根据联锁设备的负载计算来确定。区间用电源屏则要根据所管辖闭塞分区的数量来确定。各种类型的智能电源屏其组成也不尽相同。电源屏可安装在电源室内,也可安装在信号机械室内。

⑨配套设备

室内设备还包括自动闭塞用的移频柜、综合柜、组合柜(根据确定本站管辖区间信号点的范围,确定设备数量);普速铁路站内轨道电路电码化用的移频柜、综合柜、组合柜;TDCS分机或CTC的自律机柜;列控中心(在采用CTCS-2级、CTCS-3级列控系统时);信号集中监测系统的站机和采集机。

TDCS站机柜或CTC自律机柜、列控中心机柜、信号集中监测站机柜安装在机房中。站内电码化用移频柜和综合柜、组合柜,区间自动闭塞用移频柜和组合柜安装在信号机械室。

区间综合柜安装防雷分线室或信号机械室。

室内设备布置可参阅《计算机联锁图册(第三版)》图Ⅰ-02。

3. 系统功能

系统除完成6502电气集中的全部功能,还可扩展以下功能:

(1)具有单钩溜放功能,能满足平面溜放调车作业的需要。

(2)选用大屏幕显示器时,屏幕上除能显示继电集中联锁表示盘上的所有表示外,还增加了时间显示、音响信号、语音报警和汉字提示。

(3)具有检错、诊断、储存记录功能,故障可被诊断至板级。

## 复习思考题

1. 什么是联锁?为什么联锁关系必须十分严密?
2. 什么是联锁区?
3. 什么是联锁道岔?什么是联动道岔?什么是防护道岔?什么是带动道岔?
4. 什么是进路?进路如何分类?
5. 什么是敌对进路?举例说明。
6. 联锁的基本内容有哪些?
7. 基本联锁功能包括哪些?
8. 联锁图表有什么作用?
9. 识读举例站场的信号平面布置图和联锁表。
10. 识读图1-11所示车站信号平面布置图,并编写其联锁表。

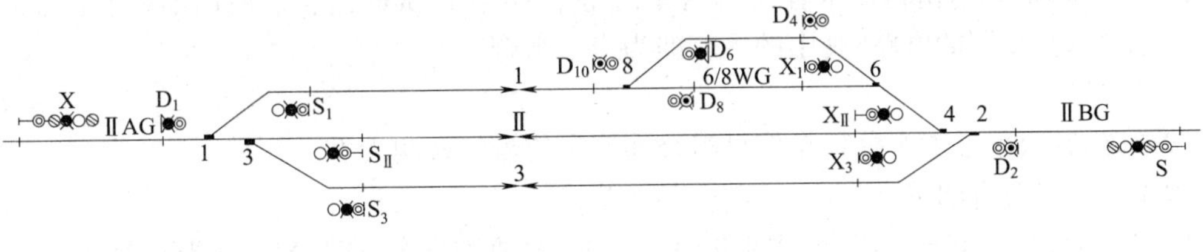


图1-11 车站信号平面布置图

11. 什么是联锁设备?如何分类?
12. 简述继电集中联锁的组成。
13. 简述计算机联锁的技术特征。
14. 简述计算机联锁的组成。
15. 计算机联锁与继电集中联锁相比,有何特点?有何技术优势?

# 第二章　6502 电气集中

## 第一节　6502 电气集中概述

### 一、6502 电气集中的继电器组合

1. 6502 电气集中组合构成原理

(1)站场形网路

6502 电气集中电路是按车站信号平面图,用组合拼接而成的。任何一个站场都可以按所布置的信号机、构成站场的道岔形状及划分的轨道电路区段,选用相应的组合拼接起来,以组成整个站场电路。从电路图可看出,采用组合拼接起来的电路,其电路结构完全与其站场线路和道岔布置的形状相似。

这种与站场相似的网路结构,有以下优点:

①简化电路结构,节省继电器接点。同样用途的继电器,可以接在同一网路上,不用反复检查同样的条件。

②图形规律性强,与站场信号平面图相似,便于设计、施工与维修。

③有利于组合单元电路的标准化和提高定型率,适于批量生产。

(2)组合

道岔组合、信号组合、区段组合是 6502 电气集中的三种基本组合。

①道岔组合

单动道岔和双动道岔的电路结线不同,双动道岔所使用的继电器数量又超过十个,因此道岔组合有以下三种类型:

DD 组合,单动道岔组合,用于单动道岔。

SDZ 组合,双动道岔主组合,用于一组双动道岔(或三动、四动道岔,下同)。

SDF 组合,双动道岔辅助组合,一组双动道岔占用半个 SDF 组合。所谓半个组合,即一个组合中包含两套相同的电路,其中的一套即为半个组合。

②信号组合

按电路结线,信号组合分列车信号组合和调车信号组合两大类。

列车信号组合有四种类型:

LXZ 组合,列车信号主组合,用于进站、出站信号机和接车进路、发车进路信号机。

1LXF 组合,一方向列车信号辅助组合,用于仅有一个发车方向的出站信号机,以及单线区段或双线双向区段的进站信号机。

2LXF 组合,二方向列车信号辅助组合,用于有两个及以上发车方向的出站信号机。

YX 组合,引导信号组合,用于带引导信号的进站信号机及接车进路信号机。

调车信号组合有两种类型:

DX 组合,调车信号组合,用于并置、差置、单置、尽头线等调车信号机。

DXF 组合，调车信号辅助组合，用于单置调车信号机、变通按钮及无信号机处的列车进路、调车进路的终端按钮。它们都各占用半个 DXF 组合，半个组合的含义同 SDF 组合。

③区段组合

区段组合，用于道岔区段及列车进路内差置调车信号机之间的无岔区段。不论是道岔区段还是无岔区段，区段组合均只有一种组合，即 Q 组合。

另外，还有两种全咽喉共用的组合，即方向组合 F 和电源组合 DY。方向组合中主要有方向继电器，用于区分本咽喉进路的性质和运行方向，每一咽喉共用一套。方向组合中还包括道岔总定位、道岔总反位、总取消、总人工解锁等继电器。电源组合中主要有人工解锁电路用的继电器和挤岔电路用的继电器。

由上述可知，构成 6502 电气集中电路的定型组合共有 12 种。每种组合内所包含的继电器的名称和种类见表 2-1。

**表 2-1 6502 电气集中定型组合类型表**

| 组合类型 | 0 | | 1 | 2 | 3 | 4 | 5 | 6 | 7 | 8 | 9 | 10 |
|---|---|---|---|---|---|---|---|---|---|---|---|---|
| F | $R_2$ / RXYC-25-51-Ⅰ<br>$C_2$ / CD-200-50 | $R_1$ / RXYC-25-51-Ⅰ<br>$C_1$ / CD-200-50 | LJJ | LFJ | DJJ | DFJ | ZQJ | ZRJ | ZDJ | ZFJ | GDJ | GDJF |
| | | | JWXC-H340 | JWXC-H340 | JWXC-H340 | JWXC-H340 | JWXC-1700 | JWXC-1700 | JWXC-1700 | JWXC-1700 | JWXC-1700 | JWXC-H340 |
| YX | R / RXYC-25-51-Ⅰ<br>C / CD-100-50 | RD / 0.5A | AJ | XJ | JJ | 1DJF | 2DJ | ZXJ | LXJF | TXJ | LUXJ | LAJ |
| | | | JWXC-1700 | JWXC-H340 | JWXC-1700 | JWXC-1700 | JZXC-H18 | JWXC-1700 | JWXC-1700 | JWXC-1700 | JWXC-1700 | JWXC-H340 |
| 1LXF | | | DAJ | LAJ | ZJ | GJJ | ZCJ | GJ | GJF | | | |
| | | | JWXC-H340 | JWXC-H340 | JWXC-H340 | JWXC-1700 | JWXC-1700 | JZXC-480 | JWXC-1700 | | | |
| 2LXF | | | DAJ | LAJ | ZJ | GJJ | ZCJ | LXJF | ZXJ | 2DJ | | |
| | | | JWXC-H340 | JWXC-H340 | JWXC-H340 | JWXC-1700 | JWXC-1700 | JZXC-1700 | JWXC-H340 | JZXC-H18 | | |
| LXZ | R / RXYC-25-51-Ⅰ<br>C / CD-200-50 | $RD_1$ / 0.5A<br>$RD_2$ / 0.5A | LKJ | JXJ | FKJ | KJ | LXJ | XJJ | DXJ | DJ | QJ | JYJ |
| | | | JWXC-H340 | JWXC-1700 | JWXC-H340 | JWXC-H340 | JWXC-1700 | JWXC-1700 | JWXC-H340 | JZXC-H18 | JWXC-1700 | JWXC-1700 |
| DX | | $RD_1$ / 0.5A<br>$RD_2$ / 0.5A | AJ | JXJ | FKJ | KJ | ZJ | XJJ | XJ | DJ | QJ | JYJ |
| | | | JWXC-H340 | JWXC-1700 | JWXC-H340 | JWXC-1700 | JWXC-H340 | JWXC-1700 | JWXC-H340 | JZXC-H18 | JWXC-1700 | JWXC-1700 |
| DXF或B | | | 1AJ | 2AJ | JXJ | 1AJ | 2AJ | JXJ | | | | |
| | | | JWXC-1700 | JWXC-H340 | JWXC-1700 | JWXC-1700 | JWXC-H340 | JWXC-1700 | | | | |
| SDF | $D_3$ / 2CP21<br>$D_4$ / 2CP21 | $D_1$ / 2CP21<br>$D_2$ / 2CP21 | 1DCJ | 1FCJ | 2DCJ | 2FCJ | 1DCJ | 1FCJ | 2DCJ | 2FCJ | | |
| | | | JWXC-1700 | JWXC-1700 | JWXC-1700 | JWXC-1700 | JWXC-1700 | JWXC-1700 | JWXC-1700 | JWXC-1700 | | |

续上表

| 组合类型 | 0 | | 1 | 2 | 3 | 4 | 5 | 6 | 7 | 8 | 9 | 10 |
|---|---|---|---|---|---|---|---|---|---|---|---|---|
| SDZ | $\frac{R}{RXYC\text{-}40\text{-}1000\text{-}Ⅰ}$ $\frac{C}{CZM\text{-}L\text{-}4\text{-}400}$ | $\frac{RD_1}{3A}$ $\frac{RD_2}{3A}$ $\frac{RD_3}{5A}$ $\frac{RD_4}{0.5A}$ | BB | 1DQJ | 1SJ | 2DQJ | AJ | 2SJ | DBJF | DBJ | FBJ | FBJF |
| | | | $BD_1$-7 | JWJXC-H $\frac{125}{0.44}$ | JWXC-1700 | JYJXC-$\frac{160}{260}$ | JWXC-1700 | JWXC-1700 | JWXC-1700 | JPXC-1000 | JPXC-1000 | JWXC-1700 |
| DD | $\frac{D_1、D_2、R}{2CP21}$ RXYC-40-1000-Ⅰ $\frac{D_3、D_4、C}{2CP31}$ CZM-L-4-400 | $\frac{RD_1}{3A}$ $\frac{RD_2}{3A}$ $\frac{RD_3}{5A}$ $\frac{RD_4}{0.5A}$ | BB | 1DQJ | SJ | 2DQJ | AJ | DCJ | FCJ | DBJ | FBJ | |
| | | | $BD_1$-7 | JWJXC-H $\frac{125}{0.44}$ | JWXC-1700 | JYJXC-$\frac{160}{260}$ | JWXC-1700 | JWXC-1700 | JWXC-1700 | JPXC-1000 | JPXC-1000 | |
| Q | | $\frac{R}{RXYC\text{-}25\text{-}51\text{-}Ⅰ}$ $\frac{C}{CD\text{-}1000\text{-}50}$ | DGJ | DGJF | FDGJ | 1LJ | 2LJ | QJJ | CJ | FDGJF | | |
| | | | JWXC-H310 | JWXC-1700 | JWXC-1700 | JWXC-1700 | JWXC-1700 | JWXC-1700 | JWXC-1700 | JWXC-1700 | | |
| DY | | | 1RJJ | 2RJJ | 1XCJ | 2XCJ | TGJ | TCJ | YZSJ | JCAJ或ZFDJ | $JCJ_1$ | $JCJ_2$ |
| | | | JWXC-1700 | JWXC-1700 | JSBXC-850 | JSBXC-850 | JWJXC-480 | JWXC-1700 | JWXC-1700 | JZXC-1700 | JZXC-480 | JSBXC-850 |

2. 组合的运用

根据信号平面布置图上不同类型的信号机和道岔，在选用组合构成电路时，对组合拼接的种类和排列顺序有以下规定：

(1)进站信号机和接车进路信号机的组合选用

对进站信号机和接车进路信号机，选用的组合有三种情况：

①双线单向运行区段的进站信号机，由 YX 和 LXZ 两个组合组成，根据信号机显示的运行方向，其组合排列如图 2-1(a)所示。

②单线双向运行区段的进站信号机及双线双向运行区段的进站信号机，由 1LXF、YX 和 LXZ 三个组合组成，根据信号机显示的运行方向，其组合排例如图 2-1(b)所示。

③进站信号机内方有无岔区段并带有同方向调车信号机(简称进站带调车)，除分别按①、②方式组成外，对该调车信号机可不另设调车信号组合，而与进站信号机的 LXZ 组合共用，另外再加几个零散继电器，放在零散组合中即可，其组合排列如图 2-1(c)所示。应注意，组合的排列顺序应如图所示，是固定的，不能前后交换。

接车进路信号机的组合选用同进站信号机。

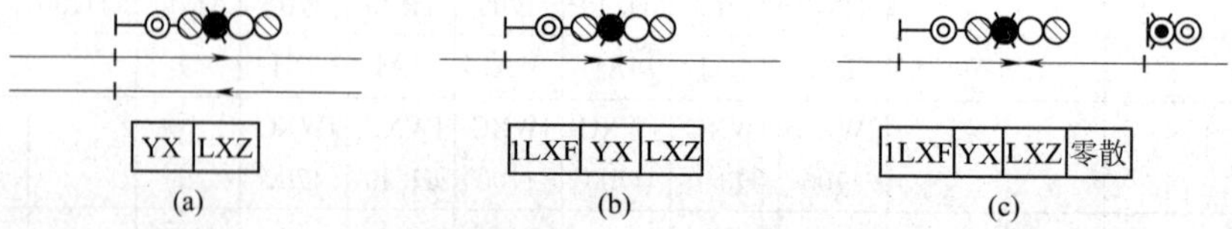


图 2-1　进站信号机用的组合

(2)出站信号机的组合选用

出站兼调车信号机的组合选用有两种情况：

①只有一个发车方向的出站信号机，由 1LXF 和 LXZ 组合组成，按信号显示的运行方向，其组合排列如图 2-2(a)所示。

②有两个发车方向的出站信号机，需由 2LXF 和 LXZ 组合组成，按信号显示的运行方向，其组合排列如图 2-2(b)所示。

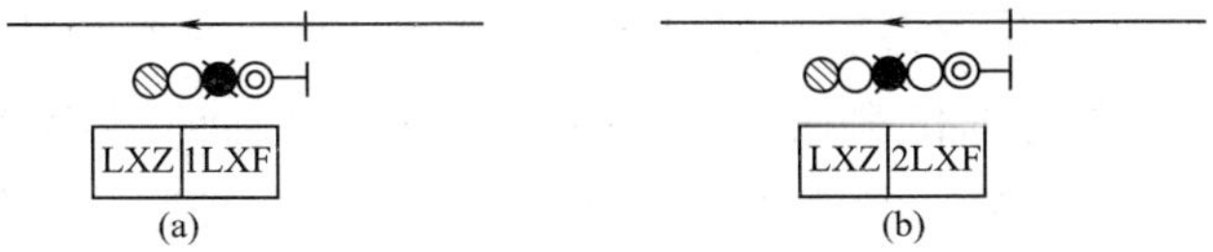


图 2-2　出站兼调车信号机用的组合

有三个及以上发车方向的出站信号机有的组合选用同有两个发车方向的出站信号机。

发车进路兼调车信号机的组合选用同出站兼调车信号机。

(3)调车信号机的组合选用

调车信号机组合选用有四种以上情况：

①尽头线调车信号机，选用一个 DX 组合，如图 2-3(a)所示。

②并置调车信号机，各选用一个 DX 组合，如图 2-3(b)所示。

③差置调车信号机，各选用一个 DX 组合，并在两 DX 组合中夹一个 Q 组合，如图 2-3(c)所示。

④单置调车信号机，选用一个 DX 组合和半个 DXF 组合，DX 组合排在单置调车信号机内方，如图 2-4(d)所示。

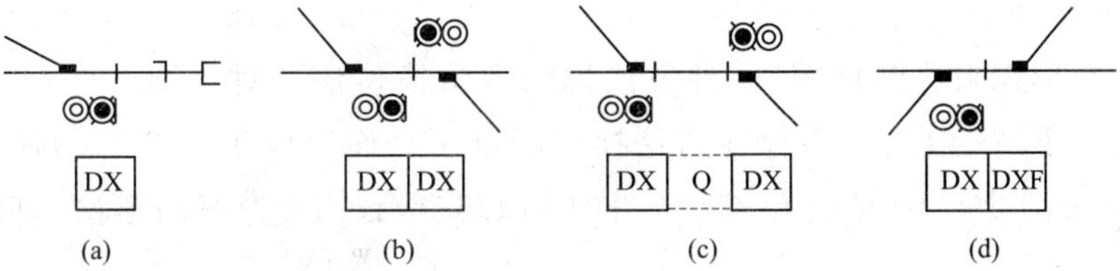


图 2-3　各种调车信号机用的组合

(4)道岔的组合选用

道岔的组合选用有两种情况：

①每组单动道岔选用 DD 组合，如图 2-4(a)所示。

②每组双动道岔(三动道岔、四动道岔)选用一个 SDZ 组合和半个 SDF 组合，分别如图 2-4(b)和图 2-4(c)所示。

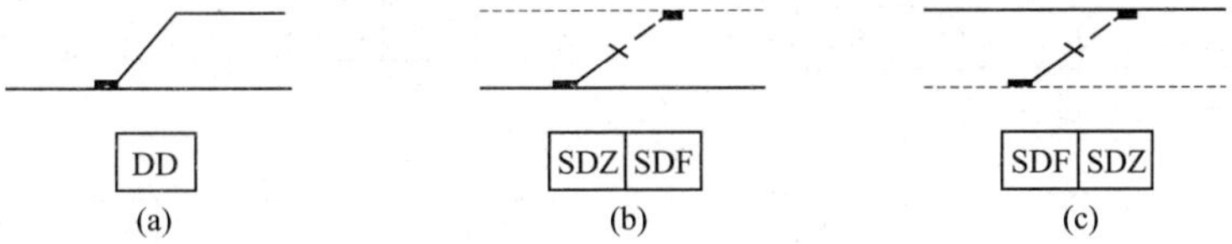


图 2-4　道岔用的组合

SDZ 组合排列在相应于岔尖位置。这里画的是同一组双动道岔，它们共用一个 SDZ 组合和半个 SDF 组合，而不是分别各用一个。图中分别用一个方框表示，是为了与实际电路图相对应，因为 SDZ 组合和 SDF 组合各用两张电路图组成，注意不要误认为是两套组合。

提速道岔，每台转辙机(对 ZYJ7 型电液转辙机而言，指的是主机)增设一个提速道岔辅助组合 TDF。

(5)道岔区段组合的安排

原则上对每个道岔区段和无岔区段均要选一个 Q 组合。但对非列车进路上的无岔区段，由于调车车列运行速度低，又不存在道岔锁闭的问题，因此为节约继电器和组合，往往不设 Q 组合而仅在零散组合中设轨道继电器即可。

应注意，Q 组合安放的位置必须是利用本区段排列任何进路都能经过的地方，即该区段的关键部位。一般情况关键部位都在该区段各道岔的岔尖前面，现举例说明：图 2-5(a)和图 2-5(b)为一般道岔区段对 Q 组合的排列，Q 组合安排在该区段所有道岔尖轨前方。很明显，排任何一条经这两组道岔的进路时均会经过 Q 组合。

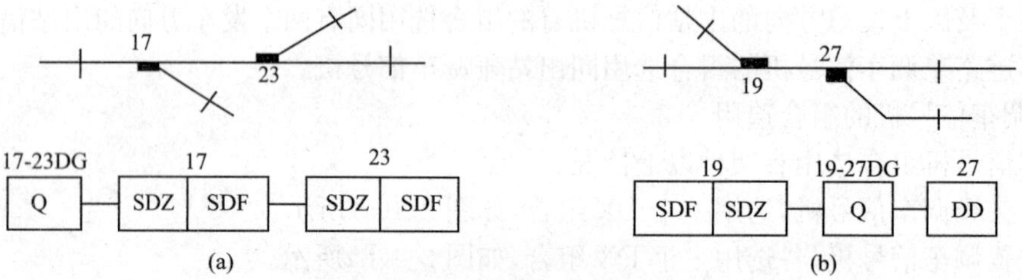


图 2-5　道岔区段 Q 组合的安排

对于交叉渡线，如图 2-6 所示。为了把 Q 组合安放在 11 号和 13 号道岔尖轨处，对组合电路就要作如下处理才能达到要求，即采用将 9/11 和 13/15 号道岔组合互换位置以安放 Q 组合的形式来达到目的，这种方法称为道岔换位法。对于图 2-6(c)中 9 号和 15 号道岔，因分属两个区段，就不存在道岔换位问题了。而对应于图 2-7(a)所示的复式交分道岔，则应按图 2-7(b)安放 Q 组合，图中 2/4/6、8/10/12 为三动道岔，其组合运用同双动道岔。

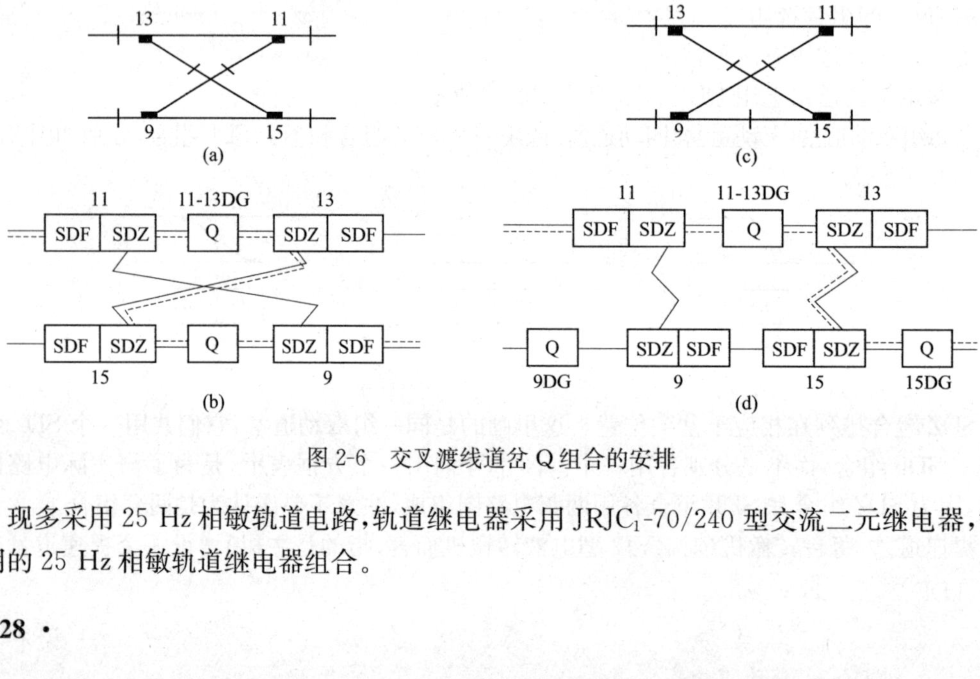


图 2-6　交叉渡线道岔 Q 组合的安排

现多采用 25 Hz 相敏轨道电路，轨道继电器采用 $JRJC_1$-70/240 型交流二元继电器，需设专用的 25 Hz 相敏轨道继电器组合。

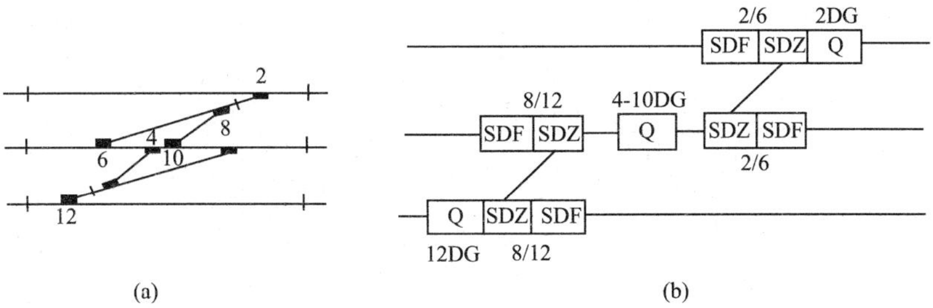


图 2-7　复式交分道岔处 Q 组合的安排

一个 25 Hz 相敏轨道继电器组合，内设三个受电端用防雷补偿器、防护盒和交流二元继电器。一个组合柜可安装 9 个 25 Hz 相敏轨道继电器组合，当一个组合柜上同时安装轨道组合和安全型继电器组合时，相邻处应空开一个组合位置。交流二位继电器是感应式继电器且无附加轴，它的后接点不得在控制和表示电路中使用，且交流二位继电器只有两组接点，故必须设复示继电器，采用专用的 JWXC-H310 型缓动继电器，可安装于区段组合的 DGJ 位置。

区段组合 Q 中的 DGJ 是 25 Hz 相敏轨道继电器 RGJ 的复示继电器，一送多受时，将 RGJ、$RGJ_1$、$RGJ_2$串联动作 DGJ，如图 2-8 所示。这里的 R 指交流二元继电器。

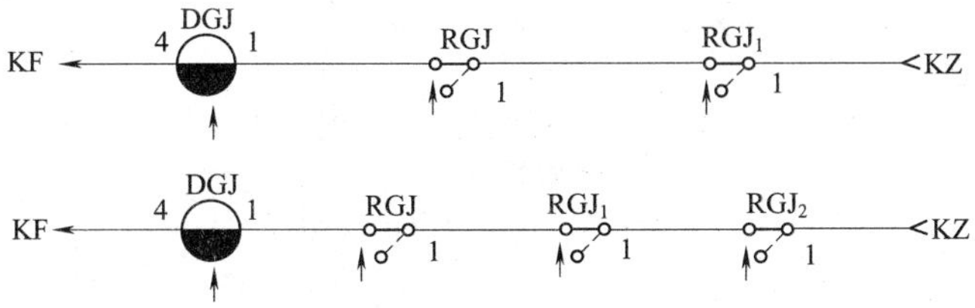


图 2-8　GJ 的复示继电器电路

这时，一送多受区段的 Q 组合中的 $DGJ_1$和 $DGJ_2$均不插(原采用交流连续式轨道电路时，对于一送多受区段需增设轨道继电器 $DGJ_1$ 和 $DGJ_2$)。

为了监督轨道电源供电状态，设置监督电源继电器 JDJ、轨道停电继电器 GDJ 和轨道停电复示继电器 GDJF，它们设于轨道电源组合内，它们的电路如图 2-9 所示。

JDJ 采用交流二元继电器，用来监督每束轨道电源和局部电源的供电状态。任一束的轨道电源或局部电源出现停电故障，相应的 JDJ 落下，使 GDJ、GDJF 相继落下，KZ-GDJ 电源断电。轨道电源恢复供电时，JDJ 重新吸起，通过第 1 组前接点向 GDJ 供 KF，GDJ 的 KZ 由 $GDJF_{11\text{-}13}$后接点接通。由于 GDJ 采用 JSBXC-850 型时间继电器，$GDJF_{41\text{-}43}$将 GDJ 的 51-83 短接，GDJ 缓吸 3 s，而 GDJF 又采用具有缓吸特性的 JWXC-H340 型继电器，所以 KZ-GDJ 电源大约在 JDJ 吸起后 3 s 多才吸起。此时该束轨道电源供电的轨道继电器早已吸起，避免了轨道电源停电前被锁闭的进路被错误解锁。

轨道电源组合对应于每束轨道电源设一个，轨道电源的线束数按 25 Hz 轨道电源屏容量不同而不同，中、小站轨道电源屏为两束，大站轨道电源屏为四束。使用了轨道停电组合后，6502 电气集中方向组合中的 GDJ 和 GDJF 不再使用，可不插。

(6)特殊情况 DXF 组合的选用

在无信号机而又需单独设按钮的列车进路终端、调车进路终端和变通进路上的变通按钮，均可选用半个 DXF 组合，如图 2-10 所示。

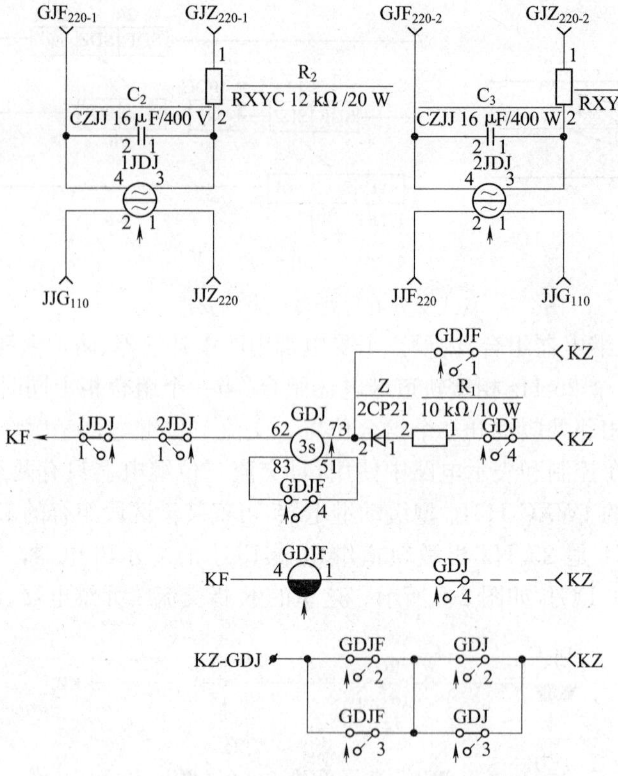


图 2-9　轨道停电电路图

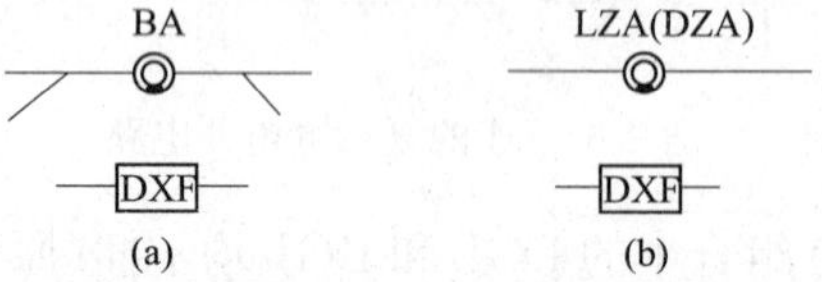


图 2-10　终端按钮、变通按钮用的组合

根据以上组合选用的规定，按照控制台盘面布置图，就可确定全站所需要的各种定型组合及排列顺序。举例站场的下、上行咽喉组合连接图分别见《6502 电气集中图册》图 06、07。

## 二、6502 电气集中电路概述

6502 电气集中的主要电路由 15 条网路线构成，其中 1～7 线为选路电路，8～15 线为执行电路。据此，可将 6502 电路分为选择组电路和执行组电路两大部分。

1. 选择组电路概述

选择组电路由记录电路和选路网路组成，主要用以记录车站值班员按压按钮的动作，按要求自动选通所需进路，并将操作意图传给执行组电路。

在记录电路中，由按钮继电器电路记录按压进路按钮的动作，由方向继电器根据所按压进路的顺序来区分进路的性质和运行方向。

选路网路包括选岔电路和开始继电器电路。在 7 条网路线中，1～6 线是道岔操纵继电器动作线网路，组成六线制选岔电路，用来在排列进路的过程中自动选出进路上的各有关道岔所需的位置；第 7 线是开始继电器励磁网路，用以检查所选进路和所排进路的一致性。进路选定后，即将车站值班员的操作意图传达到执行组电路，构成执行组的动作条件。

2. 执行组电路概述

执行组电路的作用是，检查进路中的道岔位置、区段空闲、未建立敌对进路，实现道岔区段锁闭和开放信号，以及完成进路的解锁。执行组电路可分为信号检查、区段检查、信号开放、锁闭及解锁等环节。

执行组电路主要由 8 条网路线组成。8 线是信号检查继电器电路，用来检查开放信号的可能性，即进路空闲、没有建立敌对进路、道岔位置正确。9 线是区段检查继电器和股道检查继电器电路，以进行进路的锁闭。10 线是区段检查继电器自闭电路，用来防止利用区段故障解锁方式使进路迎面错误解锁。11 线是信号继电器电路，检查进路上各区段空闲且处于锁闭状态、道岔位置正确且被锁闭，以及敌对进路检查，符合条件即可开放信号。12、13 线为进路继电器网路，用来实现进路锁闭，完成进路的正常解锁、取消、人工解锁、调车中途返回解锁及引导解锁等。14、15 线是控制台光带表示灯电路。

除了 8 条网路线外，执行组电路还包括一些局部电路，如道岔控制电路、信号点灯电路、取消继电器电路、接近预告继电器电路、照查继电器电路、传递继电器电路、锁闭继电器电路，以及控制台的各种表示灯电路、报警电铃电路等。

## 第二节　6502 电气集中的操作使用

### 一、各种用途的按钮、表示灯和报警电铃

控制台以选用 $TD_5$ 型为例。在控制台上，设有各种用途的按钮和表示灯。举例站场的控制台盘面图见《6502 电气集中图册》中的图 02。

1. 排列进路用的按钮及信号复示器

在控制台上设有以光带构成的与站场形状相似的车站线路模型，用以表示进路的开通位置及列车和调车车列的运行占用状况。当进路排出且锁闭后，进路点亮一条白光带。机车车辆占用各区段时，光带由白变红，出清时则红光带熄灭。

对应进站信号机处设进站信号复示器及列车进路按钮，如 X 进站信号机处的信号复示器及下行列车按钮 XLA。

对应每架调车信号机处设调车信号复示器及调车进路按钮。

对应每架出站兼调车信号机处设一个信号复示器，为了区别列车进路和调车进路，该处分别设列车进路按钮和调车进路按钮，如ⅡG 上行出站兼调车信号机处的 $S_{Ⅱ}$LA 和 $S_{Ⅱ}$DA，列车按钮为绿色，调车按钮为白色。

对应列车进路的终端处，若无信号机则设列车终端按钮，例如双线单方向运行时上行发车终端处设上行列车终端按钮 SLZA。同样对应调车进路终端无调车信号处设调车终端按钮，如以 $X_D$进站信号机内方为调车进路终端处设 $S_D$DZA。

为了减少按钮数量，根据按钮的作用，大多数进路按钮既可作进路始端按钮又可作进路终端按钮，仅取决于排列进路时按压的先后顺序，先按它时为始端按钮，后按它时为终端按钮。进路的始端按钮均对应有信号机，因此也可称为信号按钮，它还可作重复开放信号用。如开放的信号机因轨道电路故障引起信号关闭，在故障排除后再次按压始端信号按钮可使信号重复开放。此外取消进路、人工解锁进路都需要按压它。

除进站信号复示器经常亮红灯外，其他信号复示器平时均不亮灯。列车信号复示器在开放列车信号时亮绿灯，调车信号复示器开放调车信号时亮白灯。进站信号复示器在开放引导信号时红灯和白灯同时点亮，红灯灭灯时闪红灯，引导白灯断丝时复示器亮红灯同时又闪白灯。出站兼调车信号机的红灯及调车信号机的蓝灯灯泡断丝时，相应的信号复示器均闪白灯。

2. 单独操纵道岔用的按钮及表示灯

在办理引导进路、清扫和试验道岔，以及检修转辙机时，需要对道岔进行单独操纵。为此，在控制台每个咽喉区上部，设有单独操纵道岔按钮和单独锁闭道岔按钮，其上方有绿、黄两个道岔位置表示灯，亮绿灯时表示道岔在定位，亮黄灯时表示道岔在反位。不论单动或双动道岔，均设一个单独操纵道岔按钮和单独锁闭道岔按钮。

每一咽喉的上部还各设一个道岔总定位按钮 ZDA 和道岔总反位按钮 ZFA。当要单独操纵某道岔到反位时，按压该道岔按钮，同时再按压本咽喉的道岔总反位按钮，其上方黄灯点亮，当该道岔转到反位后其上方的道岔表示灯点亮黄灯。若要该道岔转至定位，只要按下该道岔按钮及本咽喉的道岔总定位按钮，其上方绿灯点亮，该道岔转至定位，道岔表示绿灯点亮。

需要单独锁闭某道岔，只需按压单独锁闭道岔按钮，同时该按钮内点红灯，表示该道岔已单独锁闭。

3. 取消进路、人工解锁进路用的按钮

总取消按钮 ZQA 和总人工解锁按钮 ZRA，设在控制台每个咽喉区的下部。

要取消一条已开放信号的进路，只要按下进路始端的信号按钮，同时按下本咽喉的总取消按钮，其上方的总取消红灯点亮，待信号关闭后信号复示器灭灯，进路白光带熄灭表示进路解锁。

对列车和调车车列已接近(即占用了接近区段)并已开放信号的进路，若仅要关闭信号，只需按取消进路的方法即可将信号关闭；若不但要关闭信号还要解锁进路，则需要人工解锁进路。破铅封按下本咽喉的总人工解锁按钮，其上方总人工解锁红灯点亮，同时按下要解锁进路的始端信号按钮。当被解锁的是调车或到发线发车进路时，在信号关闭信号复示器灭灯后，ZRA 上方的总人工解锁红灯熄灭而 30 s 人工解锁红灯点亮，经 30 s 后进路白光带熄灭进路解锁，30 s 人工解锁红灯灭灯，完成进路人工解锁。当被解锁的进路是接车进路或正线发车进路时，则 ZRA 上方的 3 min 人工解锁红灯点亮，经 3 min 后进路白光带才灭灯，进路延时 3 min后解锁。

当道岔区段故障不能解锁时(轨道电路故障除外)，同时按下本咽喉的总人工解锁按钮和人工解锁按钮盘上发生故障锁闭的区段的事故按钮 SGA，即可将该道岔区段解锁。若该区段所属进路上的信号开放的话，还会使信号关闭。这是一种在特殊情况下采用的关闭信号的方法。

4. 开放引导信号用的按钮

每架进站信号机(或接车进路信号机)设一个带铅封的引导按钮。例如 X 进站信号机设引导按钮 XYA。当进站信号机不能开放允许信号时，可在单独操纵好进路上的道岔后，按下该信号机的引导按钮使引导信号开放。引导按钮上方的白灯点亮，该进站信号复示器红白表示灯同时点亮，表示引导信号已开放。引导进路亮白光带，表示引导进路已锁好。

每一咽喉还设有一个带铅封非自复式的引导总锁闭按钮 YZSA。当道岔故障失去表示时，按下引导总锁闭按钮，可使全咽喉道岔锁闭，同时其上方白灯点亮，再按下该进站信号机的引导按钮后，即可在进路不点亮光带的情况下开放引导信号。

5. 接通光带和道岔表示用的按钮

每个咽喉设有一个接通光带按钮，在需要了解进路上道岔的位置时，按下它可使咽喉区内的光带按道岔位置全部点亮。另外还有一个非自复式的接通道岔按钮，在需要了解各组道岔的位置时，按下它可使各组道岔按钮上方的道岔位置表示灯按其所在位置相应点亮，绿灯点亮表示道岔在定位，黄灯点亮表示道岔在反位。

6. 切断挤岔电铃按钮及挤岔表示灯

在控制台中部下方位置设一个全站共用的非自复式切断挤岔电铃按钮 JCA。当道岔被挤或失去表示超过 13 s 后，控制台内挤岔电铃鸣响，同时其上方挤岔红灯点亮，被挤岔的按钮上方表示灯(绿灯和黄灯)都不亮，而其他道岔的表示灯则点亮(定位点绿灯，反位点黄灯)。按下切断挤岔电铃按钮，可暂停响铃。当故障道岔修复后，挤岔红灯灭灯，电铃再次鸣响通知车站值班员该道岔已可使用，拉出该按钮停止挤岔铃响。

7. 列车信号主灯丝断丝报警按钮和报警红灯

为了监督进站信号机和出站兼调车信号机灯泡的主灯丝，每个咽喉设一个非自复式切断灯丝报警按钮 DSA。当本咽喉列车信号机灯泡发生主灯丝断丝时，控制台内断丝报警电铃鸣响，同时点亮灯丝报警红灯。车站值班员按下此按钮可暂停响铃。当维修人员更换信号灯泡后，灯丝报警红灯熄灭，报警铃又响，通知车站值班员断丝灯泡已更换，拉出按钮使电铃停止鸣响，设备恢复正常使用。

8. 电源按钮

在控制台中部上方还有三个非自复式按钮，它们是主副电源切换按钮、信号调压按钮和表示灯调压按钮。主电源供电时主副电源切换按钮上方点绿灯，副电源供电时点白灯。主副电源切换时，切换电铃鸣响，通知车站值班员此时已进行电源切换，操纵主副电源切换按钮可使电铃停响。注意，此按钮并不能进行主副电源的转换。信号调压按钮上方有绿、黄两个表示灯，白天信号机采用 220 V 点灯，该按钮上方点绿灯；夜间可按下该按钮使信号机改由 180 V 电压点灯，此时按钮上方点黄灯。对控制台上各种表示灯及光带，为了在夜里不致太亮，影响车站值班员的视力，可按下表示灯调压按钮使表示灯灯光暗一点。

## 二、各种进路的办理方法

不论是列车进路还是调车进路，在采用双按钮进路式选路方法中，有一条重要原则规定：选路时按压进路始、终端两个按钮后，只准选出两个按钮之间一条最近的或对其他进路作业影响最小的进路，这条进路称为基本进路。当两个按钮之间能选出几条进路时，把基本进路以外的其余进路叫做变通进路。

例如对应 X 进站信号机处的 XLA 和ⅢG 上行出站信号机处的 $S_{Ⅲ}$LA，在两按钮之间可形成三条进路：把 23/25 号双动道岔反位，其他道岔定位确定为基本进路时，则其他两条进路就是变通进路(即 5/7 反位，其余定位；9/11 反位，其余定位)。

1. 办理列车基本进路的方法

按照列车的运行方向顺序按下始端列车按钮和终端列车按钮。

(1)排列接车进路

例如东郊方面至ⅢG 接车。先按下 $X_D$进站信号机处的列车按钮 $X_D$LA，此时 $X_D$LA 内闪绿灯，咽喉区上方排列进路红灯点亮。后按下 $S_{Ⅲ}$ 出站信号机处的列车按钮 $S_{Ⅲ}$ LA，其内也闪绿灯，表示正在进行选路（进路的真正终端为 $X_{Ⅲ}$ 出站信号机，由于电路是按咽喉设计的，故以 $S_{Ⅲ}$ LA 为终端）。所谓选路，即确定进路上的各个道岔应转换到什么位置。当始端 $X_D$LA 和终端 $S_{Ⅲ}$ LA 按钮内的绿闪灯熄灭，排列进路红灯也熄灭，同时始端 $X_D$LA 内改点稳定绿灯时，说明进路已选出。此时室外进路上各个道岔正在顺序接通道岔控制电路，使各个道岔转换。当各道岔确已转换到进路所要求的位置后，随即就被锁在该位置，这时进路点亮一条白光带，表示进路已锁好。然后始端的 $X_D$进站信号复示器点绿灯，说明室外 $X_D$进站信号机已经开放，随后始端 $X_D$LA 内绿灯灭灯。至此接车进路已办理出来。

（2）排列发车进路

若从ⅢG 向东郊方面办理发车进路，则先按 $S_{Ⅲ}$ LA，后按 $X_D$LA，排出来的是上行Ⅲ道发车进路。可见，$X_D$LA 和 $S_{Ⅲ}$ LA 这两个按钮，由于列车的运行方向不同，要求开放的信号机也不同，在办理进路时按压两个按钮的先后顺序亦不同，$X_D$LA 和 $S_{Ⅲ}$ LA 可以互为始、终端按钮使用。

2. 办理调车基本进路的方法

办理单元调车进路时，按照调车车列的运行方向，顺序按下始端调车按钮和终端调车按钮。

（1）排列以尽头线调车信号机为终端的调车进路

尽头线调车信号机处的调车进路按钮，可作始端按钮用，又可作终端按钮用，这取决于排列进路时是先按还是后按。先按时它作始端按钮使用，按过后按钮内闪白灯，排列进路红灯点亮说明正在选路，选路完后排列进路表示灯灭，按钮表示灯转为稳定白灯，进路锁闭后点白光带使调车信号开放，调车信号复示器亮白灯，然后按钮内白灯熄灭。后按它时作终端使用，仅在选路时按钮闪白灯，选路完后即灭灯。例如排列 $D_5$ 至ⅡAG 进路时 $D_1$A 就作终端按钮使用。

（2）排列以并置或差置调车信号机为终端的调车进路

当排列以并置或差置调车信号机为终端的调车进路时，应将与进路终端的调车信号机相背向的调车信号机处的按钮作为终端按钮使用。注意，不能按起阻挡作用那架调车信号机处的按钮。例如排列ⅡG 至 $D_5$ 的调车进路，应先后顺序按压 $S_{Ⅱ}$ DA 和 $D_{15}$A，而不能按压 $D_5$A。同样排列 $D_3$ 至 $D_9$ 的调车进路，终端按钮应按 $D_7$A，而不能按阻挡信号机 $D_9$ 处的 $D_9$A。之所以如此，是由于电路的结构所要求的。

当然，并置或差置调车信号机的调车按钮，也是始、终端互用的按钮，当其被先按下时，就起始端按钮的作用，后按下就作终端。

（3）排列以单置调车信号机为终端的调车进路

排列以单置调车信号机为阻挡信号的调车进路时，该调车信号机处的调车按钮就是调车进路终端按钮。例如，排列 $D_9$ 至 $D_{13}$ 的调车进路，终端按 $D_{13}$A。又如排列 $D_3$ 至 $D_{11}$ 调车进路，$D_{11}$A 就作终端按钮使用。当然，若先按下 $D_{11}$A，它就起始端按钮作用。故在同方向情况下，先按它作为始端按钮用，后按则作终端按钮用。注意：单置调车信号机进路按钮不能像尽头线调车信号机、并置调车信号机、差置调车信号机的进路按钮那样，作与背向的调车进路终端按钮使用。例如 5G 向 $X_D$进站信号机处调车时，$D_{11}$A 就不能作此调车进路终端按钮使用，此时只能按专用的终端按钮 $S_D$DZA。

（4）办理长调车进路

由两个及以上的单元调车进路（又称短调车进路）组成的调车进路，称为长调车进路。如

$D_3$向ⅠG的调车进路，它是由$D_{13}$至ⅠG、$D_9$至$D_{13}$、$D_3$至$D_9$三个单元调车进路构成的长调车进路。长调车进路可一段一段地办理，从运输安全的要求出发，一般先办理最远端，后办理近端，即先排$D_{13}$至ⅠG的调车进路；$D_{13}$调车信号开放后，再办理$D_9$至$D_{13}$调车进路；$D_9$调车信号开放后，最后办理$D_3$至$D_9$的调车进路。为了减少车站值班员的操纵手续，也可一次办理，只需按压长调车进路的始端按钮$D_3A$，然后直接按压该长调车进路的终端按钮——ⅠG处的$S_ⅠDA$，进路即能自动选出，$D_{13}$、$D_9$、$D_3$各调车信号机由远及近顺序开放。

3. 办理变通进路的操纵方法

(1)列车变通进路

按照列车运行方向，顺序按下始端列车按钮、变通用的按钮和终端列车按钮。

北京方面至ⅢG的接车进路有三条：只按XLA和$S_ⅢLA$排出的是23/25号道岔反位，5/7、9/11、13/15号道岔定位的基本进路；而经5/7号道岔反位，9/11、13/15、23/25及21号道岔定位的进路，以及9/11号道岔反位，5/7、13/15、23/25及21号道岔定位的进路均为变通进路。由于两条变通进路与基本进路平行，故称此变通进路为平行变通进路。看得出上述基本进路比变通进路合理，因它不影响5G对东郊方面的接、发车进路的办理。办理X至ⅢG经9/11反位的变通进路，应先后顺序按压XLA、BA和$S_ⅢLA$；而排列经5/7反位的变通进路时，应先后顺序按压XLA、$D_{11}A$、$S_ⅢLA$。选变通进路，实际上是通过按压中间一个按钮作变通按钮，使进路分两段选出。对后一条变通进路而言，它是由XLA和$D_{11}A$构成一段进路，再由$D_{11}A$和$S_ⅢLA$构成另一段进路，由这两段进路构成此变通进路。又如排列上行ⅡG向北京方面正方向的发车进路，应先后顺序按压$S_ⅡLA$和$D_7A$、$D_9A$、$D_{13}A$中的任何一个及终端处$X_FLA$，即可排出经27号道岔定位，17/19、1/3号道岔反位及9/11、13/15号道岔定位的变通进路。该变通进路经1/3和17/19号道岔反位，其形状如同“八”字，故称八字变通进路。

从以上列车变通进路的办理可知，除变通按钮BA可排列变通进路外，并置、差置、单置调车按钮均可作列车变通按钮使用。若列车变通进路上有几个调车进路按钮，办理变通进路时只需按下其中任何一个调车信号按钮即可。

(2)办理调车变通进路

调车进路的变通进路不能像长调车进路那样一次办理，应按基本调车进路分段办理。因为调车变通进路一般都是由两条以上的单元调车进路组成，处于变通进路上的调车进路按钮均为始、终端互用，先按时成为进路的始端按钮，后按时成为进路的终端按钮，也就是说它只能形成一段选路，不能构成两段选路。以$D_3$至$D_{13}$的变通进路来看，处于变通进路上的$D_{11}A$，如果后按$D_{11}A$(即排列$D_3$至$D_{11}$时)，它只能参与选5/7号道岔反位，是$D_3$至$D_{11}$调车进路的终端按钮；如果先按(即排列$D_{11}$至$D_{13}$时)，它只能参与选13/15号道岔反位，是$D_{11}$至$D_{13}$调车进路的始端按钮。因而不能像排列车进路那样顺序按压$D_3A$、$D_{11}A$和$D_{13}A$后，让$D_{11}A$同时参加选5/7道岔反位和选13/15道岔反位，$D_{11}A$既是终端按钮，又同时起始端按钮作用，这是矛盾的，电路也不能做到，故应分段办理。办理时先排$D_{11}$至$D_{13}$单元调车进路，然后再办$D_3$至$D_{11}$单元调车进路，$D_{11}A$应先后按两次，而不能像办理列车变通进路那样只按一次。当然专设的变通按钮BA同样也能作调车进路的变通进路按钮使用，因为它无信号机不需确定进路的始、终端，仅仅参加选路而已。因此，由上分析可知，咽喉区的调车信号按钮是不能作调车进路变通按钮使用的，所以调车变通进路只能分段办理。

但也有一种特殊情况，那就是单置调车信号机的进路按钮，可以兼作反方向调车进路的变通进路按钮使用。例如$S_Ⅰ$向ⅠAG区段办理变通进路，变通进路上的单置调车信号机$D_{11}$，其显示方向与变通进路始端的 $S_{I}$ 信号机的显示方向相反，此时 $D_{11}A$ 就可作 $S_{I}$ 向 I AG 变通进路的变通按钮使用。因为 $D_{11}$ 信号机不能作为该进路的阻挡信号，更不是 $D_{11}$ 至 I AG 进路的始端，因此在办理 $S_{I}$ 至 I AG 变通进路的过程中，始端按下 $S_{I}$ DA 后，再按下 $D_{11}A$，此时的 $D_{11}A$ 既不起终端作用，也不起始端作用，只能起一个变通按钮的作用，最后按下 $D_{1}A$ 后，此经 5/7、13/15 号道岔反位的八字变通进路就选出来了。先后顺序按压 $S_{I}$ DA、$D_{11}A$、$D_{1}A$ 所选出的进路符合车站值班员办理进路的意图。所以在此特殊情况下，单置调车信号机的进路按钮可作反向调车进路的变通进路按钮使用。

## 第三节　6502 电气集中选择组电路

选择组电路的作用是记录车站值班员操纵进路的命令，进行进路选路；控制道岔转换；并确定进路的始、终端，以构成执行组电路的动作条件。选择组电路包括记录电路和选岔电路两部分。记录电路由按钮继电器和方向继电器电路组成。记录电路的作用是记录值班员按压按钮的动作，控制选岔网路选岔；记录所办进路的性质和运行方向。选岔电路用来选出该动作的道岔动作继电器。

### 一、方向继电器电路

方向继电器电路的作用，是记录所办进路的性质和运行方向。

方向继电器设在 F 组合中，每一咽喉共用一套方向继电器电路。

对每个咽喉区设置四个方向继电器，它们是：列车接车方向继电器 LJJ、列车发车方向继电器 LFJ、调车接车方向继电器 DJJ、调车发车方向继电器 DFJ。

1. 方向继电器电路的作用

方向继电器电路的作用，是记录所办进路的性质和运行方向，供出各种方向电源，使与方向电源有关的各种继电器励磁或自闭；保证在同一时间内只准选一条进路。

2. 方向继电器电路的技术要求

(1)为了确定进路的运行方向，按下进路始端按钮使其按钮继电器 AJ 励磁，由该 AJ 前接点去接通相应的方向继电器的励磁电路。

(2)为了区别进路的性质，由列车进路按钮继电器 LAJ 励磁，再用其前接点接通列车方向继电器的励磁电路；由调车进路按钮使调车按钮继电器 DAJ 励磁，再用其前接点接通调车方向继电器的励磁电路。

(3)四个方向继电器同时只准一个吸起，以保证在同一时间内只准排列一条进路(同运行方向、同性质的进路能同时选是例外)。

(4)在整个选路过程中(即在进路还没有全部选出以前)，应使方向继电器保持励磁状态；并要求选路过程尽可能缩短，以提高咽喉的作业效率。

进路的选出，指的是把进路的始、终端记录下来，并将进路上所有道岔应处的位置确定下来。为了缩短选路时间，要求选路的动作时间只包括记录进路的始、终端时间，及选出确定进路上道岔位置(即 DCJ 或 FCJ 励磁)的时间，而不包括各组道岔的转换时间。这样不等进路上每组道岔转完，即可另选其他进路。

(5)进路选出后应使方向继电器电路及时自动复原；如果因故不能复原，则应手动复原。

(6)在重复开放信号、办理取消进路和人工解锁进路时，由于不是选路，进路始端按钮的按压，不要使方向继电器空动。

3. 方向继电器电路

根据上述技术要求，每个咽喉设计了图 2-11 所示的方向继电器电路。实际电路参见《6502 电气集中图册》08 图。

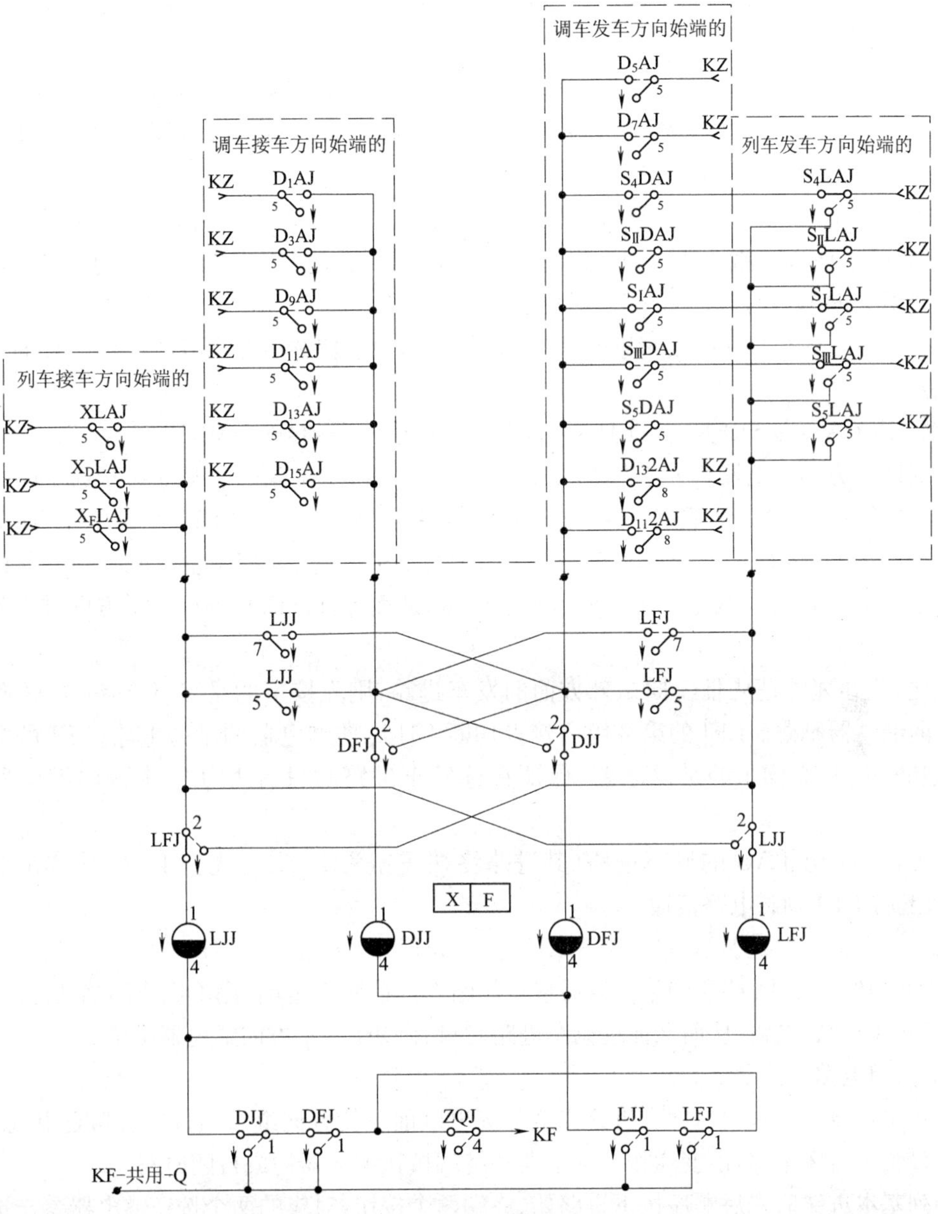


图 2-11 方向继电器原理电路

(1)励磁电路

方向继电器的励磁电路由始端按钮继电器构成。将全咽喉区能作始端用的按钮继电器，按进路的性质和运行方向分成四组：

①可以作列车接车方向进路始端的列车按钮继电器有 XLAJ、$X_F$LAJ 和 $X_D$LAJ。

②可以作列车发车方向进路始端的列车按钮继电器有 $S_Ⅰ$LAJ、$S_Ⅱ$LAJ、$S_Ⅲ$LAJ、$S_4$LAJ、$S_5$LAJ。

③可以作调车接车方向进路始端的调车按钮继电器有 $D_1$AJ、$D_3$AJ、$D_9$AJ、$D_{11}$AJ、$D_{13}$AJ、$D_{15}$AJ。

④可以作调车发车方向进路始端的调车按钮继电器有：$D_5$AJ、$D_7$AJ、$S_Ⅰ$DAJ、$S_Ⅱ$DAJ、$S_Ⅲ$DAJ、$S_4$DAJ、$S_5$DAJ。

将以上每组按钮继电器的前接点并联后，接入对应的方向继电器励磁电路中去。

排列进路时，哪一个按钮作为进路始端按钮被先按下，该按钮继电器即励磁，用其前接点接通属于该组按钮的方向继电器的励磁电路，使其励磁吸起。一个方向继电器吸起后，就用其后接点切断其余三个方向继电器的励磁电路，使它们不能再励磁。这样，某一方向继电器的励磁，不但记录了所选进路的性质和进路的运行方向，而且其他三个方向继电器也不能再励磁，从而实现对方向电路的(1)、(2)、(3)项技术要求。

例如：选排 $X_D$至ⅢG 的接车进路，先按下 $X_D$LA，该按钮继电器 $X_D$LAJ 吸起，接通 LJJ 励磁电路：

KZ—$X_D$LAJ$_{51\text{-}52}$—LFJ$_{21\text{-}23}$—LJJ$_{1\text{-}4}$—DJJ$_{13\text{-}11}$—DFJ$_{13\text{-}11}$—ZQJ$_{43\text{-}41}$—KF

平时四个方向继电器均处于落下状态。由于先按 $X_D$LA，$X_D$LAJ 吸起后接通 LJJ 方向继电器励磁电路，使 LJJ 首先吸起。用 LJJ 第 1 组后接点断开 DJJ 和 DFJ 励磁电路，使 DJJ 和 DFJ 不能再励磁；用 LJJ 第 2 组后接点断开 LFJ 的励磁电路，使 LFJ 也不能励磁。这样再按下 $S_Ⅲ$LA 后就不能再使其他三个方向继电器励磁，从而保证同时只准许一个方向继电器吸起和只准选一条进路。

反之，若办理的是从ⅢG 向东郊方面的发车进路，则先按下的是 $S_Ⅲ$LA，$S_Ⅲ$LAJ 吸起使 LFJ 方向继电器励磁。LFJ 的第 2 组后接点切断 LJJ 方向继电器的励磁电路；LFJ 的第 1 组后接点切断 DJJ 和 DFJ 的励磁电路，保证在选发车进路时只有 LFJ 一个方向继电器能够励磁。

再如，选 $D_5$至ⅡAG 的调车进路(其进路终端按钮为 $D_1$A)。先按 $D_5$A，其按钮继电器 $D_5$AJ 吸起将 DFJ 励磁电路接通：

KZ—$D_5$AJ$_{51\text{-}52}$—DJJ$_{21\text{-}23}$—DFJ$_{1\text{-}4}$—LJJ$_{13\text{-}11}$—LFJ$_{13\text{-}11}$—ZQJ$_{43\text{-}41}$—KF

当 DFJ 吸起后，用 DFJ 的第 2 组后接点切断 DJJ 的励磁电路；用 DFJ 第 1 组后接点切断 LJJ 和 LFJ 的励磁电路，从而保证选调车进路时只有 DFJ 一个方向继电器励磁。

(2)自闭电路

为了实现技术要求(4)，即在进路未全部选出以前应使方向继电器保持在吸起状态，方向继电器设置了自闭电路，由变通按钮继电器和终端按钮继电器构成自闭电路。

排列基本进路时先后顺序按下进路始、终端两个按钮，对应的两个按钮继电器参与选路工作，只有在进路全部选出时这两个按钮继电器才先后落下。为此，方向继电器励磁后，必须在始、终端两个按钮继电器都落下后，才准其落下。所以方向继电器除接有一条经始端按钮继电器前接点接通的励磁电路外，还须有另一条经终端按钮继电器前接点接通的自闭电路。对基本进路来说，它只有一条自闭电路。

例如$X_D$至ⅢG的接车进路，$X_D$LAJ吸起使LJJ励磁，然后按下$S_{Ⅲ}$LA，其$S_{Ⅲ}$LAJ吸起后，将经LJJ第2组前接点构成一条LJJ的自闭电路：

KZ—$S_{Ⅲ}LAJ_{51-52}$—$LJJ_{21-22}$—$LFJ_{21-23}$—$LJJ_{1-4}$—$DJJ_{13-11}$—$DFJ_{13-11}$—$ZQJ_{43-41}$—KF

这样就保证了在整个选路过程中LJJ始终保持在励磁状态。只有当进路选出，始、终端的$X_D$LAJ和$S_{Ⅲ}$LAJ先后落下后，才能使LJJ方向电路复原。

同样上述DFJ方向继电器励磁后，也有一条经$D_1$AJ前接点接通的自闭电路：

KZ—$D_1AJ_{51-52}$—$DFJ_{21-22}$—$DJJ_{21-23}$—$DFJ_{1-4}$—$LJJ_{13-11}$—$LFJ_{13-11}$—$ZQJ_{43-41}$—KF

当$D_5$至ⅡAG调车进路选出，在$D_5$AJ和$D_1$AJ先后落下之后，才能使DFJ方向电路复原。

选列车变通进路时方向继电器的自闭电路有几条呢？由前述，变通进路实质上是由两条基本进路构成。如对于X至ⅢG接车5/7号道岔反位、9/11、13/15、21、23/25号道岔定位的第二条平行变通进路来说，$D_{11}$A作为变通按钮按下后，$D_{11}$AJ和$D_{11}$2AJ吸起（见后述按钮继电器电路），这样就由XLAJ和$D_{11}$2AJ吸起选出X至$D_{11}$的一段基本进路；再由$D_{11}$AJ和$S_{Ⅲ}$LAJ吸起选出$D_{11}$至ⅢG的另一段基本进路。由此看来，在办理列车变通进路时，后吸起的$D_{11}$AJ、$D_{11}$2AJ和$S_{Ⅲ}$LAJ都接通已励磁的LJJ方向继电器的自闭电路。它们分别是：

KZ—$D_{11}2AJ_{81-82}$—$LJJ_{72-71}$—$LFJ_{21-23}$—$LJJ_{1-4}$—$DJJ_{13-11}$—$DFJ_{13-11}$—$ZQJ_{43-41}$—KF

KZ—$D_{11}AJ_{51-52}$—$LJJ_{52-51}$—$LFJ_{21-23}$—$LJJ_{1-4}$—$DJJ_{13-11}$—$DFJ_{13-11}$—$ZQJ_{43-41}$—KF

KZ—$S_{Ⅲ}LAJ_{51-52}$—$LJJ_{21-22}$—$LFJ_{21-23}$—$LJJ_{1-4}$—$DJJ_{13-11}$—$DFJ_{13-11}$—$ZQJ_{43-41}$—KF

从上述可知，列车变通进路一般有三条自闭电路。

那么设在调车进路上与始端调车信号反向的单置调车信号机的进路按钮作为调车变通进路的变通按钮使用时，已励磁的调车方向继电器有几条自闭电路呢？如对于ⅡG经17/19、1/3号道岔反位，其余道岔定位至ⅡAG的八字变通进路来说：按下$S_{Ⅱ}$DA使$S_{Ⅱ}$DAJ吸起构成DFJ励磁后，再按下$D_{13}$A，$D_{13}$AJ和$D_{13}$2AJ吸起，经$D_{13}$AJ第5组前接点接通第一条自闭电路；经$D_{13}$2AJ第8组前接点接通第二条自闭电路；最后由$D_1$AJ第5组前接点接通第三条自闭电路。DFJ的励磁电路是：

KZ—$S_{Ⅱ}LAJ_{51-53}$—$S_{Ⅱ}DAJ_{51-52}$—$DJJ_{21-23}$—$DFJ_{1-4}$—$LJJ_{13-11}$—$LFJ_{13-11}$—$ZQJ_{43-41}$—KF

DFJ的三条自闭电路是：

KZ—$D_{13}2AJ_{81-82}$—$DJJ_{21-23}$—$DFJ_{1-4}$—$LJJ_{13-11}$—$LFJ_{13-11}$—$ZQJ_{43-41}$—KF

KZ—$D_{13}AJ_{51-52}$—$DFJ_{21-22}$—$DJJ_{21-23}$—$DFJ_{1-4}$—$LJJ_{13-11}$—$LFJ_{11-13}$—$ZQJ_{43-41}$—KF

KZ—$D_1AJ_{51-52}$—$DFJ_{21-22}$—$DJJ_{21-23}$—$DFJ_{1-4}$—$LJJ_{13-11}$—$LFJ_{13-11}$—$ZQJ_{43-41}$—KF

专用的变通按钮BA，在选列车或调车变通进路时，只有B2AJ接入方向继电器的自闭电路中，故此时方向继电器只有两条自闭电路。

应特别指出，在划分按钮组时，并未说明只能作终端按钮使用的按钮继电器怎样接入方向继电器电路。应将这些继电器接点接入哪一个方向继电器电路中去呢？从上述方向继电器的自闭电路可知，作进路终端用的按钮继电器的前接点，都是作为方向继电器的自闭电路用的。而且它们均是接在与励磁的方向继电器相反的那个方向继电器电路中。例如，$D_5$AJ和$D_1$AJ，作为进路始端的$D_5$AJ前接点接入DFJ的励磁电路中，$D_1$AJ前接点接入DJJ的励磁电路中。当排列$D_1$至$D_5$的调车进路时，DJJ励磁后，$D_5$AJ吸起后构成的却是与其方向相反的DJJ的自闭电路。进站和出站的列车按钮继电器的情况也一样。因此，可将专作进路终端的按钮继电器的接点如下述接入到方向电路中去：将调车发车方向终端的$X_D$DZAJ接入DJJ励磁电路中。对单置调车信号机，例如 $D_{13}$A，它的 $D_{13}$AJ 选路时作始端用接入 DJJ 励磁电路，而它的 $D_{13}$2AJ 作终端用则接入 DFJ 励磁电路中。对于专用的变通按钮 BA，它既能作列车变通进路用，又能作调车变通进路用，用 B2AJ 参加选路，考虑到列、调车进路共用，可将 B2AJ 接点接在 DJJ 或 DFJ 电路中。

从上述变通进路的分析可以得出：除专用的变通按钮 BA 外，选变通进路时的方向继电器均有三条自闭电路，以保证变通进路未全部选出前，使方向继电器在吸起状态。

(3)方向电路的自动复原和手动复原

6502 电气集中用进路上的按钮继电器吸起进行选路，当选出决定进路上各道岔应转换位置的道岔操纵继电器，即有关 DCJ 和 FCJ 均励磁后，表示进路选出的进路选择继电器 JXJ 吸起，进路上所有按钮继电器先后全部落下。这时就切断了吸起的方向继电器的励磁电路和所有的自闭电路，使方向继电器在进路选出后自动复原，实现了技术要求(5)。

若因故障，进路选不出来时，可按下总取消按钮 ZQA，使总取消继电器 ZQJ 励磁。用 ZQJ 第 4 组后接点切断方向继电器的 KF 电源，强迫其落下，即为手动复原。

(4)取消进路和人工解锁进路时不使方向继电器动作；重复开放信号时方向继电器最好不要空动

取消进路和人工解锁进路都要同时按下进路始端按钮，为不使方向继电器励磁，也是由 ZQJ 的吸起切断方向电路的 KF 电源，使其不动作。

重复开放信号时，要再次按压进路始端按钮，这时按钮继电器的吸起不是选路，方向继电器最好不要空动。在接入调车方向继电器的所有始端的 DAJ 支路中，均串接有辅助开始继电器 FKJ 的后接点，在重复开放信号时 FKJ 励磁，用其第 5 组后接点切断方向继电器励磁的 KZ 电源，使调车方向继电器不会空动。但列车按钮继电器没有 FKJ 接点可利用，故还不能防止列车方向继电器在重复开放信号时的空动。

4. 方向电源

6502 电气集中的很多电路，如按钮继电器电路、进路选择继电器电路、终端继电器电路等，均要用方向继电器的接点作为控制电路的条件。为了节省方向继电器的接点，简化电路和使电路定型化，选用经过方向继电器接点供出的各种条件电源，来代替方向继电器的接点。通过方向继电器接点供出的电源叫作方向电源。参见《6502 电气集中图册》08 图。

方向电源共有 10 种。各种方向电源的作用如下：

①KF-共用-Q：经任一方向继电器的前接点所供出的负电源，用于进路选择继电器 JXJ 和 DXF 组合中按钮继电器 1AJ 和 2AJ 的自闭电路。

②KF-共用-H：经四个方向继电器的后接点供出的负电源，用于单置调车信号机的辅助开始继电器 FKJ 在重复开放信号时的励磁电路。

③KF-LJJ-Q：经 LJJ 前接点供出的负电源，用于列车接车方向的列车开始继电器 LKJ 的励磁电路。

④KF-LFJ-Q：经 LFJ 前接点供出的负电源，用于列车发车方向的 LKJ 的励磁电路。

⑤KF-DJJ-Q：经 DJJ 前接点供出的负电源，用于接车方向的调车信号机的 FKJ、单置调车信号机的终端继电器 ZJ 的励磁电路，以及发车方向的并置、差置、尽头线的调车信号机 ZJ 励磁电路。

⑥KF-DFJ-Q：经DFJ前接点供出的负电源，用于发车方向的调车信号机的FKJ、单置调车信号机的ZJ励磁电路，以及接车方向的并置、差置、尽头线的调车信号机ZJ励磁电路。

⑦KZ-共用-H：经四个方向继电器后接点供出的正电源，用于单置调车信号机按钮继电器AJ的励磁电路。

⑧KZ-列共-Q：经由LJJ或LFJ前接点供出的正电源，用于并置和差置调车信号机的两个AJ互相带动的励磁电路。

⑨KZ-列共-DJJ-Q：经LJJ或LFJ或DJJ前接点供出的正电源，用于发车方向的单置调车信号机AJ的励磁电路。

⑩KZ-列共-DFJ-Q：经LJJ或LFJ或DFJ前接点供出的正电源，用于接车方向的单置调车信号机AJ的励磁电路。

这10种方向电源中均接有总取消继电器ZQJ的后接点，故在办理取消和人工解锁进路时，均会使方向电源无电。

## 二、按钮继电器电路

按钮继电器AJ用来记录车站值班员排列进路时按压按钮的动作。选路时用按钮继电器的前接点接通方向继电器的励磁电路和自闭电路；选岔时向选岔网路送KZ和KF电源；取消进路或人工解锁进路时与总取消继电器相配合，完成取消或人工解锁的任务。

1. 按钮继电器的设置

不论是列车进路按钮，还是调车进路按钮，一般对应每一个进路按钮设一个按钮继电器。列车兼调车信号的列车按钮继电器LAJ和调车按钮继电器DAJ，设在1LXF或2LXF组合中。所有调车信号机的调车按钮继电器DAJ，均设在DX组合中。

单置调车信号机的按钮，在运行方向不变的情况下，既能作进路的始端按钮用，又能作进路的终端按钮用，而且不能用方向电源来区别它是先按还是后按。例如排列$D_9$向ⅠG的调车进路，在分段办理时，始端按$D_{13}$A，终端按$S_Ⅰ$DA，$D_{13}$信号开放后始端再按$D_9$A，终端按$D_{13}$A。在分段办理此长调车进路的过程中，同为接车方向的调车信号机的$D_{13}$A，第一次按下起始端作用，第二次按下则起终端作用。显然，对应单置调车信号机，只设一个按钮继电器是不行的，至少应设两个按钮继电器；一个作始端的AJ，一个作终端用的2AJ。又因为单置调车信号机的用途较多，按钮是单接点的，一组接点不够用，故又增加一个按钮的复示继电器，即1AJ。选岔电路中用1AJ接点区分基本进路和变通进路，按钮表示灯电路也要用1AJ的接点。AJ设在DX组合中，1AJ和2AJ设在DXF组合中。

2. 按钮继电器的作用

按钮继电器的作用有：

(1)记录按钮被按压过的事实。

(2)使方向继电器励磁和自闭。

(3)参与选岔，用按钮继电器AJ的吸起，分别向选岔网路始端和终端送KZ、KF电源进行选岔。

(4)重复开放信号时使辅助开始继电器FKJ励磁。

(5)关闭信号、取消进路、人工解锁进路时使取消继电器QJ励磁。

(6)使信号检查继电器XJJ在进路排出后励磁。

(7)办理列车变通进路时，使变通进路上差置或并置信号机的按钮继电器互相带动励磁。

(8)接通按钮表示灯,使其闪光。

3. 按钮继电器电路

(1)尽头线调车信号按钮继电器电路

图 2-12 是尽头线调车信号机的按钮继电器电路。凡是 DX 组合中的按钮继电器电路,其结构均与其基本相同。

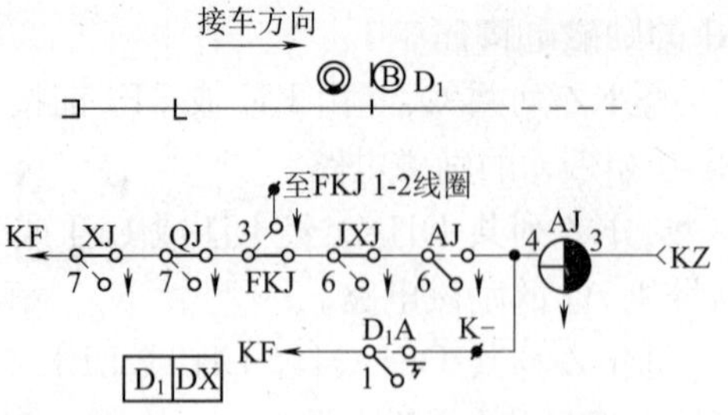

图 2-12　尽头线调车信号机的按钮继电器电路

不论 $D_1A$ 是作进路始端按钮被先按下,还是作进路终端按钮被后按下,只要按压 $D_1A$,经 $D_1A$ 的第 1 组接点接通按钮继电器 AJ 的励磁电源,使 AJ 吸起,记录下车站值班员按压 $D_1A$ 的动作。松手后,AJ 通过其本身第 6 组前接点构成自闭电路,以保持继续励磁。

$D_1AJ$ 的自闭电路是:

$KZ—AJ_{3\text{-}4}—AJ_{62\text{-}61}—JXJ_{63\text{-}61}—FKJ_{33\text{-}31}—QJ_{73\text{-}71}—XJ_{73\text{-}71}—KF$

在自闭电路中,串接各种切断自闭电路的继电器接点。这些接点,反映了它们切断 AJ 自闭电路的目的和时机。

①排列进路时

在进路选出(注意:不是进路排出,而仅是选出确定进路上道岔应转向的位置)后应使 AJ 落下,以自动取消按压按钮动作的记录。用进路选择继电器 JXJ 的吸起来反映进路已选出。因此在 AJ 的自闭电路中接入 JXJ 的后接点,使 AJ 在进路选出后自动复原。

②重复开放信号时不使按钮继电器自闭

信号开放后,由于某种原因,例如轨道电路瞬间人工短路导致调车信号关闭,这时进路处于锁闭状态,在确认没有危及行车安全的情况下,可再次按压进路始端的调车信号按钮,使 FKJ 励磁,信号便再次开放。由于重复开放信号时 FKJ 的吸起,切断了 $D_1AJ$ 的自闭电路,在松开 $D_1A$ 后,按钮继电器就随之复原。

③取消进路或人工解锁进路时不使按钮继电器自闭

在取消进路时,要同时按下进路始端信号按钮和总取消按钮。总取消继电器 ZQJ 的励磁,使得进路始端的取消继电器 QJ 也吸起。用 QJ 的第 7 组后接点切断 $D_1AJ$ 的自闭电路,达到按钮继电器不自闭的目的。在办理人工解锁进路时,同时按下进路始端信号按钮和总人工解锁按钮,此时总人工解锁继电器 ZRJ 励磁将带动 ZQJ 励磁,同样使进路始端的 QJ 吸起,也切断 $D_1AJ$ 自闭电路使其复原。

在选路过程中,如因故进路选不出来,即 JXJ 不能励磁时,可按下总取消按钮 ZQA,通过已吸起的 $D_1AJ$ 的接点,同样可使始端的 QJ 吸起,达到使按钮继电器复原取消选路的目的。

④防止信号开放后误按始端信号按钮造成按钮继电器错误保留在 $D_1AJ$ 的自闭电路中,接有信号继电器 XJ 的第 7 组后接点,它吸起断开自闭电路。

当 $D_1$ 信号开放后,即 $D_1XJ$ 吸起,如果误按 $D_1A$,由于 XJ 早已吸起断开了 $D_1AJ$ 的自闭电路,在松开 $D_1A$ 后,不会使按钮继电器错误保留。由于 AJ 的吸起,使得选岔电路中的进路选择电器 JXJ 吸起,而 JXJ 的吸起又切断 AJ 的自闭电路,它们之间的逻辑关系是:$AJ\uparrow \rightarrow JXJ\uparrow \rightarrow AJ\downarrow$。为了使 JXJ 可靠吸起,要求 AJ 采用缓放型继电器。同时由于 AJ 的缓放还延长了方向继电器的落下时间,从而可以确保 FKJ 和终端继电器 ZJ 的可靠吸起。

（2）并置、差置调车信号机的按钮继电器电路

图 2-13 是并置调车信号机的按钮继电器电路，现以 $D_7$ 和 $D_9$ 并置调车信号机为例。对于差置调车信号机，如 $D_5$ 和 $D_{15}$，其电路结构与并置完全相同，也是对应于一个按钮设一个按钮继电器。它们同属于 DX 组合。按钮继电器 3-4 线圈的励磁电路和自闭电路与尽头线调车信号机的按钮继电器电路相同，各接点作用也一样。这里只增加了按钮继电器 1-2 线圈的励磁电路。

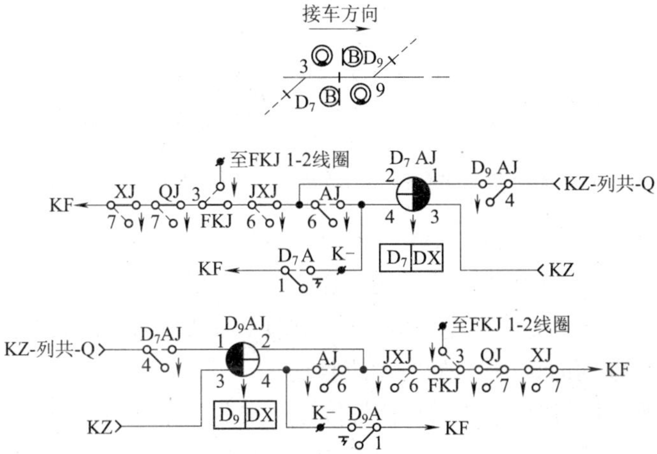


图 2-13 并置、差置调车信号机的按钮继电器电路

前述办理列车变通进路时所有处于变通进路上的调车信号机的进路按钮，均可作变通按钮使用。办理变通进路时，对并置、差置调车信号机的两个按钮，只需按下其中任何一个即可构成两段选路。显然，另一个未被按压的信号按钮，所对应的按钮继电器是被带动励磁参与另一段选路的，其 1-2 线圈励磁电路就是作为办理列车变通进路时互相带动用的。故在 1-2 线圈电路中都接有另一个按钮继电器的前接点。为了使 AJ 的 1-2 线圈只有在办理列车变通进路时才互相带动，励磁的正电源采用办理列车进路时才有的"KZ-列共-Q"方向电源。

例如，办理ⅡG 向北京方面经由 17/19 和 1/3 号道岔反位的发车变通进路。先按下 $S_{Ⅱ}$LA，$S_{Ⅱ}$LAJ 吸起，并使 LFJ 励磁，送出"KZ-列共-Q"方向电源。接着按下 $D_7$A 使 $D_7$AJ 吸起，这时 $D_9$AJ 的 1-2 线圈由于"KZ-列共-Q"已有电，它将由 $D_7$AJ 的第 4 组前接点接通而被带动励磁，使 $D_9$AJ 参与另一段选路工作。如果按下的是 $D_9$A，$D_9$AJ 的吸起同样可带动 $D_7$AJ 的励磁。最后按下 $X_F$LA 使 $X_F$LAJ 吸起。从后述的选岔电路可知，参与选路工作的必要条件是：基本进路两端的按钮继电器必须吸起，这样 $S_{Ⅱ}$LAJ 和 $D_9$AJ 吸起构成选 $S_{Ⅱ}$ 至 $D_9$之间的一段基本进路；$D_7$AJ 和 $X_F$LAJ 吸起构成选 $D_7$至 $X_F$ 之间另一段基本进路，并由这两段基本进路构成ⅡG 向北京方面的发车变通进路。

（3）单置调车信号机的按钮继电器电路

单置按钮继电器电路是由 DX 组合中的 AJ 和 DXF 组合中的 1AJ 和 2AJ 三个按钮继电器组成的。图 2-14 是单置调车信号机的按钮继电器电路。1AJ 是按钮接点的复示继电器；AJ 是进路始端的按钮继电器；2AJ 是进路终端的按钮继电器。平时它们均不励磁，根据排列进路时按压 $D_{13}$A 的先后次序，三个继电器互相配合来完成进路的始端、终端及变通按钮三种作用。

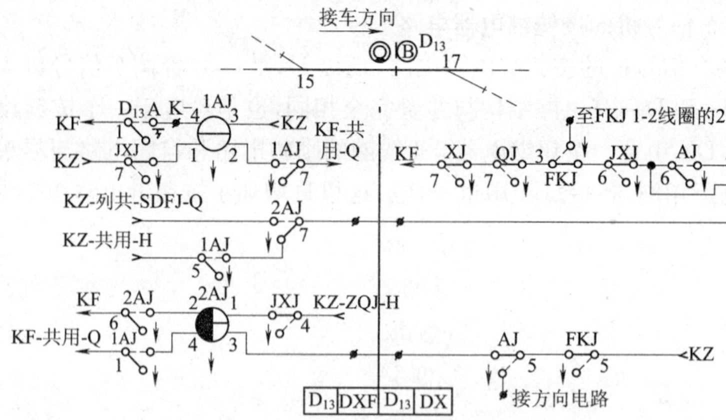


图 2-14　单置调车信号机的按钮继电器电路

①作为调车进路始端按钮用时，1AJ↑、AJ↑、2AJ↓

AJ 在 DX 组合中，其 3-4 线圈电路结构和作用与尽头线、并置、差置调车信号机的按钮继电器有相同的部分。只是增加了通过 DXF 组合中的 1AJ、2AJ 及方向电源所控制的 1-2 线圈的励磁电路，以决定 AJ 何时该吸起，何时不应吸起。

作调车进路的始端按钮时，单置调车信号按钮是被先按下，应起始端作用。例如排列 $D_{13}$ 至ⅠG 的调车进路，先按下 $D_{13}$A，使 $D_{13}$1AJ 吸起，由于 1AJ 接点未接入方向继电器电路中，方向继电器均未励磁，此时方向电源“KZ-共用-H”是有电的。经 1AJ 的第 5 组前接点，将“KZ-共用-H”接入 AJ 的 1-2 线圈，使 AJ 励磁。其励磁电路为：

“KZ-共用-H”—$1AJ_{51\text{-}52}$—$2AJ_{73\text{-}71}$—$AJ_{1\text{-}2}$—$JXJ_{63\text{-}61}$—$FKJ_{33\text{-}31}$—$QJ_{73\text{-}71}$—$XJ_{73\text{-}71}$-KF

AJ 励磁后，随即由 AJ 第 6 组前接点接通 AJ 的 3-4 线圈自闭电路，同时又用其第 5 组后接点切断 2AJ 的励磁电路，防止 2AJ 励磁。因为 AJ 吸起使得 DJJ 励磁后，“KF-共用-Q”有电，将经 1AJ 第 1 组前接点使 2AJ 励磁，故由 AJ 后接点断开该励磁电路；同时为避免在 $D_{13}$JXJ吸起后使 AJ 落下，而进路尚未全部选出之前，DJJ 经终端 $S_Ⅰ$ AJ 吸起构成自闭时，方向电源“KF-共用-Q”仍有电，又接通 2AJ 的 3-4 线圈励磁电路，因此在 1AJ 尚未落下之前由 FKJ 的第 5 组后接点继续切断 2AJ 的励磁电路，这就从根本上防止 2AJ 的错误励磁。

1AJ 在 DXF 组合中。作进路始端选路时，DXF 中的进路选择继电器不会励磁，待进路选出方向继电器复原后，“KF-共用-Q”无电才使 1AJ 失磁落下。

②作为调车进路的终端按钮用时，1AJ↑、2AJ↑、AJ↓

单置调车信号按钮作终端按钮使用时，它是被后按下的，应起终端作用。例如排列 $D_9$ 至 $D_{13}$的调车进路，由于先按下 $D_9$A，$D_9$AJ 吸起使得 DJJ 励磁，因而电源“KZ-共用-H”和“KZ-列共-DFJ-Q”均无电，在选路过程中 $D_{13}$AJ 的 1-2 线圈得不到正电源，从而不会励磁。

后按下 $D_{13}$A 时，2AJ 的 3-4 线圈通过(DJJ 在吸起)方向电源“KF-共用-Q”有电及 1AJ 第 1 组前接点构成的励磁电路吸起，然后转入自闭。

进路选出后，$D_{13}$的 DXF 组合中 JXJ 吸起，切断 1AJ 和 2AJ 的自闭电路，使电路复原。

2AJ 采用缓放型继电器的原因与 AJ 相同，因为 2AJ 接入方向继电器电路，也参与选岔，同样存在 JXJ 和 2AJ 的互切问题。

③当作变通按钮作用时，1AJ↑、2AJ↑、AJ↑

作为列车进路的变通按钮使用时，单置调车信号按钮是在始端先按过列车信号按钮之后才被按下的，起始端作用的 AJ 吸起，起终端作用的 2AJ 也吸起，从而构成两段选路。例如办理ⅡG 向北京方面正方向发车的变通进路。始端按下 $S_{Ⅱ}$LA 后，$S_{Ⅱ}$LAJ 吸起使 LFJ 励磁，方向电源“KF-共用-Q”和“KZ-列共-DFJ-Q”均有电。再按下 $D_{13}$A 时 1AJ 吸起并自闭。首先使 2AJ 的 3-4 线圈由“KF-共用-Q”电源和经 1AJ 的第 1 组前接点励磁并转入自闭；然后 AJ 的 1-2 线圈由于“KZ-列共-DFJ-Q”有电和 2AJ 的吸起而励磁。最后按下 $X_F$LA 使 $X_F$LAJ 吸起，从而选出ⅡG 的发车变通进路。$D_{13}$的 DX 组合中 JXJ 吸起后，切断 AJ 的自闭电路；$D_{13}$的 DXF 组合中 JXJ 吸起后，切断 1AJ 和 2AJ 的自闭电路，于是三个按钮继电器复原。作为反向调车进路的变通进路按钮使用时，1AJ、2AJ、AJ 的励磁电路，与作为列车变通进路按钮使用时，电路的接通条件和动作顺序相同，只是“KF-共用-Q”和“KZ-列共-DFJ-Q”的电源是由 DFJ 的吸起而供出的。

对于 AJ 励磁的方向电源接入，决定于该单置调车信号机的显示方向，如本例的 $D_{13}$调车信号机，AJ 应接入“KZ-列共-DFJ-Q”方向电源；若单置调车信号机为发车方向显示，则 AJ 应接入“KZ-列共-DJJ-Q”方向电源。

进路因故选不出时，如何使 1AJ、2AJ 和 AJ 的电路复原呢？可采用按压总取消按钮 ZQA 的办法使其手动复原：由 ZQJ 的吸起切断方向电路的 KF 电源，方向继电器落下，“KF-共用-Q”无电使 1AJ 复原；ZQJ 吸起，“KZ—ZQJ—H”无电使 2AJ 复原；由于 ZQJ 的吸起，使得取消继电器 QJ 吸起，切断 AJ 的自闭电路使 AJ 落下。

重复开放信号是在进路处于锁闭状态下进行的，按下单置调车信号按钮后，FKJ 将随着 1AJ 的吸起而励磁。这样即切断 AJ 的自闭电路又切断 2AJ 的励磁电路，避免了重复开放信号时 2AJ 和 AJ 的错误励磁。

(4)变通按钮和终端按钮的继电器电路

变通按钮继电器也是用 DXF 组合中的 1AJ 和 2AJ 接点参加选变通进路。只需将 BA 的接点作为 1AJ 接通条件，而 2AJ 的 3-4 线圈电路去掉 FKJ 和 AJ 第 5 组接点的串联支路，直接接入 KZ 电源即可，如图 2-15 所示。

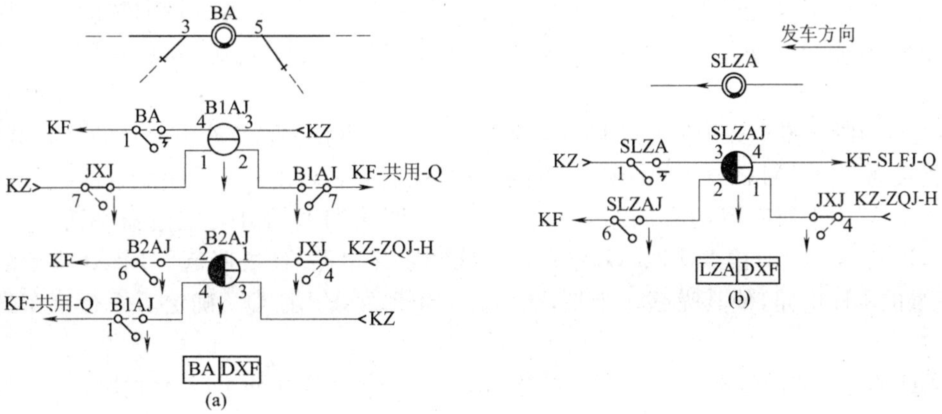


图 2-15　变通按钮和列车终端按钮继电器电路

如果电路上没有别的联锁条件要求，双线单方向运行的列车终端按钮继电器也可采用DXF组合中的2AJ来代替，只需将“KF-共用-Q”改接相应方向电源即成。例如SLZA的列车终端按钮继电器SLZAJ接入“KF-LFJ-Q”方向电源，使它在作列车进路终端按下时才励磁。

(5)出站兼调车信号机的按钮继电器电路

对应出站兼调车信号机处，分别设有列车进路按钮和调车进路按钮。由于性质不同，对应列车按钮设一个列车按钮继电器LAJ，对应调车按钮设一个调车按钮继电器DAJ。图2-16是上行ⅡG的出站兼调车信号机按钮继电器电路。LAJ和DAJ的3-4线圈作励磁用，它们分别由LA和DA控制。由于同一始端不能同时排列列车进路和调车进路，即不能同时按下LA和DA。而LAJ和DAJ的取消记录的条件又是相同的，所以它们可以共用一条自闭电路。虽然电路结构上有些不同，但其电路原理和接点作用与调车信号按钮继电器电路是相同的。

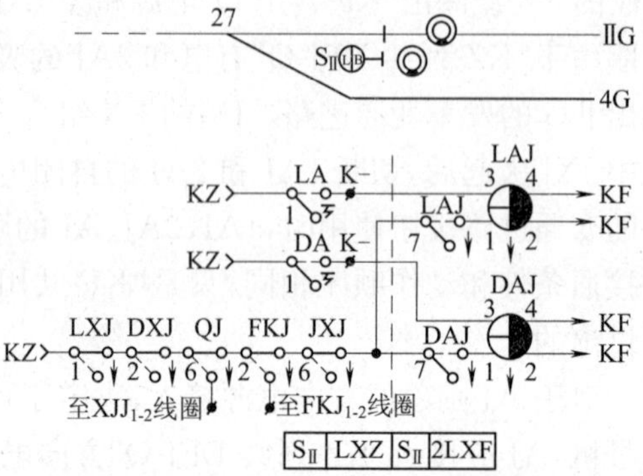


图2-16 出站兼调车信号机按钮继电器电路

在进站信号机内方设有无岔区段和同方向调车信号机时，其电路和出站兼调车的按钮继电器完全一样。例如X进站信号机内方带$D_3$的按钮继电器电路，用X进站信号机的XLA控制LAJ，而用$D_3$A来控制DAJ，同样不能同时按下XLA和$D_3$A。

4. 通过按钮继电器电路

为了简化办理操纵手续，凡有通过进路的车站，其控制台上对应进站信号机处应设通过按钮，并增设通过按钮继电器电路。

举例站场为双线双向运行时，其上、下行正方向和反方向都可以办理通过进路，即有X、$X_F$、S、$S_F$四个方向的通过进路。控制台上增设了XTA、$X_F$TA、STA、$S_F$TA通过按钮。

通过按钮继电器电路如《6502电气集中图册》图11所示。四个方向的通过按钮继电器电路原理相同，现以X方向为例，介绍通过按钮继电器电路的原理。

按压XTA和$S_F$LA后，应自动地把XLAJ、$X_Ⅰ$LAJ和$S_Ⅰ$LAJ这些有关的列车按钮继电器带起来。而且应首先带起XLAJ和$X_Ⅰ$LAJ。带起XLAJ可接通下行咽喉的方向继电器LJJ的电路，带起$X_Ⅰ$LAJ可接通上行咽喉的方向继电器LFJ的电路，从而达到分段选路的目的。

通过按钮继电器TAJ有励磁电路和自闭电路。按压XTA后，检查方向电源“KF-共用-H”有电，就接通了XTAJ的3-4线圈励磁电路，使其吸起，并经第1组前接点自闭。方向电源“KF-共用-H”由上行咽喉的方向组合提供，用它证明该咽喉的方向继电器都落下。XTAJ吸起后，用其第2组前接点接通XLAJ的3-4线圈励磁电路，使之吸起。XLAJ吸起后接通下行咽喉的LJJ电路，使其吸起。于是，送出方向电源“KF-LJJ-Q”，确定了下行接车进路的始端。

XTAJ吸起后，还用其第3组前接点接通$X_Ⅰ$LAJ的3-4线圈励磁电路，使之吸起。$X_Ⅰ$LAJ吸起后，使上行咽喉的LFJ吸起，确定了下行发车进路的始端。

可见，按压XTA后，XTAJ的吸起，首先带起了XLAJ和$X_Ⅰ$LAJ。按压终端按钮$S_F$LA

后，$S_F$LAJ 吸起，用其第 4 组前接点并经 XTAJ 第 4 组前接点接通 $S_I$ LAJ 的 3-4 线圈的励磁电路，使 $S_I$ LAJ 最后励磁。

这样，由 XLAJ、$S_I$ LAJ 的吸起选出了下行ⅠG 接车进路，由 $X_I$ LAJ、$S_F$LAJ 的吸起选出了下行ⅠG 发车进路，即选出了下行通过进路。

在 XTAJ 的自闭电路中接有其进路选择继电器 XJXJ 第 1 组后接点和方向电源"KF-LJJ-Q"，通过进路被选出后，XJXJ 吸起，就使 XTAJ 复原。若排好通过进路后误碰通过按钮 XTA，则可按压总取消按钮，断开方向电源"KF-LJJ-Q"，使 XTAJ 复原。若按压 XTA 后没有带起下行咽喉的 LJJ，XTAJ 就不能自闭。

由 XTAJ 带起的 XLAJ 随 XTAJ 的复原而复原，$X_I$ LAJ、$S_I$ LAJ 在进路选出后随各自信号组合中 JXJ 吸起而复原。

在 XTAJ 吸起时，经其第 8 组前接点点亮控制台上、下行通过按钮内的表示灯。

## 三、选岔电路

### 1. 选岔网路的基本原理

选岔电路用来自动地选出进路上道岔位置。每条进路的开通方向是由道岔的位置来确定的。为了控制道岔的转向，对应每组道岔设有定位操纵继电器 DCJ 和反位操作继电器 FCJ，分别控制该道岔转向定位或反位。当始、终端按钮继电器吸起后，自动选出进路上的道岔位置，使进路上各有关道岔的 DCJ 或 FCJ 按选路要求励磁。用操纵继电器的前接点来接通道岔控制电路，使道岔转换。进路已选出的含义是，一条进路上所有道岔的 DCJ 或 FCJ 都励磁（不包括每组道岔的转换）。为了缩短办理进路的时间，进路选出后应及时使该进路的始、终端按钮继电器和方向继电器复原，以便再办理其他进路，提高作业效率。综上所述，选岔电路要完成以下任务：

（1）选出的进路应与车站值班员的操纵意图一致。根据双按钮进路式的选路要求，排列一条进路，顺序按压了进路始端和终端两个按钮后，只允许选出两点之间的基本进路，禁止选出变通进路。

（2）根据车站值班员的意图要选变通进路时（包括八字变通进路和平行变通进路），必须附加操纵手续，即按过始端按钮后，还必须按压变通进路上的变通按钮或可作变通用的调车信号按钮。

（3）根据按压进路按钮的先后和顺序，应能确定只有进路始端的信号机才能开放；对长调车进路的中间信号点应能自动选出，并使长调车进路上的信号由远至近地顺序开放。

（4）要求选岔电路工作稳定可靠，能防止串电。

选岔电路以站场为对象，那么构成选岔的电路也应与站场相似，一般情况下，DCJ 应接在选岔电路道岔辙叉的直股部位；FCJ 应接在选岔电路道岔辙叉的侧股部位。这种与站场相似的选岔电路称作选岔网路。

采用的是并联传递式的选岔网路，选路时进路上的各个继电器顺序传递励磁，而不是同时吸起。并联传递选岔网路有如下优点：

①选路时各个继电器逐个励磁，可使继电器的励磁电压保持不变，保证选岔电路工作稳定可靠。

②网路上的道岔从左向右顺序选出，因而进路上各个道岔也是顺序启动，这对降低电源屏道岔动作电流的输出峰值有利。

③可以用网路最右端信号点的 JXJ 吸起来证明进路已全部选出。

但是，并联传递选岔网路由于渡线双动道岔引起迂回电路将产生道岔错误动作，而不能应用。为此采用分线法，将“八”字第一笔双动道岔和第二笔双动道岔的 FCJ 分开，再将 DCJ 和 FCJ 分开，形成六线选岔网路。

2. 六线选岔网路

六线选岔网路由 6 条网路线组成，其中 1、2 线用于选“八”字第一笔双动道岔的反位，3、4 线用于选“八”字第二笔双动道岔的反位，5、6 线用于选所有单动及双动道岔定位和单动道岔反位。

对应于每组双动道岔设两个定位操纵继电器 1DCJ 和 2DCJ、两个反位操纵继电器 1FCJ 和 2FCJ，这是因为双动道岔分别连接在两条平行的线路上，而且它们的接点使用较多，一个继电器的接点不够用。同样，锁闭继电器也设两个，1SJ 和 2SJ。

双动道岔两个 FCJ 的编号方法是，左边先励磁的为 1FCJ，右边后励磁的为 2FCJ；同一组双动道岔的 DCJ 和 SJ 也相应编号，如 1FCJ 对应 1DCJ 和 1SJ，2FCJ 对应 2DCJ 和 2SJ。

(1) 1、2 线

图 2-17 是双动道岔 1FCJ 和 2FCJ 基本结构的单元选岔网路。1、2 线网路上接的是“八”字第一笔双动道岔的两个反位操纵继电器，2FCJ 实际上是 1FCJ 的复示继电器。

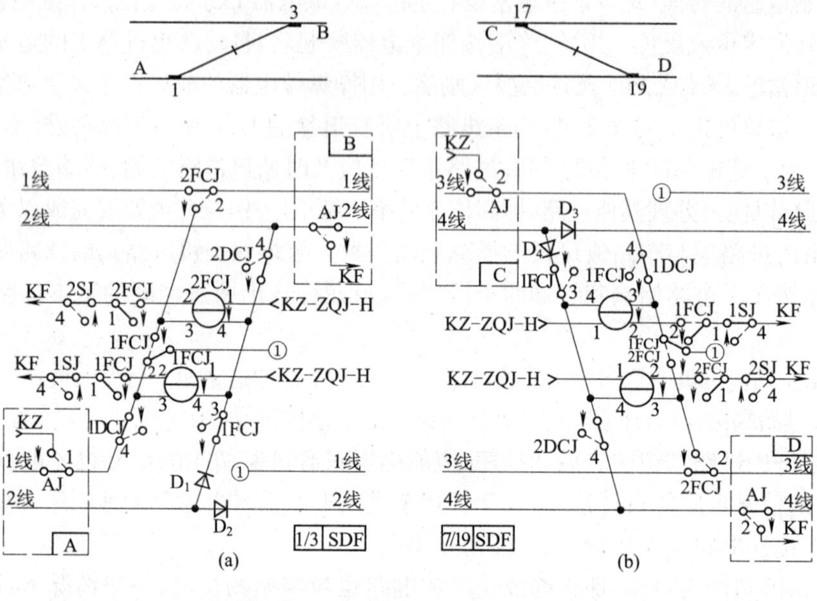


图 2-17　1、2 线和 3、4 线选岔网路

选 A 至 B 的进路时，左端 A 处由 AJ 的吸起向 1 线供出 KZ 电源，右端 B 处由 AJ 的吸起向 2 线供出 KF 电源，使处于左边的 1FCJ 的 3-4 线圈先被接通励磁。经本身第 1 组前接点构通 1FCJ 的 1-2 线圈自闭电路，自闭电路中接有该道岔的 1SJ 的第 4 组前接点，说明道岔处于解锁状态才可使道岔转换。1FCJ 吸起后用其第 2 组前接点将 KZ 电源传向右边的 2FCJ 的 3-4线圈使其励磁，然后也经本身第 1 组前接点自闭，并同样由 2FCJ 第 2 组前接点将 KZ 电源传向 1 线后面的道岔(如果后面 1、2 线上还接有的话)。用 1FCJ 第 3 组后接点切断经 2 线供给左方道岔励磁用的 KF 电源 (假如左边也接有道岔的话)，使左方已励磁并自闭的道岔操纵继电器脱离网路。这样选岔网路上同时励磁的继电器最多两个，保证选岔网路电压稳定。

为了使道岔选出定位后不再选出反位，在 1FCJ 接通 KZ 电源的 1 线上接有 1DCJ 的第 4 组后接点（当然在 1DCJ 的 5 线上也接有切断其 KZ 电源的 1FCJ 的第 4 组后接点），互切的结果，使一组道岔的 DCJ 和 FCJ 不会同时选出，以保证选岔可靠。同样在 2FCJ 的 2 线上也接有 2DCJ 第 4 组后接点作为互切条件。如果进路不能排出，当然道岔就不会锁闭，即 SJ 仍在吸起状态。为使道岔操纵继电器复原，可采用手动复原，即按下总取消按钮 ZQA，使 FCJ 自闭电路的条件电源“KZ-ZQJ-H”无电。

道岔操纵继电器之所以接有自闭电路，是为了缩短选路时间，要求参与选岔的始、终端 AJ 在进路上的道岔操纵继电器励磁后尽快落下，使方向电路复原，以便再排别的进路。而由 2FCJ 的吸起去接通双动道岔的启动电路至道岔转到进路要求的位置并锁闭，这中间需要一段时间（每组道岔转换约需 3 s）。为了在此时间内保持道岔操纵继电器吸起，故设经 SJ 前接点接通的自闭电路。道岔操纵继电器在道岔转换完毕锁闭后应及时切断其自闭电路自动复原。

(2)3、4 线

图 2-18(b)为“八”字第二笔双动道岔的基本电路，电路结构和各接点作用与图 2-18(a)1/3 双动道岔相同，不同的是它接在 3、4 线网路上。如果“八”字第二笔双动道岔 17/19 也接在 1、2 线路上，则会形成八字迂回电路。为此，采用分线法，将“八”字第一笔双动道岔 1/3 的 1FCJ 和 2FCJ 接在 1、2 线网路上，而将“八”字第二笔双动道岔 17/19 的 1FCJ 和 2FCJ 接在 3、4 线网路上。

这样，虽然解决了选岔网路迂回电路，但尚未解决网路右边 AJ 吸起送入的 KF 电源串电问题。为堵住 KF 的串电，对双动道岔 2 线、4 线锐角处加二极管 $D_1$ 和 $D_2$ 及 $D_3$ 和 $D_4$ 来防止 KF 负电串电。

(3) 5、6 线

1/3 的 DCJ 和 17/19 的 DCJ 与单动道岔 27DCJ、27FCJ 如果接在 1、2 线网路上，同样会产生迂回电路，故必须与 1、2 线网路及 3、4 线网路再次分开，将其接入 5、6 线网路上，如图 2-18 所示。

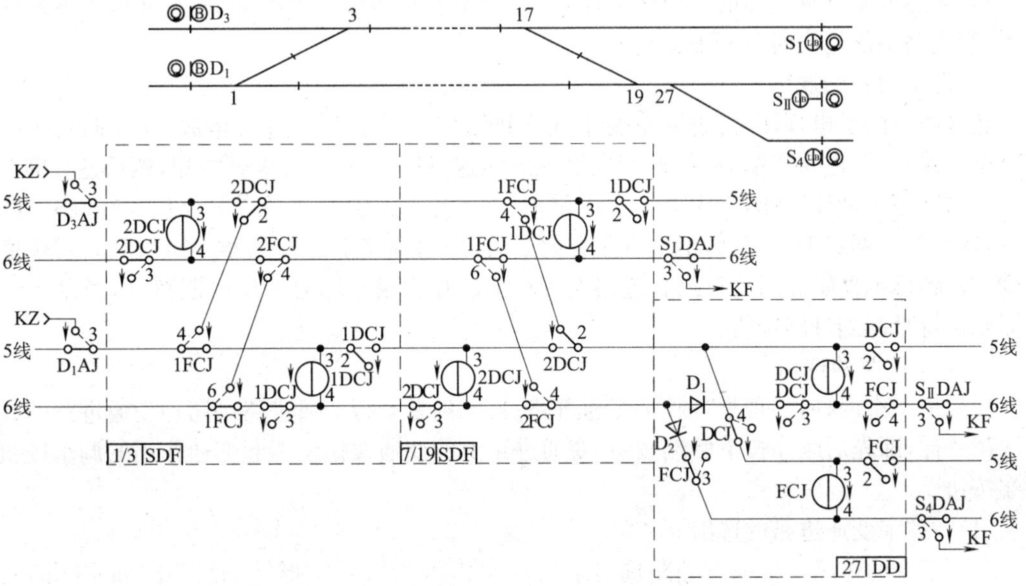


图 2-18　5、6 线选岔网路

单动道岔的DCJ和FCJ也接在5、6线上。为了防止6线KF电源对单动道岔DCJ和FCJ之间的串电，也在6线网路锐角处接有两个二极管。例如为防止$S_{Ⅱ}$ DAJ吸起时的KF电源从6线串入27FCJ的线圈中去，加二极管$D_2$予以堵截；为防止$S_4$ DAJ吸起时KF电源经6线串入27DCJ的线圈中去，则加二极管$D_1$堵截。为使两条平行进路的5、6线网路沟通，电路中采用双动道岔的FCJ前接点来沟通5、6线网路，同时FCJ的第2组接点还兼起防止迂回电流的作用。

在所选进路中如遇双动道岔反位时，必须先选动该双动道岔的反位，FCJ吸起后才能接通5、6线网路，从而再从左向右地顺序选出5、6线网路上DCJ和单动道岔的FCJ。

例如：选如图2-18所示$D_3$至ⅡG的进路，选岔网路必须选出17/19 1FCJ和17/19 2FCJ，用它们的接点接通5、6线网路后才能使1/3 2DCJ励磁吸起，其励磁电路是：

KZ—$D_3$ $AJ_{32-31}$—1/3 $2DCJ_{3-4}$—1/3 $2FCJ_{43-41}$—17/19 $1FCJ_{61-62}$—17/19 $2FCJ_{42-41}$—$D_1$—$27DCJ_{33-31}$—$27FCJ_{43-41}$—$S_{Ⅱ}$ $DAJ_{31-32}$—KF

用1/3 2DCJ第2组前接点将KZ电源传向27DCJ继电器，使27DCJ励磁，其电路是：

KZ—$D_3$ $AJ_{32-31}$—1/3 $2DCJ_{22-21}$—17/19 $1FCJ_{41-42}$—17/19 $2DCJ_{23-21}$—$27DCJ_{3-4}$—$27FCJ_{43-41}$—$S_{Ⅱ}$ $DAJ_{31-32}$—KF

所有的1、2线和3、4线及5、6线的道岔操纵继电器，均是从左上部AJ的吸起向1、3、5线网路供给KZ电源，网路右下部经AJ的吸起向2、4、6线网路供给KF电源，KF电源从右端一直供向左端始点处，道岔操纵继电器一旦励磁自闭后，即用其第3组后接点切断KF电源。因此3、4线网路上的1FCJ和2FCJ及5、6线网路上的双动道岔1DCJ、2DCJ和单动道岔的DCJ与FCJ其电路结构和各组接点的作用均与1、2线网路选岔电路相同。正因为如此所有双动道岔基本选岔单元电路都一样，它们均是SDF组合定型电路；所有单动道岔基本选岔电路都是DD组合定型电路。各种进路的选岔网路均是按各种道岔的基本选岔单元(定型组合)电路连接而成的。

以上六线选岔网路是在省略了道岔操纵继电器自闭电路等其他条件来讲述的。实际上，一个完整的选岔电路除了应能正确选岔、防止迂回电路和串电之外，应在车站值班员操纵下稳定可靠地工作。如前述，并联传递选岔网路的道岔操纵继电器应顺序励磁，励磁后有自闭电路，应切断左方励磁继电器的KF电源，同一组双动道岔和单动道岔的DCJ和FCJ不许同时吸起，当进路不能选出时应能手动复原。

(4)选岔网路的规律

选岔网路的送电规律是：进路左端经AJ的吸起向1、3、5线送KZ电源，从左向右顺序传递直至进路右端；进路右端经AJ吸起向2、4、6线送KF电源，一直送到左端，然后逐段断开。

选岔网路的动作规律是：先选1、2线和3、4线(若进路中有双动道岔反位时)网路上的道岔，后选5、6线网路上的道岔，不论进路方向如何，选岔网路上的继电器一律从左向右顺序传递励磁。各继电器励磁后均自闭。进路上所有JXJ在记录电路复原后一起落下，道岔操纵继电器则保持吸起到进路锁闭。

3. 变通进路的选出

变通进路有两种：一种是“八”字变通进路；另一种是平行变通进路。两种变通进路的办理方法都一样，即先后顺序按下始端按钮、变通进路上的变通按钮或能起变通作用的调车按钮和终端按钮。

(1)“八”字变通进路的选出

“八”字变通进路是按两段进路选出来的。图2-19为“八”字形站场线路图和实际的六线选岔网路。

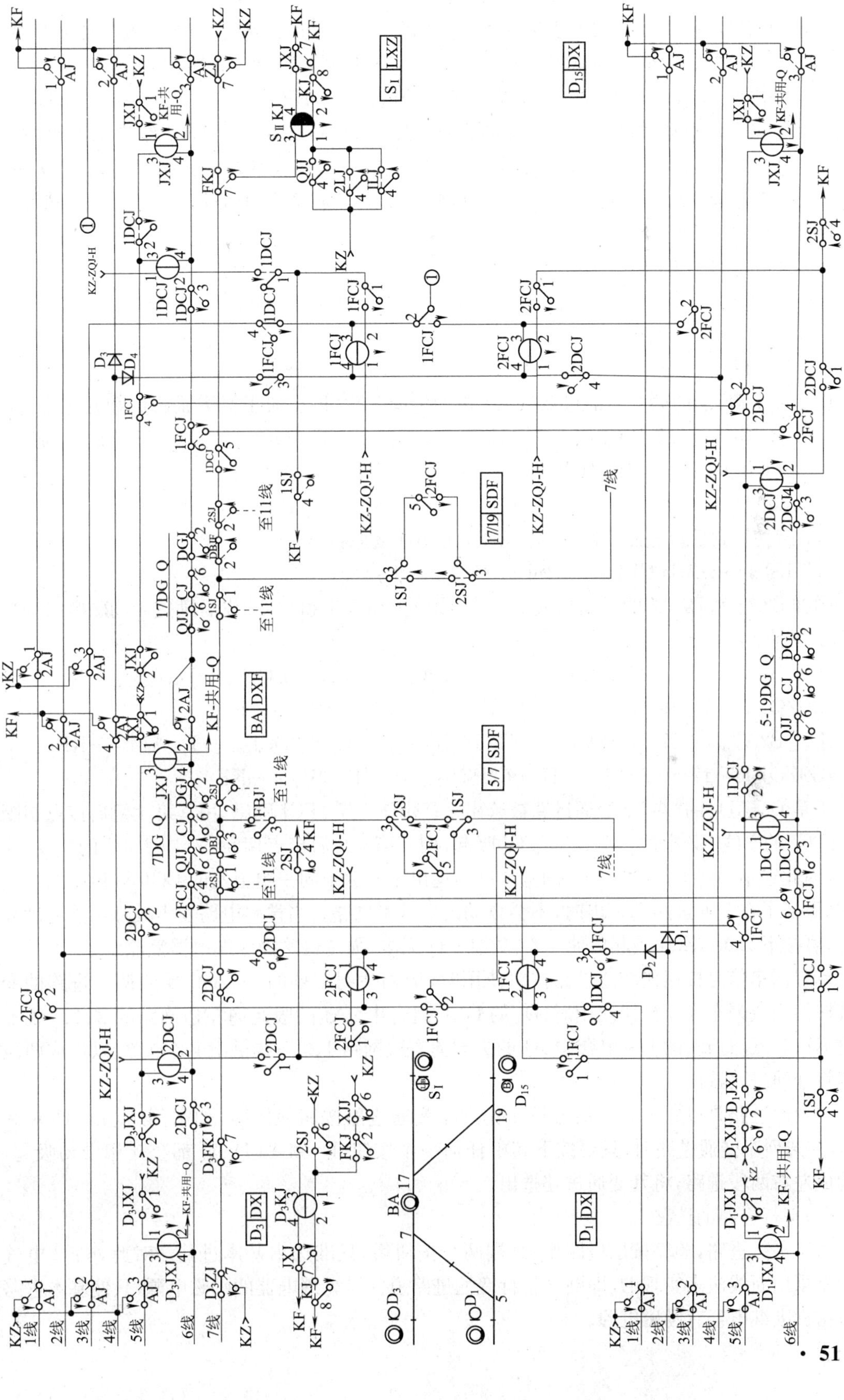


图 2-19 “八”字变通进路选岔电路实例

办理$D_1$至$D_{15}$经5/7、17/19号双动道岔反位的“八”字变通进路时，应先后顺序按下$D_1A$、BA和$D_{15}A$。该“八”字变通进路实际上是由$D_1$至BA和BA至$D_{15}$这样两段基本进路所组成的。也就是由$D_1AJ$和B2AJ选“八”字第一笔双动道岔5/7反位的进路，又由B2AJ和$D_{15}AJ$选出“八”字第二笔双动道岔17/19反位的进路。按下$D_1A$，$D_1AJ$吸起向1线送KZ，再按下BA使B2AJ吸起，它同时向左边2线网路送KF，又向右边3线网路送KZ，最后按下$D_{15}A$，$D_{15}AJ$吸起向左边4线网路送出KF电源，这样使5/7号道岔FCJ励磁，也使17/19号道岔FCJ励磁，选出“八”字变通电路。

5/7号道岔的1FCJ的励磁电路是：

KZ—$D_1AJ_{12\text{-}11}$—5/7 $1DCJ_{41\text{-}43}$—5/7 $1FCJ_{3\text{-}4}$—5/7 $2DCJ_{43\text{-}41}$—$B2AJ_{21\text{-}22}$—KF

5/7 1FCJ励磁后自闭，其电路是：

KZ-ZQJ-H—5/7 $1FCJ_{1\text{-}2}$—5/7 $1FCJ_{12\text{-}11}$—5/7 $1SJ_{43\text{-}41}$—KF

由于5/7 1FCJ的第2组前接点将KZ电源传向5/7 2FCJ，使其随着励磁。励磁电路是：

KZ—$D_1AJ_{12\text{-}11}$—5/7 $1DCJ_{41\text{-}43}$—5/7 $1FCJ_{21\text{-}22}$—5/7 $2FCJ_{3\text{-}4}$—5/7 $2DCJ_{43\text{-}41}$—$B2AJ_{21\text{-}22}$—KF

5/7 2FCJ励磁后也自闭，其电路是：

KZ-ZQJ-H—5/7 $2FCJ_{1\text{-}2}$—5/7 $2FCJ_{12\text{-}11}$—5/7 $2SJ_{43\text{-}41}$—KF

5/7道岔转到反位进路锁闭后，SJ落下，使FCJ复原：

5/7 1SJ↓→5/7 1FCJ↓；5/7 2SJ↓→5/7 2FCJ↓。

同样B2AJ和$D_{15}AJ$的吸起构成17/19号道岔的1FCJ和2FCJ先后励磁。励磁电路和自闭电路分别是：

KZ—$B2AJ_{32\text{-}31}$—17/19 $1DCJ_{41\text{-}43}$—17/19 $1FCJ_{3\text{-}4}$—17/19 $2DCJ_{43\text{-}41}$—$D_{15}AJ_{21\text{-}22}$—KF

KZ-ZQJ-H—17/19 $1FCJ_{1\text{-}2}$—17/19 $1FCJ_{12\text{-}11}$—17/19 $1SJ_{42\text{-}41}$—KF

KZ—$B2AJ_{31\text{-}32}$—17/19 $1FCJ_{21\text{-}22}$—17/19 $2FCJ_{3\text{-}4}$—17/19 $2DCJ_{43\text{-}41}$—$D_{15}AJ_{21\text{-}22}$—KF

KZ-ZQJ-H—17/19 $2FCJ_{1\text{-}2}$—17/19 $2FCJ_{12\text{-}11}$—17/19 $2SJ_{42\text{-}41}$—KF

于是$D_1$至$D_{15}$的“八”字变通进路被选出来。由于5/7 1FCJ励磁，用其第4组后接点切断5/7 1DCJ的5线KZ电源；17/19 2FCJ吸起，用其第4组后接点切断17/19 2DCJ的6线KF电源，因此绝不会将$D_1$至$D_{15}$之间的基本进路选出来。由于同一组道岔的DCJ和FCJ的互切作用，保证了在变通进路选不出时，不会自动改选基本进路。当选路电路发生故障不能自动复原时，可按下ZQA，ZQJ吸起后使KZ—ZQJ—H无电，强制道岔操纵继电器复原。

单置调车信号按钮作变通进路按钮使用时，例如举例站场的$D_{13}A$作反向调车进路的变通按钮使用或列车变通按钮使用时，$D_{13}$的DXF组合中2AJ的吸起向左边网路的2、4、6线上送出KF电源，而$D_{13}$的DX组合中AJ的吸起向右边网路1、3、5线供出KZ电源，以构成两段选路将变通进路选出。

若变通进路是以并置调车信号按钮作列车变通进路按钮使用时，如举例站场的$D_7A$和$D_9A$，在选列车变通进路时，只要按下其中任何一个按钮，$D_7AJ$和$D_9AJ$都会互相带动吸起，也构成左右两段选路，将其变通进路选出。

(2)平行进路的选路

对于平行进路，顺序按压进路始、终端两个按钮后，只准选出基本进路。对此，6502电气集中是采用断线法来实现的，即断开平行变通进路道岔操纵继电器的励磁电源，只使基本进路的道岔操纵继电器有励磁电源。

图 2-20 是“八”字第一笔双动道岔组成的平行进路选岔原理图。先看图 2-20(a)，按下 $D_1$A和 $D_5$A 后，如果选 1/3 号道岔定位、5/7 号道岔反位为基本进路，则应当使 5/7FCJ 励磁，而不准 1/3FCJ 励磁，将其 2 线 KF 电源断开，即在 5/7 号道岔选岔线网路锐角处断开 2 线(如图中⊗处)，使 KF 电源不能接入 1/3FCJ 的励磁电路。若要选出经 1/3 号道岔反位、5/7 号道岔定位的平行变通进路时，在按压变通按钮 BA 后，使 B1AJ 吸起用其后接点切断 5/7FCJ 的 KZ 电源，又用 B2AJ 的前接点从断开的 2 线处接入 KF 电源，就使得 1/3FCJ 励磁而5/7FCJ不能励磁，即可选出变通进路。这样即使选不出变通进路，也不会自动改选基本进路。

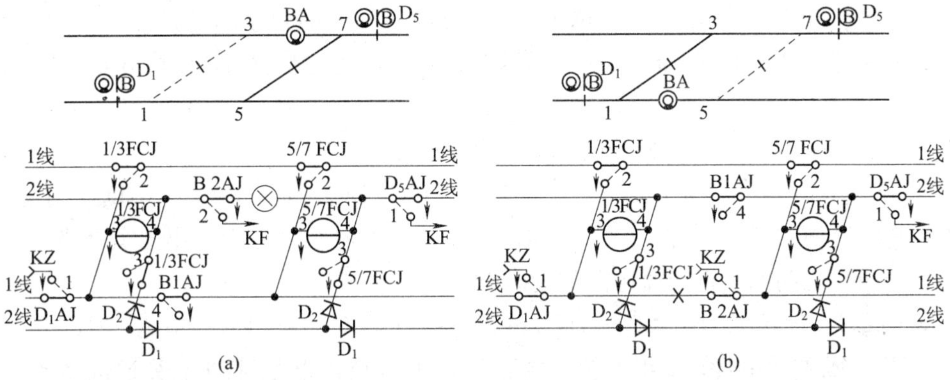


图 2-20　1、2 线平行进路选岔原理电路

图 2-20(b)是确定选 1/3 号道岔反位、5/7 号道岔定位为基本进路的情形，应在选岔网路的“×”处断开 2 线，这样使 1/3FCJ 能励磁，而不准 5/7FCJ 励磁，即可选出 $D_1$ 至 $D_5$之间的基本进路。选 1/3 号道岔定位、5/7 号道岔反位的平行变通进路时，也是通过按下 BA，用 B1AJ 吸起切断 2 线上供 1/3FCJ 励磁的 KF 电源，又用 B2AJ 的吸起向 5/7FCJ 送 KZ 电源，同样能保证在变通进路选不出来时不会自动改选基本进路。

另一种是“八”字第二笔双动道岔组成的平行进路，其电路如图 2-21 所示。图 2-21(a)和图 2-21(b)是两种情况下的基本进路和变通进路，图中标明了选基本进路的断线处，也画上了选变通进路的 B1AJ 和 B2AJ 接点，选路原理与上述一样。

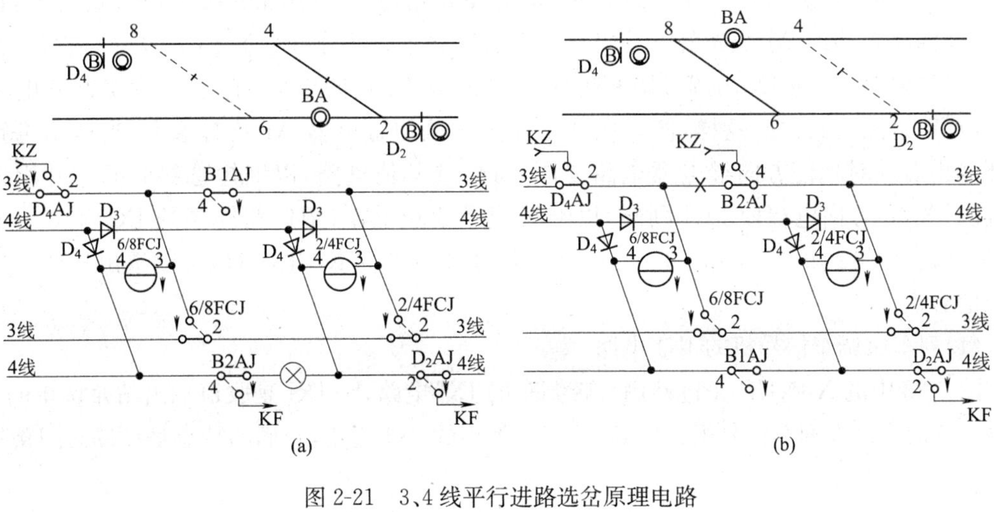


图 2-21　3、4 线平行进路选岔原理电路

图 2-22 是利用 1、2 线网路选基本进路和平行变通进路的实例。当选 $D_1$ 至 $D_{13}$ 之间经 1/3 号道岔反位、5/7 号道岔定位的基本进路时，按下 $D_1$A 和 $D_{13}$A 后，为了使 5/7 1FCJ 得不到$D_1$AJ吸起送来的 KZ 电源，根据断线法原理，在 1/3 1FCJ 右边 1 线“×”处断开。1/3 1FCJ 能够经 $D_1$AJ 吸起送入 KZ 电源，$D_{13}$2AJ 吸起接入 KF 电源而励磁，5/7 1FCJ 则因得不到 KZ 电源而不能励磁。选变通进路时，用 B2AJ 吸起给 5/7 1FCJ 送 KZ 电源使 5/7 号道岔反位的平行变通进路得以选出。为防止发生变通进路因故选不出时自动改选基本进路的情况，在 1/3 2FCJ 右边 2 线上接有 B1AJ 的第 4 组后接点。按下 BA 后，B1AJ 比 B2AJ 先励磁，在选变通进路时首先切断 1/3 1FCJ 的 KF 电源，使 1/3 1FCJ 不能励磁，然后再用 B2AJ 的前接点接通 5/7 1FCJ 励磁的 KZ 电源，这就保证了变通进路选不出时不会自动改选基本进路。

选 $D_1$ 至 $D_{13}$ 基本进路时 1/3 1FCJ 的励磁电路是：

KZ—$D_1$AJ$_{12\text{-}11}$—1/3 1DCJ$_{41\text{-}43}$—1/3 1FCJ$_{3\text{-}4}$—1/3 2DCJ$_{43\text{-}41}$—B1AJ$_{23\text{-}21}$—$D_{13}$2AJ$_{21\text{-}22}$—KF

然后用 1/3 1FCJ 第 2 组前接点接通 KZ 使 1/3 2FCJ 励磁，从而选出基本进路。

选 $D_1$ 至 $D_{13}$ 之间的平行变通进路的励磁电路是：

KZ—B2AJ$_{12\text{-}11}$—5/7 1DCJ$_{41\text{-}43}$—5/7 1FCJ$_{3\text{-}4}$—5/7 2DCJ$_{43\text{-}41}$—$D_{13}$2AJ$_{21\text{-}22}$—KF

5/7 1FCJ 励磁后用其第 2 组前接点接通 5/7 2FCJ 励磁电路，将平行变通进路选出。

反过来若要确定选 5/7 号道岔反位、1/3 号道岔定位为基本进路时，只需在 5/7 号道岔网路左边 2 线“⊗”处断开 1/3 号道岔 FCJ 励磁的 KF 电源，使选基本进路时 1/3 1FCJ 和 1/3 2FCJ 不能励磁即可。

4. 进路选择继电器电路

进路选择继电器 JXJ 与按钮继电器 AJ 在同一个信号组合中，对于 JXJ 不另设网路，也并接在 5、6 线选岔网路上，与道岔操纵继电器按同样的方式励磁。它起承上启下的作用，在使记录电路及时复原和完成选岔任务后，通过 FKJ、LKJ 和 ZJ 的励磁将电路动作转入执行组电路。

当选岔网路左边的 AJ 吸起(注意，它可能是进路始端的 AJ，也可能是进路终端的 AJ)，向网路左边第一个道岔操纵继电器送 KZ 电源使其励磁后，就用 JXJ 吸起切断此 AJ 的自闭电路，使网路左边的 AJ 最先落下。当从左向右顺序地选出了全部进路上的道岔后，网路上对应该进路最右边的 JXJ 励磁，切断进路最右边的 AJ 自闭电路，它落下后使方向电路复原，以证明进路已选出。这样，使完成选岔任务的按钮继电器 AJ 及时落下，当证明进路已全部选出后及时地使方向继电器电路复原，可再选其他进路，以缩短选路时间。并用进路始端的 JXJ 和方向电源使 FKJ 励磁，以继续记录始端工作；用进路终端的 JXJ 和方向电源使 ZJ 励磁，以继续记录终端的工作。JXJ 还传递 5 线上的 KZ 电源，以自动选出长调车进路中间信号点。

(1)列车兼调车信号机的 JXJ 电路

图 2-23 中的 X-$D_3$JXJ 是进站内方带调车的 JXJ 电路，$S_{\text{I}}$ JXJ 是股道端出站兼调车的 JXJ 电路。它们均设在列车信号组合中，属于同一类型的 JXJ 电路，它们的特点是在选岔网路的两端。

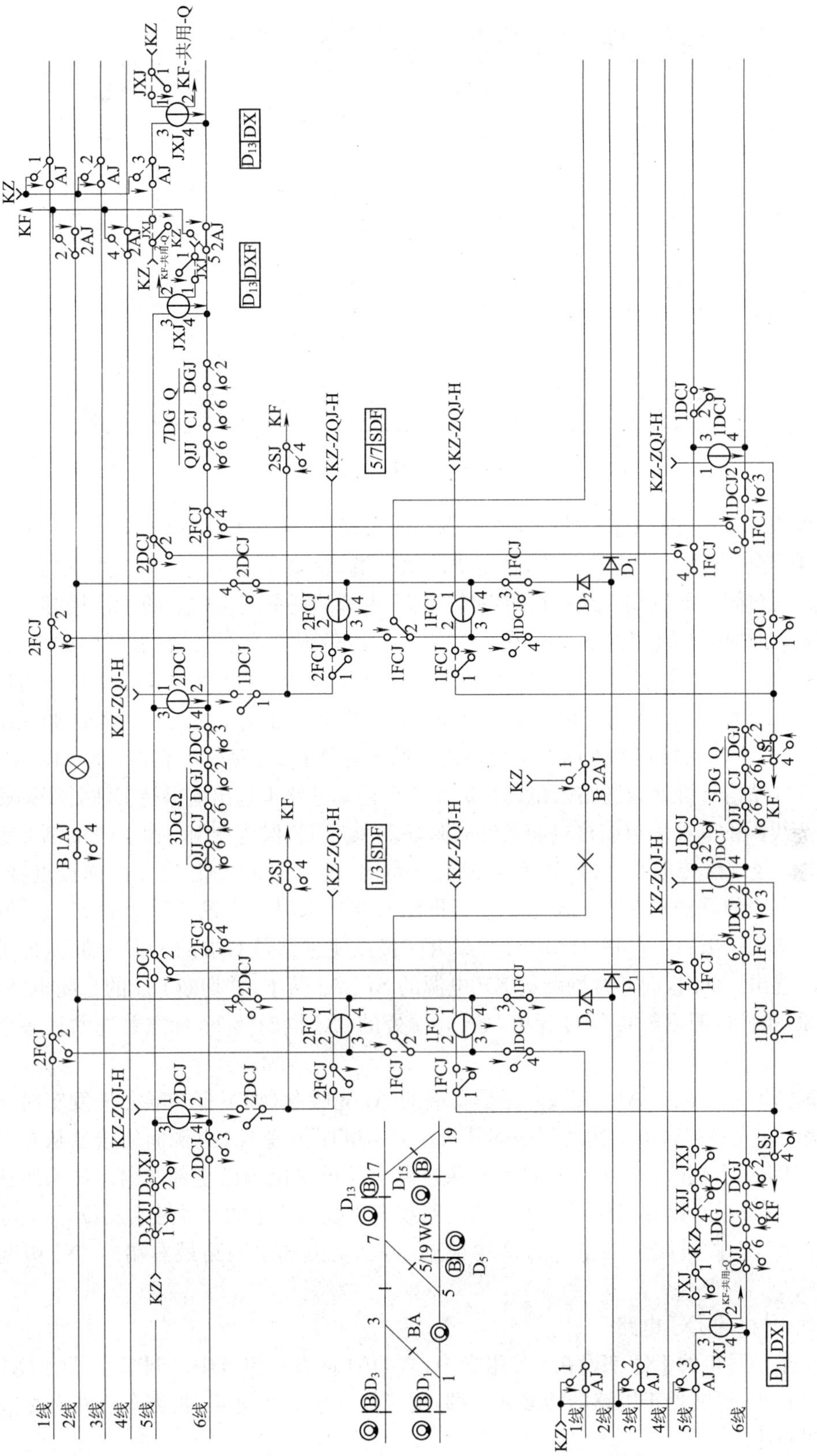


图 2-22　平行进路选岔电路实例

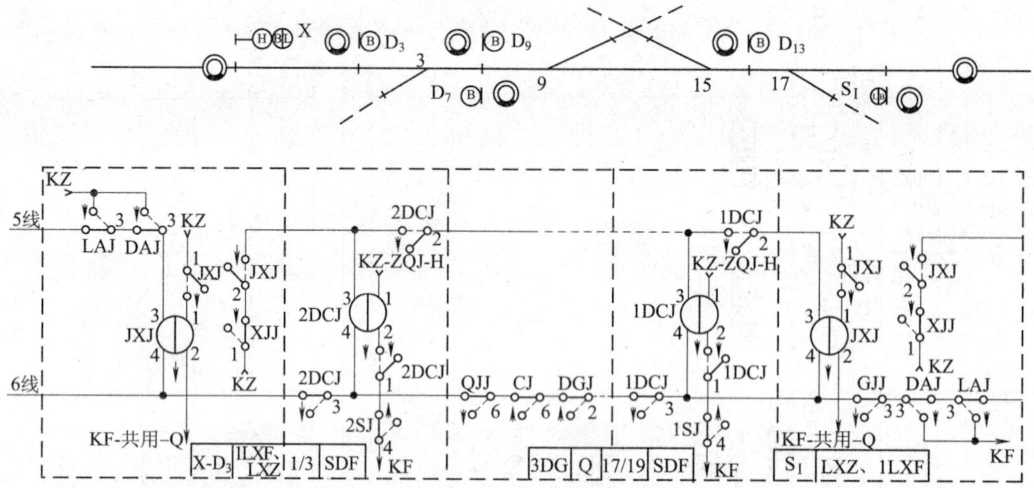


图 2-23　列车兼调车信号的 JXJ 电路

当排列 X 至ⅠG 接车进路时，处于左端的 XLAJ 吸起后，向 X-$D_3$JXJ 送 KZ 电源，处于右端的 $S_{\text{I}}$ LAJ 吸起向 6 线供出 KF 电源，直至进路最左端，使接在 5、6 线网路最左端 X-$D_3$JXJ 首先励磁并转入自闭。此后在 5 线网路向右传递 KZ 电源的任务就由励磁的 JXJ 用其第 2 组前接点来完成。此时 XLAJ 已完成向选岔 5 线网路传递 KZ 电源的任务，没有吸起的必要，故用 X-$D_3$的 JXJ 第 6 组后接点切断 XLAJ 的自闭电路。XLAJ 落下后切断了 LJJ 方向继电器的一条励磁电路，LJJ 经 $S_{\text{I}}$ LAJ 的前接点保持自闭。为了在 XLAJ 落下之前将进路的始端继续记录下来，用 X-$D_3$JXJ 前接点和方向电源使辅助开始继电器 FKJ、列车开始继电器 LKJ 励磁，用以确定下行进站信号机处为进路始端。为了在整个接车进路未选出前保持 JXJ 处于励磁状态，JXJ 的 1-2 线圈由其第 1 组前接点和条件电源“KF-共用-Q”保持自闭。由 JXJ 的第 2 组前接点将 KZ 电源经 5 线传向 1/3 2DCJ，使其励磁并自闭，再由 1/3 2DCJ 第 2 组前接点将 KZ 电源接向 5 线右边的道岔操纵继电器……直到进路右端最末一个道岔 17/19 的 1DCJ 励磁。进路上全部道岔均选出后，17/19 1DCJ 的第 2 组前接点使进路最右端的$S_{\text{I}}$ JXJ励磁，即可证明整条进路已选出。此时，向 6 线网路送 KF 电源的 $S_{\text{I}}$ LAJ 落下，并切断 LJJ 的自闭电路，将记录电路复原，条件电源 KF-共用-Q 无电，始、终端处的 JXJ 同时落下，标志着选岔任务全部完成。

不论是选岔网路左端的 AJ 先吸起，还是右端的 AJ 先吸起(如下行咽喉办理发车时就是选岔网路右端 AJ 先吸起)，由于选岔网路都是从左向右顺序传递 KZ 电源而使选岔从左向右进行的，因此进路最右端的 JXJ 吸起即证明整条进路上的道岔位置已全部选出。如果所选进路中有双动道岔的反位，则必定先选出 1、2 线网路或 3、4 线网路上的双动道岔反位，然后才能构通 5、6 线网路，因此进路上的全部道岔均被选出，也是由选岔网路最右端的 JXJ 吸起来证明的。

(2)调车信号机的 JXJ 电路

咽喉区调车信号机的 JXJ 都设在 DX 组合中，与 DAJ 同在一组合中。调车信号的 JXJ 在办理进路的过程中，可能处于进路的始端和终端，也可能处于列车进路、长调车进路和变通进路的中间信号点上。

①并置、差置调车信号机的JXJ电路

图2-24是$D_7$和$D_9$并置调车信号机的JXJ电路。$D_7$A不论是作进路始端还是作进路终端按钮，$D_7$JXJ总处在选岔网路的右端，5线上的KZ电源总是从选岔网路上最后一个道岔的DCJ第2组前接点接入，使$D_7$JXJ励磁并自闭。因此，$D_7$JXJ的吸起能证明$D_3$至$D_7$（或$D_7$至$D_3$），这条调车基本进路上的全部道岔已选出。而对$D_9$A来说，不论是作进路始端还是终端按钮，$D_9$JXJ总是处在选岔网路的左端，KZ电源由$D_9$AJ第3组前接点供给5线，选调车进路时$D_9$JXJ总是第一个吸起，使$D_9$AJ最先落下。$D_7$AJ和$D_9$AJ落下的顺序，与它们的励磁顺序无关，而是与在进路中所处的位置有关。因而可知，已吸起的方向继电器，不一定是励磁电路先断，自闭电路后断，而是由AJ是处于选岔网路的左端和右端来决定的。但作调车进路始端时，JXJ和方向电源配合可使FKJ励磁。例如先按$D_7$A后按$D_3$A，此时$D_7$JXJ吸起和“KF-DFJ-Q”有电使$D_7$FKJ励磁，继续记录该进路的始端是$D_7$。作调车进路终端时，JXJ和方向电源配合可使ZJ励磁。例如先按$D_3$A后按$D_7$A，此时$D_7$JXJ吸起和“KF-DJJ-Q”有电使$D_7$ZJ励磁，继续记录进路的终端是$D_7$。

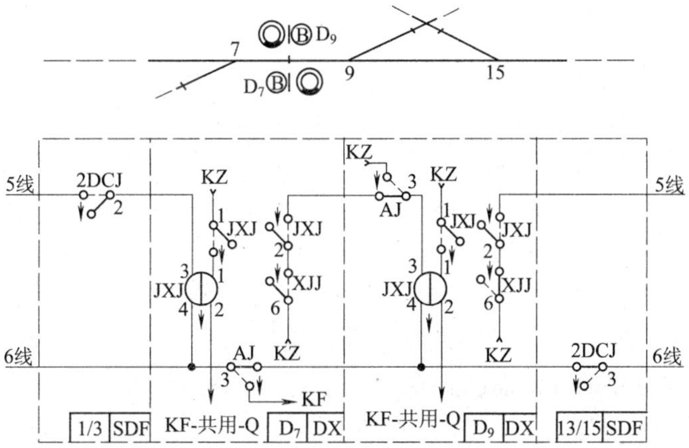


图2-24 调车信号的JXJ电路

当$D_7$和$D_9$信号为所排列车进路上的中间点时，由于$D_7$JXJ和$D_9$JXJ均并接在5、6线网路上，选列车进路时，它们将起中转传递5线KZ电源的作用。例如选X至ⅠG接车进路时，5线KZ电源传至$D_7$JXJ时，$D_7$JXJ励磁并自闭后，用$D_7$JXJ第2组前接点将KZ电源传至$D_9$JXJ，$D_9$JXJ励磁并自闭后，再用$D_9$JXJ第2组前接点将KZ电源传至右方5线，使网路上的道岔DCJ励磁，直至整条列车进路选出。待记录电路复原，“KF-共用-Q”无电时，全进路上（当然也包括$D_7$JXJ和$D_9$JXJ）的JXJ同时全部落下。

当$D_7$和$D_9$信号作为长调车进路的中间信号点时，例如排列$D_3$至ⅠG的长调车进路，按下$D_3$A和$S_Ⅰ$DA后，$D_7$JXJ和$D_9$JXJ除如上述中转传递5线KZ电源外，而且由于调车方向继电器DJJ的吸起，则$D_7$JXJ吸起后使$D_7$ZJ励磁；$D_9$JXJ吸起后，使$D_9$FKJ励磁，以确定开放$D_9$信号而不准$D_7$信号开放，使长调车进路上中间点的调车信号机按调车运行方向由远及近自动开放。

差置调车信号的JXJ电路与并置调车信号一样，仅多一个Q组合的条件。

②单置调车信号机的JXJ电路

图2-25是单置调车信号机$D_{13}$的JXJ电路。所有的单置调车信号机均有两个JXJ，一个

在 DXF 组合中，作为基本调车进路的终端；一个在 DX 组合中，作为基本调车进路的始端。电路结构与并置调车信号机的 JXJ 基本相同，只是 DXF 中 6 线用 2AJ 前接点接入 KF 电源，而上述 $D_7$ 的 6 线相应处接入的是 AJ 接点而已。

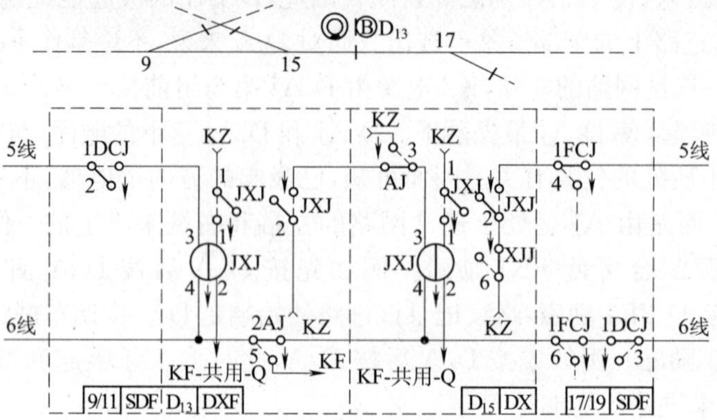


图 2-25　单置调车信号的 JXJ 电路

当以 $D_{13}$ 信号为进路终端时，DXF 组合中的 $D_{13}$JXJ 吸起，并使 $D_{13}$ZJ 励磁；当以 $D_{13}$ 信号为进路始端时，DX 组合中的 $D_{13}$JXJ 吸起使 $D_{13}$FKJ 励磁，开放 $D_{13}$ 信号。

当办理经由单置调车信号的列车进路和长调车进路时，DX 和 DXF 组合中的 JXJ 都励磁，电路动作与并置调车信号机的 $D_7$JXJ 和 $D_9$JXJ 的动作一样。不同的是，单置调车信号机的按钮可作为反向调车进路的变通按钮，此时虽然两个 JXJ 选路时均励磁，但它不能像作长调车进路中间信号点那样，使 $D_{13}$FKJ 和 $D_{13}$ZJ 励磁，因为它们的励磁是由接入的方向电源所决定的。此时的 $D_{13}$ 信号机，既不是反向调车进路的阻挡信号，又不是起始信号，仅仅参加两段构成变通进路的基本进路的选岔而已。

5. 选岔网路的防护电路

必须防止车站值班员办理储存进路，即进路锁闭信号开放后又排列了与先排进路相重叠或交叉的敌对进路。此时若允许选岔电路再选路，使道岔操纵继电器吸起，并使记录电路复原，叫做储存进路。在没有特殊保护措施时，因故障会引起进路提前解锁影响行车安全，因此 6502 电气集中禁止建立储存进路。另外在道岔区段故障或有车占用时应不准进路选出。

为此选岔电路采用了以下防护措施：

(1)为了防止所选进路上任一道岔区段有车占用或轨道电路故障时进行选路，在 6 线网路对应轨道区段处接有轨道继电器 DGJ 的前接点，以反映该区段空闲。有车占用时用 DGJ 第 2 组前接点切断 6 线，使网路左端 JXJ 不能励磁防止进路选出。例如ⅡG 向北京方向发车，当 5DG 区段有车占用时，5DGJ 落下切断 6 线的 KF 使选岔网路上所有的 JXJ 均不能励磁。

(2)为禁止在已锁闭的进路上办理储存进路，在轨道区段组合 6 线上还接有区段检查继电器 QJJ 的第 6 组后接点和传递继电器 CJ 的第 6 组前接点。当进路锁闭后该区段 QJJ 吸起、CJ 落下切断 6 线 KF 电源以防止储存进路。例如，办理 $D_3$ 至 $D_{13}$ 进路，进路锁闭 $D_3$ 信号开放后，若再办理 X 至ⅠG 的接车进路，此时由于 3DG 区段中 QJJ 吸起和 CJ 落下切断 6 线，使后排的接车进路始端的 JXJ 不能励磁，5、6 线网路上的道岔 DCJ 和单动道岔的 FCJ 也不会励磁，从而防止了进路的储存。

应指出，在建立 $D_3$ 调车进路的情况下，再按压 XLA 和 $S_I$ LA 后 XLAJ 和 $S_I$ LAJ 不能自动复原。如当 $D_3$ 调车进路解锁后，提前排的下行 Ⅰ G 接车进路即会自动选出，这样前条进路已建立又预先排下一条进路的操纵叫预排，为了安全起见，车站行车组织有关规定中严禁预排进路。

(3)在向股道建立了进路或向股道引导接车时，严禁再向该股道建立进路，为此在股道端 6 线处接有股道检查继电器 GJJ 第 3 组后接点，已向股道建立了接车或调车进路后 GJJ 吸起将 6 线 KF 电源切断，使后办进路的 JXJ 不能励磁。

(4)当信号已开放后，禁止再利用此信号排重叠的进路。信号开放后，信号检查继电器 XJJ 在励磁状态，对列车进路是用 XJJ 第 1 组后接点切断列车进路始端向 5 线接入的 KZ 电源；对于调车进路是用 XJJ 第 6 组后接点切断调车进路始端向 5 线接入的 KZ，以达到禁止再利用此信号排进路的目的。

## 四、辅助开始、开始、终端继电器电路

在进路选出，记录电路复原之前，为了接续始端按钮继电器、方向继电器和终端按钮继电器的工作，通过 JXJ 和方向继电器供出的条件电源，使辅助开始继电器 FKJ 和终端继电器 ZJ 励磁，继续记录进路的始端和终端。但此时道岔正在转换，在进路锁闭直到信号开放之前的这段时间内，还将利用 FKJ 来作为 7 线网路的区分条件和防止信号自动重复开放。

所谓防止信号自动重复开放，是指信号必须经 FKJ 吸起才能开放。当信号开放后，因故(如轨道电路的瞬间分路)引起信号关闭，如不再次办理开放信号手续(即重新按压进路始端信号按钮)就不准信号自动重复开放，这样，FKJ 相当于每次开放信号的开关。因此 FKJ 在信号开放后必须落下，在它落下后必须用开始继电器 KJ 来继续记录其进路始端工作。KJ 和 ZJ 在整个执行网路中起作用，直到进路解锁才自动复原。

1. 辅助开始继电器电路

(1)辅助开始继电器的作用

辅助开始继电器 FKJ 接替 JXJ 和方向继电器的工作，启动 7 线网路工作，具体作用有：

①重复开放信号时切断 AJ 的自闭电路。

②FKJ 后接点和 AJ 前接点串联接在方向继电器励磁电路中防止方向继电器空动。

③将 KJ 接入 7 线网路使 KJ 励磁，以确定进路的始端。

④在 7 线上由 ZJ 的吸起，经 FKJ 的后接点向 KJ 供给 KZ 电源，在长调车进路中控制 KJ 由远及近顺序励磁，以达到调车信号由远至近顺序开放的目的。

⑤防止信号自动重复开放。

⑥接通进路始端按钮表示灯，从进路选出直到信号开放，使按钮内点稳定绿灯(对列车按钮)或白灯(对调车按钮)。

(2)辅助开始继电器电路的技术条件

为了使辅助开始继电器 FKJ 完成上述作用，其电路必须满足下述技术条件：

①为了用 FKJ 来记录进路的始端，必须用进路始端的 JXJ 和与进路性质方向相符合的方向电源来接通 FKJ 的励磁电路，以完成继续记录进路始端的任务。

②为了防止信号自动重复开放，必须用 FKJ 的前接点接通信号继电器的励磁电路，在信号开放后 FKJ 应自动复原；故障时应使 FKJ 能手动复原。

③重复开放信号时，要求进路仍在锁闭状态，此时按下进路始端的信号按钮才准 FKJ 重新励磁。

(3)调车信号用的辅助开始继电器 FKJ 电路

尽头线、单置、并置和差置等调车信号都各设一个辅助开始继电器 FKJ，它们均在 DX 组合中，是基本结构相同的电路。图 2-26 为单置调车信号的 FKJ 电路。

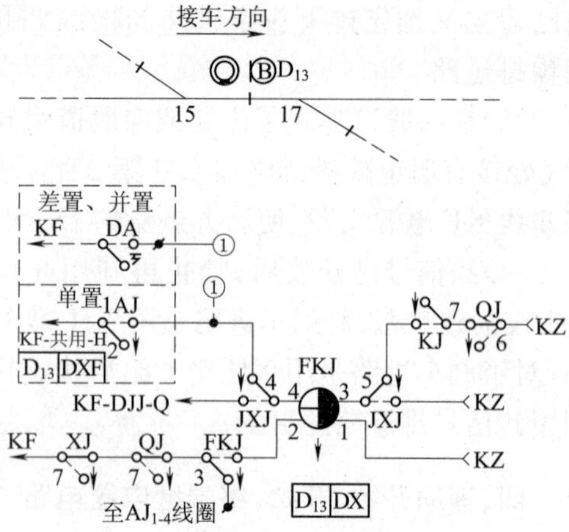


图 2-26　调车信号的 FKJ 电路

FKJ 的 3-4 线圈是励磁线圈，励磁电路由调车进路始端的 JXJ 的前接点和方向电源控制。当排列 $D_{13}$ 至ⅠG 的调车进路时，由始端 $D_{13}$ AJ 吸起使 DJJ 励磁，供出方向电源“KF-DJJ-Q”(若是调车发车方向的信号机时，则供出是“KF-DFJ-Q”方向电源)，始端 $D_{13}$ JXJ 励磁吸起后，使 $D_{13}$ FKJ 励磁，其励磁电路是：

KZ—$JXJ_{52\text{-}51}$—$FKJ_{3\text{-}4}$—$JXJ_{41\text{-}42}$—“KF-DJJ-Q”

使用方向电源的目的是，只有作为调车进路的始端时 FKJ 才能励磁。FKJ 吸起后，由其 1-2 线圈构成自闭电路，其电路是：

KZ—$FKJ_{1\text{-}2}$—$FKJ_{32\text{-}31}$—$QJ_{73\text{-}72}$—$XJ_{73\text{-}71}$—KF

调车信号开放后，用信号继电器 XJ 第 7 组后接点切断 FKJ 的自闭电路，使其自动复原，防止信号自动重复开放。如果信号因故不能开放时(即 XJ 未能吸起)则必须办理取消手续才能使 FKJ 人工复原，即同时按下进路始端按钮 $D_{13}$A 和本咽喉的总取消按钮 ZQA，使取消继电器 QJ 吸起，用 QJ 的第 7 组后接点来切断 FKJ 的自闭电路。

FKJ 吸起是信号继电器 XJ 励磁开放信号的必要条件。若因故造成 XJ 落下关闭信号后，必须经 FKJ 再次吸起才能构成信号的重复开放。在进路处于锁闭的情况下，仅需按下始端信号按钮 $D_{13}$A，即可使 FKJ 再次励磁，构成信号重复开放。重复开放信号时 FKJ 的励磁电路为：

KZ—$QJ_{61\text{-}63}$—$KJ_{71\text{-}72}$—$JXJ_{53\text{-}51}$—$FKJ_{3\text{-}4}$—$JXJ_{41\text{-}43}$—$1AJ_{22\text{-}21}$—“KF-共用-H”

FKJ 吸起后经 1-2 线圈自闭，待信号重复开放后，XJ 吸起使 FKJ 再次落下。KJ 的吸起表示进路仍处于锁闭状态，此时由于只按下始端信号按钮而不是选路，故 JXJ 仍处于失磁状态，只要“KF-共用-H”有电，即可使 FKJ 再次励磁。应注意，单置调车信号的 FKJ 在重复开放信号的励磁电路中，通过 1AJ 前接点接入的必须是条件电源“KF-共用-H”，而不能采用普通 KF 电源，否则在下述情况下，会造成 FKJ 错误吸起使进路不能正确选出：例如，分段选经由 $D_{13}$ 单置调车信号的长调车进路时，如果先选以 $D_{13}$ 信号为始端的进路，先按 $D_{13}$A 后按 $S_Ⅰ$ DA，当 $D_{13}$ 信号开放后，再选以 $D_{13}$ 为终端的进路，如 $D_9$ 至 $D_{13}$，后按 $D_{13}$A，1AJ 吸起，若接入的是一般 KF 电源，将使 $D_{13}$FKJ 按重复开放信号的径路重新错误励磁吸起(因为 $D_{13}$ 的 DX 组合中 KJ 在吸起，JXJ 在落下状态)。FKJ 错误吸起后，用其第 5 组后接点切断 DXF 组合中 2AJ 的励磁电路使它不能励磁，使得 $D_9$ 至 $D_{13}$ 之间不能进行选路，当然 DXF 组合中的 JXJ 不能吸起也使 1AJ 不能落下，使得 FKJ 一直励磁吸起。接入“KF-共用-H”条件电源后，由于始端先按 $D_9$A，使“KF-共用-H”无电，后按 $D_{13}$A 时就不会产生此种情形了。

尽头线、并置、差置调车信号机的 FKJ 电路结构与上述单置调车信号机的相同，只要将 1AJ

换成始端调车信号按钮DA和将“KF-共用-H”换成KF电源即可。

在取消进路和人工解锁进路时，要求按压进路始端的信号按钮，但不应使FKJ再励磁。为此，在FKJ重复开放信号的励磁电路中接有QJ第6组后接点，在取消和人工解锁进路时QJ都会吸起，就切断了FKJ励磁电路的KZ电源。

由于FKJ吸起构成XJ的励磁，而XJ吸起又使FKJ落下。它们之间的关系是：FKJ↑→XJ↑；XJ↑→FKJ↓。为了使XJ可靠吸起，要求FKJ有较长的吸起时间，故FKJ必须采用缓放型继电器。

(4)列车和调车信号共用的辅助开始继电器FKJ电路

列车和调车信号共用的FKJ电路设在LXZ组合中，不论出站兼调车信号还是进站内方带调车信号的FKJ电路均相同。

图2-27是进站内方带调车信号的FKJ电路，其电路结构和各接点作用与调车信号专用的FKJ电路相似。在它的励磁电路中增加了列车开始继电器LKJ第6组接点来区分调车的方向电源，图中接的“KF-DJJ-Q”；如果是出站兼调车时，接的方向电源则为“KF-DFJ-Q”。在FKJ的重复开放信号的励磁电路上增加了LKJ第1组接点以区别不同性质的信号重复开放。

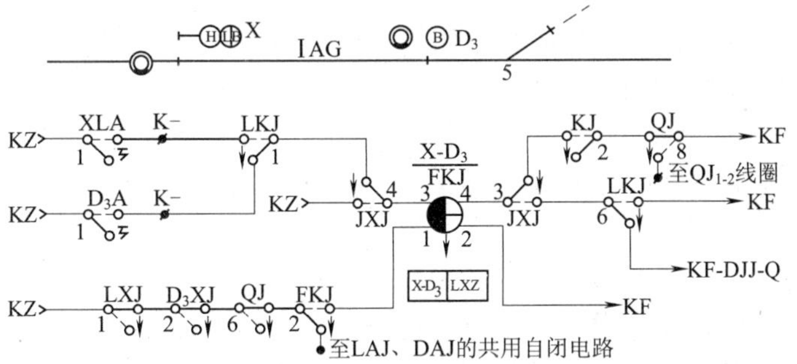


图2-27 进站内方带调车信号的FKJ电路

当排列接车进路时，进路选择继电器JXJ第3、4两组前接点闭合说明在选路，再用LKJ的吸起接入KF电源使FKJ励磁，记录下列车接车进路的始端，其励磁电路是：

KZ—$JXJ_{42\text{-}41}$—$FKJ_{3\text{-}4}$—$JXJ_{31\text{-}32}$—$LKJ_{61\text{-}62}$—KF

FKJ吸起后自闭。

重复开放进站信号时FKJ的励磁电路是：

KZ—$LA_{11\text{-}12}$—$LKJ_{12\text{-}11}$—$JXJ_{43\text{-}41}$—$FKJ_{3\text{-}4}$—$JXJ_{31\text{-}33}$—$KJ_{22\text{-}21}$—$QJ_{83\text{-}81}$—KF

进站信号开放后由列车信号继电器LXJ吸起将FKJ自闭电路切断使其落下。

当排列的是调车进路时，例如办理$D_3$至ⅠG的调车进路，此时LKJ不励磁用其第6组后接点接入“KF-DJJ-Q”方向电源使FKJ励磁。此时的励磁电路是：

KZ—$JXJ_{42\text{-}41}$—$FKJ_{3\text{-}4}$—$JXJ_{31\text{-}32}$—$LKJ_{61\text{-}63}$—“KF-DJJ-Q”

重复开放调车信号时FKJ的励磁电路是：

KZ—$DA_{11\text{-}12}$—$LKJ_{13\text{-}11}$—$JXJ_{43\text{-}41}$—$FKJ_{3\text{-}4}$—$JXJ_{31\text{-}33}$—$KJ_{22\text{-}21}$—$QJ_{83\text{-}81}$—KF

调车信号开放后用DXJ吸起切断FKJ的自闭电路使其复原。

2. 开始继电器和终端继电器电路

每架调车信号机设一个开始继电器KJ，它在DX组合中。每架列车兼调车信号合用一个KJ，为了区分列车和调车进路，又增设列车开始继电器LKJ，它们设在LXZ组合中。

KJ 在进路排通(即道岔转到进路要求的位置) 检查选排一致后励磁,继续 FKJ 的记录工作,用来确定进路在执行组网路中的始端。KJ 吸起后接通信号检查继电器 XJJ 电路使其励磁吸起;接通信号继电器 XJ 电路,使信号开放。

凡作为调车进路的终端处,都设一个终端继电器 ZJ,用它来区别进路的性质和记录调车进路的终端。列车进路的终端均在网路两端,除了特殊情况,一般不设列车终端继电器。

在执行组各网路中都是用 KJ 和 ZJ 的接点作为电路的区分条件。图 2-28 是执行组信号继电器网路的示意图。根据排列进路的需要,有时按照列车进路把网路连接起来,有时按照调车进路的要求把网路断开,用 KJ 和 ZJ 的前接点划出排列进路中所属的那部分网路,使其参与执行组电路工作。没有建立进路时,所有的信号继电器 XJ 均不与网路接通。只有建立进路时,才使防护该进路的信号继电器 XJ,通过进路始端部位的 KJ 第 4 组前接点接入网路中去,并在网路中相当进路的终端处(调车为 ZJ 的吸起)得到电源而励磁。例如建立 X 至ⅠG 的接车进路时,X-$D_3$的列车信号继电器 LXJ 通过 LKJ 的第 4 组前接点接入信号网路,检查了网路上开放信号的联锁条件符合要求后,从网路的最右端处接入 KF 电源而得以励磁。又如建立 $D_3$至ⅠG 的长调车进路时,X-$D_3$KJ、$D_7$ZJ 和 $D_9$KJ、$D_{13}$ZJ、$D_{13}$KJ、$S_{Ⅰ}$ ZJ 都吸起,使$D_3$XJ 和 $D_9$XJ、$D_{13}$XJ 分别励磁。

可见,执行组网路由 KJ 和 ZJ 的接点作为电路的区分条件,可使网路上相同条件的接点共用,既节省继电器接点,又利于电路定型。

检查进路的选排一致,对列车和调车车列的安全运行十分重要。因此,6502 电气集中还利用开始继电器 KJ 电路来检查进路的选排一致性。

(1)技术要求

KJ 和 ZJ 电路应达到下列技术要求:

①要能继续记录电路的工作,KJ 应继续记录进路的始端,ZJ 应继续记录进路的终端。

②KJ 励磁时,必须检查进路的选排一致性。选排不一致时,禁止 KJ 励磁。

③在 KJ 和 ZJ 励磁前,必须检查有关进路在解锁状态,如果处于锁闭状态,则禁止励磁。

④KJ 和 ZJ 的接点,作为执行组网路的区分条件,在它们励磁吸起后,必须一直保持到进路解锁后才准复原。

(2)开始继电器 KJ 电路

7 线网路是 KJ 的励磁网路,图 2-29 是 KJ 电路和 7 线网路。KJ 的主要作用是确定进路的始端和检查进路的选排一致性。因为检查选排一致涉及进路中各个道岔,所以它的电路结构也应是网路式的。同一咽喉区内所有的 KJ 都接在本咽喉的 7 线网路中。

①列车和调车信号机合用的 KJ 电路

排列进路时,进路始端通过 FKJ 第 7 组前接点将 KJ 接入 7 线网路。进路的终端,若是调车进路,用 ZJ 第 7 组前接点向网路供给 KZ 电源;若是列车进路,则由网路尽头处接入 KZ 电源。7 线网路上接有进路上各道岔 DCJ 和 FCJ 的前接点,选路时它们励磁并自闭,一直保持到进路锁闭,SJ 落下后才使 DCJ 或 FCJ 落下。网路上还接有对应的 DBJ 或 FBJ 的前接点,它们在道岔转换完毕后吸起。用进路上道岔操纵继电器的吸起表示进路选出,对应的道岔表示继电器的吸起表示进路排出。KJ 要通过 7 线接通励磁,必须通过进路上每个道岔的 DCJ 前接点和与之对应的 DBJ 前接点,或 FCJ 的前接点和与之对应的 FBJ 前接点检查其选排一致后才能吸起。道岔在转换完毕至进路锁闭前,道岔操纵继电器与道岔表示继电器有一段时间同在吸起状态,因此 KJ 有足够的时间通过 7 线接通 KZ 电源而励磁。

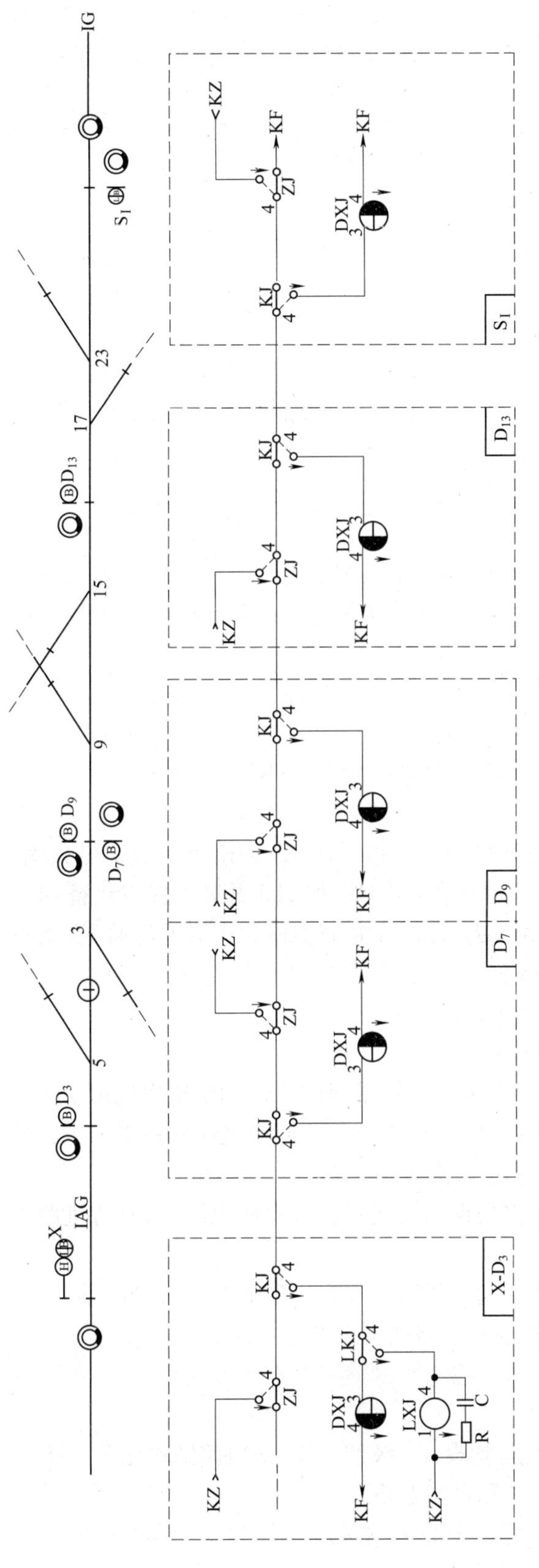


图 2-28　用 KJ 和 ZJ 接点对执行组信号继电器 XJ 网路区分示意图

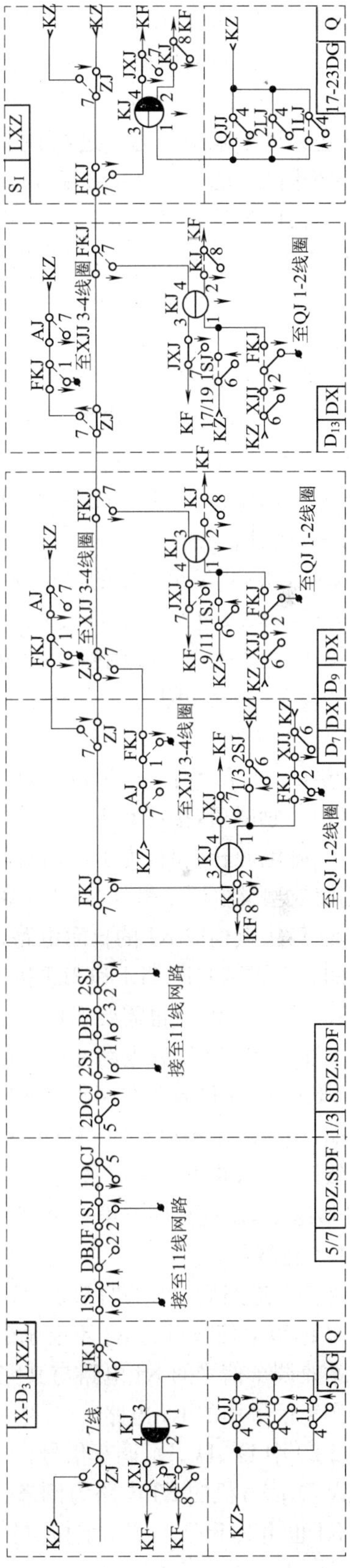


图 2-29　开始继电器 KJ 电路和 7 线网路

7 线上还串接每组道岔的锁闭继电器 SJ 的前接点，以反映该进路上的道岔在解锁状态。由于要与 11 线网路共用道岔表示继电器的前接点及反映道岔区段的锁闭情况，7 线网路在每个道岔表示继电器接点的前、后各接了一组 SJ 前接点。排列进路时，7 线通过 SJ 的前接点接通，说明进路处于解锁状态。进路锁闭后，SJ 落下将道岔表示继电器接点接入 11 线信号网路，以证明进路上的道岔已锁在所要求的位置，此后不准 7 线再接通 KJ 励磁电路。

例如排列 $D_3$ 至 $D_9$ 的调车进路，X-$D_3$ 的 KJ 励磁电路为：

KZ—$D_9$ $AJ_{71\text{-}73}$—$D_9$ $FKJ_{11\text{-}13}$—$D_7$ $ZJ_{72\text{-}71}$—$D_7$ $FKJ_{73\text{-}71}$—1/3 $2SJ_{22\text{-}21}$—1/3$DBJ_{31\text{-}32}$—1/3 $2SJ_{11\text{-}12}$—1/3 $2DCJ_{52\text{-}51}$—5/7 $1DCJ_{51\text{-}52}$—5/7 $1SJ_{22\text{-}21}$—5/7$DBJF_{22\text{-}21}$—5/7 $1SJ_{11\text{-}12}$—X-$D_3$ $FKJ_{71\text{-}72}$—X-$D_3$ $KJ_{3\text{-}4}$—X-$D_3$ $JXJ_{73\text{-}71}$—KF

KJ 自闭电路用进路第一个道岔区段的锁闭条件，此处用 5DG 区段的进路继电器 1LJ、2LJ 的后接点及区段检查继电器 QJJ 的前接点来代替锁闭继电器接点的作用，其自闭电路是：

KZ—$5QJJ_{41\text{-}42}$ —
KZ—5/$2LJ_{41\text{-}43}$—　｜X-$D_3$ $KJ_{1\text{-}2}$—X-$D_3$ $KJ_{82\text{-}81}$—KF
KZ—5/$1LJ_{41\text{-}43}$—

如果排列的是 X′至 I G 的接车进路，X-$D_3$ 的 KJ 励磁电路则从网路最右端 $S_I$ 信号机处接入 KZ 电源，7 线经过 23/25、17/19、9/11、13/15 等各道岔所在区段的 SJ 及各 DBJ 和 DCJ 的前接点接通，使 X-$D_3$ 的 KJ 励磁，电路为：

KZ—$S_I$ $ZJ_{73\text{-}71}$—$S_I$ $FKJ_{73\text{-}71}$—……—$D_{13}$ $FKJ_{71\text{-}73}$—$D_{13}$ $ZJ_{73\text{-}71}$—……—$D_9$ $FKJ_{71\text{-}73}$—$D_9$ $ZJ_{71\text{-}73}$—$D_7$ $ZJ_{73\text{-}71}$—$D_7$ $FKJ_{73\text{-}71}$—1/3 $2SJ_{22\text{-}21}$—1/3$DBJ_{31\text{-}32}$—1/3 $2SJ_{11\text{-}12}$—1/3 $2DCJ_{52\text{-}51}$—5/7 $1DCJ_{51\text{-}52}$—5/7 $1SJ_{22\text{-}21}$—5/7$DBJF_{22\text{-}21}$—5/7 $1SJ_{11\text{-}12}$—X-$D_3$ $FKJ_{71\text{-}72}$—X-$D_3$ $KJ_{3\text{-}4}$—X-$D_3$ $JXJ_{73\text{-}71}$—KF

X-$D_3$ KJ 励磁后，接通其 1-2 线圈自闭电路，与上述调车进路完全相同。

在主、副电源转换时，为了不因瞬间断电使开放的列车信号因 KJ 的落下引起信号关闭，KJ 采用缓放型继电器。另外，对于进路第一个道岔区段，用 1LJ 和 2LJ 并联后接点代替 5DG 区段的 SJ 后接点构成 KJ 的自闭电路，它是先由 QJJ 吸起后由 1LJ 和 2LJ 落下沟通 KJ 的自闭电路的。考虑到 QJJ、1LJ 和 2LJ 接点的转换时间可能比 7 线上 SJ 前接点断开时间长，为使 KJ 可靠地转入自闭，这也需要 KJ 采用缓放型继电器。

由上述可知，KJ 励磁电路完成了以下条件的检查：

用 FKJ 将 KJ 接入 7 线网路，FKJ 吸起继续记录进路始端，所以 KJ 的励磁也就记录了进路的始端；用 7 线上各道岔的 DCJ 和 DBJ 同时吸起，或 FCJ 和 FBJ 同时吸起来检查了进路的选排一致性；用进路上有关道岔 SJ 的前接点证明进路在解锁状态。

KJ 吸起后，由进路内方第一个道岔区段的相当锁闭的接点构成自闭电路，只有待进路解锁时 KJ 才能落下。

建立接车进路后，敌对进路的 FKJ 和 ZJ 均在落下状态，排除了本咽喉敌对进路的建立。7 线上 SJ 的落下使敌对的 KJ 不能励磁，从而将敌对进路锁闭在未建立状态。

出站兼调车信号的 KJ 电路与其完全一样。

②调车信号用的 KJ 电路

图 2-29 中 $D_7$、$D_9$、$D_{13}$ 调车信号机的 KJ 电路，均设在 DX 组合中，故电路结构完全一样。

现以 $D_7$ 信号机的 KJ 电路为例来分析其励磁和自闭电路。

$D_7$ KJ 也由其 FKJ 第 7 组前接点接入 7 线网路，经 $D_3$ ZJ 的第 7 组前接点接入 KZ 电源，检查 7 线上 1/3、5/7 号道岔符合条件后励磁。$D_7$KJ 的 1-2 线圈作自闭用，它的自闭条件直接采用调车进路第一个道岔区段的锁闭继电器 SJ 的第 6 组后接点构成，即调车进路锁闭后，1/3 2SJ 落下使 $D_7$KJ 自闭。考虑到锁闭继电器 SJ 接点转换时会使调车信号的 KJ 瞬间断电，如 1/3 2SJ 落下瞬间，其前接点断开 7 线时，$D_7$KJ 自闭电路中的 1/3 2SJ 正处于从前接点断开 7 线到后接点接通自闭电路的过程中，由于接点转换瞬间的断电，将使不缓放的调车信号的 KJ 落下。故在 $D_7$KJ 的自闭电路中又接入始端 FKJ 的第 2 组前接点向 $D_7$KJ 自闭电路供给 KZ 电源的支路，这样在 $D_7$KJ 励磁时它的自闭电路就已被接通 KZ 电源了，待到 SJ 落下调车信号开放后 FKJ 落下时，再由 SJ 后接点接通 $D_7$KJ 的自闭电路，直到调车进路解锁。第一个区段的 1/3 2SJ 吸起才切断 $D_7$KJ 自闭电路，使之复原。

有关电路各继电器的逻辑关系如下：

FKJ↑→ │　　　　　　　　　　　　│1LJ↓│→SJ↓→│DCJ↓或 FCJ↓
　ZJ↑→ │KJ↑→XJJ↑→QJJ↑→│2LJ↓│→CJ↓→│DXJ↑或 LXJ↑→FKJ↓

可见，在 SJ 落下之前，KJ 的自闭电路早已由 FKJ 的吸起所接通了。这个 FKJ 接点支路是借用取消继电器 QJ 的 1-2 线圈自闭电路的共用接点，所以在 FKJ 后面串有信号检查继电器 XJJ 的第 6 组前接点。该接点主要用于人工解锁延时时间内保证 QJ 自闭，在 KJ 自闭电路中有了它，可防止调车信号错误开放。在调车车列完全进入进路信号关闭后，若车站值班员误按该信号按钮，KJ 将经 FKJ 第 2 组前接点励磁并自闭，以致 SJ 吸起后，KJ 仍不落下，造成调车信号错误重复开放。有了 XJJ 第 6 组前接点在调车车列进入进路时 XJJ 落下，不使 KJ 错误励磁，从而防止调车信号错误开放。

SJ 的落下表示进路处于锁闭状态，KJ 的自闭电路由 SJ 后接点构成，故可用 KJ 的前接点接通来间接反映进路处于锁闭状态。在 FKJ 重复开放信号时的励磁电路中用 KJ 的前接点来说明进路处于锁闭状态就是一例。

调车专用的 KJ 之所以不采用缓放型继电器，是由于对调车信号的技术条件比列车信号低。如在主、副电源切换的瞬间断电时，不能保证已开放的调车信号机不关闭。

③列车开始继电器 LKJ 电路

由于列车和调车信号共用一个开始继电器 KJ，为了区分列车电路和调车电路，增设一个列车开始继电器 LKJ。当选列车进路时要求 KJ 和 LKJ 都励磁吸起，而选调车进路时只要求 KJ 吸起。图 2-30 是列车开始继电器 LKJ 电路。

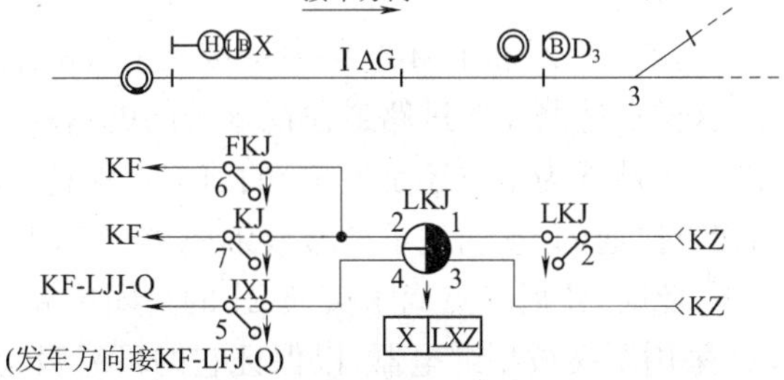


图 2-30　列车开始继电器 LKJ 电路

LKJ 与 KJ 同在 LXZ 组合中。LKJ 继续记录列车进路的始端。因此它的励磁条件应是，进路始端的 JXJ 励磁和作始端的列车按钮构成的列车方向继电器吸起所供出的方向电源。LKJ 的 3-4 线圈用作励磁，1-2 线圈用作自闭。如办理下行接车进路，按压下行进站信号机的 XLA 后，使 LJJ 吸起，供出“KF-LJJ-Q”方向电源，在进路始端的 JXJ 励磁后，用其第 5 组前接点接通 LKJ 的励磁电路使其吸起，其 1-2 线圈由 KJ 第 7 组前接点构成自闭。

LKJ 的励磁电路是：

KZ—$LKJ_{3\text{-}4}$—$JXJ_{52\text{-}51}$—“KF-LJJ-Q”

它的自闭电路是：

KZ—$LKJ_{21\text{-}22}$—$LKJ_{1\text{-}2}$—$KJ_{72\text{-}71}$—KF

考虑到进路选路时，JXJ 落下接通 KF 时 KJ 才励磁，在 JXJ 落下 KJ 尚未吸起时会造成 LKJ 断电，为此在 KJ 吸起之前，先由 FKJ 第 6 组前接点构成 LKJ 自闭电路，等到信号开放 FKJ 落下后，再继续由 KJ 的前接点保持 LKJ 自闭。进路解锁后 KJ 落下，LKJ 也随之复原。

方向电源的选择与列车运行方向有关。出站兼调车的 LKJ 电路，例如 $S_{II}$ 的 LKJ 其方向电源应是 LFJ 吸起供出的“KF-LFJ-Q”。

列车开始继电器 LKJ 采用缓放型继电器的原因和列车与调车共用的 KJ 采用缓放型继电器的原因相同。

(3)终端继电器电路

股道处的 ZJ 在出站兼调车信号机的 1LXF 或 2LXF 组合中，是列车兼调车类型的 ZJ 电路。所有调车信号机的 ZJ 都在 DX 组合中，是调车类型的 ZJ 电路。ZJ 用来继续记录调车进路的终端，用进路终端处的 JXJ 吸起和同方向的调车方向继电器供出的方向电源构成其励磁条件，以确定调车进路的终端，作为执行组网路的区分条件。

①单置调车信号的终端继电器 ZJ 电路

图 2-31 是单置调车信号的 ZJ 电路。排列 $D_9$ 至 $D_{13}$ 的调车进路时，$D_{13}$ 为进路的终端。当 $D_{13}$JXJ(DXF)吸起，检查了 DJJ 励磁供出的方向电源“KF-DJJ-Q”有电后，$D_{13}$ZJ 吸起。ZJ 吸起后，其 1-2 线圈由进路最末一个道岔区段的锁闭继电器 SJ 的第 4 组后接点保持自闭。直至进路解锁，才使 ZJ 复原。

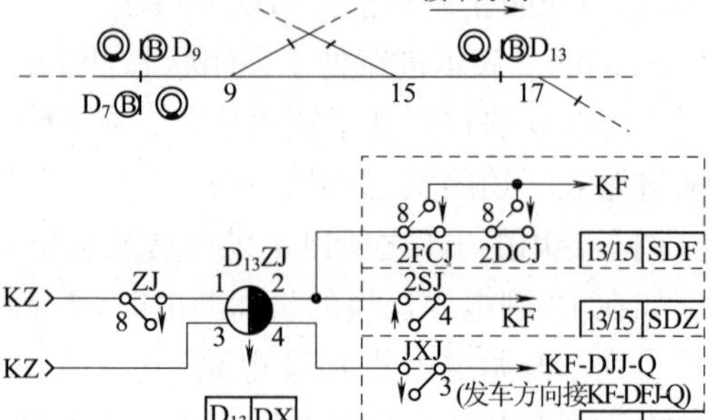


图 2-31 调车类型的单置调车信号 ZJ 电路

$D_{13}$ZJ 的励磁电路是：

KZ—$ZJ_{3\text{-}4}$—$JXJ_{32\text{-}31}$—“KF-DJJ-Q”

其自闭电路是：

KZ—$ZJ_{81\text{-}82}$—$ZJ_{1\text{-}2}$—13/15 $2SJ_{43\text{-}41}$—KF

从前述 KJ 励磁电路可知，JXJ 落下后 KJ 才能励磁，也就是说记录电路复原后 KJ 才工作，此时方向电源“KF-DJJ-Q”已无电，且 SJ 尚未落下。为此，在 ZJ 的自闭电路中又接入了进路最末一个道岔的 DCJ 和 FCJ 的第 8 组并联前接点，这样在选路完毕进路道岔尚未锁闭的这段时间内，可由两个道岔操纵继电器中的任何一个(取决于被选为定位还是反位)的前接点保持 ZJ 的自闭。但 DCJ 或 FCJ 的自闭电路是由 SJ 的前接点接通的，它们又不是缓放继电器，在 SJ 落下其前接点一断开时，DCJ 或 FCJ 就会立即落下，此时 SJ 后接点尚未接通 ZJ 的自闭电路。为了在 SJ 接点转换瞬间断电时不使 ZJ 落下，ZJ 采用了缓放型继电器，以保证它的可靠吸起。一直到进路最末一个道岔区段解锁，SJ 吸起，才切断 ZJ 的自闭电路，使其复原。

接车方向的调车终端处的 ZJ，应接入“KF-DJJ-Q”方向电源；发车方向的调车进路终端处的 ZJ，应接入“KF-DFJ-Q”方向电源。

ZJ 的励磁是通过 JXJ 的前接点接通的，而有关进路如不在解锁状态时，6 线不会接通(相当于 6 线上 QJJ 吸起和 CJ 落下），JXJ 就不能励磁吸起，所以第三项技术要求是通过 JXJ 的前接点间接证明的。

尽头线调车信号机和并置调车信号机的 ZJ 电路，与单置调车信号机的 ZJ 电路基本相同。

②差置调车信号机的终端继电器 ZJ 电路

差置调车信号机的 ZJ 电路如图 2-32 所示。

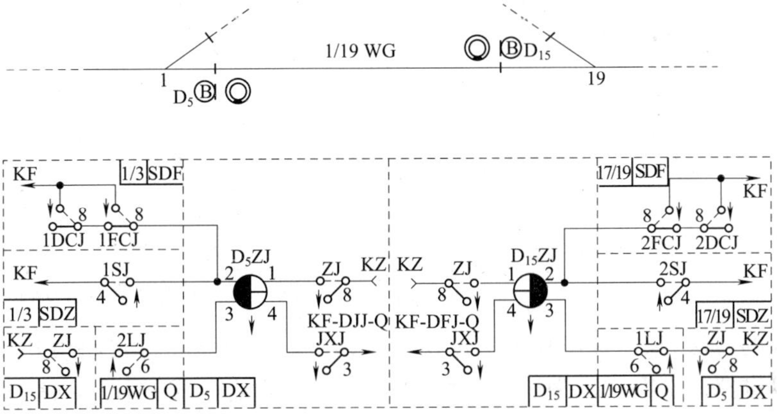


图 2-32　差置调车信号机的 ZJ 电路

由于差置调车信号机间夹有一无岔区段，因而其电路有以下特殊性：

a. 无岔区段长度较短，不允许两端同时向无岔区段办理对向调车进路。为此，它们的 ZJ 励磁电路中，要互相检查对方 ZJ 的后接点，以防止两个 ZJ 同时吸起。

b. 为了防止发生调车追尾列车事故，故向无岔区段建立调车进路时要检查无岔区段处于解锁状态。由于电路的需要，差置调车信号机作调车进路的终端，进路的实际终端与终端继电器 ZJ 的设置位置不一致。例如ⅡG 至 1/19WG 区段的调车进路，调车进路的实际终端是 $D_5$ 阻挡信号机处，而 ZJ 则是 $D_{15}$ 信号机处的 $D_{15}$ZJ。这样，在先办理了ⅡG 上行发车进路，列车驶入进路后，若列车尚未出清 1/19WG 区段时，又排列了一条 4G 至 1/19WG 区段的调车进路，此时如允许 $D_{15}$ZJ 励磁，建立发车方向的调车进路，开放调车信号，如前行列车运行速度较慢，而调车车列速度又较快时，则将发生调车追尾列车的事故。因此在两架差置调车信号机的两个 ZJ 的励磁电路中，需要检查无岔区段的解锁状态而接入 1LJ 和 2LJ 的前接点，作为列车出清无岔区段的检查条件来控制两个 ZJ 的励磁。具体的接法是，$D_{15}$ZJ 的励磁电路中接 1/19WG的 1LJ 第 6 组前接点；$D_5$ZJ 的励磁电路中为 1/19WG 的 2LJ 第 6 组前接点。当列车从右向左运行时，如上述上行发车进路，列车进入 1/19WG 区段时 2LJ 先吸起，只有待列车出清时 1LJ 才吸起，使 $D_{15}$ZJ 励磁电路才可能接通。因此列车未出清 1/19WG 区段时，按下 $D_{15}$ 终端按钮，由于 1LJ 未吸起使 $D_{15}$ZJ 不能励磁，从而排除了追尾事故。如经过 1/19WG 区段的列车是从左向右运行的，则 2LJ 的吸起可证明列车出清 1/19WG 区段（1LJ 和 2LJ 因运行方向不同吸起的先后顺序也不同，见后述正常解锁电路），所以 $D_5$ZJ 的励磁电路中接的是 2LJ 第 6 组前接点。由 $D_{15}$ZJ 的励磁电路可明白上述道理。$D_{15}$ZJ 的励磁电路为

KZ—$D_5ZJ_{81\text{-}83}$—1/19WG $1LJ_{62\text{-}61}$—$D_{15}ZJ_{3\text{-}4}$—$D_{15}JXJ_{32\text{-}31}$—“KF-DFJ-Q”

电路中 $D_5$ZJ 的第 8 组后接点的作用是保证 $D_5$ZJ 和 $D_{15}$ZJ 同时只有一个励磁。1/19WG 的 1LJ 第 6 组前接点用来证明无岔区段未锁闭或前行列车已出清无岔区段。

$D_{15}$ZJ 的自闭电路与其他调车信号的 ZJ 电路相同。

③列车兼调车的 ZJ 电路

列车兼调车信号的 ZJ 电路如图 2-33 所示，它虽然在 1LXF 或 2LXF 组合中，但其电路结构与 DX 组合中的 ZJ 电路完全相同。

至于 SJ 接点的接入，当调车进路只有一个道岔区段时，要接最近终端的 SJ 的接点，例如对 $D_{13}$ ZJ 来说，9/11 和 13/15 两组道岔同在 9—15DG 区段，最靠近 $D_{13}$ 信号机的是 13/15 号道岔，故 $D_{13}$ ZJ 励磁电路中应接 13/15 2SJ 的后接点。而对 $S_4$ ZJ 来说，最靠近它的是 27 号单动道岔，故 $S_4$ ZJ 励磁电路中接入的是 27SJ 的后接点。

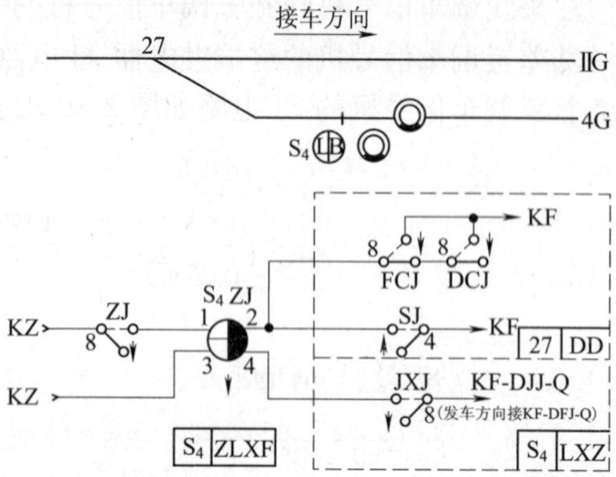


图 2-33 列车兼调车信号的 ZJ 电路

3. 长调车进路上调车信号的开放顺序

在办理长调车进路时，为了简化手续，可采用一次办理的方法，只需按压长调车进路的始、终端两个按钮，即可将由几段短调车进路组成的长调车进路一次办理出来。但各段短调车进路的信号应按什么顺序开放呢？若由近至远开放调车信号，当第一架信号机开放后，发生故障使后面几架信号机不能开放时，会造成调车运行后又停止，堵塞咽喉影响作业效率。若第一架和第三架调车信号机都已开放，而处于弯道上的第二架调车信号机因道岔未转换好未能开放，当调车车列越过第一架调车信号机后，会误把第三架调车信号机当作第二架调车信号机（尤其夜间作业易发生误认），因而冒进第二架信号机内方将造成挤岔事故。所以，由近至远开放信号既影响作业效率又很不安全。

为此，采用长调车进路上的信号机由远至近顺序开放的方式，并且规定中间调车信号机不能开放时，则近处的调车信号机也不准开放，以此防止发生上述事故。

为使长调车进路上各调车信号机由远至近顺序开放，采用使 7 线网路进路上各调车信号的 KJ 由远至近顺序励磁的方法，来控制调车信号机的开放顺序。具体做法是：在 7 线网路上采取了以下一些措施：

①在整个选路过程中不使开始继电器 KJ 励磁。KJ 的 3-4 线圈通过本组合中 JXJ 的后接点接入 KF 电源，选岔时 JXJ 吸起切断 KJ 的 3-4 线圈 KF 电源，使 KJ 不能励磁。

②在进路选出后，用同方向相邻调车信号机的 FKJ 来控制本信号机 KJ 的 3-4 线圈励磁 KZ 电源，使 KJ 由远至近顺序励磁。

选路时，长调车进路上各同方向调车信号机的 FKJ 从左向右顺序励磁吸起，本组合的 FKJ 第 7 组前接点将 KJ 的 3-4 线圈接入 7 线网路。各咽喉区调车信号机处，通过 ZJ 的第 7 组前接点，用同方向调车信号的 FKJ 第 1 组后接点和 AJ 第 7 组后接点向 7 线始端的 KJ 送 KZ 电源。整个长调车进路选出后，各信号点的 FKJ 吸起切断 KJ 的 KZ 励磁电源，使各调车信号的 KJ 不能励磁。只有长调车进路终端处的 FKJ 不会吸起，因此最远处的那架调车信号机的 KJ 能第一个励磁。然后进路锁闭信号开放，用 XJ 吸起使该组合内 FKJ 落下，用 FKJ 第 1 组后接点接通倒数第二架调车信号机的 KJ 的 KZ 励磁电源，使该信号机第二个开放。以此一直推至最近的调车信号机的 KJ 励磁，从而使得调车信号机由远至近顺序开放。

例如办理 $D_3$ 至Ⅰ G 的长调车进路，顺序按下 $D_3$A 和 $S_Ⅰ$ DA 后，选路时 $D_3$JXJ、$D_7$JXJ、$D_9$JXJ、$D_{13}$JXJ(DXF 组合中的)、$D_{13}$JXJ(DX 组合的)、$S_Ⅰ$ JXJ 从左向右顺序吸起，用它们的第7组后接点切断 $D_3$KJ、$D_9$KJ、$D_{13}$KJ 的励磁 KF 电源，使其不能励磁。在选路的同时 $D_3$FKJ、$D_9$FKJ、$D_{13}$FKJ 也从左到右顺序励磁。整条长进路选出后，全部 JXJ 落下各调车信号的 KJ 的3-4 线圈 KF 电源才被接通，但由于终端处同方向调车信号机的 FKJ 吸起切断了 KJ 的 KZ 励磁电源，因而不能励磁。只有最远端 $S_Ⅰ$ FKJ 不会励磁，KZ 电源由 $S_Ⅰ$ ZJ 的第 7 组前接点接入7 线网路，送往 $D_{13}$KJ 的 3-4 线圈，使 $D_{13}$KJ 第一个励磁。

进路锁闭后使 $D_{13}$ 信号机先开放。$D_{13}$XJ 吸起使 $D_{13}$FKJ 落下，KZ 电源又经 $D_{13}$AJ 和 $D_{13}$FKJ的后接点送往 $D_9$KJ，使 $D_9$KJ 第二个励磁，然后 $D_9$ 信号机开放。$D_9$XJ 的吸起使$D_9$FKJ落下，又接通 $D_3$KJ 励磁电路，使近处的 $D_3$KJ 最后励磁，$D_3$ 信号机最后开放。由于 KJ 的由远至近顺序励磁，从而使得 $D_{13}$、$D_9$、$D_3$ 信号机由远至近顺序开放。如果中间有哪一架调车信号机不能开放，由于该调车信号机的 FKJ 不能落下，从而使与它相邻的调车信号机起的近端各信号机的 KJ 都不能励磁，阻止了近处信号机的开放。

## 五、表示灯电路

1. 进路按钮表示灯电路

(1)调车进路按钮表示灯电路

并置、差置、尽头线等调车信号机的进路按钮表示灯电路均属 DX 组合类型。它们的表示灯电路均相同，如图 2-34 所示。

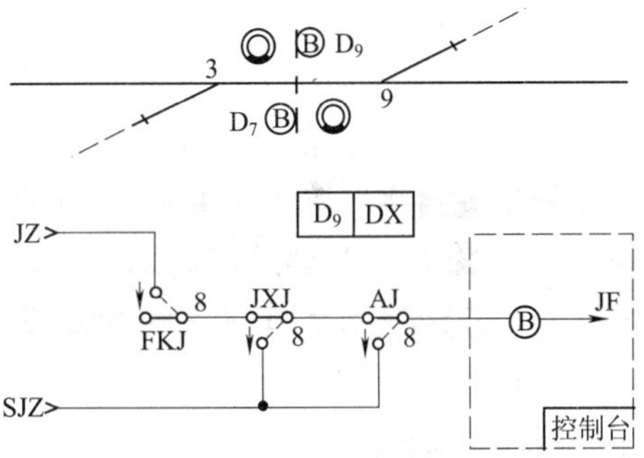

图 2-34　调车进路按钮表示灯电路

按钮作始端使用被先按下时，因为 AJ 的吸起将交流闪光电源 SJZ 接入白灯，使按钮表示灯闪白灯，表示 AJ 已励磁。在 JXJ 吸起、AJ 落下后，按钮表示灯仍闪白灯，表示选路过程正在进行。在 FKJ 吸起后接入交流稳定电源 JZ，使闪白灯变成点稳定白灯，表明选路完成 JXJ 已落下。信号开放 FKJ 落下，使按钮内白灯熄灭。

当按钮作终端使用被后按下时，AJ 励磁及 JXJ 吸起，也用按钮内闪白灯来表示，进路选出后 AJ 和 JXJ 先后落下，闪白灯即熄灭。作终端时 FKJ 不励磁，故无稳定白灯出现。

作为列车进路和长调车进路的中间信号点时，调车信号按钮 DA 未被按下，AJ 不励磁，但在选路过程中每个调车信号点的 JXJ 参与传递 5 线 KZ 电源而励磁，故在选路过程中按钮内由于 JXJ 的吸起也闪白灯，选路完成后 JXJ 落下白灯即灭。

单置调车信号机的进路按钮表示灯电路由 DX 组合和 DXF 组合内的电路组成。DX 组合内 AJ、JXJ 和 FKJ 第 8 组接点只作始端按钮时点亮表示灯用；DXF 组合内 1AJ 和 JXJ 只作终端按钮使用时使表示灯点亮。单置调车进路按钮表示灯电路如图 2-35 所示。

作进路始端按钮先被按下时，AJ 吸起和选路时 DX 组合中的 JXJ 吸起均构成表示灯闪白灯。进路选出 FKJ 吸起后，改点稳定白灯。直到信号开放后，FKJ 落下才灭灯。

DA 作进路终端按钮被按下时，DX 组合中 AJ、JXJ 和 FKJ 均不励磁，只有 DXF 组合中的

1AJ 和 JXJ 在选路过程中使按钮闪白灯，进路选出后 1AJ 和 JXJ 先后落下，按钮表示灯即熄灭，表示进路已选出。

单置调车信号按钮作列车进路、长调车进路的中间信号点，或作反向调车进路的变通按钮使用时，DX 和 DXF 组合中的 JXJ 均参加选路，它们的励磁使按钮表示灯闪白灯，进路选出后熄灭。

(2)出站兼调车信号机的列车进路按钮表示灯和调车进路按钮表示灯

它是 1LXF 或 2LXF 组合类型的进路按钮表示灯电路。列车进路按钮表示灯为绿色，调车进路按钮表示灯仍为白色。它们一般均可作进路的始、终端按钮，处于咽喉区两端，故点灯电路中不需用 JXJ 接点，作始端时它们共用 FKJ 接点，并以列车开始继电器 LKJ 来区分点列车按钮灯还是点调车按钮灯。这种列、调车按钮共用的表示灯电路如图 2-36 所示。

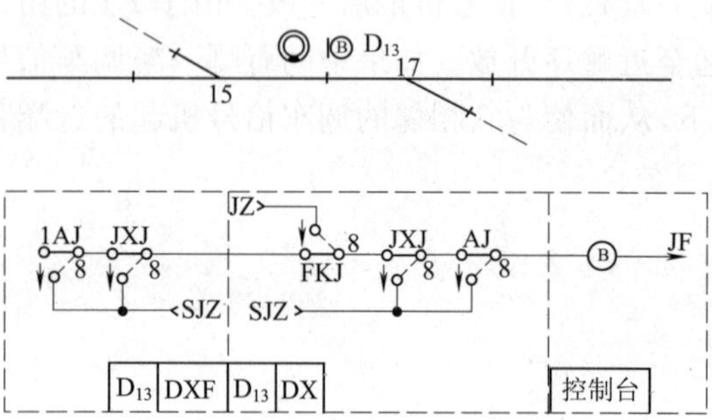


图 2-35 单置调车进路按钮表示灯电路

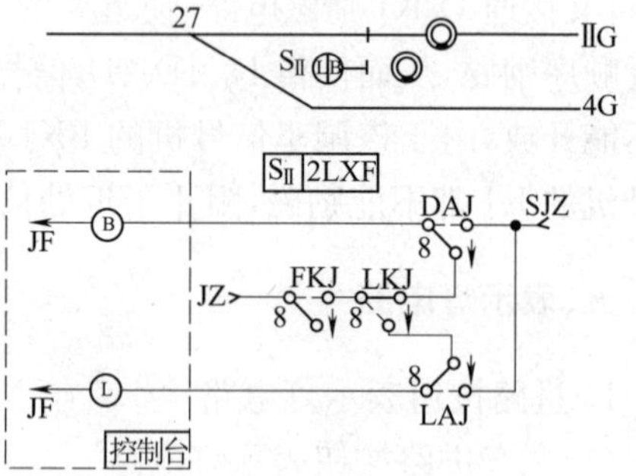


图 2-36 出站兼调车进路按钮表示灯电路

作列车进路始端按下 LA 时，LAJ 励磁接入交流闪光电源 SJZ，使绿灯闪光，表示选路正在进行。进路选出后 LAJ 落下，LKJ 和 FKJ 的前接点将交流电源 JZ 接入绿灯，使列车进路按钮表示灯改点稳定绿灯，表示选路已完成。列车信号开放后 FKJ 失磁，使绿灯熄灭。

作列车进路终端按钮使用时，LKJ 和 FKJ 均不励磁，只有 LAJ 在选路过程中吸起，列车按钮表示灯闪绿灯，进路选出后即灭灯。

选调车进路时，作调车进路的始端按下 DA 使 DAJ 励磁，在选路时按钮闪白灯。进路选出后 LKJ 的落下和 FKJ 吸起使调车按钮表示灯改点稳定白灯，调车信号开放 FKJ 落下而灭灯。作调车进路终端按钮使用时，仅 DAJ 在选路过程中吸起，构成白灯闪光，进路选出后即灭灯。

进站内方带调车信号机的列车和调车进路按钮表示灯电路也属于 1LXF 组合类型。进站信号机 X 及其内方的调车信号机 $D_3$ 按钮表示灯电路与上述电路完全相同。

2. 排列进路表示灯电路

每个咽喉区设一个排列进路表示灯(红色)，其电路如图 2-37 所示。由方向继电器的前接点点亮排列进路表示红灯。

不论是选列车进路还是选调车进路，按下进路始、终端按钮，方向继电器吸起后，用其前接点使排列进路表示灯点亮，表示正在进行选路。进路选出，进路上所有按钮继电器都落下后，方向继电器才失磁落下，使排列进路表示灯熄灭，表示进路已选出，可以再办理其他进路。

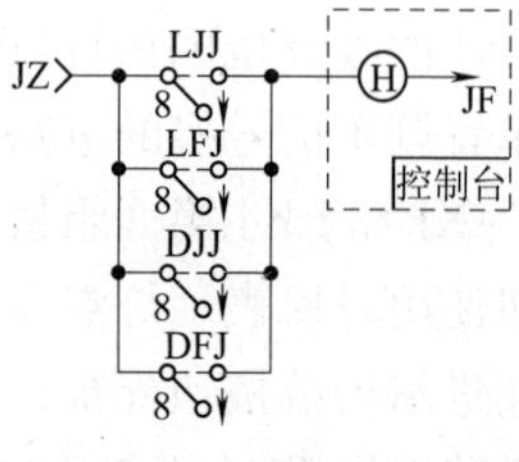


图 2-37 排列进路表示灯电路

由于在同一时间内只准选一条进路，所以在排列进路亮红灯期间，不准再排列其他进路。

# 第四节　6502 电气集中执行组电路

## 一、执行组电路的组成

执行组电路在选择组电路完成选岔任务的基础上锁闭进路，使防护该进路的信号开放，进路使用完毕后解锁进路。

1. 执行组电路的任务

(1)转换道岔

由选岔电路上各道岔操纵继电器的吸起接通各对应的道岔启动电路使道岔转换，转完后由道岔表示电路给出道岔表示。

(2)锁闭进路

根据选择组电路其所确定的进路始端和终端，检查有无开放信号的可能，即检查道岔位置正确、进路空闲、未建立敌对进路后锁闭进路并排除敌对进路。该任务由信号检查继电器XJJ、区段检查继电器 QJJ 及股道检查继电器 GJJ 来执行。

(3)开放信号

在检查了具备开放信号的全部条件之后，信号继电器 XJ 励磁，用其前接点接通信号点灯电路，开放信号。

(4)进路解锁

进路用完后，由解锁电路解锁进路，使电路全部复原。有正常解锁、人工解锁、取消进路、调车中途返回解锁及故障解锁等不同情况。

(5)开放引导信号和引导解锁

在进站信号不能正常开放允许信号时，需要由引导信号电路来开放引导信号。并在引导进路用完或引导信号关闭后将其解锁。根据不同的情况，有引导进路锁闭和引导总锁闭两种方式。

(6)给出表示

在执行组电路的工作过程中，控制台盘面要有相应的表示，以便车站值班员监督命令的执行情况，观察信号设备的运用状况，以及列车或调车车列的运行动态。这些均由表示电路来实现。

由上述可见，执行组电路的动作程序是，先由道岔控制电路转换道岔，再由锁闭电路将进路锁闭，最后由信号控制电路使信号开放。在列车或调车车列驶过进路后，由解锁电路将进路解锁。所以执行组电路的动作正确与否，直接影响行车安全和车站作业效率。

2. 执行组电路各线网路的用途

执行组电路由很多继电器组成，为使电路定型化和节省继电器接点，与选择组电路一样，也是按站场形状构成网路电路。执行组网路共有 8 条，为 8～15 线。各网路线的作用如下：

(1)8 线是信号检查继电器 XJJ 的网路，用来检查开放信号的可能性。

(2)9 线网路是区段检查继电器 QJJ 和股道检查继电器 GJJ 的励磁电路，对进路实行锁闭 10 线网路是 QJJ 的自闭电路，用来防止进路迎面解锁。

(3)11 线网路是信号继电器 XJ 的励磁网路，并兼作引导信号继电器励磁用。

(4)12 和 13 线网路是解锁网路，用来检查各种进路解锁条件，执行解锁进路的网路。

(5)14 和 15 线网路是构成进路光带的网路。

上述网路为列车进路和调车进路所共用。

3. 执行组网路在电路结构上的共同点

执行组网路在电路结构上有许多共同点：

(1)用道岔表示继电器 DBJ 和 FBJ 的接点作为网路的区分条件。

(2)用开始继电器 KJ 的前接点确定进路在网路上的始端；以 KJ 的接入方向确定进路的运行方向。

(3)用终端继电器 ZJ 的前接点确定调车进路在网路上的终端；以 ZJ 的吸起证明所选进路为调车进路。由于列车进路的终端均在网路的两端，列车进路内的 ZJ 均应处于落下状态。

执行组网路在接点使用上，为了达到组合标准化的目的，也尽可能使用同一编号的接点组，执行组网路从 8 线至 13 线，网路共用部分继电器接点组的编号尽量一致。8 线网路均采用第 1 组接点，9 线网路大多采用第 2 组接点，10 线网路大多采用第 3 组接点，11 线上大多为第 4 组接点，12 和 13 线网路又大多为第 5 组和第 6 组接点，其接点使用的规律性使设计、施工和维修大为方便。

## 二、取消继电器电路

1. 取消继电器的作用

要取消进路，就得办理取消手续。取消进路必须同时按下本咽喉的总取消按钮 ZQA 和被取消进路的始端信号按钮，使预先锁闭进路在信号关闭后随即解锁。当进路处于接近锁闭时，解锁进路就应办理人工解锁手续，要同时按压本咽喉的总人工解锁按钮 ZRA 和进路的始端信号按钮，信号关闭后进路经过规定的延时时间后才解锁。

ZQA 控制总取消继电器 ZQJ，ZRA 控制总人工解锁继电器 ZRJ，它们与进路始端的 AJ 互相配合完成各种取消进路任务。执行组电路的继电器大多从始端接入网路，为了取消进路，对应进路的始端不论列车进路还是调车进路均设有一个取消继电器 QJ，它与 ZQJ 和 ZRJ 共同完成以下各种取消：

(1)使误按的按钮继电器和方向电路复原

在按钮表示灯闪光，排列进路表示灯亮红灯时，只需按下 ZQA 即可使其灭灯。

(2)取消正在排列的进路

在进路始、终端按钮表示灯闪光，排列进路表示灯点亮时，按下 ZQA 即可取消选路。当道岔操纵继电器因故不能落下时，也可按下 ZQA，使“KZ-ZQJ-H”无电，道岔操纵继电器即可复原。

(3)使 FKJ 复原

当进路选出后(排列进路红灯熄灭)，而进路因故未排出，信号未开放，此时始端按钮亮稳定灯光，则可同时按下 ZQA 和始端信号按钮，使 FKJ 恢复。

(4)取消处于预先锁闭的进路

同时按下 ZQA 和进路始端的信号按钮，即可关闭信号，使进路立即解锁。

(5)关闭处于接近锁闭进路的信号或使进路解锁

同时按下 ZQA 和进路始端的信号按钮，可使接近锁闭进路的信号关闭，但进路不能解锁；若要关闭信号后也使进路解锁，则须同时按下 ZRA 和进路始端的信号按钮，在信号关闭后，进路经过规定的延时时间以后解锁。

2. 总取消继电器和总人工解锁继电器电路

每个咽喉区设一个总取消继电器 ZQJ 和一个总人工解锁继电器 ZRJ，它们设在方向组合 F 中，为全咽喉共用。

图 2-38 是 ZQJ 和 ZRJ 电路。按下总取消按钮 ZQA，ZQJ 吸起。按下总人工解锁按钮 ZRA，ZRJ 励磁，同时由 ZRJ 第 1 组前接点将 ZQJ 带动励磁。ZQJ 吸起供出条件电源"KF-ZQJ-Q"，它与 AJ 的吸起构成取消继电器 QJ 的励磁条件，QJ 吸起后切断 AJ 的自闭电路，将开放的信号关闭，使进路取消；ZQJ 吸起使"KZ-ZQJ-H"无电，使自闭的 DCJ 和 FCJ 复原；使单置调车信号机已吸起的 1AJ 和 2AJ 落下；使方向电路复原终止选岔。ZRJ 吸起供出的"KF-ZRJ-Q"电源为故障区段人工解锁用，供出的"KZ-RJ-H"条件电源作为 XJJ 在人工解锁时再次励磁的条件。

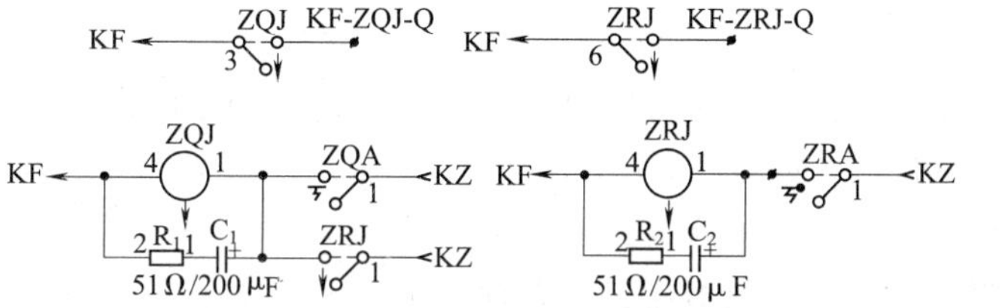


图 2-38　ZQJ 和 ZRJ 电路

在 ZQJ 和 ZRJ 的线圈上都并联 C 和 R 相串联的支路，其作用是增加继电器的缓放时间（1 s 左右）。这样在办理取消或人工解锁进路时，允许按压 ZQA（或 ZRA）和进路始端按钮的时间稍有先后，也能保证 QJ 正常励磁。

3. 取消继电器电路

取消继电器 QJ 设于每架信号机处。QJ 电路分为调车信号机专用的 QJ 电路（设在 DX 组合中）、列车和调车合用 QJ 电路（设在 LXZ 组合中）。

（1）调车信号机专用的 QJ 电路

图 2-39 是调车信号机专用的 QJ 电路。办理取消手续时，按下总取消按钮和进路始端的调车信号按钮，前者使条件电源 KF-ZQJ-Q 有电，后者使 DAJ 励磁，构成 QJ 的 3-4 线圈励磁电路。

QJ 励磁后经本身第 6 组前接点自闭，直到松开 ZQA 后"KF-ZQJ-Q"无电时，QJ 才落下。

进路未选出前，如始端调车按钮闪白灯，表示 AJ 仍在励状态，此时只需按下 ZQA 供出"KF-ZQJ-Q"电源，QJ 就会吸起将 AJ 的自闭电路切断，使其复原。如果始端调车信号按钮亮稳定白灯，表明 FKJ 吸起，AJ 已落下，这时必须同时按下 ZQA 和进路始端调车信号按钮，才能使 QJ 励磁，用 QJ 的后接点切断 FKJ 的自闭电路，FKJ 复原并将按钮表示灯熄灭。

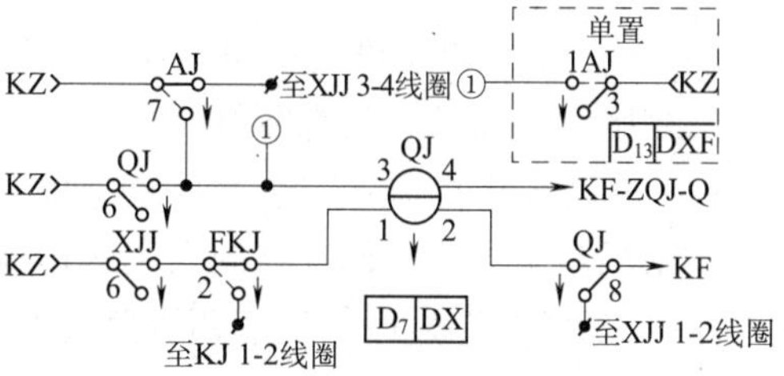


图 2-39　调车信号专用的 QJ 电路

当办理人工解锁进路时，调车进路解锁要求延时 30 s，在此段时间内要求 QJ 保持吸起。显然，这时靠 QJ 的 3-4 线圈自闭来保证 QJ 的吸起是不行的，因 1 s 以后"KF-ZQJ-Q"已无电。为使 QJ 在进路人工解锁的全过程中保持励磁，增加了 QJ 的 1-2 线圈自闭电路。它由信号检查继电器 XJJ 第 6 组前接点构成 QJ 的自闭，人工解锁进路时 XJJ 将一直吸起，即保持了 QJ 的自闭。待进路延时解锁后 XJJ 落下切断 QJ 的 1-2 线圈自闭电路才使 QJ 复原。

电路中的 FKJ 第 2 组前接点为调车信号的 KJ 自闭用，在此只起区分电路的作用。

应注意，有了 QJ 的 1-2 线圈的自闭电路后，并不能代替 QJ 的 3-4 线圈的自闭电路，这是因为在取消误按的按钮继电器记录时，XJJ 并不吸起。而 QJ 的 3-4 线圈自闭电路也不能代替其 1-2 线圈自闭电路，因为它的吸起时间较短，最多 1 s。

(2)列车与调车信号合用的 QJ 电路

列车与调车信号合用的 QJ 电路如图 2-40 所示。出站兼调车信号和进站内方带调车信号机都用这个电路。

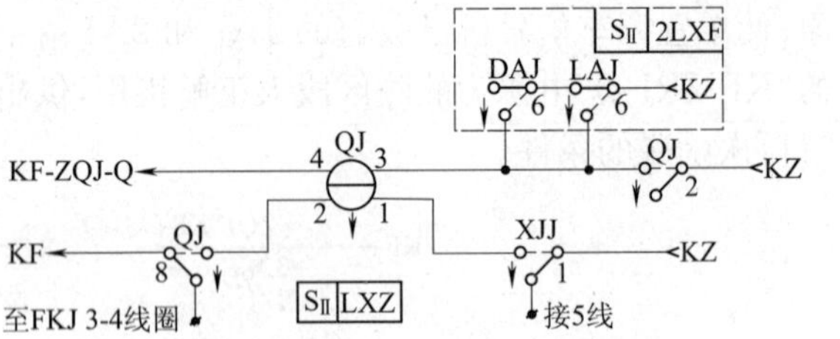


图 2-40　列车与调车信号合用的 QJ 电路

该电路与调车信号专用的 QJ 电路作用原理相似，只是增加了列车按钮继电器 LAJ 接点作为列车进路时使 QJ 励磁的条件。另外，没有 FKJ 接点，构成 QJ 的 1-2 线圈自闭电路的 XJJ 第 1 组前接点是与 5 网路线始端传递 KZ 电源的 XJJ 合用的，选岔时用其第 1 组后接点，这样可做到人工解锁进路 XJJ 吸起时禁止选敌对进路。办理接车或正线发车进路的人工解锁时，XJJ 使 QJ 保持 3 min 后才落下。

## 三、信号检查继电器电路

XJJ 按电路结构分为调车信号用的 XJJ 和列车与调车信号合用的 XJJ，前者在 DX 组合中，后者在 LXZ 组合中。

XJJ 在进路的始端部位，由 KJ 的前接点将其接入第 8 线网路，经检查 8 线上的联锁条件符合后励磁，达到锁闭进路和开放信号的目的。

1. XJJ 的作用

(1)开放信号前，检查是否具有开放信号的可能，有可能才准许将进路锁闭。XJJ 仅对开放信号的基本条件进行检查，即进路空闲、道岔位置正确、敌对进路未建立。满足上述三项条件，XJJ 励磁，就可以将进路锁闭。在重复开放信号时，也要在三项基本条件未变的情况下，才允许 XJJ 吸起构成信号的重复开放。

(2) 取消进路时，通过 XJJ 的再次励磁检查进路的空闲。人工解锁进路时，在进路解锁前验证本咽喉没有办理其他进路的人工解锁，在进路延时解锁过程中，用 XJJ 的励磁监督列车或调车车列未冒进信号，以保证解锁进路的安全。

(3) 对调车进路，在接近区段无车占用时，应防止已锁闭的进路内轨道电路人工短路造成进路错误解锁，以及保证调车进路只有一段轨道电路时能正常解锁。

2. 8 线网路结构和所检查的联锁条件

8 线网路的主要作用，是用来检查有无开放信号的可能，检查的结果用进路始端的 XJJ 励磁来反映。图 2-41 是下行咽喉的 XJJ 8 线网路电路图。图中有列车信号与调车信号合用的 XJJ，如 X-$D_3$XJJ、$S_{III}$XJJ；有调车信号专用的 XJJ，如单置调车信号的 $D_{11}$XJJ、并置调车信号的 $D_7$XJJ，它们都通过 KJ 的第 1 组前接点将 XJJ 的 3-4 线圈接入 8 线网路，检查网路上有关接点构成的联锁条件符合后，使 XJJ 励磁。

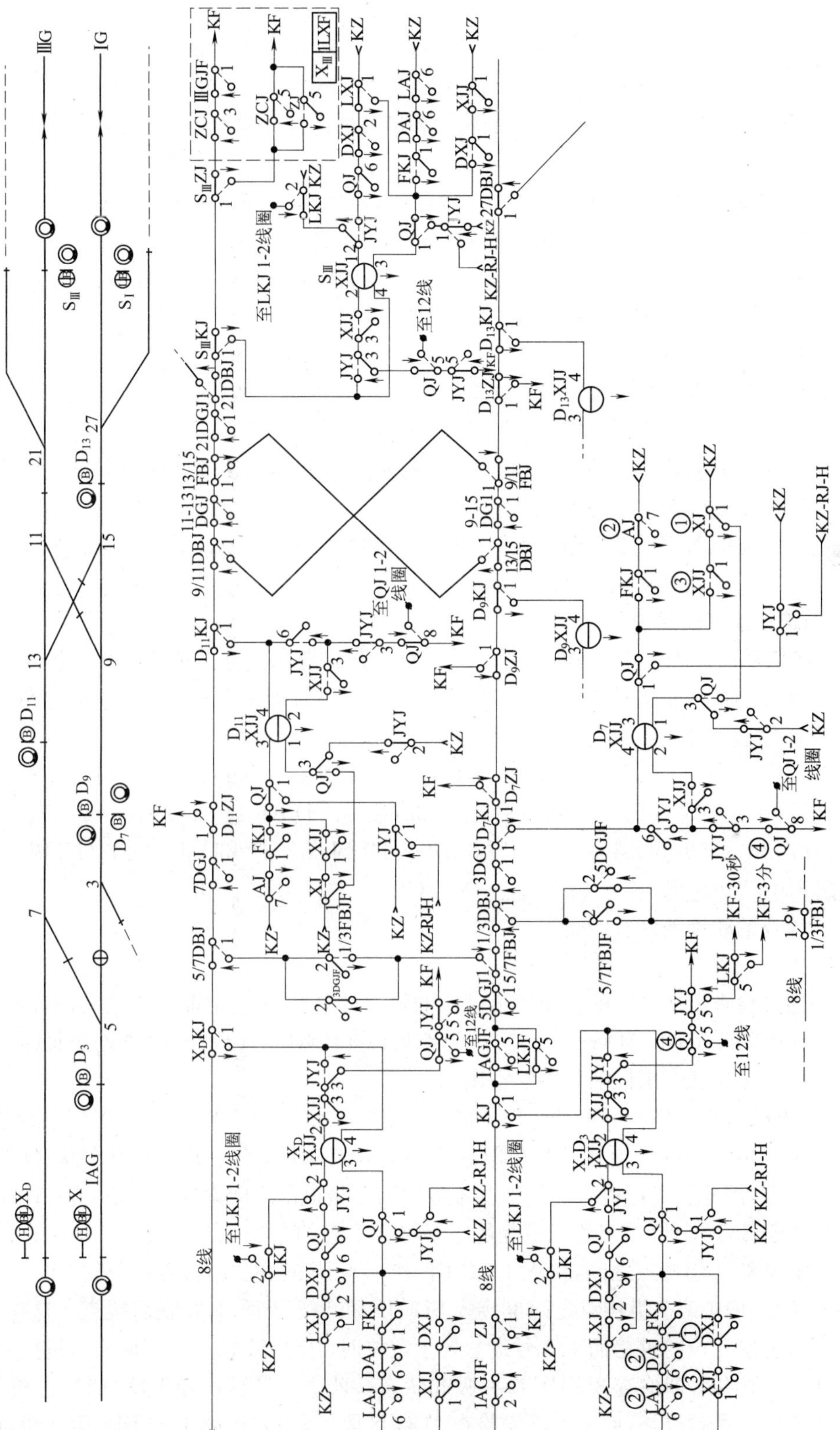

图 2-41　8 线网路和 XJJ 电路

(1)8线网路结构

①网路的站场形状是用DBJ和FBJ的第1组接点来区分的。例如经5/7号道岔反位的进路,由5/7DBJ的落下和5/7FBJ的吸起接通5/7道岔反位的网路电路。

②用KJ的前接点接入方向来确定进路的始端和进路的运行方向。例如$D_{11}$KJ的前接点接通的是对应$D_{11}$信号机右边的8线网路的电路,表明它是接车方向$D_{11}$进路的始端。又如$S_{Ⅲ}$KJ前接点接通的是对应$S_{Ⅲ}$出站信号机左边的8线网路,表明它是发车方向$S_{Ⅲ}$进路的始端。

③用ZJ接点区分进路的性质,ZJ吸起为调车进路,ZJ落下为列车进路。例如$D_3$至$D_{11}$的调车进路,终端处由$D_{11}$ZJ的第1组前接点向8线接入KF电源。而当办理$X_D$至ⅢG接车时,$D_{11}$ZJ和$S_{Ⅲ}$ZJ均落下,方可向网路接入KF电源。

以上三点是执行组网路结构的共同点。

④在对应每个轨道区段的位置上接有轨道继电器DGJ的第1组前接点,以证明该轨道区段空闲。

⑤在网路对应股道端处,接有同一股道另一端的照查继电器ZCJ的前接点和终端继电器ZJ的后接点,以证明对方未建立敌对进路。

⑥每条进路始端的XJJ局部电路接入KZ电源,8线网路上接入KF电源,调车进路由ZJ的吸起接入KF;列车进路则从网路两端接入KF。

(2)8线网路所检查的联锁条件

XJJ在开放信号前检查进路空闲、道岔位置正确、敌对进路未建立三项基本联锁条件。

现以建立X至ⅢG股道的接车进路为例,说明X-$D_3$的XJJ励磁时所检查的联锁条件。

X-$D_3$的XJJ励磁电路是:

KZ—X-$D_3$ $LAJ_{61\text{-}63}$—X-$D_3$ $DAJ_{61\text{-}63}$—X-$D_3$ $FKJ_{11\text{-}12}$—X-$D_3$ $QJ_{13\text{-}11}$—X-$D_3$ $XJJ_{3\text{-}4}$—X-$D_3$ $KJ_{12\text{-}11}$—Ⅰ$AGJF_{52\text{-}51}$—5$DGJ_{12\text{-}11}$—5/7$FBJ_{11\text{-}13}$—1/3$DBJ_{12\text{-}11}$—3$DGJ_{12\text{-}11}$—$D_7$ $KJ_{11\text{-}13}$—$D_7$ $ZJ_{11\text{-}13}$—$D_9$ $ZJ_{13\text{-}11}$—$D_9$ $KJ_{13\text{-}11}$—13/15$DBJ_{12\text{-}11}$—9-15$DGJ_{12\text{-}11}$—9/11$FBJ_{11\text{-}12}$—9/11$DBJ_{13\text{-}11}$—11-13$DGJ_{12\text{-}11}$—13/15$FBJ_{11\text{-}13}$—21$DG_{12\text{-}11}$—21$FBJ_{11\text{-}13}$—$S_{Ⅲ}$ $KJ_{11\text{-}13}$—$S_{Ⅲ}$ $ZJ_{11\text{-}13}$—$X_{Ⅲ}$ $ZCJ_{32\text{-}31}$—Ⅲ$GJF_{12\text{-}11}$—KF

电路中所检查的联锁条件有:

①进路空闲

进路空闲通过检查组成进路的各个轨道区段的轨道继电器DGJ的前接点来实现,即用X至ⅢG接车进路上的ⅠAGJF、5DGJ、3DGJ、9-15DGJ、11-13DGJ、21DGJ及股道处的ⅢGJF的第1组前接点均在接通状态来证明进路的空闲。

超限绝缘的检查,是特别情况下的进路空闲检查条件。所谓超限绝缘,即设置的绝缘节位置距道岔警冲标不足3.5 m的绝缘。当超限绝缘一边停有车辆,绝缘另一侧有车驶过时,有可能发生侧面冲撞,因此要实行检查。例如3号道岔和5号道岔之间设的绝缘节,都在距两个道岔的警冲标小于3.5 m处,该组绝缘就是超限绝缘。检查的办法是在8线上5/7号道岔的5/7DBJ和5/7FBJ第1组接点之间,接入1/3FBJF和3DGJF的并联前接点;同样在1/3号道岔的1/3DBJ和1/3FBJ第1组接点之间也接入5DGJF和5/7FBJF的并联前接点。这样,当建立经过5/7号道岔反位的进路而1/3号道岔处于定位时(用1/3FBJF落下证明),进路就必须检查3DG区段的空闲,即检查3DGJF应在吸起状态。若1/3号道岔处于反位时,它和5/7号道岔反位的进路是平行进路,此时就不需检查3DG区段了,由并接的1/3FBJF第2组前接点将3DGJF接点短路而沟通8线。

②进路上的道岔位置正确

进路上的道岔位置正确指进路上各道岔均已转到所要求的位置，这通过 KJ 前接点间接实现对进路上道岔位置的检查。因为 7 线上接有各道岔的 DBJ 和 FBJ 的前接点，KJ 经 7 线网路检查选排一致后励磁，只有进路上道岔位置正确才能使 KJ 励磁。但进路锁闭后 7 线网路因 SJ 落下断开，KJ 转入局部电路自闭，此时的 KJ 吸起就不能反映道岔位置了，这是用 KJ 检查道岔位置不足之处。为了提高信号联锁电路的可靠性，往往对同一联锁条件作必要的重复检查。8 线上对道岔位置的检查仅仅是验证能否锁闭进路，开放信号时还要在信号继电器电路中对道岔位置再次进行检查。

所有联锁电路均应考虑"故障—安全"原则，所以电路中都采用继电器的前接点作为联锁条件，而不能采用后接点作联锁条件。因此 8 线网路上道岔表示继电器的后接点不能作道岔位置正确的证明条件。例如 5/7FBJ 的后接点不能证明道岔肯定在定位，仅对 8 线网路起区分作用。

③本咽喉区没有建立敌对进路

本咽喉区没有建立敌对进路，用敌对进路的开始继电器 KJ 和终端继电器 ZJ 都落下来证明。例如上述接车进路中，8 线网路中串接有各敌对进路的 KJ 和 ZJ 后接点，即用 $D_7$KJ、$D_7$ZJ、$D_9$KJ、$D_9$ZJ、$S_{Ⅲ}$KJ、$S_{Ⅲ}$ZJ 的第 1 组后接点来接通 XJJ 励磁电路，使 X-$D_3$XJJ 得以励磁。

④同一股道另一咽喉没有建立迎面敌对进路

同一股道另一咽喉没有建立迎面敌对进路是在 8 线股道端串接对方咽喉的照查继电器 ZCJ 的前接点来实现的。当向股道建立进路时，本端的 ZCJ 落下，将其前接点接在同股道另一端的网路上实现对另一咽喉敌对进路的控制。例如 8 线对应 $S_{Ⅲ}$ 出站信号机处接有本股道另一端 $X_{Ⅲ}$ 出站信号机的 $X_{Ⅲ}$ZCJ 的第 3、5 两组前接点，当上行咽喉先向ⅢG 建立接车或调车进路时，$X_{Ⅲ}$ZCJ 落下，其第 3、5 组前接点就断开下行 8 线网路的 KF 电源，使 X-$D_3$XJJ 不能励磁建立进路。但两咽喉同时向同一股道调车是允许的，应不是敌对进路。因此在 $X_{Ⅲ}$ZCJ 的第 5 组前接点上还并接有 $X_{Ⅲ}$ZJ 的第 5 组前接点，它与 $S_{Ⅲ}$ZJ 第 1 组前接点串接使 KF 电源能送入 8 线，以实现两端同时向ⅢG 调车时允许 XJJ 励磁。例如 $D_{11}$ 至ⅢG 调车时，$D_{11}$XJJ 就是靠上述接点接通 KF 而励磁的。

3. XJJ 的局部电路

XJJ 除了有前述三种主要作用外，其局部电路可配合完成其他各种作用。现以 DX 组合中的 XJJ 局部电路来分析，参阅图 2-41 中 $D_7$信号机的 XJJ 电路。

(1)建立进路开放信号时 XJJ 的局部电路

建立 $D_7$至ⅠAG 的调车进路，$D_7$KJ 第 1 组前接点将 $D_7$XJJ 接入 8 线，选路完成后 $D_7$AJ 落下 FKJ 吸起，接通 $D_7$XJJ 的 3-4 线圈的励磁 KZ 电源。$D_7$XJJ 的励磁电路是：

KZ—$D_7$$AJ_{71\text{-}73}$—$D_7$$FKJ_{11\text{-}12}$—$D_7$$QJ_{13\text{-}11}$—$D_7$$XJJ_{3\text{-}4}$—$D_7$$KJ_{12\text{-}11}$—$3DGJ_{11\text{-}12}$—$1/3DBJ_{11\text{-}12}$—$5/7FBJ_{13\text{-}11}$—$5DGJ_{11\text{-}12}$—Ⅰ$AGJF_{51\text{-}52}$($LKJF_{51\text{-}53}$)—X-$D_3$$KJ_{11\text{-}13}$—$D_3$$ZJ_{11\text{-}12}$—KF

$D_7$信号机开放后，$D_7$XJ 吸起使得 $D_7$FKJ 落下，由 $D_7$XJ 的第 1 组前接点和 $D_7$XJJ 第 1 组前接点组成的支路沟通 $D_7$XJJ 的 3-4 线圈的自闭电路，为

KZ—$D_7$$XJ_{11\text{-}12}$—$D_7$$XJJ_{11\text{-}12}$—$D_7$$QJ_{13\text{-}11}$—$D_7$$XJJ_{3\text{-}4}$—$D_7$$KJ_{12\text{-}11}$—……8 线 $D_3$$ZJ_{12\text{-}11}$—KF

调车信号机开放后，在接近区段无车占用时发生进路内轨道电路人工瞬间短路将导致进路按调车中途返回方式错误解锁，这是必须防止的。XJJ 的落下是其解锁条件之一。为此，要

求进路内方轨道电路人工短路时，XJJ 不得落下，所以调车信号的 XJJ 需要有不受 8 线上轨道继电器 DGJ 控制的自闭电路。XJJ 的 1-2 线圈的自闭电路就是专设的防护电路，它由接近预告继电器 JYJ 的前接点构通。XJJ 的 1-2 线圈的防护电路是：

$KZ—D_7JYJ_{21\text{-}22}—D_7QJ_{33\text{-}31}—D_7XJJ_{1\text{-}2}—D_7XJJ_{32\text{-}31}—D_7JYJ_{32\text{-}31}—D_7QJ_{83\text{-}81}—KF$

调车信号机开放后，调车车列尚未到达接近区段时，若发生进路内轨道电路瞬间人工短路引起信号关闭，但 XJJ 由于有 1-2 线圈的防护电路不会落下，随后调车车列驶入接近区段，此时能防止该进路按调车中途返回解锁方式错误解锁。XJJ 的 1-2 线圈的自闭电路是建立进路后形成的，该电路发生断线不能及时发现，将失去防护作用，这是它的不足之处。

(2)取消和人工解锁进路时 XJJ 的局部电路

取消进路时要求接近区段没有车占用，进路内方空闲，XJJ 励磁时原有的联锁条件没有变化。为此在进路的取消过程中，需要用 8 线上 DGJ 的吸起来构成 XJJ 的再次励磁，对被取消的进路空闲状态实行检查。在办理取消手续后，进路始端的 QJ 吸起接通 XJJ 的 3-4 线圈电路，使它再次励磁。其电路为：

$KZ—D_7JYJ_{12\text{-}11}—D_7QJ_{12\text{-}11}—D_7XJJ_{3\text{-}4}—D_7KJ_{12\text{-}11}—3DGJ_{11\text{-}12}—1/3DBJ_{11\text{-}12}—5/7FBJ_{11\text{-}13}—5DGJ_{12\text{-}11}—ⅠAGJF_{51\text{-}52}(LKJF_{51\text{-}53})—X\text{-}D_3KJ_{11\text{-}13}—D_3ZJ_{11\text{-}12}—KF$

QJ 吸起后，首先使调车信号机 $D_7$ 关闭；同时用 QJ 的第 8 组后接点切断 XJJ 的 1-2 线圈防护电路，然后检查接近区段无车(用 $D_7$JYJ 的第 1 组前接点)后，使 XJJ 经 8 线再次励磁。取消进路时，进路的终端继电器 $D_3$ZJ 首先落下，切断 8 线 KF 电源使 $D_7$XJJ 落下，$D_7$XJJ 的第 6 组前接点断开 $D_7$QJ 的 1-2 线圈自闭电路也使 QJ 复原。

人工解锁进路时，信号开放后，其接近区段已有车驶入。为此，30 s 延时内，要用 XJJ 来监督调车车列是否闯入进路，这通过 8 线进路上的 DGJ 前接点来进行检查。

办理进路人工解锁手续后，始端 QJ 同样吸起，由 $D_7$JYJ 落下证明接近区段已有车占用，即接入条件电源 KZ-RJ-H 使 $D_7$XJJ 经 8 线再次励磁，以便在 30 s 延时时间内监督调车车列确实未闯入进路。

$D_7$XJJ 在人工解锁时的励磁电路是：

“KZ-RJ-H”—$D_7JYJ_{13\text{-}11}—D_7QJ_{12\text{-}11}—D_7XJJ_{3\text{-}4}—D_7KJ_{12\text{-}11}$—……8 线—KF

JYJ 第 1 组后接点接通，说明调车信号开放后调车车列已驶入接近区段，这时 QJ 的励磁是进行人工解锁进路。应注意，由于人工解锁时 JYJ 处于落下状态，XJJ 的 1-2 线圈防护电路已由 JYJ 的第 2、3 组前接点切断，XJJ 必须经 8 线重新励磁才能再次吸起。

为了保证所规定的延时时间，人工解锁时 XJJ 必须经条件电源有电时才准励磁。限时人工解锁用的电路一个咽喉共用一套，供出的条件电源“KZ-RJ-H”为全咽喉各信号的 XJJ 所共用。条件电源“KZ-RJ-H”只在办理进路人工解锁 ZRJ 吸起的瞬间有电，第一条进路在人工解锁延时的过程中，办理其他进路的人工解锁时“KZ-RJ-H”不会再有电，只有待第一条进路人工解锁完成后，再办第二条进路的人工解锁时它才会再次瞬间有电。这样，既保证了同一个咽喉区内，同时只准许办理一条进路的人工解锁，又保证了人工解锁的进路能得到规定的延时时间。

因为“KZ-RJ-H”是瞬间有电，为了在延时时间内用 XJJ 监督调车车列未冒进信号，XJJ 在经“KZ-RJ-H”励磁后需要一条自闭电路以维持它的吸起。这条自闭电路也是用 XJJ 的 1-2 线圈，它在接近区段有车信号关闭后形成，其自闭电路是：

KZ—D$_7$XJ$_{11-13}$—D$_7$QJ$_{32-31}$—D$_7$XJJ$_{1-2}$—D$_7$XJJ$_{32-31}$—D$_7$JYJ$_{63-61}$—D$_7$KJ$_{12-11}$—……8线……—KF

上述电路中，用JYJ第6组后接点和QJ第3组前接点来证明办理了人工解锁；而用XJ第1组后接点和8线上DGJ的吸起，证明信号关闭后，在延时的过程中调车车列未冒进信号。也是D$_3$ZJ落下使D$_7$XJJ失磁，继而D$_7$KJ和D$_7$QJ都落下使电路复原。若在延时过程中调车车列冒进信号，进路内DGJ的落下切断8线使D$_7$XJJ失磁，则不准进路解锁。

为了保证办理人工解锁时，XJJ必须检查条件电源"KZ—RJ—H"后才准励磁，在XJJ局部电路中采取了以下措施：

①在信号开放状态下办理进路人工解锁，利用DXJ的缓放特性，可防止QJ吸起而XJJ如因剩磁大稍有缓放作用时，XJJ经由KZ—XJ$_{11-13}$—QJ$_{32-31}$—XJJ$_{1-2}$—XJJ$_{32-31}$—JYJ$_{63-61}$—KJ$_{12-11}$至8线而励磁，由于DXJ的缓放，图2-41①处的XJ的第1组后接点即可断开此电路的KZ电源，防止不经"KZ-RJ-H"而错误励磁。

②在信号关闭状态下办理进路人工解锁，为防止XJJ经FKJ前接点励磁，在FKJ前接点后面(图2-41的②处)串接有DAJ的第7组后接点来断开正常励磁径路的KZ电源。这从FKJ和QJ逻辑关系式中可看出。

按下ZRA → ZRJ↑ → ZQJ↑ → QJ↑

按下DA → | DAJ↑ (→ QJ↑)
　　　　 | FKJ↑

由于FKJ早于QJ吸起，人工解锁时也将甩开"KZ—RJ—H"电源而使XJJ错误励磁，在电路中串入与FKJ同时吸起的DAJ第7组后接点即可断开KZ电源而避免错误励磁，迫使XJJ必须经"KZ-RJ-H"条件电源励磁。

③DXJ第1组前接点的作用也是为了防止XJJ错误励磁。在XJJ第1组前接点后面(图2-41①处)，如果不接入DXJ的第1组前接点构成XJJ的3-4线圈自闭电路，则当调车车列驶入接近区段时，若发生允许信号灯泡断丝，KZ电源直接从XJJ第1组前接点接入3-4线圈，XJJ将仍在吸起状态，此时办理进路人工解锁，QJ吸起，将KZ电源经QJ的第3组前接点立即接入XJJ的1-2线圈，而在QJ第1组接点转换过程中，XJJ稍有缓放其1-2线圈立即被接通励磁，那么"KZ-RJ-H"电源的条件将得不到检查。加入DXJ接点后，在灯泡断丝时DXJ落下，用其第1组前接点断开XJJ的3-4线圈自闭电路，使XJJ落下，保证办理人工解锁进路时XJJ只有经过QJ第1组前接点检查"KZ-RJ-H"条件后才能励磁。

(3)防止调车进路的错误解锁和不能正常解锁

①防止调车进路的错误解锁。解锁进路时要求XJJ在落下状态，假如调车信号的XJJ不设脱离8线控制的1-2线圈防护电路，在下述情况下它会使进路错误解锁。例如建立了D$_7$至ⅠAG的进路，D$_7$信号机开放后，在调车车列尚未到达D$_7$信号机的接近区段时，D$_7$信号机内方进路上发生3DG轨道区段瞬间人工短路，若此时没设D$_7$XJJ的1-2线圈防护电路，由于8线上3DGJ的落下将使D$_7$XJJ失磁，并引起D$_7$XJ落下D$_7$信号机关闭。此后，当调车车列驶入D$_7$信号机的接近区段9-15DG时，D$_7$进路就会按调车中途返回方式将进路错误解锁。有了XJJ的1-2线圈防护电路，由于XJJ的吸起就可防止这种错误解锁。

②防止调车进路不能正常解锁。使XJJ落下是保证调车进路正常解锁的条件之一，在下列两种情况下，如不对电路采取措施将会使调车进路不能自动解锁。

第一种情况是保证调车中途返回进路的正常解锁。例如调车车列跨入开放的$D_7$信号机内方3DG区段后，然后按照开放的$D_{13}$信号机折返，此时$D_7$JYJ落下切断$D_7$XJJ的1-2线圈防护电路，3DGJ的落下断开8线使$D_7$XJJ落下。在调车车列折返退出$D_7$信号机内方3DG区段时，3DGJ的吸起又将8线接通，而此时$D_7$XJ正在缓放，$D_7$XJ的第1组前接点仍接通，若在电路上不加入XJJ的第1组前接点(图2-41的③处)将此电路切断，由于8线的接通和$D_7$XJ的缓放将使$D_7$XJJ再次励磁，造成调车进路不能按中途返回方式自动解锁。

第二种情况是调车进路只由一段轨道区段组成，在下述条件下也不能正常解锁：例如$D_9$至ⅡG进行调车作业，在$D_9$接近区段3DG留有车辆，仅是单机驶入ⅡG时，$D_9$至$D_{13}$的调车进路只由9-15DG轨道区段组成，此时$D_9$信号机要等单机全部出清9-15DG区段后，经$D_9$XJ缓放落下时才会关闭(其原因是有调车信号白灯保留电路)。这时$D_9$XJJ电路也会出现9-15DGJ吸起接通8线，因$D_9$XJ缓放将$D_9$XJJ再次接通励磁的情况。因此，在图2-41中的③处接入XJJ第1组前接点，是防止$D_7$XJJ错误励磁的必要措施，以保证$D_9$进路的正常解锁。

③取消调车进路时，防止进路不能取消。由于调车信号有XJJ的1-2线圈防护电路，该电路只在信号开放后接近区段有车驶入时由JYJ的落下才切断。取消进路时，其1-2线圈的防护电路不应该再被接通，否则在取消进路时既不能用XJJ的3-4线圈检查进路空闲条件，又使得进路取消后造成XJJ仍然吸起使XJJ不能复原，造成进路再次错误锁闭。为此，在图2-41的④处接有QJ的第8组后接点，在办理取消进路时，用其后接点将XJJ的1-2线圈防护电路KF电源切断，以保证调车进路正常取消。

以上分析的是调车信号专用的XJJ电路，对于列车和调车信号共用的XJJ电路，如下行X进站信号机和$D_3$信号机共用的X-$D_3$XJJ电路、出站兼调车信号机用的$S_{Ⅲ}$XJJ电路，其电路作用、动作原理等与专用于调车信号的XJJ基本相同，电路结构也大致相似。

在作列车进路使用时，XJJ电路与上述调车专用的XJJ电路有以下不同之处：

第一，列车进路没有中途返回解锁，故列车进路不需XJJ的1-2线圈由JYJ吸起构成的防护电路，所以在XJJ的1-2线圈防护电路KZ电源处接有列车开始继电器LKJ的第2组后接点，当建立的是列车进路时，用LKJ的吸起切断XJJ的1-2线圈防护电路。

第二，列车进路没有调车进路那种特殊条件下的不能解锁和错误解锁的情况，所以在列车信号开放后构成的XJJ的3-4线圈自闭电路中，不需在列车信号继电器LXJ第1组前接点上串接XJJ的第1组前接点。

第三，列车进路一般均无列车终端继电器，取消列车进路或人工解锁进路时，XJJ由KJ的落下将它从8线上断开而复原。

## 四、区段检查继电器QJJ和股道检查继电器电路GJJ

9线网路使进路中各区段的区段检查继电器QJJ和股道检查继电器GJJ吸起与落下实现进路锁闭与解锁，10线网路构成QJJ的自闭电路防止进路迎面解锁。

1. QJJ和GJJ的设置与作用

(1)QJJ的设置与作用

6502电气集中采用逐段解锁制，以各个道岔区段作为锁闭与解锁对象，因此对每个道岔区段和咽喉区有列车经过的差置调车信号机之间的无岔区段都要设一个QJJ，它在Q组合中。作用是锁闭与解锁道岔，并锁闭本咽喉的敌对进路。

(2)GJJ 的设置与作用

对应每个能接车的股道的两端，各设一个 GJJ。它的作用是接车时锁闭另一咽喉的迎面敌对进路。当向股道办理接车进路时，GJJ 吸起与进路最后一个道岔区段的锁闭继电器 SJ 相配合，使照查继电器 ZCJ 落下，将 ZCJ 前接点接在股道另一端执行组网路中，用以锁闭另一咽喉的敌对进路，使其不能建立。例如，办理下行ⅠG 接车时，此时要照查上行咽喉有没有向ⅠG建立进路。下行ⅠG 接车时，股道端 $S_{I}$ 信号机的 $S_{I}$ GJJ 吸起与 17-23DG 区段中进路最末一个道岔的锁闭继电器 23/25 1SJ 的落下使 $S_{I}$ ZCJ 失磁，用其前接点控制上行咽喉ⅠG 的执行组网路，使向ⅠG 办理的迎面进路不能建立。反之，上行咽喉ⅠG 端 $X_{I}$ ZCJ的前接点也接在下行咽喉ⅠG 的执行组电路中，参看图 2-42。上行咽喉向ⅠG 办理进路后，$X_{I}$ ZCJ 的落下既切断 8 线 KF 电源，也断开经 $S_{I}$ ZJ 后接点接通的 $S_{I}$ GJJ 的 1-2 线圈电路，使 $S_{I}$ GJJ 不能吸起，防止下行咽喉向ⅠG 建立迎面接车敌对进路。

取消和人工解锁进路时，使进路解锁，GJJ 的 3-4 线圈接在 12 线上，证明 12 线解锁工作正常后，GJJ↑向 13 线送入 KF 解锁电源，构成进路从终端向始端逐段解锁。

在单线进站信号机处，以及双线双向运行的进站信号机处，也设有 GJJ，这是由于采用 1LXF 定型组合的缘故，它还起另外的特殊作用。例如 $X_{D}$进站信号机处的 $X_{D}$GJJ，可在取消进路时向 13 线转接解锁电源。双线单向运行的发车口处在零散组合中设 GJJ，其吸起将作为信号辅助继电器 XFJ 的励磁接通条件。

2. 9 线网路结构和 QJJ 与 GJJ 的励磁电路

实行进路的锁闭与解锁涉及各个道岔区段，因此 QJJ 和 GJJ 也是站场网路结构，9 线就是 QJJ 和 GJJ 的励磁网路电路，如图 2-42 所示。

(1)9 线网路结构

①每个道岔区段设一个 QJJ，QJJ 的 3-4 线圈是励磁电路，并接在 9 线上，局部电路接 KF 电源，KZ 电源由 XJJ 吸起供向 9 线。QJJ 的 1-2 线圈为自闭电路，局部电路接 KZ 电源，由 10 线供 KF 电源保持 QJJ 自闭。

②在股道端设 GJJ，GJJ 的 1-2 线圈经终端继电器 ZJ 的第 2 组前接点接在 9 线上，与同股道另一端的照查继电器 ZCJ 的第 2 组前接点并接后接在 9 线网路上。而 GJJ 的 3-4 线圈接在 12 线网路上，作取消进路和人工解锁用。

③进路的锁闭范围是，在 9 线网路始端由进路始端信号机的 XJJ 第 2 组前接点确定，XJJ 吸起后向 9 线送出 KZ 电源，使进路上的 QJJ 励磁。调车进路的终端由 ZJ 的第 2 组后接点确定，该接点将进路以外 9 线上的 KZ 电源切断，防止进路范围以外的 QJJ 励磁而造成道岔错误锁闭。列车进路的终端在网路两端，所以排列列车进路时不需要用 ZJ 的吸起断开网路。向股道办理进路时 GJJ 励磁，用它将同股道另一咽喉的迎面敌对进路锁在未建立状态。

④每条进路始端 XJJ 接点处串有由该信号机的取消继电器 QJ 第 2 组后接点接通的 KZ 电源，办理取消进路和人工解锁进路时，用以切断 9 线的励磁 KZ 电源。

⑤在进站信号机处，有向 9 线接 KZ 电源的引导按钮继电器 YAJ 的第 2 组前接点，办理引导接车时，由它吸起实施引导进路锁闭。

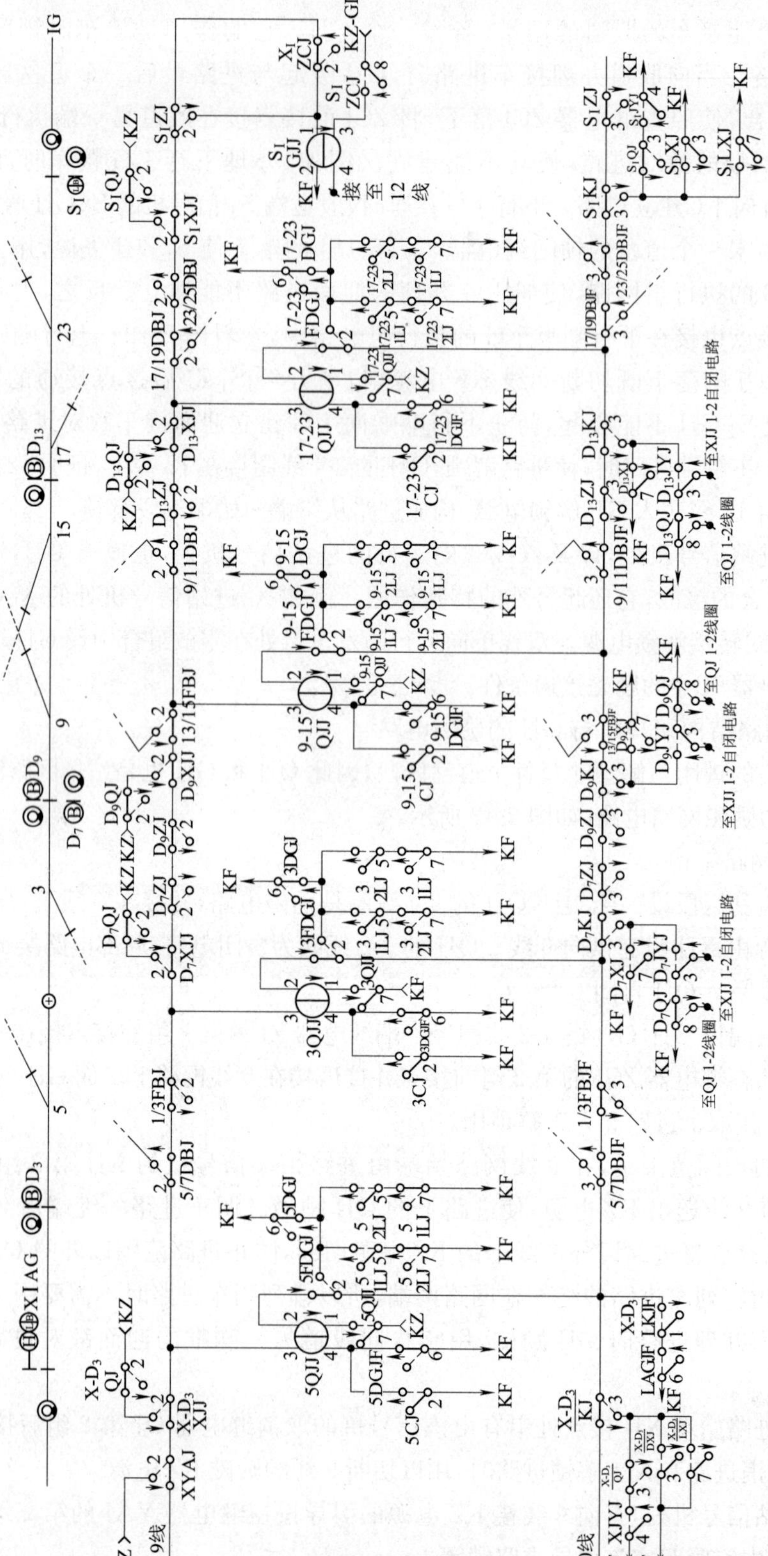

图 2-42　QJJ 和 GJJ 电路

(2)建立进路时使进路锁闭

建立列车或调车进路时，XJJ↑向 9 线供 KZ 电源使进路中各区段的 QJJ↑，构成进路锁闭。

例如办理 X 至ⅠG 的接车进路，进路排出后，X 进站信号机的 XJJ 吸起，用其第 2 组前接点将 KZ 电源接入 9 线，使进路上各道岔区段的区段检查继电器 5QJJ、3QJJ、9-15QJJ、17-23QJJ和 $D_{17}$GJJ 均励磁，锁闭各个区段里的道岔。X 进站信号机的 XJJ 励磁说明接车进路空闲、道岔位置正确、未建立敌对进路，可以锁闭接车进路，使进路上 9 线所接的各个 QJJ 和 GJJ 励磁，通过 QJJ 的吸起间接地使道岔区段内的 SJ 落下将道岔锁住，就是用 SJ 的前接点切断道岔启动电路的 KZ 电源，使所建立的进路上的道岔不能再转换。同时 SJ 的前接点断开 7 线网路，使接车进路上的各敌对调车信号机 $D_3$、$D_7$、$D_9$、$D_{13}$、$S_Ⅰ$ 的 KJ 不能再励磁，另外由于 SJ 的落下间接地使各调车信号的 ZJ 也不能吸起，这样就把本咽喉的敌对进路锁住。当 $S_Ⅰ$ GJJ励磁时，它与进路最末一个道岔区段的 23/25 1SJ 落下将使 $S_Ⅰ$ ZCJ 失磁。用 $S_Ⅰ$ ZCJ 的第 3、第 5 组前接点断开同股道对端咽喉 8 线上的 KF 电源，使迎面敌对进路的 XJJ 不能励磁，禁止建立迎面敌对进路。即 ZCJ 的落下将另一咽喉的敌对进路锁在未建立状态。假如先向ⅠG 建立了上行接车进路，$X_Ⅰ$ ZCJ 落下，其第 3、第 5 组前接点将切断下行咽喉 8 线 KF 电源，使 X 进站信号机的 X-$D_3$XJJ 不能励磁，X 向ⅠG 的接车进路就不能再建立。

建立调车进路时的进路锁闭，以及将敌对进路锁在未建立状态的电路原理与列车进路相同。

列车进路中的无岔轨道区段，也设区段组合，但其 QJJ 电路与道岔区段有以下不同：

第一，向无岔区段办理调车进路时，无岔区段的 QJJ 不需励磁，无岔区段不锁闭，故不设 SJ。

第二，排列经过无岔区段的长调车进路或列车进路时，情况就有所区别，排长调车进路时 QJJ 仍不能励磁，而排列车进路时 QJJ 又必须励磁，锁闭进路。

取消进路和人工解锁进路时，需要使 QJJ 和 GJJ 复原以便做好解锁准备，故在 9 线各 XJJ 前接点之后串接有 QJ 第 2 组后接点。办理取消和人工解锁进路时，用 QJ 吸起切断供给 9 线的 KZ，而在信号关闭 XJ 落下后又断开了 10 线 KF，使进路上 QJJ 失磁。

为了办理引导进路锁闭，开放引导信号，用引导按钮继电器 YAJ 的第 2 组前接点向 9 线接入 KZ 电源，使引导进路的 QJJ 和 GJJ 励磁，锁闭引导进路。为了在引导进路锁闭后，引导列车占用轨道区段时保持 QJJ 吸起，用 CJ 第 2 组后接点接通 QJJ 的 3-4 线圈的自闭电路。为使引导进路能正常按引导方式解锁及不使道岔区段故障的进路错误锁闭，在每个道岔区段 QJJ 的 3-4 线圈局部电路 KF 电源处，接有轨道继电器复示继电器 DGJF 的第 6 组前接点。某轨道电路故障时，由于 DGJF 的落下断开 KF 电源，使故障区段的 QJJ 不能励磁，防止了进路错误锁闭。这是 QJJ 励磁时首先要检查的一项内容，即通过 DGJF 前接点检查区段是否空闲或是否发生轨道电路故障。

3. 10 线网路结构和 QJJ 的自闭电路

(1)10 线网路的作用

10 线网路用来防止进路迎面解锁和保证进路人工解锁、调车中途返回解锁的正常进行。进路上每个道岔区段内的道岔，应在车占用时才准许做解锁准备。进路正常解锁时，车占用了哪个区段，才准许该区段的 QJJ 落下，为区段解锁做准备，而车未驶入的运行前方道岔区段的所有 QJJ 均应保持励磁。因而可防止在错按事故按钮 SGA 和总人工解锁按钮 ZRA 时造成道岔区段错误解锁而影响行车安全。为了防止进路运行前方道岔区段产生迎面错误解锁，专设了 QJJ 1-2 线圈的 10 线自闭网路，使列车运行前方区段的 QJJ 保持励磁，防止产生进路迎面解锁。例如，X 进站信号机开放后，列车驶入且运行在 5DG 区段，此时车站值班员错误进行故障解锁，按下 17-23DG 区段的 SGA，如果电路准许 17-23QJJ 落下构成解锁条件，又错误操纵 17/19 道岔至反位，道岔正在转换时列车开过来，就造成了行车事故。设置了 10 线网路保持运行前方 QJJ 自闭，即可防止此种事故的发生。信号开放后，XJ↑经 KJ 前接点向 10 线送 KF，使 QJJ 自闭。

进路正常解锁时，由 XJJ↓断开 9 线励磁电源使 GJJ↓。车列占用该区段，DGJ↓，FDGJ↑切断自闭电源，使 QJJ↓，构成该区段解锁，并向运行前方道岔区段 QJJ 送自闭 KF 电源。

取消进路时，由 QJ↑断开 9 线励磁电源，在 JYJ↑和信号关闭 XJ↓后断开 10 线自闭电源，使进路中各 QJJ↓和 GJJ↓构成进路取消。

人工解锁时，由 QJ↑断开 9 线励磁电源，在 JYJ↓、QJ↑和信号关闭 XJ↓后断开 10 线自闭电源，使进路中各 QJJ↓和 GJJ↓构成进路人工解锁。

调车中途返回解锁时，由 XJJ↓断开 9 线励磁电源，在调车车列折返时，调车信号关闭 DXJ↓，调车车列驶离接近区段时 JYJ↑断开 10 线自闭电源，使车未占用的道岔区段 QJJ↓构成中途返回解锁。

人工解锁和调车中途返回解锁要用向 10 线送 KF 电源的 JYJ 前接点与 QJ 后接点的供电支路，保证适时切断 10 线 KF，使进路上 QJJ 落下以保证其解锁。

(2)10 线网路结构

①用 KJ 的第 3 组前接点确定进路的始端，它有两条支路向 10 线供出 KF 电源，一条是信号开放时向 10 线送 KF；另一条是接近区段有车时向 10 线送 KF。以列车进路的始端为例，这两条支路分别为

KF—$LXJ_{71\text{-}72}$(或 $DXJ_{31\text{-}32}$)—$KJ_{32\text{-}31}$—10 线

KF—$JYJ_{41\text{-}43}$—$QJ_{31\text{-}33}$—$KJ_{32\text{-}31}$—10 线

列车进路的 KF 电源一直供至网路终端，而调车进路的 KF 电源供至调车进路终端处由 ZJ 第 3 组后接点切断。

②各道岔区段 QJJ 的 1-2 线圈作自闭电路用，它们都并接在 10 线网路上，KZ 电源经 QJJ 第 7 组前接点接入。

③每个道岔区段经轨道反复示继电器 FDGJ 第 2 组前接点和 1LJ、2LJ 及 DGJ 的接点，能向运行前方 10 线网路供 KF 电源，它们有三条支路：

KF—$1LJ_{71\text{-}72}$—$2LJ_{51\text{-}53}$—$FDGJ_{22\text{-}21}$—10 线(从左向右运行时构成)

KF—$2LJ_{71\text{-}72}$—$1LJ_{51\text{-}53}$—$FDGJ_{22\text{-}21}$—10 线(从右向左运行时构成)

KF—$DGJ_{61\text{-}62}$—$FDGJ_{22\text{-}21}$—10 线

每个道岔区段在被列车占用时构成运行前方 10 线送 KF 电源的支路，并能以 1LJ 和 2LJ 接点串联支路和 FDGJ 是否吸起来区分进路的正常解锁和轨道电路区段故障。

4. QJJ 和 GJJ 的电路分析

(1)建立进路和正常解锁进路时 QJJ 和 GJJ 的励磁、自闭和失磁

建立进路时，进路始端的 XJJ 励磁，用其第 2 组前接点向 9 线供出 KZ 电源，使进路上各 QJJ 的 3-4 线圈、GJJ 的 1-2 线圈接通励磁。信号开放后，由信号继电器 XJ 的前接点，通过 KJ 的第 3 组前接点向 10 线供出使 QJJ 的 1-2 线圈自闭的 KF 电源。列车驶入进路，XJJ 落下，切断供给 9 线的 KZ 电源使 GJJ 落下；在 XJ 缓放期间，由于被列车占用的头一个道岔区段的轨道反复示继电器 FDGJ 的吸起，一方面切断 QJJ 自闭电路使本区段 QJJ 落下，另一方面用 FDGJ 第 2 组前接点继续向运行前方 10 线上的各 QJJ 的 1-2 线圈供出自闭 KF 电源。XJ 落下后，切断经 KJ 供出的 KF 电源。此后，列车向前运行每占用一个道岔区段，该区段的 FDGJ 吸起，一方面使本区段的 QJJ 失磁，同时向运行前方区段 10 线送 KF，保持未占用区段的 QJJ 自闭吸起，达到防止迎面解锁的目的。

例如，办理 X 至 ⅠG 的下行接车进路，X 进站信号机的 XJJ 励磁后，用其第 2 组前接点向 9 线供出 KZ 电源，使 5QJJ、3QJJ、9-15QJJ、17-23QJJ 和 $S_{I}$ GJJ 均励磁，切断各个区段的 1LJ 和 2LJ 自闭电路，1LJ 和 2LJ 落下使 SJ 失磁将进路锁闭，本咽喉区进路内各敌对进路的 KJ 和 ZJ 也将被锁住。$S_{I}$ GJJ 的吸起使照查继电器 $S_{I}$ ZCJ 落下，用其前接点切断同一股道另一咽喉的敌对进路，使其不能建立。X 进站信号机开放后，LXJ 的第 7 组前接点闭合经 KJ 第 3 组前接点向 10 线送入 KF 电源，使进路上已励磁的 QJJ 转入 1-2 线圈自闭。列车进入信号机内方第一个无岔区段 ⅠAG 时，由于 ⅠAGJF 的落下切断 8 线使 XJJ 落下，从而断开供给 9 线的 KZ 电源，使各个 QJJ 的 3-4 线圈断电；同时进站信号机关闭。在 LXJ 缓放期间由 ⅠAG 区段的 ⅠAGJF 的第 6 组后接点和列车开始复示继电器 LKJF 的第 1 组前接点继续向 10 线供出 KF 电源，保持列车运行前方 QJJ 的自闭。列车进入第一个道岔区段 5DG 后，5DGJ 落下，5FDGJ 吸起，切断 5QJJ 的自闭电路，并使 1LJ 吸起而 2LJ 仍落下，KF 电源由支路 KF—$1LJ_{71\text{-}72}$—$2LJ_{51\text{-}53}$—$FDGJ_{22\text{-}21}$，向运行前方 10 线供 KF 电源，以保持运行前方各区段 QJJ 的自闭。列车进入 3DG 区段时，3DGJ 落下，3FDGJ 吸起，使 3QJJ 的 1-2 线圈自闭电路被切断而落下。待车出清 5DG 区段，其 2LJ 吸起后，又使得 3DG 区段的 1LJ 吸起和 2LJ 落下经 3FDGJ 第 2 组前接点向 10 线供出 KF 自闭电源。这样列车进入一个道岔区段，该区段的 QJJ 才失磁落下，以后又构成向 10 线供出 KF 电源，保证运行前方 QJJ 的吸起，既保证了被占用过的区段才让解锁，又防止了列车迎面错误解锁。

从解锁电路中将会了解到，列车占用区段时 DGJ 落下使 FDGJ 吸起，同时两个进路继电器 1LJ 和 2LJ 中总会有一个先吸起。谁先吸起取决于运行方向：从左向右运行，1LJ 先吸起；从右向左运行，2LJ 先于 1LJ 吸起。所以在 FDGJ 第 2 组前接点上并接有 1LJ 后接点串联 2LJ 的前接点，以及 2LJ 的后接点串联 1LJ 的前接点两条支路，以在正常解锁进路时按运行方向分别向 10 线供出 KF 电源。

以上电路在单机高速运行(时速超过 60 km)时，10 线 KF 电源会由于接点的转换产生瞬间断电，10 线的瞬间断电会引起运行前方 QJJ 落下，因为 QJJ 不是缓放型继电器。例如，电路中 ⅠAG 区段处不能用 ⅠAGJ，而要采用滞后它一步才励磁的复示继电器 ⅠAGJF。因为，在单机高速进入 5DG 区段和出清 ⅠAG 区段时，ⅠAGJ 吸起比 5DGJ 的落下快，在 5FDGJ 从落下转为吸起的过程中，若 ⅠAGJ 后接点已断开将出现 10 线瞬间断电，以致引起了 3QJJ、

9-15QJJ等的落下，所以这里采用滞后一步的ⅠAGJF的后接点，可以在5DG区段的1LJ吸起，KF—$1LJ_{71\text{-}72}$—$2LJ_{51\text{-}53}$—$FDGJ_{22\text{-}21}$，向10线送KF电路支路形成之后，ⅠAGJF才用它的第6组后接点断开本身送向10线的KF。

另外，在单机进入3DG区段和出清5DG区段的时候，5DGJ吸起才使5/2LJ励磁，在5DG区段的1LJ和2LJ都吸起后，才使3DG区段的3/1LJ吸起，这样在5/2LJ吸起时就断开了上述向10线供出KF电源的支路。而此时3/1LJ尚未吸起，3DG的3/1LJ吸起和3/2LJ落下的支路尚未形成。为了在5/2LJ和3/1LJ接点转换过程中10线不中断KF电源，在5DGJ吸起和5FDGJ缓放期间(3～4 s)继续向10线供出KF电源，保证10线不中断供电，所以才加上KF—$DGJ_{61\text{-}62}$—$FDGJ_{22\text{-}21}$，向10线供给KF的支路。该支路待到FDGJ缓放落下后才用其第2组前接点切断本支路供出的KF电源。

以上措施都是保证接点转换过程中不中断10线供电，以确保运行前方QJJ的可靠自闭。

调车进路正常解锁时，QJJ的自闭和落下的情况与列车进路正常解锁的情况完全一样，调车信号开放后由DXJ吸起经KF—$DXJ_{71\text{-}72}$—$KJ_{32\text{-}31}$，向10线供出KF电源，而终端处由ZJ的第3组后接点将10线从调车进路终端处断开。

(2)取消和人工解锁进路时QJJ和GJJ的失磁

取消和人工解锁进路时均使QJ励磁，在进路始端用QJ第2组后接点断开经XJJ吸起向9线供出的KZ电源，使进路上QJJ的3-4线圈和GJJ的1-2线圈断开励磁KZ电源。由于QJ的吸起使XJ落下(列车为LXJ、调车为DXJ)，以其前接点断开送入10线的KF自闭电源，从而使进路上QJJ全部落下，股道端GJJ也落下，为解锁进路做好准备。对接近区段有车占用的进路实行人工解锁时，10线始端由QJ第8组后接点断开经JYJ后接点供向10线的另一支路的KF电源。例如，人工解锁$D_9$至$D_{13}$的调车进路，办理人工解锁手续后$D_9$QJ励磁，用$D_9$QJ的第2组后接点断开经$D_9$XJJ第2组前接点送入9线的KZ电源，即断开进路内9-13QJJ的3-4线圈的KZ电源；$D_9$QJ吸起使$D_9$信号机关闭，$D_9$XJ的第7组前接点断开向10线送KF电源的一条支路，$D_9$QJ的第8组后接点断开经$D_9$JYJ第3组后接点向10线送KF电源的另一条支路，这样使并接在10线上的9-15QJJ失去自闭KF电源而落下。

(3)调车中途返回时QJJ的失磁

调车中途返回离开原牵出进路并出清其接近区段后，原进路上的QJJ应及时落下，以保证进路的适时解锁。例如，$D_7$信号机开放后，调车车列的一部分跨入$D_7$信号机内方3DG区段，然后按$D_{13}$信号机折返，退出$D_7$进路时，进路上的3QJJ和5QJJ如何失磁落下？当调车车列跨入$D_7$信号机内方，由于$D_7$JYJ落下断开$D_7$XJJ的1-2线圈防护电路，3DGJ的落下断开8线使$D_7$XJJ落下，用$D_7$XJJ第2组前接点断开供向9线的KZ电源。同时3DGJ落下，3FDGJ吸起，用其第2组后接点切断3QJJ的1-2线圈自闭电路使3QJJ失磁。此时5QJJ的1-2线圈由KF—$3/2LJ_{71\text{-}72}$—$3/1LJ_{51\text{-}53}$—$3FDGJ_{22\text{-}21}$，向10线供出的KF保持自闭。另两条向10线供给KF电源的支路是：①$D_7$白灯保留电路由$D_7$XJ励磁而构成，为KF—$D_7XJ_{71\text{-}72}$—$D_7KJ_{32\text{-}31}$—至10线。②$D_7$JYJ失磁向10线供出KF电源，为KF—$D_7QJ_{81\text{-}83}$—$D_7JYJ_{31\text{-}33}$—$D_7KJ_{32\text{-}31}$—至10线。

以上三条支路供向10线的KF电源均断开时，5QJJ才失磁。调车车列按$D_{13}$折返退出$D_7$信号机内方时，3DGJ的吸起将同时切断$D_7$信号机白灯保留电路和3FDGJ的自闭电路，$D_7$XJ和3FDGJ缓放落下后切断其中两条供向10线KF的支路。当调车车列全部进入$D_{13}$信号机内方，出清 $D_7$ 接近区段时，$D_7$JYJ 励磁才用其第 3 组后接点最后切断供向 10 线的 KF 电源，使 5QJJ 失磁，原牵出进路即开始解锁。

(4)电路的防护措施

接近预告继电器 JYJ 后接点和取消继电器 QJ 后接点相串联构成向 10 线送 KF 自闭电源支路，可防止列车或调车车列接近时进路内道岔区段被故障解锁。列车支路为 JYJ 第 4 组后接点串接 QJ 第 3 组后接点；调车支路为 JYJ 第 3 组后接点串接 QJ 第 8 组后接点。由于车的接近，JYJ 落下，向 10 线送入自闭 KF 电源保持 QJJ 吸起，即使按下进路上道岔区段的事故按钮 SGA 和总人工解锁按钮 ZRA，也不会构成道岔区段的故障解锁，就防止了按故障解锁方式使进路不延时解锁。加 JYJ 后接点后，当接近区段无车时，能单独解锁该道岔区段；当接近区段有车后，则不能单独解锁该道岔区段。调车信号的 QJ 后接点与 JYJ 后接点供电支路与其 XJJ 的 1-2 线圈电路所共用，故在取消和人工解锁时，QJ 吸起用其第 8 组后接点同时切断 10 线和 XJJ 的 1-2 线圈的 KF 电源。

此外，能保证调车中途返回能正常解锁。在调车中途返回时当退出接近区段后，用 JYJ 的第 3 组后接点断开供给 10 线的 KF，使调车进路内 QJJ 全部落下，为解锁做好准备。

人工解锁时(即 QJ 能吸起时)用 QJ 吸起切断供电支路的 KF，使整条进路的 QJJ 失磁，以保证进路能人工解锁。但也能办理区段故障解锁，这是本电路的不足之处。

道岔区段发生轨道电路故障时，由于轨道继电器的落下，用其 DGJF 第 6 组前接点切断 QJJ 的 3-4 线圈的 KF 电源，使故障轨道区段的 QJJ 不能励磁，保持该区段内的两个进路继电器 1LJ 和 2LJ 仍在励磁状态，避免了轨道电路故障时进路错误锁闭。

## 五、接近预告继电器

1. 接近预告信号机 JYJ 的作用

JYJ 用来区分进路是预先锁闭还是接近锁闭。进路锁闭，信号开放后，接近区段空闲，进路为预先锁闭；信号开放后接近区段有车占用，进路为接近锁闭。欲取消预先锁闭的进路可用取消进路的方法，而要取消接近锁闭的进路必须采用人工解锁的方法。

2. JYJ 的设置

JYJ 电路的结构有两种：一种设在 DX 组合中，为调车信号专用的 JYJ；另一种设在 LXZ 组合中，为列车信号与调车信号合用的 JYJ。后者按接近区段的不同又可分为三种情况：一是进站内方带调车的 JYJ 电路；二是正线出站兼调车的 JYJ 电路；三是站线出站兼调车的 JYJ 电路。

3. 电路结构

JYJ 平时处于励磁状态，由两条电路同时保持励磁：一条是经过信号机外方接近区段轨道复示继电器前接点接通的 3-4 线圈励磁电路；另一条是经过信号继电器 XJ 的后接点和本身的前接点接通的 1-2 线圈自闭电路。信号开放后，用 XJ 后接点断开 JYJ 自闭电路，以区分进路是预先锁闭还是接近锁闭。

4. 各种 JYJ 电路

由于各种信号机的接近区段不同，有三种类型的 JYJ 电路。

(1)调车信号机专用的 JYJ 电路

图 2-43 是 $D_{11}$ 调车信号机的 JYJ 电路。

$D_{11}$ 的 JYJ 的 3-4 线圈是励磁电路，由 $D_{11}$ 的接近区段 7DGJF 第 4 组前接点使其励磁。在 JYJ 的 1-2 线圈自闭电路中接有 $D_{11}$ 信号继电器 XJ 第 3 组后接点和 JYJ 第 4 组前接点，构成 JYJ 自闭。自闭电路上还并接有 $D_{11}$ 进路始端的 KJ 第 8 组后接点接入 KF 电源的支路。平时 $D_{11}$ JYJ 由励磁和自闭两条电路保持吸起。未建立进路时，尽管接近区段有车 7DGJF 落下，也不会引起 $D_{11}$ JYJ 失磁，因为进路未锁闭，不需区分进路的锁闭状态。只有进路锁闭，$D_{11}$ 信号开放后，此时 $D_{11}$ KJ 和 $D_{11}$ XJ 吸起断开 $D_{11}$ JYJ 的 1-2 线圈自闭电路后，才用 JYJ 的 3-4 线圈来区分进路的锁闭状态。若 $D_{11}$ 的接近区段空闲，$D_{11}$ JYJ 保持吸起，说明进路处于预先锁闭状态。若接近区段有车占用，7DGJF 的第 4 组前接点断开 JYJ 的 3-4 线圈电路使其失磁，用 $D_{11}$ JYJ 的落下说明进路已处于接近锁闭状态。

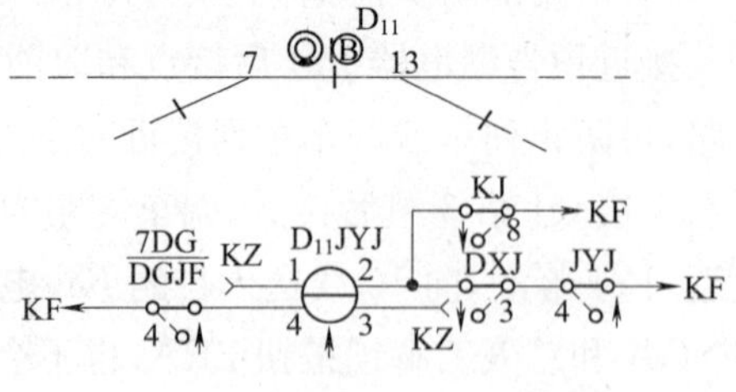

图 2-43 调车信号机的 JYJ 电路

调车车列全部驶入 $D_{11}$ 内方后，$D_{11}$ XJ 落下。随后车出清 $D_{11}$ 接近区段，7DGJF 吸起，使 $D_7$ JYJ通过 3-4 线圈励磁。然后通过 $D_{11}$ XJ 第 3 组后接点沟通 1-2 线圈自闭电路。调车车列驶过 $D_{11}$ 内方第一个区段，随着 11-13DG 区段的解锁使 KJ 落下，也接通 JYJ 的 1-2 线圈电路，至此 $D_{11}$ JYJ 电路复原。

JYJ 电路中接入 KJ 的后接点原因如下：

第一种情况，在信号开放车已驶入接近区段时办理进路人工解锁，此时接近区段的 DGJF 落下，JYJ 的 3-4 线圈不能励磁。只有待进路解锁 KJ 落下后，经其第 8 组后接点接通 JYJ 的 1-2 线圈才能使 JYJ 重新励磁。这样当改变进路再次开放信号时，如果 DXJ 不能励磁，由于 JYJ 已处于励磁状态，可办理取消进路，不必延时解锁，从而提高了作业效率。

第二种情况，当接近区段为股道或无岔区段时，例如 $D_5$、$S_Ⅰ$ 调车信号机，在接近区段 1/19WG或ⅠG 上留有车辆进行调车时，调车车列驶入进路后，只有用 KJ 的后接点才能使 JYJ 励磁复原。

第三种情况，当调车信号机的接近区段有车占用时，不论调车信号开放与否，发生主、副电源转换瞬间断电时，也是靠 KJ 的后接点使 JYJ 励磁复原的。

(2)进站内方带调车信号机合用的 JYJ 电路

图 2-44 是 X 进站信号机内方带 $D_3$ 信号机合用的 JYJ 电路。进站信号机的接近区段与内方调车信号机的接近区段是不相同的。在三显示自动闭塞区段，进站信号机的接近区段为自动闭塞的第二接近区段 2JG；在四显示自动闭塞提速区段，为第三接近区段 3JG 和第二接近区段 2JG；而 $D_3$ 信号机的接近区段则为ⅠAG。由于接车进路和调车进路不可能同时建立，为了区分两种不同的接近区段，电路中用列车开始继电器复示继电器 LKJF 第 4 组接点作为区分条件。建立接车进路时，用 LKJF 第 4 组前接点将 2JGJF 和 3JGJF 前接点接入 JYJ 的 3-4 线圈励磁电路。X 进站信号机开放后，JYJ 反映 2JG 和 3JG 区段的占用情况。建立调车进路时，用 LKJF 第 4 组后接点将ⅠAGJF 的前接点接入 JYJ 的 3-4 线圈电路。$D_3$ 信号机开放后，JYJ 反映的是ⅠAG区段有无调车车列占用。电路的构成原理与专用于调车信号机的 JYJ 电路相

同，仅增加了列车信号继电器 LXJ 接点，以反映进站信号机的开放。另外，KJ 第 7 组后接点接在 JYJ 的 3-4 线圈励磁电路上，其作用与调车信号 JYJ 的三种情况一致。

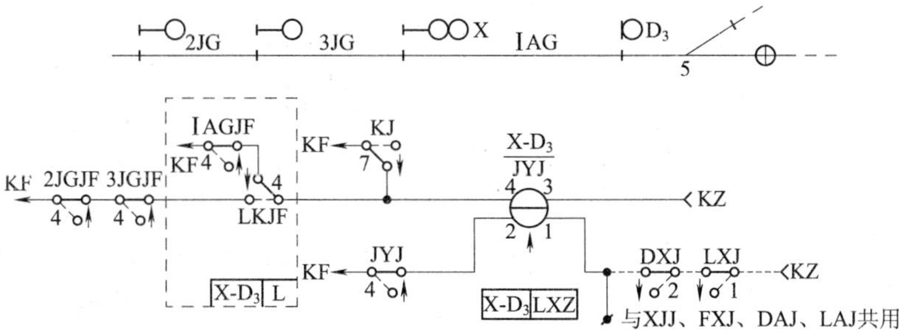


图 2-44　进站信号机内方带调车信号机合用的 JYJ 电路

(3)有通过进路的出站兼调车信号机的 JYJ 电路

$S_{\mathrm{II}}$ 为正线上的出站兼调车信号机，它的 JYJ 电路如图 2-45 所示，当它仅作发车进路和从股道向外调车时，接近区段均为股道，其 JYJ 的 3-4 线圈励磁电路中只需通过ⅡG 的ⅡGJF 第 6 组前接点将 KF 电源接入即可，其电路构成原理和作用完全和进站内方带调车的 JYJ 电路一样。故凡是站线出站兼调车信号机的 JYJ 均相同。但由于 $S_{\mathrm{II}}$ 是正线出站信号机，办理列车通过进路时，按规定它的接近区段应延长至同方向 S 进站信号机处(在提速区段，延长至同方向 S 进站信号机外方的第三接近区段 3JG)。但直接将ⅡBG、6-12DG 及 14DG 区段的轨道继电器的接点均接入 $S_{\mathrm{II}}$ JYJ 的 3-4 线圈，用反映建立通过进路时接近区段的状态，需要从另一咽喉的各个 Q 组合中引入 DGJ 条件，使得引接条件的导线又多又长，既不合理又不方便。为了方便地反映 S 进站信号机至ⅡG 之间的进路空闲，可以采用同一股道另一端 $X_{\mathrm{II}}$ 信号机处的股道检查继电器 $X_{\mathrm{II}}$GJJ 的吸起来间接反映。因为 S 进站信号机的 XJJ 是通过 8 线检查了上行接车进路空闲后才励磁的，XJJ 吸起后向 9 线送 KZ 使 $X_{\mathrm{II}}$GJJ 励磁，当列车驶入 S 进站信号机内方时断开 8 线使 S 进站信号机的 XJJ 失磁，$X_{\mathrm{II}}$GJJ 随之落下(因 GJJ 没有经 10 线的自闭电路)。因此，在ⅡGJF 的第 6 组前接点上串接 $X_{\mathrm{II}}$GJJ 的第 6 组前接点，接入 $S_{\mathrm{II}}$JYJ 的 3-4 线圈励磁电路中。当建立上行ⅡG 的通过进路时，ⅡGJF 和 $X_{\mathrm{II}}$GJJ 吸起反映的将是 S 进站信号机至 $S_{\mathrm{II}}$ 出站信号机之间的接近区段空闲，如图 2-45 中虚线框内的接点。

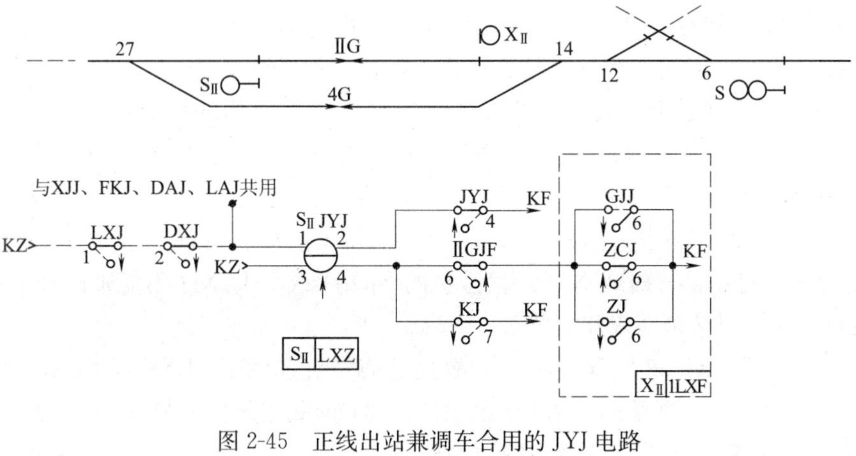


图 2-45　正线出站兼调车合用的 JYJ 电路

在 $X_{Ⅱ}$GJJ 第 6 组前接点上还并联了 $X_{Ⅱ}$ZCJ 的第 6 组前接点和 $X_{Ⅱ}$ZJ 的第 6 组前接点，它们的作用是：在未建立通过进路，仅为股道的发车或调车进路时，用 $X_{Ⅱ}$ZCJ 的第 6 组前接点将 KF 电源接至 $S_{Ⅱ}$JYJ 的 3-4 线圈，使 $S_{Ⅱ}$JYJ 仅反映ⅡG 的空闲与否。

用 $X_{Ⅱ}$ZJ 第 6 组前接点在上行向ⅡG 调车时，保持 $S_{Ⅱ}$JYJ 的励磁。因为凡是向股道建立进路时，不论是列车进路还是调车进路，$X_{Ⅱ}$GJJ 都会吸起使 $X_{Ⅱ}$ZCJ 落下将 $X_{Ⅱ}$GJJ 接入$S_{Ⅱ}$JYJ 电路中，而上行向ⅡG 调车进路不应反映 S 进站至ⅡG 之间的空闲。为此，用反映进路性质的 $X_{Ⅱ}$ZJ 的前接点将 $X_{Ⅱ}$GJJ 的前接点短路掉，以保证 $S_{Ⅱ}$JYJ 的励磁，故在 $X_{Ⅱ}$GJJ 上又并接了 $X_{Ⅱ}$ZJ第 6 组前接点。当 $D_6$ 至ⅡG 建立调车进路时，用 $X_{Ⅱ}$ZJ 第 6 组前接点将 KF 电源接至 $S_{Ⅱ}$JYJ的 3-4 线圈，维持 $S_{Ⅱ}$JYJ 的励磁，这样即使调车车列进入 $X_{Ⅱ}$ 信号机内方使$X_{Ⅱ}$GJJ落下时（$X_{Ⅱ}$ZCJ 也落下），仍能保证 $S_{Ⅱ}$JYJ 的励磁。若 $S_{Ⅱ}$ 也办理了同方向调车进路时，则可以通过ⅡGJF来反映调车车列进入ⅡG，实现调车进路的接近锁闭。

简言之，从股道发车或调车时，用ⅡGJF 的吸起反映接近股道的空闲；办理通过进路时，用ⅡGJF 和 $X_{Ⅱ}$GJJ 两组前接点串联，反映从 S 进站信号机至 $S_{Ⅱ}$ 出站信号机之间的接近区段空闲；上行向ⅡG 办理调车进路时，为短路掉 $X_{Ⅱ}$ GJJ 的前接点，保持 $S_{Ⅱ}$JYJ 的励磁，用 $X_{Ⅱ}$ZJ 前接点接通 $S_{Ⅱ}$JYJ 的励磁 KF 电源。

以上列车与调车信号合用的 JYJ 电路，均属 LXZ 组合中的 JYJ，其电路结构和原理均相同，仅仅由于使用情况不同，其接近区段也不同，因而电路上引入了不同的区分条件而已。

## 六、照查继电器电路

1. 照查继电器 ZCJ 的作用

为了防止车站两端咽喉向同一股道办理迎面敌对进路造成车辆迎面碰撞的事故，就应对同一股道的两端建立迎面敌对进路的情况进行互相照查。ZCJ 的作用就是禁止同时建立两咽喉向同一股道办理的迎面敌对进路。严禁上、下行咽喉同时向同一股道办理接车进路，也严禁一个咽喉向某股道接车时另一咽喉又向该股道办理调车进路。以上列车进路对列车进路、列车进路对调车进路都规定为敌对进路，电路上都不准同时建立。然而两咽喉同时向同一股道办理迎面调车进路则不算敌对进路，电路上允许同时建立。

2. ZCJ 的设置

凡是同一股道两端有敌对进路联锁关系的信号机处，都应设 ZCJ。它设在 1LXF 组合或 2LXF 组合中。ZCJ 电路受本咽喉向股道建立进路时的股道检查继电器 GJJ 和锁闭继电器 SJ 的接点控制。对应于同股道两端信号机处都设有 ZCJ，并将它们的接点互相接在对方咽喉的执行组电路中进行敌对进路照查，防止迎面敌对进路的同时建立。例如下行咽喉 $S_{Ⅲ}$ZCJ 的前接点接在上行咽喉$X_{Ⅲ}$ 信号机处的 8 线网路、9 线网路上控制上行进路的建立。相反，若 S 进站信号机向ⅢG 已建立了接车进路，则 $X_{Ⅲ}$ZCJ 失磁，用其前接点切断 $S_{Ⅲ}$ 信号机处的 8 线、9 线的 KF 电源，使 $X_D$进站信号机或 X 进站信号机的 $X_D$XJJ 或 X-$D_3$ XJJ 不能励磁，$S_{Ⅲ}$GJJ 亦不能吸起，使敌对接车进路被锁在未建立状态。

由于 ZCJ 设在 1LXF 和 2LXF 组合中，故凡是信号机选用了 1LXF 或 2LXF 组成电路之处都有 ZCJ。它不在股道两端时也可作别的用途。例如 $X_D$进站信号机处的 $X_D$ZCJ，在引导接车时可防止再向 $X_D$处建立发车或调车的敌对进路。

3. 照查继电器 ZCJ 电路

ZCJ 平时处于励磁状态，表示本咽喉未向股道建立接车或调车进路。图 2-46 是 $S_{\mathrm{III}}$ 信号机处的 ZCJ 电路，它有两条电路，ZCJ 的 3-4 线圈作励磁用，ZCJ 的 1-2 线圈是自闭电路，平时两条电路都接通。当向ⅢG 建立接车进路或调车进路时，由于 $S_{\mathrm{III}}$GJJ 励磁，用其第 7 组后接点切断 $S_{\mathrm{III}}$ZCJ 的 1-2 线圈自闭电路；进路锁闭后，进路最末一个区段的道岔锁闭继电器 23/25 2SJ 落下，用其第 6 组前接点切断 $S_{\mathrm{III}}$ZCJ 的 3-4 线圈励磁电路后使之落下。$S_{\mathrm{III}}$ZCJ 落下说明下行已建立了向ⅢG 的接车进路或调车进路，并用 $S_{\mathrm{III}}$ZCJ 的前接点把上行咽喉的 8 线网路、9 线网路和 11 线网路的 KF 电源切断，将上行咽喉的敌对进路锁在未建立状态。

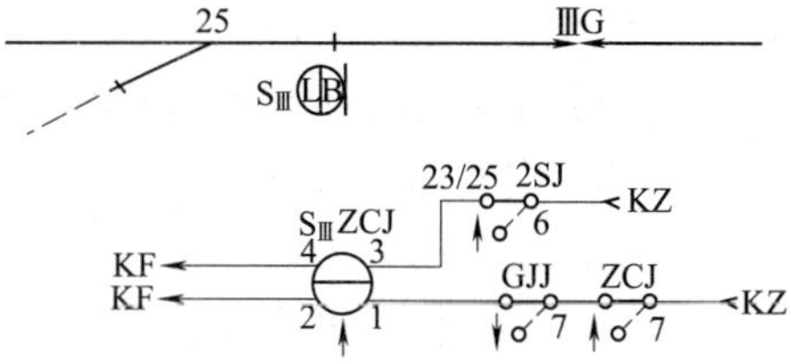


图 2-46　照查继电器电路

当上、下行咽喉同时向ⅢG 办理调车进路时，尽管 $X_{\mathrm{III}}$ZCJ 和 $S_{\mathrm{III}}$ZCJ 也落下，然而由于上、下行咽喉的终端继电器 $S_{\mathrm{III}}$ZJ 和 $X_{\mathrm{III}}$ZJ 的吸起，各用其第 1 组前接点接通 8 线 KF 电源，使调车信号的 XJJ 能够励磁；用其第 2 组前接点接通 $S_{\mathrm{III}}$GJJ 和 $X_{\mathrm{III}}$GJJ 的 1-2 线圈，使它们也能吸起。这样就使得上、下行咽喉同向ⅢG 办理的调车进路都能建立，因为它们不是敌对进路。

ZCJ 落下后，只有待进路中最末一个道岔区段解锁，即 23/25 2SJ 吸起后，才能使 $S_{\mathrm{III}}$ZCJ 励磁，再由 $S_{\mathrm{III}}$GJJ 的后接点构成自闭使电路复原。$S_{\mathrm{III}}$ZCJ 的复原说明本咽喉所排的进路已解锁，对同股道另一咽喉的迎面敌对进路的锁闭已解除。

ZCJ 平时励磁，这是从故障一安全原则出发，考虑断线故障不会引起敌对照查失去控制的缘故。ZCJ 由 SJ 的前接点励磁，经 GJJ 的后接点构成自闭，两条电路必不可少。因为 ZCJ 必须是在向股道建立进路时，并且所建立进路确已锁闭后才能失磁，以控制股道另一咽喉的敌对进路不准其建立。用 GJJ 吸起说明进路运行方向是向着股道的，进路的锁闭则用 SJ 落下来证明。只用 SJ 前接点而不用 GJJ 的后接点来控制 ZCJ 是不行的，因为 SJ 的失磁没有方向性，当股道向外发车或调车时 SJ 也会落下。当两股道的 ZCJ 共用一个 SJ 时，若无 GJJ 的配合将会产生向一个股道接车时，由于同一个 SJ 的落下使两股道的 ZCJ 都落下的情况。例如 $S_{\mathrm{II}}$ZCJ 和 $S_4$ZCJ 接的都是 27SJ，如果没有 $S_{\mathrm{II}}$GJJ 和 $S_4$GJJ 的配合，在向 4G 接车时，$S_4$ZCJ 和 $S_{\mathrm{II}}$ZCJ 都会落下。

ZCJ 必须有自闭电路的原因是：第一，由股道办理发车或调车进路时，光靠 SJ 不能保持 ZCJ 励磁不落下；第二，有了自闭电路后不会使 ZCJ 提前励磁，因为从 9 线电路可知列车一进入进路，XJJ 失磁就会使 GJJ 落下，如果没有 ZCJ 第 7 组前接点断开自闭电路，GJJ 的落下将使 ZCJ 的 1-2 线圈提前励磁，使另一咽喉的迎面敌对进路提前取消照查。这样就不能保证只有接车进路解锁后，通过最末一个道岔的 SJ 吸起使 ZCJ 的 3-4 线圈励磁之后才准取消对方咽喉的照查关系检查。

## 七、信号继电器电路

信号检查继电器 XJ 检查了开放信号机的基本条件符合后，QJJ 将进路上的道岔锁闭；敌对进路的 KJ 和 ZJ 的落下排除了本咽喉的敌对进路；ZCJ 将同股道另一咽喉的迎面敌对进路锁在未建立状态，这些都为开放防护该进路的信号准备了条件。利用 11 线检查开放信号的全部联锁条件使 XJ 励磁，此后，即由 XJ 来控制信号机显示允许灯光。平时 XJ 落下，使防护进路的信号机点亮禁止灯光，列车为红灯，调车为蓝灯，表示进路未建立，信号关闭。建立进路，检查了一系列联锁条件后，XJ 吸起，使防护进路的信号机点亮允许灯光，称此情况为信号开放。显然，XJ 直接控制着信号显示，它对行车安全极为重要。

1. 开放信号的联锁条件

根据我国铁路的有关规定，开放信号必须完成以下联锁条件：

(1)开放信号时，必须检查进路在空闲状态。

(2)开放信号时，必须检查敌对进路在未建立状态，并确定被锁在未建立状态。

(3)开放信号时，必须检查进路上道岔位置正确，并确定被锁在规定位置上。

(4)信号必须在车站值班员的操纵下才能开放，信号关闭后应能防止自动重复开放。

(5)车站值班员应能无条件地随时关闭信号，取消或人工解锁进路时信号应随着被关闭。

(6)列车信号在列车进入进路后自动关闭，调车信号在调车车列全部进入调车信号机内方后自动关闭，在调车中途返回时退出调车信号机内方时自动关闭。

此外，还必须根据“故障—安全”原则满足以下一些要求，例如对于列车信号还要实现以下联锁条件：

(7)信号允许灯光——黄灯或绿灯熄灭时应自动改点红灯。

例如进站信号机若点亮的绿灯或黄灯熄灭，而不自动改点红灯，就变成无显示，虽然按规定色灯信号机灭灯应作为禁止信号处理，但如在夜间发生灭灯，由于没有灯光，司机要在临近进站信号机处才可能发现灭灯，为了不冒进信号势必采取紧急制动，否则会造成人员伤亡、货物碰撞等情况。

又如进站信号机显示两个黄灯，指示司机应减速进侧线停车。若其中一个黄灯熄灭允许另一个黄灯继续着灯，则司机会误认为进正线停车，以较高的速度驶入进路，结果却是向侧线冲去，此时，因过岔速度较高可能造成颠覆事故。假如司机发现进站线路与信号显示不符，采取紧急制动，其后果更为严重，不但有翻车危险，还会严重破坏道岔。为避免上述行车事故，规定允许信号灯光灭灯时，应保证自动改点红灯。

(8)开放信号前应检查红灯灯丝完好，红灯灯丝断丝时不允许开放信号。

这是对上述要求的继续和补充，假如红灯断丝准许开放允许信号，恰巧允许信号也断丝灭灯，于是信号机就无法自动改点红灯。又如，开放的允许信号是好的，但红灯断丝，若在夜间开放了允许信号，司机看见后已有进站信号机开放的印象，随后因某种原因(人工解锁或其他故障)引起信号关闭，则红灯不能点亮，对司机来说因为看不见红灯，认为绿灯或黄灯被线路上树木等障碍物遮挡了，因此没有及时采取正常制动措施，等到驶近信号机时才突然发现灭灯，势必采取紧急制动，可能造成严重后果。禁止信号灭灯不准开放允许信号，将影响作业效率。对站线出站信号机和调车信号机，由于运行速度较低，又容易确认发现，准许不作此项联锁条件检查。

(9)不允许信号机乱显示。

凡超出《铁路技术管理规程》中规定的信号显示都属于乱显示。例如进站信号机同时点亮一个绿灯和一个月白灯就属乱显示，是不允许的。

2.11 线网路结构

对应每一架调车信号机，设置一个调车信号继电器 DXJ，它在 DX 组合中。对进站内方带调车信号机和出站兼调车信号机，分别设列车信号继电器 LXJ 和调车信号继电器 DXJ，它们在 LXZ 组合中。

信号网路也是构成站场相似的网路状电路，由 KJ 和 ZJ 的接点作为电路的区分条件，以 DBJ 和 FBJ 构成站场网路，以使网路上相同条件的接点为 XJ 励磁共用，既可节省继电器接点，又可防止迂回电路和敌对进路，有利于电路定型化，所以 LXJ 和 DXJ 均是通过 KJ 接入 11 线网路和其他共用网路中的。图 2-47 是信号继电器电路。

(1)按站场的形状，用相应道岔的 DBJ 和 FBJ 的前接点，既作为电路的区分条件又起检查进路上道岔位置的作用。这是与 8、9、10 线网路不同的地方。例如，1/3 号道岔在 11 线网路上既区分电路站场形状，又在进路排出后对道岔位置进行不间断的检查。在排列 $D_3$ 至 $D_9$ 进路时，用 1/3DBJ 第 3 组前接点表示 1/3 号道岔处于定位；排列 $D_5$ 向 $D_1$ 进路时，用 1/3DBJF第 2 组前接点表示 1/3 号道岔已转到定位。若排列 $D_1$ 至 $D_9$ 的进路时，则用1/3FBJ 第 3 组前接点证明 1/3 号道岔已转至反位。以上检查道岔的位置都必须用道岔表示继电器的前接点。

(2)同一咽喉区内所有的信号继电器 XJ 均通过 KJ 第 4 组前接点接入 11 线，运行方向由 KJ 的接入方向决定。进路性质用 ZJ 第 4 组接点区分，其后接点接通为列车进路，前接点接通为调车进路。同一始端有列车和调车两个信号继电器 XJ 时，用列车开始继电器 LKJ 第 4 组接点来区分，KJ 和 LKJ 都吸起接通 LXJ 电路，由 KJ 的前接点和 LKJ 的后接点接通 DXJ 电路。

(3)为了节省继电器接点，11 线网路要与 7 线共用 DBJ(DBJF)或 FBJ 的前接点和锁闭继电器 SJ 的接点。这样做不但节省了继电器接点，同时也达到 XJ 励磁时不间断地检查进路上道岔位置的正确并把道岔锁在规定位置上这两个重要联锁条件的目的。选用两个 SJ 的接点，是为了用它们区分 7 线网路和 11 线网路。

LXJ 对进路空闲的检查，可通过 XJJ 的前接点来间接进行。但对 DXJ，由于它的 XJJ 有防护自闭电路，不能对调车进路空闲进行检查。为使 DXJ 励磁时能不断检查进路空闲，故 DXJ 励磁电路还要增加与 8 线共用的网路，以检查进路上 DGJ 的前接点。这样，DXJ 的励磁电路不但要通过 7 线和 11 线，还要经过 8 线。

(4)LXJ 和 DXJ 的供电情况是：LXJ 励磁电路的 KZ 电源由进路始端信号组合的局部电路中接入，KF 电源由 11 线网路尽头处接入。DXJ 励磁电路的 KZ 和 KF 电源均由调车进路终端处 ZJ 吸起供给，KZ 由 11 线上 ZJ 第 4 组前接点供给，KF 由 8 线上 ZJ 第 1 组前接点接入。因此在 11 线上既接有 KZ 电源，又接有 KF 电源。KZ 给 DXJ 励磁用，对 LXJ 的励磁来说是 KZ 对 KZ(前者指 11 线上的 KZ，后者为 LXJ 局部电路的 KZ)，是无效的。KF 给 LXJ 励磁用，对于 DXJ 的励磁来讲是 KF 对 KF(前者指 11 线上的 KF，后者为 8 线上的 KF)，也无效。这种电源接法，叫做电路极性防护。这样做的目的是防止 XJ 错误励磁。假如 11 线上都接 KZ 电源，在建立调车进路时，若发生 ZJ 故障落下时可能造成 DXJ 错误励磁。

(5)11 线网路上接有 DGJF 第 1 组后接点和传递继电器 CJ 第 4 组前接点的电路，可使 11 线兼作引导信号电路，以及特殊情况下由 CJ 吸起来切断 XJ 电路达到手动关闭信号的目的。在进站信号机的 KJ 接点内方接有引导按钮继电器 YAJ 第 3 组前接点，在办理引导进路时，该组前接点将引导信号继电器 YXJ 接入 11 线网路。

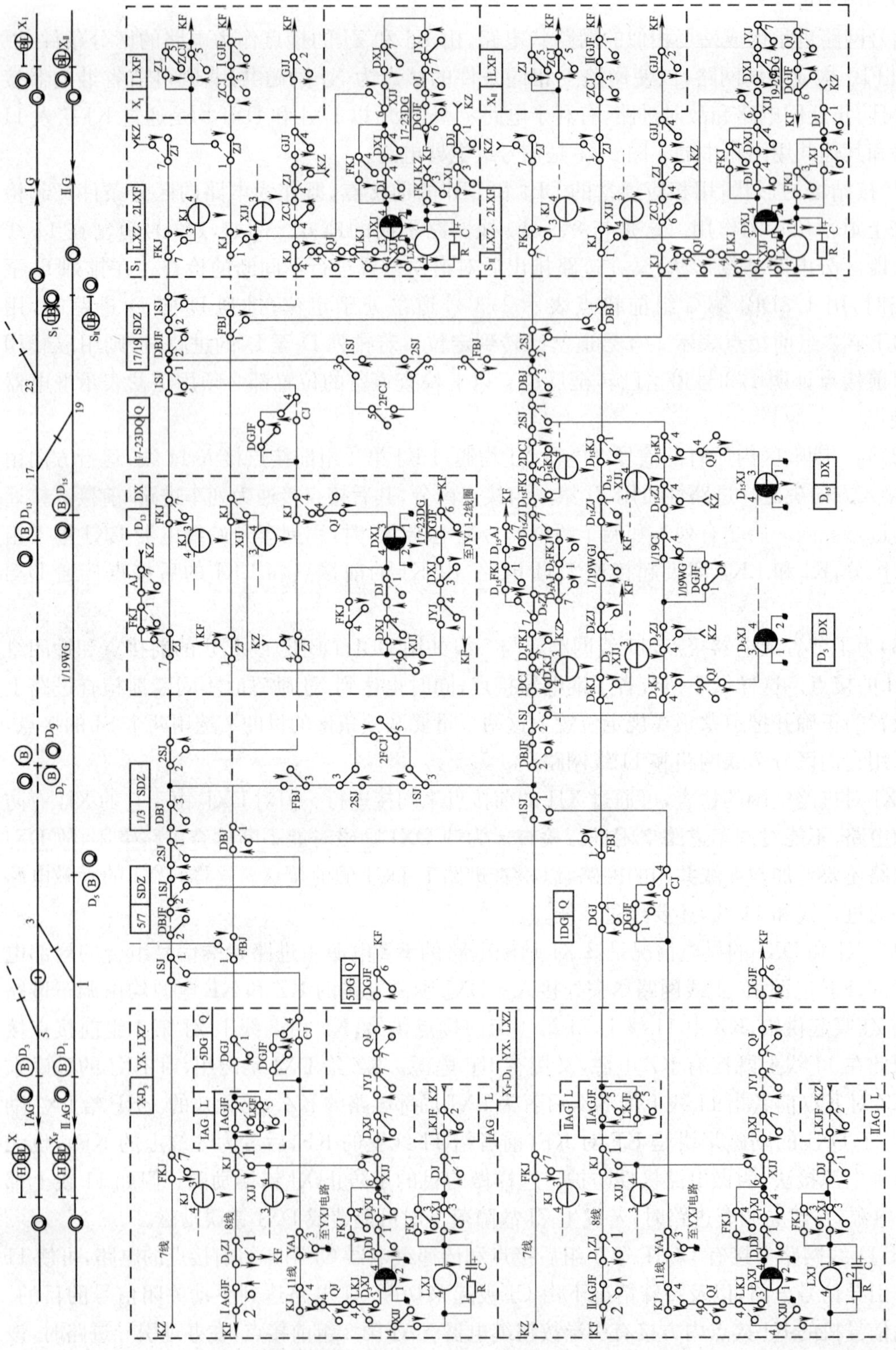

图 2-47 信号继电器电路

3. 调车信号继电器 DXJ 的励磁电路和所检查的联锁条件

所有调车信号机的信号继电器都设在 DX 组合中，电路原理都一样。

(1)DXJ 的励磁电路

DXJ 的励磁由 ZJ↑向 11 线供 KZ 电源和 8 线供 KF 电源，经 7、8、11 线网路检查开放信号联锁条件符合后使 DXJ 励磁。

例如办理 $D_1$ 至 1/19WG 的调车进路，$D_1XJ$ 励磁的 KZ 和 KF 电源均经 $D_5ZJ$ 的前接点供给，由 11 线接入 KZ，由 8 线接入 KF。$D_1XJ$ 的 3-4 线圈励磁电路为：

KZ—$D_5ZJ_{42\text{-}41}$—$D_5KJ_{43\text{-}41}$—1/3 $1SJ_{23\text{-}21}$—1/3$DBJF_{22\text{-}21}$—1/3 $1SJ_{11\text{-}13}$—$1CJ_{41\text{-}43}$—$YAJ_{31\text{-}33}$—$X_F$-$D_1KJ_{41\text{-}42}$—$X_F$-$D_1QJ_{41\text{-}43}$—$D_1XJ_{3\text{-}4}$—$X_F$-$D_1FKJ_{42\text{-}41}$—$X_F$-$D_1XJJ_{61\text{-}62}$—$X_F$-$D_1KJ_{12\text{-}11}$—$LKJF_{53\text{-}51}$(或Ⅱ$AGJF_{52\text{-}51}$)—$1DGJ_{12\text{-}11}$—1/3$FBJ_{11\text{-}13}$—$D_5KJ_{11\text{-}13}$—$D_5ZJ_{11\text{-}12}$—KF

(2)DXJ 励磁电路上所检查的联锁条件

①进路空闲(联锁条件 1)。

用进路上 8 线网路上的 DGJ 前接点来检查进路空闲。当调车车列进入 $D_1$ 信号机内方，1DGJ 落下使 $D_1XJJ$ 失磁，$D_1XJJ$ 落下后才使 $D_1XJ$ 脱离 8 线，转入调车白灯保留电路。

②检查敌对进路未建立和被锁在未建立状态(联锁条件 2)。

不向股道调车，其敌对进路只为本咽喉的敌对调车进路和敌对列车进路。未建立敌对进路是用有敌对进路关系的 KJ 和 ZJ 处于落下状态来证明的。而被锁在未建立状态，是指本进路建立后，使敌对进路的 KJ 和 ZJ 不能再励磁。

例如 $D_1$ 调车进路的敌对进路为 $D_5$ 调车进路和 $S_{Ⅱ}$ 发车进路。$D_1XJ$ 在励磁前，$D_5KJ$ 和 $S_{Ⅱ}KJ$(17/19 号道岔定位时)必须在落下状态，否则 $D_1XJ$ 不能励磁。

一旦 $D_1XJ$ 在 1/3 1SJ 落下后励磁使 $D_1$ 信号机开放，敌对进路的 $D_5KJ$ 和 $S_{Ⅱ}KJ$ 将由于 1/3 1SJ的落下切断 7 线而不能再励磁，即将 $D_5$ 的调车进路和 $S_{Ⅱ}$ 的发车进路锁在未建立状态。

如果是向股道建立调车进路，则不但有本咽喉敌对进路的联锁问题，还有另一咽喉的敌对照查。现以 $D_{13}$ 至ⅡG 调车为例，$D_{13}XJ$ 的励磁电路是

KZ—$S_{Ⅱ}ZJ_{42\text{-}41}$—$S_{Ⅱ}ZCJ_{43\text{-}41}$—$S_{Ⅱ}KJ_{43\text{-}41}$—17/19 $2SJ_{23\text{-}21}$—17/19$FBJ_{32\text{-}31}$—17/19 $2SJ_{31\text{-}33}$—17/19 $1SJ_{33\text{-}31}$—17/19 $1SJ_{11\text{-}13}$—17-23$CJ_{41\text{-}43}$—$D_{13}KJ_{41\text{-}42}$—$D_{13}QJ_{41\text{-}43}$—$D_{13}XJ_{3\text{-}4}$—$D_{13}FKJ_{42\text{-}41}$—$D_{13}XJJ_{41\text{-}42}$—$D_{13}KJ_{12\text{-}11}$—17/19$FBJ_{11\text{-}12}$—17/19$DBJ_{13\text{-}11}$—$S_{Ⅱ}KJ_{11\text{-}13}$—$S_{Ⅱ}ZJ_{11\text{-}12}$—$X_{Ⅱ}ZCJ_{52\text{-}51}$—KF 或 $X_{Ⅱ}ZJ_{52\text{-}51}$—KF

$D_{13}$的敌对进路，在本咽喉为ⅡG 的发车和调车进路，在另一咽喉为上行向ⅡG 的接车进路。在建立 $D_{13}$进路时，$S_{Ⅱ}KJ$ 落下，$D_{13}$信号开放后 17/19 1SJ 和 17/19 2SJ 的落下使 $S_{Ⅱ}KJ$ 不能励磁，本咽喉的敌对进路就不能建立而被锁闭在未建立状态。$D_{13}XJ$ 励磁时，用ⅡG 对端咽喉的 $X_{Ⅱ}ZCJ$ 吸起来证明上行未向ⅡG 建立迎面的敌对进路，又用本咽喉的 $S_{Ⅱ}ZCJ$ 的落下来证明已将对端咽喉 8 线 KF 电源切断，使其向ⅡG 建立接车进路已不可能，即已将它锁在未建立状态。但是两端同时向ⅡG 调车为非敌对进路，应允许建立，当上行向ⅡG 调车时，虽然 $X_{Ⅱ}ZCJ$ 落下，但 8 线 KF 电源可用证明对端咽喉是调车的 $X_{Ⅱ}ZJ$ 第 5 组前接点将其接通，以保证 $D_{13}XJ$ 的励磁。

可见，信号继电器的励磁，对敌对进路的检查是周到而严密的。

③道岔位置正确并被锁在规定位置上(联锁条件 3)。

用 7 线上道岔表示继电器的前接点证明道岔位置正确，用锁闭继电器的落下，即 1SJ 或

2SJ 的后接点接通 11 线网路证明道岔已被锁在进路规定的位置上。例如 $D_1$ 调车进路，分别用 1/3DBJF 吸起和 1/3 1SJ 的落下来证明 1/3 号道岔在定位并被锁闭。只有 1/3 1SJ 落下后才能使 $D_1$XJ 励磁开放信号，说明进路的建立是先锁闭进路后开放信号的。同样 $D_{13}$XJ 的励磁，是检查了 17/19 道岔转到反位被锁住后才开放 $D_{13}$ 信号的。

④开放的调车信号应在调车车列的占用下自动关闭(联锁条件 6)。

调车机车进行调车作业时，不仅在车辆前面牵引，还常常在车辆后面推送。当一部分车辆进入调车信号机内方时，为了不使调车车列在禁止信号下推送，所以调车信号要等机车越过调车信号机后才准关闭。为此，调车信号设有白灯保留电路，该白灯一直要等到整个调车车列全部进入信号机内方后才能关闭。调车信号的白灯保留电路是用调车信号的 JYJ 和调车信号机内方第一个道岔区段的轨道继电器 DGJF 的后接点经 XJJ 落下而沟通的。例如 $D_1$ 的白灯保留电路就是由 $D_1$JYJ 和 1DGJF 的后接点在 $D_1$XJJ 落下时接通的。$D_1$XJ 的白灯保留电路是

KZ—$D_5\,ZJ_{42\text{-}41}$—$D_5\,KJ_{43\text{-}41}$—1/3 $1SJ_{23\text{-}21}$—1/3$DBJF_{22\text{-}21}$—1/3 $1SJ_{11\text{-}13}$—$1CJ_{41\text{-}43}$—$YAJ_{31\text{-}33}$—$X_F$-$D_1\,KJ_{41\text{-}42}$—$X_F$-$D_1\,QJ_{41\text{-}43}$—$X_F$-$D_1\,LKJ_{41\text{-}43}$—$D_1\,XJ_{3\text{-}4}$—$D_1\,DJ_{42\text{-}41}$—$D_1\,XJ_{42\text{-}41}$—$X_F$-$D_1\,XJJ_{61\text{-}63}$—$D_1\,XJ_{72\text{-}71}$—$X_F$-$D_1\,JYJ_{73\text{-}71}$—$X_F$-$D_1\,QJ_{71\text{-}73}$—$1DGJF_{63\text{-}61}$—KF

从该电路的构成可知，调车信号的自动关闭有下列三种情况：

第一，调车车列出清接近区段完全进入调车信号机内方时，利用 JYJ 第 4 组后接点切断白灯保留电路使信号关闭。

第二，进行调车中途返回作业时，在进入调车信号机内方时保留白灯继续亮灯，完全退出调车信号机内方后，利用进路内第一个区段的 DGJF 的吸起，切断白灯保留电路，使信号关闭。

第三，在接近区段留有车辆进行调车作业时，例如股道上留有车辆向外调车，或无岔区段上留有车辆进行调车时，调车信号必须等到调车车列出清进路内方第一个道岔区段后，利用 DGJF 的吸起切断白灯保留电路，才能使信号自动关闭。

⑤调车信号开放后，应能防止自动重复开放(联锁条件 4)。

调车信号的开放非经 FKJ 第 4 组前接点不能接通 XJ 的励磁电路，XJ 励磁后 FKJ 落下，由其自闭电路保持吸起。若一旦信号关闭 XJ 落下，则须经办理重复开放信号手续使 FKJ 再次吸起才能使调车信号的 XJ 励磁，否则信号不会重复开放。

⑥随时可将开放的信号关闭(联锁条件 5)。

该条件是通过 QJ 吸起切断 XJ 电路来实现的，不论是单独关闭信号，还是取消进路和人工解锁进路关闭信号，都会使 QJ 励磁，用其第 4 组后接点切断励磁的 XJ 电路而关闭信号。若因故 QJ 不能吸起，可采用特殊情况关闭信号，办理方法为同时按压 ZRA 和进路上任一区段的事故按钮，这样可使 CJ 吸起断开 11 线，使 XJ 落下，信号关闭。

⑦允许信号灭灯时应自动改点禁止灯光(联锁条件 7)。

由于在调车信号开放后，XJ 自闭电路中接有灯丝继电器 DJ 第 1 组前接点，当允许信号白灯灭灯时引起 DJ 落下，切断调车信号 XJ 的自闭电路，使其自动改点蓝灯。

⑧由于调车车列速度低，作业又繁忙，因此开放调车信号前，不检查蓝灯是否完好，蓝灯灭灯时也可开放允许白灯，故不作开放信号前禁止灯光完好的检查。

⑨禁止乱显示，在点灯电路中实现。

⑩防止轨道电路故障时，办理重复开放信号使 DXJ 错误励磁这是利用调车白灯保留电路中接入 DXJ 第 3 组前接点来实现的。作为白灯保留的 DXJ 自闭电路中已有 DXJ 第 4 组前接点作

为自闭条件，完全不需要再接 DXJ 第 3 组前接点。但当发生下述特殊情况时，有了 DXJ 第 3 组前接点即可防止错误重复开放调车信号。即当调车进路处于接近锁闭时，如果进路内方第一个道岔区段发生故障(DGJF 落下)或钢轨上抬上了轻便小车，而此时车站值班员未确认关闭信号的原因，办理了重复开放信号的手续，则 DXJ 将在 FKJ 前接点闭合的条件下，经白灯保留电路接入 KF，甩掉了 8 线上检查区段空闲条件，从 11 线终端处得到 KZ 而错误励磁，而有了 DXJ 第 3 组前接点即可切断错误励磁电路，防止轨道电路故障或有车占用时信号重复开放。

(3)DXJ 采用缓放的原因

①为使 DXJ 电路从自闭电路转为白灯保留电路，在 XJJ 第 4 组接点转换瞬间断电时，不使 DXJ 失磁。

②人工解锁调车进路时，当 QJ 吸起后利用 DXJ 的缓放性能，以 DXJ 第 1 组后接点切断调车信号 XJJ 的 1-2 线圈电路，保证 XJJ 的 3-4 线圈必须通过“KZ-RJ-H”条件电源重新励磁，以保证人工解锁延时时间。

③依靠 DXJ 的缓放性能，保证调车进路的正常解锁。

4. 列车信号继电器 LXJ 的励磁电路和检查的联锁条件

LXJ 的励磁是经过 7 线和 11 线网路，局部供 KZ 电源经 FKJ 前接点接入 LXJ，网路终端接入 KF，检查开放信号联锁条件符合后 LXJ 励磁。

进站内方带调车和出站兼调车的信号继电器电路，在同一个始端通过 KJ 接点接有 LXJ 和 DXJ 两个信号继电器，它们在 LXZ 组合中。其中 DXJ 的励磁电路和所检查的联锁条件，与上述咽喉区调车信号机的 DXJ 电路完全一样。以下仅分析列车信号继电器 LXJ 的励磁电路和完成的联锁条件。

例如，建立下行向 ⅠG 的接车进路。X 进站信号机的 LXJ 励磁电路的 KZ 电源从局部电路中接入，电路只经过 11 线和 7 线，从 11 线尽头 ⅠG 端 $S_{Ⅰ}$ 信号机处接入 KF 电源。

X 的 LXJ 的励磁电路是：

KZ—$LKJF_{21\text{-}22}$—X-$D_3$ $DJ_{11\text{-}12}$—X-$D_3$ $FKJ_{31\text{-}32}$—X-$D_3$ $LXJ_{1\text{-}4}$—X-$D_3$ $XJJ_{42\text{-}41}$—X-$D_3$ $LKJ_{42\text{-}41}$—X-$D_3$ $QJ_{43\text{-}41}$—X-$D_3$ $KJ_{42\text{-}41}$—$YAJ_{33\text{-}31}$—$5CJ_{43\text{-}41}$—5/7 $1SJ_{13\text{-}11}$—5/7$DBJF_{21\text{-}22}$—5/7 $1SJ_{21\text{-}23}$—1/3 $2SJ_{13\text{-}11}$—1/3$DBJ_{32\text{-}31}$—1/3 $2SJ_{21\text{-}23}$—……—$D_{13}$ $ZJ_{41\text{-}43}$—$D_{13}$ $KJ_{43\text{-}41}$—17-23$CJ_{43\text{-}41}$—17/19 $1SJ_{13\text{-}11}$—17/19$DBJF_{21\text{-}22}$—17/19　$1SJ_{21\text{-}23}$—……—$S_{Ⅰ}$　$KJ_{41\text{-}43}$—$S_{Ⅰ}$　$ZCJ_{41\text{-}43}$—$S_{Ⅰ}$　$ZJ_{41\text{-}43}$—$S_{Ⅰ}$　$GJJ_{42\text{-}41}$—$X_{Ⅰ}GJJ_{23\text{-}21}$—KF

LXJ 励磁后，经本身第 3 组前接点自闭，使信号开放。

LXJ 励磁时，检查了如下联锁条件：

(1)进路空闲(联锁条件 1)

在 11 线上没有设检查进路空闲的 DGJ 前接点。列车信号检查进路空闲，是通过 XJJ 吸起来间接进行的。因为在信号的整个开放过程中 XJJ 都经过 8 线上各轨道区段的 DGJ 前接点保持励磁。局部电路中用 XJJ 第 4 组前接点接通，可以检查整个接车进路空闲。以 DGJ↓断开 8 线使 XJJ↓，自动关闭列车信号。

为了在轨道电路故障时开放引导信号，11 线上并接的 DGJF 后接点和 CJ 前接点是作为引导信号继电器的接通条件，不是检查进路空闲用的。

11 线上 YAJ 接点接在进站信号 KJ 接点的内方可提高行车作业效率。例如车驶入已开放的进站信号机的接近区段时，接车进路上突然发生轨道电路故障，进站信号机关闭，此时不用进行人工延时解锁(要等 3 min)，待 KJ 落下后才办理引导接车，而可立即办理开放引导信号手续，按下引导按钮后，使 YAJ 吸起就将 YXJ 接入 11 线而励磁以开放引导信号。这样，列车可不停车地引导进站，而不必等在站外。

(2)敌对进路未建立，并被锁在未建立状态(联锁条件 2)

本咽喉的敌对进路未建立用网路上有关敌对进路的 KJ 和 ZJ 的后接点来证明。下行向ⅠG 接车进路的敌对调车进路的有 $D_7$KJ、$D_7$ZJ、$D_9$KJ、$D_9$ZJ、$D_{13}$KJ、$D_{13}$ZJ、$S_Ⅰ$KJ 和 $S_Ⅰ$ZJ，它们在 LXJ 励磁时均应落下。在接车进路锁闭，进站信号机开放后，由于进路上各道岔区段的 SJ 的落下断开了 7 线网路，使上述各 KJ 和 ZJ 无法励磁被锁在未建立状态。

检查另一咽喉的敌对进路未建立并被锁在未建立状态，是这样来实现的：在 11 线 $S_Ⅰ$ 信号机处接有本咽喉 $S_Ⅰ$ZCJ 第 4 组后接点和 $S_Ⅰ$GJJ 第 4 组前接点及另一咽喉的 $X_Ⅰ$GJJ 第 2 组后接点，以接通 KF 电源。如 X 向ⅠG 接车时，LXJ 的励磁必须检查上行咽喉未向ⅠG 建立接车进路，这里用 $X_Ⅰ$GJJ 落下来证明另一咽喉未建立敌对进路。建立下行向ⅠG 接车进路后，$S_Ⅰ$ZCJ落下，$S_Ⅰ$GJJ 吸起，接在本咽喉的 $S_Ⅰ$ZCJ 的第 4 组后接点和 $S_Ⅰ$GJJ 第 4 组前接点间接证明已将上行咽喉向ⅠG 迎面敌对的调车进路锁住。因为 $S_Ⅰ$ZCJ 的后接点切断上行咽喉 8 线和 9 线，使上行向ⅠG 的调车进路的 XJJ 和 GJJ 不能励磁；而 $S_Ⅰ$GJJ 的后接点直接切断上行咽喉 11 线的 KF 电源，使敌对的 XJ 不能励磁，即将另一咽喉敌对进路锁在未建立状态。

可见，列车信号继电器 LXJ 对于敌对进路的联锁条件检查同样相当严密，以保证开放信号后进路的安全。

(3)道岔位置正确并被锁好(联锁条件 3)

用 7 线上 DBJ、DBJF 或 FBJ 前接点证明道岔位置正确。如 1/3DBJ、17/19DBJF 的前接点证明 1/3、17/19 等道岔均在接车进路要求的定位位置上。用 1SJ 或 2SJ 落下接通 11 线来证明道岔被锁闭。如 1/3 2SJ 的落下证明已将 1/3 号道岔锁在定位位置。

由于 11 线兼作引导信号网路，以进路锁闭方式开放引导信号时仍须检查道岔位置，所以 11 线网路也必须由 SJ 后接点与 7 线相连接，以检查 DBJ、DBJF 或 FBJ 的前接点。

(4)列车信号的自动关闭(联锁条件 6)

进站信号开放，列车驶入进站信号机后，ⅠAGJF 落下断开 8 线，XJJ 落下，由其第 4 组前接点切断 LXJ 的自闭电路使进站信号关闭。

(5)保证车站值班员随时能关闭信号(联锁条件 5)

关闭信号、取消进路和人工解锁进路关闭信号的方法都与调车信号电路一样，也是使 QJ 吸起，用其第 4 组后接点切断 LXJ 电路，使 LXJ 失磁来关闭列车信号。

在需要时可无条件地将开放的信号关闭，这对行车安全十分重要。不论调车信号或是列车信号，只要需要，均应能随时关闭。例如，列车接近开放的进站信号机后，发现咽喉区道口有拖拉机等闯入，此时若不能关闭进站信号，将非常危险！如果恰好此时进站信号的 QJ 因电路断线等故障又不能励磁吸起时，信号就无法关闭。为此，6502 电气集中又考虑了第二种关闭信号的办法，即按下开放信号进路中任何一个道岔区段的事故按钮 SGA 和总人工解锁按钮 ZRA，使该区段的传递继电器 CJ 吸起，切断 11 线来关闭信号。因此，在 11 线上接有 DGJF 第 1 组后接点和 CJ 第 4 组前接点的电路串接环节。正常开放信号时，用 CJ 后接点接通 11 线。在开放引导信号时故障轨道区段用 DGJF 后接点和 CJ 的前接点来接通 11 线。

(6)列车信号在车站值班员操纵下开放并能防止信号自动重复开放(联锁条件4)

这也与调车信号一样，是通过FKJ第3组前接点来实现的。

(7)信号开放前应检查红灯完好，信号开放后允许信号灭灯时应自动改点红灯(联锁条件7)

在进站信号机的LXJ的励磁电路上串接灯丝继电器DJ的第1组前接点，无论LXJ励磁时还是自闭时，都要检查DJ的吸起。在开放信号LXJ励磁时，用DJ的前接点反映红灯灯丝完好。在信号开放后检查DJ的吸起可反映允许信号是否灭灯。这样，当进站信号机红灯断丝时使信号不能开放，而进站信号开放后，如允许信号发生灭灯时，又能使其自动关闭改点红灯。

因为红灯灭灯而不准开放信号将会影响作业效率，所以站线出站兼调车信号机开放信号前不检查红灯灯丝的完整，在它们的XJ电路中DJ前接点只接入自闭电路，作为开放允许信号灯丝的检查。例如，$S_4$出站信号的LXJ电路中，DJ第1组前接点是串接在LXJ的自闭电路中的就是只检查允许信号，不检查红灯。但是，正线出站兼调车信号机的LXJ自闭电路又必须检查红灯。

(8)防止信号出现乱显示

这对进站信号机和出站信号机是十分重要的，其防止方法将在信号点灯电路中详细分析。

(9)检查LKJ和LKJF接点动作的一致性，防止电路错误动作

进站内方带调车的信号电路，由于区分列车和调车性质的LKJ接点不够用，增设了它的复示继电器LKJF，在开放信号前，必须确认它们动作的一致性。不然在下述情况下将危及行车安全：如果LKJF未随LKJ励磁，其一，在8线上应检查的ⅠAGJF前接点将被LKJF的第5组后接点短路掉，使下行进站的XJJ不能检查$D_3$信号机接近区段ⅠAG是否空闲，在有调车车列占用时，XJJ也照样能吸起，造成下行进站信号机错误开放。其二，办理接车进路时，由于LKJF的落下将使JYJ不能正确反映进站信号机的接近区段2JG的情况，而错误地反映$D_3$的接近区段ⅠAG的情况。如果此时准许LXJ励磁开放进站信号，那么在列车驶入2JG后不能实现接近锁闭。这时如果办理接车进路人工解锁，由于JYJ的吸起，进路将立即取消，那将非常危险。因此在LXJ的励磁电路中必须检查LKJF第2组前接点接通后，才能准许进站信号机开放。其三为了解锁安全，在12线和13线解锁网路之间也接有LKJF的前接点，来检查LKJF和LKJ的动作一致性。

未设LKJF的LXJ电路不作上述检查。

(10)在LXJ的1-4线圈上，并联有电阻电容器的串联支路，使LXJ有1.5～2 s的较长缓放时间

其作用如下：

第一，在主、副电源转换时，利用其缓放特性，保证开放的列车信号不会关闭。

第二，与DXJ一样，在办理列车进路人工解锁时，利用LXJ的缓放，保证XJJ的3-4线圈检查条件电源KZ-RJ-H有电才准再励磁，若LXJ不缓放将使XJJ的1-2线圈经LXJ后接点励磁。

第三，为使10线QJJ的自闭KF电源在列车进入信号机内方时不致瞬间中断。

第四，列车正常解锁需要利用LXJ缓放瞬间接通始端的解锁电源。

(11)其他特殊联锁条件的检查

对于出站兼调车信号机的发车进路，其LXJ的励磁电路与进站信号机的LXJ励磁电路基

本相同，由于发车与区间闭塞等其他因素有关，出站兼调车的 LXJ 电路还要做以下几点联锁条件检查。现以 $S_{II}$ 出站兼调车信号机的 $S_{II}$ LXJ 励磁电路为例来说明。

第一，在双线双方向运行自动闭塞区段，11 线端部接入改变运行方向和自动闭塞结合电路的条件。在 $X_F$ 进站信号机处的正向发车口，在 11 线端部接入 $FJ_1$、$FJ_2$ 的 131-133 反位接点，如图 2-48(a)所示，证明本站是发车站。正常办理时，用短路继电器 DJ 和发车辅助继电器 FFJ 后接点经总辅助办理继电器 ZFJ 接通 LXJ 电路；辅助办理时，用短路继电器 DJ 前接点和控制继电器 KJ 前接点接通 LXJ 电路。电路中的 1LQJ 前接点用来证明一离去区段空闲，若 1LQ 有车占用，出站信号机不能开放。改变运行方向后，本站为接车站，$FJ_1$、$FJ_2$ 转极至定位，反位接点 131-133 断开，就不能作为发车站而开放信号。

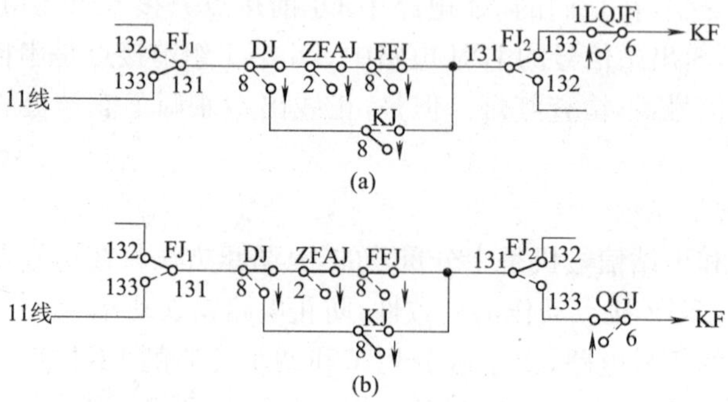


图 2-48　出站信号机 LXJ 电路

在 X 进站信号机处为反方向发车口，在 11 线端部接入 $FJ_1$、$FJ_2$ 的 131-133 反位接点，如图 2-48(b)所示，未改变运行方向时，本站为接车站，131-133 断开不能发车。只有改变运行方向后，$FJ_1$、$FJ_2$ 转极至反位，131-133 接通，才能开放出站信号机，正常办理和辅助办理的电路同上述。此处接入区间轨道继电器 QGJ 前接点，只有整个区间空闲时才能开放出站信号机，因反方向为自动站间闭塞，不同于自动闭塞，列车不能跟踪运行。

第二，为了证明是向主要方向例如向北京方面发车，需要主信号继电器 ZXJ 励磁，以保证出站信号只点一个绿灯。用与 ZXJ 相串联的信号辅助继电器 XFJ 的第 1 组前接点接通 11 线来证明 ZXJ 吸起。

第三，区间为半自动闭塞时，应取得发车权后才准开放出站信号机。例如向东郊方面发车，应先办理好区间闭塞后才准许开放出站信号机，因此在 $X_D$ 进站信号机处 11 线上接有半自动闭塞的开通继电器 KTJ 第 5 组前接点和 XZJ 第 5 组后接点，用 KTJ 励磁证明已取得区间闭塞的发车权，用 XZJ 落下证明确已排除了取消闭塞的可能。

从以上分析可见，XJ 的联锁条件有的是通过网路上有关接点进行检查的，有的是在 XJ 所在组合的局部电路中进行检查的。凡共用的条件均在网路上，而且能共用的网路尽量共用，以节省继电器接点，并互相制约，如连接 7 线与 11 线的 SJ 接点就体现了上述原则。

## 八、进路解锁电路

进路锁闭后开放信号，列车或调车车列按信号显示驶过进路后，进路就必须正常解锁。在办理进路后因故要取消该进路，有取消和人工解锁的不同情况。此外，在调车作业中还存在着调车中途返回解锁。在进行进路解锁时，必须是信号关闭后，证明车确实占用过并出清了该进路，或符合其他一些必要条件。这些都由进路解锁电路来完成。各种锁闭的进路，经 12 线、13 线网路检查解锁条件符合后使进路解锁。

1. 与进路解锁有关的各继电器电路

解锁的一些必要条件，是由设置在区段组合中的进路继电器 1LJ 和 2LJ、轨道反复示继电器 FDGJ、锁闭继电器 SJ、传递继电器 CJ 及条件电源“KZ-GDJ”等实现的。

(1)条件电源“KZ-GDJ”

6502 电气集中采用逐段解锁制，列车或调车车列是否驶过进路，是利用组成该进路的各个区段的轨道继电器 DGJ 的顺序落下和吸起来验证的。就是说，列车或调车车列从进路上驶过，使得进路上各区段的轨道继电器 DGJ 顺序地动作，该进路便逐段地解锁。

假如建立了某一条接车进路，在进路锁闭进站信号机开放后，由于某种原因轨道电路的供电电源突然中断，使进路上的 DGJ 都落下，进站信号机关闭，而当轨道电路电源恢复供电时，由于继电器参数的差异，使得各轨道继电器的吸起有快有慢，若其动作顺序恰好与列车通过该进路时的动作顺序一致，这时已锁闭的进路可能错误解锁，这是很危险的。如果建立的是调车进路，在接近区段无车时发生轨道电路电源停电恢复，也可能使该调车进路按中途返回解锁方式错误地得到解锁。

为了防止轨道电路电源停电故障后又恢复造成进路的错误解锁，采取了以下措施：

①对轨道电路的供电设置监督设备

考虑到供电安全及缩小轨道电路停电故障的影响范围，大站电气集中一般采用四束干线供电，每个咽喉两束(中站两束，小站不分束)。为了监督其供电情况，在每束供电干线上，并接一个监督继电器(设在电源屏中)。并在各咽喉设置一个受本咽喉两束轨道电路监督继电器控制的轨道停电继电器 GDJ，用它来监督供电情况，其电路如图 2-49 所示。

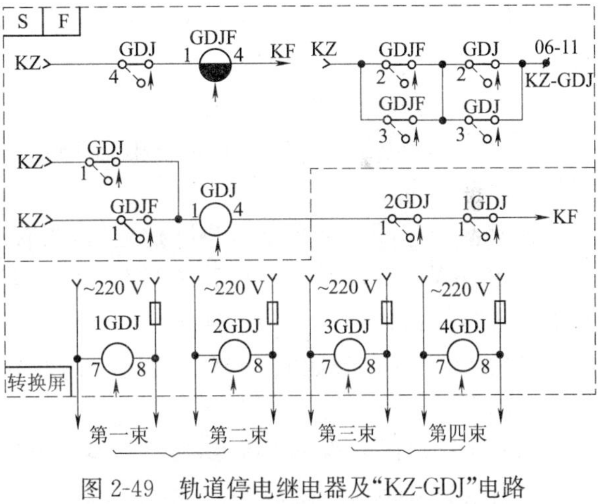

图 2-49　轨道停电继电器及“KZ-GDJ”电路

轨道供电干线有电时，其监督继电器吸起。同咽喉的两束供电干线的监督继电器的前接点接通该咽喉的 GDJ 励磁电路，使它吸起。当供电干线发生故障(如电源停电、断路器脱扣、断线等)时，由于监督继电器失磁，通过它的前接点切断 GDJ 励磁电路，使之落下，此时条件电源“KZ-GDJ”无电。排除故障恢复供电时，监督继电器吸起，使 GDJ 励磁，“KZ-GDJ”即有电。

②用条件电源“KZ-GDJ”来控制与解锁有关的进路继电器 LJ、轨道反复示继电器 FDGJ、股道检查继电器 GJJ 和传递继电器 CJ。

在发生轨道电路供电停电时，使上述继电器迅速断电落下。而在恢复供电后，轨道继电器先吸起后，条件电源“KZ-GDJ”才向上述继电器供电，从而使得已锁闭的进路不会错误解锁。

由图 2-49 可知，“KZ-GDJ”是通过 GDJ 与它的复示继电器 GDJF 前接点串联电路而形成的。GDJ 采用 JWXC-1700 型，而 GDJF 采用 JWXC-H340 型。这样条件电源“KZ-GDJ”就有以下特点：

断电快，发生轨道电路供电干线故障时，它马上断电，过程是：

断　电 | →DGJ↓
| →电源屏内的 GDJ↓→GDJ↓→"KZ-GDJ"无电

停电恢复后，有电较慢，需经三个继电器顺序吸起后才有电，过程是：

恢复供电 | →DGJ↑
| →电源屏内的 GDJ↑→GDJ↑→GDJF↑→"KZ-GDJ"有电

从以上电路的动作程序可以看出，当轨道电路供电干线故障停电时，监督继电器先落下，由其前接点断开 GDJ 的励磁电路，使 GDJ 和 GDJF 相继落下，"KZ-GDJ"无电。在恢复供电时，监督继电器先吸起，GDJ、GDJF 相继吸起，并且由于 GDJF 采用缓放型继电器，它也有缓吸特性，所以经 GDJ 和 GDJF 前接点送出的条件电源"KZ-GDJ"要比监督继电器的吸起滞后一段时间才有电。这样，在上述解锁电路中，如 1LJ 和 2LJ、CJ、FDGJ、GJJ 等电路必须在各轨道继电器吸起之后，接入的"KZ-GDJ"才有电。所以对已锁闭的进路不会因轨道电路电源停电恢复而产生错误解锁。

另外考虑到发生轨道电路电源瞬间停电时，若出现 GDJF 尚未落下而 GDJ 又吸起将会造成"KZ-GDJ"有电的情况，在 GDJ 的励磁电路中加入 GDJF 后接点。这样，只要发生轨道电路电源停电使轨道继电器 DGJ 落下时，轨道停电继电器 GDJ 即落下，而且 GDJ 一旦落下后须经 GDJF 的后接点接通才能再励磁，由于 GDJF 的缓放，GDJ 不会很快吸起。因此，尽管停电时间很短，"KZ-GDJ"也不会提前有电，就避免了已锁闭的进路错误解锁。

已锁闭的进路在停电恢复后怎样解锁要根据具体情况进行分析，这将在具体的解锁电路中讲述。

(2)轨道反复示继电器 FDGJ 电路

轨道反复示继电器 FDGJ 与轨道继电器 DGJ 在同一个区段组合中。轨道反复示继电器电路如图 2-50 所示。

DGJ 平时吸起，FDGJ 落下。进路建立后，当有车占用时 DGJ 落下使 FDGJ 励磁。在 FDGJ 的 1-4 线圈上并联有电阻电容使它具有 3～4 s 较长的缓放时间。在车出清区段后 DGJ 再次吸起时，FDGJ 励磁电路被切断，经缓放后落下。

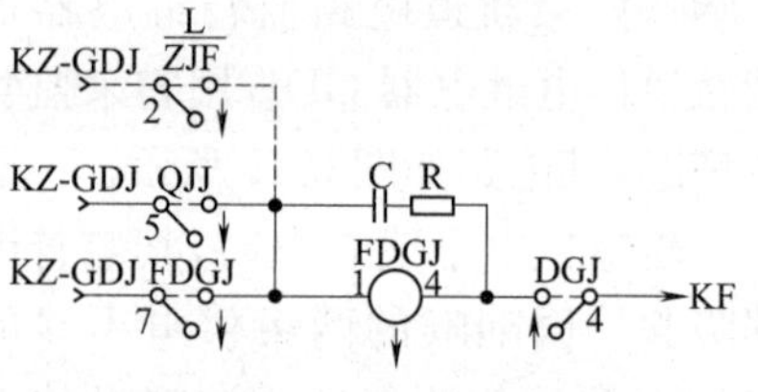

图 2-50　轨道反复示继电器电路

由于 FDGJ 动作上的一些特点，使它具有以下作用：

a. 利用 FDGJ 的是否缓放，使电路分别实现正常解锁、取消进路解锁、人工解锁及调车中途返回解锁，即利用 FDGJ 缓放与否，来区分 CJ 是随 LJ 的吸起而立即吸起，还是在进路继电器吸起 3～4 s 以后再吸起。利用 FDGJ 的缓放性能，还实现了对解锁电路的瞬间供电。

b. 在 FDGJ 的励磁电路中接入 QJJ 第 5 组前接点，用它来检查 10 线及 FDGJ 线圈上所并联的电阻电容的完整性和电容是否被击穿。

由前述，QJJ 的 1-2 线圈的 10 线自闭电路在列车或调车车列未驶入本轨道区段时是依靠 FDGJ 第 2 组后接点从 10 线上获得自闭所需的 KF 电源的。如果 10 线完好，则列车或调车车列运行前方的 QJJ 将得到自闭而吸起。从 FDGJ 的励磁关系和 QJJ 的作用来看，当列车或调车车列刚进入 QJJ 所在的轨道区段时，在该区段上的 DGJ 落下的瞬间，QJJ 的 1-2 线圈是依靠 FDGJ 第 2 组后接点从 10 线上获得 KF 电源自闭而吸起的。这时由 DGJ 第 4 组后接点和 QJJ

第 5 组前接点接通 FDGJ 的励磁电路。由于在 FDGJ 的 1-4 线圈上并有电阻电容支路,刚开始时 RC 支路中的电流较大,而 FDGJ 线圈中的电流较小,随着电容器的充电,RC 支路中电流逐渐减小,而 FDGJ 线圈中电流逐渐增大,当电流达到 FDGJ 的工作值时,FDGJ 吸起。其第 2 组后接点断开 QJJ 从 10 线来的 KF 自闭电源,QJJ 立即落下。此时 FDGJ 靠电容器放电维持吸起,然后由其第 7 组前接点沟通自闭电路,从而实现了 FDGJ 的缓吸。

如果 10 线断线,列车或调车车列运行前方各轨道区段的 QJJ 的 1-2 线圈因得不到 10 线 KF 自闭电源而提前落下。因而在列车或调车车列进入本区段时,该区段的 FDGJ 将因 QJJ 的落下而不能励磁。FDGJ 不能吸起,就会阻止进路的正常解锁,从而能及时发现 10 线的断线故障。

如果 QJJ 的 1-2 线圈的 10 线自闭电路是完好的,而本区段 FDGJ 的 1-4 线圈上并联的 RC 支路断线或电容器被击穿时,FDGJ 电路失去了正常的充放电。当列车或调车车列进入本区段时,由于不能形成 FDGJ 线圈的缓吸电路,使 FDGJ 不能吸起。但在车出清本区段 DGJ 吸起时,由于 FDGJ 落下使得 CJ 不能滞后于进路继电器而是立即吸起(详见 CJ 电路),切断了正常解锁的传递网路 12 线 KF 电源,因而可以及时发现 RC 支路断线或电容器被击穿的故障。

c. 接入"KZ-GDJ"条件电源作为 FDGJ 的励磁电源。建立进路后发生轨道电路的交流电源停电后又恢复(注意此时 KZ 和 KF 电源仍在继续供电),轨道停电时会使 FDGJ 失磁缓放落下,轨道恢复供电后它也不会励磁,从而防止进路内各区段的 DGJ 由于时间参数参差不齐在停电恢复后造成进路错误解锁。由于"KZ-GDJ"断电快、通电慢,GDJ 落下"KZ-GDJ"立即断电,切断 FDGJ 的励磁电源。轨道恢复供电后 DGJ 吸起接通 FDGJ 的 KF 电源时,"KZ-GDJ"尚无电,防止了 FDGJ 的错误吸起。即使发生瞬间轨道停电,"KZ-GDJ"断电后再恢复供电也要 1 s 左右,其断电时间为:GDJ 的落下时间+GDJF 的缓放 0.5 s+来电时 GDJ 的吸起时间+GDJF 的缓吸 0.3 s,总共约 1 s。

故在"KZ-GDJ"断电的过程中,各区段的 DGJ 随着停电的恢复早已吸起(DGJ 的吸起时间约为 0.2 s 左右),所以各 FDGJ 均不会再吸起,从而防止了进路的错误解锁。

d. 能防止小车跳动或轨道电路在分路过程中出现瞬间分路不良造成 SJ 提前错误吸起。

为此,在 SJ 励磁电路中接入 FDGJ 后接点。由前述,在列车或调车车列占用某轨道区段时,因 DGJ 落下和 QJJ 吸起使 FDGJ 励磁。若发生小车跳动或瞬间分路不良时,DGJ 随即吸起切断 FDGJ 励磁电路,但此时 FDGJ 不会立即落下,而是在电容器的放电作用下缓放 3～4 s。小车跳动也好,瞬间分路不良也好,其时间绝不会超过 4 s,所以 DGJ 只是吸一下又马上落下,再次接通正在缓放的 FDGJ 的自闭电路,使 FDGJ 继续保持吸起,从而避免了 SJ 的错误吸起。即使分路不良的时间超过 4 s,然而列车或调车车列在 4 s 内早已驶出该道岔区段了,此后 FDGJ 落下使 SJ 励磁,道岔解锁,就不致危及行车安全。

e. 在表示灯电路中,用 FDGJ 接点消除光带表示灯在进路锁闭与解锁瞬间出现闪白光的现象。

对于列车进路中的无岔区段,在向该区段调车时由于 QJJ 不能励磁,因此 FDGJ 也就不吸起;而长调车进路的中途返回解锁则要求调车车列占用无岔区段时使 FDGJ 吸起。为此,在无岔区段的 FDGJ 电路中的 QJJ 第 5 组前接点上并接一个终端复示继电器 ZJF 的前接点,如图 2-50虚线所示。

ZJF 是无岔区段两端差置调车信号机的 ZJ 的复示继电器，凡是在办理以差置调车信号机为终端的调车进路时，其 ZJ 必定吸起，使得 ZJF 也吸起。这样，当调车车列占用无岔区段时，ZJF 吸起和 DGJ 落下，即构成了 FDGJ 的励磁电路，解决了调车中途返回解锁的问题。

(3)传递继电器 CJ 和进路继电器 LJ 电路

具体执行进路锁闭与解锁的电路是区段组合中的 1LJ 和 2LJ 电路。由前述，非正常解锁和正常解锁又与传递继电器 CJ 有密切关系，因此将 CJ 与 1LJ、2LJ 电路一起进行分析。图 2-51为进路继电器和传递继电器电路。

CJ 的主要作用是传递 12 线解锁电源。另外在特殊情况下不能关闭已开放的信号机时，可用故障解锁的办法使 CJ 吸起来断开 XJ 电路，达到关闭信号的目的。

LJ 的作用是参与进路的锁闭和解锁，同时用其后接点点亮操纵台上的进路光带表示灯。

平时 1LJ、2LJ 由各自的 3-4 线圈接通自闭电路而保持吸起，由它们的前接点接通 SJ 励磁电路，使 SJ 吸起，使该区段处于解锁状态。此时，CJ 的 3-4 线圈经 1LJ 和 2LJ 前接点及 FDGJ 后接点而励磁，并经其本身第 2 组前接点保持自闭。

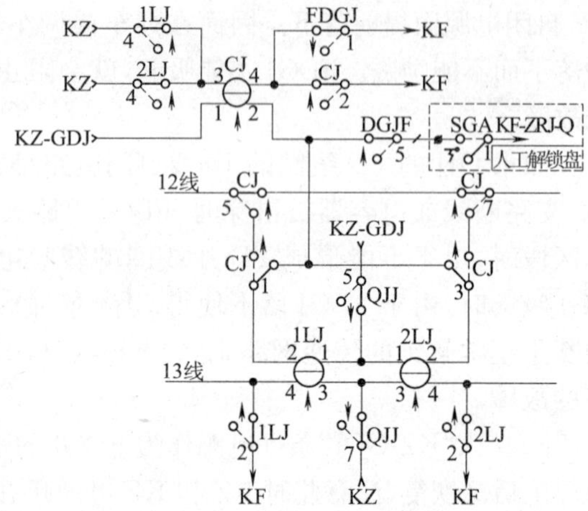


图 2-51　进路继电器和传递继电器电路

由前述，建立进路时的逻辑关系为：

XJJ↑→QJJ↑→ | 1LJ↓ | →SJ↓
　　　　　　 | 2LJ↓ | →CJ↓

就是说，QJJ 吸起，断开 1LJ、2LJ 的自闭电路，使它们落下，并用它们的前接点断开 SJ 励磁电路，使区段处于锁闭状态。同时，1LJ 和 2LJ 的落下也断开了 CJ 的 3-4 线圈的励磁电路，使 CJ 落下。因此从电路关系上看，CJ 的落下也可以表示区段处于锁闭状态，这就是为什么在选岔网路 6 线中用 CJ 前接点来表示区段处于解锁状态的原因。所以，凡是 SJ 接点不够用时，表示区段的锁闭与解锁也可用 CJ 的接点来代用。

在一个区段组合中之所以设置 1LJ 和 2LJ 两个进路继电器，是为了实现正常解锁的三点检查。两个进路继电器的电路结构是对称的，可以使得进路的各种解锁方式具有规律性。

进路锁闭后，当列车或调车车列占用该区段时，本区段的 DGJ 落下，在 QJJ 吸起时使 FDGJ 吸起。FDGJ 吸起后使 QJJ 落下，为进路继电器 1LJ 和 2LJ 接通“KZ-GDJ”和 KZ 电源，做好解锁的准备。

从进路继电器的局部电路可以看到，它们平时处于解锁状态，1-2 线圈由于 CJ 的吸起与 12 线网路断开。进路锁闭后，通过 CJ 的后接点接入 12 线网路，各种解锁的主要条件及 KF 电源通过 12 线网路检查符合后，使进路继电器的 1-2 线圈励磁。同样地，进路继电器的 3-4 线圈是从 13 线网路上得到解锁 KF 电源而吸起的。局部电路中供出的条件电源“KZ-GDJ”，用来防止轨道电路电源瞬间停电恢复时造成 LJ 错误吸起。

在正常解锁、取消和人工解锁及调车中途返回解锁时，CJ 主要靠其 3-4 线圈吸起，它既作为励磁电路，又作为自闭电路。而故障解锁时，则利用它的 1-2 线圈构成励磁电路。

平时 CJ 靠其 3-4 线圈保持在吸起，建立进路后，由于 1LJ、2LJ 的落下，使 CJ 落下。CJ 的 3-4 线圈励磁电路中接有 FDGJ 第 1 组后接点，它控制 CJ 的励磁时间，使 CJ 具有两个特性。CJ 的两个特性是：

a. CJ 滞后于 1LJ 和 2LJ 吸起励磁的特性，称为 CJ 的滞后励磁特性。这是由于 FDGJ 具有缓放 3～4 s 的特性，使得 CJ 滞后 3～4 s 才励磁。

当进路建立后，车压入本区段 DGJ 落下构成 FDGJ 励磁，使本区段中有一个进路继电器励磁并自闭。当车完全出清本区段进入下一区段后，另一个进路继电器吸起并自闭。由于车出清本区段 DGJ 吸起切断 FDGJ 的励磁电路使它缓放，经 3～4 s 后 FDGJ 第 1 组后接点才接通 CJ 的 3-4 线圈电路，CJ 才励磁。即 CJ 等到车出清要解锁的区段 3～4 s 后才能吸起。

CJ 的滞后励磁特性，主要用于进路的正常解锁，以瞬间接通解锁电源，使解锁网路工作稳定可靠。

b. CJ 随任何一个进路继电器的吸起而立即励磁，称为 CJ 的及时励磁特性。

进路建立后，在区段空闲时，由于 FDGJ 处于落下状态，只要有一个进路继电器 1LJ 或 2LJ 的吸起，CJ 就会马上跟着吸起。CJ 的这个特性，主要用于取消进路、人工解锁、调车中途返回解锁、引导进路解锁时由进路始端向终端方向传递解锁电源。

CJ 的 1-2 线圈电路在下述两种情况下起作用：

a. 使故障锁闭后的区段解锁。例如，列车通过进路后由于轨道电路故障使个别区段未解锁，轨道电路停电后又恢复引起的区段锁闭，维修更换进路继电器等引起个别区段的锁闭。要使故障锁闭的区段解锁就要使 CJ 的 1-2 线圈励磁。

故障解锁要由两人协同操纵，一人按压控制台上本咽喉的总人工解锁按钮 ZRA，另一人按压区段人工解锁按钮盘上被解锁区段的事故按钮 SGA。在破铅封按下 SGA 前要确认列车的动态。

当按压 ZRA 后，条件电源“KF-ZRJ-Q”有电。按压要解锁区段的 SGA，经 DGJF 第 5 组前接点使 CJ 的 1-2 线圈励磁吸起。励磁电路为：

$$\text{“KZ-GDJ”—}CJ_{1\text{-}2}\text{—}DGJF_{52\text{-}51}\text{—}SGA_{12\text{-}11}\text{—“KF-ZRJ-Q”}$$

CJ 吸起后，经 CJ 第 1、第 3 组前接点构成 1LJ 和 2LJ 的励磁，进而使 SJ 吸起，将故障区段解锁。

其励磁电路是：

$$\text{“KZ-GDJ”—}QJJ_{51\text{-}53}\text{—}\left|\begin{array}{l}1LJ_{1\text{-}2}\text{—}CJ_{11\text{-}12}\\ 2LJ_{1\text{-}2}\text{—}CJ_{31\text{-}32}\end{array}\right|\text{—}DGJF_{52\text{-}51}\text{—}SGA_{12\text{-}11}\text{—“KF-ZRJ-Q”}$$

1LJ 和 2LJ 励磁后经 3-4 线圈自闭。

区段解锁的必要条件是 QJJ 落下，因此对列车运行前方的区段由于 10 线对 QJJ 的自闭作用，可以防止该区段被故障人工解锁。

DGJF 第 5 组前接点可以防止轨道区段有车时使区段故障解锁。

b. 用特殊手段关闭信号。当 QJ 因故障不能吸起时，可以按压该咽喉区的 ZRA 和进路上任意一个区段的 SGA，使该区段的 CJ 经 1-2 线圈励磁，用 CJ 的第 4 组后接点切断 11 线使 XJ 失磁，从而达到关闭信号的目的。

在进路处于接近锁闭时，由于 JYJ 落下，QJ 因故障不能吸起即向 10 线供出 KF 电源使进路上各区段的 QJJ 都自闭，因此 CJ 吸起不会构成进路继电器 1LJ 和 2LJ 励磁。即只能关闭信号，不会使进路解锁，从而确保了行车安全。

(4)锁闭继电器SJ电路

对应每组道岔设置一个SJ。双动道岔因为在两个不同的道岔区段内，所以要设两个SJ。无岔区段设区段组合，其进路继电器只是为解锁用的，并无道岔可锁闭，故不设SJ。

SJ用作锁闭道岔和敌对进路。对进路的锁闭，也就是锁闭该进路上的各道岔。锁闭继电器电路如图2-52所示。

锁闭道岔是通过接在道岔控制电路1DQJ励磁电路中的SJ前接点来实现的。SJ落下，断开1DQJ励磁电路，道岔就不能启动，达到了锁闭道岔的目的。

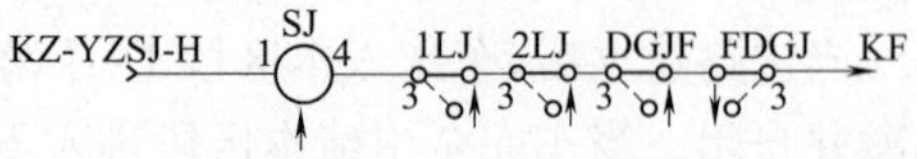

图2-52 锁闭继电器电路

锁闭敌对进路是通过接在KJ、ZJ及ZCJ励磁电路中的SJ前接点实现的。进路锁闭后SJ落下，即断开了本咽喉敌对进路的KJ和ZJ励磁电路，使敌对进路的KJ和ZJ不能励磁（ZJ是JXJ检查6线上的锁闭条件间接实现的），达到锁闭本咽喉敌对进路的目的。用SJ的前接点与GJJ的后接点相配合，使ZCJ落下，以锁闭另一咽喉的敌对进路。

平时SJ处于励磁状态，道岔可以操纵，进路可以排列。

SJ由1LJ和2LJ、DGJF和FDGJ及条件电源“KZ-YZSJ-H”共同控制。它起着区段锁闭、进路锁闭及全咽喉总锁闭的作用。

SJ电路中各接点的作用如下：

a. 1LJ和2LJ的前接点

用作进路锁闭。进路建立后，由于进路继电器落下，切断了SJ励磁电路，实现进路锁闭。

b. DGJF的前接点

实现区段锁闭。当道岔区段有车占用或轨道电路发生故障时，DGJF落下，断开SJ电路，使SJ落下。

c. FDGJ的后接点

防止小车跳动或轨道电路瞬间分路不良时使SJ吸起而提前错误解锁。这在FDGJ电路中已作分析。但应注意，FDGJ后接点不能代替DGJF前接点，这是为了确保“故障—安全”，对DGJF和FDGJ的动作一致性的检查。因为当FDGJ电路故障时，FDGJ不会吸起，即使此时该区段有车占用，FDGJ也不会吸起，所以它不能正确地反映轨道区段的情况。如果SJ电路中不接入DGJF的前接点，则有车占用时SJ也不会落下，道岔区段不能锁闭，这不符合“故障—安全”原则。

d. 条件电源“KZ-YZSJ-H”

平时“KZ-YZSJ-H”有电，当道岔失去表示时，需要锁闭全咽喉道岔后才能办理引导接车。此时，按下引导总锁闭按钮YZSA，使引导总锁闭继电器YZSJ吸起，切断条件电源“KZ-YZSJ-H”，使全咽喉的SJ都落下，即达到锁闭全咽喉道岔的目的。

2. 进路的正常解锁

将进路上的各道岔和敌对进路锁闭好，然后开放防护该进路的信号机，允许列车或调车车列驶入此进路。列车或调车车列驶过进路后，则要求进路解锁。进路的解锁必须得到列车或调车车列确实进入该进路使信号关闭，占用和出清了进路上的各道岔区段的证明之后方可进行。

进路的正常解锁必须符合以下条件：

①由于列车或调车车列进入进路而使信号自动关闭。

②要用三点检查法来验证车占用过进路。

③车出清进路上某道岔区段后，该区段就应自动解锁。

因此，进路的正常解锁就是指列车或调车车列驶入被锁闭的进路，使防护该进路的信号机自动关闭，在顺序出清进路上的各道岔区段后，各道岔区段的自动解锁。

作为车曾占用过和已出清道岔区段的证明，对轨道电路的动作来说，就是该区段的轨道继电器一度落下后又吸起。

在 6502 电路中，每个道岔区段之所以设置两个进路继电器，就是用作正常解锁三点检查。例如从左向右解锁进路，当车占用过并已出清前一区段且占用本区段时，1LJ 就吸起作为记录，当车出清本区段并占用下一个区段时，2LJ 就吸起作为记录。1LJ 和 2LJ 都吸起，就完成了该区段的三点检查。反之，从右向左解锁进路，则是占用过并已出清前一区段且占用本区段时 2LJ 先吸起，出清本区段并占用下一个区段时 1LJ 后吸起。下面介绍在实际的解锁网路中 1LJ 和 2LJ 是如何在正常解锁时进行三点检查的。

(1)列车进路的正常解锁

现以图 2-53 所示的解锁网路的电路实例来分析正常解锁时的电路动作情况。

①接车进路的正常解锁

以下行向ⅠG 接车为例，当列车进入ⅠAG 区段时，由于轨道电器ⅠAGJ 落下，使 XJJ 落下。XJJ 落下后，一方面断开向 9 线网路供出的 KZ 电源，使 QJJ 只能靠 10 线供出 KF 电源，接通未被占用的各区段的 QJJ 的自闭电路，使它们保持吸起；另一方面断开 LXJ 的自闭电路，使 LXJ 落下，于是 X 进站信号机自动关闭。

列车驶入 5DG 区段后，5DGJ 落下，使 5FDGJ 吸起，5DG 的 QJJ 落下，于是接通 5/1LJ 的励磁电路，电路是：

“KZ-GDJ”—$5QJJ_{51\text{-}53}$—$5/1LJ_{1\text{-}2}$—$5CJ_{11\text{-}13}$—$5CJ_{53\text{-}51}$—X $KJ_{51\text{-}52}$—X $XJJ_{51\text{-}53}$—X $DXJ_{51\text{-}53}$—X $LXJ_{51\text{-}53}$—X $LKJ_{31\text{-}32}$—$CJ_{83\text{-}81}$—Ⅰ$AGJF_{33\text{-}31}$—X $LKJF_{31\text{-}32}$—X $KJ_{62\text{-}61}$—$5QJJ_{11\text{-}13}$—$5/2LJ_{11\text{-}13}$—$5FDGJ_{12\text{-}11}$—KF

在 5/1LJ 励磁电路中检查了列车占用前一区段ⅠAG，用ⅠAGJF 落下来证明。检查了本区段 5DG 也被占用，用 5FDGJ 吸起来证明。这样，就检查第一点和第二点，于是 5/1LJ 吸起，由其 3-4 线圈自闭。自闭电路为

KZ—$5QJJ_{71\text{-}73}$—$5/1LJ_{3\text{-}4}$—$5/1LJ_{22\text{-}21}$—KF

只要一出清ⅠAG 无岔区段，就使得ⅠAGJ 吸起。ⅠAGJ 吸起后断开了 5DG 区段的 1LJ 的 1-2 线圈励磁电路。而 1LJ 早已经其 3-4 线圈自闭，故 5DG 的 1LJ 仍保持吸起。

当列车出清 5DG 区段时，其 5DGJ 吸起。5DGJ 吸起后，断开了 5FDGJ 的自闭电路，使 5FDGJ 经其 1-4 线圈上并联的电容器放电而缓放。同时，因 5DGJ 的吸起，立即接通 5DG 区段的 5/2LJ 的 3-4 线圈励磁电路，使 5/2LJ 由 13 线上从 3DG 区段的 3FDGJ 的第 1 组前接点接入 KF 电源而励磁。5/2LJ 的励磁电路是

KZ—$5QJJ_{71\text{-}73}$—$5/2LJ_{3\text{-}4}$—$5DGJ_{32\text{-}31}$—$5/1LJ_{12\text{-}11}$—$5QJJ_{33\text{-}31}$—$5/7DBJ_{61\text{-}62}$—$1/3FBJ_{63\text{-}61}$—$3QJJ_{11\text{-}13}$—$3/2LJ_{11\text{-}13}$—$3FDGJ_{12\text{-}11}$—KF

5/2LJ 吸起后，由其第 2 组前接点使 5/2LJ 经 3-4 线圈自闭。

从 5/2LJ 的励磁可看出，它检查了本区段的出清和占用下一个区段，即 5DGJ 的吸起和 3FDGJ 的吸起使 5/2LJ 吸起。对于 5DG 区段来说，本区段的出清作为第二点检查，3DG 区段的被占用作为第三点检查。

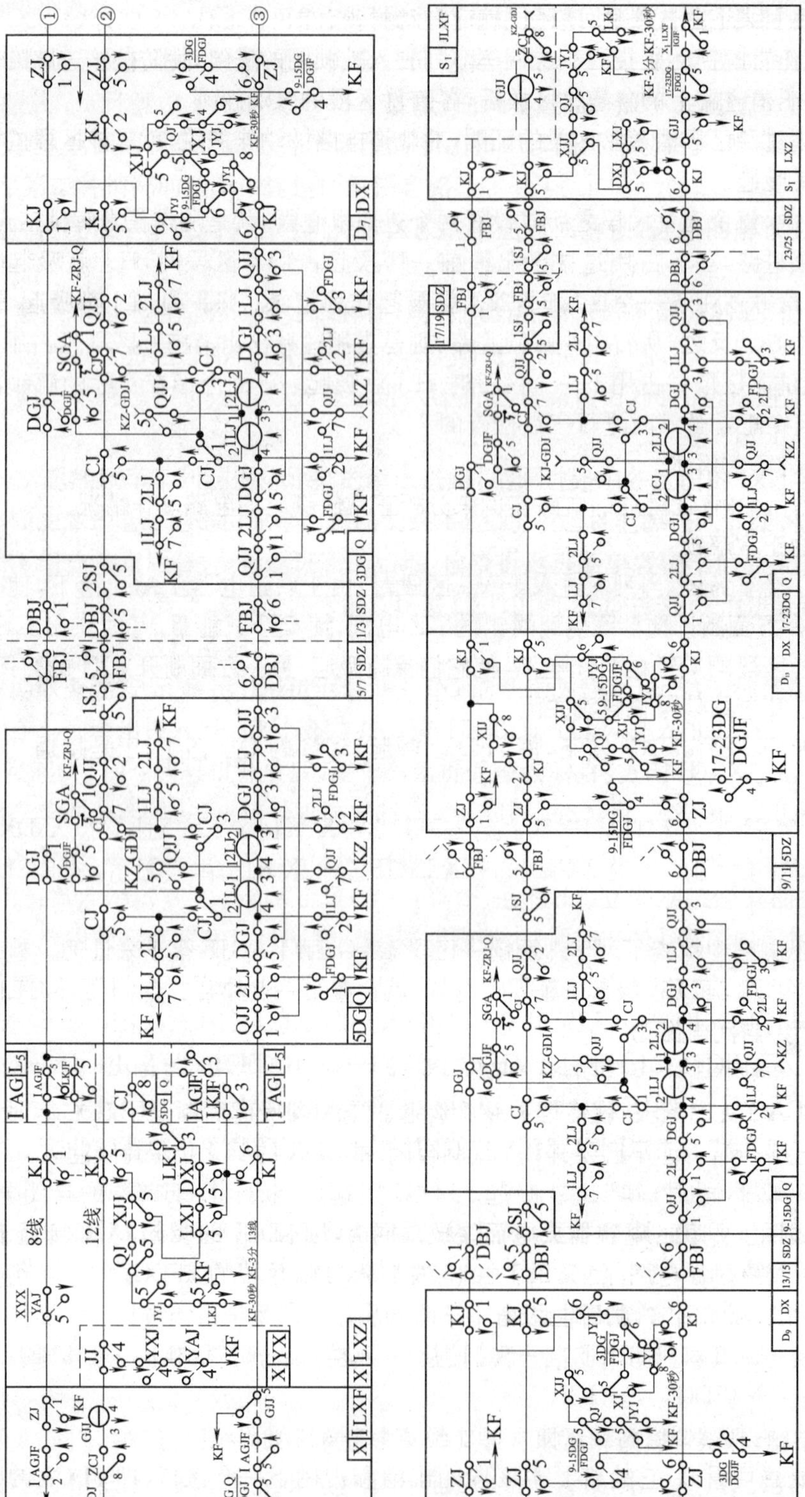

图 2-53(1) 解锁网路(一)

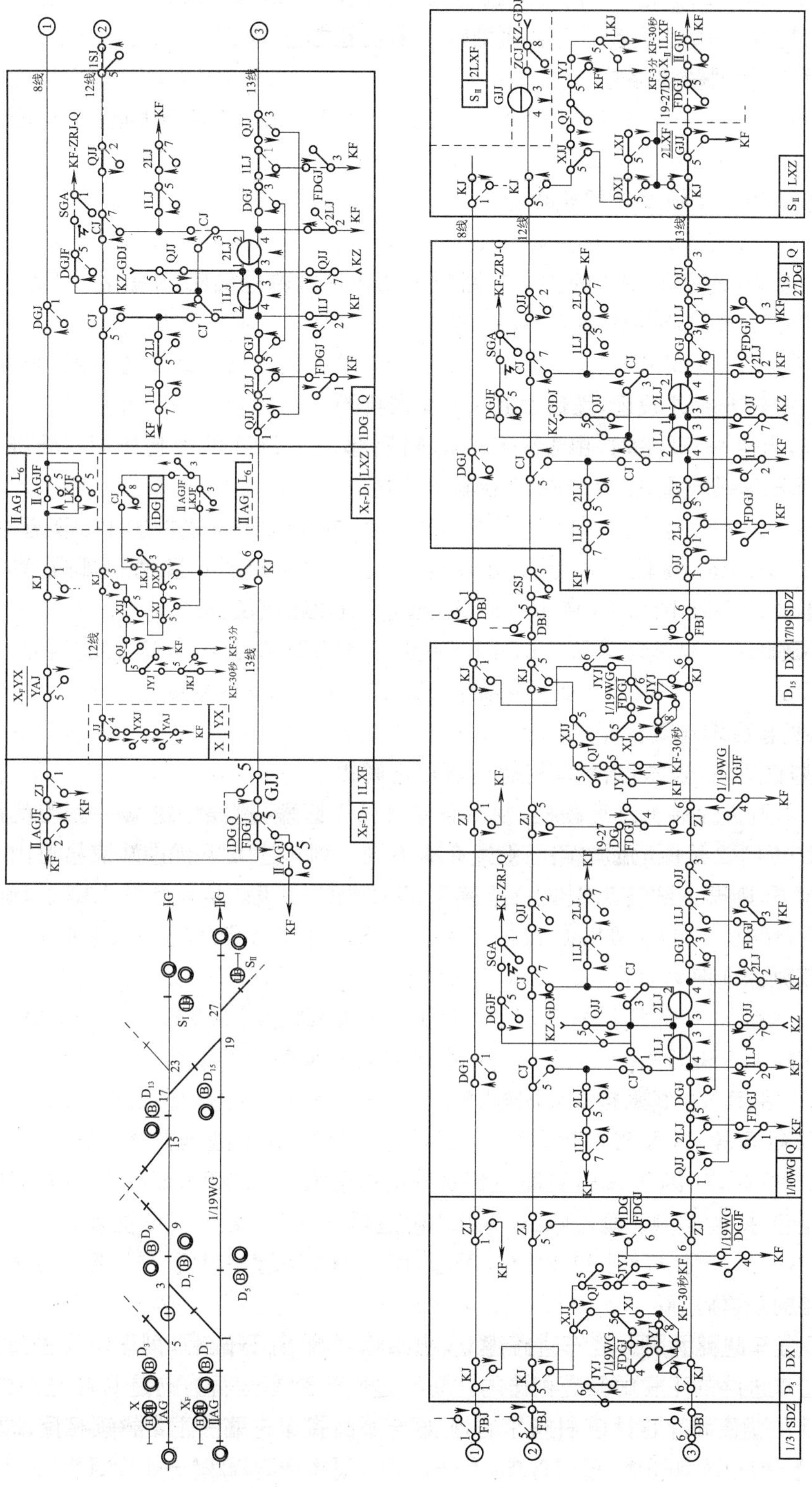

图 2-53(2)　解锁网路(二)

而对于3DG区段来说，它的前一区段即5DG的占用和出清，本区段的被占用，是用5DG进路继电器5/1LJ和5/2LJ的先后励磁来证明的。因此，在5DG区段的5CJ具有滞后励磁特性的情况下，5/1LJ和5/2LJ吸起后5CJ因滞后尚未吸起之前，向12线送出KF电源，使3DG区段的3/1LJ吸起，其励磁电路是

“KZ-GDJ”—3QJJ$_{51-53}$—3/1LJ$_{1-2}$—3CJ$_{11-13}$—3CJ$_{53-51}$—1/3 2SJ$_{51-53}$—1/3DBJ$_{51-52}$—5/7FBJ$_{53-51}$—5/7 1SJ$_{53-51}$—5QJJ$_{21-23}$—5CJ$_{71-73}$—5/1LJ$_{52-51}$—5/2LJ$_{72-71}$—KF

3/1LJ吸起后，其3-4线圈自闭电路是：

KZ—3QJJ$_{71-73}$—3/1LJ$_{3-4}$—3/1LJ$_{22-21}$—KF

列车出清3DG区段时，3/2LJ的励磁电路与5/2LJ的励磁电路相仿，是由3/1LJ的前接点、3DGJ的前接点、9-15FDGJ的前接点沟通的。

由于3DG区段的3/1LJ和3/2LJ吸起后，3CJ滞后吸起之前，向12线送出KF解锁电源，使9-15DG区段的9-15/1LJ吸起，然后由其3-4线圈自闭。

同样，在列车出清9-15DG时，由于9-15/1LJ的吸起、9-15DGJ的吸起和17-23FDGJ的吸起向13线送出KF解锁电源，使9-15/2LJ吸起并自闭。

9-15/1LJ和2LJ的吸起及9-15CJ具有滞后励磁性，使17-23DG区段的1LJ吸起并自闭。

当列车出清17-23DG区段，全部进入ⅠG时，由于17-23/1LJ吸起、17-23DGJ的吸起和17-23FDGJ的缓放、ⅠGJF的落下，使17-23/2LJ吸起，其励磁电路是

KZ—17-23QJJ$_{71-73}$—17-23/2LJ$_{3-4}$—17-23/DGJ$_{32-31}$—17-23/1LJ$_{12-11}$—17-23QJJ$_{33-31}$—17/19 DBJ$_{61-62}$—23/25DBJ$_{61-62}$—$S_{\mathrm{I}}$ KJ$_{61-63}$—$S_{\mathrm{I}}$ GJJ$_{51-53}$—17-23FDGJ$_{52-51}$—ⅠGJF$_{13-11}$—KF

17-23/2LJ吸起后即自闭。

至此，接车进路上各区段随着列车的运行逐段地解锁了。

当进站信号机内方没有无岔区段时，例如没有ⅠAG区段，进路中的第一区段就是5DG区段，这时5/1LJ的1-2线圈励磁电路与上述有所不同。列车进入下行进站信号机内方5DG区段时，5DGJ落下，断开8线使X处的XJJ落下，XJJ的第4组前接点断开LXJ自闭电路而由电容器放电进行缓放。此时5DG区段的FDGJ的第1组前接点接通5/1LJ中1-2线圈的KF解锁电源，其励磁电路为

“KZ-GDJ”—5QJJ$_{51-53}$—5/1LJ$_{1-2}$—5CJ$_{11-13}$—5CJ$_{53-51}$—X KJ$_{51-52}$—X XJJ$_{51-53}$—$D_3$DXJ$_{51-53}$—X LXJ$_{51-52}$—X KJ$_{62-61}$—5QJJ$_{11-13}$—5/2LJ$_{11-13}$—5FDGJ$_{12-11}$—KF

5/1LJ吸起后由其3-4线圈构成自闭电路。

列车出清5DG区段，进入3DG区段时，5/2LJ的1-2线圈励磁就与前述一样。

由于没有ⅠAG区段，因此5DG区段的解锁只能检查两点。即列车占用本区段，5DGJ落下，使5FDGJ吸起，接通5/1LJ励磁电路，5/1LJ吸起后自闭，作为第一点检查。列车占用后一区段3DG出清本区段时，5DGJ和3FDGJ吸起，使5/2LJ吸起并自闭，作为第二点检查。

②发车进路的正常解锁

以上行ⅡG发车进路为例。发车进路建立，出站信号机$S_{\mathrm{II}}$开放后，列车出发驶过进路时的正常解锁与接车进路的正常解锁是相仿的。只不过由于列车运行方向是从右向左的，各区段的1LJ和2LJ的励磁顺序也是从右向左的，正好与下行接车进路的正常解锁相反，即为

19-27/2LJ↑→19-27/1LJ↑→1/19 2LJ↑→1/19 1LJ↑→1/2LJ↑→1/1LJ↑

第一个区段19-27DG的解锁与前述不设无岔区段ⅠAG的进站信号内的第一个区段

5DG 的解锁一样，也是只能实现两点检查。即本区段的被占用使 19-27/2LJ 的吸起作为第一点检查，后一个区段 1/19WG 的占用和本区段的出清使 19-27/1LJ 吸起作为第二点检查。

1/19WG 是无岔区段，不设锁闭继电器。但为了锁闭列车进路和实现进路正常解锁时三点检查的连续进行，因此该无岔区段中也设 LJ 和 CJ。

发车进路的终端，因有ⅡAG 无岔区段，所以 1DG 区段的解锁也能实现三点检查。1DG 区段的 2LJ 在 1/19WG 区段出清和本区段被占用时吸起，1LJ 在本区段出清和ⅡAG 区段被占时吸起。发车进路的正常解锁也与接车进路的正常解锁一样，从始端向终端逐段进行。

从以上列车进路正常解锁的电路动作可总结出以下规律：

a. 12 线与 13 线交替工作动作各区段的 LJ 且 1LJ、2LJ 动作顺序与进路的运行方向有关。1LJ 和 2LJ 电路结构对称，可适应不同运行方向的进路解锁。解锁时总是 12 线上的 1LJ 或 2LJ 的 1-2 线圈先励磁，然后才是 13 线上的 1LJ 或 2LJ 的 3-4 线圈励磁。运行方向从左向右时 1LJ 先↑2LJ 后↑；运行方向从右向左时 2LJ 先↑1LJ 后↑。但不论进路的运行方向如何，进路上各区段的 SJ 均是从进路始端向终端顺序吸起的。

b. 大多数区段的正常解锁均能实现三点检查，在车由左向右运行时用 1LJ 的吸起来证明前一区段的出清和本区段的占用；用 2LJ 的吸起来证明本区段的出清和后一区段的占用。由右向左运行时，1LJ 和 2LJ 作用互换。对于不能检查接近区段出清的进路只能实现两点检查。只有一个道岔区段的调车进路只能实现一点检查。

c. 向 LJ 送出的 KF 解锁电源是瞬间接通的，使 LJ 吸起后很快从网路上断开，由自闭电路保持吸起，这样就使解锁时不致发生串电，使网路的工作更加严密可靠。向 12 线送的 KF 解锁电源是利用 CJ 的滞后特性接通的，因此送入 12 线的 KF 电源只有 3～4 s 的时间。在 13 线上送的 KF 电源是利用 FDGJ 的缓放接通的，也只有 3～4 s 的时间。

d. 正常解锁时，例如下行ⅠG 接车进路正常解锁时，进路上各区段的 LJ 的励磁按如下规律进行：

5/1LJ↑→5/2LJ↑→3/1LJ↑→3/2LJ↑→9-15/1LJ↑→9-15/2LJ↑→17-23/1LJ↑→17-23 2LJ↑

以上是列车从左向右运行时的情况，若列车从右向左运行时如上行ⅡG 发车，则动作顺序与上述相反。

构成以上动作关系的条件是，列车顺序占用及出清进路上的各区段。列车占用区段时，使 DGJ 落下，FDGJ 吸起，断开本区段 QJJ 的自闭电路使 QJJ 落下。当列车出清本区段时，使 DGJ 吸起，FDGJ 因电容器缓放 3～4 s 后落下，使得 CJ 具有滞后特性。

由上述可见，在 10 线断线时 QJJ 不能自闭，当车占用区段时 FDGJ 就不能励磁。轨道停电恢复时"KZ-GDJ"无电也防止 FDGJ 的错误吸起，因此由 FDGJ 吸起向 13 线供给的 KF 解锁电源不能接通。若 FDGJ 上并联的电容器击穿或电阻断线，FDGJ 不能吸起，使 CJ 不能具有滞后励磁特性，向 12 线传送的 KF 电源也就不能接通。这样，进路就不能正常解锁，以利及时发现故障并导向安全。

e. 各区段的解锁是由进路的始端向终端逐段进行的，接、发车时各区段锁闭继电器的动作顺序是：

| | | | |
|---|---|---|---|
| 下行ⅠG 接车进路： | 5/7 1SJ↑→1/3 2SJ↑→ | 9/11 1SJ↑→ | 17/19 1SJ↑ |
| | | 13/15 2SJ↑→ | 23/25 1SJ↑ |

上行ⅡG发车进路：27SJ↑→ / 17/19 2SJ↑→ | 1/3 1SJ↑

f. 列车进路解锁范围从始端KJ前接点至网路的终端。调车进路的解锁范围在KJ前接点和ZJ后接点之间的网路上进行。

(2)调车进路的正常解锁

现以$S_{Ⅰ}$至ⅠAG的长调车进路为例，来分析调车进路的正常解锁。此长调车进路由$S_{Ⅰ}$至$D_7$和$D_7$至ⅠAG两条短调车进路组成，因此正常解锁要按每段短调车进路进行。

长调车进路建立后，防护该进路的$D_7$和$S_{Ⅰ}$信号机由远及近顺序开放。调车车列从ⅠG驶入$S_{Ⅰ}$信号机内方，使$S_{Ⅰ}$XJJ因17-23DGJ的落下从8线断开而失磁。$S_{Ⅰ}$XJJ落下后接通$S_{Ⅰ}$DXJ的白灯保留电路。此时17-23DG区段的2LJ的1-2线圈励磁，KF解锁电源由17-23FDGJ第3组前接点送向13线，并经$S_{Ⅰ}$KJ的第6组前接点、$S_{Ⅰ}$DXJ的第5组前接点、$S_{Ⅰ}$XJJ的第5组后接点、$S_{Ⅰ}$KJ第5组前接点转向12线，使17-23/2LJ的1-2线圈吸起并自闭。调车车列全部进入17-23DG区段，$S_{Ⅰ}$JYJ吸起使$S_{Ⅰ}$DXJ落下将信号关闭。车出清17-23DG区段，17-23DG区段的1LJ的3-4线圈经与列车进路正常解锁一样的径路励磁。在17-23DG区段的1LJ和2LJ均吸起后，使$S_{Ⅰ}$KJ落下。

由于CJ具有滞后励磁特性，将KF解锁电源由CJ的第5组后接点送向12线，使9-15/2LJ吸起。17-23FDGJ缓放3 s后，17-23DG区段的23/25号道岔和17/19号道岔的1SJ吸起，该区段解锁。而9-15/1LJ吸起，则要待调车车列驶入$D_7$信号机内方，出清9-15DG区段时。9-15FDGJ缓放的时间内将KF解锁电源经3DGJF第4组后接点和9-15FDGJ第4组前接点送向13线，使9-15/1LJ的3-4线圈励磁，经3～4 s后9/11 1SJ和13/15 2SJ吸起，9-15DG区段解锁，才使$D_9$ZJ落下。这样，从$S_{Ⅰ}$至$D_7$的第一段调车进路自始端向终端逐段解锁。

至于从$D_7$到ⅠAG的第二段调车进路的解锁，$D_7$内方第一个区段3DG的2LJ的励磁径路与$S_{Ⅰ}$内方的17-23DG区段的2LJ的励磁径路一样，只是在电路中增加了$D_7$的JYJ的第8组前接点。调车车列在$D_7$信号机前方接近区段即9-15DG区段时，$D_7$JYJ落下，并切断$D_7$XJJ的自闭电路，此时$D_7$XJJ由8线保持励磁。当调车车列进入$D_7$信号机内方时，由于3DGJ落下，断开8线，使$D_7$XJJ落下，使$D_7$XJ转入保留白灯的自闭电路。在调车车列全部驶入$D_7$信号机内方时，$D_7$信号机的接近区段9-15DG出清，9-15DGJ吸起使$D_7$JYJ随之励磁，切断$D_7$XJ白灯保留电路。在$D_7$XJ缓放的时间里接通3/2LJ的1-2线圈励磁电路，使其励磁。3/2LJ的励磁电路为

“KZ-GDJ”—$3QJJ_{51\text{-}53}$—$3/2LJ_{1\text{-}2}$—$3CJ_{31\text{-}33}$—$3CJ_{73\text{-}71}$—$3QJJ_{23\text{-}21}$—$D_7KJ_{51\text{-}52}$—$D_7XJJ_{51\text{-}53}$—$D_7XJ_{51\text{-}52}$—$D_7JYJ_{81\text{-}82}$—$D_7KJ_{62\text{-}61}$—$3QJJ_{31\text{-}33}$—$3/1LJ_{11\text{-}13}$—$3FDGJ_{32\text{-}31}$—KF

3DG区段的1LJ和5DG区段的2LJ的励磁径路与发车进路的正常解锁时一样。

当调车车列驶过进路上的3DG区段和5DG区段，全部进入ⅠAG区段时，5DG区段1LJ的KF励磁电源由ⅠAGJ的后接点、处于缓放中的5FDGJ的前接点送入13线，使5/1LJ的3-4线圈励磁。

从$D_7$至ⅠAG进路的解锁与从$S_{Ⅰ}$到$D_7$进路的解锁一样，是从始端向终端逐段进行的。

从以上调车进路正常解锁的分析中，可以看出它与列车进路的正常解锁相似，都是利用CJ的滞后特性来传递解锁电源的，随着列车或调车车列顺序地驶过进路而使各区段组合中的

1LJ 和 2LJ 顺序励磁并自闭。但两者略有不同，由于列车进路是从进站信号机到股道或从股道到区间，而调车进路则是从起始调车信号机到阻挡调车信号机。因而建立调车进路时，由 KJ 和 ZJ 将对应于每段调车进路的电路从 12 线、13 线上分割开来。列车兼调车的始端（如进站内方带调车和出站兼调车信号机处）的 LJ，在列车进路时由 LXJ 缓放接通 KF 解锁电源，在调车进路时同样经 DXJ 缓放接通 KF 解锁电源。对于列车的 XJJ，在列车进路时它无防护自闭电路，在列车驶入信号机内方时它即落下。而对调车进路，XJJ 有经 JYJ 前接点构通的防护自闭电路和 8 线励磁电路，它必须在调车车列占用接近区段和进入信号机内方时才落下。对于进路的解锁来说，调车进路的第一个区段的 LJ 的励磁电路中，由于接有 XJJ 的第 5 组后接点，LJ 的励磁是间接检查了接近区段的占用和出清的，即在 DXJ 电路被断开 DXJ 处于缓放之中，和本区段占用时才励磁的。另一个 LJ 则是出清本区段，进入下区段时励磁的。所以调车进路各区段的解锁，可以认为基本上都能实现三点检查。

对处于咽喉区的调车信号机，如 $D_7$ 信号机作始端时，在 LJ 励磁电路中，为了实现瞬间向 LJ 供出 KF 解锁电源，增加了 JYJ 的第 8 组前接点。也就是说，只有在调车车列全部进入 $D_7$ 信号机内方 DXJ 处于缓放的瞬间，才接通 LJ 的 KF 电源。若不加入 JYJ 第 8 组前接点，则在调车车列跨在 $D_7$ 信号机内、外方的时候，XJJ 落下，DXJ 自闭，使得 KF 解锁电源长期接通，这是不允许的。

当调车信号机前方的接近区段是无岔区段时，如 $D_5$ 信号机，其接近区段为 1/19WG，由于允许调车时在无岔区段留有车辆，为了使进路始端区段的 LJ 能励磁，必须将 JYJ 第 8 组接点短路掉。因此，在这种情况下第一个区段的解锁只能实行两点检查。调车进路的无岔区段的 QJJ 不吸起，不会使 1LJ 和 2LJ 落下，故未锁闭，当然也就不存在无岔区段解锁的问题了。

对于特殊情况的短调车进路，如 $D_{15}$ 至 ⅡG 的调车进路，只有一个道岔区段，当 1/19WG 留有车辆，调车车列再去 ⅡG 取送车辆时，调车车列驶过进路后，19-27DG 区段的解锁只能实现一点检查。

由上述调车进路正常解锁的分析与列车进路正常解锁相比较，具有如下不同特点：

a. 调车进路均是以短调车进路为基本单元进行解锁的，即在 KJ 与 ZJ 之间进行。

b. 长调车进路的正常解锁均以组成它的每条短调车进路为基本单元进行逐条解锁。

c. 调车进路的第一个道岔区段的解锁利用 XJJ 的落下间接检查了接近区段的占用。而列车进路的第一个道岔区段的解锁一般则没有这项检查（进站内方有无岔区段的除外）。

d. 调车进路的正常解锁是用进路始端 XJJ 的后接点和 JYJ 的前接点（切断 DXJ 白灯保留电路）来间接证明调车信号已关闭。

e. 调车进路第一个道岔区段最先励磁的 LJ 的 1-2 线圈一般都在调车车列全部进入调车信号机内方 JYJ 吸起、DXJ 缓放瞬间接通励磁（股道和差置调车信号机除外）。

f. 调车进路的最末一个道岔区段最后励磁的 LJ 的 3-4 线圈励磁均经由 ZJ 的前接点和最末道岔区段的 FDGJ 缓放的瞬间接通励磁（以股道为进路终端的除外）。

（3）正常解锁电路分析

①在 12、13 线上接入 KJ 和 ZJ 接点的作用。

在进行调车进路解锁时，按每条短调车进路的始端和终端用 KJ 和 ZJ 的前接点将 12、13 线网路分割成各个基本调车单元进行解锁；在进行列车进路解锁时，利用进路上所经过的各调车信号点的 KJ 和 ZJ 的后接点将 12、13 线连通，形成列车进路的解锁。

②在12线每个区段组合处接入QJJ第2组后接点的作用是防止串电。

例如在图2-53(1)中，建立$D_7$至ⅠAG的调车进路，当信号开放后调车车列刚进入3DG区段还未出清$D_7$接近区段时，3DGJ落下使3FDGJ吸起，3QJJ落下，而$D_7$JYJ仍落下则3/2LJ并没有励磁。若5DG的区段12线不接入QJJ第2组后接点将产生如下串电回路：

"KZ-GDJ"—$3QJJ_{51\text{-}53}$—$3/1LJ_{1\text{-}2}$—$3CJ_{11\text{-}13}$—$3CJ_{53\text{-}51}$—$1/3\ 2SJ_{51\text{-}53}$—$1/3DBJ_{51\text{-}52}$—$5/7FBJ_{53\text{-}51}$—$5/7\ \ 1SJ_{53\text{-}51}$—$5CJ_{71\text{-}73}$—$5CJ_{33\text{-}31}$—$5/2LJ_{2\text{-}1}$—$5/1LJ_{1\text{-}2}$—$5CJ_{11\text{-}13}$—$5CJ_{53\text{-}51}$—$X\ \ KJ_{51\text{-}53}$—$X\ \ YJJ_{41\text{-}43}$—$D_3ZJ_{51\text{-}52}$—$5FDGJ_{53\text{-}51}$—$D_3\ ZJ_{62\text{-}61}$—$X\ \ KJ_{63\text{-}61}$—$5QJJ_{11\text{-}12}$—$5QJJ_{32\text{-}31}$—$5/7DBJ_{61\text{-}62}$—$1/3FBJ_{63\text{-}61}$—$3QJJ_{11\text{-}13}$—$3/2LJ_{11\text{-}13}$—$3FDGJ_{12\text{-}11}$—KF

上述串电回路是由于3QJJ的落下供出"KZ-GDJ"和3FDGJ的吸起供出KF电源，由于5DG区段12线上未接入5QJJ第2组后接点形成将3/1LJ、5/2LJ、5/1LJ三个继电器1-2线圈串联在一起。在正常的解锁过程中经常发生这种不正常的串电将影响解锁网路安全可靠工作。

③在12线上串接各道岔SJ的后接点，是用来防止电路故障情况下出现意外的串电现象产生进路迎面解锁的。

例如，在图2-53(1)中，有一调车车列a根据$D_7$的允许信号驶过3DG全部进入5DG区段，在3DG区段已解锁时又办理了$S_Ⅰ$至$D_7$进路。当另一调车车列b刚进入17-23DG区段17-23/2LJ已励磁自闭时，恰巧发生10线断线使9-15QJJ落下同时又发生$D_9$ZJ故障落下。就在调车车列b运行于17-23DG区段过程中调车车列a已出清5DG区段，5/1LJ和5/2LJ均已吸起，5CJ滞后励磁的时间内，如果1/3号道岔不在12线上接入1/3 2SJ第5组后接点将12线切断的话，那么解锁KF电源就会从5/1LJ和5/2LJ的前接点和5CJ的后接点向右送入12线，再经由$D_9$ZJ和9-15QJJ的各接点使9-15/1LJ的1-2线圈励磁，由于9-15CJ立即励磁将KF解锁电源送向17-23/1LJ的1-2线圈使其励磁。在17-23/1LJ刚刚吸起，而$S_Ⅰ$KJ因缓放尚未落下之前，17-23DG区段解锁KF电源经由17-23/1LJ和17-23/2LJ前接点及17-23CJ后接点从12线送向$S_Ⅰ$始端，经$S_Ⅰ$KJ、$S_Ⅰ$DXJ的前接点和$S_Ⅰ$XJJ的后接点转向13线然后经17-23DGJ的后接点送给9-15/2LJ的3-4线圈使9-15/2LJ励磁。由于9-15/1LJ和9-15/2LJ均已励磁立即引起9/11 1SJ和13/15 2SJ励磁，形成调车车列b进路前方9-15DG区段迎面错误解锁。

④在GJJ的3-4线圈电路中接入ZCJ第8组后接点，可防止办理发车进路或由股道向外调车进路时GJJ错误励磁关闭另一咽喉的接车信号。

例如办理上行ⅡG发车，当列车出清ⅡG时，恰好对方咽喉办理了上行向ⅡG接车进路。当出发列车出清第一道岔区段19-27DG时，19-27/1LJ和19-27/2LJ均已励磁，19-27CJ正滞后励磁时，$S_Ⅱ$KJ已经落下。则此时KF解锁电源会从12线送向右方$S_Ⅱ$GJJ的3-4线圈，使其错误励磁，用$S_Ⅱ$GJJ第2组后接点切断11线使S进站信号机关闭。

⑤为了提高解锁网路工作安全性，防止意外串电情况下错误动作解锁电路，12和13线均采用瞬间送出解锁电源的方法。为此，12线上利用各区段CJ滞后励磁特性来瞬间传递解锁电源，13线则用各区段FDGJ前接点来控制解锁电源的接通时间。

3. 进路的取消

当信号机开放后，列车或调车车列尚未接近时，即进路处于预先锁闭状态，要使进路解锁，可采用取消进路的办法。一条进路的取消，也必须在检查一些条件后才能进行。取消进路时必须符合下列条件时才允许进路解锁：

①进路的接近区段确实无车。

②防护该进路的信号机随办理取消手续而关闭。

③进路处于空闲状态。

作为取消进路的先决条件，必须证实已锁闭的进路的接近区段无车，这可用在信号开放后，其 JYJ 励磁来证明。

办理取消进路手续时：同时按压本咽喉的总取消按钮和所要取消的进路始端按钮。

办理取消进路手续后，QJ 吸起，切断 XJ 电路，使信号机关闭。并切断 XJJ 的自闭电路，使 XJJ 落下，然后通过 8 线证明进路确实空闲后使 XJJ 再次吸起。QJJ 和 XJ 落下表明具备解锁条件，此时将 KF 解锁电源接入解锁网路，使 LJ 吸起，以解锁进路上的各区段。

(1)接车进路的取消

当建立下行至ⅠG 的接车进路，X 进站信号机开放后，若接近区段无车，可办理取消进路手续，在按压总取消按钮 ZQA 和下行列车进路始端按钮 XLA 后，电路的动作顺序是

按下 ZQA→ZQJ↑→KF-ZQJ-Q 有电→ ｜ QJ↑→ ｜ ———→ ｜

按下 XLA→LAJ↑———————→ ｜ ｜ LXJ↓→ ｜ QJJ↓

｜ ｜ XJJ↓↑→ ｜

取消进路时的 KF 解锁电源从始端接入，在检查了下行接车进路的接近区段无车(用 JYJ 吸起来证明)、办理过取消手续(用 QJ 吸起来证明)，并且检查了进路空闲(用 XJJ 的重新吸起来证明)后，通过 XKJ 的前接点将 KF 接入 12 线网路。

首先是 5DG 区段的 5/1LJ 励磁并自闭，励磁电路是

KZ-GDJ—5QJJ$_{51\text{-}53}$—5/1LJ$_{1\text{-}2}$—5CJ$_{11\text{-}13}$—5CJ$_{53\text{-}51}$—XKJ$_{51\text{-}52}$—XXJJ$_{51\text{-}52}$—XQJ$_{52\text{-}51}$—XJYJ$_{51\text{-}52}$—KF

5/1LJ 吸起后，由于 5DG 区段上无车，故 5FDGJ 从未励磁过，因此其 CJ 具有即时吸起特性。即 5/1LJ 励磁后，使 5CJ 随之吸起，并用其前接点将 KF 解锁电源立即传向下一个区段 3DG，使 3/1LJ 励磁并自闭，其励磁电路是

KZ-GDJ—3QJJ$_{51\text{-}53}$—3/1LJ$_{1\text{-}2}$—3CJ$_{11\text{-}13}$—3CJ$_{53\text{-}51}$—1/3 2SJ$_{51\text{-}53}$—1/3DBJ$_{51\text{-}52}$—5/7FBJ$_{51\text{-}53}$—5/7 1SJ$_{53\text{-}51}$—5QJJ$_{21\text{-}23}$—5CJ$_{71\text{-}72}$—5CJ$_{52\text{-}51}$—XKJ$_{51\text{-}52}$—XXJJ$_{51\text{-}52}$—XQJ$_{52\text{-}51}$—XJYJ$_{51\text{-}52}$—KF

同样，3/1LJ 励磁后，3CJ 随即励磁，继续将 KF 电源传向 9-15DG 区段，使 9-15/1LJ 吸起并自闭。

9-15CJ 立即吸起，再将 KF 电源传向 17-23DG 区段，使 17-23/1LJ 吸起并自闭。17-23CJ 也立即吸起，将 KF 电源传向股道端的 GJJ。在检查了敌对进路仍处于被锁闭状态，即 $S_{\mathrm{I}}$ ZCJ 落下时，$S_{\mathrm{I}}$ GJJ 的 3-4 线圈励磁，$S_{\mathrm{I}}$ GJJ 吸起。

$S_{\mathrm{I}}$ GJJ 吸起，证明 12 线网路正常。然后才由 $S_{\mathrm{I}}$ GJJ 第 5 组前接点将 KF 解锁电源接入 13 线，使 17-23DG 区段的 2LJ 吸起并自闭，其励磁电路是

KZ—17-23QJJ$_{71\text{-}73}$—17-23/2LJ$_{3\text{-}4}$—17-23DGJ$_{32\text{-}31}$—17-23/1LJ$_{12\text{-}11}$—17-23QJJ$_{33\text{-}31}$—17/19 DBJ$_{61\text{-}62}$—23/25DBJ$_{61\text{-}62}$—$S_{\mathrm{I}}$ KJ$_{61\text{-}63}$—$S_{\mathrm{I}}$ GJJ$_{51\text{-}52}$—KF

17-23DG 区段的 1LJ 和 2LJ 吸起，使 17/19 1SJ 和 23/25 1SJ 也立即吸起，首先使处于终端的 17-23DG 区段解锁，由于 23/25 1SJ 的吸起使 $S_{\mathrm{I}}$ ZCJ 吸起，并用其第 8 组前接点断开 $S_{\mathrm{I}}$ GJJ励磁电路，使 $S_{\mathrm{I}}$ GJJ 落下，从而停止向 13 线送 KF 电源。

17-23DG 区段的 1LJ 和 2LJ 相继吸起，以及本区段空闲 DGJ 处于励磁状态，就将 KF 解锁电源送入 9-15DG 区段的 2LJ，使其吸起并自闭。励磁电路是

KZ—9-15$QJJ_{71\text{-}73}$—9-15/2$LJ_{3\text{-}4}$—9-15$DGJ_{32\text{-}31}$—9-15/1$LJ_{12\text{-}11}$—9-15$QJJ_{33\text{-}31}$—9/11$DBJ_{61\text{-}62}$—$D_{13}ZJ_{61\text{-}63}$—$D_{13}KJ_{63\text{-}61}$—17-23$QJJ_{11\text{-}13}$—17-23/2$LJ_{11\text{-}12}$—17-23$DGJ_{11\text{-}12}$—17-23/1$LJ_{22\text{-}21}$—KF

当 9-15DG 区段的 1LJ 和 2LJ 吸起并自闭后，该区段也立即解锁，并经相似的径路使 3DG 区段的 2LJ 也吸起并自闭。再用同样的方法使 5DG 区段的 2LJ 也吸起自闭。至此进路的解锁由终端推进到始端。当始端 5DG 区段解锁后，5/1LJ 和 5/2LJ 的励磁使 X 进站信号机的 KJ 落下。KJ 落下后将 XXJJ 从 8 线上断开，使 XXJJ 落下。而 XXJJ 落下后又断开了 XQJ 的自闭电路，使它落下。这样，下行接车进路的取消解锁全部完成。

从以上下行ⅠG 接车进路的取消解锁的分析可看出进路上各 1LJ 的励磁顺序是

5/1LJ↑→3/1LJ↑→9-15/1LJ↑→17-23/1LJ↑→$S_I$ GJJ↑

待进路上所有的 1LJ 吸起后，由于 $S_I$ GJJ 吸起将 KF 电源转入 13 线，使进路上的 2LJ 又顺序励磁。

17-23/2LJ↑→9-15/2LJ↑→3/2LJ↑→5/2LJ↑

因此，进路的解锁是从终端推向始端，进路上各区段的 SJ 的励磁顺序是

23/25 1SJ↑→ $S_I$ZCJ↑→ $S_I$GJJ↓ | 13/15 2SJ↑ | →1/3 2SJ↑→ 5/7 1SJ↑
17/19 1SJ↑ → | 9/11 1SJ↑ |

5DG 区段解锁后，

5/1LJ↑→ |
5/2LJ↑→ | XKJ↓→XXJJ↓→XQJ↓

(2)发车进路的取消

发车进路取消的办理方式、解锁条件、解锁规律均与接车进路的取消相同。但由于运行方向不同，解锁时进路继电器的励磁顺序正好与接车进路相反。

以上行ⅡG 发车进路的取消为例，进路中 LJ 的励磁顺序是

19-27/2LJ↑→1/19 2LJ↑→1/2LJ↑

在终端处，因是双线发车口，并为主要方向，其 GJJ 已用作信号辅助继电器 XFJ 的励磁，因而只能用进路终端最后一个区段的 LJ，即 1DG 区段的 2LJ 前接点来将 KF 解锁电源送入 13 线，使终端的 1LJ 吸起。1LJ 的励磁从终端推向始端，顺序为

1/1LJ↑→1/19 1LJ↑→19-27/1LJ↑

进路的解锁是从终端向始端逐段解锁，进路上各区段的 SJ 的励磁顺序为

1/3 1SJ↑ | → 17/19 2SJ↑
| → 27SJ↑

由于 1DG 区段先解锁，使得：

1/3 1SJ↑→SLZJ↓→$S_{II}$ XJJ↓→$S_{II}$ QJ↓

19-27DG 区段解锁后，

19-27/1LJ↑→ |
19-27/2LJ↑→ | $S_{II}$ KJ↓

一般情况而言，列车进路取消时均为KJ落下将XJJ从8线上断开使XJJ失磁落下，此处为特殊情形。

大多数情况是：

1LJ↑→|
2LJ↑→| KJ↓→XJJ↓→QJ↓

(3)调车进路的取消

调车进路的取消，有以下两种情况：

①调车进路以股道作为终端时，例如$D_{13}$至ⅠG和$D_{15}$至ⅡG等调车进路的取消与接车进路的取消相同。

②以咽喉区的调车信号机为终端的调车进路和以双线单方向的进站和出站口、尽头线调车信号机为终端的调车进路，在终端处接入13线的KF解锁电源是以ZJ的第5组和第6组前接点由12线转入13线的。

单线和双线双向运行的进站口处，既是接车口，又是发车口，由于设有GJJ，当它用作调车进路终端时，也是由GJJ的3-4线圈经12线励磁后，用GJJ第5组前接点将KF解锁电源送入13线的。

由于调车进路终端处设有ZJ，终端先解锁，SJ励磁使ZJ落下，然后使始端的XJJ从8线断开KF电源(XJJ的防护电路已由QJ第8组后接点断开)，所以调车进路的XJJ随ZJ的落下而落下，它与列车进路的XJJ的落下不同，用逻辑关系表示为

SJ↑→ZJ↓→XJJ↓→QJ↓

总结列车进路和调车进路的取消解锁，可得出如下规律：

a. 在解锁过程中，由接近预告继电器JYJ吸起证明车未进入接近区段，以QJ吸起证明办理了取消手续，并用QJ后接点切断XJ电路使信号机关闭和使QJJ落下，为取消解锁做好准备。在整个解锁过程中，用XJJ吸起来检查进路空闲。

b. 在解锁过程中，各区段LJ间隔吸起，并与进路的方向有关。始端在左边时，1LJ(也包括GJJ)从始端向终端顺序励磁，到终端后又使2LJ从终端向始端顺序励磁，结果使得各区段从终端向始端逐段解锁。之所以如此，是因为进路上的各区段无车占用，FDGJ从未励磁过，所以CJ具有立即励磁特性的缘故。1LJ由始端向终端顺序励磁后向终端处传递KF电源，到终端后再返回始端，使2LJ顺序励磁。反之，始端在右边时，则是2LJ从始端向终端顺序励磁，到终端后又使1LJ从终端向始端顺序励磁，使进路仍是由终端向始端逐段解锁。这是由于励磁网路结构对称所致，故在取消进路时，不论从左向右，还是从右向左，电路的动作规律都是一样的。

也就是12线先工作，然后13线才工作，各区段的一个LJ先随12线的工作而励磁，另一个则随13线的工作而励磁。

c. 从12线向13线转接KF解锁电源时，都要证明12线工作正常后才能使13线工作。对取消的是向股道或单线及双线双向运行的进站信号机的列车或调车进路时，用GJJ的吸起向终端处13线送入KF解锁电源。

KF解锁电源传递方式，12线利用CJ的及时励磁特性，13线利用各区段1LJ、2LJ的前接点。

对取消咽喉区的调车进路，则由终端处的ZJ的吸起将12线KF电源直接转接至13线网路。

d. 断开始端向 12 线送入的 KF 解锁电源的情况，列车进路和调车进路不相同。

当取消的是列车进路时，由 KJ 的落下切断始端送入 12 线的 KF 解锁电源。因为 KJ 随始端的解锁而复原，电路的逻辑关系如下：

始端的 1LJ↑→ |
始端的 2LJ↑→ | KJ↓→XJJ↓→QJ↓

当取消的是调车进路时，由 XJJ 的落下切断始端送入 12 线的 KF 解锁电源。因为 XJJ 早于 KJ 落下(调车进路只有一个区段的除外)，因此电路的复原逻辑关系是：

终端的 SJ↑→ZJ↓→XJJ↓→QJ↓

始端的 SJ↑→KJ↓

从上式可知，ZJ 早于 KJ 复原。

4. 进路的人工解锁

在列车或调车车列驶入接近区段时，如欲关闭信号机解锁进路，就不能用取消解锁的方法，而必须办理人工解锁。办理手续是：同时按下本咽喉的 ZRA 和被解锁进路的始端按钮。

进路的人工解锁，应具备以下条件：

①信号机开放后，列车或调车车列已驶入接近区段。

②防护该进路的信号机必须随着人工解锁的手续而关闭。从信号关闭时起，接车进路和正线发车进路要延时 3 min 才允许解锁，站线发车进路和调车进路要延时 30 s 才允许解锁，以保证解锁时车已停住。

③在整个延时过程中，必须证明车未冒进信号才允许解锁。

在人工解锁进路时，向解锁网路接入 KF 解锁电源前，必须检查具备人工解锁的条件。用 JYJ 的第 5 组后接点证明车占用接近区段；在始端用 QJ 第 5 组前接点证明已办好人工解锁手续；用 XJJ 第 5 组前接点证明在整个延时过程中车未冒进信号；用条件电源来保证所规定的延时时间，即在延时时间内不供出“KZ-RJ-H”条件电源，不准其他进路进行人工解锁。

(1)接车进路的人工解锁

建立下行至ⅠG 接车进路，下行进站信号机开放后，列车已驶入接近区段，此时因故要取消这条进路，应采用人工解锁的方法，按下总人工解锁按钮 ZRA 和进路的始端按钮 XLA，有关继电器按以下逻辑关系动作：

按下 ZRA→ZRJ↑→ZQJ↑→“KF-ZQJ-Q”有电→ | QJ↑→ | XXJJ↓↑ |
按下 XLA→XLAJ↑——————————————→ | | XLXJ↓→ | → QJJ↓
| | ——————→ |

从上述继电器的动作关系可看出，QJ 的吸起表明已办理人工解锁手续；XJJ 的落下又吸起，表明进路空闲；由于办理了人工解锁手续使 LXJ 落下后信号机关闭；进路上各区段的 QJJ 都落下，为进路的解锁做好准备。以上均与取消进路时一样，不同的是，信号开放后接近区段有车，使 JYJ 落下，向 12 线解锁网路接入 KF-3 分的限时解锁条件电源，即 KF 电源在信号机关闭 3 min 后才向 12 线网路送电。此后，从下行进站信号机 X 至ⅠG 的进路上各区段的 LJ 和 SJ 的动作顺序就和取消进路时一样，使进路从终端向始端逐段解锁。

(2)发车进路及调车进路的人工解锁

发车进路及调车进路的人工解锁，办理方式和解锁条件，与上述接车进路的人工解锁相同。

解锁时电路的动作顺序及 LJ 和 SJ 的励磁顺序，与发车进路和调车进路的取消解锁时一样。只是根据进路的性质，规定了不同的延时条件电源。对于正线出站兼调车信号机，用 LKJ 的接点来区分，发车时 LKJ 吸起接“KF-3 分”电源，调车时 LKJ 落下接入“KF-30 秒”电源。而对于站线的出站兼调车信号机，发车和调车的延时均为 30 s，就不需用 LKJ 接点作为区分条件了。

综上所述，进路的人工解锁和取消解锁，在解锁条件、电路动作规律等方面都是相同的。区别仅在于，取消进路时车未占用接近区段，JYJ 吸起，随即将 KF 解锁电源接入 12 线使进路立即解锁；而人工解锁进路时车已占用接近区段 JYJ 落下，延时过程中用 XJJ 吸起证明车未冒进信号，接入的是条件电源，经延时后进路才能解锁。

(3)延时电路

延时电路用来在人工解锁进路时产生延时电源，以达到进路延时解锁的目的。它由延时 3 min 的第一限时继电器 1XCJ，延时 30 s 的第二限时继电器 2XCJ，延时 3 min 的第一人工解锁继电器 1RJJ，延时 30 s 的第二人工解锁继电器 2RJJ 组成。上述四个继电器，是一个咽喉区所有信号机的控制条件。延时电路如图 2-54 所示。

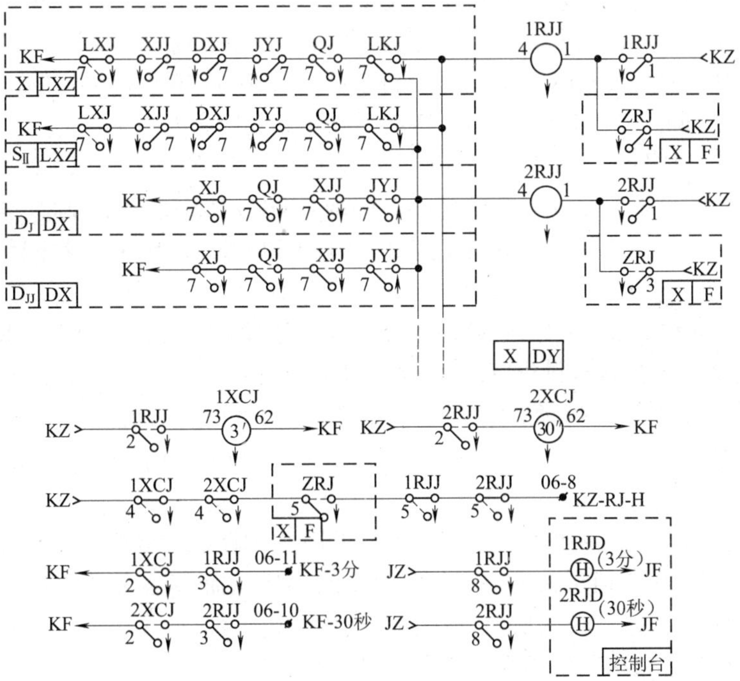

图 2-54　延时电路

1RJJ 和 2RJJ 的作用是：检查每架信号机所防护的进路是否具备人工解锁的条件。当某架信号机满足人工解锁条件后，就有一个人工解锁继电器励磁，用其前接点接通相应的限时继电器，使它供出延时解锁电源。

每架信号机的人工解锁条件分别并联后接入 1RJJ 和 2RJJ 电路，对于列车兼调车信号机用 LKJ 的接点来区分接入 1RJJ 还是 2RJJ。当要人工解锁某一进路时，用 JYJ 后接点来证明接近区段有车，用 ZRJ 和 QJ 吸起来证明已办理人工解锁手续，用 LXJ 或 DXJ 后接点来证明信号机已关闭。符合人工解锁条件信号机关闭后接通相应的人工解锁继电器电路,使之吸起并自闭。人工解锁继电器吸起后,接通相应的限时继电器电路,限时继电器开始工作。在延时过程中,用 XJJ 吸起来证明未冒进信号。若车冒进了信号机,XJJ 落下,断开人工解锁继电器电路,使限时继电器停止工作。条件电源"KF-3 分"或"KF-30 秒"不会有电,12 线、13 线网路不动作,停止进路解锁。

人工解锁继电器励磁后自闭,一直到进路全部解锁,XJJ 落下后才复原,此后才能再办理同咽喉另一条进路的人工解锁。

限时继电器 1XCJ 和 2XCJ 的作用是保证人工解锁进路所规定的延时时间。接车进路和正线发车进路在信号关闭后,使 1RJJ 励磁,用其第 2 组前接点接通 1XCJ 电路,经过3 min 后 1XCJ 才吸起,由 1RJJ 和 1XCJ 前接点向解锁网路供出"KF-3 分"解锁电源。而站线发车进路和调车进路是在信号关闭后使 2RJJ 励磁,接通 2XCJ 电路,经过 30 s 后 2XCJ 吸起,由 2RJJ 和 2XCJ 的前接点送出"KF-30 秒"解锁电源。延时继电器采用 JSBXC-850 型时间继电器。

现以下行至ⅠG 接车进路的人工解锁为例,分析延时电路的动作过程。

当按下总人工解锁按钮 ZRA 和进路始端按钮 XLA 后,由于进站信号机开放后接近区段已有车,JYJ 落下,在 ZRJ 励磁后使 QJ 吸起。此时 1RJJ、2RJJ 和 1XCJ、2XCJ 尚未励磁,在 ZRJ 吸起瞬间,"KZ-RJ-H"有电。XJJ 落下后检查"KZ-RJ-H"有电又经 8 线励磁,由 LXJ 落下和 LKJ 吸起接通 1RJJ 的励磁电路,1RJJ 吸起后自闭。其励磁电路是

$$KZ—ZRJ_{41\text{-}42}—1RJJ_{1\text{-}4}—XLKJ_{72\text{-}71}—XQJ_{72\text{-}71}—XJYJ_{71\text{-}73}—XDXJ_{71\text{-}73}—XXJJ_{71\text{-}72}—XLXJ_{73\text{-}71}—KF$$

此后在 1RJJ(或 2RJJ)吸起以后的延时时间内,再按 ZRA 使 ZRJ 吸起,也不会送出条件电源"KZ-RJ-H",只有在这条进路解锁,待 1RJJ、2RJJ 和 1XCJ、2XCJ 均落下后,才能办理另一条进路的人工解锁。

1RJJ 的第 2 组前接点接通了 1XCJ 电路,3 min 后 1XCJ 励磁。这时由 1RJJ 的第 3 组前接点和 1XCJ 的第 2 组前接点供出"KF-3 分"解锁电源。

调车进路的人工解锁与列车进路不同的只是,由于 LKJ 落下(或无 LKJ)使 2RJJ 励磁,而 2RJJ 吸起后接通 2XCJ 电路,30 s 后 2XCJ 励磁,由 2RJJ 和 2XCJ 前接点送出"KF-30 秒"解锁电源。

进路解锁后,XJJ 落下,相继断开 1RJJ 和 1XCJ 或 2RJJ 和 2XCJ 电路,使延时电路复原。在进行人工解锁时为引起值班人员注意,由 1RJJ 或 2RJJ 的前接点点亮控制台上相应的人工解锁表示灯(红色)。人工解锁完成后,该表示灯熄灭。

(4)人工解锁与进路取消的异同点

人工解锁与进路取消解锁相比较,其相同点是:在人工解锁过程中,其进路上各区段 LJ 的动作顺序、各区段 SJ 的解锁顺序、解锁 KF 电源在 12、13 线上的传递方式和解锁网路对称性均与取消进路完全相同。

其不同点是:

①解锁的先决条件不同,人工解锁是进路处于接近锁闭状态下进行;而取消进路是进路处于预先锁闭下进行。对前者进路中不但以 JYJ 后接点证明接近区段已经有车,而且还用 XJJ 前接点证明车未冒进信号,一旦冒进信号后立即停止解锁工作。而取消进路则用 JYJ 和 XJJ 的前接点证明接近区段无车且进路空闲。

②两者操纵方法不同，当人工解锁时错按成总取消按钮和进路的始端按钮时，只能关闭信号，不会引起进路的解锁。

③人工解锁进路，进路须延时后方能解锁。从信号关闭后开始计算延时时间，并再次用1RJJ 和 2RJJ 来检查人工解锁条件，以 1XCJ 和 2XCJ 来产生相应的延时电源。而取消进路时，当信号关闭后进路立即解锁。

5. 调车中途返回解锁

调车中途返回解锁可能有两种情况：一是牵出进路的所有区段都没有解锁；二是牵出进路中有部分区段已经解锁，还有部分区段没有解锁。

例如，在图 2-53 所示的站场中，由Ⅰ G 转线到Ⅱ G 去的调车作业，由于调车车列较长，办理牵出进路时不仅开放了 $S_{I}$ 信号机，而且也开放了 $D_7$ 信号机。车列牵出越过反向的调车信号机 $D_{13}$ 后就停下，然后在 $D_{13}$ 信号机开放后转到Ⅱ G 去。这时列车只占用了 9-15DG 区段和 3DG 区段，没有占用 5DG 区段。当车列按 $D_{13}$ 的显示转至Ⅱ G 去后，各区段的解锁情况如何？由前述，正常解锁要求实现三点检查，并要求车列从始端向终端顺序地占用和出清进路中的各个区段。对于从 $S_{I}$ 至 $D_7$ 牵出进路来说，有 17-23DG 和 9-15DG 两个区段，对 17-23DG 区段而言，牵出时车列占用过并已出清它，所以它能正常解锁，而且由于 17-23DG 区段的解锁才能开放反向的调车信号机 $D_{13}$。但 9-15DG 区段就不同了，虽然车列牵出时顺序占用过 17-23DG、9-15DG、3DG 三个区段，但并未出清 9-15DG 区段，而车列折返时又是先出清了 3DG 区段，后出清了 9-15DG 区段，这与正常解锁的情况不同，所以 9-15DG 区段不能正常解锁。这就是第二种情况，即牵出进路的部分区段已解锁，另一部分区段尚未解锁。

$D_7$ 至Ⅰ AG 的牵出进路包括 3DG 和 5DG 两个区段，对 3DG 区段来说，因车未占用过 5DG 区段，缺少第三点检查的证明条件，所以当车列退出 $D_7$ 内方后它不能正常解锁。至于 5DG 区段，第二点和第三点检查的证明条件都没有，就更不能正常解锁了。这就是第一种情况，即牵出进路的所有区段均未解锁。

凡是咽喉区的调车信号机，不论是单置、并置、差置，都有可靠碰到这种情况，它的牵出进路上的所有区段的解锁均要按调车中途返回解锁。由前述，取消进路和人工解锁时都是相应于进路始端处向 12 线接入 KF 解锁电源，既然这种情况也是从第一个区段就未正常解锁，那么也可以由相应于进路始端处 12 线接入解锁电源，使该进路解锁。

上述的第二种情况是牵出进路的部分区段已解锁，其余区段需按调车中途返回解锁。这种情况仅仅在牵出进路上设有反向的单置调车信号机时才有可能。因为牵出进路的第一个区段已正常解锁，始端 KJ 随即落下，所以就不可能由原牵出进路的始端处向 12 线接入解锁电源，而要由反向单置调车信号机处向原牵出进路的终端从 12 线接入解锁电源，使原牵出进路未解锁的区段解锁。

(1)第一种情况的调车中途返回解锁电路

已开放的调车信号机，当调车车列一部分跨入信号机内方并按另一架反向调车信号机折返后，于调车车列退出其接近区段时，该调车进路内各道岔区段应按调车中途返回方式自动解锁。

此种情况的调车中途返回解锁要满足以下解锁条件：

a. 要证明整条牵出调车进路均未解锁，即原调车进路的 KJ 和 ZJ 都在励磁状态。

b. 证明调车车列曾有一部分跨入调车信号机内方，由于调车车列跨在信号机内外区段，

JYJ 落下切断 XJJ 的 1-2 线圈防护电路，部分车辆在信号机内方 DGJ 落下使 8 线断开，结果使 XJJ 处于失磁状态。

c. 开放的调车信号机由于调车车列折返退出信号机内方而使调车信号自动关闭，这是由于进路内方第一个区段 DGJ 吸起切断了 DXJ 的白灯保留电路。

d. 证明调车车列确实折返了，即调车车列退出了调车进路并且折返离开了，这可用调车进路内各区段的 DGJ 吸起和接近区段的 JYJ 又励磁来证明。

例如，开放的 $D_7$ 信号机，在调车车列进入 $D_7$ 信号机内方时按 $D_{13}$ 信号机折返，当调车车列退出 $D_7$ 信号机内方，折返进入 $D_{13}$ 信号机内出清 $D_7$ 的接近区段时，$D_7$ 进路内的 3DG、5DG 区段就会按调车中途返回方式解锁。

当调车车列驶入 $D_7$ 信号机接近区段时，$D_7$JYJ 落下断开 $D_7$XJJ 的 1-2 线圈防护电路。调车车列进入 $D_7$ 信号机内方时 3DGJ 落下断开 8 线使 $D_7$XJJ 落下，同时使 3FDGJ 励磁切断 3QJJ 的 1-2 线圈自闭电路使 3QJJ 失磁落下，为 3/2LJ 的励磁准备条件。调车车列按 $D_{13}$ 折返退出 $D_7$ 信号机内方，3DGJF 吸起切断 $D_7$ 白灯保留电路，使 $D_7$XJ 失磁，$D_7$ 信号机自动关闭。当调车车列折返进入 $D_{13}$ 信号机内方出清 $D_7$ 信号机接近区段时，$D_7$JYJ 又励磁。由于 $D_7$XJ 的落下和 $D_7$JYJ 的吸起，$D_7$ 信号机的 10 线 KF 电源被切断，使 5QJJ 的 1-2 线圈自闭电路断电而落下。此时的 3FDGJ 经缓放后已经落下了，而 9-15FDGJ 正在缓放之中，解锁电源 KF 由原排进路的终端 $D_3$ZJ 的前接点向 8 线送入，检查进路上 5DGJ、3DGJ 的前接点，送至原排牵出进路的始端 $D_7$ 信号机处，检查 $D_7$KJ、$D_7$JYJ 的吸起和 $D_7$XJJ、$D_7$XJ 的落下，在 9-15FDGJ 缓放期间转入 12 线使 3/2LJ 的 1-2 线圈励磁并自闭，其励磁电路为

KZ-GDJ—$3QJJ_{51\text{-}53}$—$3/2LJ_{1\text{-}2}$—$3CJ_{31\text{-}33}$—$3CJ_{73\text{-}71}$—$3QJJ_{23\text{-}21}$—$D_7KJ_{51\text{-}52}$—$D_7XJJ_{51\text{-}53}$—$D_7XJ_{51\text{-}53}$—$9\text{-}15FDGJ_{62\text{-}61}$—$D_7JYJ_{62\text{-}61}$—$D_7KJ_{12\text{-}11}$—$3DGJ_{11\text{-}12}$—$1/3DBJ_{11\text{-}12}$—$5/7FBJ_{13\text{-}11}$—$5DGJ_{11\text{-}12}$—Ⅰ$AGJF_{51\text{-}52}$—$XKJ_{11\text{-}13}$—$D_3ZJ_{12\text{-}11}$—KF

3/2LJ 励磁后自闭。

3/2LJ 吸起后，由于 $D_7$ 信号内方的 3FDGJ 经缓放后早已落下，使 3CJ 立即励磁，用 3CJ 的第 5、第 7 组前接点将 12 线接通，使由 $D_3$ZJ 吸起送入 8 线经 $D_7$ 始端转至 12 线的 KF 电源继续送入 5DG 区段的 5/2LJ 的 1-2 线圈，使 5/2LJ 吸起，其励磁电路是

KZ-GDJ—$5QJJ_{51\text{-}53}$—$5/2LJ_{1\text{-}2}$—$5CJ_{31\text{-}33}$—$5CJ_{73\text{-}71}$—$QJJ_{23\text{-}21}$—$5/71SJ_{51\text{-}53}$—$5/7FBJ_{51\text{-}53}$—$1/3DBJ_{52\text{-}51}$—$1/3\ 2SJ_{53\text{-}51}$—$3CJ_{51\text{-}52}$—$3CJ_{72\text{-}71}$—……至原 12 线 KF 解锁电源径路

同样地，5/2LJ 励磁后自闭，并使 5CJ 立即吸起，将 12 线上的 KF 电源向终端送去，使 X-$D_3$GJJ 吸起，X-$D_3$GJJ 吸起后经其第 5 组前接点将 KF 电源由 12 线转向 13 线，使 5/1LJ 励磁，其电路为

KZ—$5QJJ_{71\text{-}73}$—$5/1LJ_{3\text{-}4}$—$5DGJ_{52\text{-}51}$—$5/2LJ_{12\text{-}11}$—$3QJJ_{13\text{-}11}$—$XKJ_{61\text{-}63}$—$D_3ZJ_{61\text{-}62}$—$5FDGJ_{51\text{-}53}$—$D_3ZJ_{52\text{-}51}$—$XYJJ_{43\text{-}41}$—$XKJ_{53\text{-}51}$—$5CJ_{51\text{-}52}$—……至原 12 线 KF 电源径路

5/1LJ 励磁后自闭。

因为 5/1LJ 和 5/2LJ 吸起，5DG 区段又未被车占用过，故 5/7 1SJ 随即励磁，使 5DG 区段解锁。

同时由于 5/1LJ、5/2LJ 及 3/2LJ 已吸起，车退出 3DG 区段时 3DGJ 励磁，于是沟通 3/1LJ 的励磁电路，3/1LJ 吸起后自闭，其励磁电路为

KZ—$3QJJ_{71\text{-}73}$—$3/1LJ_{3\text{-}4}$—$3DGJ_{52\text{-}51}$—$3/2LJ_{12\text{-}11}$—$3QJJ_{13\text{-}11}$—$1/3FBJ_{61\text{-}63}$—$5/7DBJ_{62\text{-}61}$—$5QJJ_{31\text{-}33}$—$5/1LJ_{11\text{-}12}$—$5DGJ_{31\text{-}32}$—$5/2LJ_{22\text{-}21}$—KF

由于车早已退出 3DG 区段，所以 1/3 2SJ 吸起，使 3DG 区段解锁。

因5/71SJ吸起使$D_3$ZJ落下，断开了经$D_3$ZJ第1组前接点送入8线的KF解锁电源。1/32SJ吸起后使$D_7$KJ落下，至此$D_7$信号机内方各区段的调车中途返回解锁即告完成。

第一种情况的调车中途返回解锁有以下特点：

a. KF解锁电源由原牵出进路的终端处的ZJ前接点向8线上供出。

b. 通过8线证明调车车列确实退出了牵出进路。

c. 由原牵出进路的始端处经KJ前接点将KF电源接入12线，并向终端方向送出。

d. 用XJJ后接点证明调车车列占用过进路，用XJ落下证明调车车列折返退出原牵出进路时使调车信号关闭。

e. 是在调车车列折返退清原调车进路的接近区段的瞬间接通KF解锁电源的，用JYJ前接点和接近区段FDGJ处于缓放来证明，这样，解锁电源只能供出3～4 s。

调车中途返回解锁电路中防护接点的作用：

a. JYJ的第6组前接点

当信号机开放后，如调车车列已驶入接近区段，若此时发生进路内方瞬间轨道电路短路，XJJ会落下。而当短路故障消失后，DXJ也会落下，同时8线又将接通，造成调车车列尚未折返时牵出进路的错误解锁。在电路中加入JYJ前接点后，只有调车车列折返退出调车信号的接近区段，在JYJ吸起后，才准许按调车中途返回方式将进路解锁，从而避免调车车列进入已解锁的进路。

当以并置调车信号机为折返信号机时，其调车中途返回解锁电路则不需要检查调车车列出清接近区段的条件。例如单机从ⅠG至5G的转线作业以$D_9$为折返信号机时，并置$D_7$信号机防护的调车进路的中途返回解锁则不需要检查$D_7$JYJ的第6组前接点。很显然按$D_9$信号折返时，调车必须进入$D_7$信号机内方，此时$D_7$JYJ正常励磁并经$D_7$XJ后接点自闭，折返时$D_7$JYJ将不会再落下。

b. XJJ的1-2线圈自闭电路有防护作用

由前述，XJJ的1-2线圈自闭电路有防护作用，可防止调车进路内轨道电路人工瞬间短路造成进路按中途返回方式错误解锁。假如不设XJJ的1-2线圈自闭电路，进行牵出调车作业时使前方的调车信号机开放，调车车列刚从ⅠG驶出越过$S_Ⅰ$信号机，尚未到达$D_7$接近区段，此时$D_7$进路内方发生轨道电路瞬间人工短路，例如5DGJ落下断开8线，将使$D_7$XJJ和$D_7$XJ落下，由于$D_7$XJ的落下使$D_7$JYJ失去检查$D_7$接近区段9-15DG的作用。当调车车列进入$D_7$信号机接近区段时，$D_7$JYJ靠$D_7$XJ落下构成自闭吸起，9-15DGJ的落下又使9-15FDGJ励磁，再加上$D_7$KJ和$D_3$ZJ都保持在吸起状态，此时$D_7$进路内轨道电路的短路撤销后，5DGJ吸起将8线重新接通，$D_3$ZJ吸起将KF电源经8线送往始端，经$D_7$KJ、$D_7$JYJ、9-15FDGJ的前接点和$D_7$XJ、$D_7$XJJ的后接点将KF电源转入12线，使进路解锁。若调车司机未注意观察$D_7$信号机，调车车列将闯入已解锁的调车进路中，这是危险的。

现设有XJJ的1-2线圈自闭电路后，若再发生上述轨道电路瞬间短路现象，XJJ就不会落下，调车进路始端处的中途返回解锁电路就不会接通，从而可防止调车进路的迎面错误解锁。

c. FDGJ的缓放作用

在调车中途返回解锁电路的始端接有接近区段的FDGJ第6组前接点，可防止小车高速运行而在调车信号机内方跳动时，引起XJJ和XJ都落下，JYJ已吸起，因小车跳动使轨道电路分路不良而造成进路按调车中途返回解锁的情况的发生。因 JYJ 已吸起，所以只有在接近区段的 FDGJ 缓放的 3 s 内才有可能错误接通调车中途返回解锁电路，从时间上大大缩小了由于小车跳动造成上述危险情况的机会。但这样一来，FDGJ 的缓放时间必须稳定可靠，按 FDGJ 缓放 3 s 计算，3 s 可解锁 7～8 个区段，而调车进路一般不会超过 8 个区段，所以完全可以保证中途返回的调车进路上各个区段的 1LJ 和 2LJ 的可靠励磁。

(2)第二种情况的调车中途返回解锁电路

此种情况仅是单置调车信号机外方区段的中途返回解锁，进路的解锁必须满足以下联锁条件：

a. 整条牵出进路尚有一部分未解锁，用 KJ 已落下，未解锁部分的 ZJ 仍吸起来证明。

b. 已排列了折返进路，用折返进路的 KJ 励磁来证明。

c. 调车车列已按折返信号的显示进入了折返进路内方，可用折返进路的 XJJ 已落下来证明。

d. 折返的调车车列已退清原排的牵出进路，用原进路中各区段的 DGJ 吸起来证明。

解锁的 KF 电源也是由原牵出进路的终端经 ZJ 吸起将电源送入 8 线，检查未解锁区段的 DGJ 第 1 组前接点后，送至折返进路的始端，检查折返进路单置调车信号机的 XJJ 落下，KJ 吸起后，将 KF 电源转至 12 线，送入未解锁区段的 1LJ 和 2LJ 中，按取消进路的解锁方式，使原牵出进路上未解锁区段解锁。

现仍以上述按 $S_{\mathrm{I}}$ 牵出、$D_{13}$ 折返时 9-15DG 的解锁为例，分析第二种情况的调车中途返回解锁。在车列牵出进入 $S_{\mathrm{I}}$ 信号机内方出清 17-23DG 区段，进入 9-15DG 区段时，9-15DG 的 2LJ 已吸起。当 $D_{13}$ 信号机开放后，调车车列折返跨入 $D_{13}$ 内方时，$D_{13}$ XJJ 落下，而 $D_{13}$ XJ 在自闭。调车车列全部驶入 $D_{13}$ 信号机内方时，9-15DGJ 励磁。由 $D_9$ ZJ 第 1 组前接点将 KF 解锁电源接入 8 线，送向折返进路的始端 $D_{13}$ 处，经 $D_{13}$ XJJ 第 8 组后接点和 $D_{13}$ KJ 第 2 组前接点将 KF 电源接入 12 线，在 9-15FDGJ 缓放 3 s 落下后，使 CJ 立即励磁经其前接点传向终端，由 $D_9$ ZJ第 5、6 组前接点使 9-15/1LJ 的 3-4 线圈励磁，从而使 9-15DG 区段解锁。9-15/1LJ 的励磁电路是：

KZ—9-15$QJJ_{71\text{-}73}$—9-15/$1LJ_{3\text{-}4}$—9-15$DGJ_{52\text{-}51}$—9-15/$2LJ_{12\text{-}11}$—9-15$QJJ_{13\text{-}11}$—13/15$FBJ_{61\text{-}63}$—$D_9$ $KJ_{61\text{-}63}$—$D_9$ $ZJ_{61\text{-}62}$—9-15$FDGJ_{41\text{-}43}$—$D_9$ $ZJ_{52\text{-}51}$—$D_9$ $KJ_{53\text{-}51}$—13/15$DBJ_{52\text{-}51}$—13/15 $2SJ_{53\text{-}51}$—9-15$CJ_{51\text{-}52}$—9-15$CJ_{72\text{-}71}$—9-15$QJJ_{23\text{-}21}$—9/11 $1SJ_{51\text{-}53}$—9/11$FBJ_{51\text{-}53}$—$D_{13}$ $ZJ_{51\text{-}53}$—$D_{13}$ $KJ_{21\text{-}22}$—$D_{13}$ $XJJ_{83\text{-}81}$—$D_{13}$ $ZJ_{11\text{-}13}$—9/11$FBJ_{13\text{-}11}$—9-15$DGJ_{11\text{-}12}$—13/15$DBJ_{11\text{-}12}$—$D_9$ $KJ_{11\text{-}13}$—$D_9$ $ZJ_{11\text{-}12}$—KF

9-15/1LJ 励磁后自闭。

由于 9-15DG 区段的 1LJ 和 2LJ 均励磁，该区段即解锁，在 9/11 1SJ 励磁后使 $D_9$ ZJ 复原。

不论是第一种情况还是第二种情况的调车中途返回解锁，它们的解锁网路中 LJ 的励磁，除 KF 解锁电源需从终端处经 8 线接入 12 线外，其电路动作过程与调车进路的取消和人工解锁相同。

可见，调车中途返回解锁既具有正常解锁又兼有取消解锁，其特点为解锁 KF 电源由 ZJ↑经 8 线转至 12 线上。第一种情况是在牵出进路的始端转接，第二种情况是在折返进路的始端转接。

从以上进路的正常解锁、取消和人工解锁、调车中途返回解锁的分析中，可以看到对解锁网路的要求是很高的。为了防止进路锁闭后发生故障引起错误解锁和提前解锁，在解锁网路中采取了不少“故障—安全”的防护措施，现归纳如下：

a. 为了防止进路锁闭后发生轨道电路供电瞬时停电引起 1LJ 和 2LJ 错误吸起，LJ 的励磁正电源采用“KZ-GDJ”条件电源。

b. 为了防止进路锁闭后由于轨道电路的人工短路或绝缘破损引起进路的错误解锁，采用三点检查法或两点检查法检查后才准进路解锁。

c. 为了防止小车跳动可能引起的道岔提前解锁而出现道岔中途转换的事故，在 SJ 电路中利用 FDGJ 缓放 3～4 s 的特性，以保证出清道岔区段后再行解锁。

d. 为了防止小车高速运行而在调车信号机内方跳动时造成进路错误地按调车中途返回解锁的事故，采用了 KF 解锁电源在接近区段的 FDGJ 缓放的 3 s 内供出的措施，减少了错误解锁的可能性。

e. 为了防止调车车列未驶入已锁闭的调车进路的接近区段时，该进路发生瞬间人工短路使进路提前错误解锁，调车信号 XJJ 增设 1-2 线圈自闭防护电路。

f. 人工解锁进路时，为了防止错误按压有车占用的区段的事故按钮 SGA 使得该区段单独解锁，在 CJ 的 1-2 线圈励磁电路中加入 DGJF 的前接点。

g. 为了防止迂回电路造成各 LJ 的 1-2 线圈串联，在 12 线上用 QJJ 第 2 组后接点断开由调车进路最后一个区段的 QJJ 的第 1、3 组前接点和 ZJ 的第 5、6 组前接点沟通的迂回电路。

h. 在 12 线上接有 SJ 第 5 组后接点，可将已解锁的区段及时地与未解锁的区段从 12 线上断开，以防止未解锁的区段串入 KF 电源提前错误解锁。

i. 调车进路的解锁，除接近区段允许停留车辆者外，都采用调车车列出清接近区段时 JYJ 吸起才向 12 线送出 KF 解锁电源的方式，这可防止调车信号机内方发生小车跳动造成轨道电路分路不良而引起的进路错误解锁。

j. 为了提高电路的安全性，对 12 线和 13 线均采用瞬间送出 KF 解锁电源的办法。在取消进路时，采用只有证明 12 线工作正常 GJJ 励磁后才向 13 线供出 KF 解锁电源的方法。

6. 故障解锁

对区段锁闭中的道岔单独进行解锁，可同时按下 ZRA 和 SGA 使 CJ 励磁，1LJ↑、2LJ↑，随后 SJ↑。

故障解锁必须检查下列联锁条件：

(1)必须检查故障解锁区段空闲，即 DGJF↑。

(2)必须检查按规定办好人工操纵手续，即按下 SGA 和 ZRA，“KF-ZRJ-Q”电源有电。

(3)必须人工确认故障解锁区段不在已建好的进路上，即 QJJ↓。

## 九、引导信号电路

在进站信号机(及接车进路信号机)故障或轨道电路故障不能正常办理接车进路时，以及在道岔失去表示或向非接车进路接车等情况下，为确保安全，可采用将接车进路上的道岔实行锁闭或对全咽喉所有道岔实行总锁闭然后开放引导信号的方式进行引导接车。为实现引导锁闭和开放引导信号，对应每一架进站信号机和接车进路信号机，都设置一个引导信号组合 YX，其组合中设引导按钮继电器 YAJ、引导信号继电器 YXJ 和引导解锁继电器 YJJ。对每一咽喉，在电源组合 DY 中设引导总锁闭继电器 YZSJ。6502 电路的引导锁闭有两种方式：一是按进路方式锁闭道岔，称为引导进路锁闭；二是全咽喉的联锁道岔都锁闭，称为引导总锁闭。

1. 引导进路锁闭

(1)使用条件

在下列情况下采用引导进路锁闭方式开放引导信号：

①进站信号机或接车进路信号机因故不能正常开放时，例如允许信号灯泡断丝。

②接车进路上某一轨道电路故障不能建立正常接车进路时。

(2)办理手续

①对于因进站信号机(或接车进路信号机)允许信号灯泡断丝而不能正常开放的情况下，可先按压该接车进路的始、终端按钮，排出进路后确认该进站信号机未开放，再破铅封按压相应的引导按钮 YA。此时，该接车进路被锁闭，控制台上亮白光带，引导信号开放，控制台上的进站信号复示器红、白灯同时点亮。

②对于接车进路上有某轨道电路区段故障的情况下，可先将进路上有关道岔单独操纵至所要求的位置(此时故障区段的道岔应不需转换。若需转换，则用摇把摇动，无道岔表示，不能办理引导进路锁闭，只能用引导总锁闭方式接车)。为防止故障区段修复(或自然恢复)后区段内的道岔解锁，还须将该故障区段的单独锁闭道岔按钮按下。然后破铅封按压引导按钮，使该进路锁闭，控制台上除故障区段为红光带外其余显示白光带，随即开放引导信号。

引导进路的解锁不是自动进行的，而是待列车全部进入股道后，由车站值班员按压本咽喉的总人工解锁按钮 ZRA 和进站信号机或接车进路信号机的列车按钮，按引导进路解锁方式解锁。

(3)引导信号电路

现以图 2-55 所示的向下行ⅠG 建立引导接车进路为例，说明引导信号电路的工作原理。

破铅封按下 X 进站信号机的 YA 后，使下行引导按钮继电器 YAJ 励磁，其电路为

KZ—$YA_{11\text{-}12}$—$LXJF_{31\text{-}33}$—$YXJ_{51\text{-}53}$—$YAJ_{3\text{-}4}$—$YZSJ_{71\text{-}73}$—$D_3ZJ_{31\text{-}33}$—KF

YAJ 励磁后，用其第 2 组前接点将 KZ 电源接入 9 线网路，使 9 线网路上所接的 5DG、3DG、9-15DG 和 17-23DG 区段的 QJJ 励磁，切断了各区段 LJ 的自闭电路使它们失磁，SJ 随即失磁，锁闭了接车进路。而在进路终端 $S_Ⅰ$ 处，则由 GJJ 励磁使 ZCJ 失磁，排除了对端咽喉建立敌对进路的可能性。

YAJ 励磁后，用其第 3 组前接点将 YXJ 接入 11 线网路。引导接车进路上各区段的 QJJ 吸起，使相应的 CJ、SJ 和 $S_Ⅰ$ ZCJ 相继落下而接通 11 线，除故障轨道区段外与接车信号电路一样经 7、11 线检查开放引导信号联锁条件符合后 YXJ 即励磁。在对应于故障轨道电路区段，例如 5DG 处，则经 5CJ 的前接点和 5DGJF 的后接点接通 11 线。这样就接通了 YXJ 的励磁电路，其电路是

KZ—$YA_{11\text{-}12}$—$LXJF_{31\text{-}33}$—$YXJ_{3\text{-}4}$—$1DJF_{32\text{-}31}$—$YZSJ_{51\text{-}53}$—$YJJ_{33\text{-}31}$—$YAJ_{32\text{-}31}$—$5DGJF_{11\text{-}13}$—$5CJ_{42\text{-}41}$—5/7 $1SJ_{13\text{-}11}$—5/7$DBJF_{21\text{-}22}$—5/7 $1SJ_{21\text{-}23}$……$S_Ⅰ$ $ZCJ_{41\text{-}43}$—$S_Ⅰ$ $ZJ_{41\text{-}43}$—$S_Ⅰ$ $GJJ_{42\text{-}41}$—$X_Ⅰ$ $GJJ_{23\text{-}21}$—KF

YXJ 励磁后，经下行进站信号机内方第一个轨道电路区段的ⅠAGJF 的第 2 组前接点自闭，于是引导信号开放，即可松开 YA。列车一进入下行进站信号机内方，ⅠAGJF 失磁，切断 YXJ 自闭电路，使引导信号关闭。

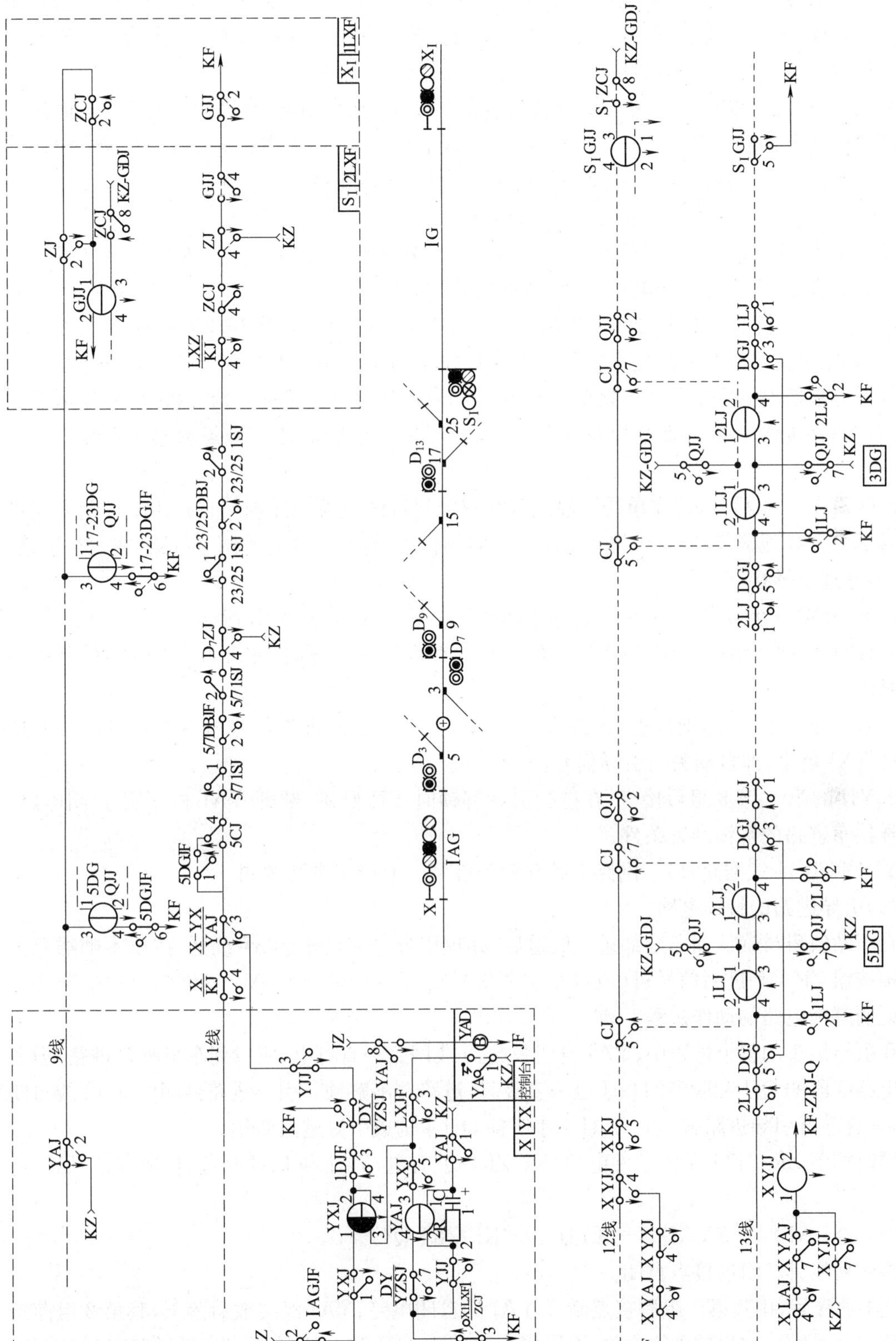


图 2-55　引导信号电路

若进站信号机内方第一个轨道电路区段发生故障ⅠAGJF处于落下状态时，YXJ的自闭电路不能构成，在这种情况下，为了保持YXJ吸起，要求在引导接车过程中，即列车未进入进站信号机内方之前，车站值班员应一直按着引导按钮。

在11线上之所以将YAJ第3组接点接在KJ第4组接点前面，是因为在列车接近时发生进站信号机的允许信号灯泡断丝时，可以立即办理引导接车，而不需经3 min延时解锁KJ落下后才进行。这样，使得列车很快被引导进站，而不至在站外停车。

在YAJ和YXJ电路中，检查了以下联锁条件：

a. 引导总锁闭继电器YZSJ的第7组后接点，用来区分引导方式，办理引导总锁闭时YZSJ励磁，切断YAJ的励磁电路，从而不构成引导进路锁闭。

b. 进站信号机的LXJF的第3组后接点，能防止在进站信号机开放后错误按压YA使YAJ和YXJ励磁将已开放的列车信号关闭；同时还能防止进站信号复示器点绿灯又错误显示白闪等不正常情况的发生。如不接此组接点，LXJF励磁后开放了进站信号机，信号复示器点绿灯，而LXJF励磁后断开2DJ电路，2DJ的落下和YXJ的吸起使信号复示器在点绿灯时又闪白灯。

c. $D_3$ZJ第3组后接点（在单线区段或双线双向运行区段为ZCJ前接点），用来证明未向进站信号机内方办理调车进路（或发车进路）。即只有在没有建立敌对的调车进路（或发车进路）时，才能办理引导接车。

d. YZSJ第5组接点，区分引导进路锁闭还是引导总锁闭，使YXJ励磁，开放引导信号。

e. 1DJF的第3组前接点，检查进站信号机的红灯灯丝完好时，才准许YXJ励磁，开放引导信号。

f. ⅠAGJF的第2组前接点，保持YXJ自闭，在列车进入进站信号机内方后，因ⅠAGJF失磁使YXJ落下，即自动关闭引导信号。

g. YJJ的第1、第3组后接点，在进行引导解锁时YJJ励磁，断开YAJ和YXJ自闭电路，为引导接车进路的解锁准备条件。

YXJ利用11线网路励磁，网路上的联锁条件与一般接车进路相同。

(4)引导进路的解锁电路

在车站值班员确认列车全部进入股道后，办理引导进路的解锁，手续是：按压本咽喉总人工解锁按钮ZRA和进站信号机（或接车进路信号机）的列车按钮LA。现仍以上述引导进路为例说明解锁电路的动作过程。

在引导接车的整个过程中，YAJ自闭吸起，9线网路一直有电，所以列车虽驶过进路，但各轨道电路区段的QJJ和股道的GJJ也一直吸起，进路并不解锁。引导进路锁闭时无10线自闭电路，只有进行引导进路解锁时YAJ↓才使各QJJ↓构成引导进路解锁。

同时按下ZRA和LA使条件电源“KF-ZRJ-Q”有电，YAJ和LAJ吸起，构成YJJ励磁，电路是

KZ—$XLAJ_{41\text{-}42}$—$XYAJ_{71\text{-}72}$—$XYJJ_{1\text{-}4}$—“KF-ZRJ-Q”

励磁后经其7组前接点自闭。

YJJ励磁后，用其第1组后接点断开YAJ的自闭电路，YAJ经缓放后落下，其第2组前接点切断向9线网路送出的KZ电源，引导接车进路上QJJ和GJJ落下，为引导解锁做好准备，YJJ的第3组后接点断开YXJ通向11线网路的励磁电路，使YXJ不再励磁。

若引导接车进路上某一轨道区段发生故障，假如5DG故障，由于5DGJF落下，使5QJJ不能励磁。此时，5DG的1LJ、2LJ和CJ均不失磁。这样，在解锁引导进路时，即使故障区段尚未修复，也能利用12、13线网路来进行解锁。

由于YJJ的励磁和YAJ、YXJ的失磁，即构通引导解锁电路。引导进路解锁时1LJ和2LJ的动作程序与取消进路时相同。如3/1LJ的励磁电路为

"KZ-GDJ"—$3QJJ_{51\text{-}53}$—$3/1LJ_{1\text{-}2}$—$3CJ_{53\text{-}51}$—…—$5QJJ_{21\text{-}23}$—$5CJ_{71\text{-}72}$—$5CJ_{52\text{-}51}$—$XKJ_{51\text{-}53}$—$XYJJ_{41\text{-}42}$—$XYXJ_{43\text{-}41}$—$XYAJ_{43\text{-}41}$—KF

3/1LJ励磁后，3CJ随即吸起，将KF电源传向9-15DG区段，使9-15/1LJ励磁，再传至17-23DG区段，使17-23/1LJ励磁，最后传至进路终端，$S_I$GJJ励磁。$S_I$GJJ励磁后，由其第5组前接点将KF电源从终端接入13线网路，使17-23/2LJ励磁，终端首先解锁，然后按与取消进路时相同的顺序使9-15/2LJ、3/2LJ先后顺序励磁，进路从终端依次解锁。KF电源传到发生故障的5DG区段时，经5DGJ的第3、第5两组后接点传至始端。这样，除故障区段处于单独锁闭外，引导进路的其余部分均解锁。5DG区段故障排除后，拉出按下的5号道岔按钮，使5DG区段也解锁。

由上述可见，不让故障区段的QJJ励磁，保持它的CJ吸起，可以使12线解锁KF电源越过故障区段往下一个区段传送，13线网路终端的KF电源也可经故障区段DGJ后接点之间短路线传向进路始端，使引导进路得以解锁。

YAJ的1-2线圈缓放的作用是，保证YJJ可靠励磁。因为YJJ的励磁电路由YAJ前接点接通，而YJJ吸起又断开YAJ的自闭电路，为保证YJJ可靠吸起，在YJJ吸起断开YAJ自闭电路时，用并联在YAJ的1-2线圈上的电阻R和电容器C使YAJ缓放。

引导解锁电路中各接点的作用是：

YJJ励磁电路中的YAJ第7组前接点用以区分是引导解锁还是接车进路人工解锁。因为两者办理手续相同，但由于办理引导进路时按YA，只有在YAJ励磁的情况下YJJ才能吸起，而在进行接车进路的人工解锁时由于YAJ失磁不会使YJJ励磁。

在12线网路始端接入X的YAJ和X的YXJ的第4组后接点，前者证明引导按钮确已复原，9线已无KZ电源，使得QJJ失磁，做好解锁准备；后者证明引导信号确已关闭，这时向12线网路送入KF解锁电源才是安全的。试验完引导信号后，要关闭引导信号，解锁引导进路，这时YXJ励磁电路由YJJ第3组前接点断开，而不是由YAJ第3组后接点断开。

为了解引导进路是否锁闭，由YAJ第8组前接点亮控制台上引导按钮白色表示灯。

2. 引导总锁闭

(1)使用条件

在下列情况下使用引导总锁闭方式接车：

①不是由于道岔被挤而造成的接车进路上某道岔失去表示时，如红光带区段摇动过道岔、自动开闭器接触不良或整流二极管击穿使道岔表示继电器不能吸起时。

②向调车线上接车时。

③向非接车进路的股道上反向接车时，如原举例站场为双线单向运行区段，ⅡG不办理正常的下行接车进路。

(2)办理手续

办理引导总锁闭，开放引导信号的手续是：

①对于失去道岔表示的引导进路，除故障道岔需用摇把摇至所需位置外，先将各道岔单独操纵至所需位置；车站值班员确认引导进路正确后，破铅封按下引导总锁闭按钮 YZSA。将该咽喉道岔全部锁闭；然后按下引导按钮 YA，开放引导信号，此时，进路白光带不点亮，仅信号复示器点红灯和白灯，表示引导信号已开放。

②向非接车进路上接车，可单独操纵道岔至所需要位置。对于单方向运行的正线股道的反向接车进路，也可用按压始、终端列车按钮以进路方式选出进路，再按下接通光带按钮 TGA，确认引导进路正确，然后破铅封按压 YZSA，将全咽喉道岔锁闭。此时引导总锁闭表示点白灯，随后按下引导按钮，开放引导信号。此时，进路白光带也不点亮。

(3)引导总锁闭电路

引导总锁闭电路如图 2-56 所示。办理引导总锁闭接车时，按下带铅封的非自复式引导总锁闭按钮 YZSA，使引导总锁闭继电器 YZSJ 吸起后，用其第 1、4 组后接点使条件电源“KZ-YZSJ-H”无电，全咽喉的 SJ 都落下，构成全咽喉道岔总锁闭。

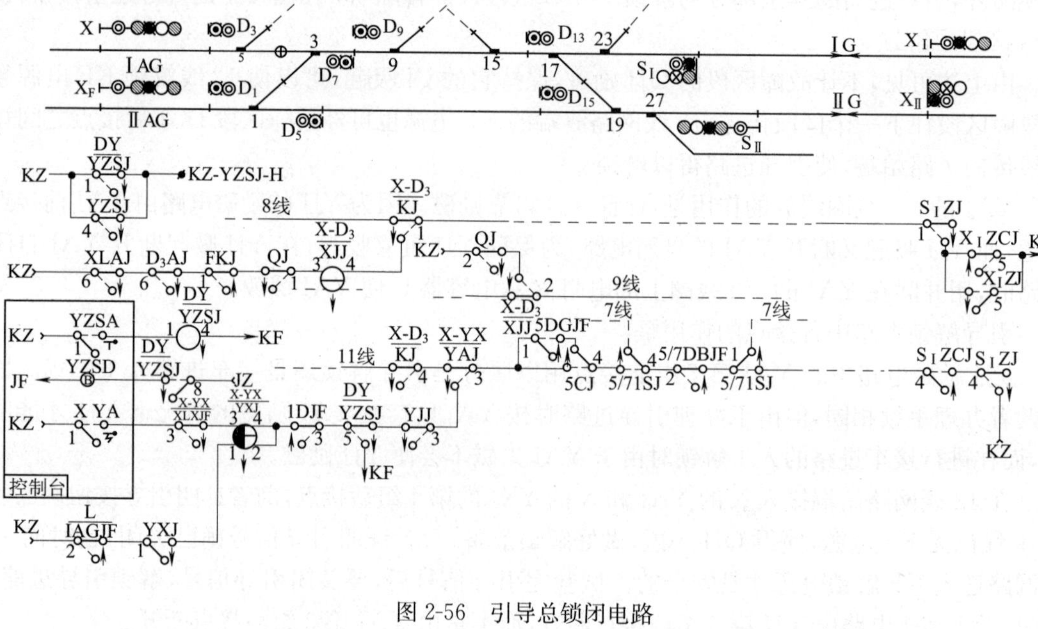


图 2-56　引导总锁闭电路

按下 YA 后，接通 YXJ 励磁电路，其电路为

$$KZ—YA_{11\text{-}12}—LXJF_{31\text{-}33}—YXJ_{3\text{-}4}—1DJF_{32\text{-}31}—YZSJ_{51\text{-}52}—KF$$

并由ⅠAGJF 的第 2 组前接点构成自闭电路。YXJ 励磁后便开放引导信号。

此时用 YZSJ 第 7 组后接点断开 YAJ 的励磁电路，使 YAJ 落下，以免 9 线网路有 KZ 电源引起进路锁闭。

当列车进入进站信号机内方时，ⅠAGJF 落下，使 YXJ 失磁，随即关闭了引导信号。

车站值班员确认列车全部进入股道或调车线后，拉出 YZSA，使 YZSJ 落下，条件电源“KZ-YZSJ-H”恢复有电，使全咽喉道岔解锁。

采用引导总锁闭方式引导接车时，由于 YXJ 不接入 11 线网路，因此不检查本咽喉的联锁条件，也不锁闭另一咽喉的敌对进路，这时的行车安全必须由车站值班员人为保证。

为什么反向非接车进路不能办理引导进路锁闭呢？因为 8 线网路的终端未接 KF 电源。

如原举例站场为双线单向运行，其下行ⅡG引导接车进路，下行进站信号机处的XJJ接入8线网路后，因ⅡG的$S_{II}$ZJ第1组后接点处未接入KF电源，于是XJJ不能励磁。从而使得9线网路上没有KZ电源QJJ不能励磁锁闭进路；而在11线上进路终端$S_{II}$ZJ的第4组后接点处也未接KF电源，前接点接入的是KZ电源，即使$S_{II}$ZJ错误吸起，也不能使YXJ励磁。所以，此进路不能被锁闭，引导信号不会开放，即不能按引导进路锁闭方式接车，只能按引导总锁闭方式接车。

## 十、道岔控制电路

道岔控制电路由道岔启动电路和道岔表示电路两部分组成。启动电路使转辙机动作以转换道岔，表示电路则把转换后的道岔位置反映到信号楼内来。

道岔控制电路有三种不同的情况：采用ZD6型转辙机的四线制道岔电路和六线制道岔电路，用于非提速道岔；采用S700K型、ZDJ9型或ZYJ7型转辙机的五线制道岔电路，用于提速道岔；ZD6型和S700K型或ZDJ9型或ZYJ7型的结合电路，用于双动道岔一端提速（位于正线上）另一端非提速（位于侧线上）的道岔。

1. 四线制道岔控制电路

ZD6型转辙机用于普通道岔时，采用四线制道岔控制电路。四线制道岔控制电路有单动道岔和双动道岔两种情况。单动道岔的四线制道岔控制电路如《6502电气集中图册》图19所示。

（1）道岔启动电路

①道岔控制方式

控制电动转辙机动作的方式有两种，道岔进路操纵和道岔单独操纵。

a. 道岔进路操纵

以进路的方式使进路上各组道岔按进路要求接通电动转辙机将道岔转换到定位或反位。选岔网路按照选路的要求，选出进路上各组道岔应转向的位置，即某道岔是DCJ吸起，就接通道岔启动电路使该道岔转向定位；若是FCJ吸起，则接通道岔启动电路就使道岔转向反位。全进路上的道岔按进路要求一次排出。

b. 道岔单独操纵

为了维修、试验道岔和开放引导信号排列引导进路等，需要对道岔进行单独操纵。单独操纵道岔的方法是，按下被操纵的道岔单独操纵按钮，若要使它转向定位，则同时按下本咽喉的道岔总定位按钮ZDA，接通道岔启动电路使道岔单独转至定位；若要使它转向反位，则同时按下本咽喉的道岔总反位按钮ZFA，道岔启动电路被接通将道岔转至反位。

②道岔启动电路的技术条件

为了行车安全，道岔启动电路应保证实现以下技术条件：

a. 对道岔实行区段锁闭，道岔区段有车占用时，或道岔区段轨道电路发生故障时，不准道岔转换。

b. 对道岔实行进路锁闭，进路在锁闭状态时，不准进路上的道岔再转换。

c. 道岔启动后，如果列车或调车车列随后驶入该道岔区段，则应保证道岔能继续转到底，不受第一条技术条件限制而停转。若使道岔停转或允许车站值班员控制它回转，都将造成脱轨或挤岔等严重事故。

d. 道岔启动电路接通后，如果电路故障使道岔没有启动，如自动开闭器接触不良、电动机炭刷与换向片不密贴等，则启动电路应自动被切断。以免由于邻线行车振动等原因，使接触不良故障自动消除，造成道岔自行转换，此时若有车进入会造成道岔中途转换事故。

e. 应保证道岔在不能转换到底时，能在车站值班员操纵下，随时都可以使它返回原位，以便在道岔尖轨与基本轨之间夹有障碍物时能使道岔转回原位。

f. 道岔转换完毕到位密贴后，应自动切断启动电路使电机停转。

道岔启动电路对每组单动道岔或每组双动道岔（以及多动道岔）均各设一套。单动道岔与双动道岔的电路结构基本相同，下面以单动道岔启动电路为例来分析它的工作原理。四线制道岔启动电路如图 2-57 所示。

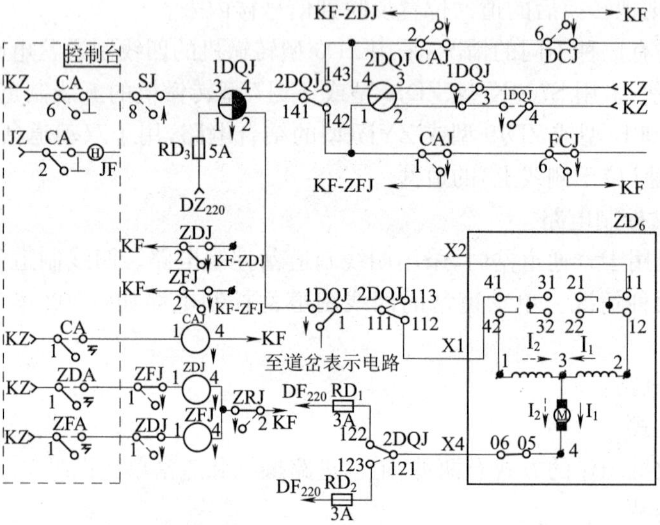


图 2-57　四线制道岔启动电路

③道岔启动电路的动作原理

道岔启动电路采用分级控制方式控制道岔转换，由第一道岔启动继电器 1DQJ 检查联锁条件，符合要求后才能启动励磁；然后由第二道岔启动继电器 2DQJ 控制电动机的转动方向，以决定使电动机将道岔转向定位还是转向反位；最后由直流电动机转换道岔。

a. 按进路方式动作的道岔启动电路

图 3-57 为道岔在定位状态，当将该道岔选至反位时 FCJ 吸起检查进路解锁后，由 FCJ 第 6 组前接点将 1DQJ 的 3-4 线圈励磁电路接通。1DQJ 的励磁电路是

KZ—CA$_{61-63}$—SJ$_{81-82}$—1DQJ$_{3-4}$—2DQJ$_{141-142}$—CAJ$_{11-13}$—FCJ$_{61-62}$—KF

1DQJ 励磁后，用其前接点构成 2DQJ 的转极，转极后用 2DQJ 第 4 组接点切断 1DQJ 的励磁电路。2DQJ 转极电路是

KZ—1DQJ$_{41-42}$—2DQJ$_{2-1}$—CAJ$_{11-13}$—FCJ$_{61-62}$—KF

由于 1DQJ 的吸起和 2DQJ 的转极，沟通 1DQJ 的 1-2 线圈自闭电路向室外电动机送电电路，使电动转辙机中电动机转动，将道岔从定位转换至反位。电动机转动过程中保持 1DQJ 自闭吸起。电动机供电电路为

DZ$_{220}$—RD$_3$—1DQJ$_{1-2}$—1DQJ$_{12-11}$—2DQJ$_{111-113}$—外线 X2—自动开闭器接点 11-12—电动机定子线圈 2-3—电动机转子线圈 3-4—遮断器 05-06—外线 X4—2DQJ$_{121-123}$—RD$_2$—DF$_{220}$

由于电动转辙机表示杆的作用，道岔刚转换时，自动开闭器第 2 组动接点将 41-42 接点接通，准备电动机反转回路；待道岔转至反位后，自动开闭器第 1 组动接点将 11-12 接点断开，使电动机停止转动。同时切断 1DQJ 的 1-2 线圈电路，使 1DQJ 缓放后落下，用其第 1 组后接点接通道岔表示电路。在道岔转换过程中，2DQJ 保持不动。

若要再将道岔转回定位，只需选路时 DCJ 吸起，则 1DQJ 又励磁，2DQJ 的 3-4 线圈接通又转极，直流电动机定子 1-3 线圈通电将道岔转至定位，自动开闭器 41-42 接点断开，电动机停转，1DQJ 落下接通道岔反位表示电路。

b. 道岔单独操纵时启动电路的动作

单独操纵道岔时，启动电路的动作与上述选岔时动作完全一样，只不过负电源是条件电源“KF-ZDJ”(或“KF-ZFJ”)，并由道岔按钮继电器 CAJ 将其接入 1DQJ 和 2DQJ 电路中，使它们励磁、转极，启动道岔转换。

为了防止道岔误动，单独操纵道岔采用双按钮方式，为此每个咽喉设两个道岔总操纵继电器——道岔总定位操纵继电器 ZDJ 和道岔总反位操纵继电器 ZFJ。它们分别受 ZDA 和 ZFA 控制。为了防止同时误按 ZDA 和 ZFA，造成 ZDJ 和 ZFJ 同时励磁，两个继电器的励磁电路中均互相接有对方的第 1 组后接点进行互切，达到同时只准一个继电器励磁的目的。在进路人工解锁时不允许道岔单独操纵，故在 ZDJ 和 ZFJ 励磁电路中接有 ZRJ 的第 2 组后接点，人工解锁时 ZRJ 吸起切断 ZDJ 和 ZFJ 的 KF 电源，使它们不能励磁，送不出启动道岔的条件电源“KF-ZDJ”或“KF-ZFJ”。

单独操纵道岔时，按下本咽喉的 ZFA，使 ZFJ 吸起，“KF-ZFJ”有电，同时按下被操纵道岔按钮使 CAJ 吸起后，即可使得 1DQJ 励磁，2DQJ 转极，将直流电动机电路接通使道岔转至反位。同样，CAJ 的吸起和条件电源“KF-ZDJ”有电，可使道岔转至定位。

④道岔启动电路技术条件的实现

a. 在第一道岔启动继电器 1DQJ 励磁电路中检查 SJ 的前接点，证明道岔既未被区段锁闭又未被进路锁闭，实现技术条件 a 和 b。

b. 为了在道岔启动后不受区段锁闭和进路锁闭的控制，以保证道岔转换到底，增加了 1DQJ 的 1-2 线圈与电动机串接的自闭电路，使电动机转动时脱离 SJ 的控制。这样，道岔转换中也不受车站值班员的控制回转。另外 2DQJ 转极向电动机送电后，其有极接点将不会变动，以保持电流方向不变，使电动机向一个方向转到底，直到自动开闭器动作才切断电源。以上措施保证了技术条件 c 的实现。

c. 1DQJ 的 1-2 线圈阻值很小，仅为 0.44 Ω，它与电动机串联，只有道岔启动使电动机转动后，有较大的电流流经它的 1-2 线圈，它才能保持吸起。若启动后，电动机回路中有某处接触不良，使流过 1DQJ 的 1-2 线圈电流大大减少，即会落下切断向电动机的供电电路，从而阻止此后再自动接通，实现了技术条件 d。

d. 为了使道岔因故障不能转到底时，能在车站值班员操纵下转回原位，电路中采取了三项措施，以保证技术条件 e 的实现。

第一，在电动机启动时，自动开闭器的另一组接点马上就接通使电动机准备反转的回路。如由定位转向反位时，自动开闭器第 2 组动接点先动，接通 41-42 电动机准备反转的回路，当车站值班员进行回转操纵使 2DQJ 转极后，电动机回转电路就被接通。

第二，将 CAJ 接点接在 DCJ 或 FCJ 接点前面，它对 1DQJ 的励磁和 2DQJ 的转极比进路操纵优先。一旦进路操纵不能使某道岔转到底时，可先按下 ZQA，使“KZ-ZQJ-H”无电，将进路上的道岔操纵继电器复原，然后采用单独操纵道岔的方法使道岔随时转回原位。

第三，为了防止道岔因尖轨处有障碍物使电动机空转，断路器脱扣后，不能再使电动机回转，将其 $DF_{220}$ 电源处分设定位断路器 $RD_1$ 和反位断路器 $RD_2$（均为 3 A）。一旦电动机空转一处断路器脱扣后，仍然保证电动机能回转。

e. 道岔转换完毕到位密贴后，自动开闭器 21-22 接点接通，使 11-12 接点断开，从而自动切断电动机电路使电动机停转；同时使 1DQJ 的 1-2 线圈失磁，1DQJ 落下接通道岔表示电路，从而实现技术条件 f。

自动开闭器两组动接点不同时动作，是受表示杆密贴检查缺口的控制，启动时准备接通反转电路；道岔转到底后切断电动机电路，是道岔电路的一个重要环节。

为保护维修人员的安全，凡打开电动转辙机机盖后，遮断器 05-06 接点随即切断电动机动作电路，以防维修时电动转辙机被操纵。但要注意，此时仍能建立不改变该道岔的进路，须注意来往车辆。由于 1DQJ 从励磁转为自闭的过程中将因接点转换而瞬间断电，为保证 1DQJ 可靠自闭，采用缓放型继电器。

(2) 道岔表示电路

由电动转辙机自动开闭器的定位表示接点或反位表示接点接通道岔表示电路，将道岔的位置反映到信号楼内，用自动开闭器的定位接点接通道岔定位表示继电器 DBJ，用反位表示接点接通道岔反位表示继电器 FBJ。

在执行组电路中，用 DBJ 和 FBJ 的前接点表示道岔的位置，来区分执行组网路的形状，参与各种重要的联锁关系，在控制台上构成进路表示光带表示道岔的位置等。因此道岔表示电路必须是安全电路，它的工作是否正常将直接关系到行车安全，须满足“故障—安全”要求。

①道岔表示电路技术条件

a. 只能用道岔表示继电器的吸起来反映道岔的位置，不准用一个继电器的吸起和落下来表示道岔的两种位置。即只能用 DBJ 的吸起表示道岔在定位，用 FBJ 的吸起表示道岔在反位。

b. 当外线发生混线或混入其他电源时，必须保证不使 DBJ 和 FBJ 错误励磁。

c. 在道岔转换过程中，或发生挤岔、停电、断线等故障时，应保证 DBJ 和 FBJ 落下。

②道岔表示电路的工作原理

道岔表示电路的 DBJ 和 FBJ 采用偏极继电器(JPXC-1000 型)，由道岔表示变压器 BB 供电，经插接器 CJQ 与电动转辙机的自动开闭器接点联结起来，并将整流二极管附在 CJQ 上。道岔转到定位或反位后，1DQJ 失磁落下，用其后接点接通道岔表示电路。四线制道岔表示电路如图 2-58 所示。

道岔在定位时，DBJ 的励磁电路如下：

$BB_{II_3}$—$R_{1-2}$—X3—自动开闭器 14-13 接点—移位接触器 03-04 接点—自动开闭器 34-33 接点—二极管 $Z_{1-2}$—自动开闭器 32-31 接点—自动开闭器 41 接点—X1—$2DQJ_{112-111}$—$1DQJ_{11-13}$—$2DQJ_{131-132}$—$DBJ_{1-4}$—$BB_{II_4}$

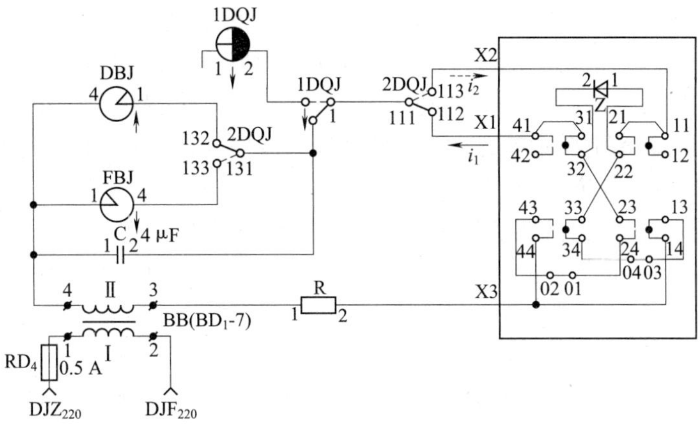


图 2-58　四线制道岔表示电路

DBJ 由道岔变压器Ⅱ次侧供给的 220 V 交源电源，通过电动转辙机自动开闭器的定位接通接点，经整流二极管将交流电进行半波整流，其电流的方向正好与 DBJ 的励磁方向一致。在交流电的另半周，由于有电容器 C 的放电电流，所以能保持 DBJ 的稳定吸起。

当道岔转到反位后，自动开闭器反位表示接点 21-22、23-24 及 43-44 接通，2DQJ 处于反极性状态，整流二极管反接于表示电路中，改变了半波整流电流的方向使 FBJ 吸起，表示道岔处于反位。

不论道岔是处于定位还是处于反位，为了确切地反映道岔位置，都检查了自动开闭器两组接点的动作一致性。DBJ 励磁电路中，不但检查了自动开闭器第 1 排接点 13-14 的接通，而且又检查了第 3 排接点 31-32、33-34 的接通，用以确认接触良好和动接点的一致性。FBJ 的励磁也检查了自动开闭器第 2 排和第 4 排接点的接通一致性。

当道岔尖轨有障碍物使电动机空转时，1DQJ 不能落下，使表示电路不能接通；或道岔被挤，自动开闭器两排动接点被表示杆移位将检查柱抬起处于中间状态而断开表示电路，同时移位接触器 01-02 和 03-04 也被动作杆上顶柱断开，使得 DBJ 和 FBJ 均处于落下状态，表示道岔发生故障，挤岔报警电路被接通发出挤岔报警。

因此道岔表示电路不仅能正确反映道岔的位置，同时还能反映道岔的故障情况。

③道岔表示电路技术条件的实现

a. 当外线混线时，可防止 DBJ 或 FBJ 的错误励磁，因为此时整流二极管失去作用，偏极继电器中流过交流电不会吸起。

b. 当电容器 C 击穿时，道岔表示继电器被 C 短路掉，从而不会励磁；当电容器引线断线时，由于失去滤波作用，DBJ 或 FBJ 将会颤动。

c. 当外线上混入外界电源时，由于采用 BB 变压器隔离，混入的电源不能构成闭合回路，可防止道岔表示继电器误动。

(3)道岔控制电路实例

为了节省电缆和检查道岔的动作与表示的一致性，四线制道岔控制电路的启动电路和表示电路是合用外线的，仅增加了一条专用表示回线 X3。实际应用的道岔控制电路见《6502 电气集中图册》17 图。

由于启动电路和表示电路不会同时工作，可以共用。两电路由 1DQJ 接点区分。启动道岔转换时，1DQJ 的 1-2 线圈向电动机送电以转换道岔；道岔转换到位后，自动开闭器断开电动机电路，电动机停转，使 1DQJ 落下，用 1DQJ 第 1 组后接点将道岔表示电路接入外线 X3 和 X1 或 X2，检查道岔到位密贴后使 DBJ 或 FBJ 励磁。另外，为保持两个道岔表示继电器中同时只准有一个吸起，表示电路中接入 2DQJ 第 2 组有极接点来区分 DBJ 和 FBJ，同时还能检查表示继电器的励磁状态与道岔位置的一致性。

ZD6 型电动转辙机与道岔四条控制线采用插接器 CJQ 联结起来，这对于维修时更换电动转辙机非常方便。但要记住，更换的电动转辙机定位时是自动开闭器第 1、3 排接点接通还是第 2、4 排接点接通，其内部配线是不相同的，千万不能搞错。

(4)双动道岔的控制电路

由于双动道岔的位置必须一致，它们的动作也应一致，因此双动道岔可以共用一套控制电路。双动道岔的四线制道岔控制电路如书末附图 3 所示。

在进路操纵的室内部分电路，将单动道岔的 DCJ 第 6 组接点换成双动道岔的 1DCJ 和 2DCJ 第 6 组接点并联接通 KF 电源，而选反位时用双动道岔的 2FCJ 第 6 组接点代替单动道岔的 FCJ 第 6 组接点。因为选反位时 1FCJ 和 2FCJ 动作一致，2FCJ 最后一个吸起；而选定位时 1DCJ 和 2DCJ 分属上、下两条平行网路，它们不一定同时被选动，故须将两个 DCJ 的接点并联起来。又由于 1SJ 和 2SJ 分属两个道岔区段，对区段锁闭和进路锁闭分在两个道岔区段，所以在 1DQJ 的 3-4 线圈励磁电路上要串接 1SJ 和 2SJ 两个前接点。

双动道岔控制电路室外部分的特点在于，两个道岔顺序动作，当第一动道岔转完后才接通第二动道岔电路。由定位转向反位时双动道岔的动作情况是，当 $DZ_{220}$ 电源送向 X2，使第一动转辙机转到反位后，第一动的自动开闭器 11-12 接点断开，切断第一动电动机电路；接通 21-22 接点，经两动之间的外线 $B_2$，将 $DZ_{220}$ 电源经第二动 11-12 接点送至第二动的电动机端子 2。另一极性电源 $DF_{220}$ 经 X4 及两动之间的外线 MH 送至第二动电动机端子 4，构成第二动电动机电路，将其转换至反位。转到位后第二动的自动开闭器将 11-12 接点断开并接通 21-22 接点，这样第二动的电动机被切断而停转，并最后切断启动电路使 1DQJ 失磁。1DQJ 落下将两个转辙机的自动开闭器接入道岔表示电路中去，检查两个道岔都在反位后，由第二动的整流二极管将交流电整流成直流电，使 FBJ 励磁吸起。

三动道岔、四动道岔的控制电路室内部分与双动道岔控制电路相同，室外部分保证三动、四动道岔顺序动作。

(5)挤岔报警电路

为了使道岔被挤或因尖轨有障碍物转不到底电动机空转时，能使车站值班员和信号维修人员及时发现，设置了挤岔继电器电路，对上述情况进行报警。即让挤岔表示灯亮红灯，同时挤岔电铃鸣响，发出报警以引起值班人员注意。

通过道岔被挤时其电动转辙机的动作杆与电动转辙机相联结的主、副挤切连接销被挤断，使与动作杆一起动作的表示杆移位，检查柱被顶出表示杆缺口，带动自动开闭器动接点组断开表示接点，从而使平时吸起的 DBJ(或 FBJ)落下，由两个表示继电器的后接点使挤岔继电器励磁，发出挤岔报警。为使 ZD6 型电动转辙机在挤岔时造成尖轨与基本轨之间较小不密贴也能被反映出来，设置了移位接触器，只要主挤切销被挤断，动作杆上的顶杆即可将移位接触器接点(反位时 01-02，定位时 03-04)断开，切断表示电路发出报警，以便维修人员及时发现。挤岔报警电路如图 2-59 所示，由两个表示继电器 DBJ 和 FBJ 均落下来构通其励磁电路。

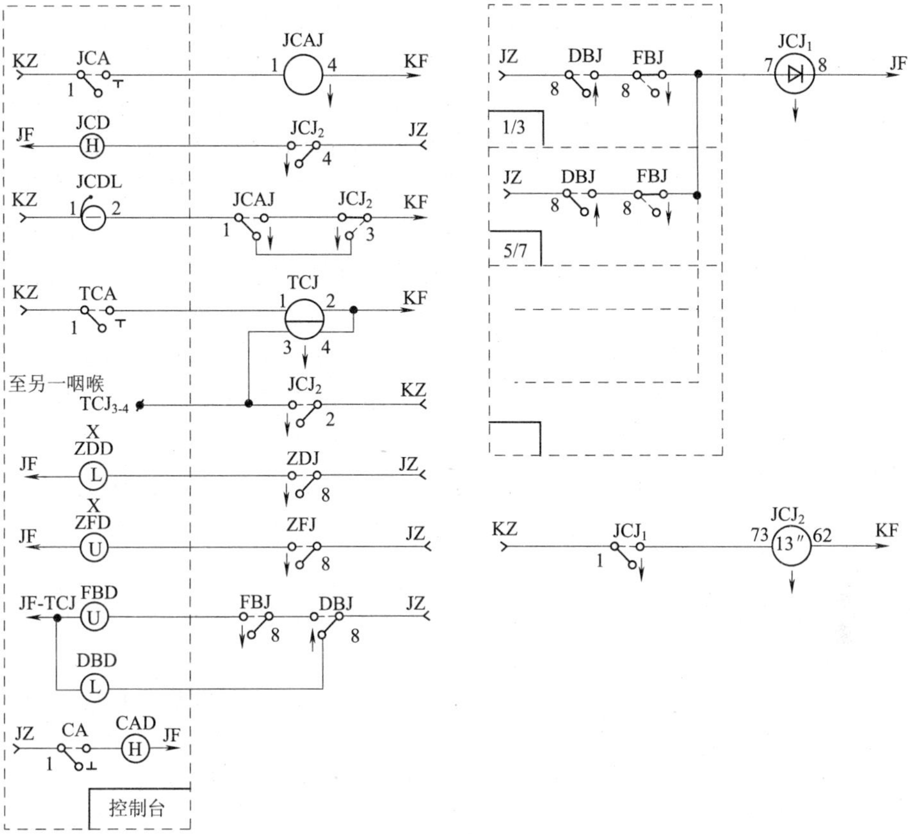


图 2-59 挤岔报警电路

全站设一个挤岔继电器 JCJ，将全站各组道岔的 DBJ 和 FBJ 的第 8 组后接点串接后，并联接入 $JCJ_1$ 电路中。平时，各道岔都有表示，因此每组道岔的 DBJ 和 FBJ 中总有一个吸起，各道岔的 DBJ、FBJ 后接点并联支路都不接通。当某一道岔被挤后，该支路的 DBJ 和 FBJ 都落下，用它们的第 8 组后接点将 JZ 电源接入 $JCJ_1$ 电路，使其励磁。道岔在转换过程中，两个表示继电器约有 3 s 的时间内也是处于同时失磁状态。为了区别道岔正常转换和被挤，又增设一个挤岔限时继电器 $JCJ_2$，它采用时间继电器（JSBXC-850 型），在 $JCJ_1$ 吸起 13 s 后才励磁。挤岔时，$JCJ_1$ 吸起接通 $JCJ_2$ 电路，超过 13 s 后 $JCJ_2$ 吸起。$JCJ_2$ 吸起后，用其第 4 组前接点点亮挤岔表示红灯。为引起车站值班员注意，又用 $JCJ_2$ 第 3 组前接点接通挤岔电铃，使其鸣响，发出挤岔报警。当未按下接通道岔按钮 TCA 时，为显示出是那组道岔被挤，用 $JCJ_2$ 第 2 组前接点使接通道岔表示继电器 TCJ 吸起，使它送出"JF-TCJ"条件电源，自动接通全站道岔表示灯电路，使其按所在位置亮黄灯或绿灯，被挤道岔因表示继电器均落下而不点亮其道岔表示灯。

车站值班员知道挤岔后，可按下切断挤岔电铃按钮 JCA（为非自复式），使切断挤岔电铃按钮继电器 JCAJ 励磁，用其第 1 组后接点切断电铃电路，使电铃暂停鸣响。待被挤道岔修复后，由于 $JCJ_1$ 和 $JCJ_2$ 都复原，所以电铃电路又将接通，再次响铃，通知值班人员该道岔已修复，此时应将 JCA 拉出，电铃停止鸣响。至此，全部挤岔报警电路复原。$JCJ_1$ 继电器采用整流式继电器的原因是各道岔表示继电器构成的励磁支路与道岔表示灯电路共用第 8 组后接点，表示灯电路点灯采用的是 24 V 交流电源 JZ，所以 $JCJ_1$ 必须用整流式继电器。$JCJ_2$ 采用限时 13 s

后励磁，是考虑到正常情况下，最多可有四动道岔顺序转动，此时属正常情况，不应发生挤岔报警。显然，当道岔尖轨有障碍物使道岔空转，由于1DQJ第1组后接点不接通，表示电路也不能被接通，超过13 s后，也会发生道岔空转报警(此时道岔电流表指针也不能复原)。这样，车站值班员确认情况后，可将道岔转回原位，以免长期空转烧坏电动机。

除挤岔报警外，平时道岔位置表示灯都不着灯，需了解道岔位置时，按下接通道岔表示按钮TCA后，使TCJ吸起，送出条件电源"JF-TCJ"，于是通过各组道岔的DBJ或FBJ第8组前接点按其道岔所在位置点亮有关表示灯，DBJ吸起点亮绿灯，或FBJ吸起点亮黄灯。

为了在维修道岔时引起车站值班员注意，在要点维修该道岔后，车站值班员应按下该道岔的单独锁闭按钮，使道岔处于单独锁闭状态。同时该道岔按钮中点亮红灯，禁止再单独操纵道岔也禁止排列经该道岔的进路，以确保行车和人身安全。道岔维修完后，应拉出该道岔单独锁闭按钮使其复原，红灯熄灭，经试验该道岔动作正常后，即可复原。

为了在单独操纵道岔时，按下ZDA或ZFA后，能反映ZDJ或ZFJ是否已励磁，用ZDJ第8组前接点点亮总定位表示绿灯，用ZFJ第8组前接点点亮总反位表示黄灯。

2. 六线制道岔控制电路

单动道岔的六线制道岔控制电路如《6502电气集中图册》图20所示，双动道岔的六线制道岔控制电路如《6502电气集中图册》图21所示。

六线制道岔控制电路用于双机牵引的直流转辙机，它与四线制道岔控制电路的区别主要是为适应双机牵引的直流转辙机同时动作，需要6条外线，其中X1和X5并联，X2和X6并联，这样，X1、X2、X4为A动转辙机启动电路用，X5、X6、X4为B动转辙机启动电路用。为构成X1和X5的并联，X2和X6的并联，增加2DQJF。

表示电路则在检查了各转辙机的自动开闭器接点后构成。

双动道岔的六线制道岔控制电路的第一动的A动和B动同时动作，第二动的A动和B动同时动作，第一动、第二动顺序动作。

3. 五线制道岔控制电路

三相交流转辙机的道岔控制电路采用五线制道岔电路。S700K型、ZDJ9型电动转辙机和ZYJ7型电动液压转辙机的控制电路，两者室内电路相同，仅室外电路略有区别。

五线制道岔控制电路也由启动电路和表示电路组成。道岔动作电源为三相交流380/220 V电源，由启动电路完成对转辙机的转换。为了对三相交流电源进行监督，设置了断相保护器和保护继电器。表示电路则采用二极管与表示继电器并联的旁路控制电路，取消了滤波电容器，提高了电路的可靠性。

道岔控制电路也有单动道岔和双动道岔的不同情况。举例站场中的27号、14号、16号道岔为单动道岔；1/3号、17/19号、6/8、10/12号为双动道岔。它们的室内部分电路分别如《6502电气集中图册》图22、图23所示，分别采用2、4个TDF组合。在提速的情况下，道岔采用多点牵引和多点检查方式，双动道岔均按单动处理，不同之处就是牵引点数量不同，采用转辙机的台数不同，电路中并联1DQJ、2DQJ的数量不同，总表示电路中串联DBJ、FBJ的数量不同。

五线制道岔控制电路分为道岔启动电路和道岔表示电路。《6502电气集中图册》图26为S700K型电动转辙机控制电路图，是定位时1、3排接点闭合的情况。若定位时2、4排闭合，需将 X2 与 X3、X4 与 X5 互换，二极管 Z 颠倒极性。现以定位 1、3 排接点闭合为例，介绍其电路原理。

(1)道岔启动电路

①三相转辙机启动电路概述

三相交流转辙机启动电路也采用两个启动继电器，通过三级控制电路完成对道岔转换的控制。第一级控制是 1DQJ 励磁电路，它检查联锁条件，确定能否接收控制命令。即检查没有办理单独锁闭，也未进行区段锁闭和进路锁闭，又经 2DQJ 接点检查道岔需转换后，经单独操纵(“KF-ZDJ”或“KF-ZFJ”有电，CAJ 吸起)或进路操纵(DCJ 吸起或 FCJ 吸起)后励磁。第二级控制是 2DQJ 转极电路，确定道岔的转换方向。1DQJ 吸起后使 2DQJ 转极。1DQJ 吸起，2DQJ 转极后接通道岔动作电路。第三级控制是 1DQJ 自闭电路，用来检查电动机的动作电路的正常动作。道岔转换到底后由电动转辙机自动开闭器接点断开动作电路。

三相转辙机启动电路也包括道岔启动继电器电路和道岔动作电路。

②道岔启动继电器电路

道岔启动继电器电路包括 1DQJ 励磁电路和自闭电路、2DQJ 转极电路、1DQJF 电路、TJ 电路。

a. 原道岔组合与提速道岔辅助组合 TDF 的连接关系

对于单动道岔，DD 组合中的 1DQJ、2DQJ 不插，将原来的控制条件同时送给各 TDF 中的 1DQJ、2DQJ，使各台转辙机同时动作。对于正线上的双动道岔，其两端均为提速道岔。SDZ 组合中的 1DQJ、2DQJ 不插，将控制条件送至各 TDF 中的 1DQJ、2DQJ，使各台转辙机同时动作。

b. 1DQJ 电路

1DQJ 的 3-4 线圈励磁电路同四线制道岔电路。1-2 线圈自闭电路，由 BHJ 第 3 组前接点和 TJ 第 3 组后接点用直流 24 V 电源接通来间接检查电动机的正常工作。当三相电流无电或三相缺相时，BHJ 落下，断开 1DQJ 自闭电路；当电动转辙机动作时间超过 13 s 时，TJ 吸起，也断开 1DQJ 自闭电路。由于 1DQJ 的 1-2 线圈阻值仅为 0.44 Ω，故在自闭电路中串入 $R_3$ 电阻(27 Ω/25 W)，以减小电流。但仍然存在着几组道岔同时转换时直流 24 V 电流瞬间过大的问题。现研制了 JWJXC-H125/80 型继电器，就不存在这一问题了。

c. 1DQJF 电路

当 1DQJ 吸起后，经 1DQJ 第 3 组前接点和 TJ 第 3 组后接点接通 1DQJF 励磁电路。因 1DQJ 接点不够用，故增设其复示继电器 1DQJF。

d. 2DQJ 电路

当 1DQJF 吸起后，2DQJ 转极，工作原理同四线制道岔电路。

e. TJ 电路

停止继电器 TJ 在 1DQJ 吸起后开始计时，延时 13 s 吸起，即当电动转辙机启动 13 s 时 TJ 吸起，断开 1DQJ 自闭电路和 1DQJF 励磁电路，进而断开电动机动作电路，使电动机不致长时间空转而被烧毁。当然，道岔在启动 13 s 前就转换到位，1DQJ 复原，TJ 就不会吸起。

③断相保护器 DBQ 和保护继电器 BHJ

为防止在三相电源缺相情况下三相电动机缺相运行而烧毁，设置了断相保护器 DBQ 和保护继电器 BHJ。三相电动机得到三相电源而正常工作时，BHJ 吸起。道岔转换到位后，由于三相负载断开，BHJ 落下。只要三相电源缺一相，就使 BHJ 落下，断开 1DQJ 电路，进而断开电动机三相电源。

a. DBQ 工作原理

DBQ 工作原理如图 2-60 所示。其内有三个电流互感器，它们的Ⅰ次侧分别串联在三相电路中，Ⅱ次侧首尾相连再接以桥式整流，输出端接 BHJ。

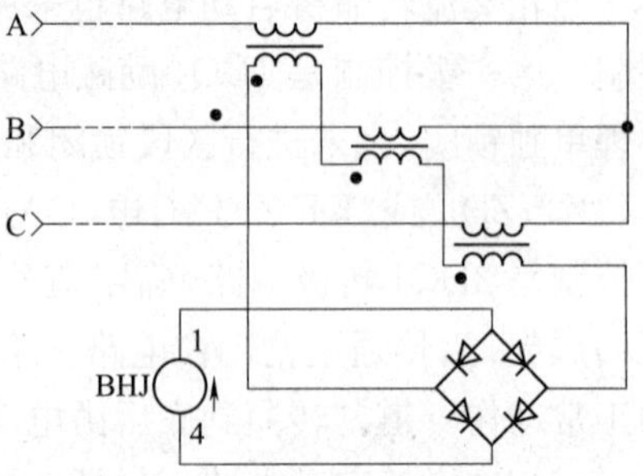

图 2-60　DBQ 工作原理图

电流互感器工作在磁饱和状态，Ⅱ次侧除基波外，还含有高次谐波分量，Ⅱ次侧电流波形是一个削顶的正弦波，如图 2-61 所示。削顶的波形只含奇次谐波且频率越高，幅值越小。这里主要利用三次谐波。三基波叠加后，$\dot{U}_1=\dot{U}_{A1}+\dot{U}_{B1}+\dot{U}_{C1}=0$；而三次谐波同相且 $U_{A3}=U_{B3}=U_{C3}$，叠加后 $U_3=3U_{A3}$，再经桥式整流后输出直流电，使 BHJ 吸起。出现断相故障时，若 B 相断电，则为 A、C 两相供电，经两电流互感器构成一回路，如图 2-62 所示。线电压加至两电流互感器Ⅰ次侧，两Ⅱ次侧电压反向串联，$U_A-U_C=0$，桥式整流无输出，使 BHJ 落下，从而断开 1DQJ 电路和三相电动机电路。

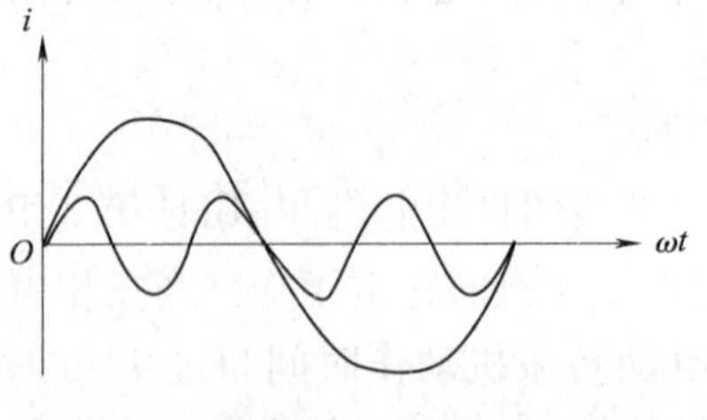

图 2-61　电流互感器Ⅱ次侧电流波形

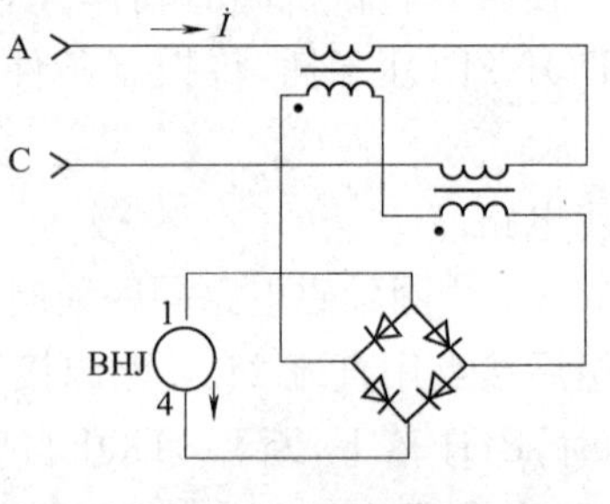

图 2-62　一相断电时的 DBQ 电路图

DBQ 在使用中经常发生整流二极管击穿，造成非断相时 BHJ 不吸起的故障，影响了设备的正常使用。故障原因是电路启动时存在瞬间峰值电压所致。于是改用耐压较高的二极管，加大输入滤波电容 $C_1$ 的容量（1 μF/160 V 改为 3 μF/160 V），在输出端加装滤波电容 $C_2$（1 μF/160 V）。改进后的 DBQ 电路如图 2-63 所示，其工作稳定可靠。

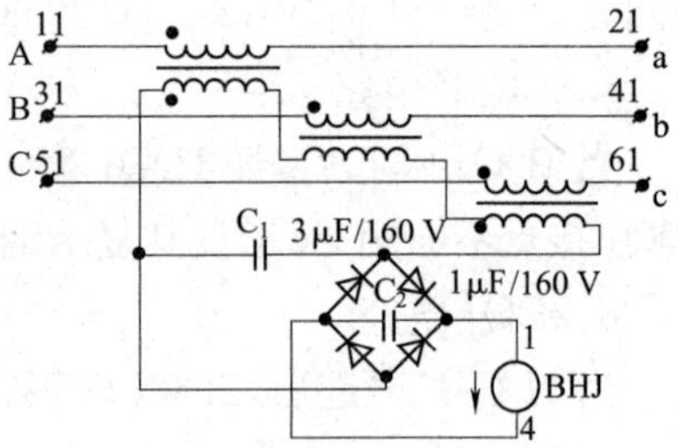

图 2-63　改进后的 DBQ 电路

后又研制采用电子电路的断相保护器。

b. 总断相保护继电器电路

在多机牵引的情况下，设总断相保护继电器 ZBHJ，以监督各转辙机的全部开始转换和全部转换到底。图 2-64 是双机牵引的 ZBHJ 电路。ZBHJ 平时落下，当第一、第二牵引点都开始工作时，两 BHJ 均吸起，ZBHJ 吸起并自闭。当两牵引点都转换完毕时，两 BHJ 落下，断开 ZBHJ 电路，使之落下。在道岔转换前，只要有一个 BHJ 因故落下，ZBHJ 不会吸起。将 ZBHJ 的前接点串入 1DQJ 的 1-2 线圈电路，以保证两牵引点转辙机的同步动作。

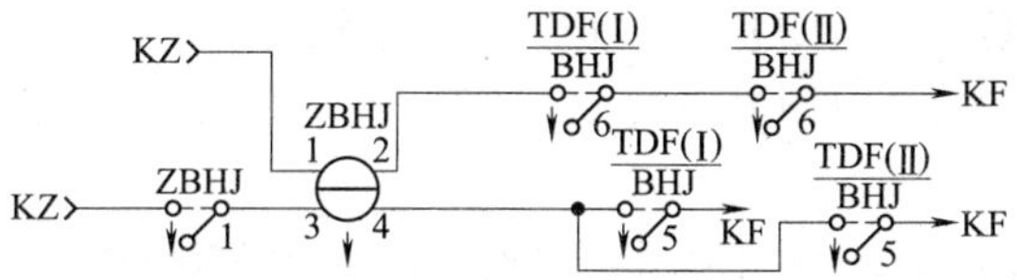

图 2-64　ZBHJ 电路

对于双动道岔，每端设一个 ZBHJ。

也有采用切断保护继电器 QDJ 的，QDJ 用于对多机牵引的所有转辙机全部开始转换和全部转换到底的监督。每台转辙机设一台。图 2-65 为双机牵引的 QDJ 电路。QDJ 平时通过两个牵引点的 BHJ 后接点保持吸起。当两牵引点转辙机开始转换时，两 BHJ 吸起，使 ZBHJ 吸起，通过 ZBHJ 前接点构通 QDJ 的另一条励磁电路和自闭电路，使 QDJ 一直保持吸起。若有任一牵引点转辙机因故不能开始转换，则 QDJ 落下，接在本转辙机 1DQJ 自闭电路中的 QDJ 前接点断开该电路，起到切断保护作用。在所有转辙机都转换到位后，QDJ 也落下，断开该转辙机 1DQJ 自闭电路。

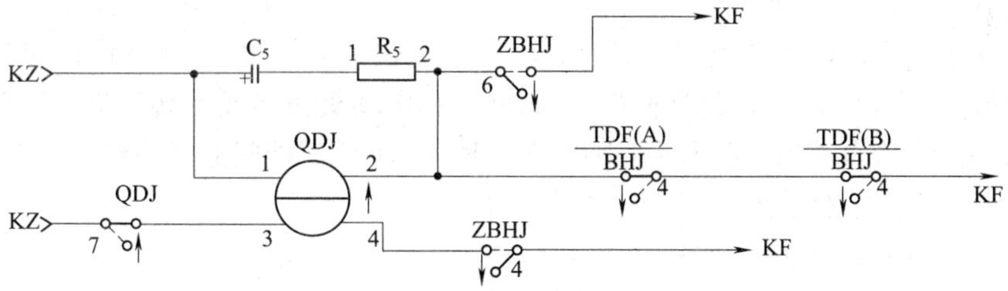

图 2-65　双机牵引的 QDJ 电路

为了使 QDJ 在 BHJ、ZBHJ 接点转换过程中能可靠吸起，在其 1-2 线圈励磁电路上并联了 RC 电路，以获得缓放。

④电动机动作电路

S700K 型电动转辙机动作电路如图 2-66 所示。

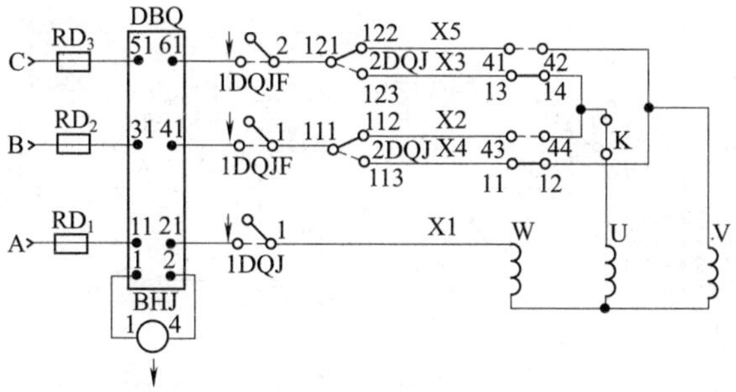

图 2-66　S700K 型电动转辙机动作电路

当 1DQJ、1DQJF 吸起，2DQJ 转极时，构成电动转辙机动作电路。

道岔由定位向反位动作时，三相电源 A、B、C，经 $RD_1$～$RD_3$ 进入 DBQ，分别由外线 X1、X3、X4 向三相电动机送电：

电源 A—$RD_1$—$DBQ_{11\text{-}21}$—$1DQJ_{12\text{-}11}$—电动机 W 线圈

电源 B—$RD_2$—$DBQ_{31\text{-}41}$—$1DQJF_{12\text{-}11}$—$2DQJ_{111\text{-}113}$—电动转辙机接点 11-12—电动机 V 线圈

电源 C—$RD_3$—$DBQ_{51\text{-}61}$—$1DQJF_{22\text{-}21}$—$2DQJ_{121\text{-}123}$—电动转辙机接点 13-14—开闭器 K—电动机 U 线圈

电动机相序为 W—V—U,其逆时针方向转动,带动尖轨向反位移动。转换到定位时,第一排接点断开,BHJ 落下,断开 1DQJ 的自闭电路,1DQJ、1DQJF 落下,接通反位表示电路。

道岔由反位向定位动作时,三相电源分别由外线 X1、X2、X5 向三相电动机送电。

电源 A—$RD_1$—$DBQ_{11\text{-}21}$—$1DQJ_{12\text{-}11}$—电动机 W 线圈

电源 B—$RD_2$—$DBQ_{31\text{-}41}$—$1DQJF_{12\text{-}11}$—$2DQJ_{111\text{-}112}$—电动转辙机接点 43-44—遮断开关 K—电动机 U 线圈

电源 C—$RD_3$—$DBQ_{51\text{-}61}$—$1DQJF_{22\text{-}21}$—$2DQJ_{121\text{-}122}$—电动转辙机接点 41-42—电动机 V 线圈

电动机相序为 W—U—V,其顺时针方向转动,带动尖轨向定位移动。转换到定位时,第四排接点断开,BHJ 落下,断开 1DQJ 自闭电路,1DQJ、1DQJF 落下,接通定位表示电路。

每相动作电路中均接入断路器,容量为 5 A,起过载保护作用。2DQJ 的两组接点用于区分定、反位动作方向,对 B、C 相起到换相作用,使三相电动机正转或反转。进行转辙机内部检修或需人为切断动作电路时,可以断开遮断开关 K,使 BHJ 不能吸起或由吸起转为落下,道岔就不能转换,保证了人身安全。

以上介绍的 S700K 型电动转辙机控制电路。ZYJ7 型电液转辙机动作电路与之有所不同,主要是考虑双机同步,控制电路需分别使用主、副机接点。第二牵引点不需主机,也就不需要 TDF 组合了。ZYJ7 型电液转辙机控制电路如《6502 电气集中图册》图 27 所示,其中的启动电路如图 2-67 所示。

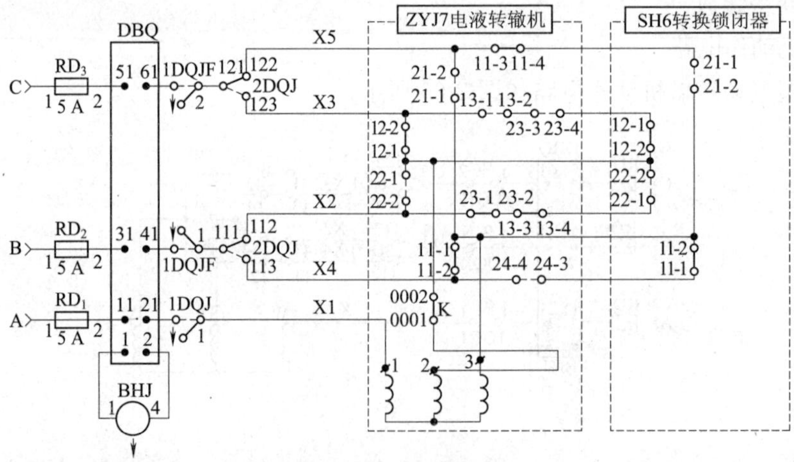


图 2-67　ZYJ7 型电液转辙机启动电路

主、副机的接点是并联的。当主、副机动作不同步时,如主机先转换到位,虽然其动作接点已断开,但仍能经另一排接点和副机的动作接点接通电源,使副机未转换到位前,主机中的三相电动机仍能继续转动。

(2)道岔表示电路

①道岔表示电路概述

三相交流转辙机的表示电路和四线制道岔电路一样也是利用一对回线传递三个信息(道岔的定位、反位和四开)的“交流半波整流三值极性电路”,但其采用的不是二极管与继电器串联的直接控制电路,而是二极管与继电器并联的旁路控制电路。

S700K 型电动转辙机表示电路如图 2-68 所示。该道岔表示电路取消了电容器,表示继电器靠线圈的自感电势来渡过半波整流造成的无电的半周,从根本上解决了由于电容器材质不良造成的电容器损坏,以及电容器产生的倍压对二极管的损坏而造成的表示电路惯性故障。但由于动作电源的混入,以及电动机产生的自感电势串入会产生高电压、大电流,因此在表示电路中串入的较大阻值的 $R_1$ 电阻(1 000 Ω,75 W),二极管改用 2CZ57D(1 000 V,5 A)的大功率二极管,二极管上串有电阻 $R_2$(300 Ω,75 W)。

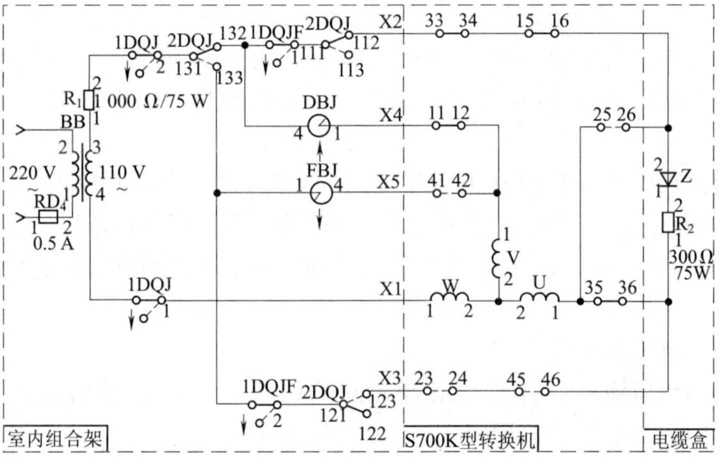


图 2-68　S700K 型电动转辙机表示电路

②定位表示电路

道岔定位,电源正半周电路为

$BB_3$—$R_{1_{1\text{-}2}}$—$1DQJ_{23\text{-}21}$—$2DQJ_{131\text{-}132}$—$1DQJF_{13\text{-}11}$—$2DQJ_{111\text{-}112}$—转辙机接点 33-34—15-16—$Z_{2\text{-}1}$—$R_{2_{2\text{-}1}}$—转辙机接点 36-35—电动机线圈 U—电动机线圈 W—$1DQJ_{11\text{-}13}$—$BB_4$

电源负半周电路为

$BB_4$—$1DQJ_{13\text{-}11}$—X1—电动机线圈 W—电动机线圈 V—转辙机接点$_{12\text{-}11}$—X4—$DBJ_{1\text{-}4}$—$2DQJ_{132\text{-}131}$—$1DQJ_{21\text{-}23}$—$R_{1_{1\text{-}2}}$—$BB_3$

在电源正半周,经整流二极管构成回路,电能消耗在电阻 $R_1$、$R_2$ 上。在电源负半周,二极管不导通,使 DBJ 吸起。DBJ 检查了电动转辙机的定位接点的接通。

③反位表示电路

电源负半周电路为

$BB_4$—$1DQJ_{13\text{-}11}$—电动机线圈 W—转辙机接点 25-26—$Z_{2\text{-}1}$—$R_{2_{2\text{-}1}}$—转辙机接点 46-45—转辙机接点 24-23—X3—$2DQJ_{123\text{-}122}$—$1DQJF_{21\text{-}23}$—$2DQJ_{133\text{-}131}$—$1DQJ_{23\text{-}21}$—$R_{1_{2-1}}$—$BB_3$

电源正半周电路为

$BB_3$—$R_{1_{1\text{-}2}}$—$1DQJ_{23\text{-}21}$—$2DQJ_{131\text{-}133}$—$FBJ_{1\text{-}4}$—转辙机接点 41-42—电动机线圈 V—电动机线圈 W—$1DQJ_{11\text{-}13}$—$BB_4$

在电源负半周，经整流二极管构成回路，电能消耗在电阻 $R_1$、$R_2$ 上。在电源正半周，二极管不导通，FBJ 吸起。FBJ 吸起检查了电动转辙机的反位接点的接通。

④表示电路分析

五线制道岔电路中，定位表示电路用外线 X1、X2、X4，反位表示电路用外线 X1、X3、X5。综合电动机动作电路，可见，X1 是启动、表示、定位、反位的共用线；X2、X3 是启动、表示的交叉共用线，定位向反位启动及反位表示用 X3，反位向定位启动及定位表示用 X2；X4 则是定位启动和表示共用线；X5 是反位启动和表示的共用线。

在表示电路中，检查了 1DQJ 和 1DQJF 的后接点。道岔被操纵时，1DQJ 及 1DQJF 吸起，断开表示继电器电路。当道岔动作到位，1DQJ 及 1DQJF 落下后，接通表示继电器电路。

DBJ 电路检查了 2DQJ 的定位接点，FBJ 电路检查了 2DQJ 的反位接点，其作用是为了检查启动电路与表示电路动作的一致性。DBJ 电路检查了转辙机的第 1、3 排接点各两组，FBJ 电路检查第 2、4 排接点各两组，是为了检查道岔和转辙机的工作状态，如不正常则不能给出表示。

道岔表示电路还检查三相电动机每相线圈的完好，即一旦线圈断线，道岔将失去表示。$R_1$ 电阻主要是防止室外负载短路时保护电源不被损坏。$R_2$ 电阻的作用：一是当道岔转换到位时，防止动作电源击穿二极管；二是防止外线短路时当道岔转换到位后因电动机反转使道岔逆转解锁。

⑤总道岔表示继电器电路

提速道岔由多台转辙机牵引时，无论单动道岔还是双动道岔，总的道岔表示继电器 DBJ（FBJ）要经所有各转辙机的 DBJ（FBJ）前接点构成励磁电路。

ZYJ7 型转辙机的表示电路室内部分与 S700K 型转辙机的表示电路相同，只是双点牵引和三点牵引的室外部分必须检查 SH6 型转换锁闭器的接点，双点牵引的 ZYJ7 型转辙机表示电路如图 2-69 所示。

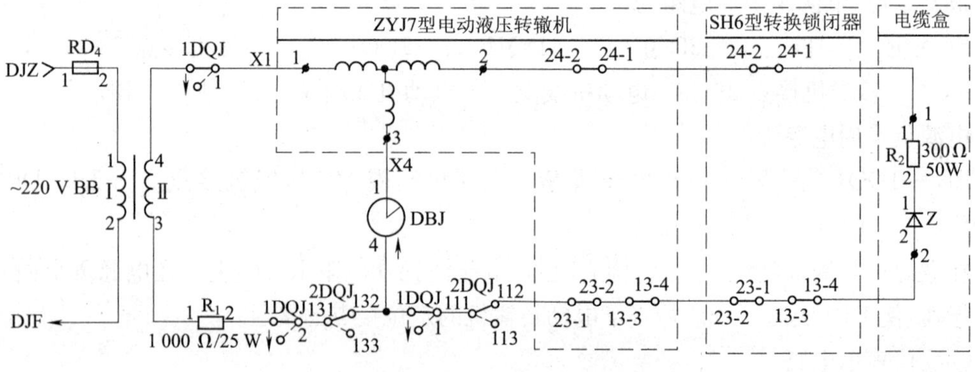


图 2-69　双点牵引的 ZYJ7 型转辙机表示电路

以上均以定位时第 1、3 排接点接通为例，如是定位时第 2、4 排接点接通，则应将 X2 与 X3 交叉连接，X4 与 X5 交叉连接，二极管 Z 反接。

4. 三相转辙机控制电路和 ZD6 型转辙机控制电路的结合

双动道岔一端位于正线上，另一端不在正线上。在正线上的一端采用 S700K 型或 ZYJ7 型转辙机，不在正线上的一端采用 ZD6 型转辙机，就有三相转辙机控制电路和 ZD6 型转辙机控制电路的结合，即为分动外锁闭与联动内锁闭道岔电路的结合。此时 ZD6 型转辙机仍采用四线制道岔电路或六线制道岔电路。有两种情况：正线上一端的非提速道岔是单动的，以及双动的。它们的室内部分道岔电路图分别如《6502 电气集中图册》图 24、图 25 所示。

从 SDZ 将道岔控制条件引至 TDF 的 1DQJ 和 2DQJ 电路，使各牵引点转辙机同步动作；另一端的 ZD6 型转辙机由 SDZ 的 1DQJ、2DQJ 驱动。不再像上述两端均在正线上的情况：1DQJ、2DQJ 不插。

在表示电路中将提速一端各牵引点的 DBJ、FBJ 前接点分别串入 SDZ 的 DBJ、FBJ 电路，只有提速一端各牵引点的 DBJ 或 FBJ 吸起，非提速端的 DBJ 或 FBJ 才吸起。此时，位于非提速端的 JSDZ 中的 DBJ、FBJ 作为该双动道岔的总 DBJ、总 FBJ，一端正线另一端侧线双动道岔表示电路如图 2-70 所示。

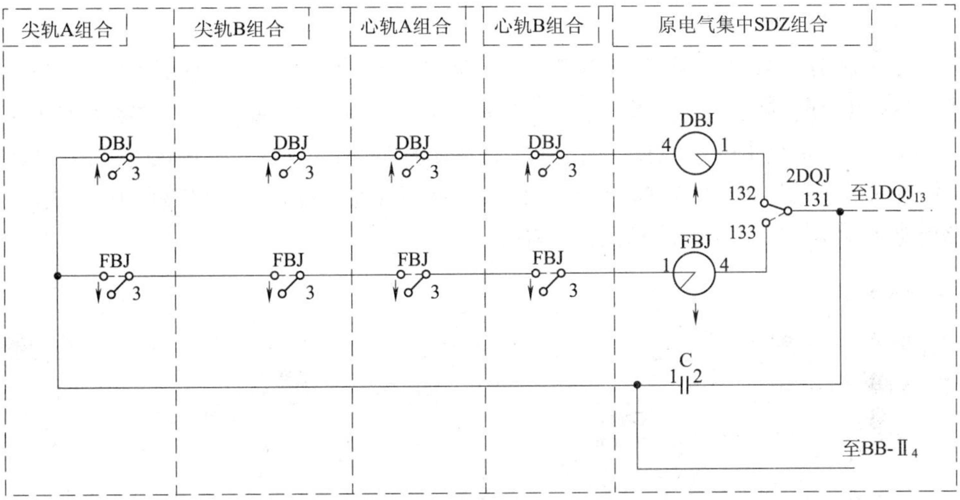


图 2-70　一端正线另一端侧线双动道岔表示电路

## 十一、信号点灯控制电路

信号点灯控制电路用 XJ 检查开放信号的联锁条件，用区别允许信号的各种继电器来构成各种不同的允许灯光，以及对信号机发生故障时进行监督和报警。

1. 区别列车允许信号的继电器电路

LXJ 的励磁，仅说明进路已锁闭，开放允许信号的联锁条件已满足，但不能区别列车的允许信号。以进站信号机来看，它的允许信号显示一个绿灯，表示从车站正线上通过；显示一个黄灯，表示正线接车；显示两个黄灯，表示侧线接车等。而对出站信号机的显示，区间为自动闭塞时有绿灯、绿黄灯和黄灯的区别；在有两个发车方向向主要方向发车或向次要方向发车时，还有点一个绿灯和点两个绿灯的问题。因此，必须设区别允许信号的电路来决定信号机究竟显示什么信号。

(1)进站信号机区别允许信号的继电器电路

作为进站信号机控制信号显示的继电器共有五个，它们是：列车信号继电器 LXJ、引导信号继电器 YXJ、正线继电器 ZXJ、通过信号继电器 TXJ、绿黄信号继电器 LUXJ。用这五个继电器接点的组合，可控制六种信号显示。它们的逻辑关系如下：

LXJ↓→
YXJ↓→ 点一个红灯

LXJ↑→
ZXJ↑→
TXJ↑→ 点一个绿灯

LXJ↑→
ZXJ↓→
TXJ↓→
LUXJ↓→ 点两个黄灯

LXJ↑→
ZXJ↓→
TXJ↓→
LUXJ↓→ 点一个黄灯

LXJ↑→
ZXJ↑→
LUXJ↑→
TXJ↓→ 点一个绿灯和一个黄灯

LXJ↓→
YXJ↑→ 点一个红灯和一个月白灯

①正线继电器 ZXJ 电路

ZXJ 用来区分一黄(绿、绿黄)与两黄显示。ZXJ 励磁，反映进路开通正线。为了节省继电器接点，减少组合间的接线，在 ZXJ 的励磁电路中只接入决定开通正线的关键道岔的 DBJ 前接点。图 2-71 中 X 至ⅠG 正线接车进路的 ZXJ 励磁电路中，只接入对向的 5/7、9/11、17/19、23/25 号道岔的 DBJF 第 1 组前接点，当它们都吸起时 ZXJ 即励磁。其中任何一个落下，都说明进路开通站线，即 ZXJ 失磁表示向站线接车。

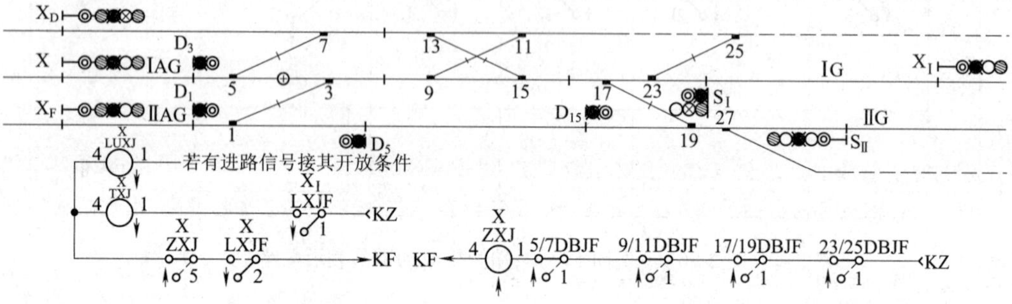


图 2-71　进站信号机的 ZXJ 和 TXJ 电路

②通过信号继电器 TXJ 电路

TXJ 用来区分进站信号点绿灯还是点黄灯、绿黄灯。TXJ 的励磁条件是：建立了正线接车进路，进站信号机的 LXJ 和 ZXJ 均已吸起，同时又建立了该正线的发车进路，如ⅠG 的 $X_Ⅰ$ 出站信号机也开放，用 $X_Ⅰ$ 的 LXJF 吸起来证明。

当 X 进站信号机的 LXJ、ZXJ 吸起，$X_Ⅰ$ 出站信号机的 LXJF 前接点接通即构成 TXJ 的励磁。TXJ 吸起，表示办理好通过进路，进站信号机应给出绿灯显示。

③当运行前方设有接车进路信号机时，设绿黄信号继电器 LUXJ

在四显示自动闭塞区段出站信号机显示黄灯时，以及运行前方的接车进路信号机开放，显示黄灯、双黄灯或绿黄灯时，进站信号机显示绿、黄灯，表示进路开通直向，运行前方的接车进路信号机已开放。

因此，LUXJ 的励磁由 X 进站信号机的 LXJ、ZXJ 的前接点和接车进路的信号机的 LXJF 前接点控制。LUXJ 励磁，使进站信号机上给出一个绿灯和一个黄灯的信号显示。

在四显示自动闭塞区段，在正方向 TXJ 电路中增加 LUXJ，如图 2-72 所示。在建立下行正线发车进路 $X_{I}$ LXJF 吸起和下行正线接车进路 XLXJ、ZXJ 吸起后，LUXJ 吸起。若此时下行二离去区段 $X_{II}$ LQ 被占用，X2LQJF 落下，XTXJ 不吸起；X2LQ 空闲，X2LQJF 吸起，XTXJ 吸起。这样，即可区分进站信号机的绿灯和绿黄灯显示。

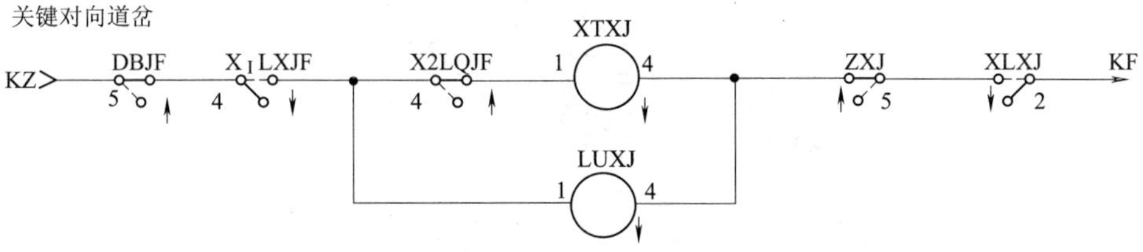


图 2-72 TXJ 和 LUXJ 电路

在电路中串入发车进路中关键对向道岔的 DBJF 前接点，只有开通正线，DBJF 吸起，说明是直向发车进路，才能接通 X TXJ 和 LUXJ 电路。若 DBJF 落下，虽然 $X_{I}$ LXJF吸起，也不能接通该电路，因是侧向发车进路。

反方向通过进路中 LUXJ 不插，因反方向按站间闭塞运行，一建立通过进路，TXJ 吸起，反方向进站信号机即显示绿灯，这与单向三显示自动闭塞时的进站信号机情况相同。在 TXJ 电路中检查了关键对向道岔 DBJ 前接点，证明是出直进路。

(2)出站信号机区别允许信号的继电器电路

在双线单方向运行的三显示自动闭塞区段，有两个发车口时，向主要方向发车，如向北京方向发车出站信号机应点一个绿灯；而向次要方向发车，如向东郊方面发车出站信号机应点两个绿灯。若区间为自动闭塞还应能区分黄灯和绿灯。为此，应设三个继电器来区分出站信号机的允许信号显示。用出站信号机的 LXJ 的励磁，表示已满足发车的联锁条件。往主要方向发车时，用主信号继电器 ZXJ 励磁表示办理的是主要方向的发车进路。用第二离去继电器吸起，反映第二离去区段的空闲。用以上继电器接点组合完成以下四种显示，其逻辑关系如下：

LXJ↓→点红灯

LXJ↑→<br>ZXJ↓→ | 点两个绿灯

LXJ↑→<br>ZXJ↑→<br>2LQJ↑→ | 点一个绿灯

LXJ↑→<br>ZXJ↑→<br>2LQJ↓→ | 点一个黄灯

第二离去继电器 2LQJ 吸起反映第二离去区段空闲，出站信号机点一个绿灯；而 2LQJ 落下表示该闭塞分区有车占用，只准点一个黄灯。

主信号继电器 ZXJ 在向主要发车方向办理发车进路时励磁。6502 电路在有两个发车口时，可利用 13 线网路在 LXJ 未励磁前，通过每个道岔区段的 QJJ 第 1、第 3 两组前接点之间的连线，在向主要方向发车时使 ZXJ 励磁，以决定出站信号机点一个绿灯(若自动闭塞区段第二离去区段有车占用时则应点一个黄灯)。

在主要发车口(北京方向)设信号辅助继电器 XFJ，通过 13 线网路与本咽喉区所有的出站信号机的 ZXJ 相串联。出站信号机的 ZXJ 和 XFJ 电路如图 2-73 所示。

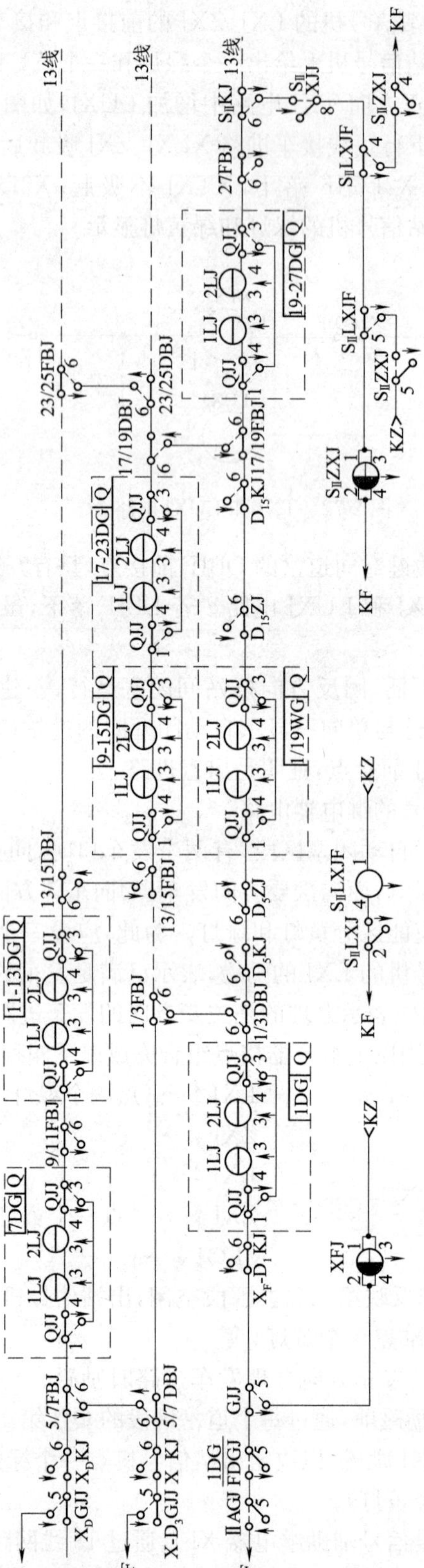


图 2-73 出站信号机的 ZXJ 和 XFJ 电路

当向主要方向发车时，在进路的锁闭过程中，XJJ 吸起将出站信号机处的 ZXJ 经 XJJ 第 8 组前接点和 KJ 的第 6 组前接点接入 13 线网路，在主要方向发车口处通过 GJJ 第 1 组前接点将 XFJ 也接入 13 线，由于各区段的 QJJ 吸起，其第 1、第 3 两组前接点间的短路线使 ZXJ 和 XFJ 串联励磁吸起。

XFJ 励磁后通过 13 线网路由列车信号复示继电器 LXJF 第 4 组前接点保持吸起。ZXJ 通过 LXJF 第 5 组前接点自闭。出站信号机的 LXJ 和 ZXJ 吸起，使出站信号机点一个绿灯。当出发列车进入出站信号机内方时通过 XJJ 的落下使 LXJ 失磁，同时切断 13 线使 XFJ 也失磁，再通过 LXJF 的落下切断 ZXJ 自闭电路。从以上电路分析可见，建立进路开放信号时，ZXJ 先于 LXJ 吸起；而关闭信号时，LXJ 又先于 ZXJ 落下，这是为了在出站信号机在开放和关闭信号时，不出现闪两个绿灯的乱显示。

XFJ 是为了防止 ZXJ 电路断线后造成出站信号错误显示而设置的。例如 $S_{II}$ 向北京方向发车，建立进路时若 ZXJ 线圈断线不能励磁，则与其串联的 XFJ 也不会励磁，用 XFJ 第 1 组前接点切断 11 线 KF 使 $S_{II}$ LXJ 不能励磁，禁止出站信号机开放。如 ZXJ 励磁自闭后发生故障落下，则用 ZXJ 第 4 组前接点断开 XFJ 13 线网路始端的 KF 电源使 XFJ 落下，也切断 11 线使 $S_{II}$ LXJ 失磁，达到开放的出站信号机在 ZXJ 故障时自动关闭的目的，防止向主要方向发车时出现 LXJ 励磁而 ZXJ 落下，使出站信号机点两个绿灯的错误显示。

XFJ 和 ZXJ 两个继电器的线圈各自并联后经 13 线串接，是为了在 KZ、KF 电源供电情况下，使两个继电器可靠吸起。XFJ 和 ZXJ 采用缓放型继电器是为了它们从励磁转为自闭时，不因 LXJF 接点转换瞬间断电而落下。

在四显示自动闭塞区段，出站信号机也为四显示。用 2LQJ(F)和 3LQJ(F)来区分是点黄灯、绿黄灯还是绿灯。

举例站场上行出站有三个方向：正方向、反方向和东郊方面，故出站信号机设三个进路表示器，以区分不同的运行方向：ZXJ 吸起，为正方向；ZXJ 落下，区间反方向继电器 QFJ 吸起，为反方向；ZXJ 落下，QFJ 也落下，为东郊方面。在这三种情况下，分别点亮 B-A、B-B、B-C 进路表示器白灯。

2. 信号点灯电路

电气集中采用集中供电方式，由室内供出 220 V 交流电源至信号机 $BX_1$-34 型信号变压器，降压至 13～14 V 后点亮信号灯泡。这样的供电方式可降低线路压降，使控制距离较远。

信号点灯电路直接控制允许信号显示，是指挥列车运行的重要电路，要求允许信号灭灯时自动改点禁止信号，在红灯灭灯时不准开放允许信号。为此，在每条信号点灯电路中都串接有灯丝继电器 DJ，用以监督灯丝的完整(实现信号开放检查的联锁条件 7)。信号点灯电路断线会使信号灭灯，而信号点灯电路外线(电缆和接线箱、盒的端子)混线和混电，将会引起信号乱显示。对于混线，信号点灯电路采用了位置法来防护；对于外界混电，信号点灯电路采用供电双断法，以防止混入电源形成回路使信号错误点灯，防止信号出现乱显示，实现信号开放检查的联锁条件 8。灭灯对信号机来讲是不允许的，为此信号灯泡一般采用双灯丝灯泡，并在双灯丝的主灯丝上串接有灯丝转换继电器 DZJ(为交流灯丝转换继电器)。主灯丝断线时，通过它的后接点自动将副灯丝接在电路中，以保持信号灯泡继续亮灯。为了能及时发现主灯丝已烧断的信号灯泡，又设有主灯丝断丝报警电路，它仅设在重要的列车信号机上。

(1)进站信号机的点灯电路

①进站信号机点灯电路

提速后采用四显示自动闭塞，正方向进站信号机也增加了绿黄显示，其点灯电路如《6502电气集中图册》图15所示。在进站信号机点灯电路中接入了LUXJ的第2组接点。当开放进站信号机时，LXJ↑，ZXJ↑，TXJ↓，LUXJ↓时，点亮一个黄灯，指示进正线停车。当LXJ↑、ZXJ↓时，点亮两个黄灯，指示列车进侧线停车。当LXJ↑、ZXJ↑、TXJ↓、LUXJ↑时，点亮绿灯和黄灯，指示列车进站，运行前方有两个闭塞分区空闲(此时同方向的正线出站信号机显示一个黄灯)，列车可不停车通过本站。《铁路技术管理规程 普速铁路部分》规定，客运列车及跟随客运列车后面通过的列车，只有出站信号机显示绿黄色灯光或绿色灯光时才能通过。当LXJ↑、ZXJ↑、TXJ↑时，点亮一个绿灯，指示列车进站，运行前方至少有三个闭塞分区空闲(同方向的正线出站信号机显示绿黄灯或绿灯)，列车可不停车通过本站。《铁路技术管理规程 普速铁路部分》还规定，快速列车通过车站时必须在出站信号机显示绿色灯光时。

四显示自动闭塞区段，列车通过车站进站信号机不一定显示绿灯；在有多车场的车站，进站信号机显示绿灯，列车也不一定通过车站。

在上述点两个灯的电路中，均是第二黄灯先点亮，使第二灯丝继电器2DJ↑，再点亮第一个黄灯或绿灯。

显示绿黄灯时的点灯电路，第二黄灯为

$BXG_{2_{II2}}$—$2DJ_{5\text{-}6}$—$LXJF_{71\text{-}72}$—$ZXJ_{71\text{-}72}$—$TXJ_{11\text{-}13}$—$2UB_{11\text{-}12}$—$LXJ_{62\text{-}61}$—$BXG_{2_{II3}}$

绿灯电路为：

$BXG_{1_{II2}}$—$DJ_{5\text{-}6}$—$LXJ_{41\text{-}42}$—$ZXJ_{81\text{-}82}$—$TXJ_{21\text{-}23}$—$LUXJ_{21\text{-}22}$—$2DJ_{31\text{-}32}$—$LB_{11\text{-}12}$—$LXJ_{62\text{-}61}$—$BXG_{1_{II3}}$

反方向为站间自动闭塞方式，反方向进站信号机没有绿黄显示。同方向正线出站信号机显示绿灯时，进站信号机也显示绿灯，说明相接区间空闲，列车可通过本站。反方向进站信号机点灯电路中将LUXJ第2组后接点短接(02-14与05-11短接)。

$X_D$进站信号机因列车进直出弯，不能办理通过进路，故将绿位灯位封闭。

②黄灯闪光电路

当进站信号机内方经过18号及以上道岔侧向位置，次一架信号机已开放，并且其防护的进路经道岔直向位置或18号及其以上道岔的侧向位置时，该进站信号机显示黄闪、黄。为了实现黄灯闪光，在进站信号机1U点灯电路中接入侧线通过信号继电器CTXJ和闪光继电器SNJ接点，其电路如图2-74所示。在CTXJ励磁电路中，X $LXJF_{21\text{-}22}$和$X_I$ $LXJF_{51\text{-}52}$表示进站信号机和相同方向出站信号机开放，$FBJF_{11\text{-}12}$表示接车进路和发车进路经过18号及其以上道岔的侧向位置。

CTXJ吸起后，通过其第1组前接点接通SNJ励磁电路，由于$R_2$和$C_1$的接入，SNJ缓吸。SNJ吸起后，其第1组后接点断开SNJ励磁电路，但由于$C_1$放电而缓放。SNJ落下后，其第1组后接点再次接通SNJ励磁电路，故在CTXJ吸起时，SNJ成为一脉动继电器。

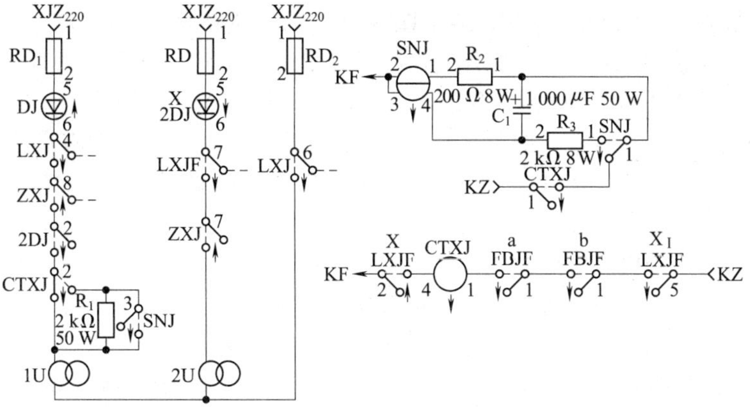


图 2-74　黄闪点灯电路及 CTXJ、SNJ 电路

在进站信号机 1U 点灯电路中，CTXJ 吸起后，SNJ 第 3 组前接点脉动，闭合时，1U 灯点亮，断开时电路中串入 2 kΩ 电阻 $R_1$，电流变小，使 1U 不亮，实现了黄闪。

(2)出站兼调车信号机的点灯电路

在四显示自动闭塞区段，举例站场的出站信号机有两种情况，上行出站信号机有三个发车方向，下行出站信号机有两个发车方向。两种情况的出站信号机点灯电路用进路表示器来区分发车方向。

①两方向出站信号机点灯电路

在双线双向自动闭塞区段，鉴于反方向运行较少使用，为简化显示，采用把“不着灯”作为一种区分运行条件的显示，即只安装一个进路表示器白灯，不着灯指示正方向运行，点亮进路表示器白灯表示反方向运行。当然此时绿灯信号开放必须检查进路表示器灯丝良好，3DJ 吸起。若 3DJ 不吸起，反方向运行的绿灯电路不能构成。

两方向出站信号机点灯电路如《6502 电气集中图册》图 16 所示。采用一个进路表示器，区别正方向和反方向。用 2LQJ(F)和 3LQJ(F)来区分是点黄灯、绿黄灯还是绿灯。

当为正方向出站时，LXJ↑、ZXJ↑，若此时二离去区段被占用，二离去继电器 2LQJ↓，则出站信号机点亮黄灯，点灯电路为

$BXG_{1_{II1}}$—$DJ_{5\text{-}6}$—$LXJ_{41\text{-}42}$—$ZXJ_{81\text{-}82}$—2LQJ(F)后接点(具体接点组号要视是哪一架出站信号机而定，下同)—2LQJ(F)另一组后接点—$UB_{I1\text{-}I2}$—$LXJ_{62\text{-}61}$—$BXG_{1_{II2}}$

若此时二离去区段空闲，2LQJ↑，三离去区段被占用，三离去继电器 3LQJ↓，则出站信号机显示绿黄灯，黄灯电路为

$BXG_{2_{II2}}$—$2DJ_{5\text{-}6}$—$LXJF_{71\text{-}72}$—$ZXJ_{71\text{-}72}$—3LQJ(F)后接点—2LQJ(F)前接点—$UB_{I1\text{-}I2}$—$LXJ_{62\text{-}61}$—$BXG_{2_{II3}}$

绿灯电路为

$BXG_{1_{II1}}$—$DJ_{5\text{-}6}$—$LXJ_{41\text{-}42}$—$ZXJ_{81\text{-}82}$—2LQJ(F)前接点—3LQJ(F)后接点—$2DJ_{11\text{-}12}$—$LB_{I1\text{-}I2}$—$LXJ_{62\text{-}61}$—$BXG_{1_{II2}}$

当二离去、三离去区段都空闲时，2LQJ↑、3LQJ↑，则出站信号机点亮绿灯，电路为

$BXG_{1_{II1}}$—$DJ_{5\text{-}6}$—$LXJ_{41\text{-}42}$—$ZXJ_{81\text{-}82}$—2LQJ(F)前接点—3LQJ(F)前接点—$LB_{I1\text{-}I2}$—$LXJ_{62\text{-}61}$—$BXG_{1_{II2}}$

反方向出站时，LXJ↑，ZXJ↓，使反方向(图中为 S 方向)进路表示灯 B-B 点亮，点灯电路为

$BXG_{3_{\text{II}2}}$—$3DJ_{5\text{-}6}$—$LXJF_{61\text{-}62}$—$ZXJ_{11\text{-}13}$—$B\text{-}BB_{\text{I}_1\text{-}\text{I}_2}$—$LXJF_{82\text{-}81}$—$BXG_{3_{\text{II}3}}$。

现反方向采用自动站间闭塞，只有绿灯一种显示。绿灯点灯电路为

$BXG_{1_{\text{II}1}}$—$DJ_{5\text{-}6}$—$LXJ_{41\text{-}42}$—$ZXJ_{81\text{-}83}$—$3DJ_{11\text{-}12}$—$LB_{\text{I}1\text{-}\text{I}2}$—$LXJ_{62\text{-}61}$—$BXG_{1_{\text{II}2}}$

3DJ 是为监督进路表示灯电路专设的。此时绿灯点灯电路检查了 3DJ 的前接点，即只有反方向进路表示器白灯点亮，绿灯才能点亮。

②三方向出站信号机点灯电路

举例站场上行出站有三个方向：正方向、反方向和东郊方面，故出站信号机设三个进路表示器白灯，以区分不同的运行方向，其电路图如《6502 电气集中图册》图 17 所示。

当为正方向运行时，和上述两方向出站信号机一样，由 2LQJ(F)和 3QLJ(F)区分是点黄灯、绿黄灯，还是绿灯。

当为反方向运行时，按站间自动闭塞方式，出站信号机仅有绿灯显示。此时，当 B-B 点亮，3DJ 吸起，沟通绿灯电路。

当向东郊方面运行时，为半自动闭塞方式，出站信号机也仅有绿灯显示。此时，B-C 点亮，3DJ 吸起，沟通绿灯电路。

信号点灯电路中的 BXG 是信号隔离变压器，为 $BXG_1$-35 型，使每个点灯回路和其他点灯回路互相隔离，以减少互相影响，并可增大全程信号电缆与大地间的绝缘电阻值。

(3)调车信号机点灯电路

平时调车信号机点蓝灯，当 DXJ 励磁后点亮月白灯。因调车信号电路要求比列车信号低，电源未用双断。电路如《6502 电气集中图册》图 18 调车信号点灯电路图所示。调车信号机 $D_1$、$D_5$、$D_7$、$D_9$、$D_{11}$、$D_{13}$、$D_{15}$ 都为矮型信号机，点灯用的 $BX_1$-34 变压器均安装在信号机构后盖上(也可安装在变压器箱内)。$D_3$ 为进站信号机内方的调车信号机，其电路与上述调车信号机结构一样，只是 $D_3$ 的 DJ 设在零散组合中。出站兼调车信号点灯电路中由 LXJ 的第 4、第 6 组后接点与 DXJ 第 6 组接点构成点灯电路。

3. 列车信号主灯丝断丝报警电路

为了防止列车信号灭灯，影响接/发列车作业，在列车信号的主灯丝断丝后就应及时将该灯泡更换。为了监督列车信号灯泡主灯丝的断丝并及时发出报警，每个咽喉设一套列车信号主灯丝报警电路。图 2-75 是下行咽喉区的进站信号机和各出站兼调车信号机的主灯丝断丝报警电路。

每架进站信号机和出站兼调车信号机的各个灯泡均接有一个灯丝转换继电器。它们在主灯丝完好点灯时励磁，主灯丝断丝时失磁，用其后接点接通副灯丝保持灯泡继续亮灯。因此每个灯泡点灯时发生灯丝转换继电器落下，即表明该灯泡主灯丝已断丝。

本咽喉每架信号机的灯丝转换继电器后接点串接成一支路，各架信号机的支路互相并接，然后接入室内的主灯丝断丝报警继电器 DSJ 电路中。DSJ 采用时间继电器，通电 3 s 后才吸起。当任何一架信号机发生点灯灯泡主灯丝断丝时，该架信号机的各灯丝转换继电器都落下，接通 DSJ 电路延时 3 s 后 DSJ 吸起。之所以延时 3 s，是因为信号在变换显示时也有各灯丝转换继电器均落下的瞬间，此时 DSJ 不应吸起。主灯丝断丝使 DSJ 吸起后，用其第 3 组前接点接通灯丝报警红灯电路使其点亮，同时用第 4 组前接点接通报警电铃电路使其鸣响。车站值班员按下非自复式的灯丝报警按钮 DSA 使其暂停鸣响。待维修人员更换该信号机的灯泡后，由于灯丝转换继电器吸起使 DSJ 落下，断丝报警电铃又鸣响。车站值班员见灯丝断丝报警红灯已灭灯，拉出 DSA，停止铃响，设备即恢复正常。

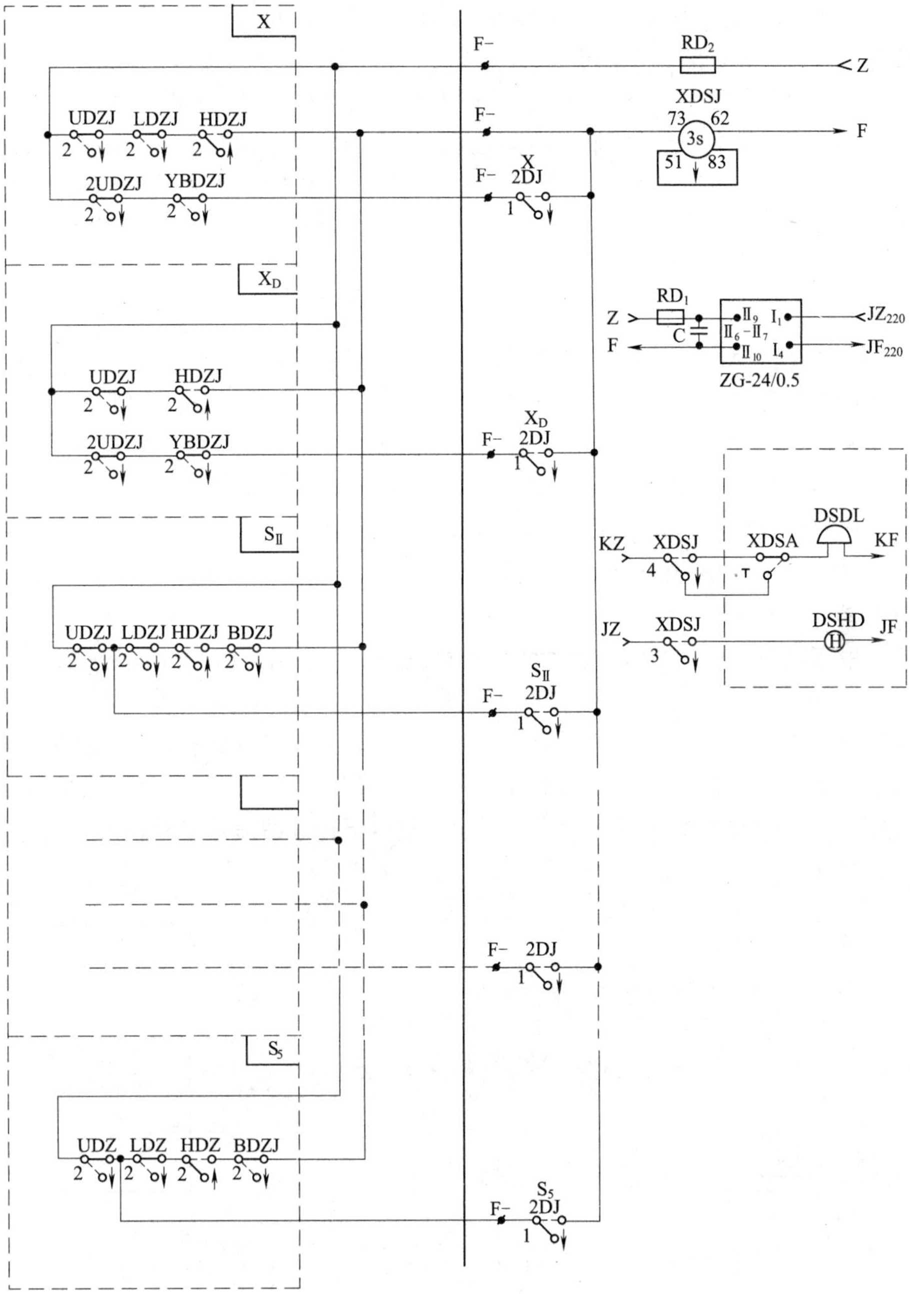


图 2-75　列车信号主灯丝断丝报警电路

例如 X 进站信号机开放通过信号时，绿灯灯泡主灯丝发生断丝，LDZ 落下接通 XDSJ 电路使其励磁，其励磁电路为

$$Z—RD_2—外线—XUDZJ_{21\text{-}23}—XLDZJ_{21\text{-}23}—XHDZJ_{21\text{-}23}—外线—X\ DSJ_{73\text{-}62}—F$$

对于有同时点两个灯的信号机，例如，进站信号点两个黄灯、绿黄灯，开放引导信号的一红一白，出站信号机点绿黄灯、两个绿灯，为了能发现第二个灯泡的主灯丝的断丝，将同时点灯的第二个灯丝转换继电器的后接点与检查该灯是否灭灯的 2DJ 的前接点，串接成另

一条使 DSJ 励磁的支路。例如 $X_D$进站信号机的第二黄灯、引导白灯的灯丝转换继电器的第2组后接点串接后，再与该进站信号机的 $X_D$ 2DJ 第1组前接点串接起来，接入 DSJ 电路中。在 $X_D$进站信号机站线接车，同时点两个黄灯发生第二黄灯主灯丝断丝时，$X_D$的 2UDZ 落下，其第2组后接点和 $X_D$的 2DJ 第1组前接点（注意，别误会 2DJ 落下，因为 2DJ 只在第二黄灯灭灯时才会落下，现第二黄灯通过副灯丝仍在点亮）使 DSJ 励磁，发出第二黄灯主灯丝断丝报警。出站信号机设进路表示器时，将它们的灯丝转换继电器后接点串接后经 3DJ 前接点接至 DSJ 电路。

其励磁电路为

Z—$RD_2$—外线—$X_D$2UDZ$J_{21\text{-}23}$—$X_D$YBDZ$J_{21\text{-}23}$—外线—$X_D$2D$J_{11\text{-}12}$—XDS$J_{73\text{-}62}$—F

又如 $S_{II}$ 出站信号机向北京方面正方向发车，点绿黄灯后，黄灯主灯丝发生断丝，由 $S_{II}$ UDZJ的落下和 $S_{II}$ 2DJ 吸起使 DSJ 吸起。其电路为

Z—$RD_2$—外线—$S_{II}$ UDZ$J_{21\text{-}23}$—外线—$S_{II}$ 2D$J_{11\text{-}12}$—XDS$J_{73\text{-}62}$—F

为了防止室外故障，例如信号电缆发生混线造成电源短路，影响继电器架上各继电器的正常工作，灯丝断丝报警电路由硅整流变压器单独供给直流电源 Z 和 F。

4. 跳信号报警电路

跳信号报警电路是对进站信号机和防护通过进路的正线出站信号机非正常关闭进行报警的电路。

图 2-76 为跳信号报警电路的一部分。实际情况是，对每架进站信号机和防护通过进路的正线出站信号机设一个准备报警继电器 ZBJJ、一个报警继电器 BJJ 和一个取消继电器的复示继电器 QJF，如《6502 电气集中图册》图 30 所示。现以下行进站信号机跳信号报警电路为例，介绍其电路原理。

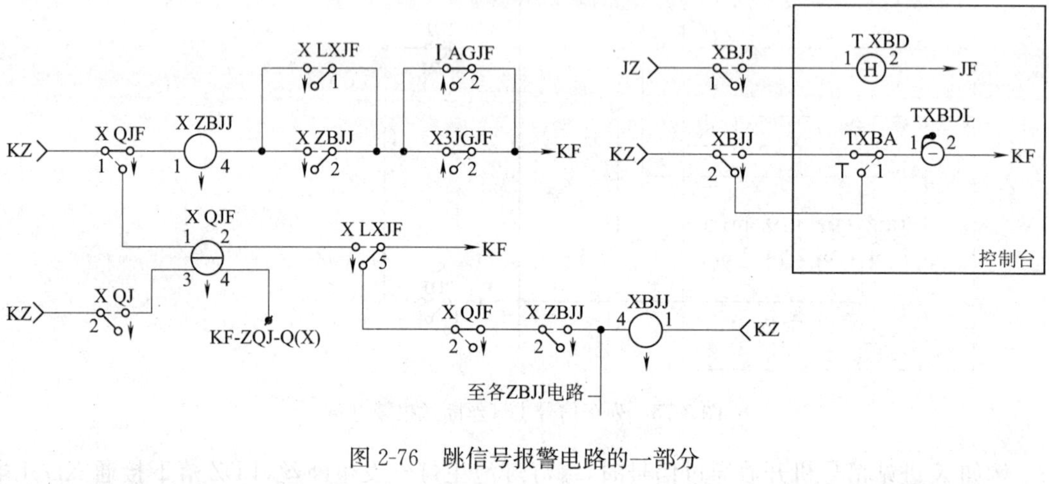


图 2-76 跳信号报警电路的一部分

X LXJF 吸起，下行进站信号机开放，列车未占用其接近区段及内方轨道电路区段，X3JGJF 和Ⅰ AGJF 吸起，又未办理下行接车进路的取消或人工解锁，X QJF 落下，此时下行进站信号机的准备报警继电器 X ZBJJ 吸起，吸起后自闭，为跳信号报警做好准备。

X ZBJJ 吸起后，若信号突然关闭，X LXJF 落下，则接通报警继电器 XBJJ 电路，XBJJ 吸起，点亮控制台上的跳信号报警红色表示灯 TXBD，并使跳信号报警电铃 TXBDL 鸣响。按

下跳信号报警按钮 TXBA，电铃暂停鸣响。修复后重新开放信号 X LXJF 吸起，或办理取消、人工解锁手续后 X QJF 吸起，断开 X ZBJJ 和 XBJJ 电路，使它们落下。此时 TXBDL 再次鸣响，拉出 TXBA，电铃停止鸣响，电路复原。X ZBJJ 电路中，X3JGJF 第 2 组前接点和ⅠAGJF第 2 组前接点并联，是为了当列车进站、信号机正常关闭时断开 X ZBJJ 的自闭电路，不予报警。

办理下行接车进路的取消或人工解锁手续后，“KF-ZQJ-Q”有电，X QJ 吸起，其复示继电器 X QJF 吸起。X QJF 吸起后经 X LXJF 前接点和自身前接点自闭，断开 X ZBJJ 电路。X 进站信号机关闭，X LXJF 落下，断开 X QJF 电路，使之复原。可见，设置 X QJF 的目的，是当办理了取消或人工解锁手续后，信号关闭不报警，此时 X ZBJJ 和 BJJ 均落下。

其他信号机的跳信号报警与上述相同。

## 十二、表示灯电路

在控制台上设有各种表示灯。车站值班员通过它们的表示了解室内、外信号设备的运用状况及列车的运行情形。表示灯只在车站值班员注视的情况下才起作用，为此对重要的情况，如道岔被挤、列车信号主灯丝断丝等，除表示灯外还应有音响报警电铃，当信号设备发生故障时，信号维修人员借助表示灯可分析和判断故障的性质和范围，以便及时排除故障。

1. 信号复示器点灯电路

信号复示器设于站场模型线路光带旁对应于信号机的位置，表示信号机的状态。当进路选出，进路按钮表示灯及排列进路表示灯都灭灯后，信号是否开放，车站值班员可通过信号复示器的显示来确认。信号复示器分为，调车信号复示器、出站兼调车信号复示器和进站信号复示器。

(1)调车信号复示器点灯电路

图 2-77 是各种调车信号复示器点灯电路。由于调车信号机比较多，为了便于确认调车信号的开放，平时调车信号复示器都不亮灯。在排列好调车进路开放调车信号时，由于 DXJ 励磁，其第 8 组前接点将交流电源 JZ 接入复示器白灯，使调车信号复示器点亮白灯，表示调车信号已经开放。调车车列占用进路时，随着调车信号的关闭，DXJ 失磁而使信号复示器灭灯。

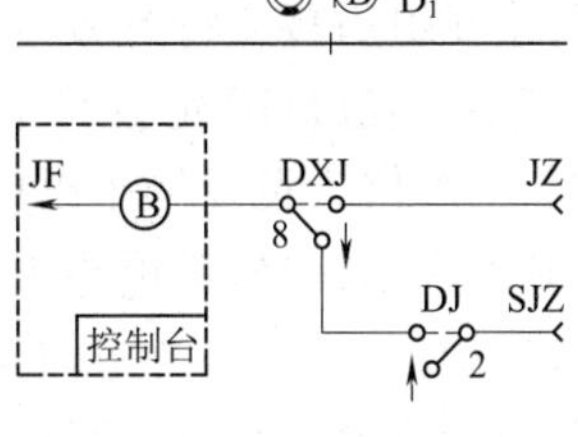

图 2-77　调车信号复示器点灯电路

平时若某架调车信号机蓝灯灯丝断丝灭灯时，由于 DJ 落下，用其第 2 组后接点经 DXJ 第 8 组后接点将交流闪光电源 SJZ 接入信号复示器白灯，使调车信号复示器从不亮灯变为闪白灯，很容易引起车站值班员的注意，知道调车信号蓝灯灯泡断丝应更换。若在开放调车信号时发生月白灯泡灯丝断丝灭灯，则信号复示器白灯亮过即灭，经重复开放信号后仍为此现象，即说明月白灯已坏需要更换。

(2)出站兼调车信号复示器的点灯电路

出站兼调车信号复示器，数量也较多，它们平时也不亮灯，其电路如图 2-78 所示。

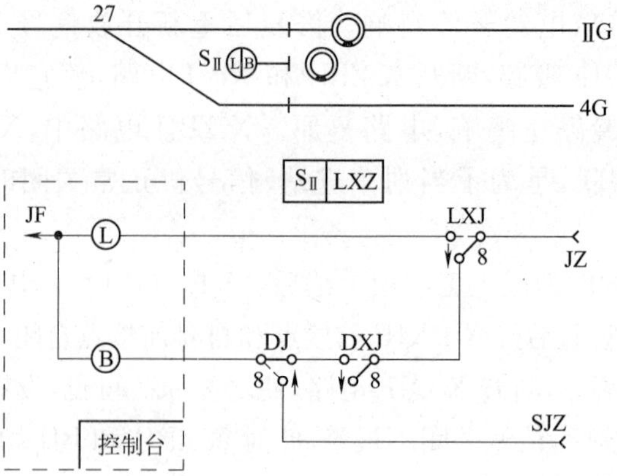


图 2-78　出站兼调车信号复示器电路

开放列车信号，LXJ 励磁，用其第 8 组前接点使信号复示器点亮绿灯，表示出站信号机已开放。出站信号机允许信号可能是绿灯，也可能是黄灯、绿黄灯或双绿灯，但对信号复示器仅仅反映其是否开放，让车站值班员确认信号已开放即达到目的。至于信号机的具体显示则不需表示出，这样使表示灯电路较为简单，维修也方便。开放的列车信号若发生允许信号灯泡断丝灭灯，将使 LXJ 失磁，信号复示器已点亮的绿灯熄灭。

开放调车信号时，DXJ 励磁，用其第 8 组前接点将出站信号复示器的白灯点亮。若发生月白灯断丝灭灯时，信号复示器的白灯灭灯。

平时若某架出站信号机的红灯灭灯时，由于 DJ 的落下，将交流闪光电源 SJZ 接入白灯，使出站兼调车信号复示器闪白灯，表示红灯灯泡已坏。

(3)进站信号复示器点灯电路

进站信号机是防护车站的重要信号机，其红灯的完好状态需让车站值班员随时了解。所以进站信号复示器经常点红灯，用 LXJ 的后接点和 1DJF 的前接点接通红灯电路，表示进站信号在关闭状态且红灯完好。其电路如图 2-79 所示。

为了及时发现进站信号机的红灯灭灯，用 1DJF 第 6 组后接点将 SJZ 电源接入进站信号复示器红灯中，使红灯闪光引起车站值班员注意，以便通知信号维修人员及早予以更换。

开放进站信号，不论是正线接车、站线接车，还是通过，均由 LXJ 第 8 组前接点使信号复示器点绿灯，表示进站信号已经开放。开放的允许信号灭灯时，由于 LXJ 失磁和 1DJF 吸起，使进站信号复示器由点绿灯转为点红灯。

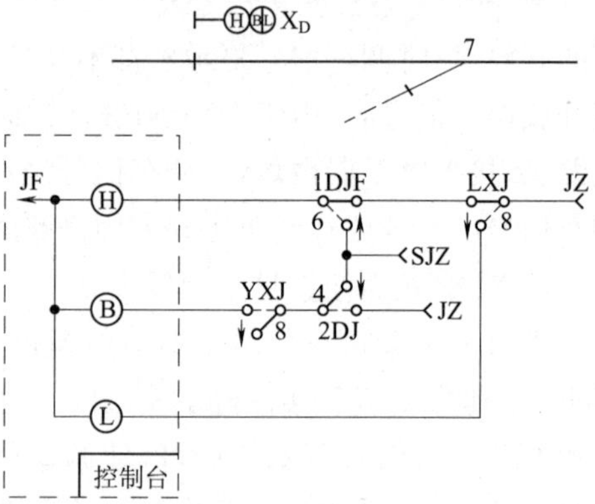


图 2-79　进站信号复示器电路

开放引导信号时，YXJ 和监督引导白灯的 2DJ 都吸起，使表示灯白灯点亮，这时的进站信号复示器为红灯和白灯同时点亮，表示引导信号已经开放。如果发生引导信号白灯断丝，2DJ 将失磁落下，而 YXJ 仍吸起，由 2DJ 第 4 组后接点和 YXJ 第 8 组前接点使信号复示器白灯闪光，则进站信号复示器变为红灯亮而白灯闪，反映引导信号的月白灯灯泡已坏。

2. 轨道光带表示灯电路

控制台上主要的表示灯是与站场线路形状相似的线路光带，它直观地反映出所排进路上道岔的位置、进路的锁闭、列车或调车车列在进路上的运行情况。因此轨道光带表示灯电路必须是站场形网路，它们是执行组的14线和15线网路。

整条进路的光带，是由进路中各轨道电路区段的光带组成的。

(1)道岔区段轨道光带表示灯电路

图2-80是19-27DG区段的轨道光带表示灯电路。由图可见，构成光带的形状是由DBJ和FBJ前接点决定的。在每个道岔的岔前、辙叉后的直股和侧股部位都接有白色和红色表示灯，它们由一节或若干节白灯和红灯的光管组成。为使电路简明，每个部位的白灯和红灯仅画出一个。直股部位的白灯和红灯分别用定位白灯DB和定位红灯DH表示；侧股部位用反位白灯FB和反位红灯FH表示；岔前部位用岔前白灯QB和岔前红灯QH表示。白灯由14线控制，红灯由15线控制，其着灯和灭灯情况由该道岔Q组合中1LJ和2LJ及DGJF和FDGJ的接点决定。其他所有道岔区段光带表示灯电路构成情况均与此相同。

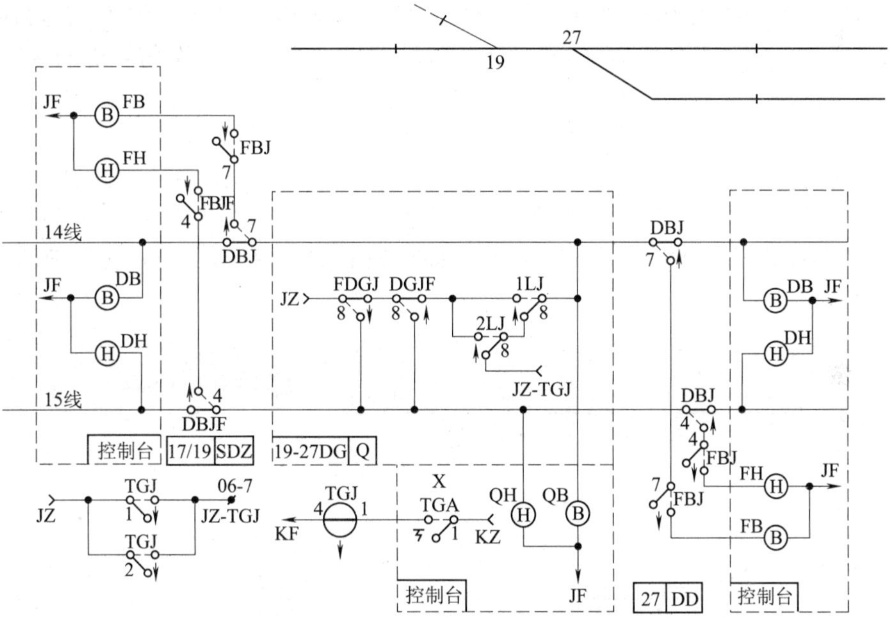


图2-80 道岔区段轨道光带表示灯电路

平时光带不着灯，当该道岔区段被建立于进路中，进路锁闭时，由1LJ和2LJ第8组后接点将交流表示电源JZ接入14线，按道岔的位置将光带灯点亮。若道岔均在定位，则17/19DBJ、17/19DBJF和27DBJ都吸起，将19DB、QB和27DB灯点亮，形成一条直的白光带。列车驶入19-27DG区段时，由于DGJF失磁和FDGJ励磁，用其第8组后接点切断向14线供出的JZ电源，并由FDGJ第8组前接点将JZ接到15线上，使得白光带熄灭，将19DH、QH、27DH点亮，形成一条直的红光带。

列车出清区段后，1LJ和2LJ先后励磁，DGJ的吸起使FDGJ缓放3～4 s后落下，切断15线上的JZ电源，于是红光带熄灭。故车刚出清区段时，红光带不会马上熄灭，这样可防止车站值班员在电路尚未全部复原时又利用该区段建立进路。

红光带熄灭后不准再闪一下白光带。如果不接入 FDGJ 接点只接入 DGJF 接点，在车出清区段的瞬间 1LJ 或 2LJ 尚未吸起之前，DGJF 的第 8 组后接点切断向 15 线供电，而前接点又将通过未吸起的那个 LJ 的后接点向 14 线瞬间供电，形成白光带在红光带熄灭后又闪一下的错误表示。接入 FDGJ 接点后，在它缓放时切断供向 14 线的 JZ，使光带不闪白光，保证红光带在 1LJ 和 2LJ 吸起后直接灭灯。但又不能以 FDGJ 接点取代 DGJ 接点，否则在 FDGJ 电路断线时不能反映区段有车占用。1LJ 和 2LJ 都吸起，才能说明该区段确已解锁，因此点灯电路中并联两组 LJ 的后接点是必不可少的。点亮的光带必须与开通的进路位置相一致，不允许给出错误表示，因此决定光带形状的控制条件必须用道岔表示继电器的前接点，不准用道岔表示继电器的后接点来代替，例如不准用 DBJ 的后接点来接通反位光带灯。

为了方便车站值班员了解线路上道岔的开通状况，每个咽喉区设一个接通光带按钮 TGA，按下它使接通光带继电器 TGJ 励磁，送出条件电源"JZ-TGJ"，于是本咽喉区每个区段的 1LJ 和 2LJ 的第 8 组前接点把这个条件电源接到 14 线上，根据该区段道岔开通的位置点亮白光带，从而可确认整个咽喉区各道岔的开通状况。

(2)无岔区段的光带表示灯电路

无岔区段有设 Q 组合和未设 Q 组合两种情况，除有列车经过的差置调车信号机间的无岔区段设 Q 组合外，一般进站内方带调车的无岔区段、发车口处尽头调车信号机的接近区段、牵出线上的无岔区段及股道等均未设 Q 组合。

①有区段组合的无岔轨道区段的光带表示灯电路

此种无岔区段光带点灯的特点是：建立通过无岔区段的列车进路时，1LJ 和 2LJ 需落下，由它们的后接点构成无岔区段的白光带。建立向无岔区段的调车进路时，1LJ 和 2LJ 又不会落下，而由调车终端复示继电器 ZJF 的前接点来构成白光带。有 Q 组合的无岔轨道区段光带表示灯电路如图 2-81 所示。

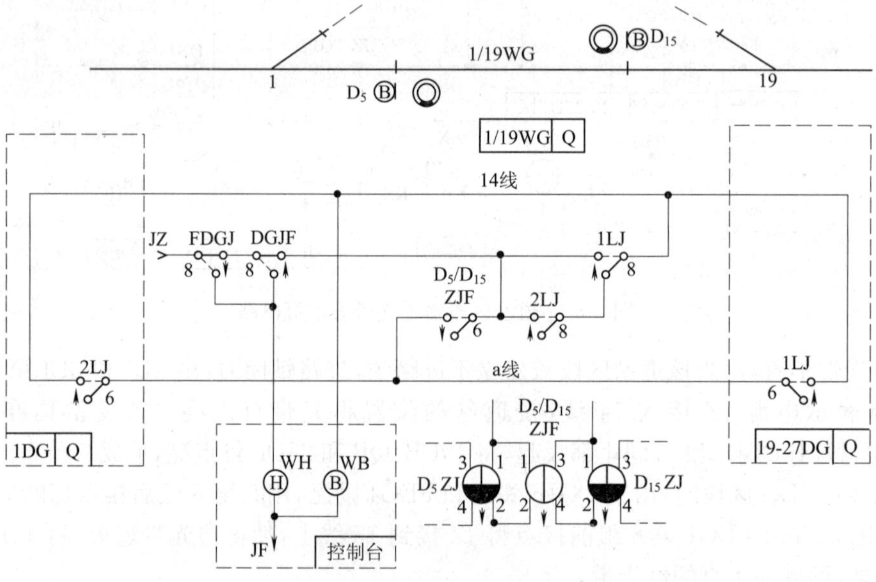


图 2-81　有 Q 组合的无岔轨道区段光带表示灯电路

无岔区段光带是固定直光带，光带的白灯直接接在 14 线上，用 14 线和 a 线上的条件控制白光带的点灯。

建立列车进路时，无岔区段1LJ和2LJ都落下，将JZ电源接入14线使无岔区段点亮一条白光带。列车进入无岔区段后DGJF的落下和FDGJ的励磁使白光带改点红光带。出清区段3～4 s后红光带熄灭。

向无岔区段建立调车进路时，例如建立$D_1$至$D_{15}$的调车进路，虽然$D_{15}$信号机是进路终端的阻挡信号，但进路的终端按钮是$D_5$A，由于$D_5$ZJ的吸起使1/19WG区段的QJJ不能励磁，使得无岔区段1LJ和2LJ都不落下，但此时又要求无岔区段点白光带，为此，设终端复示继电器ZJF。当向无岔区段调车时，$D_5$ZJ或$D_{15}$ZJ励磁时均会带动ZJF励磁(由于ZJ接点不够，采用线圈并接法使ZJF励磁)，这时交流电源JZ经由FDGJ第8组后接点、DGJF第8组前接点和ZJF的第6组前接点向a线供出交流表示电源，再经a线上1DG区段的2LJ第6组后接点将JZ接入14线使白光带点亮。白光带被点亮表示调车进路已建立并锁闭，用ZJF的吸起证明为调车进路，以进路上道岔区段的2LJ落下证明调车进路已锁闭。

由于运行方向不同，道岔区段两个进路继电器吸起的顺序也不同，为防止调车车列进入道岔区段尚未进入无岔区段时，无岔区段的白光带先灭掉，待车进入无岔区段时又从灭灯转为红光带。对从左向右运行的调车进路(如$D_1$至$D_{15}$)，1DG区段在a线上应使用2LJ的后接点。对从右向左运行的调车进路(如$S_{Ⅱ}$向$D_5$)的19-27DG区段在a线上必须用1LJ的后接点。

无岔区段没有道岔位置检查，故不需接入条件电源“JZ-TGJ”。

②不设Q组合的无岔区段光带表示灯电路

对无列车通过的无岔区段，为节省起见可不设Q组合，以零散继电器代替之。电路本身无1LJ和2LJ，白光带的点亮以相邻道岔区段1LJ和2LJ的后接点和ZJ前接点构成。

a. 无列车经过的差置调车信号机间的无岔区段光带点灯电路

无岔区段光带点灯的构成条件与上述设Q组合的无岔区段调车进路白光带点灯电路相似，如图2-82所示。$D_4$/$D_{14}$ ZJF是$D_4$ ZJ和$D_{14}$ ZJ的复示继电器。无岔区段白光带在调车进路锁闭后点亮，其锁闭条件也是借用调车进路中邻近道岔区段的进路继电器的后接点。调车进路从左向右运行时，用20DG区段的2LJ后接点；调车进路从右向左运行时，用2DG区段的1LJ的后接点。调车车列进入2/20WG区段时，由2/20WGJ落下和2/20FDGJ吸起点亮无岔区段红光带。

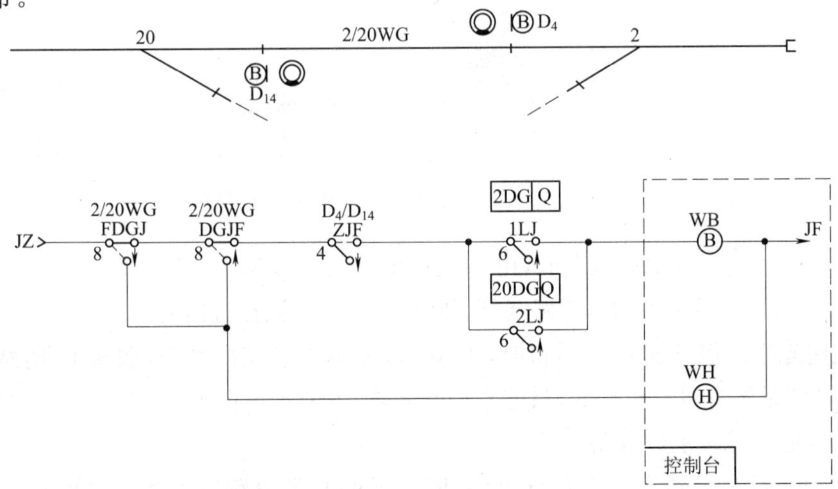


图2-82　无列车进路经过的差置调车信号机间的无岔区段光带点灯电路

b. 发车口处（双线单方向运行区段）尽头线调车信号机的接近区段光带表示灯电路

图 2-83 为双线发车口 $D_1$ 信号机的接近区段的光带表示灯电路。

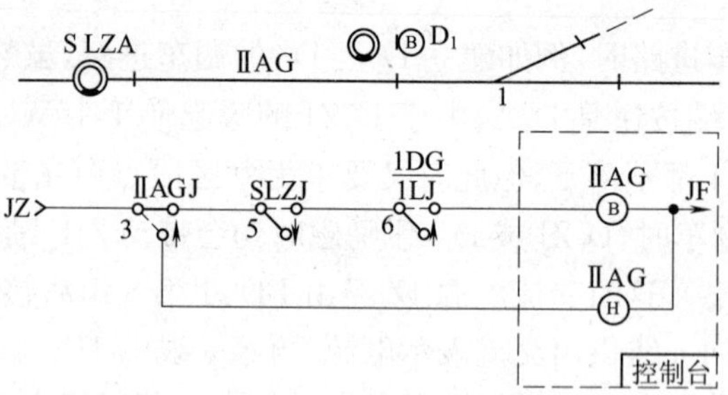


图 2-83　尽头线接近区段的光带表示灯电路

接近区段表示灯电路的点灯条件与牵出线无岔区段光带点灯情形一样。但由于采用列车终端继电器 SLZJ 的前接点作为控制白灯点灯条件，故 $D_1$ 接近区段只在发车时才能点亮白光带，而向ⅡAG 无岔区段调车时，由于 SLZJ 不励磁致使该区段不能点白光带。若在举例站场上行发车口处不是零散组合，而设一个 1LXF 组合时，用组合内 ZCJ 接点代替 SLZJ 接点，则不论建立发车进路或调车进路时，ⅡAG 无岔区段均能点亮白光带。

c. 进站内方带调车的无岔区段光带表示灯电路

图 2-84 是 X 进站信号内方带 $D_3$ 调车信号机的ⅠAG 区段的光带点灯电路图。

当排列接车进路时，由于 X 进站信号机的 LKJF 吸起和 5DG 区段的 1LJ 落下，点亮无岔区段ⅠAG 区段白光带。

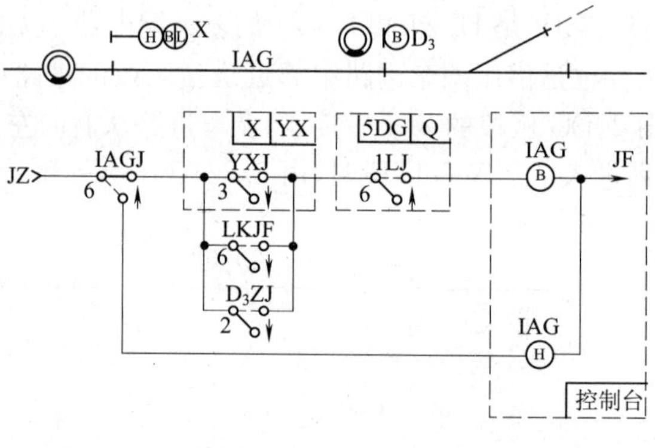


图 2-84　进站内方无岔区段光带表示灯电路

按引导进路锁闭方式引导接车时，由 X 进站信号机的 YXJ 吸起和 1LJ 的落下，同样点亮白光带。以 X 进站信号机为调车进路终端，排列向 $D_3$ 处的调车进路时，$D_3$ ZJ 的吸起和 1LJ 的落下也点亮白光带。但开放 $D_3$ 信号机时，ⅠAG 区段不应点亮白光带，因从 $D_3$ 向站内调车其接近区段ⅠAG 是停有机车车辆的，只能给出红光带，不能给出白光带。

③股道轨道光带表示灯电路

图 2-85 是ⅡG 的轨道光带表示灯电路，股道上的光带电路与上述几种电路结构都不相同。向股道排列进路时，当进路锁闭后股道应点白光带，作终端的出站兼调车信号机处的 ZCJ

落下，由其第 1 组后接点及股道的 GJ 第 5 组前接点使股道白光带点亮。车进入股道时，经 GJ 第 5、第 6 组后接点使股道白光带熄灭转变为红光带点亮。待车全部进入股道，进路最末一个道岔区段解锁后，由于 ZCJ 的励磁切断经 GJ 第 5 组后接点点亮的股道红光带，仅保留经 GJ 第 6 组后接点点亮的2～3 节红光带。这样在车停留在股道期间，既节省用电，减少表示灯灯泡的损坏，又减轻了对车站值班员的视力刺激。

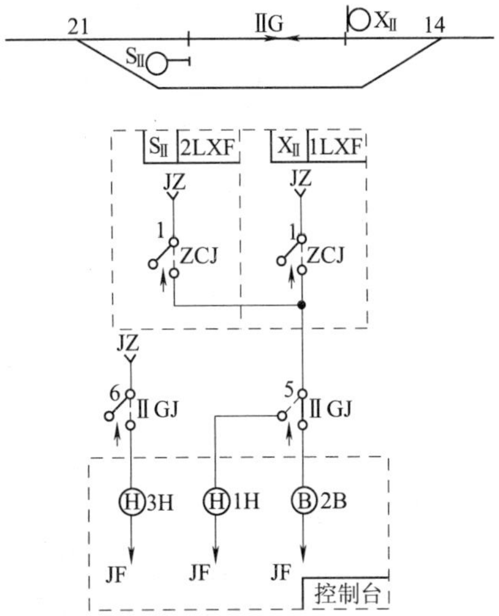


图 2-85　股道光带表示灯电路

对于牵出线、专用线、尽头线等处的调车信号机外方的接近区段，没有白光带表示，仅在有车占用时由接近区段的 DGJ 后接点点亮红光带，车出清后即灭灯。

办理引导进路锁闭时，由于引导进路上各轨道区段内 1LJ 和 2LJ 的落下，使引导锁闭的进路显示白光带。而引导总锁闭时，全咽喉仅 SJ 落下，故无白光带显示。

3. 取消进路和人工解锁进路的表示灯电路

解锁表示灯电路如图 2-86 所示。

在每个咽喉的总取消按钮 ZQA 的上方有一个总取消表示灯（红色），办理取消进路或取消误按的进路按钮时，按下 ZQA 使 ZQJ 励磁，用其第 8 组前接点点亮此红灯，表示正在办理取消手续。

在每个咽喉区的总人工解锁按钮 ZRA 正上方有一个总人工解锁表示灯（红色），左边有一个 30 s 人工解锁表示灯（红色），右边则为 3 min 人工解锁表示灯（红色）。办理人工解锁按下 ZRA 使 ZRJ 励磁，用其第 8 组前接点将人工解锁表示灯点亮，当手松开 ZRA 后它仅亮 1 s 左右，在进路延时解锁过程中要继续给出解锁表示，因此在解锁进路信号关闭使信号复示器灭灯后，还将点亮延时解锁表示灯。当人工解锁的是调车进路或站线发车进路时，第二人工解锁继电器 2RJJ 励磁，用其第 8 组前接点接通 30 s 表示灯，30 s 以后进路人工解锁使 2RJJ 落下后才熄灭。当人工解锁的是接车进路或正线发车进路时，第一人工解锁继电器 1RJJ 第 8 组前接点接通的是3 min人工解锁表示灯，直到 3 min 进路解锁后，1RJJ 落下后该表示灯才熄灭。

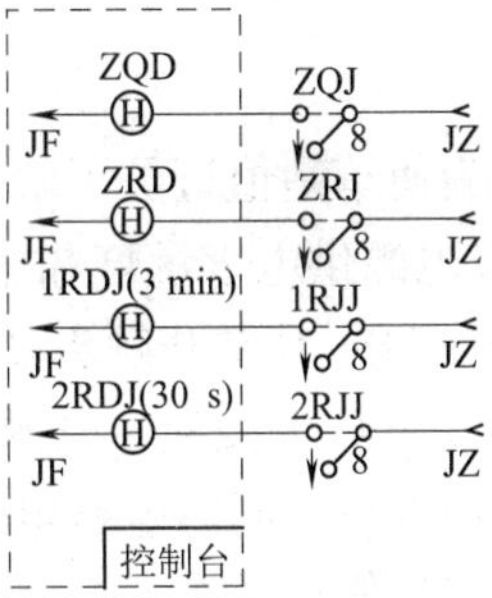


图 2-86　解锁表示灯电路

4. 电源表示灯电路

采用非智能电源屏时，在控制台中部上方有电源供电表示灯、主/副电源切换按钮 ZFDA、信号点灯电源供电表示灯、信号灯调压按钮 XTA，以及控制台表示灯调压按钮 BTA，它们均表示电源的供电情况，其电路如图 2-87 所示。

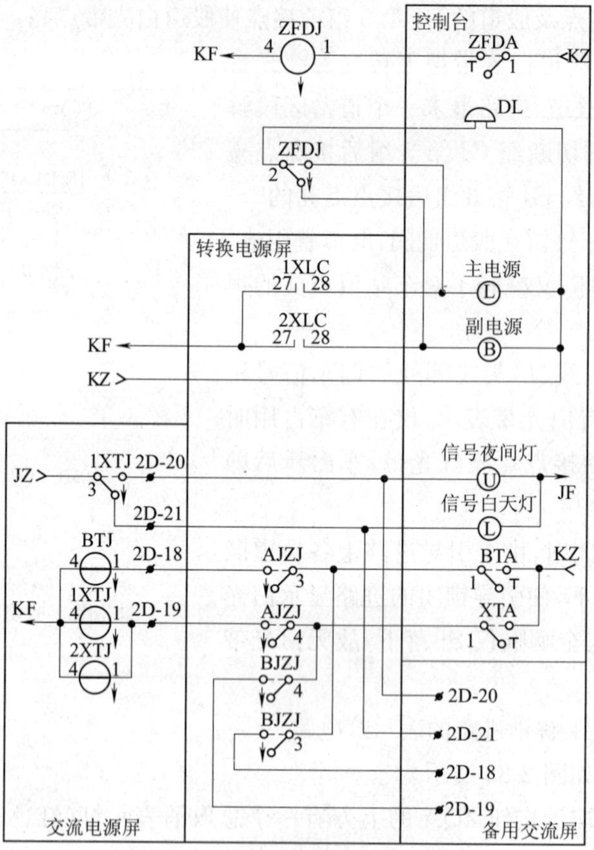


图 2-87　电源表示灯电路

为使车站值班员了解设备的供电状况，并在主、副两路电源切换时引起车站值班员的注意，设电源供电表示灯和主副电源继电器 ZFDJ（在上行咽喉 DY 组合中）。当主电源供电时，1XLC 励磁，其常开触头 27-28 闭合，将主电源表示灯（绿灯）点亮。当主电源切换到副电源供电时，1XLC 失磁使主电源表示灯灭灯；2XLC 励磁，其常开触头 27-28 闭合，将副电源表示灯（白色）点亮。同时电铃电路经 ZFDJ 的后接点 11-13 和 2XLC 的常开触头 27-28 接通而响铃。此时车站值班员按下主副电源切换按钮 ZFDA，使 ZFDJ 励磁，一方面使电铃停响，另一方面使电铃电路处于监督副电源供电的状态。当副电源又转换至主电源供电时，电铃再次鸣响，拉出非自复的 ZFDA 使 ZFDJ 落下，即可使电铃停止鸣响。

信号机点灯白天用 220 V 供电，为了省电及延长灯泡使用寿命，在保证信号显示距离的前提下夜间可用 180 V 供电，这由信号调压按钮 XTA 来控制。白天，使用交流屏的信号调压继电器 1XTJ 落下，用其第 3 组后接点点亮白天表示灯（绿色），表示信号点灯由 220 V 供电。夜间按下 XTA，使 1XTJ 吸起，改由 180 V 供电，用其第 3 组前接点点亮夜间表示灯（黄色），表示信号点灯由 180 V 供电。

为了改变控制台表示灯的亮度，用表示灯调压按钮 BTA 来控制。白天控制台表示灯由交流 24 V 供电，夜晚为减弱表示灯光对车站值班员眼睛的刺激，可按下 BTA，使 BTJ 励磁，供出 19.6 V 交流电，使表示灯亮度减弱。

# 第五节　阅图练习

## 一、车站信号设备平面布置图阅图

通过对《6502 电气集中图册》图 01、04 的阅图，掌握 6502 电气集中联锁室外和室内设备布置图的阅图方法。

提示：《6502 电气集中图册》图 01 是车站信号设备平面布置图，表示车站室外设备的布置，通过该图可清楚各轨道电路区段的划分；各信号机的布置、灯光配列；各股道有效长；各道岔类型；各信号机、道岔、绝缘节的坐标。

《6502 电气集中图册》图 04 是室内信号设备平面布置示意图，表示控制台室、继电器室、电源室的设备布置。

## 二、控制台盘面图、人工解锁按钮盘盘面图阅图

通过对《6502 电气集中图册》图 02 的阅图，掌握控制台盘面图阅图方法。

提示：《6502 电气集中图册》图 02 表示控制台盘面元件的布置，包括各种按钮和表示灯的布置。按用途分为：排列进路用的按钮及信号复示器，单独操纵道岔用的按钮及表示灯，取消进路、人工解锁进路用的按钮，开放引导信号用的按钮，接通光带和道岔表示用的按钮，切断挤岔电铃按钮及挤岔表示灯，列车信号主灯丝断丝报警按钮和报警红灯，电源按钮。此外，还有闭塞用的按钮和表示灯。

可通过阅图，明白各种按钮和表示灯，了解它们的作用。并可在图上，模拟办理各种操作，以进一步熟悉各种按钮的使用。

通过对《6502 电气集中图册》图 03 的阅图，掌握人工解锁按钮盘盘面图的阅图方法。

## 三、组合排列表、组合连接图阅图

通过对《6502 电气集中图册》图 05、图 06、图 07 的阅图，掌握组合排列表、组合连接图的阅图方法。

提示：《6502 电气集中图册》图 05 表示各种设备所用组合类型及位置。通过该图可以找到全站所有信号机、道岔、轨道电路的组合类型及组合位置。

《6502 电气集中图册》图 06、图 07 分别为下行咽喉、上行咽喉的组合连接图。通过该图可以找到全站所有信号机、道岔、轨道电路的组合连接次序，以及它们所在的电路图在哪张网状电路图中。

## 四、方向继电器电路图阅图

通过对《6502 电气集中图册》图 08 的阅图，掌握方向继电器电路图的阅图方法。

提示：《6502 电气集中图册》图 08 为图＋表的方式，把全站所有的进路按钮按咽喉各分成四组，分别为列接、列发、调接、调发。从表格中可以找到各按钮接到何处。要特别注意单置调车按钮、变通按钮的接法。

图中还包括人工解锁继电器的电路图，表示方法同方向继电器电路图。

## 五、网状电路图阅图

通过对《6502 电气集中图册》图 09、图 10 的阅图，掌握网状电路图的阅图方法。

提示：《6502 电气集中图册》图 09、图 10 分别为下行咽喉、上行咽喉的网状电路图，这是 6502 电气集中最重要的电路图，也是阅图的重点。可任意设定接车进路、发车进路、调车进路，通过跑电路，熟悉网状电路图。可先跑基本进路，再跑变通进路；先跑单元调车进路，再跑长调车进路；先跑下行咽喉的进路，再跑上行咽喉的进路，最后跑通过进路。在跑电路前，可先写电路动作程序，熟悉继电器动作时机，再跑具体电路。

## 六、通过按钮继电器电路图阅图

通过对《6502 电气集中图册》图 11 的阅图，掌握通过按钮继电器电路图的阅图方法。

提示：《6502 电气集中图册》图 11 是通过按钮继电器电路图，其中有四套电路，分别是 X、$X_F$、S、$S_F$ 方向的通过按钮继电器电路，它们的电路原理相同，只要看懂一套电路，即可举一反三。注意，电路是跨两个咽喉的。

## 七、电源、挤岔及人工解锁电路图阅图

通过对《6502 电气集中图册》图 12 的阅图，掌握电源、挤岔及人工解锁电路图的阅图方法。

提示：《6502 电气集中图册》图 12 是全站的电源、挤岔电路图，以及各咽喉的人工解锁电路图，两咽喉的人工解锁电路原理相同。

## 八、个别继电器电路图阅图

通过对《6502 电气集中图册》图 13 的阅图，掌握个别继电器电路图的阅图方法。

提示：《6502 电气集中图册》图 13 是全站的个别继电器电路图，两咽喉的个别继电器电路原理相同。

## 九、信号机点灯电路图阅图

通过对《6502 电气集中图册》图 15、图 16、图 17、图 18 的阅图，掌握信号机点灯电路图的阅图方法。

提示：《6502 电气集中图册》图 15、图 16、图 17、图 18 分别是进站信号机、两方向出站信号机、三方向出站信号机、调车信号机的点灯电路图。采用电路图辅以配线表的方式。配线表标明各信号机的名称、组合位置，组合侧面端子号及分线柜的端子号，以及信号隔离组合与信号机组合的配线联系。

## 十、道岔电路图阅图

通过对《6502 电气集中图册》图 19～图 28 的阅图，掌握道岔电路图的阅图方法。

提示：《6502 电气集中图册》图 19～图 28 包括各种道岔电路图。

四线制道岔电路图有单动道岔的，六线制道岔电路图有单动道岔的和双动道岔的。

五线制道岔电路图为交流转辙机所用，为固定辙叉的，单动道岔的、双动道岔的，都只有有关 DQJ 部分的电路图。另有转辙机控制电路图，包括 S700K 型电动转辙机控制电路图和

ZYJ7 型电液转辙机控制电路图，在每张道岔控制电路图中均有配线端子表。

双动道岔结合电路图是一端为提速道岔固定辙叉，另一端为非提速道岔结合电路图。

各道岔电路图辅以配线表，表明各道岔控制线所接组合侧面端子号及分线柜的端子号，还有转辙机连接电缆类型表。

### 十一、轨道电路图阅图

通过对《6502 电气集中图册》图 29 的阅图，掌握轨道电路图的阅图方法。

提示：《6502 电气集中图册》图 29 轨道电路图。其中(1)是电路图，有发码区段、非发码区段的送电端、一送一受受电端、一送多受受电端的电路图。(2)是配线表，列出各轨道电路区段的名称、分线柜至隔离器、隔离器至防护盒、轨道柜至测试盘的联系，以及二元轨道继电器和轨道继电器的联系。

### 十二、报警电路图阅图

通过对《6502 电气集中图册》图 30、图 31、图 32、图 35 的阅图，掌握各报警电路图的阅图方法。

提示：《6502 电气集中图册》图 30 是跳信号报警电路图，除了跳信号报警电铃是全站共用外，其他是分咽喉的，包括进站信号机和正线出站信号机，各部分电路原理相同。

《6502 电气集中图册》图 31 是主灯丝报警电路图，各咽喉的进站、出站信号机的点灯报警条件通过电缆接至室内，在有某信号机主灯丝断丝时，驱动灯丝报警继电器。两咽喉的跳信号报警电路原理相同。

《6502 电气集中图册》图 32 是断路器报警电路图，表示了断路器、报警器的连接。

《6502 电气集中图册》图 35 移频报警电路图，包括区间移频设备和区间通过信号机主灯丝报警电路。

## 第六节　站内结合电路

对于各种类型的车站，由于运营的要求，需要在定型组合电路的基础上，增加一些结合电路。常用的有非进路调车电路、到发线出岔电路、6‰下坡道延续进路电路。本节介绍它们的基本概念，具体电路及说明可参阅《6502 电气集中学习指导》。

### 一、非进路调车电路

一些车站设有调车线群，这些调车线群为非集中联锁区。为了方便调车车列的解体和编组，需利用集中联锁区的牵出线作为调车线群的推送线，集中联锁区的部分线路用作推送线时，若允许由现场调车员用手信号指挥调车车列往返调车，就构成了非进路调车。如举例站场可利用牵出线向调车线进行非进路调车。

非进路调车不受调车信号机位置的限制，可根据需要在任何地点停车，例如越过任何一组道岔都可停车，然后根据手信号折返，也允许推送溜放，因而提高了作业效率。

车站值班员必须确认推送线上的各道岔区段空闲，并且未利用这些区段排列任何进路后，才发出允许进行非进路调车的命令。该命令发出后推送线上的各有关联锁道岔都要自动转换至规定位置;这些道岔锁闭后,推送线上的所有调车信号机都要开放,使之不阻挡调车车列往返调车,完全以手信号指挥调车。

取消非进路调车时,必须确认调车车列已全部出清推送线上的有关道岔区段。调车车列由某些区段前进或后退时,若其进路上没有道岔或有道岔但有调车信号机防护的可除外,如举例站场的 20DG。取消命令发出后,推送线上的各调车信号机应自动关闭,道岔经 30 s 后才准许其自动解锁。

非进路调车电路参见《6502 电气集中图册》图Ⅰ-14。

## 二、到发线出岔电路

在到发线中间铺设道岔,称为中间道岔,如图 2-88 中的 29 号道岔。如果此中间道岔采用集中控制,则需增加联系电路,称为到发线出岔电路,又称中岔电路。

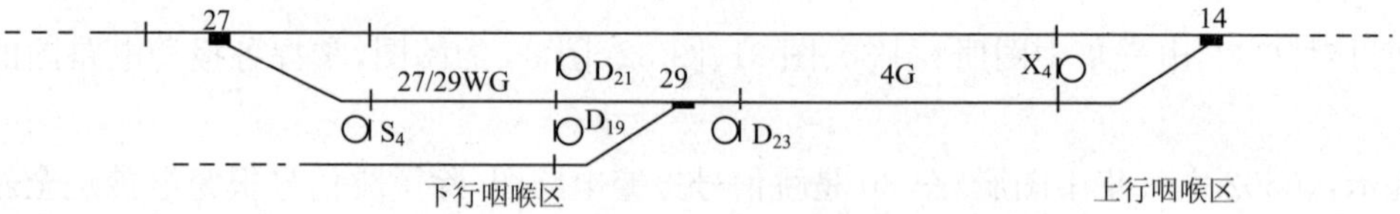


图 2-88 中间道岔

中间道岔要用调车信号机来防护,如图中的 29 号道岔,就要用 $D_{19}$、$D_{21}$、$D_{23}$ 三架调车信号机来防护。

运营及技术要求:

(1)接车

中间道岔位于接车进路上,所以凡排通往该到发线的接车进路时,它必须自动转到定位并锁闭后才能开放进站信号机。而当防护该中间道岔的调车信号机开放时,不能开放防护该到发线的进站信号机。

取消或人工解锁排往该到发线的接车进路时,待该咽喉区的道岔解锁后才准许中间道岔解锁。列车全部进入该到发线并出清中间道岔所在的轨道电路区段(以下简称中间道岔区段)后,中间道岔经 3 s 后解锁。列车全部进入到发线,但未进入中间道岔区段时,中间道岔需经 3 min限时后自动解锁。

(2)发车

中间道岔虽然不在发车进路上,但必须与经所在到发线的发车进路发生联锁关系,即凡排列由该到发线发车的进路时,除列车占用中间道岔区段经中间道岔反位开通另一线路(多为货物线)的发车作业外,中间道岔必须自动转换至定位并锁闭后才能开放该到发线的出站信号机。该出站信号机与防护中间道岔的调车信号机一律不按敌对信号处理,允许同时开放。否则,在列车头部进行加挂作业时,调车信号机不能关闭,其进路又不解锁的情况下,出站信号机将不能开放。另外,即使出站信号机和调车信号机同时开放,也不会导致不安全。取消发车进路时,中间道岔与发车进路同时解锁,当中间道岔区段被占用时仅保留区段锁闭。列车完全出清股道,中间道岔立即解锁。若股道上留有车辆,则须待列车出清发车进路的第一个道岔区段该区段解锁后,中间道岔才能解锁。

(3)调车

经中间道岔的调车进路与接车进路是敌对进路，与发车进路不按敌对进路处理。到发线被中间道岔分隔为两个无岔区段，如图 2-88 中的 27/29WG、4G，它们和咽喉区的无岔区段一样，不允许同时向里排列对向的调车进路。但若 4G 足够长，根据运输需要也可设计成允许同时向 4G 排列对向调车进路。中间道岔及其防护的调车信号机归属于同一咽喉，可分段办理长调车进路。

## 三、6‰下坡道延续进路电路

当进站信号机外方制动距离范围内，进站方向为下坡道，如果其平均换算坡度大于或等于6‰时，原则上应设计接车进路的延续进路电路(也叫接车进路的敌对照查电路)，以防止列车进站后停不住而发生行车事故。

延续进路如图 2-89 所示，进站信号机 $X_A$ 外方制动距离内，进站方向为超过 6‰的下坡道。$X_A$ 防护 4 条接车进路。以ⅢG 接车进路为例，其延续进路的始端为 $X_{Ⅲ}$，终端可以到 $D_4$、S 或 $D_2$。就是说，ⅢG 接车进路的延续进路有 3 条，车站值班员可根据具体作业情况任选其中一条。

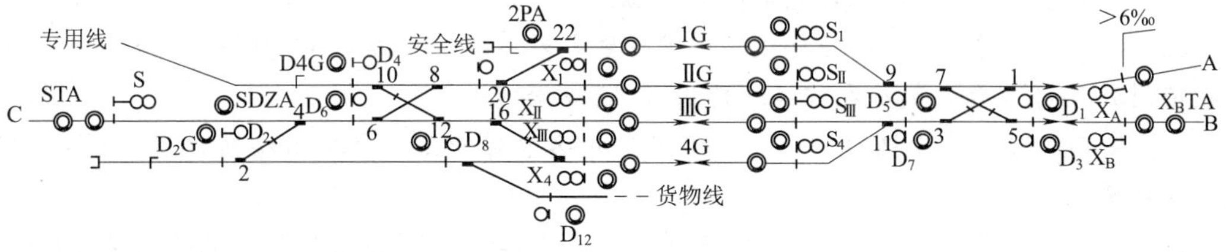


图 2-89　延续进路

运营和技术条件：

(1)延续进路可通向安全线、调车牵出线、专用线及车站的进、出口。延续进路的始端应为同方向的出站信号机，终端为安全线上的车挡，牵出线或专用线入口处的调车信号机，车站进、出口处的信号机或站界标。

(2)排列带延续进路的接车进路时，要按压三个按钮，即接车进路的始端按钮、终端按钮和延续进路的终端按钮。延续进路的终端按钮可用调车按钮兼或用列车按钮兼。在安全线上没有按钮可兼的情况下，需增设按钮，如图 2-89 中的 2PA。

在开放进站信号机 $X_A$ 时，应检查接车进路及其延续进路上的道岔位置正确并已被锁闭、进路空闲、敌对进路未开放并已被锁闭等技术条件。为了不影响另一咽喉的作业，在接车进路不能实现进路锁闭的情况下，不许选出其延续进路。

(3)当延续进路通向车站的出口时，如果连续发车，只需按压延续进路的始端列车按钮，即可开放出站信号机。出站信号机开放后，此延续进路即为发车进路。

(4)延续进路应在接车进路实现进路锁闭后选出并进行锁闭。正常情况下须待列车驶入股道 3 min 后，经证明接车进路确已解锁，才准许延续进路自动解锁。当车站值班员能确认列车到达情况时，亦可按压专设的带铅封的解锁按钮代替限时解锁。取消或人工解锁进路时，必须先办理接车进路解锁手续，再取消延续进路，否则延续进路不能解锁。

(5)接车进路及其延续进路是分属两个咽喉的进路，因此必须在这两个咽喉都未选其他进路的情况下,才准许选带延续进路的接车进路。

## 复习思考题

1. 什么是组合?什么是定型组合?

2. 站场形网路结构有哪些优点?

3. 6502 电气集中有多少种定型组合?如何分类?

4. 对于各种信号机,如何运用信号组合?

5. 对于各种道岔,如何运用道岔组合?提速道岔组合如何运用?

6. 如何运用区段组合?电气化区段的轨道电路区段组合如何运用?

7. 简述 6502 电气集中的电路结构。

8. 方向继电器是用什么条件来分别接通其励磁和自闭电路的?何时自动复原?

9. 方向继电器电路如何实现其技术要求?

10. 进路按钮的配置原则是什么?

11. 以各种调车信号按钮作进路终端按钮使用时,应注意哪些问题?

12. 对应单置调车信号按钮要设几个按钮继电器?各继电器在何时吸起?为什么作始端按钮使用时 2AJ 不会吸起?在作终端使用时 AJ 不会吸起?

13. 在单置调车信号机的 AJ 和 2AJ 励磁电路中为什么不直接用按钮接点,而要用 1AJ 的前接点来控制?

14. 单置调车信号机的 2AJ 励磁电路中串接 AJ 和 FKJ 第五组后接点的作用是什么?

15. 什么叫方向电源?为什么要设置方向电源?试说明单置调车 1AJ、2AJ、AJ 电路中接入的方向电源"KF-共用-Q"、"KZ-共用-H"、"KZ-列共-DFJ-Q"的有电与无电时间?

16. 在并置或差置调车信号机的 AJ 电路中接入方向电源"KZ-列共-Q"的作用是什么?

17. 办理列车或调车变通进路时方向继电器有几条自闭电路?举例说明。

18. 1~6 线网路的供电及继电器动作有何规律?

19. 选岔网路 6 线中二极管 $D_1$、$D_2$ 的作用是什么?二极管 $D_2$ 若被击穿,电路中将出现何现象?为什么?FCJ 第 3 组后接点在电路中起何作用?

20. 举例说明不管所办的进路的运行方向如何,均可用进路最右端的 JXJ 吸起来证明整条进路已选出?

21. 单置调车信号机设几个 JXJ?各在何时吸起?JXJ 吸起后起哪些作用?

22. 办理进路时若方向继电器因故未吸起,在选岔电路中会出现什么现象?为什么?

23. 办理长调车进路时,同方向调车信号机按什么顺序开放?电路中如何实现?

24. FKJ 的作用是什么?它在什么时间内起记录进路始端的作用?

25. FKJ 的两条励磁电路各在何时起作用?为什么要用 XJ 后接点切断 FKJ 的自闭电路?单置调车信号机的 FKJ 电路中为什么要接入"KF-共用-H"方向电源?

26. ZJ 为什么采用缓放型继电器?两差置调车信号机的 ZJ 的励磁电路中为什么要检查对方 ZJ 的后接点和有关 LJ 的前接点?

27. KJ 的作用是什么?它励磁时检查哪些条件?何时落下?

28. KJ 的励磁电路中接入 JXJ 第 7 组接点的作用是什么?办理从右向左的长调车进路

时 JXJ 也有此作用吗？

29. 顺序按压 $D_{15}A$、$D_{13}A$ 和 $S_{Ⅱ}DA$ 后，哪架信号能开放？哪条进路能排出来？为什么？

30. 用逻辑表达式写出 $X_D$ 至 4G 接车进路的选择组电路中继电器的动作程序。

31. 用逻辑表达式写出 $D_1$ 至ⅢG 调车进路选择组中各继电器的动作程序。

32. 排列进路时，为什么长时间按压始端按钮会造成光带不亮进路选排不出？而对于单置调车信号机始端按钮则不会，为什么？

33. 执行组电路的主要任务是什么？共有几条线网路？各线网路的作用是什么？

34. 什么叫进路锁闭？进路与信号之间是什么关系？

35. 什么叫预先锁闭？什么叫完全锁闭？

36. 说明 QJ 两条自闭电路的作用各是什么？

37. 简述 XJJ 的设置和作用。

38. 办理调车作业时 XJJ 的 1-2 线圈何时沟通自闭电路？它起何作用？

39. 办理人工解锁时，XJJ 的 3-4 线圈励磁为什么要检查“KZ-RJ-H”条件电源？为了保证检查此电源，电路中采取了哪些措施？

40. 在调车信号的 XJJ 的 3-4 线圈电路中接入 XJJ 第 1 组前接点的作用是什么？

41. 在调车信号 XJJ 的局部电路中接入 QJ 第 8 组后接点的作用是什么？

42. 简述 QJJ 和 GJJ 的设置与作用。在办哪些进路时需要 GJJ 参与工作？

43. 10 线网路的作用是什么？发生 10 线断线能否开放信号，如何判断 10 线发生断线？

44. 简述建立和正常解锁进路时 QJJ 和 GJJ 的励磁、自闭和失磁情况。

45. 简述取消和人工解锁及调车中途返回解锁时 QJJ 的失磁时机。

46. 进路始端 10 线 QJ 与 JYJ 接点串联支路的作用是什么？

47. 在 GJJ 的 1-2 线圈励磁电路中接入对端咽喉的 ZCJ 第 2 组前接点的作用是什么？

48. 在 QJJ 的 3-4 线圈电路中接入 CJ 第 2 组后接点的作用是什么？

49. 叙述 JYJ 和 ZCJ 的设置与作用，并说明为什么要求它们平时处于励磁状态？

50. 说明 JYJ 电路中 KJ 后接点的作用。

51. 在正线出站信号机 JYJ 的 3-4 线圈电路中，为什么要接入对端咽喉的 GJJ、ZCJ、ZJ 三组并联接点？

52. 在 ZCJ 电路中 GJJ 和 SJ 接点的作用是什么？

53. 开放信号的联锁条件有哪些？各用什么接点来证明？

54. LXJ 和 DXJ 的励磁电路各涉及哪些线网路？为什么？

55. 调车信号为什么要设白灯保留电路？此电路何时用何条件接通？何时用何条件断开？

56. 调车信号白灯保留电路中 DXJ 第 3 组或第 7 组前接点的作用是什么？

57. 为什么要求 LXJ 和 DXJ 缓放？

58. ZXJ 和 XFJ 的励磁网路是哪一条？它们的作用各是什么？

59. 在有两个发车口的出站信号机，向主要方面发车时如何防止出现第二绿灯闪光？

60. 叙述 SJ 电路中，各接点及条件电源“KZ-YZSJ-H”的作用，并说明 9-15DG 锁闭后，哪些 SJ 落下？

61. FDGJ 有哪些作用？什么时候励磁？发生哪些情况则不会励磁？

62. CJ具有哪两个特性？各用在什么解锁电路中？

63. CJ的1-2线圈在何时起作用？

64. 条件电源“KZ-GDJ”用在哪些电路中？起何作用？

65. 三点检查的内容是什么？X向ⅠG接车进路正常解锁时3DG的1LJ↑和2LJ↑各说明什么？

66. 正常解锁应检查哪些联锁条件？电路中各用什么接点来证明？

67. 试分析在建立进路前9-15FDGJ并联的电容被击穿和进路建立后9-15FDGJ并联的电容被击穿两种情况下X向ⅠG接车进路正常解锁电路有哪些不同表现？

68. 调车进路正常解锁与列车进路正常解锁有哪些不同？

69. 为什么调车进路解锁一般均能实现三点检查？哪种调车进路正常解锁需检查出清接近区段条件？哪种调车进路正常解锁不需检查出清接近区段条件？

70. 有$X_D$向ⅢG和X向ⅠG两条接车进路，同样在列车接近时发生信号故障，列车驶过进路后，哪条进路能正常解锁？为什么？

71. $D_9$至$S_Ⅰ$进路与排列$D_9$至$D_{13}$进路正常解锁时，如何体现三点检查？解锁电路中JYJ第8组接点起何作用？而在以$S_Ⅰ$、$D_5$、$D_{15}$为始端的调车进路中为何不加入(或短路掉)该接点？

72. 取消进路或人工解锁进路的特点是什么？

73. 用逻辑关系式写出$S_Ⅱ$至$X_D$调车进路取消解锁动作程序。

74. 人工解锁时，条件电源“KF-3分”和“KF-30秒”如何产生？延时电路何时复原？

75. 调车中途返回解锁电路的两种情况是如何区分的？试述原排$S_Ⅱ$至$D_3$牵出进路，调车车列完全进入9-15DG和3DG后，再排$D_{13}$至$S_Ⅰ$折返进路时，$S_Ⅱ$至$D_7$和$D_7$至$D_3$两单元调车进路各属哪种情况？

76. 在第一种调车中途返回解锁电路中，为什么要检查JYJ和FDGJ的前接点？

77. 为什么调车信号的XJJ设置1-2线圈自闭电路后，故障时能防止调车进路按中途返回解锁方式错误解锁？

78. 两种调车中途返回解锁电路的解锁条件各是什么？各用何接点证明？解锁电源的供电规律是什么？

79. 在由ⅠG至ⅡG的转线作业中，牵出进路是$S_Ⅰ$至$X_D$，折返进路是$D_{13}$至ⅡG，若调车，车列出清9-15DG完全进入11-13DG后再按$D_{13}$返回ⅡG。试分析7DG和11-13DG两区段能否按调车中途返回解锁？为什么？

80. 在由ⅠG至ⅡG的转线作业中，牵出进路是$S_Ⅰ$至$D_3$，折返进路是$D_{13}$至ⅡG，若牵出车列越过$D_{13}$时并未驶入$D_7$内方，而按$D_{13}$信号显示折返至ⅡG，试分析$D_7$进路能否按调车中途返回解锁？为什么？怎样才能解锁？

81. X至ⅠG进路排出后，若9-15DG突然发生故障，引起信号关闭造成机外停车。请问此时能否办理重复开放信号？能否办理引导进路接车？能否办理人工解锁？能否办理故障解锁？为什么？

82. 因区段故障办理引导接车时，忘按下有关道岔单独锁闭按钮，若列车运行过程中该区段故障自动恢复，试述解锁电路是如何防止错误解锁的？

83. 若因3DG故障，需将1/3号道岔摇至定位后才能办理X至ⅠG接车进路。请问此时可否办理引导进路锁闭接车？为什么？应怎样办理才正确？

84. 取消进路、人工解锁、调车中途返回解锁、引导进路解锁有哪些共同规律？它们各自在进路始端送入 KF 解锁电源的联锁条件有哪些不同？

85. 在信号点灯电路中对断线、混线各采用了哪些防护措施？每个灯泡设信号变压器和灯丝转换器的作用是什么？

86. 列车信号在关闭状态时，发生允许信号主灯丝断线会报警吗？何时才会报警？

87. 列车信号在关闭状态时，发生允许信号主、副灯丝均断丝时控制台上有报警表示吗？何时才有？

88. X 进站信号机发生绿灯主、副灯丝均断，办理通过进路时控制台有何现象？为什么？

89. 办理 X 至 ⅠG 接车进路时，进路点白光带但股道上却不点白光带，试分析故障范围。

90. 办理 $D_{11}$ 至ⅢG 调车进路时，只有 11-13DG 亮白光带，其他区段均不亮。试分析故障范围。

91. 排列 $S_{Ⅱ}$ 至 $X_D$ 发车进路，列车全部驶入区间后，11-13DG 和 7DG 重新点亮白光带，试分析故障范围。

92. 取消 $S_{Ⅲ}$ 至 $X_D$ 调车进路时，只有 7DG 和 11-13DG 两区段白光带熄灭，请分析故障范围。

93. 五线制道岔控制电路与四线制道岔控制电路有何不同？

94. S700K 型电动转辙机的道岔控制电路和 ZYJ7 型电液转辙机的道岔控制电路有何异同？

95. 三相交流电源断相、错序时，五线制道岔控制电路将如何动作？

96. 四显示自动闭塞区段的进站信号机显示与三显示自动闭塞区段的进站信号机显示有何不同？

97. 四显示自动闭塞区段的出站信号机显示与三显示自动闭塞区段的出站信号机显示有何不同？

98. 何谓非进路调车？建立非进路调车要满足哪些条件？什么情况下才能取消非进路调车？

99. 何谓到发线出岔？对于有中间道岔的到发线，其接车、发车、调车各有哪些技术要求？

100. 什么叫延续进路？延续进路有哪些技术要求？

# 第三章　计算机联锁

## 第一节　计算机联锁的基本原理

### 一、计算机联锁系统硬件

1. 计算机联锁系统所用的计算机

(1)计算机实时控制系统

计算机联锁系统是计算机实时控制系统的一个实例。实时控制系统是指在限定的时间内对外来时间能够做出反应的系统。即如果一个计算机系统需要在确切的时间内从外部环境输入数据,并向它发送数据,或进行一些其他处理,该系统就是一个计算机实时控制系统。

计算机实时控制系统要求采用实时工业控制计算机(简称工控机)。工控机的主要特点有:

a. 实时性强

实时性是指系统具有的在限定时间内对外来事件做出反应的特性,即在按一定的周期对所有的事件进行巡检的同时,可以随时响应中断请求。

b. 具有充分的过程输入和控制输出能力

应具有完善的输入/输出设备和外部设备,以直接从现场采集各种信号,对这些信号变量进行处理,然后把结果输出到执行机构。

c. 具有通信与联网能力

当需要构成分布式系统时,要求具有便捷的通信能力与构建局域网的能力。

d. 高可靠性

系统直接控制着工业过程,要能够在工业环境中长时间地连续工作,如果没有相应的冗余措施,一旦计算机系统发生故障,会造成重大损失。

e. 可维护性

系统故障会影响工业过程的正常操作,在系统设计时一定要考虑易于维护,可维护性还有一层意思是,系统的部分改变就可以适应工业现场的变化,而不是整个系统。

f. 标准化、系列化

应尽量采用国家推荐的标准和及优选机型,以提高成功的概率,求得较高的性价比。

g. 模块化

组合化的设计方法、模块化的系统结构,可以大大减少二次开发的工作量,缩短开发周期,提高系统质量。

此外,需要尽可能方便的系统开发环境、良好的产品质量保障体系和服务保障体系。一般要求允许工作环境比较恶劣,如温度高、湿度大、抗冲击、振动性强等。

(2)工业控制计算机系统

一般地讲,普通的商用计算机不能用作工业控制计算机,主要原因在于商用计算机在设计上是针对良好的工作环境，在整机的机械、防振动、耐冲击、防尘、耐高温、抗电磁干扰、抗电流浪涌、防化学腐蚀等方面没有采取特殊的措施，可靠性较差；商业用计算机没有采用开放式的总线结构，也没有开发相对于工业应用的数据采集及输出等 I/O 接口模板，而这些又是工业现场对所应用的计算机提出的基本要求。

为了克服商用机在工业应用领域中的种种不足，多选用工控机。所谓工控机是指作为工业现场监测与控制用的微型计算机。这类计算机是依赖于某种标准总线，按工业化标准设计，包括主机板在内的各种 I/O 接口功能模板而组成的计算机。

工控机与通用的商业化计算机相比，主要区别在于：

a. 为提高可维修性，采用分离式机壳机构，去掉了外面的大盒盖。为了增加各个模板的抗振动和抗冲击能力，在各个插板的上方增加了一条横放的压杠。

b. 取消了计算机系统母板，把其功能集中到一块插卡(ALL-IN-ONE)上。

c. 采用开放式总线结构，将标准总线印制在一块公共底板(称为总线母板)上，并在板上装设若干个双簧片多芯插座，各种 I/O 功能模板可以直接插在总线槽上，便于系统的维护与扩充。

d. 在机箱前面增加一个带过滤网的强力风扇，不仅加强了散热，而且使机内形成微正风压，增强了抵抗环境粉尘的能力。

e. 选用工业化电源。

2. 计算机联锁系统的体系结构

计算机联锁系统由于控制规模、功能的完备程度、经济因素、技术实现及技术背景和历史背景的不同，而有多种体系结构。各国的计算机联锁系统的体系结构不仅与技术和经济因素有关，而且还涉及运输组织、规章制度及历史背景。

就功能而言，计算机联锁系统要完成多项任务：人机会话、联锁运算、现场设备的监控等，这些任务如果由一台计算机来完成，不仅存在很多困难，而且也不省时。

就控制规模而论，一台计算机所能控制的室外设备总有一个限度，如果室外监控对象的数量超过了规定限度，就需用两台或多台计算机。

就可靠性和故障安全性而言，计算机联锁系统必须采用冗余结构，也需要多台计算机。

由于上述原因，计算机联锁系统一般是由多个计算机构成的。若把每个计算机看成是系统的一个模块，则计算机联锁系统是多模块结构。多模块结构对于设计、生产维护和扩充都有它的优越性。

计算机联锁系统大多采用多模块结构，但各计算机的功能及计算机之间的联系是不尽相同的。在多计算机系统中，将整个功能划分为若干相对独立的功能模块，分别由计算机进行处理。根据功能的繁简，模块的划分不尽相同。按功能划分为多个模块，分别由各自的计算机进行处理，这便于设计、修改和扩展，而且多个模块具有相对独立的并行处理性能，可提高整个系统的处理速度。

3. 计算机联锁系统的层次结构

计算机联锁系统的功能要求与性能要求均比较高，既要求具有友好而准确的人机界面，同时又要求具有高可靠性与高安全性，只采用单层结构可能难以全面完成各项技术要求，需要采用上、下两层乃至多层的分层结构。

就控制的层次而论，计算机联锁系统可分为人机会话层、联锁层和监控层，相应地可由人机会话计算机、联锁计算机及控制器来承担各层的任务。这样，整个系统可以分为上、下两层，即上层为人机会话层，下层为联锁层，其具体结构如图 3-1 所示。

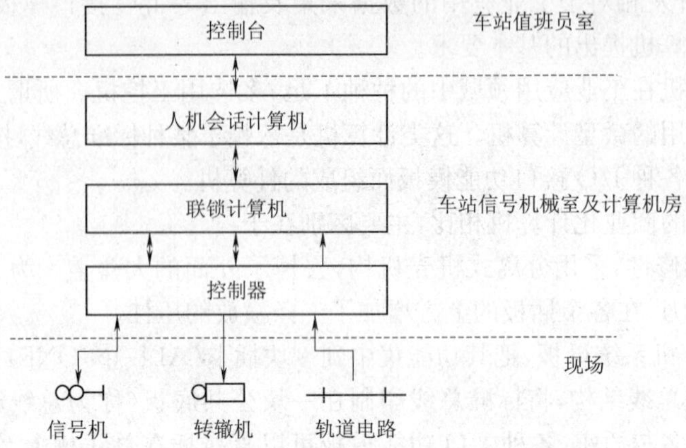


图 3-1　计算机联锁系统的层次结构图

(1)人机会话计算机

人机会话计算机(各种型号的计算机联锁称呼不一)的主要任务是接收来自控制台的操作输入，判明操作输入能否构成有效的操作命令，并将操作命令转换成约定的格式，由串行口输送给联锁计算机。另外，接收来自联锁计算机的表示信息，将它们转换成显示器能够接受的格式。

采用了人机会话计算机，可以加快人机会话的响应速度，对操作命令进行预处理，提供丰富的表示信息，减轻联锁计算机的工作量，使联锁计算机能承担更多其他功能；并可使联锁计算机的硬件结构标准化，联锁计算机只需一个串行接口与人机会话计算机联系，而不需要许多并行的操作输入和表示输出接口。

人机会话计算机所处理的信息不涉及行车安全，所以不要求该计算机具有“故障—安全”功能，但它必须十分可靠才能保证联锁系统正常工作。一般采用动态冗余的计算机结构。为了简单起见，可用人工方式控制它的切换。

既然人机会话计算机的功能是传送和生成操作命令和表示信息的，所以在有的系统中也将它作为联锁计算机与 CTC/TDCS 的联系机构。

(2)联锁计算机

联锁计算机是联锁系统的核心部分，实现高可靠性的与高安全性的联锁功能。

联锁计算机接收来自人机会话计算机的操作命令，接收来自室外监控对象的状态信息，进行联锁逻辑运算，发出控制道岔转换和开放信号的控制命令。

联锁计算机与人机会话层的联系一般是经由串行接口实现的。

(3)输入/输出接口

输入/输出接口用来实现控制对象与联锁机之间的联系。

现多采用接口继电器，用以与现场设备联结，完成信息采集和控制命令输出的任务。也开始用电子模块来代替继电器。

另有维修机，可自动储存长达一个月的站场信息、车站值班员操作信息、联锁系统提供的提示信息、故障诊断信息的全部记录，并可在线以图像方式再现，便于维修。

控制台现多采用鼠标加显示器。根据需要可分设控制台，每个控制台既可分区局控，又可统一集中操作。

现场保留继电集中联锁采用的设备，道岔启动电路、信号点灯电路、轨道电路仍采用成熟的电路。

4. 计算机联锁系统的可靠性与安全性结构

对于计算机联锁系统，既要求具有比较高的可靠性，又要求具有比较高的安全性。这是因为该系统不仅需要昼夜不停地连续运转，而且一旦出现故障，就有可能导致重大损失。所以，计算机联锁系统需要利用冗余技术，使其自身构成容错控制系统。

(1)计算机联锁系统的可靠性与安全性要求

计算机联锁系统必须满足可靠和安全的要求：

①平均故障间隔时间 MTBF 值达到 $10^6$ h。

②“故障—安全”系统的安全完善度等级必须达到 SIL4 级。

(2)避错技术和容错技术

不管计算机系统多么可靠、技术多么先进，从理论上讲，任何普通的计算机，由于其“0”“1”逻辑的对称性及系统瞬间运算出错的可能性，决定了普通计算机系统并不具备“故障—安全”特性，仅仅依靠自检的系统是不能用于信号安全系统的，这样的系统出现偶发的、不能再现的误动是完全有可能的，一旦出现问题，也很难查找和定位事故发生的原因及部位。

①避错技术

避错技术是通过对系统进行完善设计，力求使系统避免发生故障的一种技术。避错技术开始于计算机问世。它的基本思想是试图构造出一个不包含任何故障的“完美”系统。采用正确的设计尽量避免把故障引入系统，用质量控制、减载使用等方法避免故障的发生，以减少系统失效的可能性。随着计算机技术的发展，避错技术一直是提高计算机系统可靠性的基本方法。

在实际应用中，避错技术主要包括质量控制技术和环境防护技术。质量控制技术是在计算机系统的研制过程中，加强对元器件的选择、管理和使用，采用高可靠的部件和计算机系统，并在此基础上对组装工艺实行严格的质量管理。环境防护技术是通过散热、抗振、化学防护、电磁兼容等设计，提高施工质量，并改善系统运行环境，采取各种抗干扰措施，提高系统运行的稳定性和环境适应性。

避错技术有相当的局限性，这是因为系统故障概率的减少是有一定限度的，一个系统不发生任何故障是不可能的，因此必须采用容错技术。

②容错技术

容错，即当系统出现硬件或软件故障时，程序不会因系统中的故障而终止或被修改，并且执行结果也不会包含系统中故障引起的差错。即容许某种失效的存在，而使其后果不致造成系统工作失效，或能及时发现而缩短修复时间。容错的基本思想是：在系统的体系结构上精心设计，利用外加资源的冗余技术来达到掩蔽故障的影响，从而自动恢复系统或达到安全停机的目的。

容错技术主要依靠外加资源的方法来换取可靠性，外加资源有硬件、软件、时间和信息，因此容错技术的主要方法有：

a. 硬件冗余

通过硬件的堆积冗余或待命储备冗余来达到容错。硬件的堆积冗余可以体现在物理级的元件重复，也可以体现在逻辑域的多数表决。待命储备冗余体现在具有“$n+1$”个模块并带有检错和切换装置的计算机系统中。

b. 软件冗余

提高软件可靠性有两种方法，一是研究无错软件，二是研究容错软件。后者将具有设计差异、完成同一任务的不同软件组成一个有机整体，完成错误检测、程序系统及系统恢复等功能。

c. 时间冗余

通过消耗时间资源来达到容错。

d. 信息冗余

增加信息的多余度来提高可靠性。比如增加检错码、纠错码，附加位越多，检错纠错的能力就越强。

其中，更多采用的是硬件冗余和软件冗余。因此，容错控制系统无论在硬件结构方面还是在软件结构方面均存在着一些明显的特点。

(3)计算机联锁系统冗余结构

为了提高系统的可靠性和安全性，计算机联锁系统大多采用了冗余结构。按处理故障的方式，冗余结构分为两大类，一类是故障切换结构，一类是故障屏蔽结构。

①故障切换结构

故障切换结构采用动态冗余技术。

这类结构又分为双机热备结构和二乘二取二结构。动态冗余指主机故障时，备机(热备)自动替代。动态冗余系统需要具有故障检和动态切换功能。在双机热备系统中，一个 CPU 执行联锁(主机)，另一 CPU 虽然也进行联锁运算(热备)，但无控制输出。

在双机热备系统中，对主机故障的检测是由一个 CPU 执行两套功能相同而编码各异及诊断程序来实现的。通过这样的检测，认为主机故障漏检的可能性极小，即便万一漏检，而产生危险侧输出的概率在容忍范围以内。在二乘二取二系统中，两个 CPU 构成一个子系统执行联锁任务(主机)，另两个 CPU 处于热备状态(备机)。

在二乘二取二系统中，主机采用两个 CPU 各执行一套编码相同的联锁程序，并在码元(bit)一级，对两个 CPU 的操作进行比较以检测故障。只有当两个 CPU 同时发生了同样的故障才可能漏检，但认为这种可能性是微乎其微的。

对于故障切换系统来说，当主机发生故障时，只有备机处在无故障的热备状态，才允许替代主机工作或者说才允许切换，否则可能产生危险后果。在不允许切换时，除非主机的 CPU 发生了故障，否则应坚持工作，以免造成全站作业的瘫痪。另外，故障修复后，联锁机内的程序进程和数据必须与主机取得一致时方允许作为热备机使用，否则也是危险的。因此，故障切换系统的切换机理既涉及可靠又涉及安全，在人工参与切换时尤应注意。

②故障屏蔽结构

故障屏蔽结构采用屏蔽冗余技术。屏蔽冗余，则将故障模块对系统的影响屏蔽掉。采取屏蔽冗余的系统具有表决功能。

属于这类结构的目前只有三取二系统。在三取二系统中，3 个 CPU 运算结果两两进行比较，只要有两个 CPU 的运算结果一致时，就认为联锁系统处在安全可靠的运用状态。从功能角度来看，这相当于有一个 CPU 系统的故障被屏蔽了。对于三取二系统来说，只有两个 CPU 同时发生相同的故障，才有可能产生危险输出，但这种可能性极小。

像故障切换系统一样，修复后的 CPU 系统其程序进程和数据必须与正在工作的 CPU 取得一致时，方可投入使用。

(4)计算机联锁系统的可靠性与安全性冗余结构

①计算机联锁系统的可靠性冗余结构

计算机联锁系统的可靠性冗余结构,往往采用双机热备系统。双机热备系统的 MTBF 值可概略地估算如下:若单机系统的 MTBF 值约为 $10^4$ h,当单机系统的每一个故障均能够被检测到,并且倒机逻辑电路的故障率为零时,双机系统的 MTBF 值可能达到 $10^7$～$10^8$ h。

②计算机联锁系统安全性冗余结构

使系统具有安全性且使安全性指标达到规定水准的途径也是要为系统导入冗余资源。常采用双机同时工作并彼此间进行频繁比较的二取二冗余结构。

在极短的时间间隔内,两台计算机同时出错且错误呈现同一种模式的概率几乎为零,这就要求两台计算机的校核频率要相当高,亦即校核的时间间隔要足够短。

③计算机联锁系统的可靠性与安全性冗余结构

计算机联锁系统,既要求有比较高的可靠性指标,又要求有比较高的安全性指标。因此,计算机联锁系统的可靠性与安全性的系统结构将是上述两种结构的结合。

为了使系统既具有可靠性又具有安全性,可采用了多重冗余构造,构成二乘二取二系统,共利用了四台计算机,其中的两台处于热备状态,如图 3-2 所示。

也曾采用三取二系统,即三台计算机同时工作,两两进行比较,当有两个结果相同(当然包括三个结果完全相同)时,则认为正确无误。三取二冗余结构如图 3-3 所示。采用三取二冗余结构需要妥善解决一些技术问题:三台计算机的同步运行;具有更高数量级的可靠性与安全性的表决器;故障机的及时切离与及时修复。

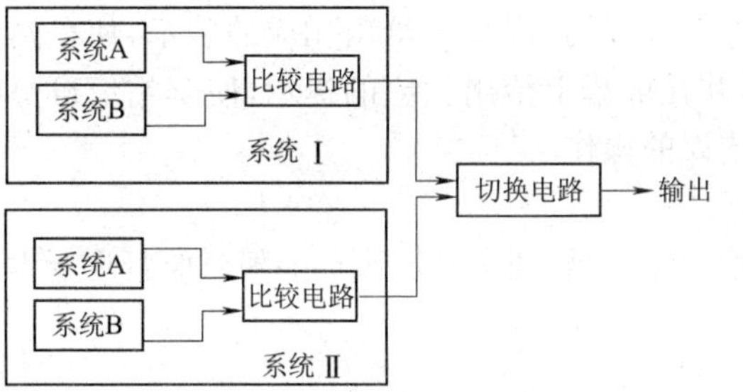


图 3-2　二乘二取二结构

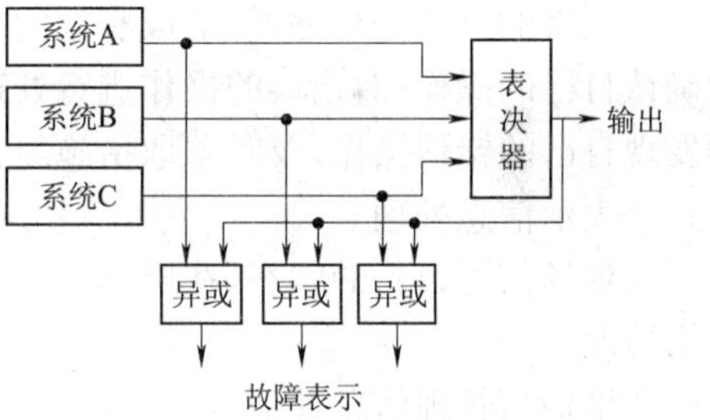


图 3-3　三取二冗余结构

在计算机联锁系统中,切换开关电路和表决电路是实现单个系统硬件冗余,保证联锁机可靠性和安全性的关键部件,这些电路也必须是“故障—安全”的。

在长期的运用实践中,发现双机热备和三取二结构都不能保证可靠性与安全性的要求,现已停止发展,而只采用二乘二取二结构。

5. 人机会话层的硬件

人机会话层的硬件支持系统包括按钮操作的硬件和信息显示的硬件,以及人机会话层与联锁机通信的硬件。

(1)按钮操作的硬件

在计算机联锁系统中,系统的操作可以通过多种方式来实现,经过实践证明鼠标方式较好,现均采用鼠标方式。

(2)信息显示的硬件

在计算机联锁系统中,要求将计算机采集或计算机所获得的信息显示出来。曾经采用过多种方式,经过实践证明 LCD 显示方式较好。

## 二、计算机联锁系统软件

和其他计算机联系统一样,计算机联锁系统必须依靠软件,才能实现它的全部功能。计算机联锁系统的软件也分为系统软件和应用软件。

系统软件包括:标准程序库、语言处理程序、操作系统、服务性程序、数据库管理系统、网络软件等。系统软件主要用来管理整个计算机系统,监视服务,使系统资源得到合理调度,确保高效运行。

应用软件是根据任务需要所编制的各种程序。系统软件的基本结构应设计成实时操作系统或实时调度程序支持下的多任务实时系统。

在计算机联锁系统中,每一台计算机都有相对独立的软件。为使计算机之间能协调工作,还必须有类似操作系统的调度软件。

这些软件应当是可靠的、高标准的和易于扩展的。

1. 计算机联锁系统软件的功能

一般来说,计算机联锁系统的软件应具有人机界面信息处理功能、联锁控制功能、执行控制功能、自动检测与诊断功能等。

(1)人机界面信息处理功能

人机界面信息处理功能包括操作信息处理、表示信息处理、维护与管理信息处理的功能。

①操作信息处理

对正常的操作进行处理,形成有效的操作命令,并在屏幕上给出相应的表示,使车站值班员确认自己的操作;对错误的操作进行处理,并在屏幕上给出相应的提示,使车站值班员能立即发现自己的错误操作,及时采取措施纠正错误的操作。

②表示信息处理

对现场信号设备的状态,在屏幕上实时地给出显示,使车站值班员能随时监督现场设备的运用情况。

③维护与管理信息处理

对现场的信号设备的故障状态,在屏幕上及时地给出特殊的显示,以便使维护人员迅速、准确地查找故障;自动记录并储存车站值班员办理作业的时间及被操作的按钮,完成与其他有关系统的联系。

(2)联锁控制功能

联锁控制功能指基本的联锁功能,即进路控制功能,主要包括:建立进路、锁闭进路、开放信号、信号开放保持、进路正常解锁、进路非正常解锁、道岔单独操纵、进路引导总锁闭。

(3)执行控制功能

执行控制功能即输入控制和输出控制功能。

①输入控制功能

采集现场设备的状态信息,为联锁运算提供数据。

②输出控制功能

根据联锁软件生成的控制命令来驱动现场设备控制电路。

(4)自动检测与诊断功能

主要是在执行联锁程序的过程中检测故障的现象，检查硬件的失效、软件的缺陷及故障的位置。

(5)其他功能

其他功能指基本联锁功能以外的功能，包括：非进路调车控制功能；平面调车溜放控制功能；与 TDCS/CTC 结合功能；与其他系统，如站内调度、管理信息系统等的结合功能；监测联锁设备状态功能等。

这些功能尽管存在着某些联系，但它们的目的不同，而且在一个具体车站上也不需要联锁系统具备所有功能，因此对于每项功能需由独立的软件甚至是由独立的计算机来实现。

2. 计算机联锁系统软件的任务划分

计算机联锁系统分为上位机系统和下位机系统。计算机联锁系统软件的任务由联锁机、人机会话机、电务维修机的软件分工完成。

人机会话机软件完成：对操作命令进行接收、判断与发送；站场信息显示；系统信息提示。

联锁机软件完成：按钮操作处理及站场信息处理；联锁运算；输入和输出。

维修诊断由电务维修机实现。电务维修机软件完成：站场状态跟踪与回放；操作命令记录与故障记录；输入/输出故障定位。

3. 计算机联锁系统软件的总体结构

不同的计算机联锁系统，软件的组成和原则是不一样的，但软件的基本结构可归结如下。

(1)按照系统层次结构分类

系统软件按系统硬件的结构划分为三个层次，即人机会话层、联锁运算层和执行层。每个层次又根据功能需要划分为几个功能模块。计算机联锁系统软件的总体结构如图 3-4 所示。各种软件包之间由专用通信软件实现沟通。

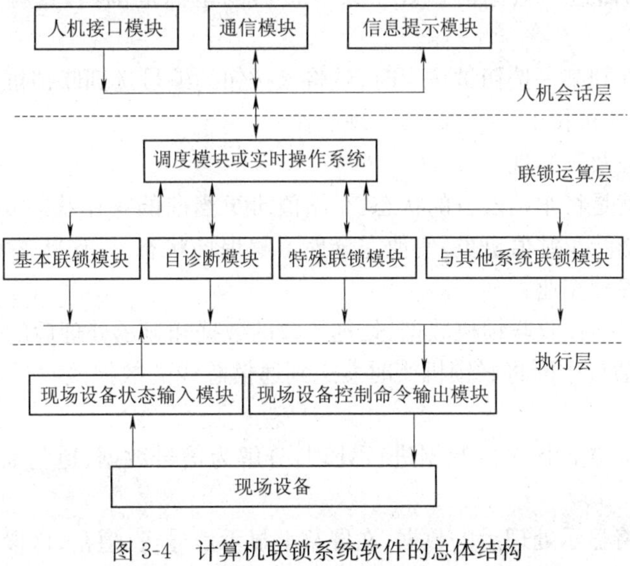


图 3-4 计算机联锁系统软件的总体结构

人机会话层完成人机界面信息处理；联锁运算层完成联锁运算；执行层完成控制命令的输出和表示信息的输入。

(2)按照冗余结构分类

按照冗余结构,可分为双机热备制式的双版本软件结构和三取二系统的单软件结构。

(3)按照联锁数据的组织形式分类

按照联锁数据的组织形式,可分为联锁图表式软件结构和进路控制式的软件结构,前者适用于小站规模,后者适用于中站以上规模。

4. 人机会话软件

人机会话层不涉及行车安全。人机会话软件流程如图 3-5 所示。

(1)人机会话软件的任务及其实现

人机会话软件的任务主要包括按钮处理和进路初选,图像显示软件和记录、储存、打印。

①按钮命令发送任务及其实现

按钮命令发送任务就是将车站值班员的按钮操作命令通知给联锁机,使得联锁机可根据车站值班员的操作意图实现联锁运算。

在计算机联锁系统中,用到各种按钮,包括列车按钮、调车按钮、道岔按钮、功能按钮和闭塞按钮。有时根据现场的实际需要会增加或减少部分按钮。为了防止因误操作或误碰输入器件而产生不必要的后果,计算机联锁系统采取顺序按压两个及以上的按钮或为按钮设置密码才能形成有效操作命令的原则。

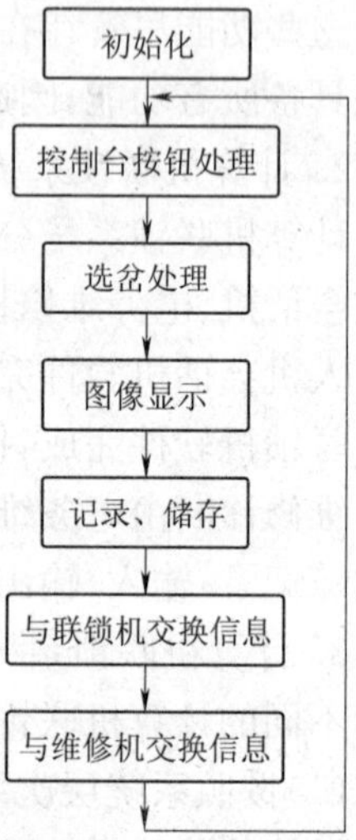


图 3-5 人机会话软件流程

每个按钮都有一个唯一的编号,各个按钮排布在显示器屏幕上,并有它唯一的固定位置范围,也就是说对于任何一个按钮,都有一个坐标范围与其相对应。通过程序不断扫描鼠标的动作及其在显示器屏幕上的物理位置,当某一按钮被按下时,通过程序分析可以知道当前鼠标光标所在位置的坐标,而这一坐标恰好处于某一按钮的坐标范围内,这样就知道哪一个按钮被按下。

人机会话机判断到某一按钮被按下时,就将该按钮的编号送到联锁机,联锁机根据这一编号,就知道哪一个按钮被按下,进行后续处理工作。

②信息显示任务及其实现

信息显示任务就是将车站设备的状态、车站值班员当前的操作状态及计算机联锁系统的系统状态实时地通知给车站值班员,使他完全地了解现场状态、操作状态和系统状态,按计划安全而有效地完成各种作业。

信息显示任务包括接收联锁机数据、处理接收的数据和显示处理后的数据三个阶段:

a. 人机会话机通过中断将联锁机实时发送到通信总线的数据接收过来,并将其放在缓冲区中。

b. 人机会话机将缓冲区中的数据进行处理,分解为信号数据、道岔数据、区段数据、提示数据等。

c. 人机会话机将显示处理后的数据,在屏幕上显示信号机、道岔、区段、提示的状态。

(2)人机会话软件的特点

在软件设计中,最重要的是软件的标准化和模块化。标准化就是程序的通用化;模块化就是程序由单独的模块组成。

虽然人机会话层软件并不涉及联锁运算和室外设备的输入与输出，但是它的可靠性也直接影响整个计算机联锁系统的可靠性，如果人机会话机出现故障，整个计算机联锁系统也将瘫痪。因此，在人机会话层程序的设计中必须遵循软件设计的标准化和模块化。

在人机会话层程序设计中，程序和数据是独立的，即对于不同的站场，程序是完全通用的，只需修改相应站场的数据就可完成人机会话任务。如果人机会话需要增加新的任务，由于程序是模块化结构，模块与模块之间是相互独立的，只需加入相应的模块即可完成新的任务，并不影响以前的任务。

在计算机联锁系统的人机会话程序设计中，把股道、道岔、信号机和绝缘节设计为标准模块，通过标准模块就可搭建出一个完整的车站平面图。对于任何一个车站平面图，均可以生成相应的站场数据，利用该站场数据、标准的人机会话程序就可实现人机会话。

5. 联锁软件

联锁是一种比较复杂的功能。在实现联锁处理时，如果完全离开已由实验验证的继电集中联锁而另行研究一种新的逻辑算法，难免潜在逻辑错误的危险。因此，以继电集中联锁所实现的联锁为依据编制联锁处理程序，一般认为是一种有效的途径。联锁程序原理上可由继电电路变换而成。在设计继电电路时，由于继电器的接点数量有限，所以必须考虑接点的复用，或者说必须考虑合并电路的问题。而在程序设计中，接点相当于数据，而数据的使用是不受限制的，不需考虑电路合并所遇到的问题。

联锁软件的编制思想与继电联锁有许多相同之处，如信号开放后，继电联锁是靠线路的接通来证明具备信号开放的条件，而计算机联锁是靠 CPU 每次程序循环沿着模块链进行检查，以证明具备信号开放的条件。

为提高联锁软件的可靠性和故障安全性，系统采用双套联锁软件，在控制命令输出级进行比较，命令一致，即向外发出驱动命令。

(1)联锁软件的基本模块

车站规模的大小、站场结构的繁简主要影响进路的数量，而各条进路的控制过程则基本上是一样的，这是由安全作业的要求所决定。一条进路从办理到解锁需经历一个过程。这个过程包括操作、选路、道岔动作、选排一致性检查、进路锁闭、信号开放等阶段，以及进路解锁阶段，这些阶段的划分与车站结构无关。因此，进路控制过程很自然地就作为设计联锁程序的依据，这可使它为各条进路所共用，也就使联锁程序标准化，为各个车站所通用。

对于每一个阶段的程序，可设计成相应的模块，以及再划分为若干个子模块，这样可使联锁程序尽量模块化，以摆脱受车站结构的影响。

对于进路控制，有些过程必须有操作人员的参与，例如办理进路、取消进路、人工解锁进路等。有些过程不需人的参与，例如进路锁闭、信号开放、进路自动解锁等。在进路控制过程中必须了解监控对象的状态，必须向操作人员提供表示信息，以及向道岔控制电路和信号机控制电路提供控制命令。

因此，联锁软件一般来说可分成六个模块：操作输入及操作命令形成模块、操作命令执行模块、进路处理模块、状态输入模块、表示输出模块、控制命令输出模块。

①操作输入及操作命令形成模块

操作输入是指把车站值班员操作鼠标形成的操作信息输入到计算机中并记录下来，分析操作信息是否能构成合法的操作命令，不合法时则向操作人员提示。

操作输入量很大,形成的操作命令的种类也有十几种。该模块一般可由人机会话计算机完成。人机会话计算机将形成的操作命令经由串行数据通道输送到联锁计算机中,并储存在一个操作命令表中。

②操作命令执行模块

操作命令执行模块是根据操作命令执行相应功能的程序模块。该模块中包括许多子模块。实际上,有多少种操作命令就有多少个子模块。每个子模块执行时间很短,勿需考虑它们的优先级别,在执行顺序上不受限制。在执行操作命令执行模块时,根据操作命令表的每一条现在的命令,从操作命令执行模块中找出相应的子模块予以执行。如果执行结果达到预期目的,则从操作命令表中删去相应的操作命令。否则应给出表示信息,提醒车站值班员采取相应的措施。

③进路处理模块

进路处理模块是在执行了进路搜索子模块对所办进路已形成进路表之后,对进路进行处理的模块。进路处理分成五个阶段,进路处理程序也相应地分成五个子模块。

a. 进路选排一致性检查及道岔控制命令形成子模块

检查道岔位置是否符合进路要求,如果不符则形成相应的道岔控制命令。

b. 进路锁闭模块

检查进路的锁闭条件是否满足,若满足时给出进路锁闭变量及提示信息(如白光带等)。

c. 信号开放与保持子模块

检查进路信号开放条件是否满足,若满足时形成防护该进路信号机的开放命令。在信号开放后,不间断地检查信号开放条件,条件满足时使信号保持开放,否则使信号关闭。

d. 进路正常解锁子模块

实现进路正常解锁和调车进路的中途返回解锁。

e. 取消进路子模块

实现进路的取消和人工解锁。

④状态输入模块

将道岔、信号和轨道电路等的状态信息输入到联锁计算机中。

⑤表示信息输出模块

将已形成的各种表示信息通过相应的接口,来驱动显示屏工作。

⑥控制命令输出模块

将已形成的道岔控制命令和信号控制命令通过相应的输出通道,来控制道岔控制电路和信号控制电路。

(2)联锁软件的任务调度方式

在联锁计算机中,如何把各个程序模块管理起来使它们协调而有效地工作,是软件设计的一个重要内容。对于程序模块的管理,也称为程序模块的调度。一般来说,有集中调度方式和分散调度方式两种基本的调度方式。

①集中调度方式

集中调度方式是在各个程序模块之外,另设计一套实时调度程序,由它统一调度各个任务的执行。

这种方式是由调度程序确定向哪个任务发送一组信息,由这些信息激活任务开始工作。

任务执行结束时也向调度程序提供一组信息，调度程序收到该组信息后确定下一步调用哪个任务。

集中调度方式具有层次结构清晰的特点，调度程序处于上层，各个任务处于下层。各个任务仅与调度程序交换信息而任务之间不需相互联系，这为扩展任务提供了方便。集中调度方式可以根据各个任务的优先级别进行调度，可以监督任务的执行情况。例如，某个任务由于某种原因超过了规定的执行时间，则强制它停止执行而调用其他任务。集中调度方式还能较方便地根据正在执行的任务的需要确定下一步调用哪个任务，而不局限于某种确定的顺序，也就是说，对于任务的调度具有较大的灵活性。

②分散调度方式

分散调度方式是相对于集中调度方式而言的，即不设专门的调度程序而将调度的功能由各个任务分别承担。一个任务执行结束时由任务自身确定下一步执行哪个任务。根据任务之间联系的简繁程度，有多种分散调度方式，其中最简单的是顺序控制方式。其任务的执行顺序是固定不变的。这种方式结构简单，节省时间，但灵活性较差。

对于计算机联锁系统来说，原则上述两种方式均可使用，或者混合使用。但是，采用集中调度方式使得程序的层次化和模块化结构比较清晰，而且充分利用集中调度方式的优点，例如对各模块进行监督等，有利于提高系统的可靠性，所以采用集中调度方式要好一些。

6. 执行层软件

执行层软件包括安全输入程序和安全输出程序。安全输入程序完成现场设备状态的读入。安全输出程序向现场设备输出控制命令。

## 三、计算机联锁系统的通道与接口

计算机联锁系统的通道与接口指计算机联锁系统与外部设备的联系通道与接口，包括开关量输入通道、开关量输出通道及“故障—安全”输入/输出接口，而不是通用的标准接口。

1. 计算机联锁系统输入/输出信息与接口

(1)计算机联锁系统输入/输出信息的性质

计算机联锁系统从外部设备采集状态信息，向外部设备发送驱动命令。计算机联锁系统和外部设备之间有大量的信息交换。这种信息交换具有两种性质，一是开关性，二是安全性。

①开关性

外部设备向联锁机提供的输入信息具有开关性。信号机的状态信息有开放和关闭，亮灯和灭灯。道岔的状态信息有在定位和在反位，在锁闭状态和解锁状态。轨道电路的状态信息有空闲状态和占用状态。操作信息有按钮按下和复原。在实际系统中均是用具有两个状态的器件(也称作二值器件)，如用继电器来反映。在处理时需要用开关量输入通道将它的两种状态转换成二值逻辑量才能送到联锁机中参与联锁运算。同样，联锁机的输出信息也具有开关性，同样需要用开关量输出通道将二值逻辑量变换成二值执行器件的动作信号。

②安全性

输入/输出信息的安全性是根据其与行车安全的关系来确定的。一类是与安全无关的信息，称作非安全信息；另一类是与安全有关的信息，称作安全信息。联锁机和控制台之间所传送的信息，无论是操作信息还是表示信息，都是非安全性的，因此可以采用通用的输入/输出通道和接口，勿需采取“故障—安全”技术措施。联锁机和监控对象之间交换的信息属于安全信息，因此必须考虑当输入/输出通道发生故障时，一定使传送的信息导向安全侧。为此，在通道设计上必须采用安全输入/输出接口，以保证传送的涉及安全的信息经由接口电路时，不致因接口电路本身的故障而错误地产生危险侧信息。

(2)计算机联锁系统接口的采用

非安全接口是不涉及行车安全数据的接口，无论是并行还是串行，均可采用通用的标准接口。

对传输安全数据的串行接口电路来说，可采用编码理论中的差错控制技术发现数据是否因故障而发生错误，从而可用检测数据出错的方法使系统输出不会产生危险侧信息。所以这种接口也可以采用标准通用接口。

传输安全数据的并行接口电路，不能简单地用通用标准接口，由于不能用编码控制数据传输的错误，而且标准开关量输入/输出接口电路的故障模型属于逻辑层的固定型故障，若以电平信号(0,1)作为开关量信号，则在接口电路发生故障时，不能保证开关量的值必然导向安全侧。

状态信息的采集采用动态输入的方式，计算机按规定格式周期地输出代码，该代码经继电器接点输入到计算机中去。计算机可检验输入的代码是否畸变来判断输入电路是否失效。

控制信息的输出采用动态驱动的方式，将控制码以串行方式输出。该动态输出经由静态鉴别电路以驱动继电器工作。如果计算机系统内部采取了“故障—安全”措施，也可采用静态驱动方式。

尽管利用编码理论可以实现电子电路内部的“故障—安全”要求，然而目前对安全性信息的输入和输出仍由继电器来完成。

2. 开关量输入通道

开关量输入通道是将二值开关量信息变换成计算机能接收的两种电平信号，并抗干扰，保证输入信号的正确性。

开关量输入通道的特点是每个二进制位都可以代表开关量，即一个二值器件的状态。

信号形成电路应具有变换、隔离和去抖功能。

①变换

对于有触点的开关来说，例如继电器接点，要把它的“通”与“断”两种状态变换成计算机能识别的“0”和“1”。

②隔离

为防止现场强电磁干扰或工频电压通过输入通道反串到计算机系统中，一般需要采用通道隔离技术。在开关量输入通道的隔离中，最常用的是光—电隔离技术，因为光信号的传输不受电场、磁场的干扰，可以有效地隔离电信号。

③去抖

有接点的开关元件，在接点刚刚接通或刚刚断开时，有机械振动，这种抖动对继电器来说不会产生影响，而计算机对此是敏感的，抖动可能使检测结果出错。一般可以用硬件电路去抖，也可以用软件延时的方法去抖。

3. 开关量输出通道

联锁计算机输出的开关量用来控制执行继电器。开关量输出通道的主要功能：一是提高了驱动能力,将 TTL 电平信号转换成能驱动继电器等执行器件的信号;二是实现了计算机与外部设备之间的电气隔离,防止干扰信号侵入,保证系统可靠工作。

4.“故障—安全”输入/输出接口

(1)“故障—安全”输入接口

目前,在计算机联锁系统中,信号机、道岔、轨道电路等监控对象的状态信息多是用安全型继电器的接点状态来反映的,通常用继电器的吸起表征危险侧,如轨道区段空闲;用落下表征安全侧,如轨道区段占用。显然,这是一种电平形式的二值逻辑数据。输入接口将这种数据安全地采集到联锁机中来。为此,“故障—安全”输入接口必须做到以下两点:采用光电隔离技术，以便有效地抑制接点输入电路的电磁干扰。采用静态输入或动态输入方式,以便有效地实现“故障—安全”原则。

(2)“故障—安全”输出接口

广泛使用的信号机控制电路和道岔控制电路经长期实践检验,证明是确实可行的“故障—安全”电路。计算机联锁系统只要在此基础上设计出相应的驱动电路,带动继电器动作,通过继电控制电路控制现场设备,即可满足系统对输出接口的各项技术要求。而联锁机输出的控制信息通常是代码形式,并且信号电平很低,一般不足以驱动继电器工作。为此,输出接口的任务是将控制信息从代码形式转换成电平形式,并将电平放大到足以驱动继电器工作,同时要求在变换过程中满足“故障—安全”原则。为了达到上述这一要求,在输出接口的设计中,一般采用代码→动/静态和动/静态→电平两级变换电路来实现。

5. 继电器接口

早期的双机热备计算机联锁采用动态继电器作为接口。动态继电器是由计算机输出的动态脉冲信号控制的,即驱动继电器的信号必须是脉动的,故称为动态继电器。动态继电器中的电子元器件的端电压与电流伴随驱动信号变化而在变化之中,而继电器本身不跳动,牢牢地保持吸起。当驱动继电器的脉冲信号停止时,继电器落下。

后来又采用动态驱动单元或动态驱动柜,驱动电路与继电器分离开来,使继电器带动更多组接点。动态驱动单元或称动态驱动组合,是把四组动态驱动电路组合在一起,安装在安全型继电器匣内的。一个动态驱动单元可以驱动四个偏极继电器。动态驱动单元的动态驱动电路原理同动态继电器的驱动电路。动态驱动柜则把所有的动态驱动单元集中安装在柜内。

随着计算机联锁技术的发展,以及动态驱动电路在运用过程中出现的不足,有些双机热备结构的计算机联锁,以及三取二和二乘二取二的计算机联锁则在系统内部完成了动态输出,不再采用动态继电器,也不需要动态驱动单元或动态驱动柜,直接驱动继电器。

6. 电子执行单元

电子执行单元用电子模块代替安全型继电器,具有体积小、可靠性高、安全性高、功能强大、维护量小等优点,便于扩展、组网、远程管理和远程诊断。

电子执行单元采用单元模块电路进行组合,安装在执行单元柜中。

电子模块分为道岔、信号、轨道、零散、闭塞和电码化六种类型,根据设备类型又可细分多种。

信号模块用于控制各种信号机、表示器的点灯,并取消灯丝继电器。它实时接收和执行由联锁机下发的控制命令,直接控制信号灯的点亮和熄灭,并实时监测信号灯的工作状态,反馈给联锁机。模块增加了智能化动态闭环监测功能,无论开放信号,还是关闭信号,每个灯位均采取闭环反馈监测，既可连续监测灯丝完好及点灯状态，又可监督模块内主开关元件的完好，一旦出现故障，可及时报警。

道岔模块是替代道岔控制表示电路，具有过载和负载短路自动保护功能，简化了电路。其具有电路自监测功能，实现了控制、监测、监督一体化；具有动态监测和智能判断监督功能，可有效判定出许多虚假表示，及时报警。执行由联锁机下发的控制命令，直接控制道岔的转动，并实时监测道岔的工作状态。

轨道电路模块向联锁上传轨道电路状态，联锁机收到状态信息是确认状态，用于联锁电路控制。轨道电路模块向监测机上传轨道电路电压及相位。

零散电路模块用于个别零散电路的状态采集、命令执行。零散电路模块具有以下功能：道岔总锁闭、列车信号机主灯丝断丝报警、断路器报警、主/副电源监督和交流轨道停电监督。增加了第三通道，用于向监测机上传模块柜主负载断路器开路位置信息和列车主灯丝断丝位置信息。

半自动闭塞模块用于继电半自动接口电路的状态采集、命令执行，传输半自动闭塞站间信息，替代 64D 型继电半自动闭塞电路。一个模块满足一个闭塞区间的信息传输。

电码化模块替代继电器所构成的 ZPW-2000 接口电路。它根据联锁机下发的命令，执行相应的编码和发码控制输出，控制发送器，向轨道发送移频信号。

**四、计算机联锁技术的发展**

1. 计算机技术的发展

早期的双机热备计算机联锁采用的是通用的工控机，例如 DS6-11 型最早采用的是 Intel 公司的 OEM 工控机，TYJL-Ⅱ型最早采用的是 STD 总线的 8088 工控机。通用的工控机，价格较低，但性能也不够高。

后来的二乘二取二计算机联锁采用的是具有“故障—安全”性能的专用计算机，例如 EI32-JD 型采用的是日信的“二取二”CPU 单板（EI32 单元），DS6-K5B 型采用的是京三的双 CPU 处理器（F486），TYJL-ADX 型采用的是日立的 FCX 专用计算机。专用计算机虽然价格较高，但具有极高的安全性。

2. 系统内部通信技术的发展

计算机联锁系统内部各计算机之间起先采用电线连接，而 DS6-K5B 型、EI32-JD 型、TYJL-ADX 型等二乘二取二的计算机联锁系统内各计算机之间通过光缆连接，实现了完全的电气隔离，大大提高了抗干扰性，防雷性能强，保证系统具有高稳定性，而且传输距离远，便于实现区域联锁。

3. 冗余技术的发展

最早出现的计算机联锁曾采用单机结构、双机冷备结构，其可靠性和安全性远远不能满足车站联锁的严格要求。于是，改为双机热备结构。早期我国大部分计算机联锁都是双机热备系统。但是，双机热备系统存在着双机切换的问题，切换失败将产生危险后果。

与此同时，开发了采用屏蔽冗余技术三取二系统，但是，三取二系统不适用现场脱机模拟联锁测试的需求，因此停止发展。

随着铁路提速和高速铁路的建设，对于计算机联锁安全可靠性提出了更高的要求，又推出二乘二取二系统，由两个 CPU 构成一个子系统执行联锁任务（主机），另两个 CPU 处于热备状态（备机），这就大大提高计算机联锁的可靠性和安全性，而且方便维修。

当前，无论既有铁路技术改造，还是新建铁路，都采用二乘二取二系统，不再采用双机热备系统和三取二系统。

4. 操作显示技术的发展

早期的计算机联锁，曾经使用过和继电集中联锁相同的控制台，操作和表示是合一的。后来采用操作和表示分开的操作台、表示盘。传统的按钮操作台和表示盘，不仅使用不方便，而且需要大量的接口电路。于是，表示盘被显示器代替，操作台被鼠标等代替。

计算机联锁的操作曾经先后采用过控制台方式、数字化仪方式、键盘方式，但都存在较多问题。曾一度采用数字化仪＋显示器，但使用不方便，要抬头看显示器，又要低头看数字化仪，而且不易确定操作。也用过键盘、轨迹球等，都不太方便。经过实践证明鼠标方式最好，现均采用鼠标方式。

计算机联锁系统的显示曾经采用过指示灯方式、CRT 方式、LED 方式、LCD 方式。经过实践证明 LCD 方式最好，为了提高显示效果，现均采用 LCD 方式。

5. 动态输出技术的发展

目前广泛使用的计算机联锁系统，其信号机和道岔的控制器件大多仍然由继电器来完成。为了提高计算机联锁输出的可靠性和安全性，双机热备结构的计算机联锁以前多采用动态继电器，后来又采用过动态驱动单元或动态驱动柜。最后，已不再采用动态驱动单元，而直接驱动继电器。

有些双机热备结构的计算机联锁，以及三取二和二乘二取二的计算机联锁则在系统内部完成了动态输出，直接驱动偏极继电器，甚至无极继电器。

也出现用电子单元代替继电器的全电子计算机联锁系统，但是目前仍没有大面积推广。

6. 区域计算机联锁技术的发展

区域计算机联锁是集中式的联锁控制方式，即由一个站控制周围的若干个小站及区间的道岔控制点。

区域计算机联锁系统，提高了行车组织的工作效率和设备的远程维护能力，为中小车站信号系统的数字化、网络化、综合化奠定了基础，有利于提高铁路的管理水平，是铁路运输指挥系统实现综合现代化、实现减员增效目标的根本性措施之一。但是，区域联锁范围内的任一车站的改造都会影响区域联锁范围内的所有车站，就显现了区域计算机联锁的局限性。

7. 集中操控系统的发展

技术作业站集中操控系统是新的联锁运用模式。在集中操控范围内的各站/场均独立设置计算机联锁，仅通过人机会话层实现与集中操控系统的连接，实现一个技术作业站内多个站/场及周边各站的集中控制，从而提高作业效率，达到减员增效的目的。

8. 计算机联锁的国产化

早期的双机热备计算机联锁，除 VPI 型，均为自行研制的国产化设备。曾相继引进美国、英国、德国、日本、意大利的计算机联锁共 20 多个站。由于各方面的原因，主要是不适应我国铁路运输和联锁的特点，大多数不理想。

后来随着对于计算机联锁安全性可靠性不断提高的要求，则采用引进和开发相结合的方法，例如 TYJL-ADX 型、EI32-JD 型、DS-K5B 型计算机联锁系统都是国外的硬件、国内的软件，既提高了系统的可靠性，又适应我国铁路运输和联锁的具体情况。

在长期的实践过程中，国内的计算机联锁的研发水平不断提高，于是出现了具有自主知识产权的国产二乘二取二计算机联锁，包括 iLOCK 型、DS6-60 型、TYJL-Ⅲ型。

## 第二节 双机热备型计算机联锁系统

双机热备冗余结构的一个系统的 CPU 执行联锁（主机），另一系统的 CPU 虽然也进行联锁运算（热备），但不输出。双机热备系统是靠单机自我测试和监督的系统结构，由单机运行不能保证安全，而且存在着双机切换的问题，切换失败将产生危险后果，不能满足联锁系统安全可靠性的要求。因此，已经不再发展双机热备型计算机联锁。

双机热备计算机联锁有 TYJL-Ⅱ型、DS6-11 型、JD-ⅠA 型、VPI 型、CIS 型等。除 VPI 型外，各型双机热备计算机联锁先后停止发展。本节对尚有一定使用的 TYJL-Ⅱ型、JD-ⅠA 型、VPI 型作简要介绍。

### 一、TYJL-Ⅱ型计算机联锁系统

TYJL-Ⅱ型计算机联锁为分布式多计算机系统，主要由控制台、监控机、联锁机、执表机和电务维修机组成。系统实现联锁的基本功能，具有完善的自诊断、维护和远程诊断、与 CTC 系统结合、故障弱化、较强的防雷和抗电磁干扰性能。

1. 系统结构

TYJL-Ⅱ双机热备型计算机联锁为分布式多计算机系统，系统结构如图 3-6 所示。控制台和维修机是单套配置；联锁机、执表机为主、备双套，具有热备和自动切换功能；监控机也实现了双机热备工作，两台监控机工作状态一致，由于控制台为单套配置，由此造成双套监控机的区别在于仅有一套与控制台相连，但可以通过控制台切换单元来更改连接方式。各备用计算机构成备用子系统，与工作子系统同步工作，也可脱离工作子系统独立工作（备系对继电部分永远无控制权），故备用子系统还可作为软件修改时模拟联锁试验用。

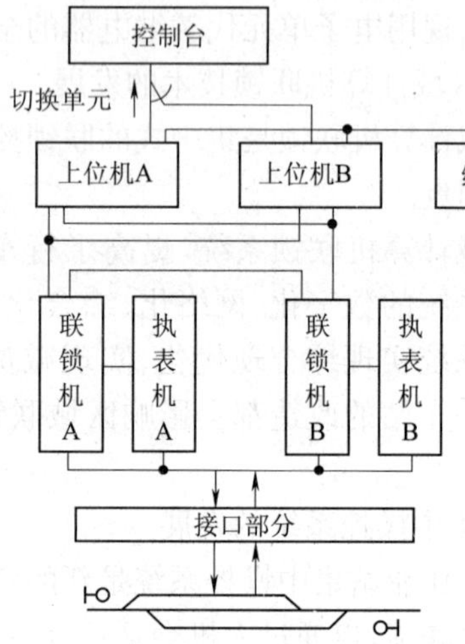

图 3-6 TYJL-Ⅱ型计算机联锁系统结构框图

系统（不包括现场设备）可划分为三个层次：监控机为上层，联锁机是核心层，第三层是继电接口电路。

2. 系统组成

(1)监控系统

监控系统包括监控机和控制台，是计算机联锁系统的操作界面，即人机接口。系统的人机界面软件安装在监控机中，完成控制台屏幕显示、操作处理、进路预选、站场变化及设备工作状态记录、错误提示等功能。

监控机（上位机）是监控系统的核心，监控机主要由工控机主机箱、键盘显示器等组成。监控机作为计算机联锁的人机接口，接收车站值班员的有效操作命令，提供站场图像显示和语音、文字提示与时钟信息，以及整个系统的工作状态信息、报警信息和简要的故障信息。监控机根据控制台发送的控制命令初选进路。监控机与联锁机进行通信，交换信息，向联锁机传送

经初选的进路控制命令及其他操作命令信息，接收联锁机发送的道岔、信号机、轨道电路等表示信息。监控机自动存储信息，并和电务维修机交换信息。监控机同 TDCS/CTC 系统通信，为调度所提供站场信息。

控制台是系统使用的直接人机界面部分，也称 MMI，由监控机管辖，其功能是显示站场状态，接受操作命令；将站场表示、进路状态、操作结果用显示器显示给操作人员；将操作人员的操作命令传输给监控机。目前应用最多的是鼠标＋LCD 控制台。它的最大特点是便于站场改造，勿需改动硬件设备，操作简单方便。

控制台通过视频接口与监控机联系获得视频信息；通过音频接口与监控机联系获得语音信息；通过串口与监控机联系实现控制台的操作控制。

(2)联锁机

联锁机实现与监控机和执表机的通信调度；实现信号设备的联锁逻辑处理功能，完成进路确选、锁闭，发出开放信号和动作道岔的控制命令；采集现场信号设备状态，如轨道电路状态、道岔表示状态、信号机状态等；输出动态控制命令，驱动偏极继电器，控制动作现场设备。

在热备方式工作时，主、备联锁机之间进行信息交换。当同步工作时，系统出现故障，能进行热切换。

联锁机、综合柜正面布置如图 3-7 所示。

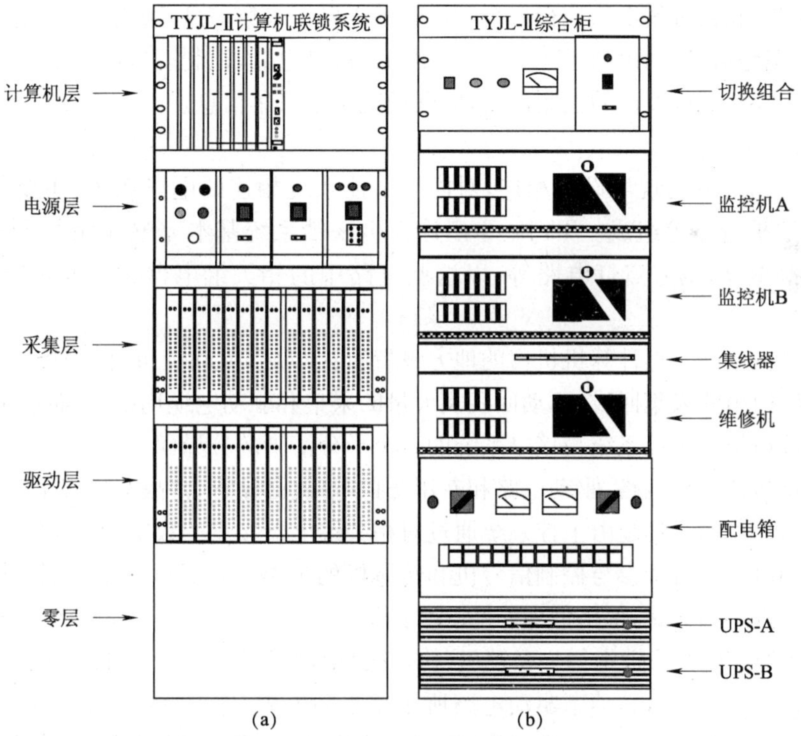


图 3-7　联锁机、综合柜正面布置图

计算机层由 CPU 板、ARCNET 通信板、I/O 板构成。CPU 板通过背部电缆实现主、备机通信。通信板通过背部电缆实现与监控机的通信。I/O 板通过背部电缆控制相应采集板、驱动板的工作。

电源层由计算机用电源、采集电源、驱动电源组成，该层A机放置有切换单元，B机放置地线检查器。各路电源在机柜的电源面板上均装有电源指示灯和测试孔。各路电源之间要求有良好的隔离性能。计算机电源主要提供计算机层、采集驱动板的工作电源。切换单元内包括监控机切换手柄、联锁机切换手柄、联锁机工作或备用指示灯及联机按钮。联锁机切换手柄通常置于自动位，在备机同步的情况下实现自动切换功能，必要时可人工将切换手柄置于A机或B机位置强制成A机工作或B机工作。

采集层用来安放采集板，最多14块。采集板包含有电源测试板及32芯采集端子。每块采集板可以采集32位信息，并以红色采集指示灯指示。

驱动层用来安放采集板，最多14块。驱动板包含有电源测试板及32芯采集端子。每块驱动板有32位驱动信息，对应每个驱动信息，驱动板上有一个绿色的指示灯。

位于机柜背部最下方的零层由电源开关、地线端子、零端子、通信插头和测试切换手柄、测试切换继电器组成。

(3)执表机

执行表示机简称执表机。执表机只负责表示信息的采集和控制命令的执行，不参与联锁运算。不是所有的车站都有执表机，只有当联锁机柜的容量不能满足车站监控对象数量的需要时，才设执表机。

执表机接收联锁机发出的执行命令和向联锁机发送采集信息；采集现场轨道状态、道岔表示、信号机状态等信息；输出动态控制命令，驱动偏极继电器，控制现场设备。

执表机接收联锁机发出的控制命令，向联锁机发送采集信息。

(4)接口系统

接口系统指对外与现场设备相连，对内与主控系统相连的电路系统，主要由继电电路、结合电路及防护电路等组成。TYJL-Ⅱ型计算机联锁系统基本完整地保留了6502电气集中的道岔控制电路、信号点灯电路等，以这些电路中的相关继电器为界面进行控制和信息采集。

通常在机械室内靠近计算机机房的地方设置有接口柜，由联锁机、执表机的零层端子，采集层和驱动层引出的采集回线、驱动回线及大量的采集和驱动电缆均以32芯插头插接至接口柜的里侧。接口柜是主控系统与接口系统的一个十分清晰的分界面。

接口电路包括采集电路、驱动电路和专用防护电路，必须符合“故障—安全”原则。

现场表示信息的采集是由主控系统通过对相关继电器接点的数字量采集完成的。

输出驱动电路是直接参与控制信号机和转辙机的电路，沿用继电集中联锁使用安全型继电器控制现场设备的方式，价格低廉，并安全可靠。

TYJL-Ⅱ型计算机联锁中每一联锁机(执表机)柜，均专门设置一个特殊的控制单元，该控制单元用于控制本机柜所属动态驱动电路所用的驱动电源，称事故继电器SGJ。SGJ是为了保证故障导向安全而设置的。正常工作时，SGJ保持吸起，当本机柜发生故障时，该继电器失磁落下。用SGJ的条件控制动态电源的供电回路。

在接口系统中增设的防护电路是为重雷区内增强系统雷电防护能力而设的，对电气化区段牵引电流的侵入亦有相当的防护能力。防护电路由强电防护插件组合、断线检查器和相应的配线构成。

(5)电务维修机

为了方便电务维修人员更好地维护计算机联锁系统,系统中增加了电务维修机(简称维修机)。电务维修机通过与监控机连接,接收监控机送来的系统运行状态的各种信息,储存记录系统的全部运行信息,向监控机传送修改后的时钟信息。

电务维修机是计算机联锁系统的重要辅助设备,为维修人员提供人机界面,与其他系统的连接一般也是通过维修机实现的。

维修机主要由工控机主机箱监视器、鼠标、键盘和打印机等构成。

电务维修机具有:屏幕显示功能、记录功能、图像再现功能、时钟功能、与远程诊断设备的通信功能、与信号集中监测及 CTC/TDCS 的接口功能等。

(6)电源

电源系统主要由系统电源及配电柜、主控机柜电源、动态驱动电源、切换电源组成。

计算机机房内的设备采用两路交流 220 V 电源各自独立的供电方式。由电源屏内的两套隔离变压器分别供给两路交流 220 V 电源至机房内的微机配电柜,两路电源各自经相应的空气开关、电源防雷单元和 UPS 电源,分别引出至对应的主控机柜、监控机及控制台。

计算机系统的电源由配电柜提供。配电柜由机柜、防雷器件、UPS 和配电开关组成。配电柜的输入来自电源屏。输入电源经过 UPS 电路等的净化和稳压。然后,电源再分配到计算机系统中的各种设备中,分别给联锁机、执表机、监控机、控制台提供经稳压的 220 V 电源。

在联锁机柜和执表机内,设有 3 台高可靠 AC—DC 电源,一台用于向计算机部分提供 +5 V、±12 V 直流电源,另外 2 台分别用于提供采集 +12 V 电源和驱动 +12 V 电源。

动态稳压电源指微机输出控制命令的驱动电源,为驱动单元提供极性可变的直流 30 V 局部电源。

配电柜内专设有一台直流 24 V 切换电源,用于提供两套设备切换用的电源。

(7)传输通道

①联锁通信总线

联锁机之间和联锁机与执表机之间交换的表示、驱动信息能否安全可靠地传输,直接关系到系统的安全性、可靠性。

联锁机与监控机、联锁机之间、联锁机与执表机通信采用 ARCNET 通信接口,联锁机之间通过集成于 CPU 板上的 ARCNET 网卡进行通信,联锁机与监控机的通信为独立 ARCNET 网卡。对此通道要求安全可靠,除采用同步通信中的 CRC 校验外,对传输的信息码采用特殊的编码和重复发送等冗余技术,确保信道的安全可靠。若采取远距离控制,还可采用光缆传输。

②维修机通信

维修机通过以太网与主、备监控机连接,构成维修局域网。

③与 CTC 系统的通信

监控机可同 CTC/TDCS 设备通信,采用 TCP/IP 协议。

3. 系统的切换

双机热备系统在纠错方法上多采用切换技术,从系统中撤除出现故障的模块。双机热备系统中双套单机同时执行相同的任务,各有自检测功能,并要求有比较器(可由软件和硬件组成),在工作机出现故障时发动切换。显然,切换是关键所在,并且对计算机联锁系统而言,切换的安全性更为至关重要,系统切换的缺陷可能会导致险性事故的发生。

为实现切换功能，必须解决的双机通信、双机同步、单机自检测和双机切换四个技术问题。

(1)双机通信

本联锁系统主、备两机之间增设了信息交换通道。由备机作为通信主站，定时呼叫主机，双机采用半双工通信方式。

(2)双机同步

本系统是引用两机间的"定点"通信来实现双机同步的。双机通信周期和系统联锁程序循环周期相同，每隔一定的时间间隔即联锁程序扫描一个周期双机相互握手通信一次，确定双机的工作状态。

计算机联锁系统的备机有三种工作状态：脱机状态、联机状态和热备同步状态。只有在同步状态时备机才真正作为热备机。

(3)单机自检测

自检和诊断技术是有效切换的基础。双机热备系统主要采用单机自检测技术，而单机自检要达到较高故障覆盖率的难度远大于具有多重硬件结构的比较和表决系统。

(4)双机切换

①主机定时向备机发送信息，主要内容为主机发出信号控制命令，备机将此信息与备机的控制命令进行比较，如一致，则双机保持在热备同步状态；如不一致且备机命令多于主机，表明主机由于某种故障而停止输出控制命令，这时由备机发动切换，备机升为主机工作，继续向现场设备发送控制命令，原主机转入脱机状态；若主机命令多于备机命令，则备机自动脱机，等待查明原因。

②双机间的通信是由备机向主机进行呼叫和接收应答，若通信中断，备机接收不到主机的信息。此时热备机认为主机出现故障，发动切换升为主机工作。

③主机通过自检测程序，发现严重故障，即通知备机进行切换倒机。

## 二、JD-ⅠA 型计算机联锁

JD-ⅠA 型计算机联锁采用最新的计算机技术、总线技术、网络技术，是性能可靠、满足"故障—安全"要求、功能完善、操作简单、维护方便的车站联锁系统。

JD-ⅠA 型计算机联锁属于分布式计算机控制系统，其特点是分散控制、集中管理。系统包括人机会话层、联锁运算层、执行层，系统结构如图 3-8 所示。操作表示机、联锁机、总线转换电路、采集电路、输出电路均为双套，构成双机热备型计算机系统。

人机会话层包括操作表示机和电务维修机，为车站值班人员和电务维修人员提供操作和显示界面。

操作表示机也称人机会话机(上位机)，它和联锁机构成上、下位分层结构。操作表示机接收车站值班员的操作命令，并通过网络通信传送给联锁机；接收来自联锁机的站场状态数据和提示信息，在显示器或控制台上显示站场情况、系统工作状态、提示信息和报警信息等，对主要错误和故障提供相应的语音报警；将站场状态数据及提示信息、报警信息、系统状态信息等转发给电务维修机。操作表示机采用双机热备工作方式。在运转室，通过车务前台监视器、音箱、输入设备(鼠标)等为操作人员提供操作表示界面，同时还可提供后台监视器，便于车站值班员监视前台操作及站场运行情况。这些都是操作表示机的外部设备。

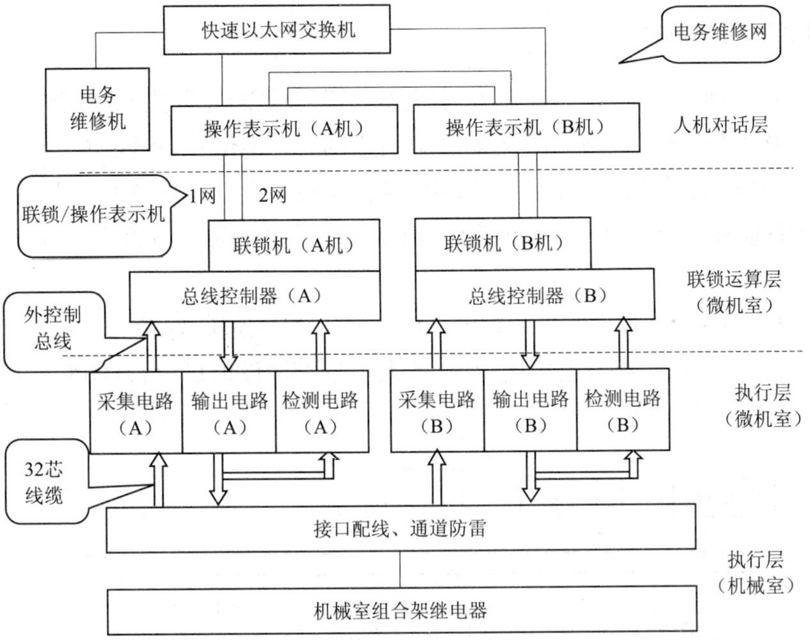


图 3-8　JD-ⅠA 型计算机联锁系统结构图

电务维修机通过电务维修网与操作表示机相连，它实时监视计算机系统的运行情况；实时监视、记录、再现车站值班员的操作情况，车站内列车的运行情况；记录再现信号设备故障、输入、输出电路故障；记录系统软件故障；打印有关记录；通过电话线和 Modem，远程登录电务维修网，使维修中心具有远程诊断功能。

联锁层包括联锁机和总线转换电路。联锁机(下位机)，根据接收的操作命令和采集的站场信息进行联锁运算，发出控制命令。联锁机采用双机热备的动态冗余结构，两套联锁机互为主备，一套作为主机运行，另一套则作为备机运行。两套联锁机同时接收操作命令，采集站场状态信息，并进行联锁运算，但只有主机才输出运算结果，如果主机判断出自身发生故障，则通过倒机电路自动切换到备机，此时备机即作为主机运行。在双机切换和重启时，不影响整个系统的运行，实现了动态无缝切换。

JD-ⅠA 型计算机联锁的采集、输出电路采用外部控制总线方式。外部控制总线通过插在联锁总线转换板与计算机总线交换信息。外部控制总线可提供测试返回信号，可对输出电路进行回读检测。

联锁机通过采集机箱的采集电路采集接口继电器接点状态。

输出驱动电路根据联锁机的控制命令产生动态脉冲，驱动偏极继电器。驱动电路的输出又通过回读检测电路进行检测。

执行层包括采集电路、输出电路、接口配线、通道防雷及接口继电器，完成采集和驱动任务，进行设备的连接和防雷。

JD-ⅠA 型计算机联锁的操作表示机和联锁机之间用双通信网进行通信。采集、输出电路采用外部控制总线方式，通过总线转换板与计算机 ISA 总线交换信息。采集、输出电路通过电缆与接口继电器组合柜相连。

## 三、VPI 型计算机联锁

VPI 型计算机联锁系统，是引进 VPI(安全型计算机联锁)专利技术，结合中国铁路运营技术要求进行二次开发，满足铁路专用要求的、高可靠的安全型信号联锁系统。经国产化二次开发，VPI 型计算机联锁系统在人机接口(MMI)和联锁机均为双机热备基础上，实现了集联锁控制、信号集中监测、CTC/TDCS 入网接口、网络管理等模块为一体的目标，并配备了系统维护台(SM)。

一个典型的 VPI 型计算机联锁系统由人机界面(MMI)模块、联锁机、网络接口、系统维护台(SM)与室外设备接口电路及电源等组成，较大车站可增设值班员台(GPC)，其系统框图如图 3-9 所示。

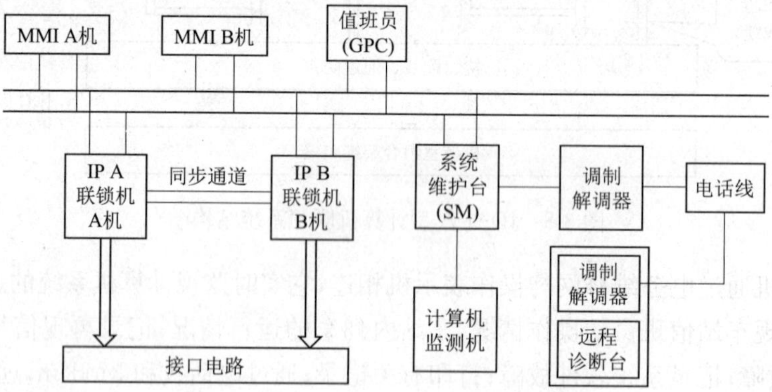


图 3-9 VPI 型计算机联锁系统框图

VPI 的双机热备按下列原则设计：联锁机双机热备；MMI 双机热备；UPS 双机热备；双机故障后自动旁路；双网冗余；任一 UPS、网络设备、联锁机和 MMI 正常，应保证系统自动重组时，系统仍可继续工作。这是 VPI 的一个重要特点。

联锁机是整个系统的“心脏”，它包含双套联锁机和切换电路。每个联锁机由安全型印制电路板和非安全型印制电路板组成。安全型印制电路板包括 CPU/PD 板、VRD 板、VSC 板、I/OB 板、DI 板和 SB0 板。非安全型印制电路板包括 CSEX 板、NVI 板和 NVO 板。

人机界面模块(MMI)是 VPI 与操作员之间的人机接口。命令由操作员给出，它可以直接与 VPI 的非安全型输入板接口，VPI 可用鼠标作为输入模式，它能模拟整个车站站场、轨道电路、信号、道岔等，并给出不同表示，同时给出汉语语音提示或报警。

VPI 型计算机联锁系统采用基于集线器的星形结构和 10 M 以太网技术，冗余网络结构进一步加强网络系统的可靠性。

系统维护模块主要为计算机联锁完成系统维护及接口设备监测的功能。本模块包括一台工控机、接口设备数据采集机、一台显示器、一台激光打印机、鼠标、键盘。作为联锁计算机系统的模块，它实现以下功能：网管子系统；计算机联锁系统维护子系统；运行记录子系统；远程登录诊断系统；接口设备在线监视和记录。

# 第三节　二乘二取二计算机联锁

为了进一步提高计算机联锁系统的可靠性和安全性，开发了二乘二取二计算机联锁。该计算机联锁系统的联锁机有两套，每套内有双 CPU，满足“故障—安全”要求。属于这类计算联锁的有 DS6-K5B 型、TYJL-ADX 型、EI32-JD 型，以及国产化的 iLOCK 型、DS6-60 型和 TYJL-Ⅲ型计算机联锁。

## 一、DS6-K5B 型计算机联锁

DS6-K5B 型计算机联锁系统具备 K5B 的高可靠、高安全的性能，在联锁功能方面满足我国铁路技术条件的要求。

DS6-K5B 型计算机联锁系统的上位机，在 DS6-11 系统的基础上进行了新的开发，软件平台上升到 Windows NT，使得操作界面得到改善，功能进一步提高。DS6-K5B 型计算机联锁系统与双机热备系统相比，安全可靠性上升到一个新水平，而与 K5B 系统相比，造价大幅度降低。

1. 主要特点

(1)联锁处理部件采取双 CPU 共用时钟，对数据母线信号执行同步比较，发生错误时使输出导向安全，具备“故障—安全”性能。

(2)联锁二重系为主从式热备冗余，通过高速通道进行数据交换，保证二重系同步运行，可实现不间断切换。

(3)输入/输出电路采用电子终端，电路为二重系并行工作，具有“故障—安全”性能。输入/输出均采取静态方式，省去了“静态—动态”变换电路，简化继电器接口电路设计。

(4)系统内各计算机之间的通信全部通过光缆连接，传输距离远，抗干扰能力和防雷性能强，保证系统具有高的运行稳定性，并具有区域联锁功能。

(5)联锁机架是封闭式结构，联锁机与系统其他部分的连接全部采用光缆，实现完全电气隔离。对设备安装制定具体的隔离措施。例如联锁机架和电子终端机架在机柜上安装必须采取绝缘隔离等。这些设计，有利于增强系统抗干扰能力，增强系统可靠性，提高防雷性能。

2. 系统结构

DS6-K5B 型计算机联锁系统由控制台、电务维护台、联锁机、输入/输出接口、继电器接口电路和电源组成，系统结构如图 3-10 所示，另可选信号集中监测。

DS6-K5B 型计算机联锁系统由人机界面层、联锁逻辑层、执行层组成。

人机界面层包括控制台和电务维护台。控制台由控显双机和车站值班员办理行车作业的操作、表示设备组成，实现控制台操作、站场图形显示。电务维护台包括电务维修机、通信监测机、键盘、显示器、KVM 切换器，实现系统设备故障监视等功能。

联锁逻辑层为联锁机，联锁机包括联锁逻辑部和前置通信机。联锁逻辑部实现联锁逻辑运算、输入/输出控制、诊断信息处理及二重系管理等。前置通信机(这是为运用高速铁路的计算机联锁新加的)实现与外部接口(无线闭塞中心、列控中心系统及邻站计算机联锁)的通信功能。

执行层为输入/输出接口(在 K5B 系统中这部分电路称作“电子终端”，简称 ET)，实现驱动现场设备、采集现场设备状态。

DS6-K5B 型计算机联锁系统机柜如图 3-11 所示。K5B 计算机联锁设备分别安装在联锁机柜、电子终端柜、计算机电源柜内，另设监控柜。

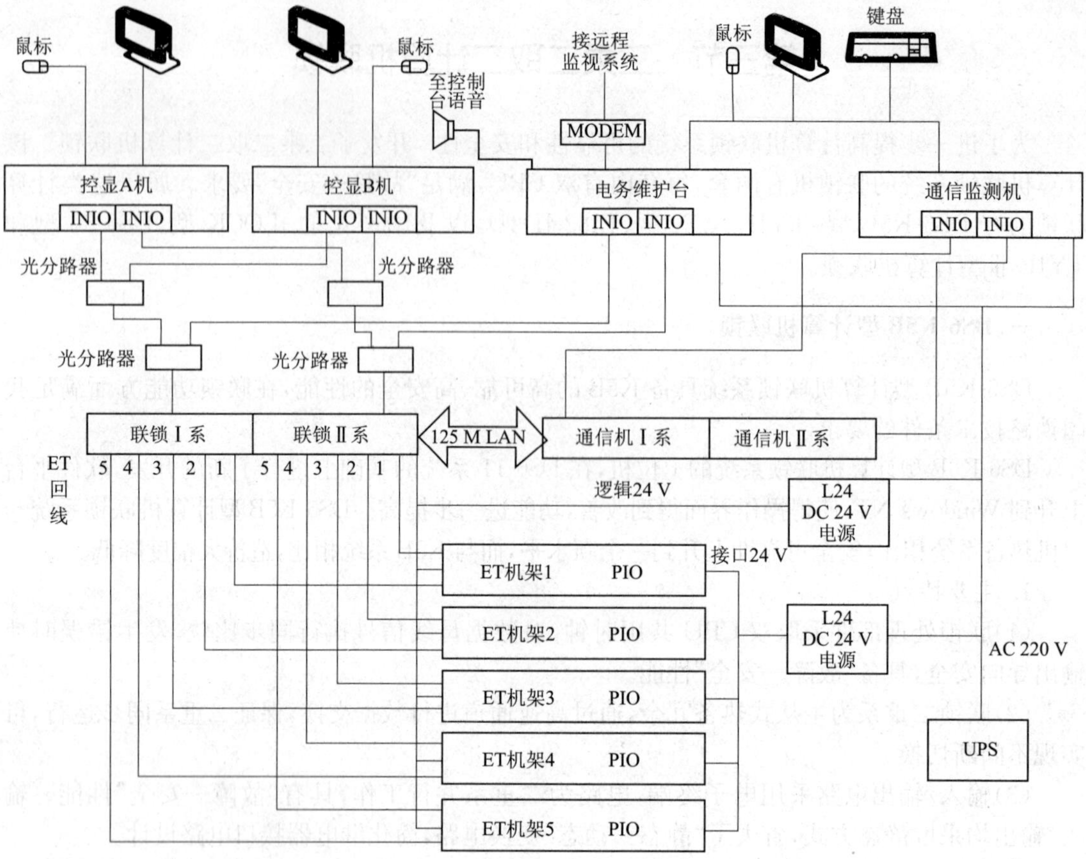


图 3-10　DS6-K5B 计算机联锁系统结构

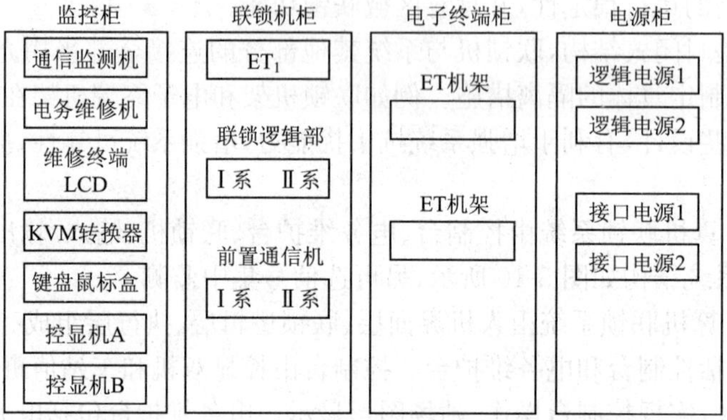


图 3-11　DS6-K5B 型计算机联锁系统机柜图

在联锁机柜内安装联锁计算机和前置通信机，它们的二重系安装在一个机架内。在联锁机柜和电子终端柜内总共可安装 5 个电子终端机架。各站根据站场规模大小决定实际使用多少个电子终端架，以及电子终端架是否采用级连方式。

在电源柜内安装了直流 24 V 电源和 UPS 电源。

3. 硬件组成

(1)控制台

控制台由控显机和操作和显示设备组成。

①控显机

控显机采用标准工控机，双机热备，装载相同软件。每一台控显机内安装了两个采用光缆连接的串行通信接口板 INIO 卡，用于同联锁机的二重系通信。

控显机的工作方式为双机热备，无扰切换。控显机转换箱用于控制台操作显示设备与控显双机之间的转换。控显机配备专用 CTC 通信接口，可与分散自律型调度集中系统结合。

可使用控显备机测试操作设备，监测机作为电子终端模拟机模拟输入/输出，并通过 TCP/IP 与测试设备连接，完成现场联锁软件测试。现场测试时断开被测联锁机与电子终端、控显主机之间的光缆连接，并将测试开关扳到测试位置。

②操作和显示设备

操作和显示设备用于车站值班员办理行车作业。

操作设备现多采用鼠标。显示设备现多采用 LCD 显示器，显示器的数量根据站场规模不同可配置一台或多台。

(2)电务维护台

电务维护台由电务维修机、通信监测机、键盘、显示器、KVM 切换器、显示器、键盘、打印机等组成。

电务维修机、通信监测机采用 PC 总线工控机，为单机。

电务维修机内安装两个采用光缆连接串行通信接口板 INIO 卡，用于与联锁机二重系通信，从联锁机取得联锁系统维护信息。

通信监测机内安装两个采用光缆连接串行通信接口板 INIO 卡，用于与前置通信机二重系通信，从前置通信机双系取得联锁系统与外部通信数据及前置通信机的维护信息。通信监测机通过以太网与集中监测系统进行通信，将联锁系统中的开关量信息送给集中监测系统。

电务维修机与联锁机之间的连接如图 3-12 所示。从联锁机接收全部现场设备动作状态信息和系统诊断报警信息，并记录在实时数据库中，可以随时查询、显示和打印监测结果。

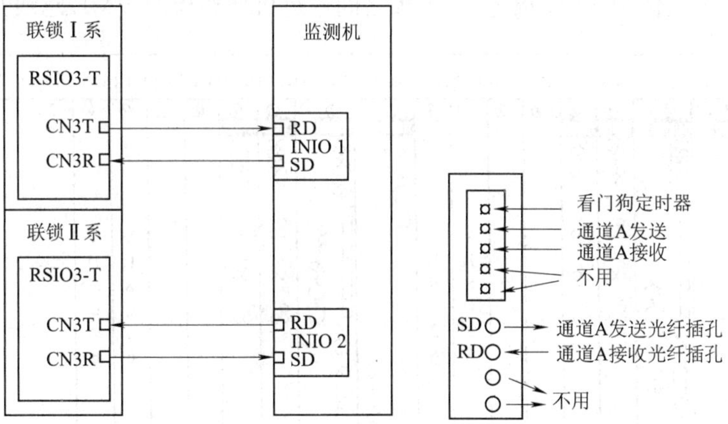


图 3-12　电务维修机与联锁机之间的连接

电务维修机通过串行通信接口可从集中监测前置机取得模拟量检测信息。

电务维护人员可以通过键盘、显示器、打印机查询或打印输出各类监测信息。

电务维修机通过通信接口可以与 CTC 等其他系统结合，通过调制解调器与维修中心相连，实现远程诊断。

(3)联锁机

联锁机包括联锁逻辑部和前置通信机两部分模块，两部分之间由 LAN 通信板通过光纤连接进行数据交换。

①联锁逻辑部

a. 联锁逻辑部的组成

联锁逻辑部由并列二重系组成，以主从方式并行运行，主、从系各自执行全部处理功能。每一系采用“故障—安全”的双 CPU 处理器，两系之间通过并行接口(FIFO) 建立的高速通道交换信息，实现二重系的同步和切换。每系都具有“故障—安全”型的主机模块 F486，称为逻辑控制单元，用于联锁逻辑运算和联锁系统软件、硬件管理。

联锁机的二重系具有相同的“故障—安全”处理器。两系通过交换同步定时信号，实现周期同步运行。联锁机主系在每个处理周期的起始时刻向从系发出同步信号命令，从系与主系保持周期同步。一系因故停止输出时，另一系自动接替工作。两系之间有系切换装置，负责系间数据同步、时针同步、主、从系管理监视和单系到双系的重构。

联锁机的主、从系各自执行全部处理功能。主、从系交换处理结果，从系取与主系一致的结果输出。

联锁逻辑部每一系通过 FSIO 板各用一对光缆经过光分路器与控显机相连，使联锁逻辑部的每一系都能分别与两台控显机通信。联锁逻辑部每一系用一对光缆分别与电务维修机的两个光通信接口相连，联锁逻辑部每一系的维护信息分别送到电务维修机。

联锁逻辑部每一系有 5 个连接电子终端的通信接口，称 ET 回线 1～5。每个通信接口可连接一个电子终端机架。

联锁逻辑部安装在一个 800 mm×330 mm 的机架内。两系的组成完全相同。联锁逻辑部的前视图如图 3-13 所示 。每一系由 IPU6 电源板、F486-4 联锁 CPU 板、FSIO 接口板、LAN 通信扩展板组成。每一系的机架有两个空闲插槽，需要时可插入与其他系统通信的接口板(如与 CTC 系统通信用 OPU 板等)。各板之间通过机架底板的 VME 总线互连。

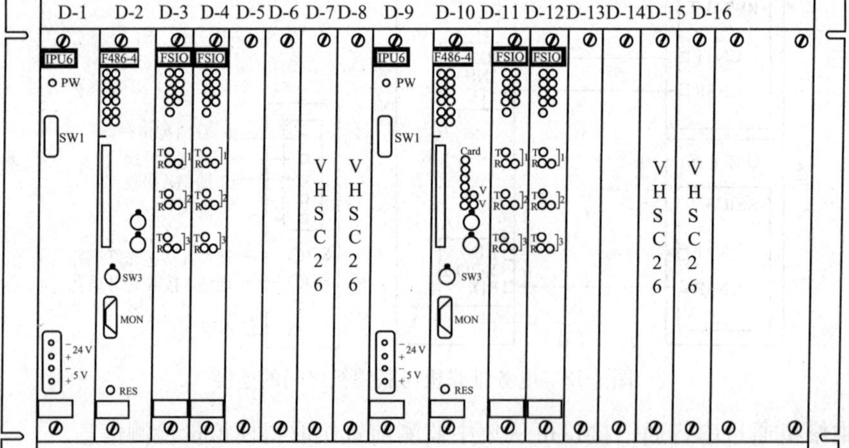


图 3-13 联锁逻辑部的前视图

联锁逻辑部的背视图如图 3-14 所示。在联锁逻辑部机架的背面，每系各有光电转换板：F107[P]板和 F107P 板，以及 DID 板。

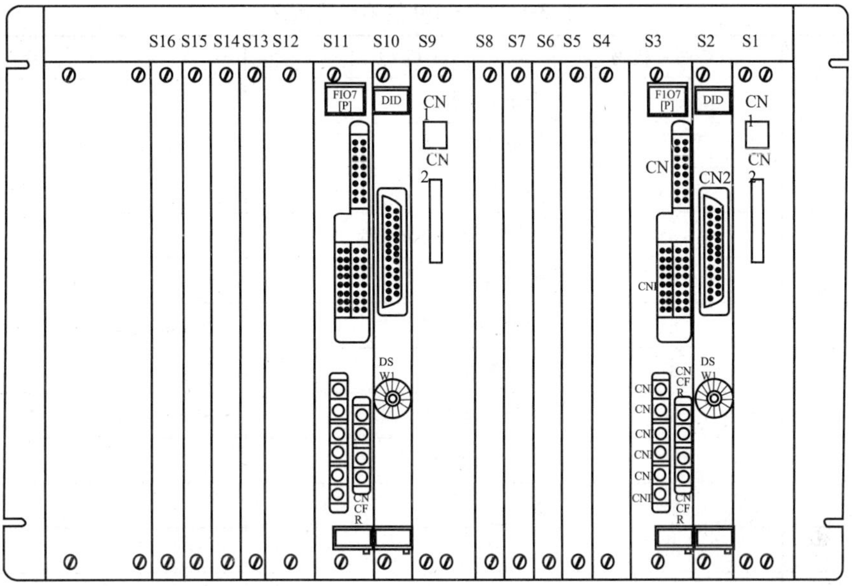


图 3-14　联锁逻辑部的背视图

b. 电路板

(a)电源板(IPU6)

电源板(IPU6)实现外部输入的直流 24 V 至直流 5 V 的 DC—DC 转变，为本系逻辑电路提供稳定的 5 V 电源。

(b)F486-4 联锁 CPU 板

F486-4 是联锁逻辑部的主 CPU 板。二重系每一系各有一块 F486-4 板，安装在联锁机架每一系左边第二个槽位(正面)。

F486-4 的功能：完成联锁逻辑运算；二重系间通信及切换控制；二重系一致性检查；系统的故障检测及报警，异常时停止动作，输出导向安全。

系统管理程序存储在 ROM 中。联锁程序和站场数据存储在 RAM 中。联锁机每次停电后，需将存储有联锁程序和站场数据的 IC 卡插入 IC 卡插槽，从 IC 卡重新读入联锁程序和数据，然后系统才能投入运行。

F486-4 板面板如图 3-15 所示。面板上有系统运行指示灯、硬件工作状态指示灯、运行方式设置开关。

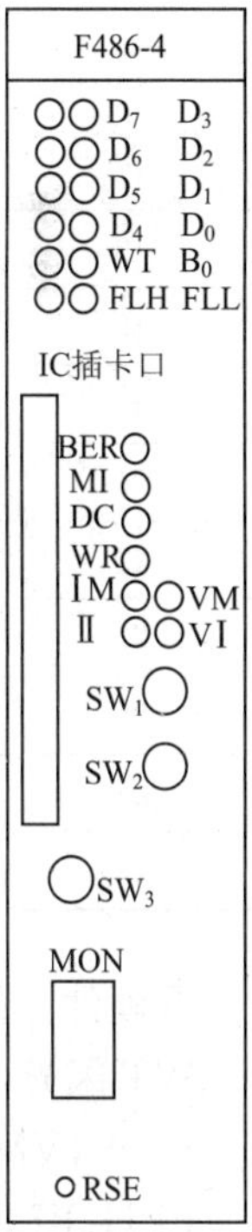


图 3-15　F486-4 板面板

ⓐ系统运行指示灯 $D_0 \sim D_7$

$D_7$ 灭，系统运行正常；$D_7$ 亮，系统停机。在 $D_7$ 灭灯的情况下，$D_0 \sim D_6$ 状态定义为：$D_0$ 亮，本板为Ⅰ系；$D_0$ 灭，本板为Ⅱ系。

$D_1$ 亮，本板为主系；$D_1$ 灭，本板为从系。

$D_2$ 亮，两系不同步；$D_2$ 灭，两系同步。

$D_3$ 亮，执行控制功能；$D_3$ 灭，控制功能停止。

$D_4$ 亮，APL(应用程序逻辑)开始执行；$D_4$ 灭，APL 停止执行。

$D_5$ 预留。

$D_6$ 亮，数据连接成功；$D_6$ 灭，数据连接失败。

在 $D_7$ 亮灯情况下，$D_0 \sim D_6$ 表示错误代码，代码定义见表 3-1。

**表 3-1 D7～D0 故障代码定义**

| 序　号 | D7～D0 代码 | 停机原因 | 注　释 |
|---|---|---|---|
| 1 | 81 | 非正常中断 | |
| 2 | 82 | 主设备启动错 | 初始化后主设备未正常运行 |
| 3 | 83 | 模块查询错 | |
| 4 | 84 | 关键字(Key Code)错 | |
| 5 | 85 | 参数错 | K6. DAT 文件 CRC/SUM 错 |
| 6 | 86 | 初始化时间错 | APL 初始化时间不够 |
| 7 | 87 | 看门狗错 | |
| 8 | 88 | S-SYS 输出错 | S-SYS 输出反馈错 |
| 9 | 89 | RAM 检查错 | |
| 10 | 8A | 预留 | |
| 11 | 8B | 定时起错 | |
| 12 | 8C | PI 输入错 | |
| 13 | 8D | 从设备参数错 | 从设备参数版本与主设备不同 |
| 14 | 8E | 总线(BUS)错 | 时钟信号停止 |
| 15 | 8F | 数据连接错 | ? |
| 16 | 91 | 时钟停止电路错误 1 | 当输出 1 时时钟停止电路错 |
| 17 | 92 | 时钟停止电路错误 0 | 当输出 0 时时钟停止电路错 |
| 18 | 94 | 主设备内部错 | |
| 19 | 95 | 从设备内部错 | |
| 20 | 96 | 初始化 APL 检查错 | 初始化时 APL 代码检查错 |
| 21 | 97 | APL 检查错 | 运行时 APL 代码检查错 |
| 22 | E1 | 初始化 RAM 检查错 | |
| 23 | F1 | ET 控制数据长度错 | ET 控制数据长度大于最大值 |
| 24 | F3 | ET 控制数据发送错 | 执行发送前发送缓冲区有数据 |
| 25 | F4 | ET SIO 错 | ET SIO CPU 启动错 |
| 26 | F8 | MT SIO 错 | MT SIO CPU 启动错 |

ⓑ硬件工作状态指示灯

WT 闪光，看门狗状态。

B0 灭，VME 总线出错；B0 亮，无错。

FLH、FLL 闪光，总线时钟状态。

BER 亮，外部 RAM 访问总线出错。

MI、DC、WR、IM、VM、Ⅱ、Ⅵ表示硬件工作状态，含义见表 3-2。

**表 3-2　硬件工作状态指示灯含义**

| 序　　号 | 功　　能 | MI | DC | WR | IM | VM | Ⅱ | Ⅵ |
|---|---|---|---|---|---|---|---|---|
| 1 | ROM Pe-fetch | × | ○ | ○ | ○ | × | — | — |
| 2 | ROM/IC 读 | × | × | ○ | ○ | × | — | — |
| 3 | IC 卡写 | × | × | × | ○ | × | — | — |
| 4 | 内部 IO 读 | ○ | × | ○ | — | — | ○ | × |
| 5 | 内部 IO 写 | ○ | × | × | — | — | ○ | × |
| 6 | 中断响应(ACK) | ○ | ○ | ○ | — | — | — | — |
| 7 | VME(A24)读 | × | × | ○ | ○ | ○ | — | — |
| 8 | VME(A24)写 | × | × | × | ○ | ○ | — | — |
| 9 | VME(A16)读 | ○ | × | ○ | — | — | × | ○ |
| 10 | VME(A16)写 | ○ | × | × | — | — | × | ○ |

注:○表示亮灯;×表示灭灯;—表示无关。

运行方式设置开关

$SW_1$、$SW_2$ 为运行方式设置开关,两个开关必须设置成相同状态。

$SW_1$、$SW_2$=1,正常方式;$SW_1$、$SW_2$=F,调试方式;$SW_1$、$SW_2$不容许设置其他状态。

$SW_3$ 为总输入开关,必须设置为 0。

MON 为 9 针 D 型插座,是调试用接口。

RES 为系统复位开关。

(c)FSIO 接口板

FSIO 板是联锁机与控显机、电务维修机及电子终端之间的通信接口板。FSIO 板安装在联锁机的第三个槽位,每块 FSIO 板只有三条与电子终端连接的回线,如不够可以在第四个插槽位再插入一块 FSIO 板,此板称为通信扩展接口板。板内地址设置与第一块板不同。板上 ROM 固化有通信程序。FSIO 接口板面板如图 3-16 所示。

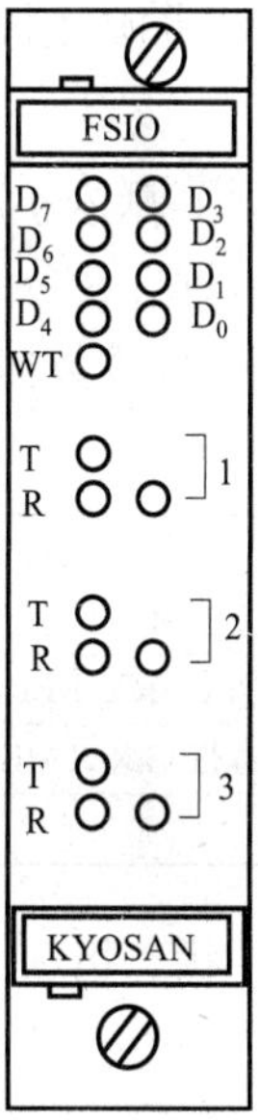


图 3-16　FSIO 接口板面板

软件状态指示灯定义见表 3-3。

**表 3-3　软件状态指示灯定义**

| LED | 信　　息 | 正常状态 | 故 障 状 态 |
|---|---|---|---|
| $D_0$ | LED 输出 | 亮 | 灭(在向 LED 输出之前停止) |
| $D_1$ | 初始化完成 | 亮 | 灭(初始化完成前停止) |
| $D_2$ | 中断(Interrupt) ASK OK | 亮 | 灭(F486 中断不正确) |
| $D_3$ | 发送停止命令 | 灭 | 亮(接收到来自 F486 的停止命令) |
| $D_4$ | DPRAN 初始化 | 灭 | 亮(DPRAM 初始化未完成) |
| $D_5$ | 运行停止命令 | 灭 | 亮(收到来自 F486 的停止命令) |
| $D_6$ | DPRAM 写故障 | 闪 | 亮或灭(DPRAM 写故障) |
| $D_7$ | DPRAM 读故障 | 闪 | 亮或灭(DPRAM 读故障) |

T 闪，正在发送数据；灭，没有发送数据。

R 闪，正在接收数据；灭，没有接收数据。

(d)LAN 通信扩展板

VHSC26 LAN 通信扩展板实现联锁逻辑部与前置通信机之间通信功能，以及两台及以上 K5B 设备间通信功能。LAN 通信扩展板有 2 路 CAN 总线通信接口。VHSC26 FSIO 通信扩展板面板如图 3-17 所示。

VHSC26 LAN 通信扩展板面板上有机笼正常表示灯 FSV、LAN 电源开状态表示灯 PWL、设定节点表示灯 ND、发送/接收数据表示灯 ST、软件状态指示灯 SV。

机笼正常表示灯 FSV(绿色)，点亮表示正常。

LAN 电源开状态表示灯 PWL(绿色)，点亮表示正常。

设定节点表示灯 ND(黄色)，点亮分别表示设定节点$D_0$～$D_7$。

发送/接收数据表示灯 ST 定义见表 3-4。

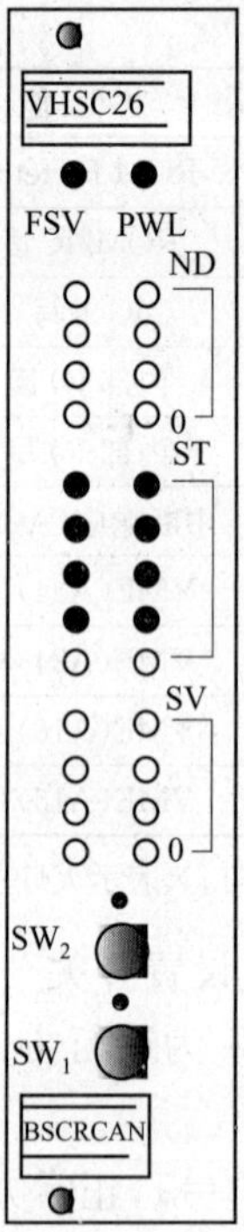


图 3-17　VHSC26 FSIO 通信扩展板面板

**表 3-4　发送/接收数据表示灯定义**

| | |
|---|---|
| (绿灯)RX_RLED：接收中时点灯 | (绿灯)TX_TLED：发送中时点灯 |
| (绿灯)RX_RMLED：单位数据接收中时点灯 | (绿灯)TX_TMLED：单位数据发送中时点灯 |
| (红灯)RX_RERR：接收存储器出错时点灯 | (红灯)TX_BLED：备份发送时点灯 |
| (红灯)TX_TMER：发送存储器出错时点灯 | (红灯)RX_RSER：接收中断出错时点灯 |
| (黄灯) | (黄灯)LNKLD：没有光纤接收时点灯 |

软件状态指示灯 SV(黄色)定义见表 3-5。

**表 3-5　软件状态指示灯定义**

| 灯 | 表示含义 | 正确表示 | 故 障 表 示 |
|---|---|---|---|
| $D_0$ | LAN 发送启动 | 闪 | 亮或灭 |
| $D_1$ | LAN 发送结束 | 闪 | 亮或灭 |
| $D_2$ | LAN 境界 NODE 设定 | 与境界设定一致 | 与境界设定不一致 |
| $D_3$ | LAN 发送错误 | 亮或灭 | 闪(每次电灯状态变化时错误发生) |
| $D_4$ | LAN 接收单位数据有 | 闪 | 亮或灭 |
| $D_5$ | LAN 接收单位数据检查正常 | 闪 | 亮或灭 |
| $D_6$ | LAN 接收单位数据 CRC1/2 异常 | 亮或灭 | 闪(每次电灯状态变化时错误发生) |
| $D_7$ | LAN 接收单位数据异常 | 亮或灭 | 闪(每次电灯状态变化时错误发生) |

VHSC26 FSIO 通信扩展板背面是 HSC-SUB6 光纤接口板，板上有 LAN 光纤接口。HSC-SUB6 光纤接口板面板如图 3-18 所示。

(e)FIO7[P] 光电转换板

FIO7[P]板是第一块 FSIO 板的光电转换板，用于联锁机与电子终端之间的光缆连接及联锁机与控显机和电务维修机之间的光缆连接。FIO7[P]板上有 3 个 ET 回线的光缆接口和两个与电务维修机和控显机连接的光缆接口。FIO7[P]板面板如图 3-19(a)所示。

(f)EXP FIO7P 光电转换板

EXP FIO7P 板是第二块 FSIO 板的光电转换板,用于联锁机与电子终端之间的光缆连接。

EXP FIO7P 板面板如图 3-19(b)所示。

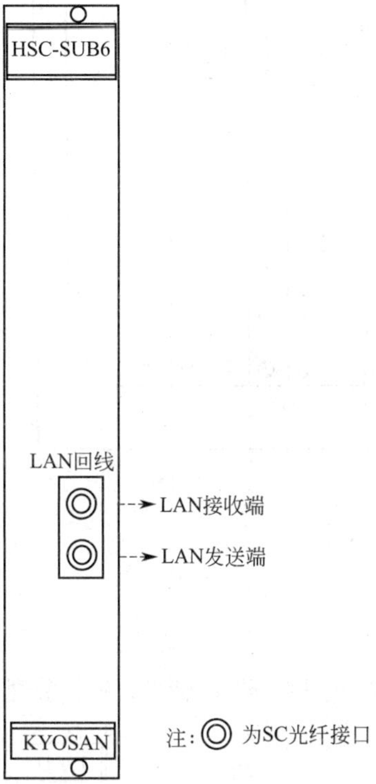


图 3-18　HSC-SUB6 光纤接口板面板

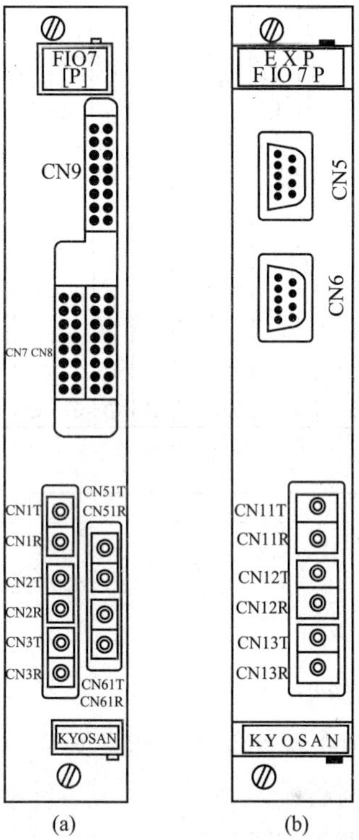


图 3-19　光电转换板面板

(g)DID 板

DID 板的功能为配置计算机联锁间通信网(125 M)的通信地址。

②前置通信机

前置通信机实现与无线闭塞中心、列控中心及邻站计算机联锁的通信功能。高速铁路的计算机联锁必须有前置通信机,普速铁路则不需要。

a. 前置通信机的组成

前置通信机也是由二重系组成,以主从方式并行运行,两系之间通过并行接口建立的高速通道交换信息,实现二重系的同步和切换。

前置通信机双机(Ⅰ系和Ⅱ系)安装在一个 800 mm×330 mm 的机架内。两系的硬件组成完全相同。前置通信机的前视图如图 3-20 所示 。每一系由 IPU6 电源板、F486-4 联锁 CPU 板、FSIO 接口板、LAN 通信板和 Z2ETH 以太网板组成。各板之间通过机架底板的 VME 总线互连。

前置通信机每一系用一对光缆分别与通信监测机的两个光通信接口相连,前置通信机每一系的维护信息分别送到通信监测机。

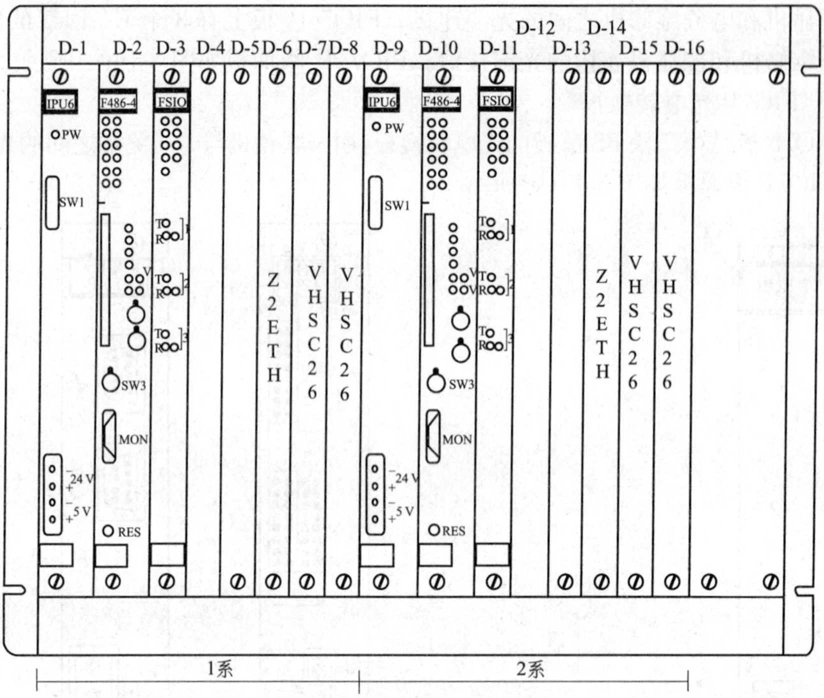


图 3-20　前置通信机的前视图

b. 电路板

(a)IPU6 电源板

IPU6 电源板实现外部输入的直流 24 V 至直流 5 V 的 DC—DC 转变，为本系逻辑电路提供稳定的 5 V 电源。

(b)F486-4 联锁 CPU 板

F486-4 是前置通信机的主 CPU 板。二重系每一系各有一块 F486-4 板，安装在联锁机架每一系左边第二个槽位。

F486-4 的功能：二重系间通信及切换控制；二重系一致性检查；系统的故障检测及报警；异常时停止动作；输出导向安全。

(c)LAN 通信扩展板

VHSC26 LAN 通信扩展板实现前置通信机与联锁逻辑部之间的通信功能。LAN 通信扩展板有 2 路 CAN 总线通信接口。

(d)Z2ETH 以太网板

Z2ETH 以太网板接入到信号安全数据网中，用于和外部系统连接。Z2ETH 板面板如图 3-21 所示。

CF 卡插槽用于存放以太网板的驱动程序，若无以太板驱动程序，将会导致前置通信机的设备无法启动。

Z2ETH 内没有插入 CF 卡时，工作状态指示灯全部灭灯。由 CF 卡启动程序，进行初始化，只有 $D_7$ 闪灯，其他灭灯。初始化完成，各指示灯根据情况点灯或灭灯。

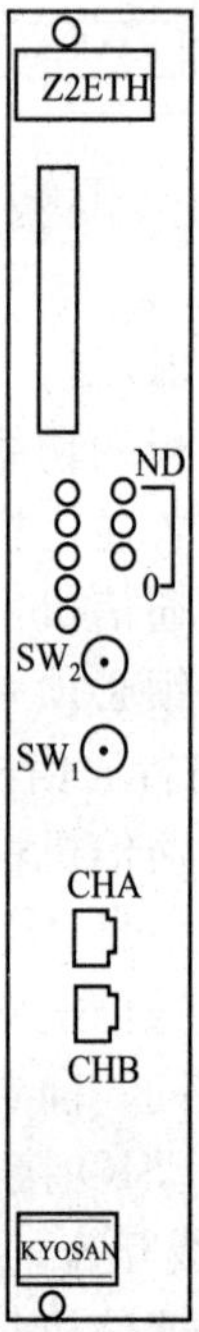


图 3-21　Z2ETH 板面板

设置开关 $SW_1$ 和 $SW_2$ 固定设置为 0。

CHA、CHB 为以太网通信端口。

联锁逻辑部和前置通信机之间由 LAN 通信板通过光纤连接进行数据交换，如图 3-22 所示。

(4)电子终端

K5B 系统开关量输入/输出接口采用电子终端(Electronic Terminal，简称 ET)。电子终端为“故障—安全”型双 CPU 构成的智能控制器，系统设置为二重系，其原理框图如图 3-23 所示。电子终端的每一系分别和联锁机的二重系通过光缆连接。电子终端的二重系输入电路从继电器的同一组接点取得输入信号，分别发给联锁二重系。联锁二重系的输出分别送给电子终端的二重系。电子终端二重系的输出并联连接负载。

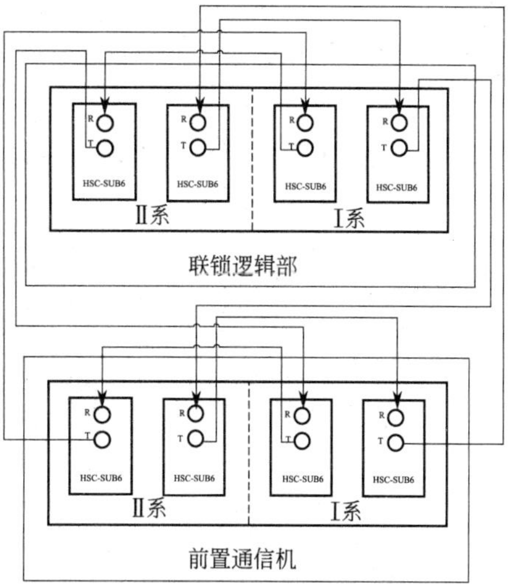


图 3-22　联锁逻辑部和前置通信机的连接

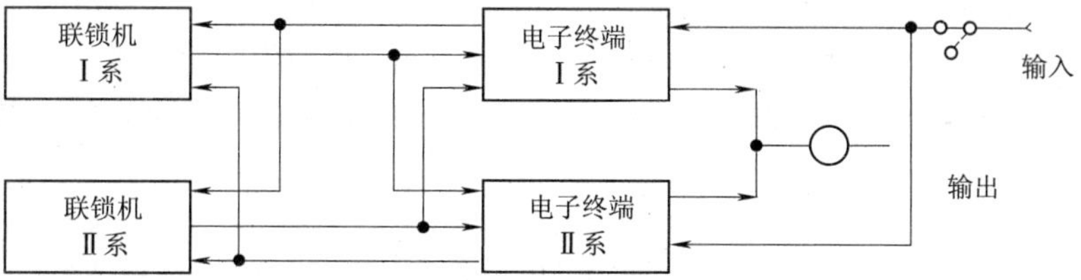


图 3-23　电子终端二重系框图

①电子终端的结构

电子终端输入电路如图 3-24 所示，通过有效的自检测功能，能够检测出输入电路的故障，保证输入信息的安全性。电子终端输出电路如图 3-25 所示，按故障导向安全的原则设计。因此输出驱动和输入采集均采用静态方式，直接驱动安全型继电器，这就简化了接口电路设计，方便系统维护。

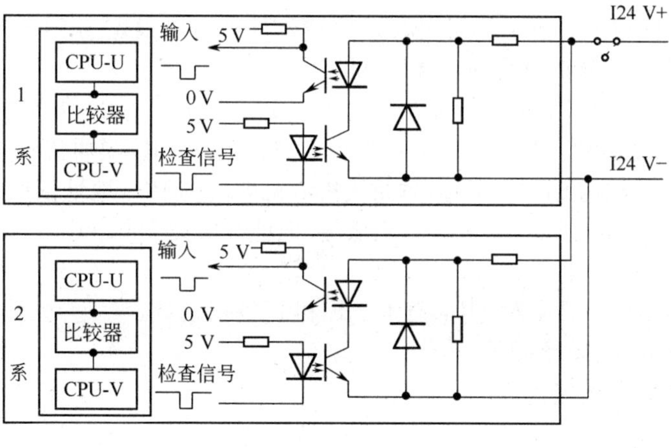


图 3-24　电子终端输入电路

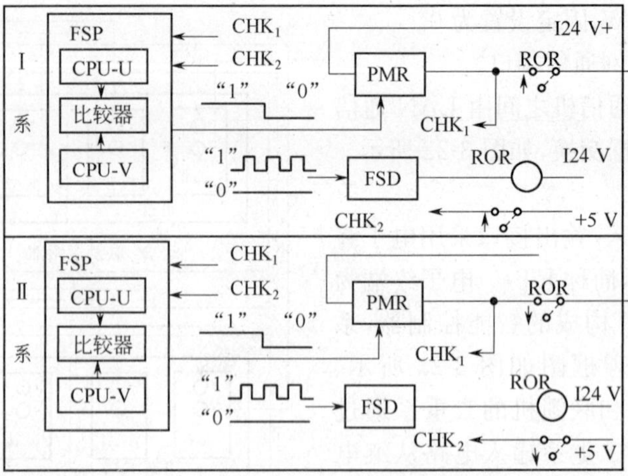


图 3-25　电子终端输出电路

电子终端安装在 ET 机笼内。每个 ET 机笼内安装一对 ET-LINE 通信模块,并用两根两芯光缆与联锁Ⅱ系的 TLIO 接口的一个 ET NET 线路连接。每个 ET 机笼内可安装五对电子终端,每个电子终端带有 32 路输入和 32 路输出。

一个 ET 机架内有 12 个插槽。机架正面左边的两个插槽用于安装两个 ET-LINE 模块。其余的 10 个插槽用于安装 PIO 模块。ET 为二重系并列结构。左边第一个插槽安装Ⅰ系 LINE,与联锁Ⅰ系的 IF486 连接。第二个插槽安装Ⅱ系 LINE,与联锁Ⅱ系的 IF486 连接。

②PIO 模块的地址设置

在机架上实际安装 PIO 模块的数量根据系统配置需要确定。PIO 模块必须成对安装。每对 PIO 组成并列的输入/输出接口,对外共同连接 32 路输出和 32 路输入。

PIO 模块是通用的。每个 PIO 可插在机架的任意插槽上。系统对 PIO 的识别(寻址)通过 ET 机架底板上的地址设置实现。PIO 地址设置开关在 ET 机架内侧的底板上。此开关只有取下 PIO 模块后才能看到。每个 PIO 插槽有一个四位的地址开关,如图 3-26 所示 。每一对 PIO 的两个地址开关设置必须相同。设备出厂时已经按照系统配置设置好,用户不需要改动开关设置。图中"●"表示开关的位置。每个机架内的五对 PIO 地址分别设定为 01H～05H,每回线扩展机架内的五对 PIO 地址分别设为 06H 到 0AH。

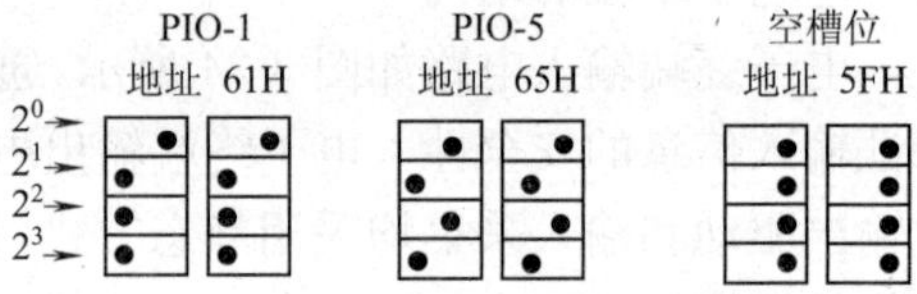


图 3-26　PIO 地址设置开关

软件对 PIO 的寻址采用两位十六进制代码。上述开关设置的数字为地址的低位代码。地址高位代码是 ET 模块类型的特征码,由软件设置。对于 PIO 模块代码为 6。所以每个 ET 机架内的 PIO 地址依次为 61H～65H,每回线扩展机架内的 PIO 地址依次为 66H～6AH。

在 ET 机架上,不插入 PIO 模块的空闲槽位,地址开关设为 0FH。

③ET PIO 面板指示灯

ET PIO 面板如图 3-27 所示,上面有 LINE 和 PIO 指示灯。

Normal、System 亮,运行;灭灯,停止。

RXD 闪 ,接收;灭,无接收。

TXD 闪,发送;灭,无发送。

DC 5 V ON 为 5 V 电源开关 ,向上电源开,向下电源关。

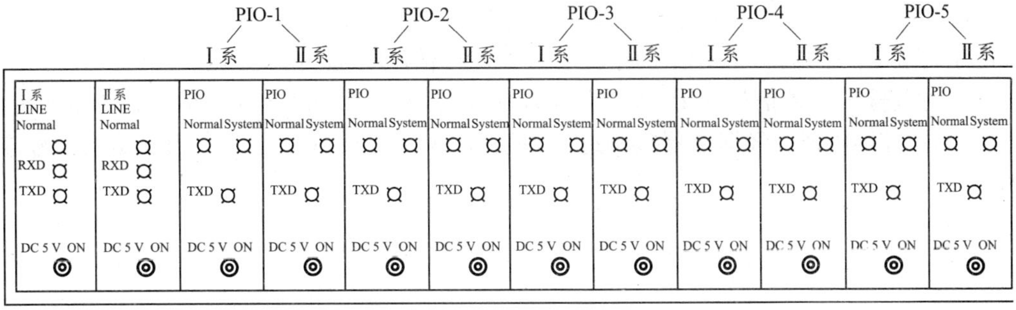


图 3-27　ET PIO 面板

④PIO 联机插座

PIO 联机插座在 ET 机箱背面，如图 3-28 所示。

LINE 的 $J_1$ 为逻辑 24 V 电源插座，A3 为 SYS1 和 SYS2 的光纤插座。

PIO 1～PIO 5 的 $J_1$ 为输入信号插座，$J_2$ 为输出信号插座，$J_3$ 为接口 24 V 电源插座，$J_4$、$J_5$ 用短电缆连接不对外引出。

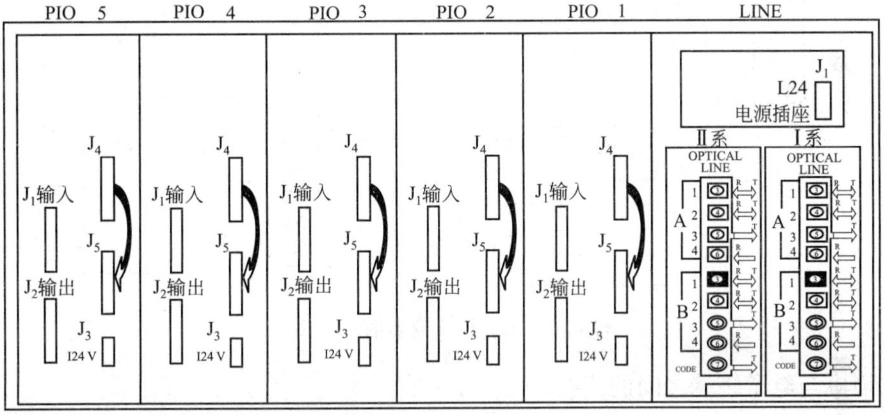


图 3-28　PIO 联机插座

⑤电子终端的输入信号连接

PIO 输入信号电源从微机电源柜的接口 24 V(IB24)的"＋"引出。通过采集继电器的接点到接口柜 CS-TX19-36T/Z 型插头/插座，从 PIO 的 $J_1$，进入 PIO 模块，经 $J_4$、$J_5$ 回到接口 24 V电源的"－"，ET-PIO 输入信号连接如图 3-29 所示。

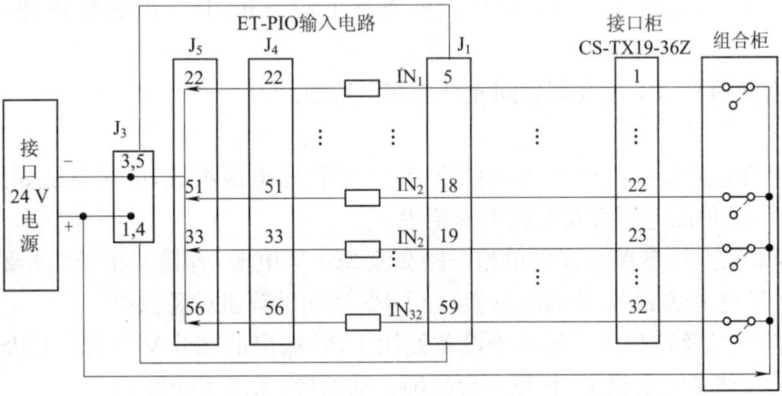


图 3-29　ET-PIO 输入信号连接图

⑥电子终端输出信号连接

电子终端 PIO 的输出驱动信号电压为 24 V,输出信号极性为"+"。

电子终端输出驱动信号从 PIO 模块的 $J_2$ 引出,经接口架的 CS-TX19-36T/Z 型插头/插座,连接到被控继电器。经继电器线圈返回到接口 24 V 负极(IC24),ET-PIO 输出信号连接如图 3-30 所示。

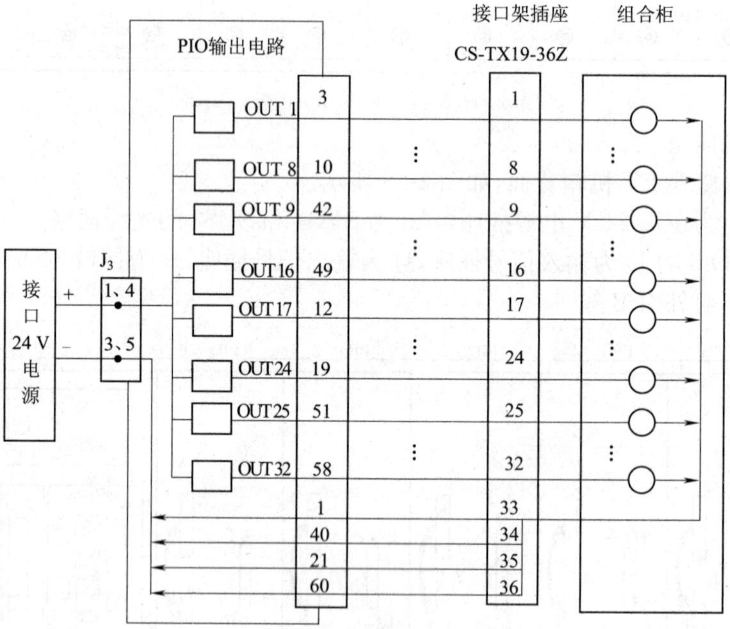


图 3-30　ET-PIO 输出信号连接图

⑦联锁机与电子终端之间的连接

K5B 系统联锁机和电子终端均采用二重系设计。

联锁每一系均接收电子终端二重系的输入信息,经过"或"处理后,作为联锁运算的输入。

联锁二重系的输出通过电子终端的二重系并联输出。

联锁机与电子终端之间的物理连接通过 ET NET 光纤实现。联锁机的 FSIO 模块是联锁机与电子终端的通信接口,一个 FSIO 模块上有 3 个 ET NET 通道。通过 FIO7P 光电转换板引出 3 对光缆,连接 3 个 ET 机架。再通过 EXT FIO7P 光电转换板连接另两个 ET 机架。

图 3-31 为联锁机与电子终端之间光纤连接示意图。

(5)电源

K5B 系统的电源由一套 UPS 和两路直流 24 V 稳压电源组成,电源系统如图 3-32 所示。UPS 和直流 24 V 稳压电源都安装在电源柜中。

电源屏经隔离变压器单独提供单相一路交流 220 V 电源,容量不小于 2.5 kV·A。从电源屏来的 220 V 电源送到 K5B 的电源柜,经 UPS 后向计算机设备供电。

控显机、监测机及控制台显示器等设备使用 UPS 输出的 220 V 电源。UPS 电源采用两台 2 200 kV·A 热备冗余供电,任意一台故障自动切换,系统不受影响。

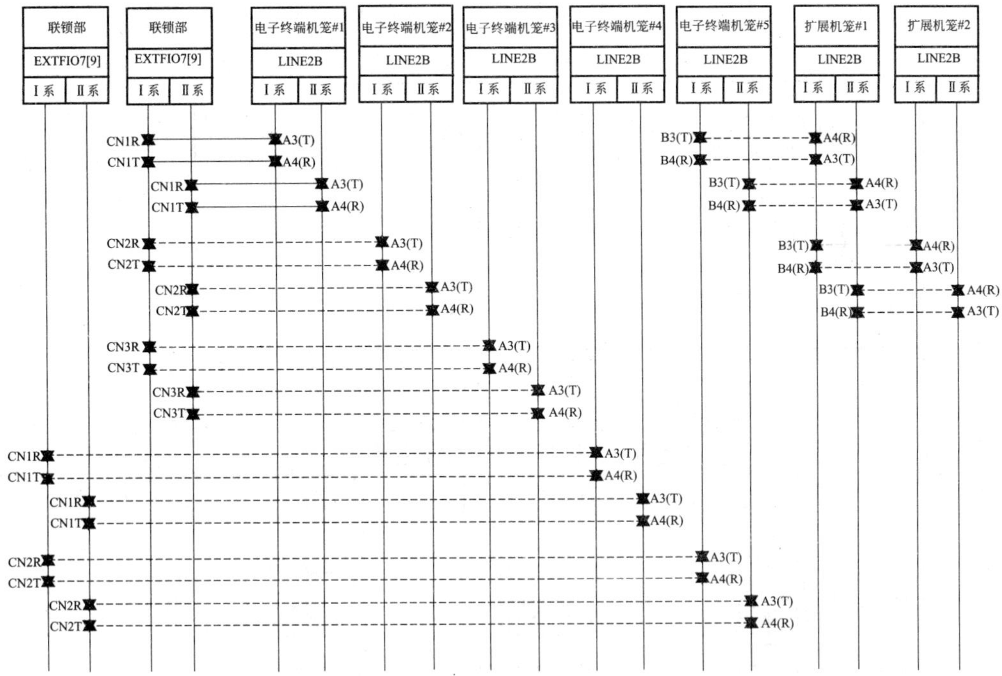


图 3-31　联锁机与电子终端之间光纤连接示意图

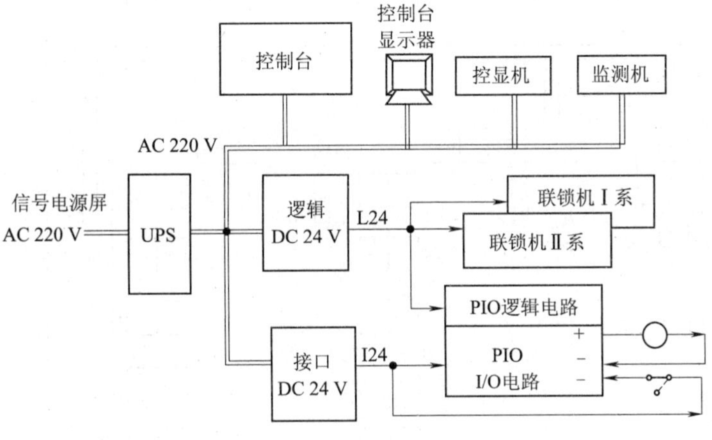


图 3-32　电源系统图

K5B 的联锁机和 ET-PIO 采用两路直流 24 V 电源供电，由计算机系统的电源柜内的直流稳压电源供给，不用信号电源屏的 KZ 24 V 电源。第一路称为逻辑 24 V 电源(L24)，联锁机和电子终端内部的 DC—DC 转换电路产生逻辑电路工作所需的 5 V 电源。第二路称为接口 24 V 电源(I24)，供电子终端的输出电路驱动继电器和输入电路采集继电器状态使用。

每一路 24 V 电源均由两个 AC/DC 开关稳压电源模块组成，两个模块在线工作，互为热备并联使用，可自动切换电源柜输出的两路直流 24 V，分别送到联锁柜和电子终端柜的接线端子，具体连接如图 3-33 所示。

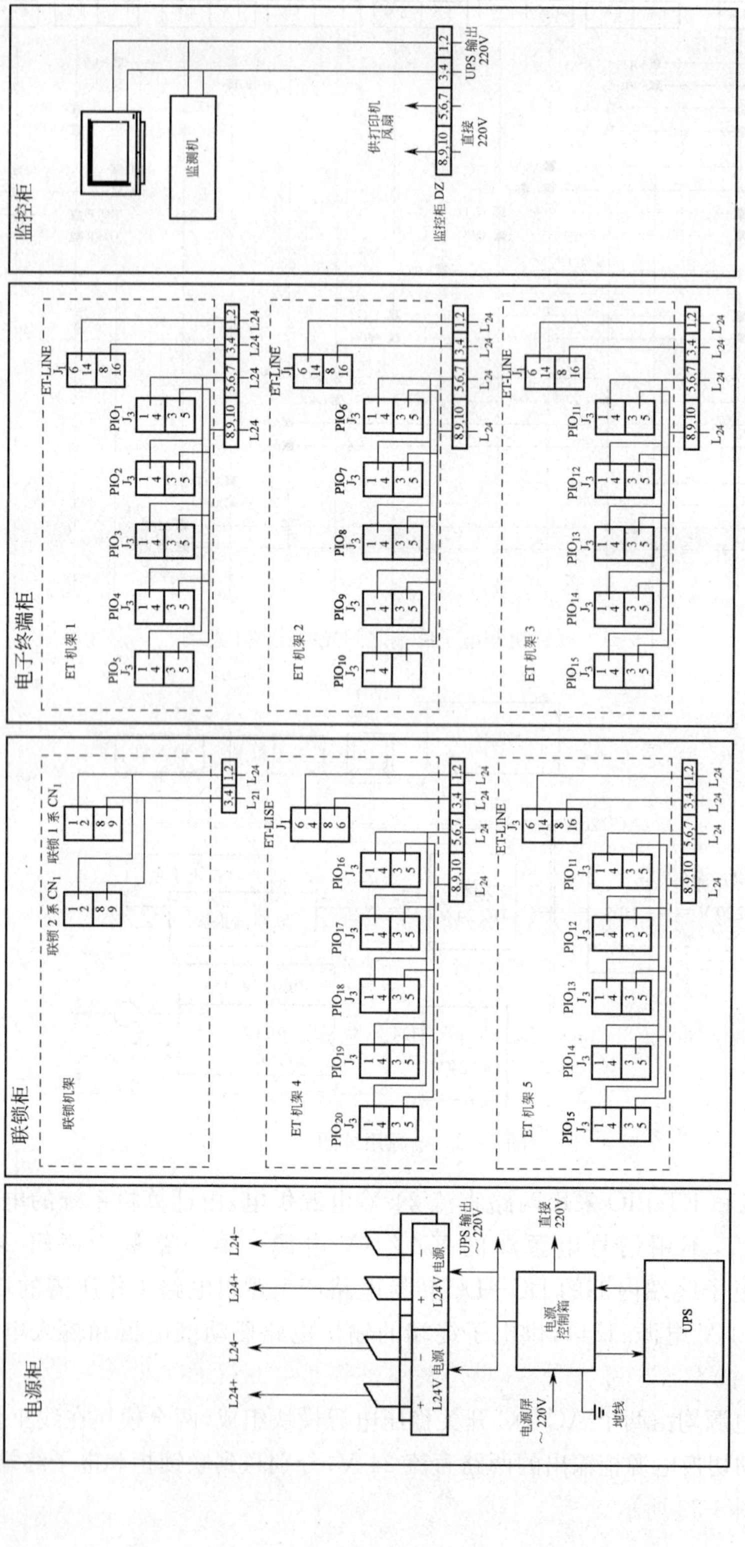

监控柜
监测机
供打印机
风扇
直接
220V
UPS 输出
220V
监控柜 DZ
8,9,10
5,6,7
3,4
1,2
电子终端柜
ET 机架 1
ET 机架 2
ET 机架 3
ET-LINE
联锁柜
联锁机架
联锁 2 系 CN1
联锁 1 系 CN1
ET-LISE
ET 机架 4
ET 机架 5
电源柜
L24V 电源
UPS 输出
～220V
直接
220V
电源
控制箱
UPS
电源屏
～220V
地线
L24+
L24−

图 3-33　电源配线图

在组合柜上，所有受计算机控制的继电器用的 24 V 电源，均由计算机系统的 I24 V 电源供电，不受计算机控制的继电器的电源仍使用信号电源屏电源。

4. 继电器接口电路

DS6-KSB 型计算机联锁系统与室外信号设备之间的结合，采用继电电路，主要有信号点灯电路、道岔控制电路、轨道电路、自动闭塞结合电路，以及其他电路。

(1)接口继电器

信号电路保留的继电器有列车信号继电器 LXJ、调车信号继电器 DXJ、引导信号继电器 YXJ、通过信号继电器 TXJ、正线继电器 ZXJ、灯丝继电器 DJ、2 灯丝继电器 2DJ；道岔控制电路保留的继电器有道岔定位操纵继电器 DCJ、道岔反位操纵继电器 FCJ、1 道岔启动继电器 1DQJ、2 道岔启动继电器 2DQJ、道岔定位表示继电器 DBJ、道岔反位表示继电器 FBJ、轨道电路保留轨道继电器 GJ。

在改变运行方向电路中，保留总辅助按钮继电器 ZFAJ、接车辅助按钮继电器 JFAJ、发车辅助按钮继电器 FFAJ、发车按钮继电器 FAJ、发车锁闭继电器 FSJ、出发继电器 CFJ。

每组道岔设一个道岔允许操纵继电器 YCJ(双动道岔按一组道岔设一个 YCJ)。用 YCJ 的一组前接点接在道岔启动电路的 KZ 回路中。YCJ 平时落下。转换道岔时，若该道岔区段在解锁状态，计算机在输出道岔操纵命令的同时输出 YCJ 吸起命令，YCJ 吸起。道岔转换到位后，计算机停止输出，YCJ 落下。道岔因故在规定转换时间内不能转换到位时，计算机在取消定操或反操命令输出的同时，取消 YCJ 的输出命令，YCJ 落下。

(2)输出驱动

K5B 系统计算机的输出采用静态输出方式。所有受计算机驱动的继电器全部采用直流安全型继电器。继电器工作所需的 24 V 电源由计算机系统给出，不用信号电源屏的 KZ 24 V。计算机输出口送出 24 V+，继电器线圈的负端连到公共回线，回到电源的负极。不受计算机控制的继电器仍然用信号电源屏的 KZ 24 V。

LXJ、DXJ、YXJ、TXJ、ZXJ、LUXJ、DCJ、FCJ、YCJ 由计算机输出的控制命令驱动。

在改变运行方向电路中，ZFAJ、JFAJ、FFAJ、FAJ、FSJ、CFJ 由计算机输出控制，其他保留原有电路不变。

(3)信息采集

KSB 系统的输入采用静态方式。采集电压为 24 V，电源由计算机系统供给。计算机通过输入采集电缆的电源线送出 24 V 正电压，接到被采集接点组的中间接点，经前接点或后接点返回到计算机的输入口，再经计算机接口电路内部回到电源负极。

计算机采集信号电路的 LXJ、DXJ、YXJ、TXJ、LUXJ 和 DJ；道岔电路的 DBJ 和 FBJ、YCJ；轨道电路的 GJ 的状态信息。

计算机从自动闭塞采集 1LQJ、2LQJ、3LQJ、1JGJ、2JGJ、3JGJ 的状态；改变运行方向电路中采集 ZFAJ、JFAJ、FFAJ、FAJ、FSJ、CFJ、FJ、DJ、JQJ；其他需要计算机采集的零散条件由具体站场决定。

为了完成控制台上的有关表示功能，需要采集移频故障、灯丝断丝、轨道停电、断路器报警、主/副电源等状态信息。

从继电器接点取得输入信息，每个被采集的继电器只占用一组接点。

采集电压为 KZ 24 V，接在采集接点组的中间接点。从故障安全考虑，不同继电器采集的接点条件不同。规定采用继电器接点的闭合条件(对于计算机的输入接口有电流输入)表示信号处于安全侧状态，即用输入电路有电流通过证明设备在安全状态，输入信息的逻辑值为“1”。

用继电器接点的断开条件(对于计算机的输入接口没有电流输入)表示信号处于危险侧状态,输入信息的逻辑值为"0"。

例如:对于 XJ,取其后接点输入,后接点闭合证明 XJ 落下,信号机关闭。XJ 的后接点断开,信号机为开放状态。接口电路开路故障或接口电路断线故障,视信号机为开放状态。

对于轨道继电器 GJ,取其前接点输入,用前接点闭合条件证明轨道区段空闲。前接点断开或接口开路故障或接口断线,即视轨道区段为占用。

其他继电器的采集原则同上。

(4)输出/输入接口的配线

在计算机与继电器组合柜之间设接口柜,作为计算机联锁系统与继电电路之间的连接界面如图 3-34 所示。在接口柜上设 CS-TX19-36Z 型 36 线插座,每个插座设 32 位。继电电路一侧的连线焊接在插座上。计算机一侧的连线用插头连接。

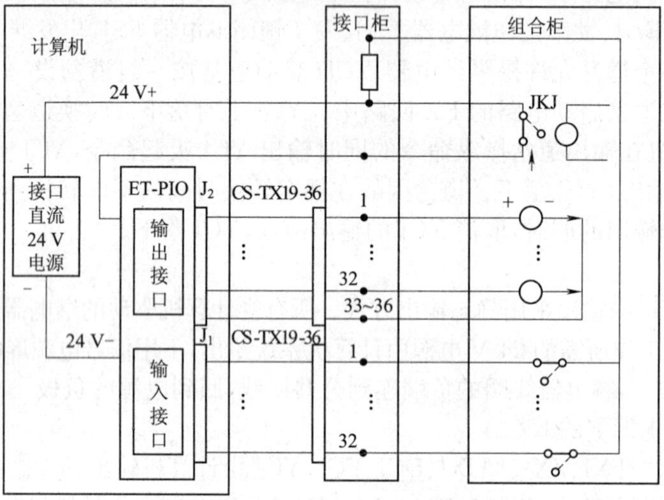


图 3-34　输入/输出接口电源连接图

在 ET 机架的背面,每一对 ET-PIO 有两个矩形插座。其中 $J_1$ 用于连接输入信号,$J_2$ 用于引入 32 路输出信号。

$J_1$ 插座有 60 芯,用其中的 32 芯,引入 32 路输入信号。在接口柜上,对应每一个 ET-PIO 的 32 路输入,设一个 CS-TX19-36Z 型插座。采用 36 芯信号电缆。电缆的一端用压接方式连接与 $J_1$ 对应的插头,电缆的另一端焊接 CS-TX19-36T 型插头。

$J_2$ 插座与 $J_1$ 型号相同。连接电缆及两端的插头形式与输入电缆相同。输出电缆中有四根芯线用于连接输出信号的负极公共端。

ET-PIO 输入/输出插座 $J_1$、$J_2$ 与接口柜插座之间及接口柜上的输入/输出插座接线端子之间对应连接。

5. 地线与防雷

DS6-K5B 型计算机系统要求提供一根保护地线。此地线的埋设及接地电阻值,应符合 TB/T 3027《计算机联锁技术条件》,即:

接地体与其他设备地线接地体间距不小于 20 m。

此地线不得与电力、通信等设备的接地线合用。

接地电阻不大于 4 Ω。

K5B 系统采取浮地方式防雷。

联锁主机和电子终端电路的安装采取了多重绝缘措施，供计算机逻辑电路工作的 5 V 电源对地浮空。输入/输出接口电路工作的 24 V 电源由计算机系统 24 V 电源供给，形成闭合的回路，并且对地浮空。在室内环境条件下，满足上述隔离要求，在输入/输出端口不设防雷元件。

## 二、DS6-60 型计算机联锁

DS6-60 型计算机联锁是在引进、消化、吸收国际先进的计算机联锁技术，建立在符合欧洲铁路安全标准的高起点上的、自主开发的系统。DS6-60 系统具有二乘二取二的“故障—安全”结构，具有完全自主知识产权的核心技术。

1. 系统特点

(1)是符合欧洲铁路安全标准，安全等级达到 SIL4 级，并通过第三方国际知名认证机构评估的安全控制系统。

(2)系统是基于双套专用安全硬件和相异性软件构成二乘二取二冗余结构，实现系统双系冗余管理、输入和输出管理及系统故障实时诊断。

(3)系统通过专业化、科学化的系统可靠性、可用性、可维护性、安全性设计、分析和计算，使系统 RAMS 的综合性能达到《计算机联锁技术条件》要求。

(4)系统可以通过不同标准接口的扩展，建立通用化的安全控制平台，支持通用的接口连接，可应用于多种信号控制系统。

2. 系统层次结构

DS6-60 系统是一个三层的系统，分别为人机会话层 MMI、联锁逻辑控制层 CIL、执行表示层 IO 层，其层次结构如图 3-35 所示。对应系统的层次结构提供了包含人机界面功能、联锁中央逻辑控制功能和联锁 I/O 功能三个相对独立的功能部分，通过通信将各个子系统相互连接，共同完成联锁系统功能。

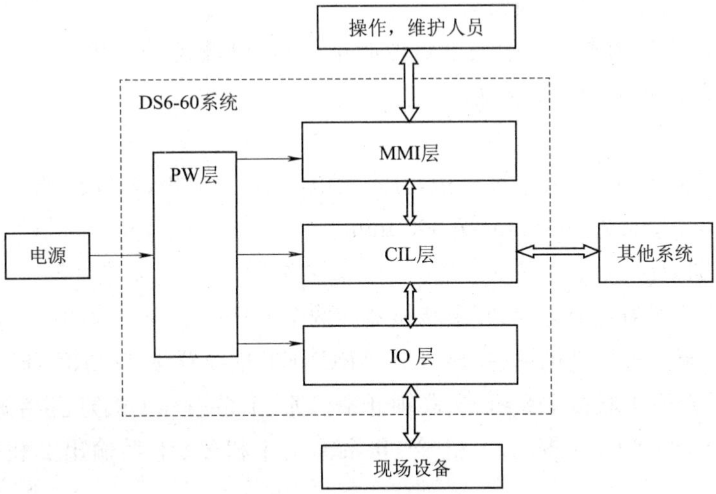


图 3-35 DS6-60 系统层次结构

(1)人机会话层(MMI 层)

人机会话层由控显机、监测机和其他上位计算机组成,通过可视化的人机界面,提供操作及维护人员向系统输入控制命令并获得行车作业及设备工作状态信息,完成操作界面显示、系统状态显示、系统运行状态和故障记录。

(2)联锁逻辑控制层(CIL 层)

联锁逻辑控制层由中央逻辑控制单元及相关接口组成,是联锁系统的核心,主要完成联锁逻辑运算和控制。接收来自人机会话层的操作信息和执行表示层的信号、道岔、轨道电路等设备状态信息。根据以上信息通过安全计算机进行安全逻辑运算,产生相应的控制输出,通过执行表示层对信号设备进行实际控制。

(3)执行表示层(IO 层)

执行表示层由 IO 输入控制单元、IO 输出控制单元构成,主要完成输入信息的采集处理和输出状态控制。

三层之间通过安全可靠的通信传递各子系统的信息以支持整体系统的信息处理。MMI 层与 CIL 层之间采用 ARCNET 通信,通信线路采用光纤连接,完成两层设备之间的数据通信;IO 层与 CIL 层之间采用高速串行总线通信,通信线路采用光纤连接,完成联锁与 I/O 的数据通信。

另有电源层(PW 层),为上面三层所有子系统的设备提供所需的高可靠电源。

3. 系统结构

DS6-60 型计算机联锁系统结构如图 3-36 所示。

系统网络位于 MMI 层与 CIL 层之间,完成两层设备之间的互联,并提供数据通信功能。双系互联通信是为两系之间提供一个独立的通信通道,用于完成两系之间的数据交换功能。

输入单元互联通信为本系的中央逻辑控制单元与 IO 输入控制单元之间提供通信通道,用于完成两者之间的数据和命令传送。

输出单元互联通信为本系的中央逻辑控制单元与 IO 输出控制单元之间提供通信通道,用于完成两者之间的数据和命令传送。

(1)机柜

机房内设备为四个 19 英寸标准机柜,分别为电源柜、控显柜、联锁柜、输出柜,以及一个监测台,机柜高 2 200 mm、宽 660 mm、深 800 mm。

设备装配分别为:

电源柜:自上至下为 4 个电源、冗余转换器和两个 UPS。

控显柜:自上至下为控显机 A、控显机 B、ARCNET 集线器 1 和 ARCNET 集线器 2。

联锁柜:自上至下为联锁Ⅰ系机笼、联锁Ⅱ系机笼、Ⅰ系输入 1 机笼、Ⅱ系输入 1 机笼。

输出柜:自上至下为Ⅰ系输出 1 机笼、Ⅱ系输出 1 机笼、Ⅰ系输出 2 机笼、Ⅱ系输出 2 机笼。

监测台:台上放置监测机、显示器、打印机及鼠标。

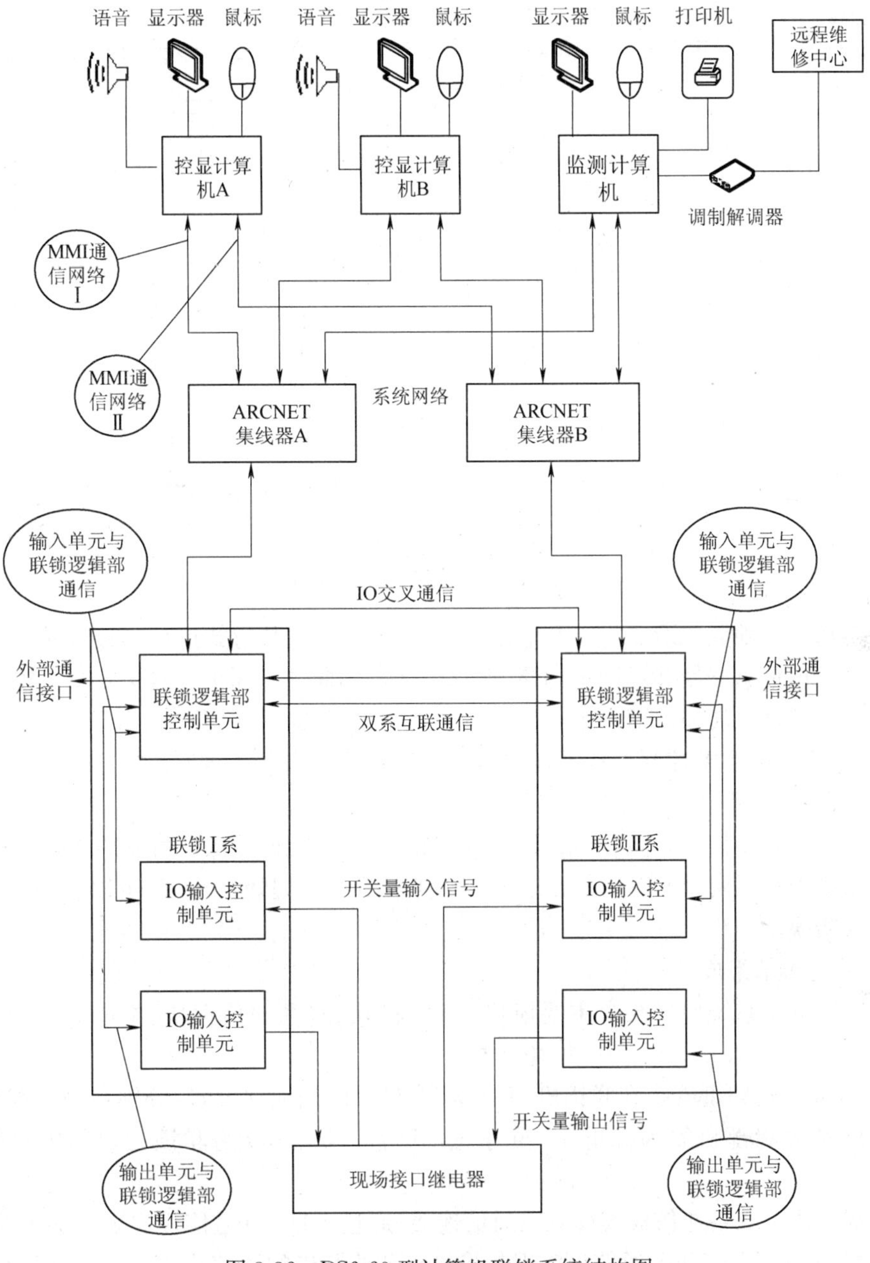


图 3-36　DS6-60 型计算机联锁系统结构图

①中央逻辑控制单元(联锁逻辑部)

联锁逻辑部是具有二乘二取二冗余结构的"故障—安全"处理系统,其结构如图 3-37 所示。

a. 联锁逻辑部结构

联锁逻辑部为二乘二取二结构,联锁逻辑部由两系构成,分为Ⅰ系和Ⅱ系。

每系中有两个相同的、独立的处理器,各自通过自己管理的系统总线与其他子系统通信,运行联锁逻辑产生相应的控制命令。两个处理器通过公共时钟源实现任务级同步,对它们的运算结果进过交换后进行比较,当比较一致时,各自给出有效的输出;比较不一致时,使输出导向安全侧。这就构成保证安全的任务级二取二比较。

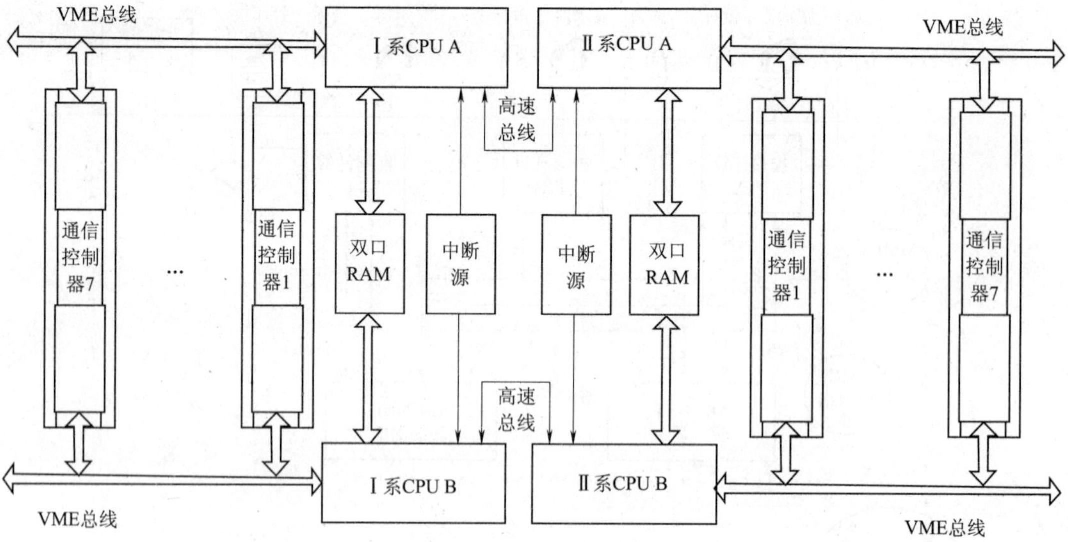


图 3-37　联锁逻辑部结构图

任一系都可以独立二取二运算和输出比较，双系采用主从方式运行，通过系间串行高速总线实现双系数据信息交换和系同步切换，在每个运行周期进行同步数据交换和比较，当主系发生故障时完成主从系转换。即当主系故障时，主系主动降级，从系升为主系；当从系故障时，从系主动降级，不影响主系控制。从系在取得主系同步数据与主系同步数据进行比较，比较不一致时从系主动降级，重新与主系取得同步。从系的每个运算周期接收主系发送的周期开始同步信号作为周期开始信号，达到从系与主系周期同步。这就构成保证可靠的二乘二冗余。

联锁双系中每系两个 CPU 单元的软件分别采用不同编译器编译，可以有效防止编译器产生的共模错误。

b. 联锁逻辑部组成

联锁逻辑部子系统包括 6 个主要模块：CPU 模块、双系通信模块、本地 I/O 通信接口模块、MMI 通信模块、外系统通信模块、电源模块。

DS6-60 联锁逻辑部安排在联锁机柜中，联锁双系机笼独立设置，分别在一个联锁逻辑部机笼内。联锁逻辑部机笼为标准 19 英寸宽，6U 高。图 3-38 为联锁逻辑部子系统机笼示意图。

联锁双系通过双系通信板实现双系通信连接，通过本地 IO 通信板实现与输入/输出机笼的通信连接，通过 ARCNET 通信板实现与控显机和监测机的通信连接。为提高系统可靠性，在联锁双系本地 IO 通信板间增加光通信通道，实现双系输入和输出数据的交叉传输，联锁单系可以实现接收到两系的输入机笼的采集数据和向两系的输出机笼发送输出数据。

c. 联锁逻辑部软件

联锁逻辑部软件采用嵌入式 C 语言编码，软件编码遵循安全系统 C 语言编码规范 MISRA-C：2004，使系统软件具有高可靠性和高安全性。

联锁逻辑部每系两个 CPU 单元均采用精简内核的实时操作系统负责管理系统各任务调度和执行。为了防止双 CPU 运行可能产生的共模错误，两个 CPU 运行了由两个不同编译器所产生的可执行程序，可以有效地减少发生共模错误的机会。

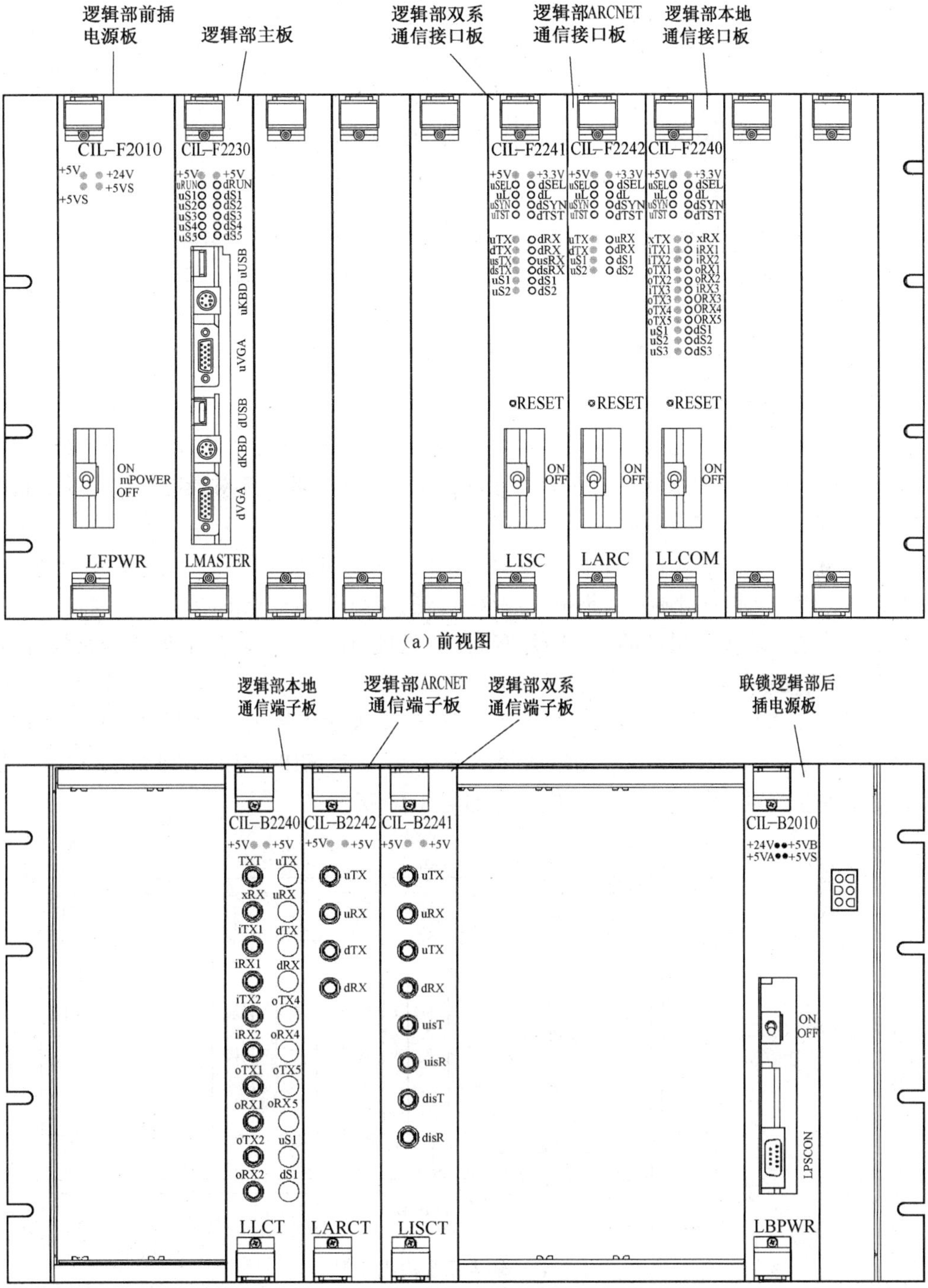

(a) 前视图

(b) 后视图

图 3-38 联锁逻辑部子系统机笼示意图

②输入/输出控制单元

输入/输出控制单元包括输入子系统和输出子系统。输入/输出控制单元是一个具有双CPU控制的“故障—安全”处理系统，它的基本结构如图 3-39 所示。

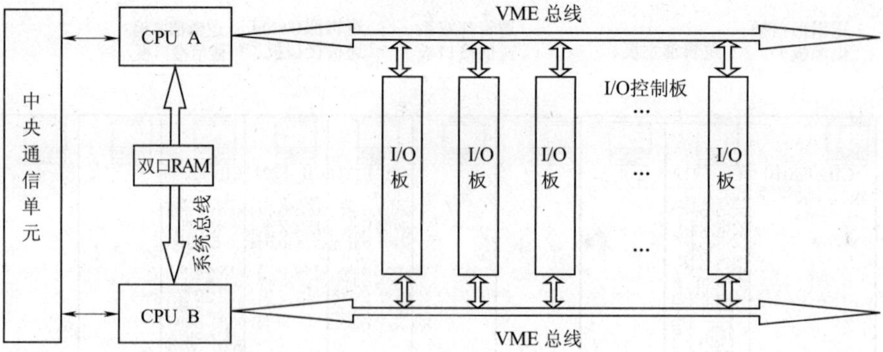


图 3-39　输入/输出控制单元基本结构

a. 输入子系统

输入子系统是由多个输入机笼组成，双系冗余配置。每一个输入机笼是一个具有双 CPU 控制的"故障—安全"处理系统。输入子系统以脉冲方式通过输入板对继电器接点状态进行采集，并将结果发送至联锁逻辑部。

输入子系统采用两套 CPU 控制的两套采集电路独立进行采集，为动态脉冲采集方式。两个独立的 CPU 分别控制输入采集板完成继电器前接点和后接点的双采集，并将前、后接点采集的状态传送给联锁逻辑部的双 CPU 进行比较处理，比较一致认为采集数据有效；比较不一致，认为采集无效并导向安全侧，构成二取二"故障—安全"采集，保证采集的安全和可靠。

输入子系统具有完善的自诊断和自检测功能，当发现输入板出现异常故障能够快速停止故障输入板的采集，把故障板的采集数据导向安全侧，点亮 CPU 板的故障指示灯，并发送相关报警信息到监测系统。输入系统构成原理如图 3-40 所示。

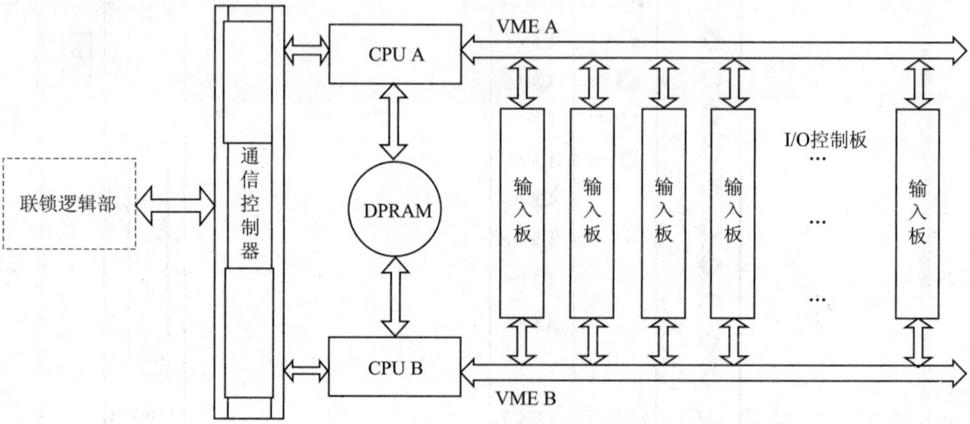


图 3-40　输入系统构成原理

输入子系统所有模块安装在一个输入机笼内，模块按 6U 高的标准尺寸印制电路板设计，模块板插在位置固定于机笼内的总线底板上，底板上印制总线并焊装插座。输入机笼由输入底板、电源板、CPU 板、后插通信板、输入板和输入防雷板组成。每个输入板设置 64 路采集，分别对应前接点采集 32 路，后接点采集 32 路，每个输入机笼最大可以配置 10 块输入板，共 320 路输入。系统本地单系最大可以配置 6 个输入机笼。

输入机笼电源接入分为两种，分别是接口 24 V 电源和逻辑 24 V 电源。逻辑 24 V 电源通过电源板 DC—DC 转换为 5 V，为机笼中各模板的逻辑电路供电；接口 24 V 电源用于输入板采集继电器的前、后接点信号。输入机笼结构如图 3-41 所示。

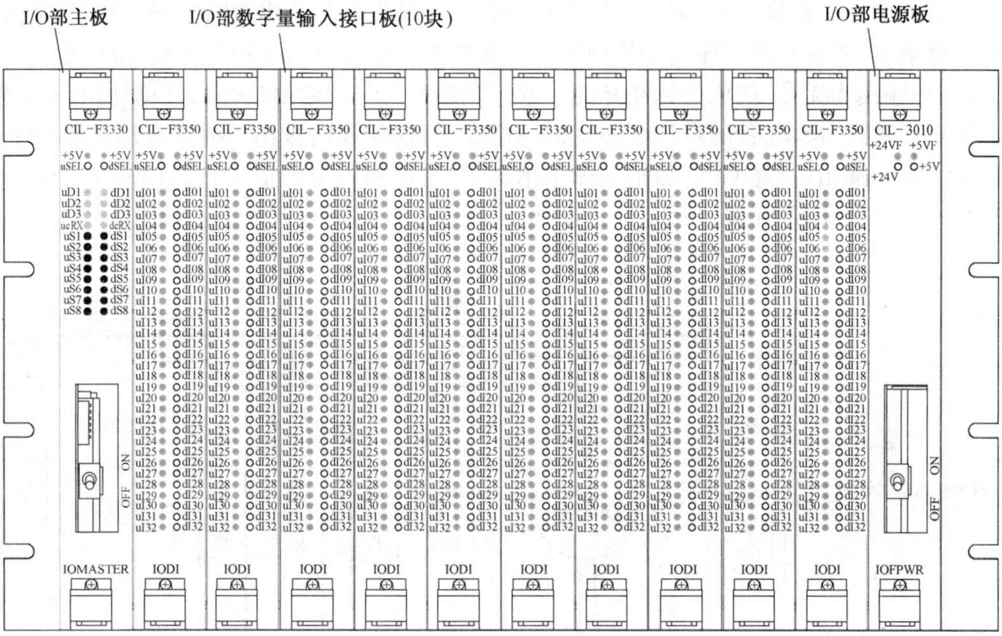


(a) 前视图

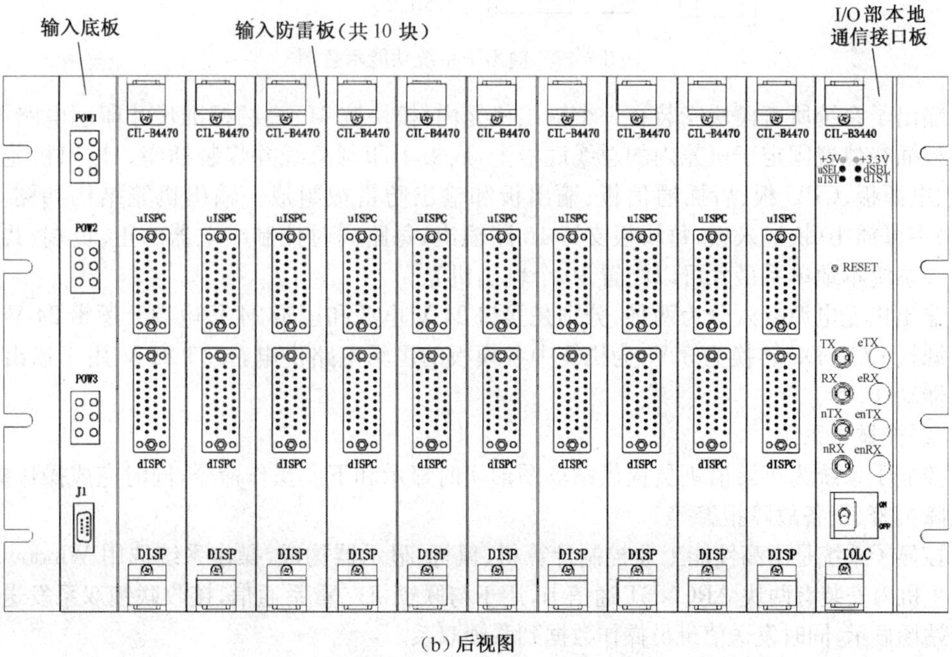


(b) 后视图

图 3-41 输入机笼结构示意图

b. 输出子系统

输出子系统由多个输出机笼组成,双系冗余配置。每一个输出机笼是一个具有双CPU控制的"故障—安全"处理系统 ,输出子系统通过两个CPU完成二取二控制。CPU A和CPU B分别接收联锁逻辑部内CPU A和CPU B下发的控制命令,通过对控制命令校验后,各自控制一套独立的驱动电路进行动、静态不同方式的驱动。输出单元采用双断控制,动态和静态两路驱动串联输出,静态和动态输出分别由输出机笼内的两个独立的CPU单元控制,当一路输出无效时,总输出为无效,构成硬件相异的二取二"故障—安全"输出,从而保证输出的安全性。

输出子系统具有完善的自诊断和自检测功能,当发现输出板出现异常故障能够快速停止故障输出板的输出,点亮CPU板的故障指示灯,并发送相关报警信息到监测系统。输出子系统构成原理如图3-42所示。

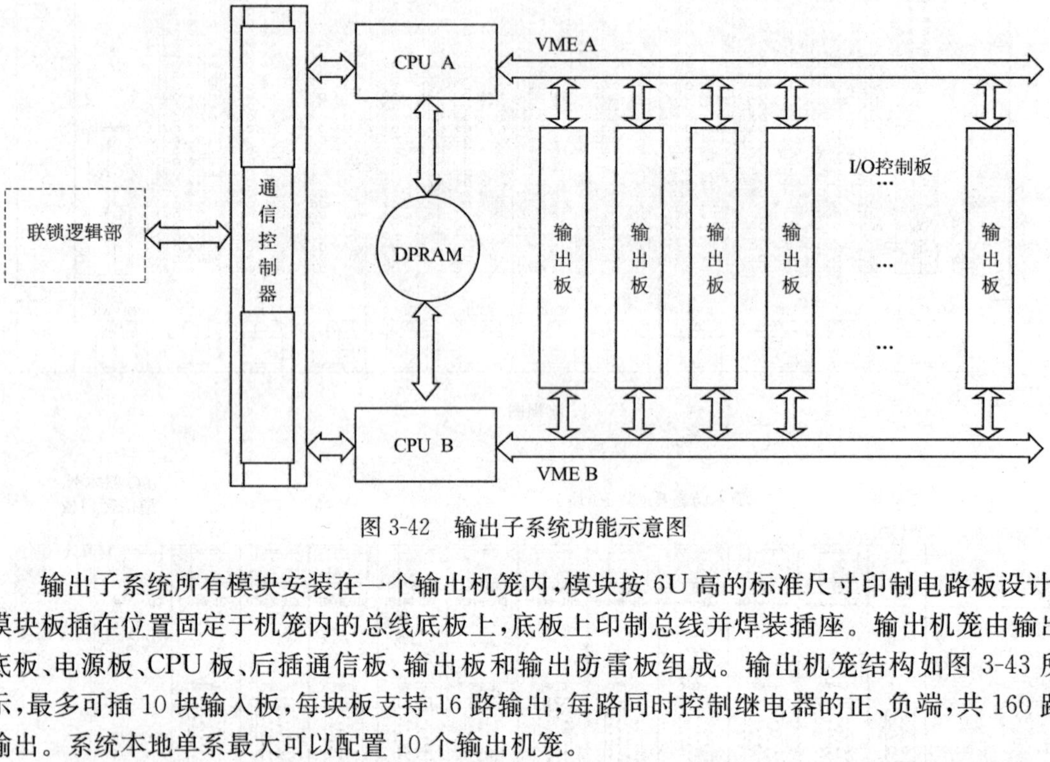


图3-42　输出子系统功能示意图

输出子系统所有模块安装在一个输出机笼内,模块按6U高的标准尺寸印制电路板设计,模块板插在位置固定于机笼内的总线底板上,底板上印制总线并焊装插座。输出机笼由输出底板、电源板、CPU板、后插通信板、输出板和输出防雷板组成。输出机笼结构如图3-43所示,最多可插10块输入板,每块板支持16路输出,每路同时控制继电器的正、负端,共160路输出。系统本地单系最大可以配置10个输出机笼。

输出机笼电源接入分为两种,分别是接口24 V电源和逻辑24 V电源。逻辑24 V电源通过电源板DC—DC转换为5 V,为机笼中各模板的逻辑电路供电,接口24 V用于输出板驱动继电器动作。

(2)控显子系统

控显子系统为车站值班员提供站场图形实时显示和下发操作命令,同时完成操作提示、系统故障报警、设备故障报警等。

控显子系统是由高性能工业控制计算机、鼠标、显示器构成,操作系统选用Windows 2000。控显主机内安装有两块ARCNET通信卡,用于与联锁机二重系通信,接收联锁双系发送的数据用于站场显示,同时发送值班员操作数据到联锁双系。

为提高系统可靠性,设置两套相同配置的控显主机,各自连接一套显示器和鼠标,平时同时在线运行。用户可以选择任意一台控显机使用,或者同时使用两台控显机。

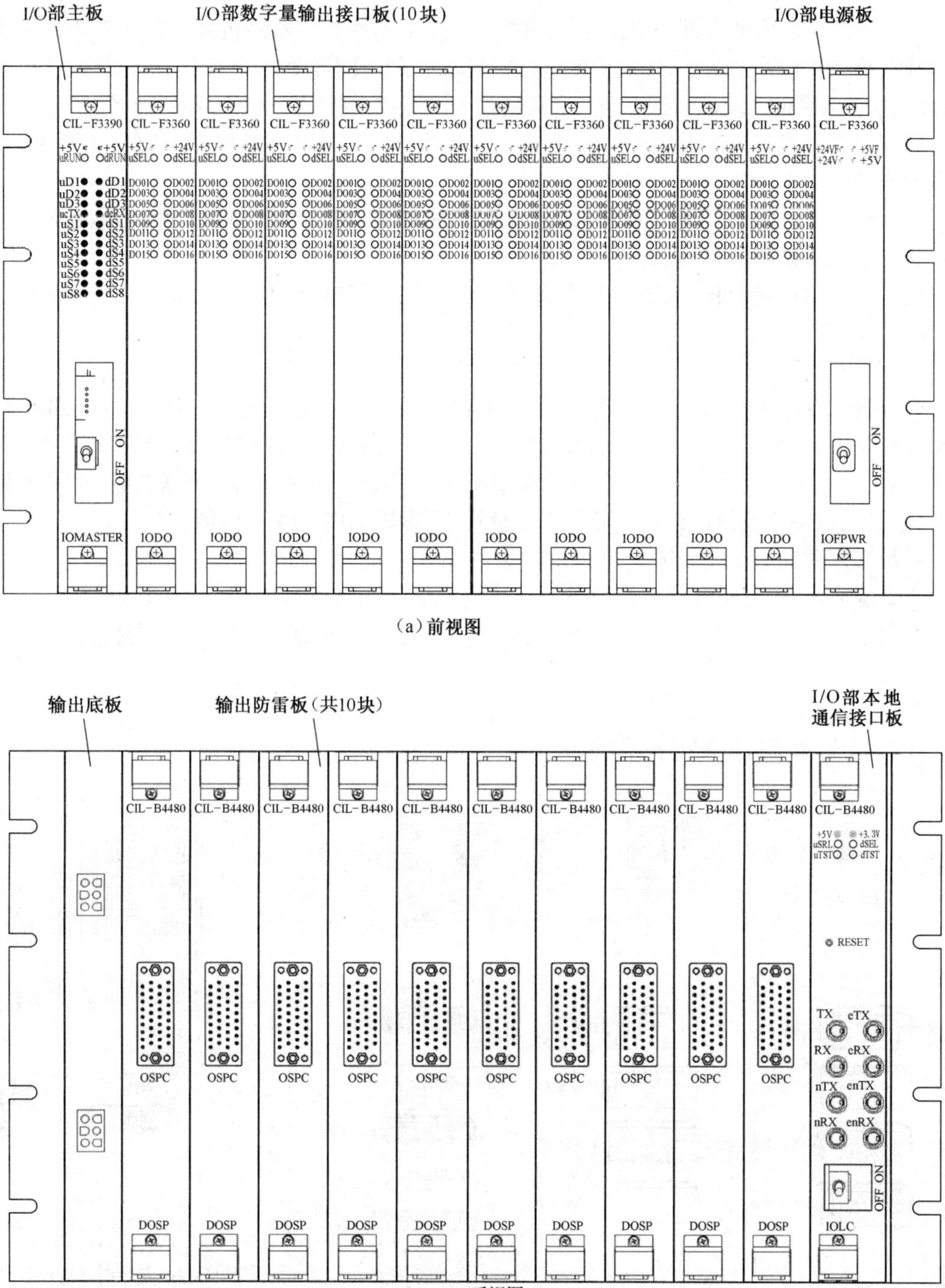


(a)前视图

(b)后视图

图 3-43　输出机笼结构示意图

控显子系统可以通过串行通信接口(RS-422/RS-485)与 ATS 等系统连接,向 ATS 发送现场设备状态信息及接收 ATS 下发的进路控制命令。

(3)电务维护子系统

电务维护子系统包括:监测机、键盘、鼠标、显示器、打印机。监测机采用标准工业控制计算机,操作系统选用 Windows 2000。监测机内安装两块 ARCNET 通信卡,用于与联锁机二重系通信,接收联锁双系的系统运行状态信息和现场设备状态,监测机不向联锁双系发送数据。

监测机具有实时记录及历史回放功能。电务维护人员可以通过鼠标、键盘、显示器、打印机查询或打印输出各类监测信息。

监测机可以通过串行通信或以太网与信号集中监测系统连接,向信号集中监测发送系统设备状态信息和系统状态信息。

监测机可以通过内置 Modem 和电话线实现与设计院维修中心的远程连接,实现远程维护和故障诊断。

(4)系统电源

系统电源由信号电源屏经隔离变压器单独提供一路交流 220 V 电源。从电源屏来的 220 V 电流送到电源柜,经过电源柜内的两台 UPS、一台冗余转换器和电源控制板完成系统供电三重控制,UPS 采用冗余配置,任意一台故障可自动切换,系统用电不受影响,保证系统供电的高可靠性。

控显机、监测机及控制台显示器等设备使用 UPS 输出的 220 V 电源。

系统采用两路直流 24 V 电源供电。第一路称为逻辑 24 V(L24),此电源经系统内的 DC—DC 变换,产生逻辑电路工作所需的 5 V 电源。第二路称为接口 24 V 电源(I24),供输入接口采集继电器状态和输出接口驱动继电器使用。每一路电源均设两台并联热备工作,共有四台电源。

4. 系统接口

图 3-44 是系统接口配线示意图。

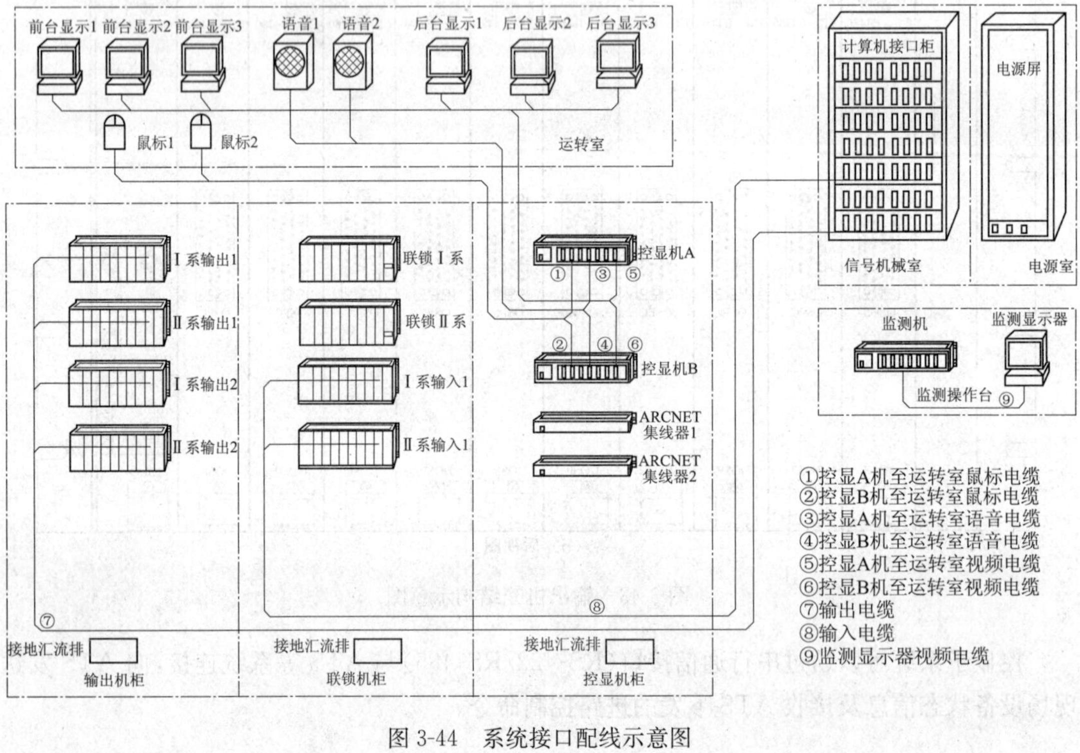


图 3-44　系统接口配线示意图

(1)继电器接口

DS6-60 型计算机联锁与室外信号设备之间的结合，采用继电电路。主要有信号点灯电路、道岔控制电路、轨道电路及其他结合电路。保留的继电器同 DS6-K5B 型计算机联锁。

(2)输入接口

系统通过输入板从继电器的接点取得输入信息，每个被采集的继电器使用两组接点分别用于联锁Ⅰ系和Ⅱ系采集，对于每组接点系统同时采集继电器的前接点和后接点。

采集电压为 KZ 24 V，KZ 24 V 接在被采集接点组的中间接点。当继电器前接点闭合时，前接点采集电路有电流信号，后接点采集电路无电流信号，系统认为继电器在吸起；当继电器后接点闭合时，前接点采集电路无电流信号，后接点采集电路有电流信号，系统认为继电器在落下。

(3)输出接口

系统通过输出板驱动外部继电器动作，即每一路输出采用双断输出方式，系统输出板同时输出 KZ 24 V 和负极电压，继电器才可以吸起。系统双系输出采用并联输出模式，即联锁Ⅰ系输出加载继电器的 1、2 线圈，联锁Ⅱ系输出加载继电器的 3、4 线圈，任何一系有输出，继电器都会吸起。

(4)输入/输出接口配线

系统输入电缆和输出采用相同型号电缆和插头。电缆为 36 芯信号电缆。

## 三、EI32-JD 型计算机联锁

EI32-JD 型计算机联锁采用 EI32 电子联锁系统硬件，JD 型计算机联锁的软件系统。EI32-JD 型计算机联锁的关键部分均采用双套热备，保证故障时不间断使用，构成了一套安全可靠、功能完善、操作简单、维护方便的车站联锁系统。

1. 技术特点

(1)总线控制的双系统是二乘二取二结构，每个计算机系统由双 CPU 分别运算，比较一致后才作为该计算机系统的输出。

(2)采用“故障—安全”的实时操作系统 FSOS(Fail—Safe Operation System)，在系统运行的每个周期都进行硬件单元诊断、ROM/RAM 诊断、内存保护诊断、运行周期监视，确保系统的安全性和实时性。

(3)采用“故障—安全”的输入/输出系统。

(4)操作表示机双倍冗余，故障时能自动切换。

(5)联锁机、驱采机的通信采用局域网光接口，光缆通道双倍冗余，具有高速、高可靠性。

(6)驱动电路、采集电路双倍冗余，单路故障不影响系统工作；具有强大的自诊断能力，在电路工作时实时进行检测，出现故障立即报警或系统停止运行。

(7)系统直接驱动偏极继电器。

(8)联锁系统具备强大的故障诊断能力，精确的故障定位。

(9)维修机提供并记录丰富的信息，供电务维修人员参考。

2. 系统结构

EI32-JD 型计算机联锁系统属于分布式计算机控制系统，也称集散型测控系统，其特点是分散控制，集中信息管理。系统包括人机会话层(操作表示层)、联锁运算层、执行层。系统结构如图 3-45 所示。计算机联锁系统硬件包括：联锁柜、综合柜、分线柜、维修终端、运转室设备等，如图 3-46 所示。

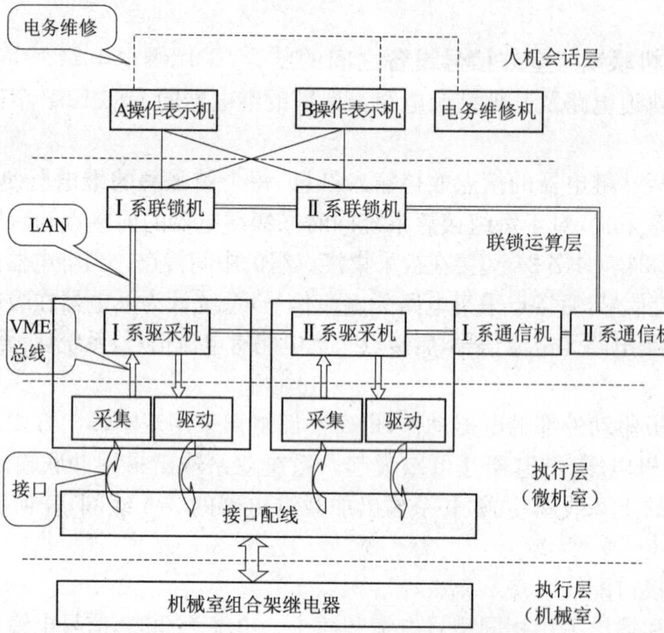


图 3-45　EI32-JD 型计算机联锁系统结构框图

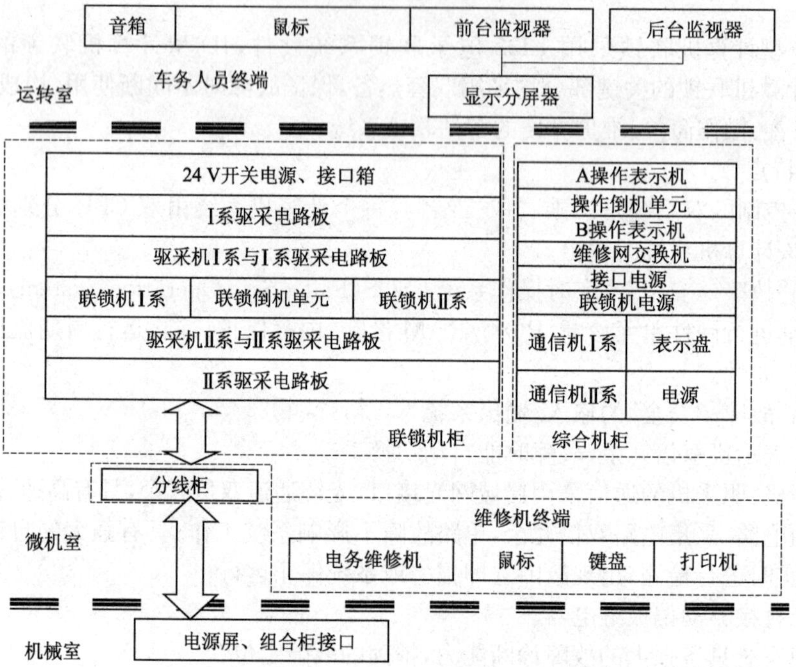


图 3-46　EI32-JD 型计算机联锁系统硬件结构图

在运转室，通过前台监视器、输入设备（鼠标）、音箱等为车站值班员（信号员）提供操作表示界面。还可以提供后台监视器，便于车站值班员监视前台操作及站场运行情况。

在计算机室，有联锁机柜、综合机柜、分线柜、电务维修终端。

联锁机柜采用欧洲标准结构，机柜内有 24 V 开关电源（供联锁机、驱采机及采集电路、驱动电路使用)、驱采 24 V 开关电源(供驱采机使用)、联锁机箱(包括 A 联锁机、B 联锁机、联锁机倒机单元)、驱采机与驱动机箱(包括驱采机和驱动电路)、驱采扩展机箱、采集机箱(安装采集电路),以及和组合柜间的配线接口。机箱背部安装有母板,机箱内提供电路板插槽,电路板在机箱前面插入机箱母板中,并在前面板有指示灯,用以观察设备运行情况及输入/输出接口状态。机箱对外的引线通过母板后面的接插件与外界相连。典型的联锁机柜电路板配置(前视图)如图 3-47 所示。

综合机柜中有 24 V 接口电源和驱采电源(供采集电路、驱动电路使用)、操作表示机、操作表示机倒机单元、通信机Ⅰ系、通信机Ⅱ系、通信机电源模块、通信机表示盘、通信机倒机单元、网络集线器及 UPS、隔离变压器。

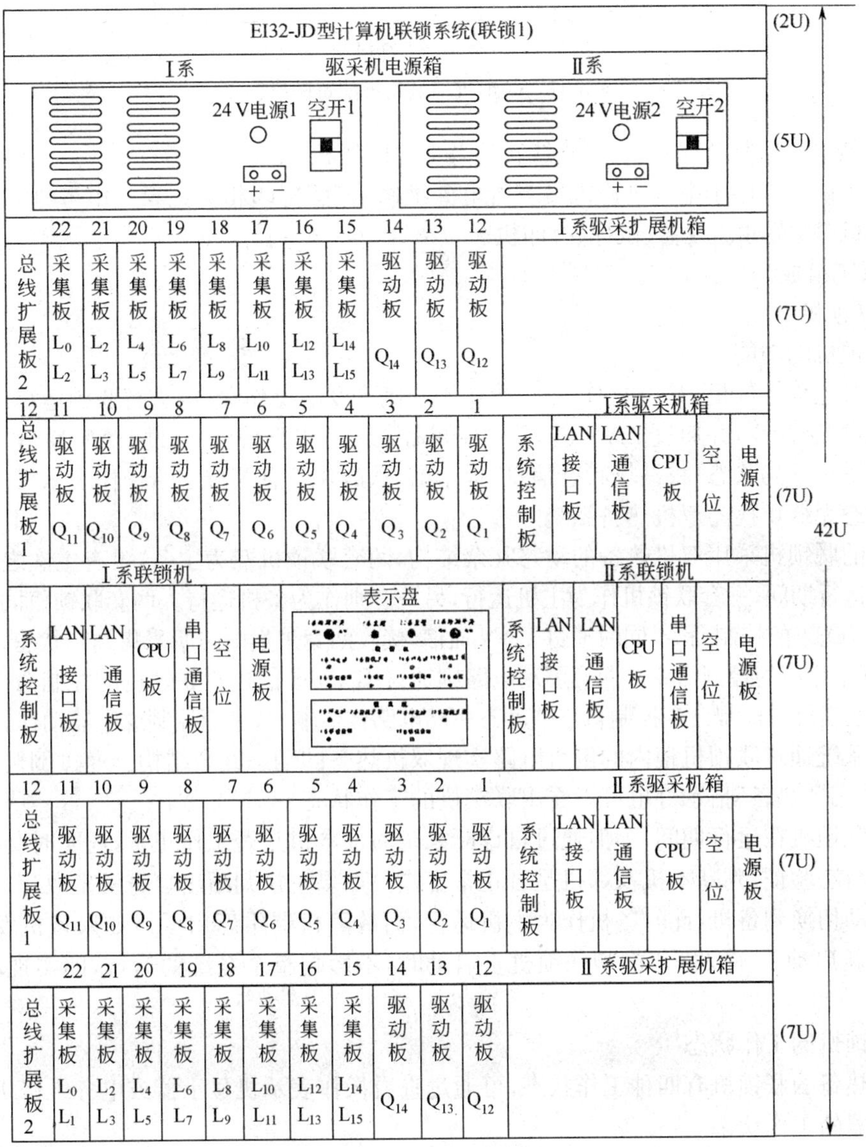


(a) 联锁机柜正视图

图 3-47 联锁机柜电路板配置图

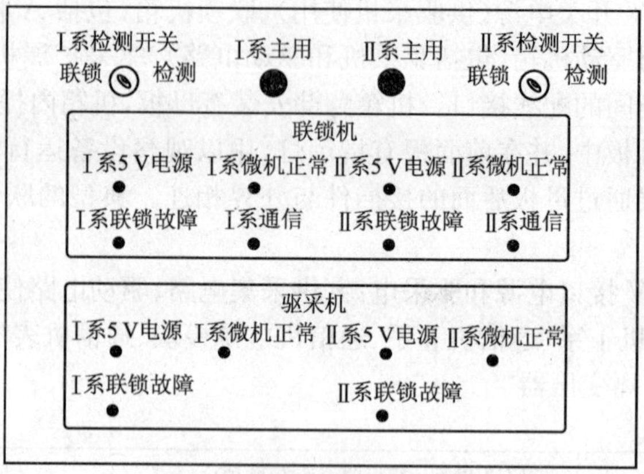


(b) 表示盘

图 3-47 联锁机柜电路板配置图(续)

分线柜中包括驱动线转接、采集线转接及电源配线板。

电务维修终端用于电务维修人员查看电务维修信息,打印相关记录。电务维修终端包括电务维修机、15 英寸监视器、鼠标、打印机。

3. 系统组成

(1)联锁机

①联锁机的功能

联锁机也称下位机,其功能有:接收操作表示机下发的操作命令;进行联锁运算;根据运算结果,产生控制命令,并通过 LAN 通信,将控制命令传送到驱采机;通过 LAN 通信,接收驱采机传送的采集站场状态;将站场状态信息、提示信息、故障信息等传送给操作表示机。

②动态无缝切换的双机热备系统

系统的联锁机采用双机热备的动态冗余结构,两套联锁机互为主备,没有主次之分。

系统运行期间,一套联锁机作为主机运行,另一套则作为备机运行。两套联锁机同时接收操作表示机发送来的控制命令,同时通过 LAN 通信,接收两套采集电路所采集站场状态,并进行联锁运算,产生相应的控制命令。两套驱动电路则通过 LAN 通信接收联锁机的控制命令,但最终根据主用联锁机的控制命令控制自己的动态驱动电路产生输出,进而控制继电器动作。

联锁系统通过联锁机柜内的倒机电路实现双机热备的动态冗余结构。通过倒机单元前面板上的"主用""热备"指示灯也可以看出联锁机的工作状态。

两套联锁机在运行期间,不但通过自诊断系统验证本机是否工作正常,还实时交换动态信息,相互比较、验证,判断本机及邻机是否正常工作。如果主机判断出自身发生故障,则通过倒机电路自动切换到备机,此时备机作为主机运行,而故障机器重新启动。如果备机发生故障,则备机重新启动。在双机切换和联锁机重启动时,不影响整个系统的运行,即实现动态无缝切换。

③联锁机的工作状态

双机热备的联锁机有四种工作状态,可通过查看操作表示机显示器或电务维修机显示器,得知各机器的工作状态。

a. 停机状态

联锁机关机掉电或正在重启、联锁程序未运行,此时联锁机处于停机状态。当联锁机处于停机状态时，不执行联锁运算。此时，操作表示机显示器中，在屏幕右下角对应该联锁机的小方块显示红色。维修机显示器中，在屏幕右上角对应该联锁机的小方块显示红色。

b. 主机状态

在双机热备系统中，倒机电路决定在某一时刻，只有一套联锁机运行于主机状态。当联锁系统上电启动时，先投入运行的联锁机自动进入主机状态。

在系统运行期间，两套联锁机通过自诊断和互诊断机制，判断系统是否工作正常，只有主机判断发生危险性故障，或主机有故障同时备机处于热备状态，才会切换到备机，由备机作为主机维持系统运行。

只有运行于主机状态的联锁机才能最终驱动继电器。

此时，操作表示机显示器中，在屏幕右下角对应该联锁机的小方块显示绿色。维修机显示器中，在屏幕右上角对应该联锁机的小方块显示绿色。

c. 热备状态

在双机热备系统中，当一套联锁机作为主机运行后，另一套联锁机则可运行于热备状态。

联锁机上电启动后，采集到另一套联锁机已处于主机状态的前提下，经自诊断、互诊断，认为本机无故障，并且与主机的动态信息同步后，进入热备工作状态。

当备机处于热备工作状态时，接收操作表示机的操作命令，通过 LAN 通信接收采集电路所采集站场状态，进行联锁运算，同时根据联锁运算结果产生控制命令，但两套驱动电路不会根据热备机的控制命令进行工作。

此时，操作表示机显示器中，在屏幕右下角对应该联锁机的小方块显示黄色。维修机显示器中，在屏幕右上角对应该联锁机的小方块显示黄色。

d. 同步校核状态

在双机热备系统中，当一套联锁机作为主机运行后，另一套联锁机已运行于同步校核状态。同步校核状态是备机由停机状态向热备状态过渡的中间状态。另一套联锁机上电启动后，经自诊断无误后，开始运行联锁程序，接收操作表示机传来的操作命令、采集站场状态、进行联锁运算，此时这套联锁机处于同步校核状态。

此时，操作表示机显示器中，在屏幕右下角对应该联锁机的小方块显示红色。维修机显示器中，在屏幕右上角对应该联锁机的小方块显示白色。

处于同步校核状态的联锁机还要向主机请求同步，当和主机建立通信，并且本机的联锁动态信息和主机完全一致时，才进入热备状态。

当备机停机或备机仅处于同步校核状态时，如果主机因故停机重启，或人为干预主机切换到备机，是不妥当的，将会导致已开放信号突然关闭、站场道岔全部锁闭等严重后果。

如果备机自诊断发现自己有故障，则会不断重新启动计算机，主机单机工作，此时一旦主机停机，则会影响行车。因此当备机不断重新启动时，需尽快排除故障，使其正常运行，进入热备状态。

当查询另一套联锁机为备机，并且不处于热备状态，则此时主机会继续维持工作，直到备机热备。

(2)驱采机

驱采机通过 LAN 通信，接收联锁机传送的控制命令；并根据控制命令控制相应的驱动电路。驱采机控制采集电路工作；通过 LAN 通信，将采集到的站场状态传送到联锁机。

(3)驱动电路

驱动电路在驱采机的控制下,驱动继电器动作。

一个驱动机箱可插 11 块驱动电路板,每块驱动板有 16 路输出。驱动板前面板有两类指示灯,一类在前面板上端(1 个绿灯、1 个红灯),用以表明驱动板是否正常工作,如果绿灯点亮,则该板工作正常,如果红灯点亮,则该板故障。一类在前面板中端(16 个绿灯),用以表明驱动电路是否有输出,如果有输出,则对应位的绿灯点亮,没有输出,则对应位的绿灯灭灯。驱动电路前面板指示灯含义如图 3-48 所示。

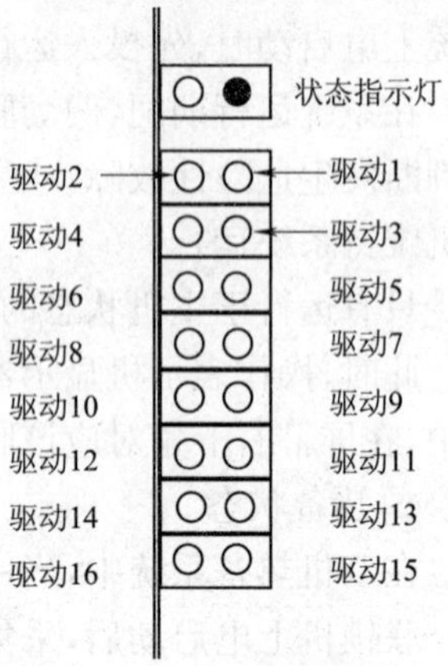


图 3-48 驱动电路前面板指示灯含义图

(4)采集电路

联锁机通过采集机箱的接口电路采集组合柜继电器接点状态。采集电路在驱采机的控制下,采集组合柜继电器状态。

一个采集机箱可插 11 块采集电路板,每块采集板有 64 路采集。

某块采集板某路采集的是哪个继电器接点(前接点/后接点)由接口信息表约定。采集板前面板上端指示灯表明采集板是否工作正常,如果绿灯点亮,则该板工作正常,如果红灯点亮,则该板有故障。

(5)操作表示机

操作表示机也称人机会话机,简称上位机。它和联锁机构成上、下位分层结构。

①操作表示机的功能

a. 办理进路操作

接收车站值班员的操作意图,并通过网络通信传送给联锁机。

b. 站场及信息显示

接收来自联锁机的站场状态数据和提示信息等,在显示器上显示站场情况、系统工作状况、提示信息、报警信息等,对主要的错误或故障提供相应的语音报警。

c. 信息转发

将站场状态数据及提示信息、报警信息、系统状态信息等转发给电务维修机。

②综合机柜到运转室配线

综合柜内配线及操作表示机倒机单元到运转室配线如图 3-49 所示。

③操作表示机倒机电路

操作表示机倒机电路面板如图 3-50 所示。

指示灯的含义:

a. A 机主用——指示灯亮,表明 A 操作表示机为主机。

b. B 机主用——指示灯亮,表明 B 操作表示机为主机。

c. 切换检查——指示灯灭,表明 A 操作表示机主用,B 操作表示机备用;指示灯亮,表明 B 操作表示机备用,A 操作表示机备用。

d. A 机运行——指示灯亮,表明 A 操作表示机正常工作;A 操作表示机驱动的监督继电器吸起。

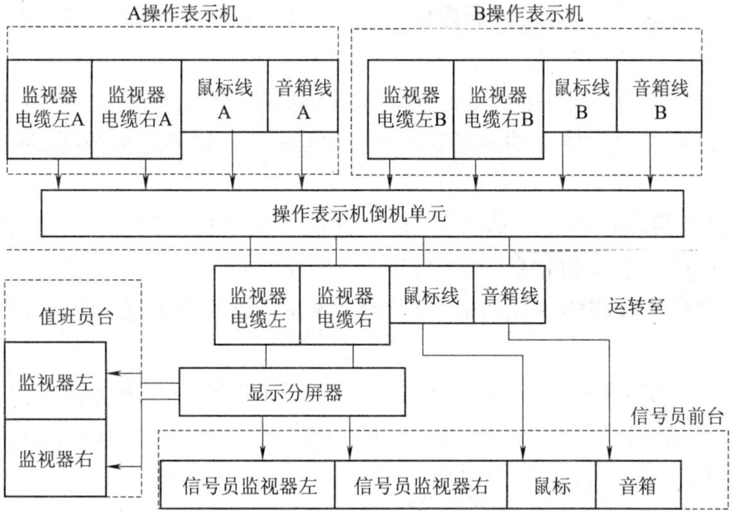


图 3-49 操作表示机倒机单元到运转室配线图

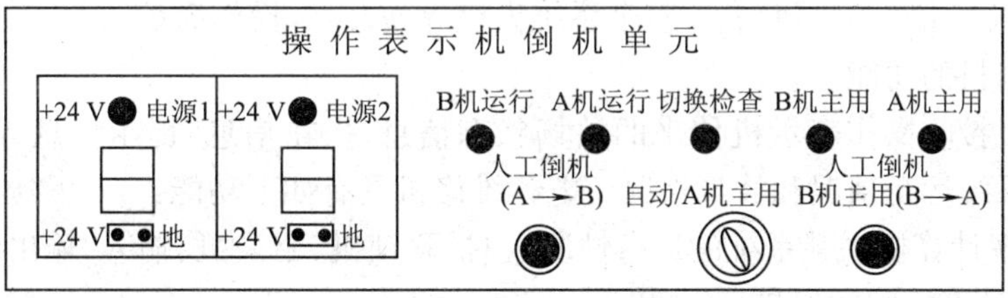


图 3-50 操作表示机倒机电路面板

e. B 机运行——指示灯亮，表明 B 操作表示机正常工作；B 操作表示机驱动的监督继电器吸起。

开关的含义：

a. 人工倒机（A→B）——自复式开关，当 A 和 B 操作表示机工作正常时（操作表示机倒机单元中“A 机运行”和“B 机运行”灯亮），如果 A 操作表示机主用，按下开关，强制 B 操作表示机主用。

b. 人工倒机（B→A）——自复式开关，当 A 和 B 操作表示机工作正常时（操作表示机倒机单元中“A 机运行”和“B 机运行”灯亮），如果 B 操作表示机主用，按下开关，强制 A 操作表示机主用。

c. 自动/A 机主用 B 机主用——带锁的非自复开关，平时锁在“自动/A 机主用”位置；当 A、B 操作表示机正常工作，操作表示机倒机单元 24 V 电源正常，但倒机电路故障造成倒机单元无法正常工作时（操作表示机倒机单元中“A 机运行”和“B 机运行”灯灭），可以通过此钥匙开关强制使用 A 操作表示机或 B 操作表示机。钥匙开关在“自动/A 机主用”位置时，使用 A 操作表示机；在“B 机主用”位置时，使用 B 操作表示机。

④热备工作方式

A 操作表示机、B 操作表示机及操作表示机倒机单元都放在综合机柜中，系统运行时，两台操作表示机同时工作，一台主用，一台热备，当主用操作表示机发生故障时，自动切换到备用操作表示机。

主用操作表示机运行时，接收鼠标操作，向联锁机发送车站值班员的操作命令，播放语音提示信息。

备用操作表示机运行时，不接收鼠标操作，不向联锁机发送值班员的操作命令，不播放语音提示信息。但接收联锁机传来的站场状态信息，实时显示站场运行情况、系统运行情况等。

(6)通信机

EI32-JD 型计算机联锁通过通信机与 RBC 通信。通信机是为运用于高速铁路的计算机联锁配置的。通信机有Ⅰ系和Ⅱ系，互为备用。

通过通信主用机接收联锁主用机的 APP 数据包，完成安全连接的运算，生成最终的安全协议数据包。

通信主用机作为安全通信协议的发起方，直接向 RBC 发送安全协议数据包，同时将该包一并发送给备用机；备用机仅负责与通信主用机保持同步，维持与 RBC 间的安全连接，不向 RBC 发送应用数据。

(7)电务维修机

电务维修机通过电务维修网与操作表示机相连。系统软件运行在 Windows NT 操作系统环境下，用 C＋＋语言编写而成。整个系统人机界面友好，操作简单。

①电务维修机的功能

电务维修机接收操作表示机传来的站场状态信息、操作信息、提示信息、故障信息等，监视、记录、再现系统运行情况和故障情况。电务维修机具有如下功能：

a. 实时监视计算机联锁系统的运行情况，包括联锁机、驱采机、输入/输出硬件电路、操作表示机，以及各计算机间的通信情况。

b. 实时监视、显示、记录站场运行状况、车站值班员操作信息、故障信息。

c. 记录车站信号设备故障，包括道岔失去表示、灯丝断丝等。

d. 记录计算机联锁系统输入、输出电路硬件故障、系统控制板故障、通信故障，以及系统软件故障。

e. 记录一个月的历史信息，可查看一个月内站场运行状况、车站值班员操作信息、故障信息等。

f. 再现车站值班员操作、车站运行情况，输入、输出电路工作情况，以及故障信息。

g. 打印有关报表。

h. 实现远程诊断。通过电话线和 Modem，可远程登录到车站的电务维修机，维修中心可以查看系统运行信息、车站运行情况、故障信息，帮助分析故障，迅速排除故障。

i. 为 TDCS、CTC、信号集中监测系统等提供接口。

对于配置信号集中监测的车站，可通过监测界面查看车站监测信息。

②电务维修机配置

在微机室，设有电务维修终端，用于信号人员查看电务维修信息、打印相关记录。电务维修终端包括终端桌、15 英寸监视器、鼠标、打印机。设备引线，包括监视器线、鼠标线、打印机线，以及来自电源系统的 220 V 交流电。

(8)接口配线

驱动机箱、采集机箱背部都安装有母板，驱动电路、采集电路都插在的母板上，母板背部提供配线插座，用以和联锁机柜内(在机柜下端)的 32 芯配线接口相连；32 芯配线接口再通过 32 芯电缆和组合柜室内分线盘相连。

组合柜继电器与采集、驱动电路间一一对应，即接口信息表规定好了某采集电路采集哪个继电器，某驱动电路驱动哪个继电器。

采集机箱母板、驱动机箱母板与32芯配线接口连接示意分别如图3-51和图3-52所示。

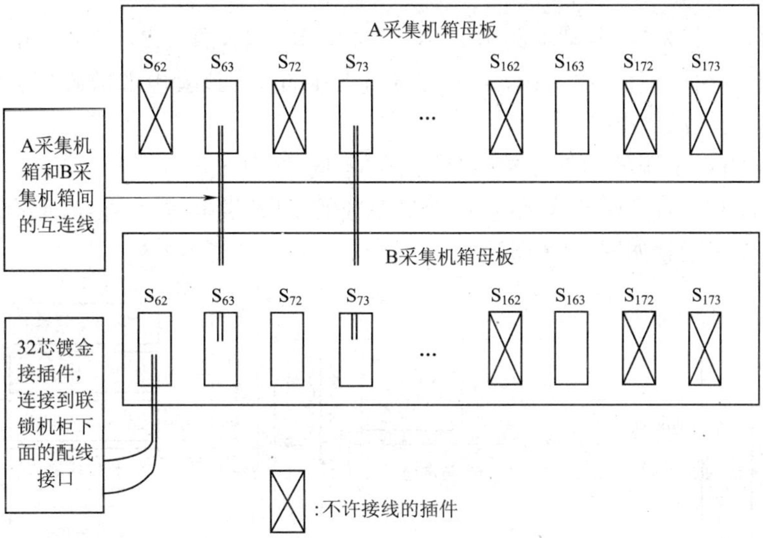


图3-51　采集机箱母板与32芯配线接口连接示意图

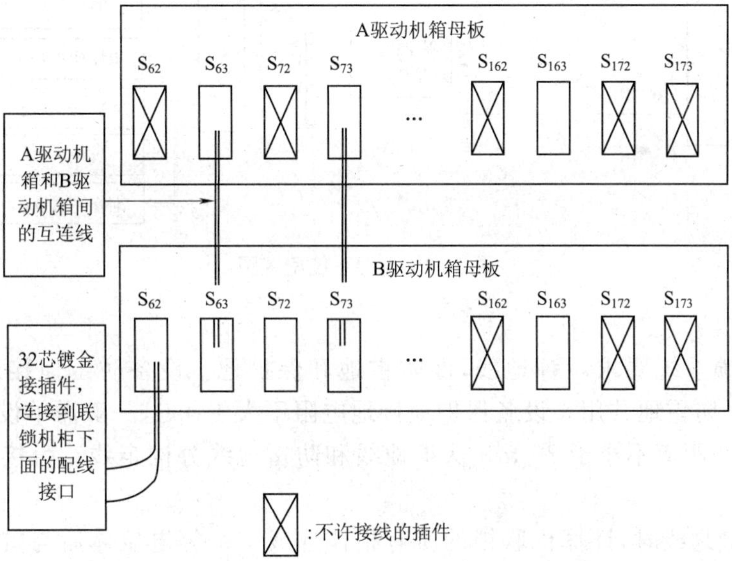


图3-52　驱动机箱母板与32芯配线接口连接示意图

(9)电源系统

计算机联锁系统所需的两路220 V交流电源由信号电源屏独立提供。在引入联锁系统之前进行防雷、抗干扰、净化处理。

①电源防雷、抗干扰措施

电源引入线装设防雷单元，采用隔离变压器隔离，采用在线式UPS。

②电源系统配置

经过净化、隔离、抗干扰处理后的电源分别提供给：A、B操作表示机、操作表示机倒机单元、电务维修机、电务维修终端设备（打印机、显示器）、车务终端设备（显示器、音箱等）、两套24 V开关电源。

联锁机、驱采机、采集，驱动电路由24 V开关电源供电，两套24 V开关电源采用热备方式，即由一套电源给联锁机、驱采机、采集，驱动电路供电，当该套电源故障后自动切换到另一套电源，由另一套电源供电。

两套24 V开关电源的220 V接入分别来自不同的UPS。

如果车站设有信号集中监测系统，则通过单独的UPS供电，避免系统间的电源干扰。

电源系统配置示意如图3-53所示。

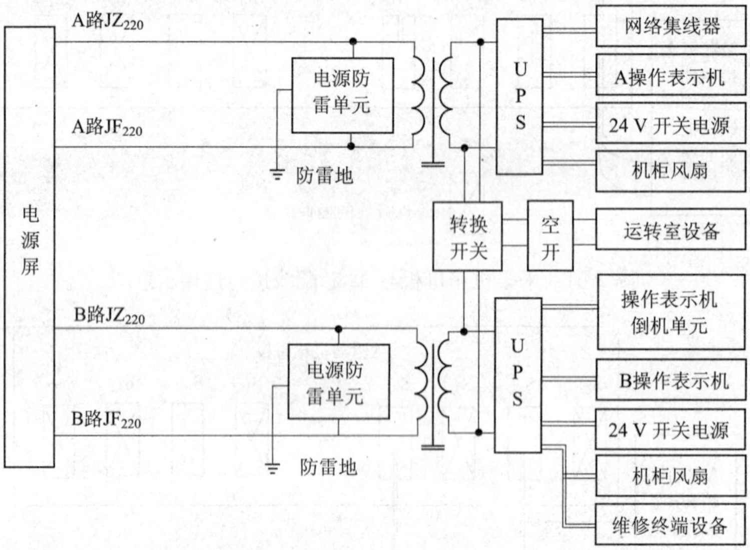


图3-53　电源系统配置图

(10)地线

计算机联锁系统要求两种地线，即防雷地和保护地。设备防雷地接地电阻不大于10 Ω，可与信号防雷地共用。设备保护地接地电阻不大于4 Ω，一般需单设。保护地与防雷地接地体直线距离不小于20 m。保护地线和防雷地线分槽走线。引接线电阻应达到毫欧级。

当采用贯通地线时，计算机联锁的所有柜体连成一个等电位体后与贯通地线的一点连接。

4. 外部接口

计算机联锁系统通过高速铁路信号安全数据网实现与邻站计算机联锁联锁、RBC、列控的通信。计算机联锁系统提供与RBC、CTC、列控中心、信号集中监测系统等其他信号系统接口，如图3-54所示。

对外接口硬件连接方式如图3-55所示。

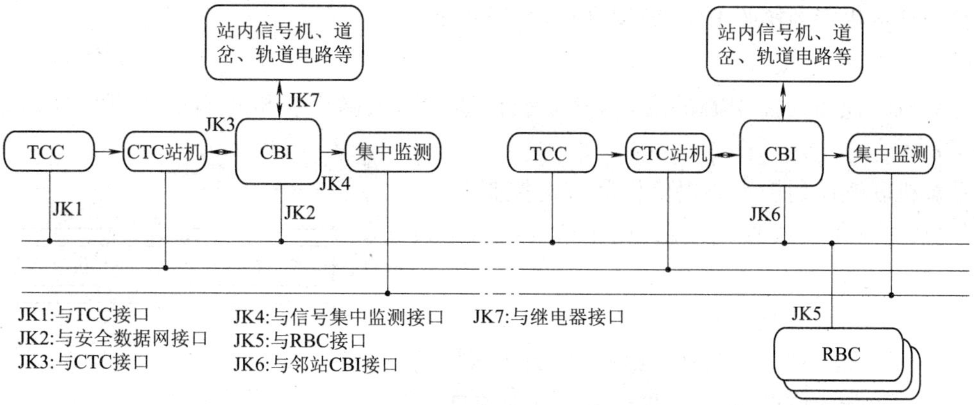


图 3-54 计算机联锁系统接口配置图

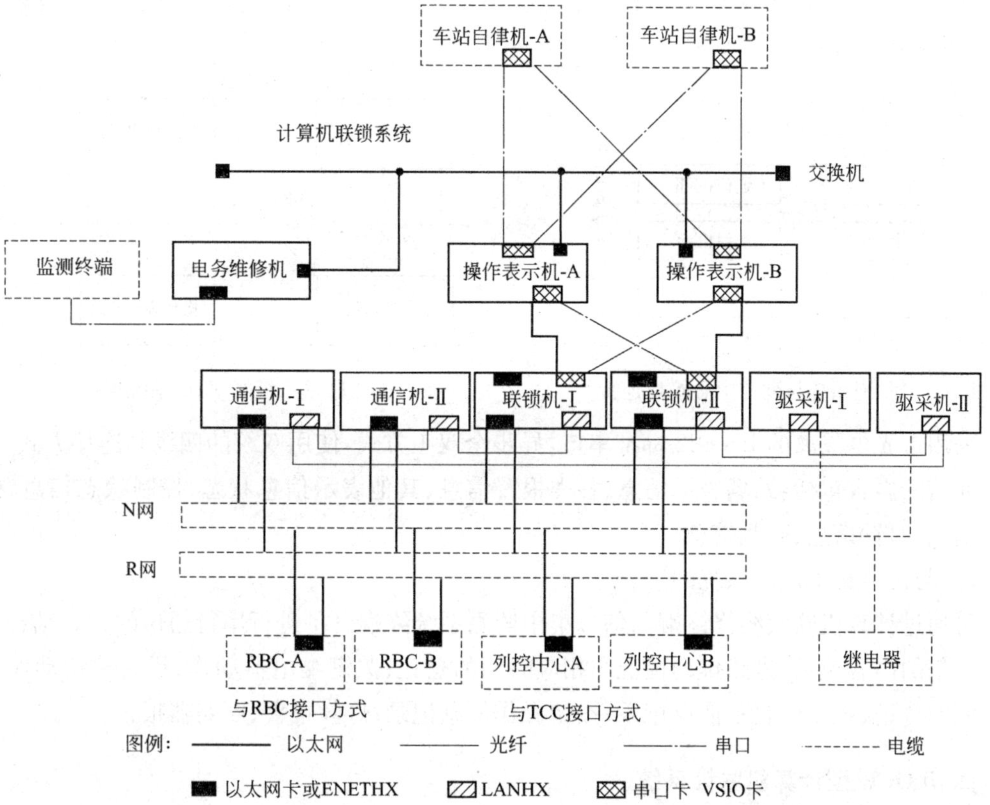


图 3-55 计算机联锁系统对外接口硬件连接方式示意图

(1)与 RBC 接口

计算机联锁的通信机通过信号安全数据通信网与 RBC 系统接口,采用双以太网通信接口方式,双网互为冗余。计算机联锁系统通过交换机接入设备接入到站间安全通信网中,信息传输满足安全协议 I。联锁系统与 RBC 系统接口连接如图 3-56 所示。

通信的应用层数据内容包括:进路状态信息、紧急区状态信息、紧急区状态。

目前计算机联锁接收 RBC 数据，但不进行处理。

(2)与列控中心接口

计算机联锁与列控中心的通信，是联锁机通过以太网交换机进行交叉互联实现的，如图 3-57所示。

计算机联锁向列控中心提供区间方向控制命令、进路信息、进站信号机断丝信息、调车信号机状态及其他信息。

列控中心向计算机联锁提供区间运行方向表示信息、闭塞分区状态信息、信号降级信息、离去区段防护信号机灯丝断丝信息、灾害防护信息及其他信息。

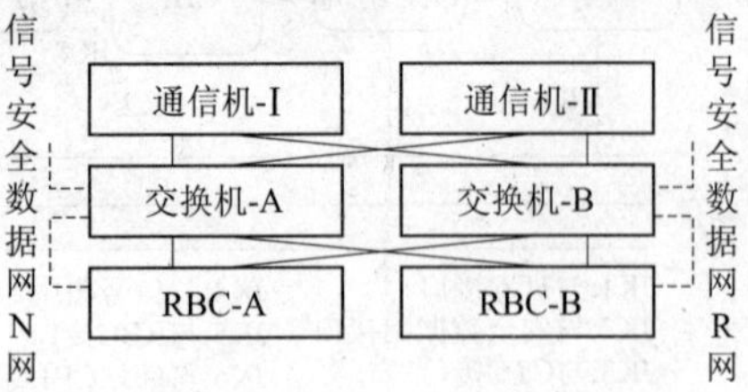


图 3-56　联锁系统与 RBC 系统接口连接

(3)与 CTC 系统的接口

计算机联锁与 CTC 系统的接口是通过操作表示机与 CTC 车站自律机进行交叉互联实现的，如图 3-58 所示。

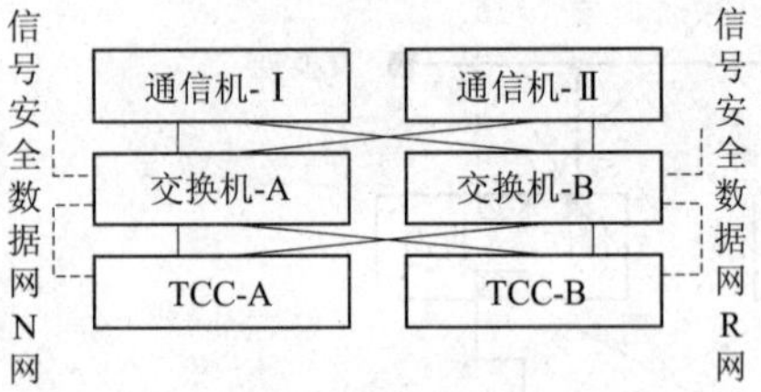


图 3-57　联锁系统与列控中心接口连接

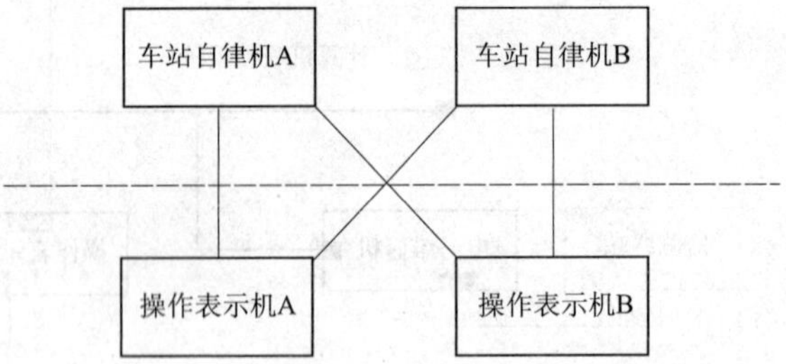


图 3-58　联锁系统与 CTC 系统连接

采用带光电隔离的 RS-422 标准串口，异步全双工方式，使用双绞的四线制连接方式。

通信的内容包括：站场表示信息、各类报警信息、其他表示信息状态、控制状态信息、控制命令信息、时钟信息、心跳信息。

(4)与信号集中监测系统的结合

可通过计算机联锁维修终端与信号集中监测系统终端设备进行串行通信的方式结合。

通信的内容包括：进路排列情况与相应时间的登记；关键继电器动作、铅封按钮动作与相应时间的登记；控制台表示信息记录；按钮操作信息记录；灯丝报警、断路器报警。

## 四、iLOCK 型计算机联锁系统

iLOCK 型计算机联锁系统引进成熟的安全型专用联锁机技术，结合既有的通过检测和认证的 VPI 系统联锁软件及人机界面等开发成果，完成了 iLOCK 型“二乘二取二”计算机联锁系统的技术国产化工作。

iLOCK 型计算机联锁系统是在一般的“二取二”安全结构基础上，再增加独立的“故障—安全”校验模块、采用 NISAL 专利技术，构成智能安全型计算机联锁系统。

1. 系统结构

iLOCK 型计算机联锁系统由联锁处理子系统(IPS)、人机界面子系统(MMI)、值班员台子系统(GPC)、诊断维护子系统(SDM,含集中监测——可选)、冗余网络子系统(RNET)、电源子系统(PWR)组成。iLOCK 型计算机联锁系统基本结构如图 3-59 所示。

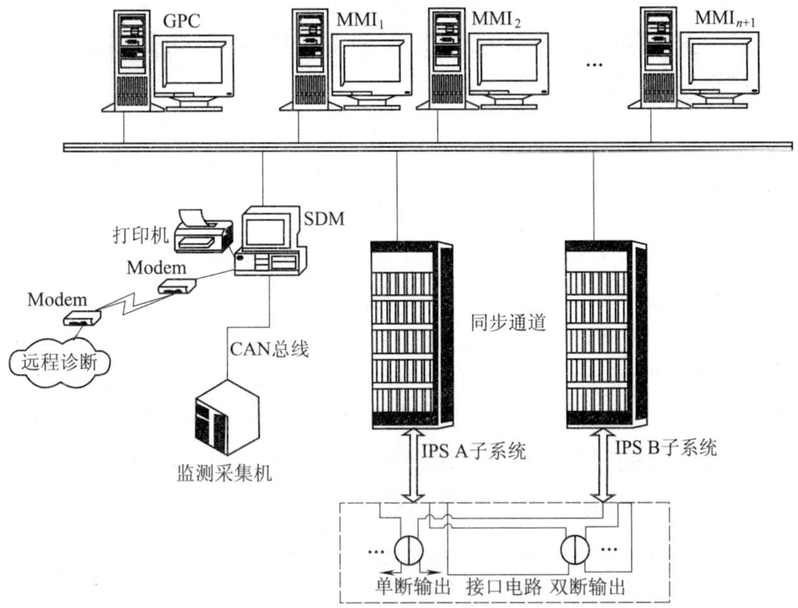


图 3-59　iLOCK 型计算机联锁系统基本结构图

MMI 是 iLOCK 型计算机联锁系统与车站值班员之间的交互接口。通常情况下,iLOCK 型计算机联锁系统采用显示器作为计算机联锁系统的人机交互界面,供车站值班员通过鼠标办理各种作业,显示站场信号设备,并给予明了的语音提示。在较大的车站,设有 GPC,供车站值班员监视站场内列车运行情况及站场状态,GPC 的界面显示与 MMI 完全一致。

IPS 是由一个或多个机柜组成的二乘二取二系统,A 系和 B 系无论是否同时启动,双系开机并通过安全校验后即能很快自动同步。A 系和 B 系采集共享、并行输出,当一个系某一路采集或输出发生错误时,只要另一个系对应的码位不发生错误,即不会影响系统的运行。单系实行双通道采集、双断稳态输出,只有在双通道运算结果一致、双通道总线控制结果一致、双通道输出电路完好等各项“二取二”严格条件都满足以后,才使输出真正有效。

SDM 采用图形化“诊断维护电子向导”,为维修人员进行系统维护和设备监测的工具。

iLOCK 型计算机联锁系统还设有基于交换机的以太网技术的冗余网络和冗余热备的 UPS 的供电配置。

iLOCK 型计算机联锁系统可以通过 MMI 的串口实现与 TDCS、CTC 等系统的信息交换。通过标准的联网方式,可以在任何地点接入任意数量的调度显示终端。根据距离远近和用户所能提供的通道情况,可以采用光缆方式,也可以采用专线(或拨号)Modem 方式完成终端接入。

iLOCK 型计算机联锁系统也可以通过专用的 FSFB2 安全通信协议,实现与 ATP 等安全系统联网,构成全程全网的综合安全系统。

2. 设备组成

(1)联锁处理子系统

IPS是整个iLOCK型计算机联锁系统的核心，它由两套“二取二组合故障—安全”加“NISAL反应故障—安全”的专用联锁机(IPS A和IPS B)组成，根据需要可以分中央逻辑控制(CLC)和区域逻辑控制(ZLC)的分层结构。

①IPS硬件

IPS硬件由一个或多个机柜组成，包含一个以上的机箱，机箱中有一定数量的印制电路板，连接它们的线路，以及与其他设备交换信息的接口。iLOCK型计算机联锁系统机箱高度为9 U，扩展机箱高度为6 U，每层机箱有14个槽道，灵活及可扩展性好。

IPS包括以下印制电路板：

a. 安全逻辑运算板(VLE)

VLE板是整个联锁处理子系统的核心，包括通过I/O选址读取输入/输出信息、进行联锁运算、与MMI、SDM、其他iLOCK型计算机联锁系统通信等。对于大型联锁车站或有光通信的车站，为了缓解VLE板的通信压力，其中的安全通信由CPU/PDI板完成。VLE板通过总线与VPS板、CPU/PDI板通信。VLE板指示灯含义见表3-6。

**表3-6 VLE板指示灯含义**

| 器件名称 | 标识符 | 颜色 | 说明 |
|---|---|---|---|
| 并行口 | SECURITE | | 接模块1并行口，引出在面板上 |
| 电源开关 | ON/OFF | | 开关选用免误碰型，引出在面板上 |
| 电源指示灯 | PWR | 红 | 有5 V电源电压时常亮 |
| $CPU_1$ 软件控制灯 | L1A～L4A | 绿 | 2×2排列，四个灯由 $CPU_1$ 软件控制 |
| $CPU_1$ 高速串口1指示灯 | VS L1A | 红绿 | 指示数据收发，纵行排列，422电平 |
| $CPU_1$ 高速串口2指示灯 | VS L2A | 红绿 | 指示数据收发，纵行排列，422电平 |
| $CPU_1$ 高速串口3指示灯 | VS L3A | 红绿 | 指示数据收发，纵行排列，485电平 |
| $CPU_1$ 高速串口4指示灯 | VS L4A | 红绿 | 指示数据收发，纵行排列，485电平 |
| $CPU_1$ 网口1指示灯 | NET1A | 红绿 | 指示数据收发，纵行排列 |
| $CPU_1$ 网口2指示灯 | NET2A | 红绿 | 指示数据收发，纵行排列 |
| $CPU_1$ CAN口1指示灯 | CAN1A | 红绿 | 指示数据收发，纵行排列 |
| $CPU_1$ CAN口2指示灯 | CAN2A | 红绿 | 指示数据收发，纵行排列 |
| $CPU_1$ 普通串口1指示灯 | COM1A | 红绿 | 指示数据收发，纵行排列，232电平 |
| $CPU_1$ 普通串口2指示灯 | COM 2A | 红绿 | 指示数据收发，纵行排列，422电平 |
| $CPU_2$ 软件控制灯 | L1B～L4B | 绿 | 2×2排列，四个灯由 $CPU_2$ 软件控制 |
| $CPU_2$ 高速串口1指示灯 | VSL1B | 红绿 | 指示数据收发，纵行排列，422电平 |
| $CPU_2$ 高速串口2指示灯 | VSL2B | 红绿 | 指示数据收发，纵行排列，422电平 |
| $CPU_2$ 高速串口3指示灯 | VSL3B | 红绿 | 指示数据收发，纵行排列，485电平 |
| $CPU_2$ 高速串口4指示灯 | VSL4B | 红绿 | 指示数据收发，纵行排列，485电平 |
| $CPU_2$ 网口1指示灯 | NET1B | 红绿 | 指示数据收发，纵行排列 |

续上表

| 器件名称 | 标识符 | 颜色 | 说明 |
| --- | --- | --- | --- |
| $CPU_2$ 网口 2 指示灯 | NET2B | 红绿 | 指示数据收发，纵行排列 |
| $CPU_2$ CAN 口 1 指示灯 | CAN1B | 红绿 | 指示数据收发，纵行排列 |
| $CPU_2$ CAN 口 2 指示灯 | CAN2B | 红绿 | 指示数据收发，纵行排列 |
| $CPU_2$ 普通串口 1 指示灯 | COM1B | 红绿 | 指示数据收发，纵行排列，232 电平 |
| $CPU_2$ 普通串口 2 指示灯 | COM2B | 红绿 | 指示数据收发，纵行排列，422 电平 |
| 复位按钮 | RESET | | 可同时复位两个 CPU 模块 |
| VCC 测试端口 | VCC | | 接 5 V 电源，引出在面板上 |
| GND 测试端口 | GND | | 接 GND，引出在面板上 |
| 串行口 | MAC | | DB9 插座，引出在面板上，其中 2、3、5 脚接模块 1 的普通 RS-232 串口；6、7、9 脚接模块 2 的普通 RS-232 串口 |

b. 安全校验板(VPS)

VPS 板是 iLOCK 型计算机联锁系统的安全型监视机构，独立于 VLE 板面对系统进行全面的安全检查。它以一定的间隔接收到一组编码检查信息，如经检查这组信息正确，则输出一个安全型数字信号，这个信号通过一个安全型滤波器滤波并且用于励磁一个安全型继电器 VRD，刚已证明系统自检正常。所有通向 iLOCK 型计算机联锁系统的安全型输出的电源都经过该继电器 VRD 的前接点。当发现系统有错误时，VRD 继电器立即失磁，然后这个安全型继电器将会切断 iLOCK 所有的安全型输出的电源。VRD 继电器在 VPS 经过 7 个周期连续检查后，证明系统是正常时才能再度激励，以确保系统安全。VPS 板指示灯含义见表 3-7。

**表 3-7　VPS 板指示灯含义**

| 器件名称 | 标识符 | 颜色 | 说明 |
| --- | --- | --- | --- |
| 电源指示灯 | PWR | 红 | 有电源电压时常亮 |
| VPS 读写指示灯 | REQ/RDY | 红绿 | 指示数据收发 |
| VITAL RELAY | RELAY | 红 | 指示 VITAL RELAY 状态 |
| 复位按钮 | RESET | | 可同时复位 CPU 模块 |
| VCC 测试端口 | VCC | | 接 5 V 电源，引出在面板上 |
| GND 测试端口 | GND | | 接 GND，引出在面板上 |

c. 输入/输出总线扩展板(I/O BUS2)

I/O BUS2 板是 VLE 板和输入/输出板交换信息的通道。(I/O BUS2)为输入板的测试数据和输出板的端口校验数据提供存储空间；同时也包含逻辑和时序电路，以控制输出端口的连续校验。I/O BUS2 板能与 I/O BE2 板交换信息，通过 I/O BE2 板实现差分驱动，驱动双断输出板。

I/O BUS2 板指示灯含义见表 3-8。

表 3-8 I/O BUS2 板指示灯含义

| 器件名称 | 标识符 | 颜色 | 说明 |
|---|---|---|---|
| 电源指示灯 | PWR | 红 | 有电源电压时常亮 |
| 第一路读写指示灯 | RD/WR | 红绿 | 指示第一路 IO BUS 数据收发 |
| 第二路读写指示灯 | RD/WR | 红绿 | 指示第二路 IO BUS 数据收发 |
| 复位按钮 | RESET | | 可同时复位 CPU 模块 |
| VCC 测试端口 | VCC | | 接 5 V 电源，引出在面板上 |
| GND 测试端口 | GND | | 接 GND，引出在面板上 |

d. 输入/输出总线扩展板(I/O BE2)

I/O BUS2 板与 I/O BE2 板交换信息，通过 I/O BE2 板实现差分驱动，驱动双断输出板。I/O BE2 板指示灯含义见表 3-9。

表 3-9 I/O BE2 板指示灯含义

| 器件名称 | 标识符 | 颜色 | 说明 |
|---|---|---|---|
| 电源指示灯 | PWR | 红 | 有电源电压时常亮 |
| 读写指示灯 | RD/WR | 红绿 | 指示 I/O BE 板数据收发 |
| VCC 测试端口 | VCC | | 接 5 V 电源，引出在面板上 |
| GND 测试端口 | GND | | 接 GND，引出在面板上 |

e. 双采安全型输入板(VIIB)

VIIB 板为 iLOCK 型计算机联锁系统的两个 CPU 分别采集提供相同的接口。每块 VIIB 板有 16 个输入端口，每个输入端口对应一个指示灯，当某端口有输入信号时，相应的指示灯点亮。VIIB 板指示灯含义见表 3-10。

表 3-10 VIIB 板指示灯含义

| 器件名称 | 标识符 | 颜色 | 说明 |
|---|---|---|---|
| 电源开关 | ON/OFF | | 开关选用免误碰型，引出在面板上 |
| 电源指示灯 | PWR | 红 | 有电源电压时常亮 |
| 读写指示灯 | RD/WR | 红绿 | 指示 VIIB 板数据收发 |
| 第 1～16 路采集 | 1～16 | 绿 | 平时熄灭，采集到数据后点亮 |
| VCC 测试端口 | VCC | | 接 5 V 电源，引出在面板上 |
| GND 测试端口 | GND | | 接 GND，引出在面板上 |

f. 安全型输入板(VIB)

VIB 板为 iLOCK 型计算机联锁系统提供采集接口，使 iLOCK 型计算机联锁系统能安全地检测输入端口状态。每块 VIB 板有 16 个输入端口，每个输入端口对应一个指示灯，当某端口有输入信号时，相应的指点亮。VIB 板指示灯含义见表 3-11。

**表 3-11 VIB 板指示灯含义**

| 器件名称 | 标识符 | 颜色 | 说明 |
|---|---|---|---|
| 电源开关 | ON/OFF | | 开关选用免误碰型,引出在面板上 |
| 电源指示灯 | PWR | 红 | 有电源电压时常亮 |
| 读写指示灯 | RD/WR | 红绿 | 指示 VIB 板数据收发 |
| 第 1～16 路采集 | 1～16 | 绿 | 平时熄灭,采集到数据后点亮 |
| VCC 测试端口 | VCC | | 接 5 V 电源,引出在面板上 |
| GND 测试端口 | GND | | 接 GND,引出在面板上 |

g. 安全型双断输出板(VOOB)

VLE 板通过 VOOB 板产生输出信号,驱动接口设备,并且系统能实时检测 VOOB 板输出的正确性,输出与实际驱动的一致性。作为双断输出板,VOOB 板为“二取二”系统的两个 CPU 分别提供正、负电控制对象。每块 VOOB 板有 8 对输出,每对输出设一个正电输出和一个负电输出,对应一个有效输出。每对输出端口设一个指示灯,当正电和负电输出同时有效时,相应的指示灯点亮。VOOB 板指示灯含义见表 3-12。

**表 3-12 VOOB 板指示灯含义**

| 器件名称 | 标识符 | 颜色 | 说明 |
|---|---|---|---|
| 电源指示灯 | PWR | 红 | 有电源电压时常亮 |
| 读写指示灯 | RD/WR | 红绿 | 指示 VOOB 板数据收发 |
| 第 1～8 路采集 | 1～8 | 绿 | 平时熄灭,采集到数据后点亮 |
| VCC 测试端口 | VCC | | 接 5 V 电源,引出在面板上 |
| GND 测试端口 | GND | | 接 GND,引出在面板上 |

h. 安全型单断输出板(VOB)

VLE 板通过 VOB 板产生输出信号,驱动接口设备,并且系统能实时检测 VOB 板输出的正确性,输出与实际驱动的一致性。作为单断输出板,VOB 板仅提供正电控制对象。每块 VOB 板有 16 个输出,每个输出端口设一个指示灯,当输出有效时,相应的指示灯点亮。VOB 板指示灯含义见表 3-13。

**表 3-13 VOB 板指示灯含义**

| 器件名称 | 标识符 | 颜色 | 说明 |
|---|---|---|---|
| 电源指示灯 | PWR | 红 | 有电源电压时常亮 |
| 读写指示灯 | RD/WR | 红绿 | 指示 VOB 板数据收发 |
| 第 1～16 路采集 | 1～16 | 绿 | 平时熄灭,采集到数据后点亮 |
| VCC 测试端口 | VCC | | 接 5 V 电源,引出在面板上 |
| GND 测试端口 | GND | | 接 GND,引出在面板上 |

i. 安全数据处理板(CPU/PDI)

对于大型联锁车站或有光通信的车站,为了缓解 VLE 板的通信压力,增加配置 CPU/PDI 板,通过 VLE 板通信。

j. 安全通信板(DVCOM)

DVCOM 板实现联锁系统与 RBC、列控中心的安全通信接口,以及相邻两站联锁系统的站间安全通信的接口。

联锁系统通过内部通信模块与 RBC 系统实现安全、冗余的网络通信接口,采用 RSSP-Ⅱ协议。联锁系统传送给 RBC 的信息包括以下内容:站内轨道电路信息、区间闭塞分区信息、区间闭塞方向信息、列车进路信息。

联锁系统通过内部通信模块与列控中心系统实现安全、冗余的网络通信接口,采用 RSSP-Ⅰ协议。联锁系统给列控中心发送区间方向控制命令和进路信息、进站信号机断丝信息、信号机调车状态等信息。列控中心给联锁系统提供区间方向表示信息、闭塞分区状态、信号降级显示、离去区段防护信号机红灯断丝、灾害防护等信息。

k. 母板(MB)

母板是 iLOCK 联锁处理子系统中各印制电路板之间连接的桥梁,通过母板 VLE 板可以进行 I/O 选址,可以与 VPS 板交换信息,对于配置安全通信板的联锁车站还可以与 CPU/PDI 板交换信息,通过母板、I/O 板可以与输入、输出板交换数据,从而达到了整个联锁处理子系统之间的信息互通。

采用 CLC 和 ZLC 分层逻辑结构时,联锁运算和输入/输出板的逻辑控制交由两组 VLE 板来完成。CLC 进行联锁逻辑运算,ZLC 则接收 CLC 的控制命令,实施采集和驱动的控制,同时,也可以在 CLC 与 ZLC 之间通信中断时,实现基本联锁(如基本列车进路、引导进路)的自律控制。IPS 的这种工作方式,对区域计算机联锁区段进行站场改造非常方便。

②NISAL 技术

NISAL 技术是卡斯柯公司从 ALSTOM 引进的通过国际权威机构认证的安全技术。iLOCK 系统的联锁逻辑是由安全型逻辑组成的。它把传统的由继电器实现的联锁逻辑和控制逻辑“写”成一系列逻辑表达式,这些逻辑表达式的正确实施就是通过 NISAL 技术的联锁安全运算功能来保证的。NISAL 技术是在基本逻辑(即联锁逻辑)以外运行的,提供了一种独立的安全校核。“二取二”技术和 NISAL 技术的综合运用,使得 iLOCK 系统比一般的“二取二”更加安全。

③带独立“故障—安全”校验的“二取二”结构

IPS 的“二取二”结构如图 3-60 所示。

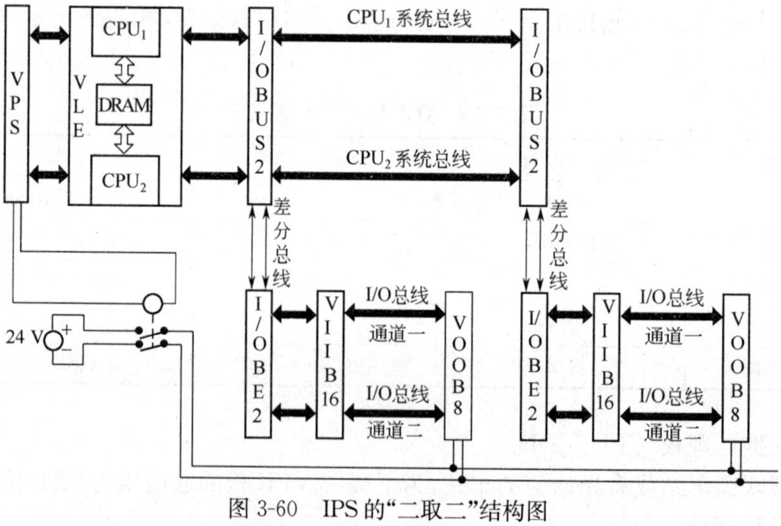


图 3-60　IPS 的“二取二”结构图

在“二乘二取二”系统中，单系的 VLE 板采用“二取二”结构，软件采用双 CPU 独立运算，两个 CPU 运算采用的数据互不相同，这些数据包括安全采集数据、安全输出数据、安全通信数据和中间数据，它们都是通过冗余编码选择而得的。两个 CPU 分别进行一个通道的运算，两个 CPU 之间具有数据比较、同步比较、结果比较等联系，只有运算结果相同时，才允许输出。

两个 CPU 内都不会存储有关安全性的任何真值，安全采集数据是通过每个主周期采集得到，安全输出数据由布尔表达式运算得到，所有的安全数据在本周期内使用完毕后就会被清除。

④VPS 校验

VPS 实际上是 IPS 的动态安全监视器，它与 VLE 板一起，构成 IPS 的安全检查核心。可以说 VPS 是独立于“二取二”的 VLE 板以外的、本身具有“故障—安全”特性的安全校验模块。

这使得 iLOCK 系统比通常的二取二系统具有更高的安全性。

VPS 在精确的周期间隔内接收一组经编码的，分别代表系统采集正常、系统 $CPU_1/CPU_2$ 运行正常、内存刷新正常、安全通信正常、各输出板状态正常的校验信息。当且仅当校验信息均正确时，VPS 才能输出一个安全的数字信号，该信号通过安全型的谐波检查后，作为“系统安全校验继电器”的励磁电源。更为重要的是，这种电源只在每次系统安全校验通过后才能产生，并只能维持 50 ms，如下一个 50 ms 安全校验周期有任何出错的报警，则立即切断该电源，此时，也就意味着给各个输出端口供电的 KZ/KF 同时被切断。

系统的这种快速的“反应故障安全”机制，保证了即使输出端口有出错的可能性，VPS 也能在该错误产生实际效果之前，可靠切断 IPS 的安全输出电源，保证系统输出控制的安全。

⑤单断、双断可选并行驱动

IPS 的输出可以根据用户需要选用单断或双断的继电器并行驱动输出方式。单断驱动时，所有输出负电环接，减少接口配线；双断驱动时，继电器励磁线圈的两端分别由“二取二”的计算机控制，具有更高的混线防护能力，提高了系统的安全性。

IPS 的二乘二结构，包括采集电路和驱动电路在内，因而有极高的冗余度，A、B 系的输出采用并行工作方式，硬件电路可以保证即使另一系的驱动电路故障，也不会影响本系安全输出。

⑥IPS 软件

IPS 联锁处理子系统软件包括系统软件和应用软件两部分。

系统软件包含 IPS 的主任务软件和仿真测试接口、系统诊断等辅助软件。这些软件是 IPS 的系统软件基础，不随具体应用环境和应用对象而改变，即除非选用不同系列的 iLOCK 系统，否则每个站的系统软件都是相同的。

应用软件是一套描述具体某个系统实际联锁逻辑功能的软件。应用软件在 BOOL-CAD 软件包支持下完成，以满足不同联锁车站的数据和联锁规则要求。应用软件必须经 CAA 软件包编译检查、生成 iLOCK 系统专用的应用数据(ADS)后才能被系统所接受执行。

应用软件中还包括仿真测试数据安全切出、切入设计。

系统软件和应用软件放在不同的、能避免在线擦除或更改的存储媒介中，有利于系统软件和应用软件的管理。

(2)人机界面子系统

人机界面子系统(MMI)提供了 iLOCK 系统与用户之间的人机接口，它采用高分辨率的彩色显示器作为系统的表示设备，车站值班员用鼠标办理各种作业，系统给予简洁明了的表示和语音提示。

MMI 工作于 Windows 2000 或更高版本的 Windows 多任务操作系统。对每个车站，采用“$n+1$”热备工作方式，使用高可靠的工控机，通过高速网口或串口与其他系统（子系统）交换信息。

MMI 完成以下功能：

a. 车站值班员发送控制命令和接收现场表示信息。

b. MMI 之间、MMI 与 SDM 子系统和仿真测试系统之间通过高速网络交换信息。

c. 完成非安全联锁逻辑功能（如选路判断、表示等）。

d. 数字式道岔动作电流显示。

e. 通过串口提供 iLOCK 系统与 TDCS/CTC 交换信息的接口。

f. 用户所要求的其他表示与报警功能。

较大车站（一般为 25 组道岔以上车站）根据用户需要设置值班员台。

(3)诊断维护子系统

诊断维护子系统 SDM，主要完成系统诊断维护及接口设备在线监测的功能，由工业控制计算机、彩色显示器、激光打印机、鼠标、键盘等组成，根据需要还可提供双套热备，可以联网，提供远程诊断功能。

SDM 可与信号集中机监测站机构成二合一系统（集中监测与诊断维护系统），以提高整个系统的综合化水平，充分发挥了计算机的处理能力，减少了硬件配置和维护。

①SDM 的功能

a. IPS 的系统诊断与维护，通过高速网络接收 IPS 的诊断结果信息、输入/输出信息、全站简化参数信息、指定参数详细信息。系统正常工作时，不需要查询，SDM 自动接收 IPS 的工作信息，当 SDM 故障修复后或与联锁处理子系统通信恢复后，SDM 仍能接收到 IPS 记录的一天内的报警和错误信息。

b. 通过网络接收来自 MMI 和联锁机的操作和表示信息，并记录关键操作和表示。

c. 站场显示、历史回放。

d. 网络管理。

e. 通过 Modem 实现远程诊断接入。

f. 通过 CAN 总线或串口接收信号集中监测机的监测信息。

g. 根据需要，SDM 可以与不同的中央维修中心接口。

h. 通过以太网为其他管理系统与 iLOCK 系统通信提供接口。

②诊断维护的内容

a. 在线监测 IPS 的工作状态，诊断并记录 1 个月内的工作正常与故障信息。

b. 在线监测冗余网络的运行状态，包括双网和网上各节点的连接工作状态。当网络发生故障或某个网络节点不正常工作时，发出报警信息，并作记录。

c. 记录值班员对 MMI 的各种操作，记录始、终端及铅封按钮操作的时间和次数，并可以在 1 个月内按时间先后次序查询。

d. 记录 MMI 上的各种站场表示状态，并可以回放 1 个月内的 MMI 站场信息。

e. 在线显示并记录 1 个月内的输入、输出码位信息。

f. 对所测试数据随时储存，并可根据需要回放。

③诊断维护电子向导

系统设计了独特的图形化“诊断维护电子向导”模式，SDM 可以用图形化方式定位联锁机故障定位到板极，输入/输出板的故障定位到具体某一位，指明哪台联锁机发生故障，故障发生在联锁机的哪个部位，哪块印制板，从故障记录上提示用户该印制板可能发生了什么故障，应该如何处理等。只要经过简单的培训，就很快就能掌握 iLOCK 系统故障诊断，能处理系统的常见故障。

(4)冗余网络子系统

iLOCK 系统采用基于高速交换机的以太网冗余网络结构，进一步加强了网络系统的可靠性。通过网络通信的各子系统均安装有两块以太网接口卡，将其接入冗余网络，一条网络故障，各子系统可以自动通过另一条网络通信，并在 SDM 子系统中给出故障诊断信息，便于及时维护。

(5)电源子系统

iLOCK 系统采用了双 UPS 热备的冗余供电方式。来自电源屏的单相交流电经过二级电源防雷后输入在线式 UPS，UPS 输出净化 220 V 交流电，经过电源柜配电端子排供给 iLOCK 各子系统。

正常情况下，整个系统由一个 UPS 供电，当工作 UPS 出现故障时，电源切换电路自动切换至备用 UPS 供电，当两个 UPS 均不能正常工作时，电源切换电路自动切换至由电源屏直接供电。两个 UPS 之间也可通过切换按钮实现人工切换。电源切换不影响系统的正常工作。

iLOCK 系统电源配置如图 3-61 所示。

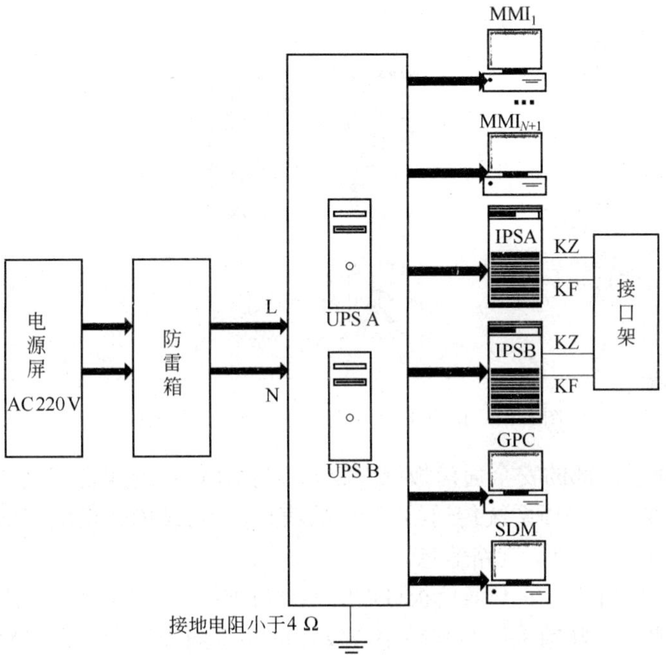


图 3-61　iLOCK 系统电源配置图

3. 接口电路

iLOCK 系统可与室外信号设备、区间闭塞设备、场间联系电路等设备接口，联锁机通过驱动安全型继电器和采集安全型继电器接点与继电电路接口，实现计算机联锁设备与现场设备的电路衔接和安全隔离。

iLOCK 系统各站(场)之间的联系、站间列车运行方向电路实现完全数字接口，与继电半自动闭塞接口时仅保留个别继电器，简化了场间联系及自动闭塞、半自动闭塞的接口设计。

由于 iLOCK 系统采用 NISAL 专利技术，稳态输出、内部回采输出信息，输出控制只需采用安全型继电器，不仅大大降低了室内接口电路的工程造价，也简化了接口电路结构，确保了输出驱动电路的可靠性，节约了用户的维修成本，更重要的是彻底消除了安全隐患。

iLOCK 系统能很方便地实现与其他系统、子系统接口，如图 3-62 所示。可以通过 MMI 的串口实现与 TDCS、CTC 等系统的信息交换。通过标准的联网方式，可以在任何地点接入任意数量的调度显示终端。根据距离远近和用户所能供的通道情况，可以采用光缆方式，也可以采用专线（或拨号）Modem 方式完成终端接入。iLOCK 系统可以通过专用的 FSFB2 安全通信协议，实现与 ATP 等安全系统联网构成的全程全网综合安全系统。

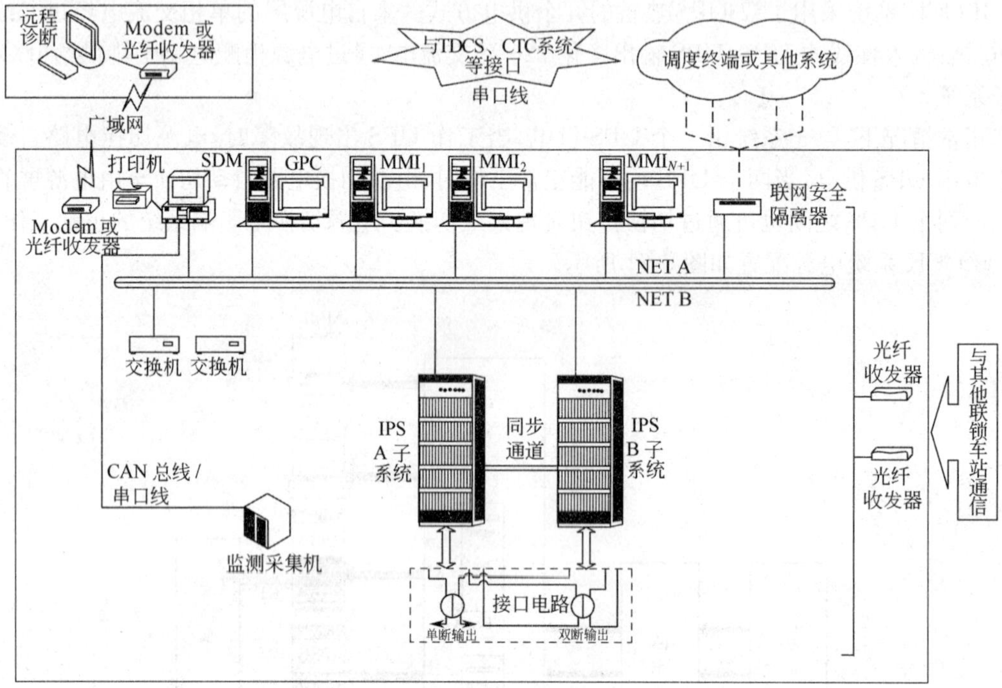


图 3-62　iLOCK 系统与其他系统、子系统接口

iLOCK 系统通过内部的安全通信板（DVCOM）与 RBC 系统实现安全、冗余的网络通信接口，采用 RSSP-Ⅱ协议。联锁系统传送给 RBC 的信息包括：站内轨道电路信息、区间闭塞分区信息、区间闭塞方向信息、列车进路信息。

iLOCK 系统通过内部的安全通信板（DVCOM）与列控中心实现安全、冗余的网络通信接口，采用 RSSP-Ⅰ协议。联锁系统给列控中心发送区间方向控制命令和进路信息、进站信号机断丝信息、调车信号机状态。列控中心给联锁系统提供区间方向表示信息、闭塞分区状态、信号降级显示、离去区段防护信号机红灯断丝、灾害防护等信息。

### 五、TYJL-ADX 型计算机联锁系统

TYJL-ADX 型计算机联锁系统是基于 ADX1000 联锁系统开发而形成的。是在引进以时钟同步、总线级比较技术为基础的、采用二乘二取二安全冗余结构的 ADX-1000 型计算机联锁系统的核心硬件及其专用软件平台上，按照我国铁路信号的技术需求将已广泛使用的 TYJL 系列计算机联锁系统的联锁软件成功地移植过来，进行系统集成，并对外围系统进行了重新配

置和进一步的优化，完善了系统功能，开发适合中国铁路需求的新一代采用二乘二取二冗余结构的计算机联锁系统。

ADX1000 是最新开发的一套铁路专用的联锁系统，在联锁主机 FCX、扩展机笼 FFC 的 CPU 板上都采用时钟同步的双 CPU 进行逻辑运算，运算结果一致才能进行控制命令的输出，有更高的可靠性和安全性。

该系统符合 TB/T 3027—2002《计算机联锁技术条件》及相关的技术条件和管理规定，能够满足我国铁路各种类型、各种规模站场的运输作业要求，具有安全性、可靠性极高的安全数据传输网络，除可以实现单个车站的联锁控制外，也可实现多个车站的远距离集中控制。

1. 技术特点

TYJL-ADX 型计算机联锁系统具有如下主要特点：

(1)系统全面采用二乘二取二安全冗余结构，由相同的Ⅰ、Ⅱ两系组成，两系并用，可互为主备，提高了系统的可靠性；每一系均全面采用二取二比较的软/硬件安全冗余结构，确保系统的安全性。

(2)系统核心均采用特殊设计的专用“故障—安全”计算机，其可扩展的主逻辑单元和执行表示逻辑控制单元都采用了时钟级同步、总线比较的二取二安全冗余结构。

(3)在更容易受到干扰影响的执行表示逻辑控制单元中采用了差动时钟级同步和总线比较技术，可更有效地抑制共模干扰的影响。

(4)在执行表示逻辑控制单元中，以二取二两系各自输出的交变信号及来自比较器的正常工作信号作为条件，由故障倒向安全电路(FS 电路)输出，只有在输入一致、比较器正常及测试模式生成回路、故障注入输入回路全部正常工作时，才能得到有效的输出信号。

(5)系统具有快速实时的故障诊断功能，能准确实现故障定位。对采集板和驱动板具有完善的自诊断功能，周期性检测采集/驱动回路的正确与否，故障注入输入回路和测试模式生成回路的设计保证了任一采集或驱动回路的故障均可及时检出。

(6)系统除故障切换、人工切换之外，还具有定时切换方式。通过可设定的定时切换能保证对采用了冗余结构的 I/O 电路也实现 100%的在线检测率，提高其可靠性。

(7)系统结构简洁合理，两套冗余系统的主机笼独立设置，可实现完全意义上的单系脱机。系统支持现场脱机测试功能，易扩展，便于升级和改造。

(8)系统使用 CPMS 专用操作系统和专用软件平台，可对每个子任务的处理时间、处理顺序、内存使用等进行监督管理；使用专用的 ADXLD 编译、下载和调试工具对应用程序进行处理，确保软件在每一个处理环节的安全性。

(9)系统监控机采用双机并行的工作方式，可支持多种显示和操作设备；维护终端功能丰富，具有图像再现功能。

(10)系统采用浮地安装方式，抗雷电能力强。

(11)系统可支持光纤环网连接方式，具有区域联锁功能。

(12)系统可方便地与 CTC、TDCS、列控中心和信号集中监测等系统接口。满足高速铁路信号系统安全信息网的接入要求及技术规范，可以与 TCC、RBC 互联互通。

(13)系统具有功能完备的计算机辅助设计软件，可一次性完全自动生成监控机、联锁机、接口控制器数据及与继电结合的设计配线图。

2. 系统构成

TYJL-ADX 型容错计算机联锁系统是一个多层次、多微处理器的分布式控制系统，它由联锁机、控制台、监控机、电务维修机、配电柜等部分组成，如图 3-63 所示(图中未标出配电柜)。另可设远程诊断终端。

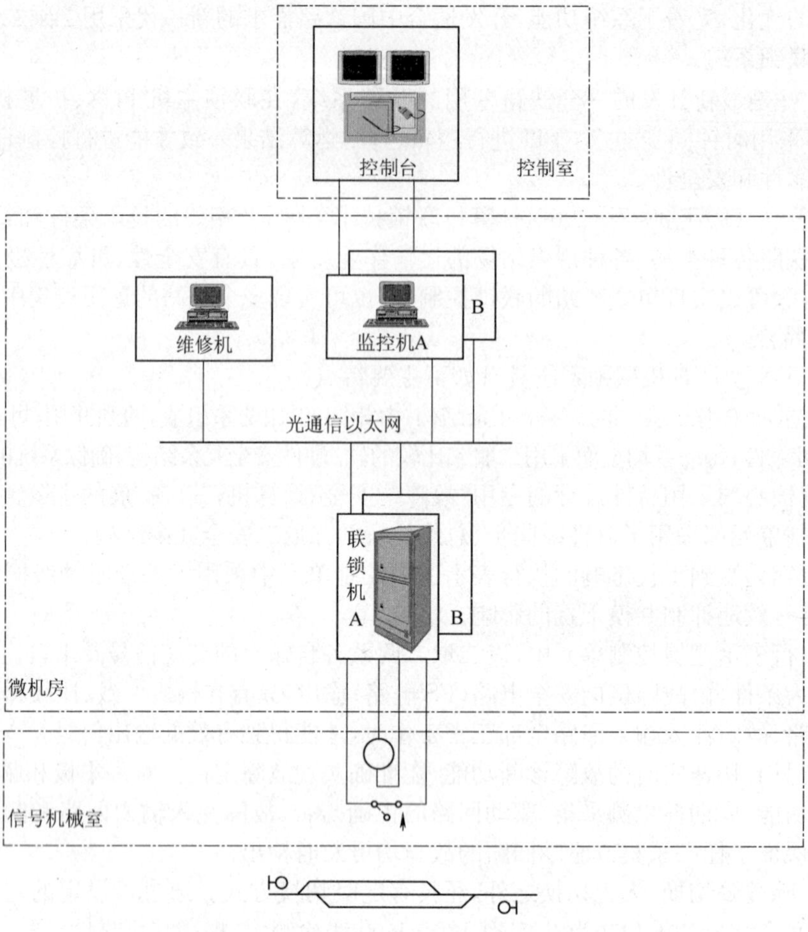


图 3-63　TYJL-ADX 型容错计算机联锁系统的结构示意图

TYJL-ADX 型计算机联锁系统采用二乘二取二安全冗余结构，由Ⅰ系和Ⅱ系组成。在正常工作情况下，一系工作，一系备用。系统除故障切换、人工切换之外，还具有定时切换方式。两系在同步运行时，当备系检测到主系工作异常时进行故障切换。系统提供的定时切换功能可由平台设定定时切换的时间。

3. 控制台

控制台(人机接口，也称 MMI)部分主要有：彩色监视器、鼠标控制台和报警音响等设备。通常控制台配置两台显示器和两个鼠标，分别对应监控机 A 和监控机 B。监控机采用并行工作方式，车站值班员可同时在两个鼠标控制台上操作，操作方式灵活。控制台上有一个声音切换钮子开关，用来切换音箱与两台监控机的连接关系。

监控机到控制台的视频线、鼠标线和语音线均使用专用的屏蔽电缆(通常不超过 50 m 长)。

4. 综合柜

综合柜由监控机、光交换机和综合电源构成。机柜第一层为预留，第二层是监控机 A，第三层是监控机 B，第四层是光交换机，第五层是 24 V 电源和 $TB_1$ 线排，第六层是配电箱控制开关和 $TB_2$ 线排，第七层是 UPS A，第八层是 UPS B，第九层是隔离变压器和地线汇流排。图 3-64 为综合柜的前视图和后视图。

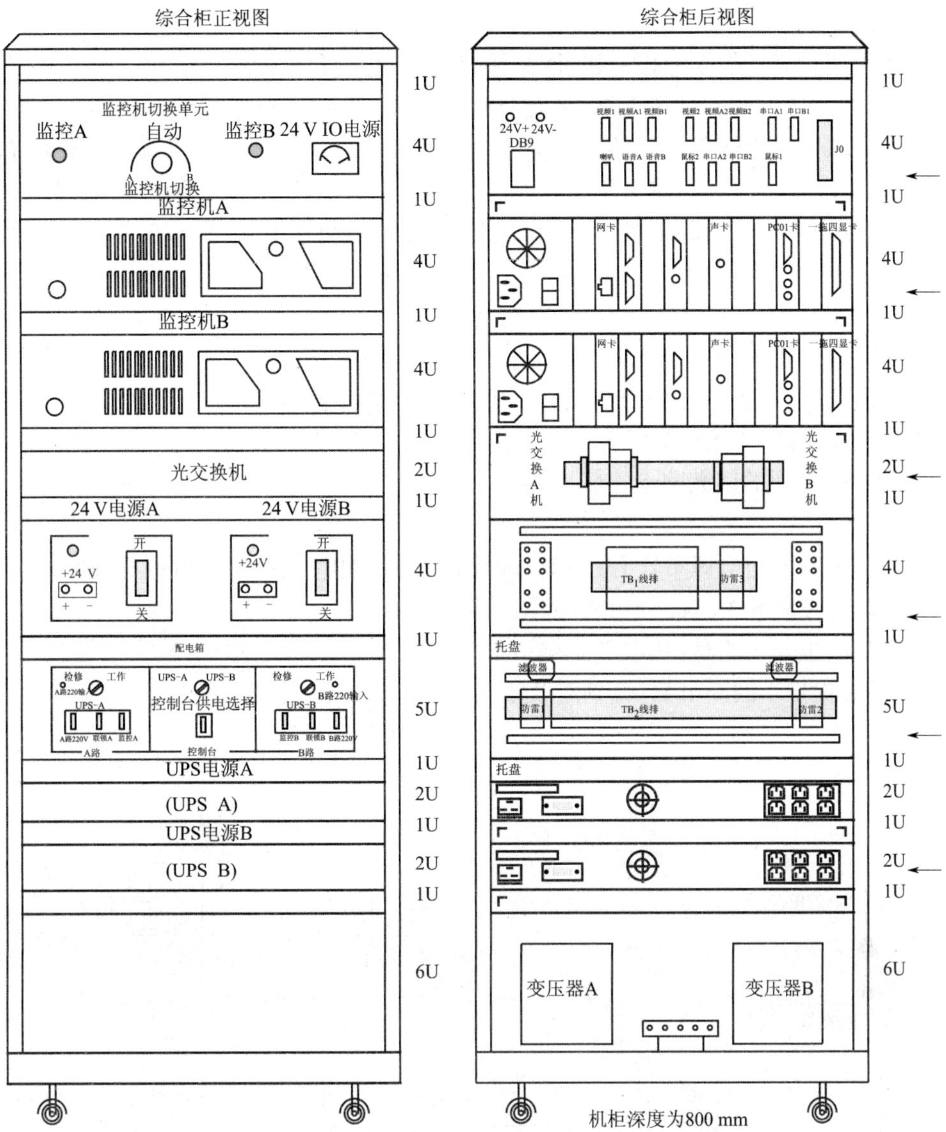


图 3-64 综合柜

注：1. 机柜深度为 800 mm。

2. 背视图中“⌈⌉”表示该处有角铁，“←—”表示该处有横线槽（开放式）

3. 24 V 端子排 $TB_1$ 下方印字如下：

| $TB_1$ 线排 | IO Z | | | IO F | | | +<br>直流防雷<br>− |
|---|---|---|---|---|---|---|---|
| | 1 | 2 | 3 | 4 | 5 | 6 | |

4. 220 V 端子排 $TB_2$ 下方印字如下：

| $TB_2$ 线排 | A路 220 V | | L | N | L | UPS A 输入 | | | UPS A 输出 | | | 监控 A | | | 联锁 A | | | 控制台 | | | 监控 B | | | 联锁 B | | | UPS B 输入 | | | UPS B 输出 | | | L | N | L | B路 220 V | |
|---|---|---|---|---|---|---|---|---|---|---|---|---|---|---|---|---|---|---|---|---|---|---|---|---|---|---|---|---|---|---|---|---|---|---|---|---|---|
| | | | A路防雷 | | | | | | | | | | | | | | | | | | | | | | | | | | | | | | B路防雷 | | | | |
| | 1 | 2 | GND | | N | 3 | 4 | 5 | 6 | 7 | 8 | 9 | 10 | 11 | 12 | 13 | 14 | 15 | 16 | 17 | 18 | 19 | 20 | 21 | 22 | 23 | 24 | 25 | 26 | 27 | 28 | 29 | GND | | N | 30 | 31 |

(1)监控机

监控机由两台高可靠工业控制机、网络接口、音响接口和鼠标接口组成。两台监控机并行工作,不需切换。监控机通过高可靠、高安全的通信通道与联锁机进行信息交换。监控机通过通信实时地从联锁机中取得站场的状态信息并向车务值班员提供整个系统的工作状态信息、报警信息和重要故障信息,同时采集车务人员的操作命令,对所有操作命令进行提示、处理和记录,将有效的命令下传给联锁机,并和电务维修机通信,交互操作命令、工作状态、时钟等信息。与 TDCS/CTC 等其他系统接口,向辅助系统提供必要信息。

监控机采用研华 610 型工业控制计算机,研华 610 工控机内部采用的是 PC 总线结构,为用户提供了 4 个通用的 PCI 总线,10 个通用的 ISA 总线。

工控机内的 CPU 板:采用 6359L 的主板,有一个串行通信口,一个键盘口,一个视频口。在底板上有两个 CPU 插槽,供用户选择。内存采用 256 M DDRAM。声卡:提供语音输出。网卡:采用 Inter 公司的以太网卡。

(2)配电部分

为了使整个系统的电源布置有序和合理设计,设置配电箱。配电箱由不间断电源 UPS、变压器和配电箱控制开关三部分构成,如图 3-65 所示。

配电部分的主要功能是:从电源屏输入联锁系统所需全部电源;对输入电源进行电源防雷;对联锁系统提供不间断电源;分别对联锁系统各部分提供电源。

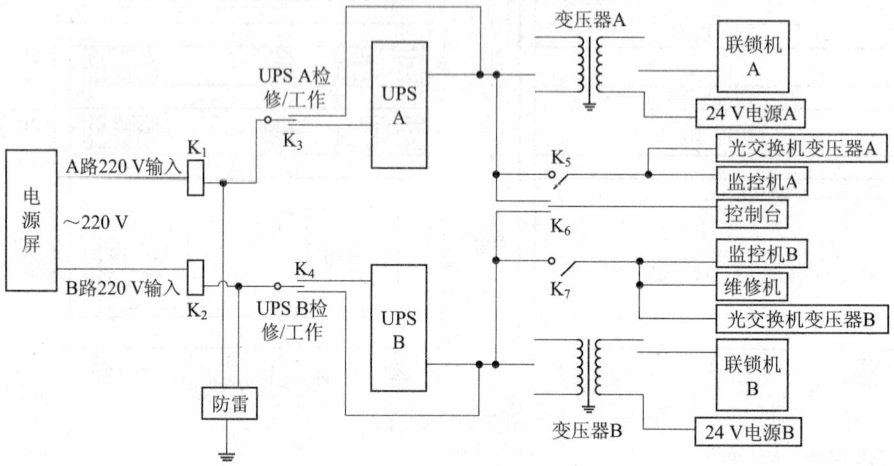


图 3-65　配电箱组成

图中,$K_1$为Ⅰ路电源输入开关;$K_2$为Ⅱ路电源输入开关;$K_3$为 UPS A 工作/检修选择开关;$K_4$为 UPS B 工作/检修选择开关;$K_5$为监控机 A 开关;$K_6$为控制台电源选择开关;$K_7$为监控机 B 开关。

①不间断电源(UPS)

UPS 提高系统的供电稳定性和断电情况下不间断运行。两个 UPS 分别给Ⅰ、Ⅱ系供电。通常中等站配置 2 000 V·A 的 UPS,根据具体扩展柜的数量考虑,如果正常运行超过 UPS 负载的 50%,可以更换较大容量的 UPS。

UPS 的面板指示灯可以指示负载量情况。上电时需按压开机按钮。需要关 UPS 时,按住关机按钮 5 s,直到 UPS 的风扇停止转动。

在配电箱上设置了 UPS 的控制开关，开关有“工作”和“检修”两个位置。UPS 在无故障的情况下要求把开关设置在“工作”位置，这样可以起到整流和断电保护的作用。UPS 在故障时需要人工扳动到“检修”位置，这样电源屏就直接给系统供电，这时，故障的 UPS 可以脱离检修。

②隔离变压器

联锁机运行需要 AC 100 V 电源，并且联锁机机笼要求将电源隔离以实现浮空设计，故设置隔离变压器。隔离变压器在综合柜的最底部。它把～220 V 转换成联锁机的 100 V，并减少综合柜对联锁柜的干扰。从机柜后面看，左侧的为隔离变压器 A ，右侧的为隔离变压器 B 。隔离变压器 A 由 UPS A 供电，给联锁Ⅰ系供电，隔离变压器 B 由 UPS B 供电，给联锁Ⅱ系供电。

隔离变压器输入电压～220 V，输出电压～100 V。

输入由对应的联锁机空气开关接入，输出两根线到联锁机，不接地线。

隔离变压器的接线如图 3-66 所示。

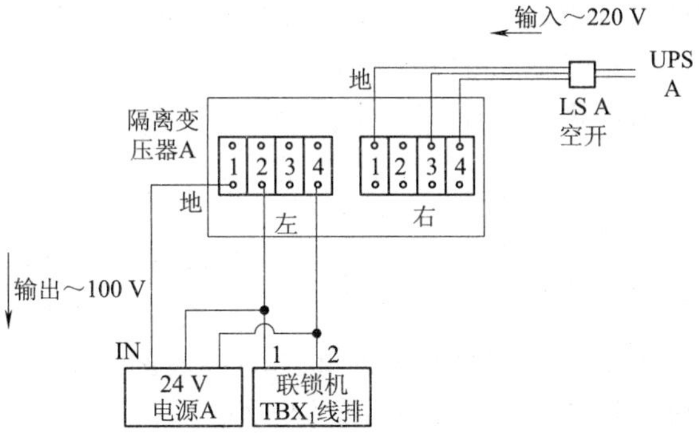


(a)

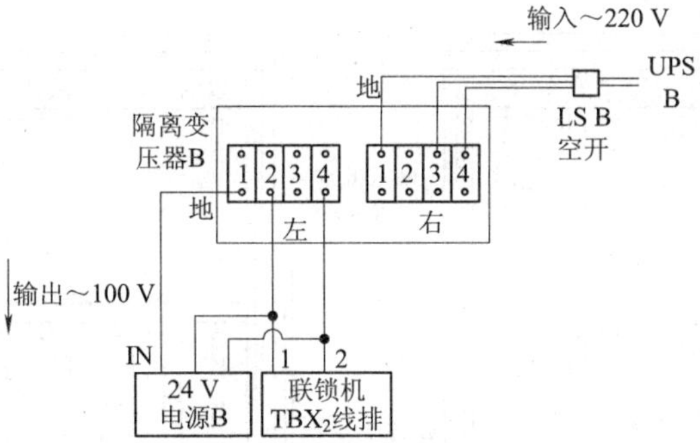


(b)

图 3-66 隔离变压器的接线图

图中，$TBX_1$线排和 $TBX_2$线排在联锁机柜的底层。

③DC 24 V 电源

采集驱动部分需要单独设置的 DC 24 V 电源。每套联锁系统配置两台 24 V 电源，两台 24 V 电源并联输出，任何一个电源故障不影响系统工作。每台 24 V 电源设有一个状态继电器，状态继电器由联锁机采集，当电源故障时，控制台上给出报警提示。

24 V 电源安装在综合柜的交换机下方。为插接式模块电源，便于更换。模块电源上设测试孔。

24 V 电源由隔离变压器供电，输入电压 AC 100 V，输出电压 DC 24 V。

24 V 电源给 I/O 板供电，在 I/O 板输出多时电流较大。24 V 电源的输出在 $TB_1$ 线排处合并为 IO+，IO−。一台 24 V 电源故障不影响工作。

每个 24 V 电源设有一个状态继电器，状态继电器在联锁机有固定的采集位置。当电源故障时，控制台上给出报警提示。

(3)光交换机

为保证 FCX 机笼对大地悬空，防止监控机及其他设备对联锁机的干扰，采用光纤通信方式将监控机与 FCX 机笼隔离。选用带光口的以太网光交换机和光电转换器，来完成联锁系统主机与监控机之间的电气隔离。

以太网光交换机采用 JetNet 型以太网光交换机。

每套联锁系统需要两个光交换机，每个光交换机有 3 个电口，1 个光口。光交换机安装在综合柜监控机 B 下方。

光交换机由两个 UPS 的输出供电，～220 V。防止当一个 UPS 断电时交换机断电。

光交换机的输入电压为直流 24 V，每个交换机有独立的电源变压器。每个光交换机有两个电源输入接口，所以每个光交换机可以有两个光交换机变压器中的任何一个供电。变压器电源(～220 V)由相应的监控机空气开关输出。

5. 联锁机

(1)基本硬件组成

联锁机包括两部分：联锁逻辑运算层(FCX 机笼)和执行表示控制层(FFC 机笼)。

每个联锁机机柜能容纳三个机笼，当 FFC 机笼超过两个时，需要扩展联锁机柜(简称扩展柜)，如图 3-67 所示，联锁机柜第一层是联锁逻辑运算层，有两个 FCX 机笼，左侧是Ⅰ系，右侧是Ⅱ系，两系不共用母板，相互独立。第二层以下是 FFC 层。扩展柜无 FCX 层，全部是 FFC 层。第一层以外的其他层为 FFC 层。扩展柜全部是 FFC 层。

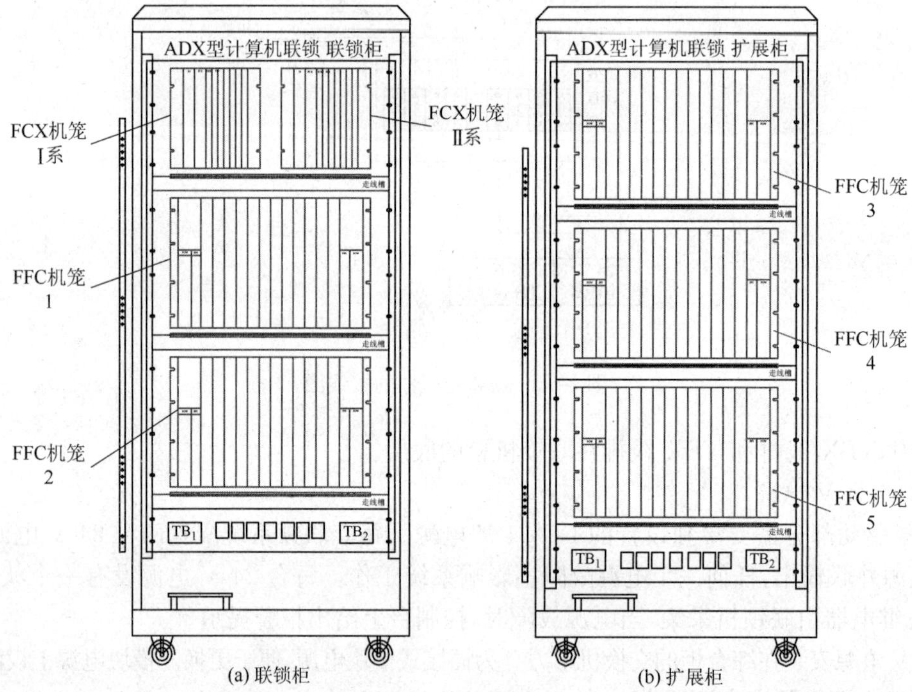


图 3-67　联锁机柜

(2)联锁逻辑运算层

联锁逻辑运算层的每系包括电源模块、处理器 FCX、通信板 ETH 和必要的 I/O 扩展板 SIO-D。每个板子都插在机笼背面的母板上，由母板提供板子的工作电源，并且 CPU 板通过母板监控机笼中其余电路板的工作。与监控机之间采用以太网通信，两系之间通信由 FCX 完成。

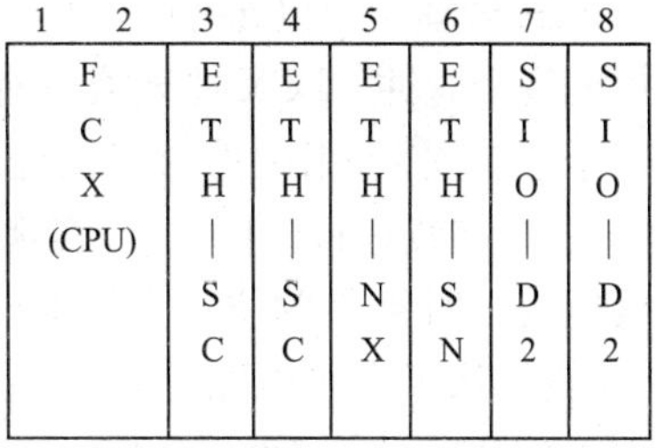

图 3-68　高铁版平台联锁逻辑运算层

根据应用场景的不同，联锁逻辑运算层主要有通用联锁平台、高铁版平台、区域联锁平台三种配置。

高铁版平台联锁逻辑运算层如图 3-68 所示。

该平台由电源板 PS、处理器 FCX、系间通信板 ETH-SC、与监控机通信的 ETH-NX 以太网通信板、与 TCC 和 RBC 通信的 ETH-SN 通信板、扩展通信板 SIO-D2 组成，最多可带 6 个 FFC 机笼。该平台可接入铁路信号安全信息网，具备与多个列控中心(TCC)、邻站计算机联锁、无线闭塞中心(RBC)的通信功能。

通用联锁平台与高铁版平台的区别仅在于，没有与 TCC 和 RBC 通信的 ETH-SN 通信板。

区域联锁平台可实现区域联锁控制，主要由逻辑部、中继部、环网接入设备组成。区域联锁的联锁逻辑部完成主控站和被控子站的联锁逻辑运算、与监控机的通信及整个系统的管理。中继部完成主控站和被控子站的信息采集和控制命令的驱动，一套区域联锁系统最多可配置 6 个中继部。联锁逻辑部和中继部之间采用冗余双环网通信，通信介质为专用光纤。为确保系统的安全性，联锁逻辑部和中继部之间采用专用的安全通信协议。

逻辑部区域联锁平台逻辑部配置如图 3-69 所示，由电源板 PS、处理器 FCX、接入区域联锁双环网的 ABL-A、与监控机通信的 ETH3-F 以太网通信板组成。区域联锁平台中继部配置如图 3-70 所示，由电源板 PS、处理器 FCX、接入区域联锁双环网的 ABL-A、ETH3-F 以太网通信板、扩展通信板 SIO-D2 组成，有图 3-70(a)、(b)不同的配置。

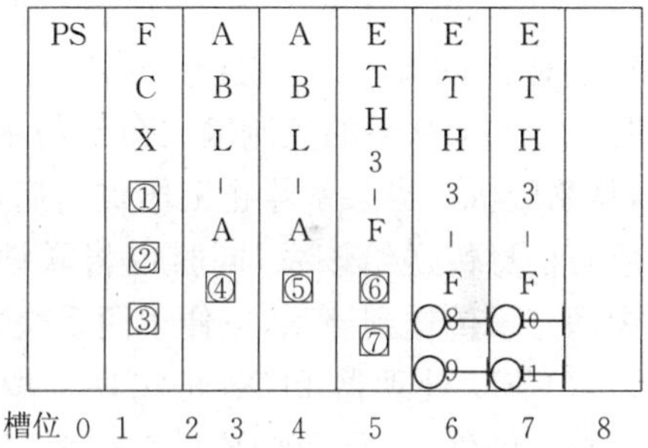

图 3-69　区域联锁平台逻辑部配置图

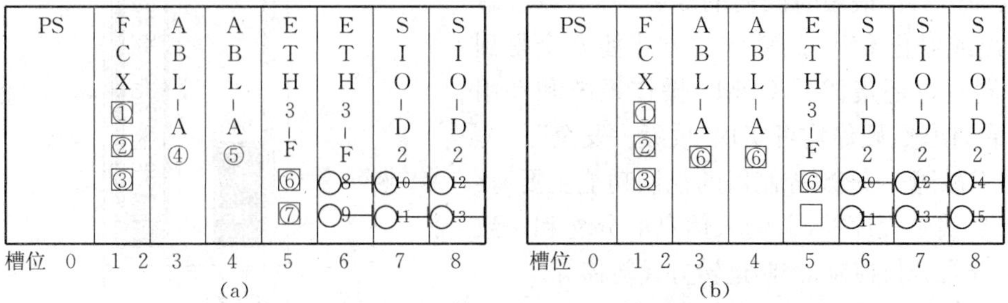

图 3-70　区域联锁平台中继部配置图

①FCX

FCX 为可扩展的“故障—安全”CPU 单元，是联锁机的 CPU，完成联锁逻辑运算，型号：FCX1000。

FCX是整个联锁系统的核心，主要功能是：完成联锁逻辑运算、完成主/备系信息交换并实现双机热备功能、与监控机和FFC通信。

FCX处理器中包含有两个CPU(MPU A和MPU B)和比较器(RAM型FPGA)，两个CPU使用同一个时钟。FCX处理器中有LA、LB两套独立的总线，分别与MPU A和MPU B连接。在每个总线周期，用硬件对双微处理器的地址线、数据线、控制线进行校核比较，实现总线同步工作。总线比较以时钟为单位。为了保证比较器正常工作，比较器除了自检电路外，还有故障信号产生电路。正常情况下，故障信号产生电路使比较器产生交变信号，如果不能产生交变信号则认为比较器故障，产生NMI信号。比较器检测到MPU A和MPU B不一致等异常情况后，产生NMI信号，并输入至MPU A和MPU B，两个MPU检测到NMI信号后立即停止工作，切断系统总线输出的启动信号。

主从FCX间的交换信息主要包括：FCX板的状态、本系FFC的状态、DI板状态、DO板输出数据、监控机送到FCX的通信数据等。

主从系间每个控制周期均交换信息，除监控机传送过来的信息不比较外，其余三种信息均需比较。对于DI输入比较连续10次不一致时，从系脱机。如果从系的控制输出命令与主系的不一致，从系脱机。当某系停止工作重新启动时，主系将所有信息传送给该系，同时也将联锁运算的所有中间变量传送到该系，以便于两系快速同步。

双CPU处理器FCX，是实现二取二冗余校核的核心硬件，二重系构成的"故障—安全"控制器相互监视控制状态，并通过总线比较器实现CPU及周边器件最短时间内的故障检测，以屏蔽对外输出或停止CPU的动作的方式使安全得到保障。同时它还集成了CPMS操作系统和专用软件平台，使软、硬件均可实现"故障—安全"。

FCX"故障—安全"控制器的控制功能主要有：周期控制、实施程序控制、输入信息的分配和一致性控制、异常分析控制、控制运转方式转移等。

FCX运行方式有：电源未接通状态、故障状态、待机状态、主系工作状态、备系工作状态、仿真测试状态。

图3-71是FCX面板图。表3-14是FCX的LED指示灯含义。

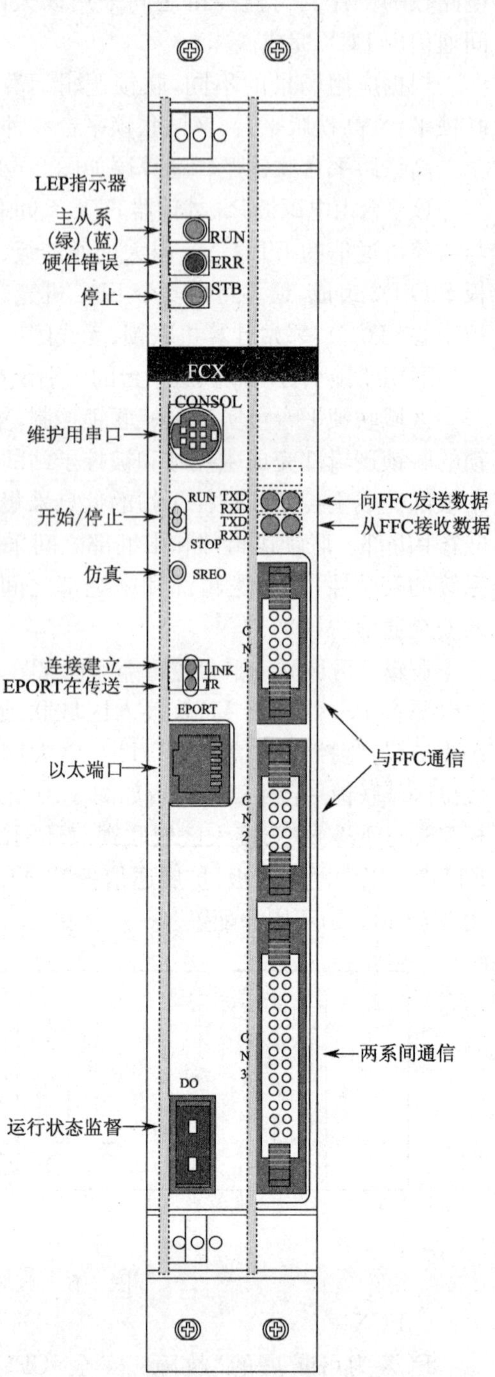


图3-71　FCX面板图

表 3-14　FCX 的 LED 指示灯含义

| 序　号 | 状　态 | RUN | ERR | STBY |
|---|---|---|---|---|
| 1 | 开始启动 | 绿闪 | 灭灯 | 绿闪 |
| 2 | 初始化过程中 | 黄闪 | 灭灯 | 绿闪 |
| 3 | 启动时异常 | 绿闪或黄闪 | 红闪 | 灭灯 |
| 4 | 主系工作 | 绿灯 | 灭灯 | 灭灯 |
| 5 | 从系工作 | 黄灯 | 灭灯 | 灭灯 |
| 6 | 仿真模式 | 黄灯 | 灭灯 | 绿闪 |
| 7 | 控制待机 | 绿闪 | 灭灯 | 灭灯 |
| 8 | 停止处理中 | 灭灯 | 红闪 | 灭灯 |
| 9 | 停止 | 灭灯 | 红灯 | 灭灯 |

FCX 与 FFC 连接如图 3-72 所示。

②以太网通信板(以太网卡)ETH

ETH 主要用于实现与监控机的通信,它采用 R600-M 总线,按照国际标准 IEEE 802.3 的 SMA/CD 局域网实现通信,具有以下特点:采用 TCP/IP 协议,提高了通用性;一块板中有两个通道的以太网接口,双 MAC 地址、双通道、双网卡可以提高通信速度;采用二重系以太网以提高连续工作性能,操作程序支持双套结构的以太网。

通信板的配置如图 3-73 所示。

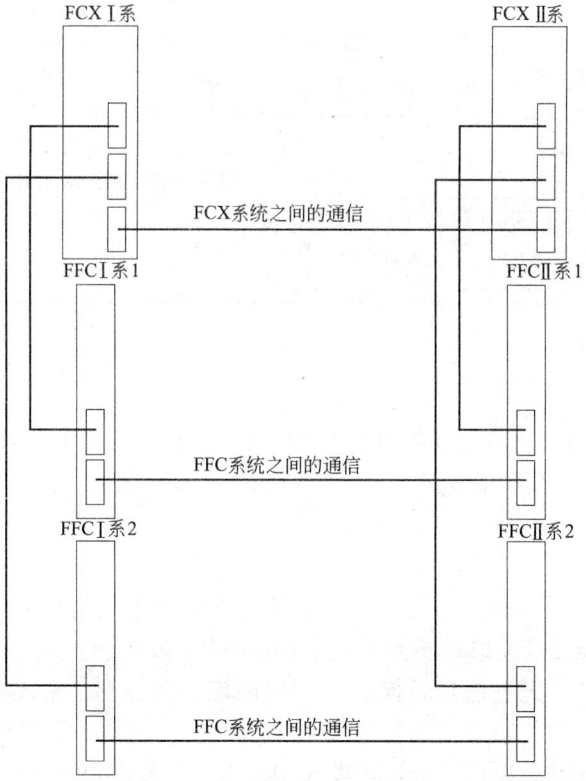


图 3-72　FCX 与 FFC 连接

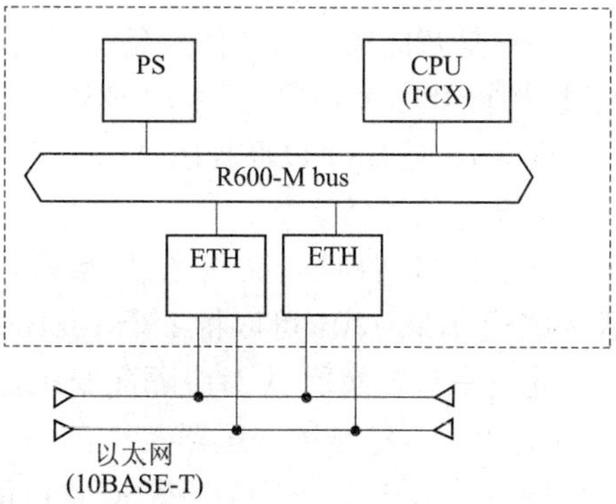


图 3-73　通信板的配置图

图 3-74 是以太网卡的面板图。

表 3-15 是 ETH 的 LED 指示灯含义;表 3-16 是 ETH 的跳线设置。

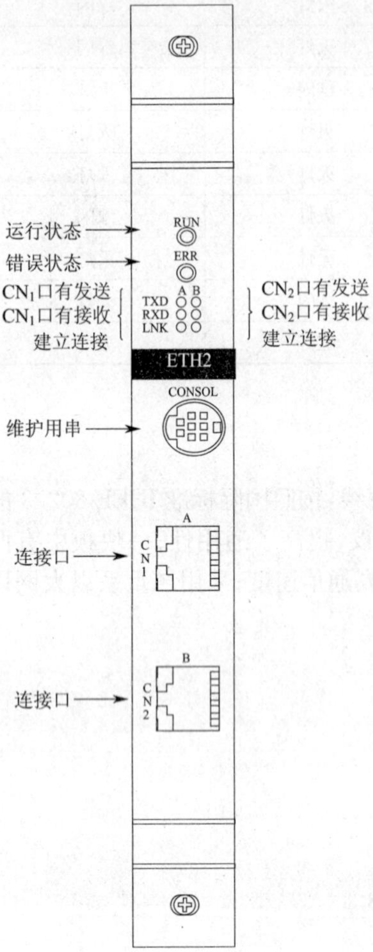


图 3-74 以太网卡的面板图

**表 3-15 ETH 的 LED 指示灯含义**

| 名 称 | 分 类 | 颜 色 | 含 义 |
|---|---|---|---|
| RUN | | 绿 | 指示为运行状态 |
| ERR | | 红 | 指示为错误状态 |
| TXD | A | 绿 | $CN_1$ 有发送的数据 |
| RXD | A | 绿 | $CN_1$ 有接受的数据 |
| LNK | A | 绿 | $CN_1$ 建立连接 |
| TXD | B | 绿 | $CN_2$ 有发送的数据 |
| RXD | B | 绿 | $CN_2$ 有接受的数据 |
| LNK | B | 绿 | $CN_2$ 建立连接 |

**表 3-16 ETH 的跳线设置**

| | Ⅰ系 | Ⅱ系 | 其他/每位含义 | |
|---|---|---|---|---|
| JP | 2 4 6 8 10<br>1 3 5 7 9 | 2 4 6 8 10<br>1 3 5 7 9 | 系统要求 | |
| $SW_1$ | 1 2 3 4 5 6 7 8<br>OFF | 1 2 3 4 5 6 7 8<br>OFF | $CN_1$<br>1:自动传递/否<br>2:100BASE/10BASE<br>3:全双工/半双工<br>4:预留/使用 | $CN_2$<br>5:自动传递/否<br>6:100BASE/10BASE<br>7:全双工/半双工<br>8:预留/使用 |
| $SW_2$ | 1 2 3 4 5 6 7 8<br>OFF | 1 2 3 4 5 6 7 8<br>OFF | 站号设置 0～255 | |

电压要求:直流 5(1±5%) V

③扩展板 SIO-D

SIO 是智能的串行通信设备,插接在 CPU 层 R600 母板上。当需要扩展两个以上 FFC 机笼时用到 SIO。和 FFC 间采用 RS485 连接,全双工方式。

图 3-75 是 SIO-D 面板图。

④光电信号转换器

光电信号转换器,又称光猫,型号为 JetCon1301。每套联锁系统需要两个光电信号转换器,每个 JetCon1301 可以将 1 个 10/100Base-TX 口转换为 1 个 100Base-FX Fast 口。

光电信号转换器 A 对应隔离变压器 A ,光电信号转换器 B 对应隔离变压器 B。输入电压:直流 24 V,有专用变压器。

JetCon 1301 光口支持多模 SC 接口最大传输距离 2 km,单模 SC 接口最大传输距离 30 km。

监控机、维修机连接到综合柜光交换机以太网口,综合柜光交换机和联锁机光电信号转换器通过两芯光缆连接，光缆连接时要交叉，即一个光交换机的 TX 对应另一个光交换机的 RX。以太网连接方式如图 3-76 所示。

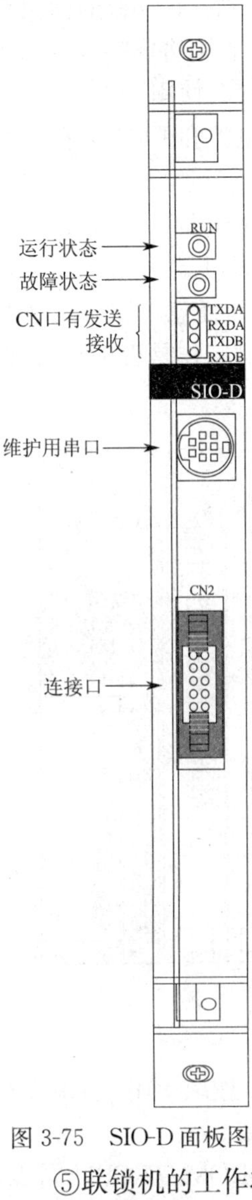


图 3-75　SIO-D 面板图

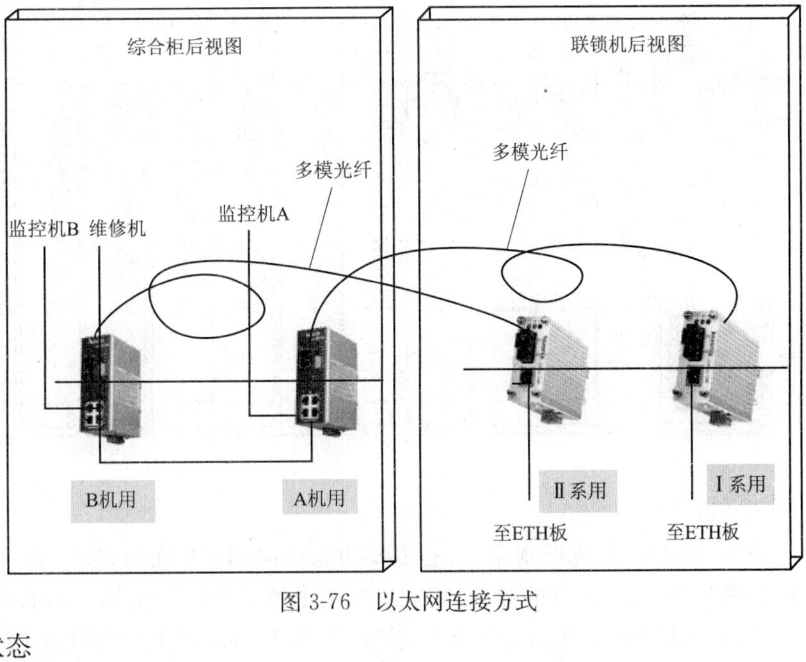


图 3-76　以太网连接方式

⑤联锁机的工作状态

联锁机有四种工作状态：A、B 两系均不工作，A、B 两系中只有一系工作和双系联机同步工作。作为 A、B 联锁机来说有单机工作、脱机、联机同步三种状态。系统启动时，先上电的一系（A 系或 B 系）定义为主机，先进入工作状态，其次上电的一系为备机，主动与主机通信自动联机，实现同步工作。在联机同步时 A、B 联锁机处于完全相同的工作状态，实无主、备之分。如主机出现故障，自动停止与 FFC 的通信，此时备机自动升为主机工作，原主机则处于脱机状态。必须在修复故障，确认机器正常后重新开机，原主机作为备机，转入联机状态，恢复主备机通信，待双机的管理状态完全一致时，备机与主机联机同步工作，转入热备状态。此时原备机仍作为主机工作，不再切换到原主机，将一直保持至本机故障或人工切换倒机为止。A、B 机的自动切换和人工倒机，均不影响系统的正常工作。

两台监控机与联锁机通信都不正常时，同步态的联锁机将脱机。

(3)执行表示控制层

执行表示控制层(FFC机笼)包括FFC板、I/O板(采集板FDI和驱动板FDO)、FFC电源。

每个FFC机笼的容量是12块I/O板，Ⅰ系和Ⅱ系分别6块，间隔排列。I/O板的槽位在软件安装时固定位置，不需要跳线设置。位置和数量必须按照要求配置，否则将影响系统的正常运行。I/O板的布置尽量采用每层固定采集或驱动的原则，尽量减少交叉使用。

图3-77图是以采集板FDI为例的FFC机笼前视图，左侧为Ⅰ系的电源和FFC，右侧为Ⅱ系的电源和FFC。

每块采集板FDI有48路采集模块，采集为高电平有效。每块驱动板FDO为32路驱动模块，驱动输出为－24 V。取消了驱动单元，直接用24 V电源使相应的继电器励磁。采集板和驱动板均具有完善的自诊断功能，周期性检测采集/驱动回路正确与否，任意一路采集或驱动回路故障均可及时检出。FDI和FDO具有丰富的面板指示灯可判断其工作是否正常，方便维修。

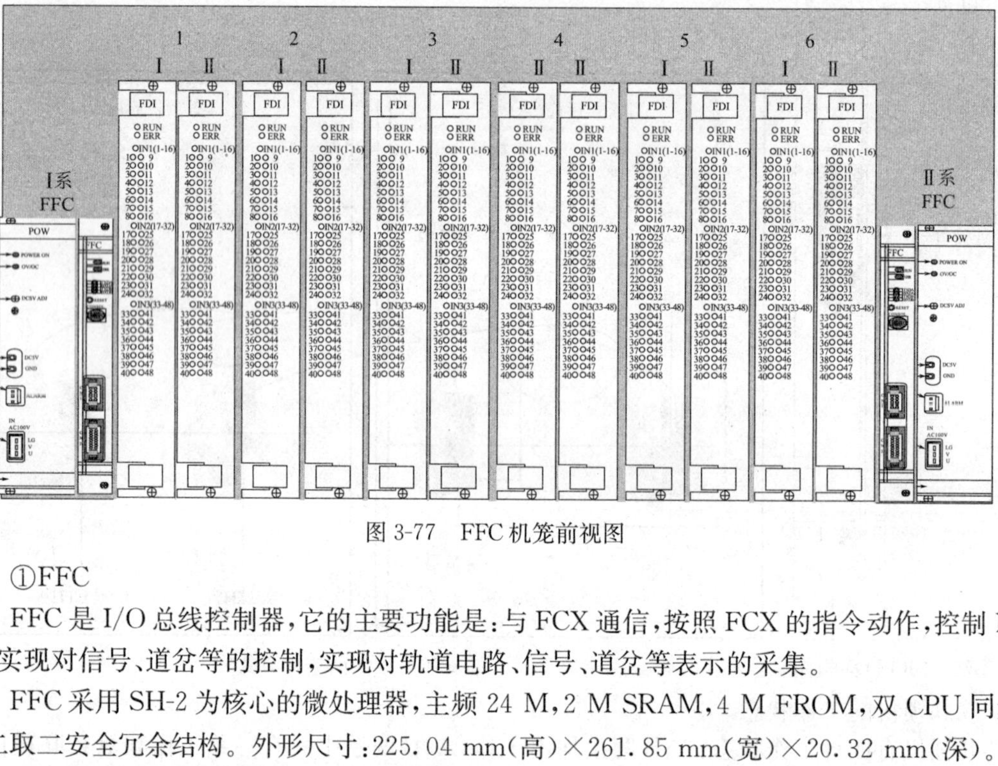


图3-77 FFC机笼前视图

①FFC

FFC是I/O总线控制器，它的主要功能是：与FCX通信，按照FCX的指令动作，控制I/O板，实现对信号、道岔等的控制，实现对轨道电路、信号、道岔等表示的采集。

FFC采用SH-2为核心的微处理器，主频24 M，2 M SRAM，4 M FROM，双CPU同步，为二取二安全冗余结构。外形尺寸：225.04 mm(高)×261.85 mm(宽)×20.32 mm(深)。可以应用在单系中，也可以用在可靠性更高的双系中。

FFC硬件包含了故障诊断机构及安全控制机构，以确保系统的安全性。FFC通过S-LAN端口接收主FCX的控制命令，为保证安全、可靠，FFC的CPU A和CPU B接收到两组控制命令信息，并对这两组数据进行比较，如结果一致，则通过F总线分别输出交变信号A和B。

如FFC的两个CPU都正常工作，则总线校核比较器FBC输出表示CPU正常工作的信号。比较器FBC用来检测两系处理器的总线信号，采用的是使两系输入信号相差半个时钟动作的差动二重化方式，可以有效地抑制共模干扰。此外，为自检测，还附加了故障注入输入回路和测试模式生成回路。只有在输入一致、测试模式生成回路、故障输入回路、比较器全正常工作时才能得到有效的输出信号。

在做联锁逻辑运算时，系统默认 FFC 主系的输入、输出正确。如果由于传输延时等原因造成主从系采集信息输入不一致，从系不采用自己的输入信息，而采用主系送过来的输入信息。系统处于同步状态时，主、备同时输出驱动继电器，这样可保证系统切换时控制的连续性。

主从 FFC 间交换信息如下：本系 DI、DO 板的状态；FFC 自己的状态；本系 FCX 的状态。

图 3-78 是 FFC 的面板图。

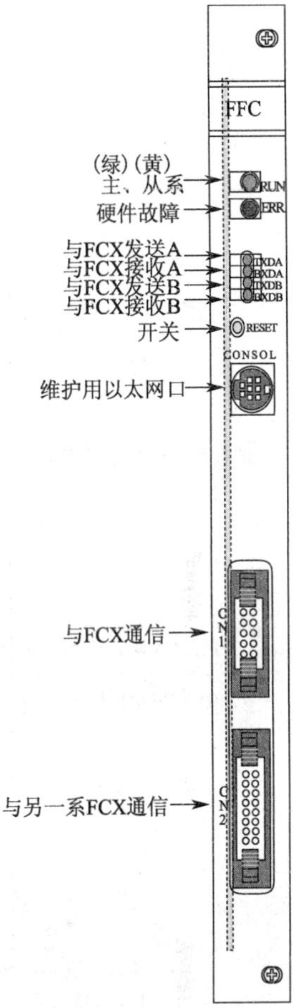


图 3-78 FFC 的面板图

②FFC 电源模块

a. APW000 型电源模块

参数指标：

(a)温度：动作时：－10 ℃～＋60 ℃；非动作时：－20～＋70 ℃。

(b)冷却方式：自然冷却。

(c)输入电压允许范围：AC 80～132 V。

(d)输入电流允许范围：最大 3.6 A。

(e)输出电压：＋5.0 V。

(f)电压变动率：3%。

(g)最大输出电流：20 A。

电源具备过电压保护、过电流保护、不足电压切断输出的功能。

(a)过电压保护：检出值 5.6～7.0 V，检测时间＜1 s，结果——停止输出。

(b)过电流保护：检出值＞21 A，检测时间＜1 s，结果——停止输出。

(c)不足电压：检出值 3.0～4.3 V，检测时间＜1 s，结果——停止输出。

图 3-79 是 APW000 型电源模块面板图。

b. LPJ001 型电源模块

参数指标：同 APW000。

图 3-80 是 LPJ001 型电源模块面板图。

③采集板 FDI 和驱动板 FDO

采集板和驱动板采用的是二取二安全智能 I/O 模块，主要负责联锁命令的执行和联锁运算所需的信息采集，包括安全智能采集模块和安全智能驱动模块。采集板主要负责联锁运算所需的信息采集，每块采集板为 48 路采集模块，采集为高电平有效。驱动板主要负责联锁命令的执行，每块驱动板为 32 路驱动模块，驱动输出为－24 V。TYJL-ADX 直接用 24 V 电源使相应的继电器励磁。采集板和驱动板均具有完善的自诊断功能，周期性检测采集/驱动回路正确与否，任意一路采集或驱动回路故障均可及时检出。

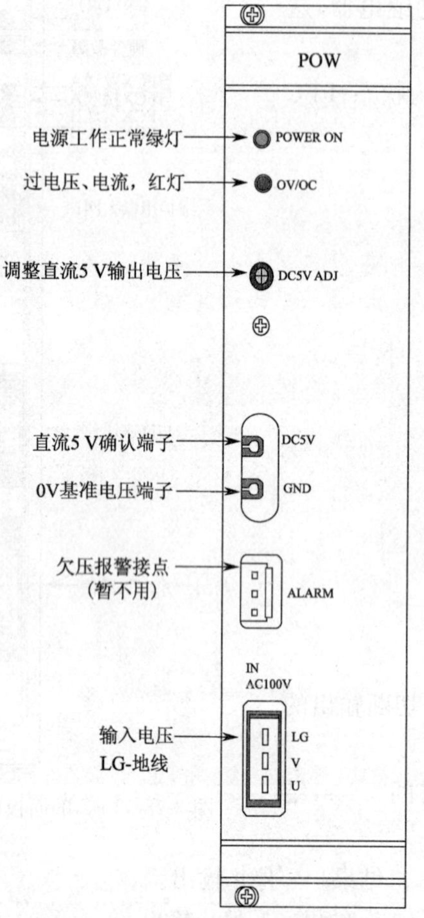


图 3-79　APW000 型电源模块面板图

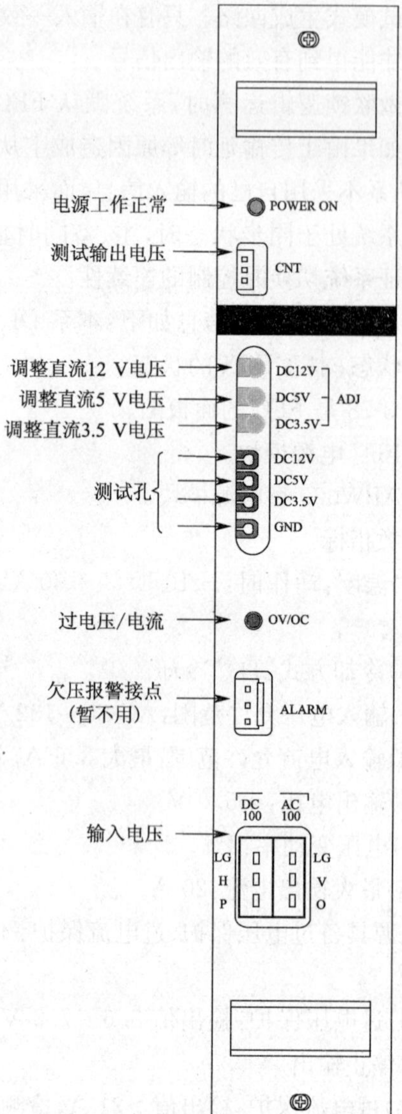


图 3-80　LPJ001 型电源模块面板图

在 I/O 单元中，以两系的交变信号及来自 FBC 的正常工作信号作为条件，由"故障—安全"电路(FS 电路)输出。I/O 单元的输出及内部状态，通过 I/O 单元内的 DI 输入回路反馈到 FFC。FFC 定期监视从各 I/O 单元来的 DI 信息，检测故障。

FDI 和 FDO 具有丰富的面板指示灯，可判断其工作是否正常，方便维修。

a. 采集板

可以通过面板指示灯判断采集板工作是否正常。在正常运行时，其前面板上的 RUN 灯、$IN_1$ 灯、$IN_2$ 灯、$IN_3$ 灯，这 4 个灯应该点绿灯。灯故障时，前面板上的 ERR 灯亮红灯。

每块采集板可采集 48 位信息。接口柜上为 32 位端子板(1～12、17～28 为采集位，13、29 为采集回线)，而在采集板卡上为 48 位，两块 32 位接口柜端子板对应一块 48 位机柜板卡(即第一块 1～12、17～28 对应机柜采集板卡的 1～24 位；第二块 1～12、17～28 对应机柜采集板卡的 25～48 位)。

全站共用一根采集回线，在接口柜零层 $D_3$-2，其采集原理如图 3-81 所示。电压：+24 V，再由接口柜 $D_3$-2 连接到组合柜的各零层。在采集板位的第一块板为 0 端子板上 3 由接口柜 $D_3$-2 连接到组合柜的各零层。在采集板位的第一块板为 0 端子板上 3 根线为 24 V 监测用，3 接回线、6 接电源 1、9 接电源 2。当电源 1 采集不到时，控制台报电源 1 故障，电源 2 也如此。接口柜零层 $D_1$ 为 IO+，$D_2$ 为 IO-GND，由综合柜的 $TB_1$ 线排接出。

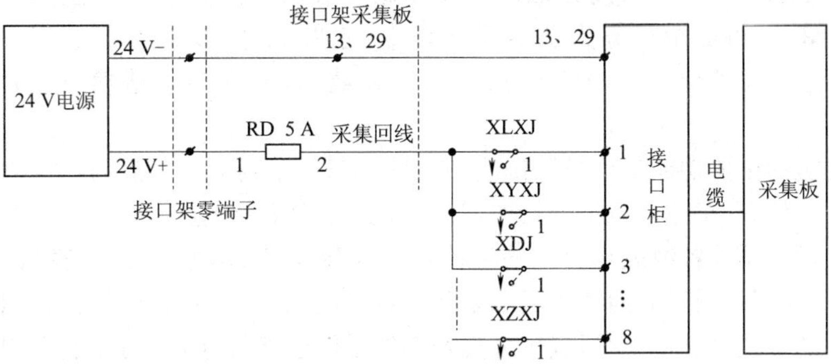


图 3-81　采集原理图

b. 驱动板

可以通过面板指示灯判断其工作是否正常。在正常运行时，对于驱动板，其前面板上的 RUN 灯点绿，主控板的 OUT 灯亮绿灯，备板的 OUT 灯亮黄灯。灯故障时，驱动板的前面板上的 ERR 灯亮红灯。

每块驱动板可控制 32 个继电器。接口柜上为 32 位端子板（1～8、17～24 为驱动位，14、30 为驱动回线 0 V，15、31 为 0 V，16、32 为 24 V），而在板卡上为 48 位，两块 32 位接口柜端子板对应一块 48 位机柜板卡（即第一块 1～8、17～24 对应机柜驱动板卡的 1～16 位，第二块 1～8、17～24 对应机柜驱动集板卡的 25～42 位）。全站共用一根驱动回线，在接口柜零层 $D_3$-3、$D_3$-4，驱动原理如图 3-82 所示，电压：0 V。驱动回线与 IO-GND 不需在接口柜零层短接，由接口柜 $D_3$-3、$D_3$-4 连接到组合柜的各零层。

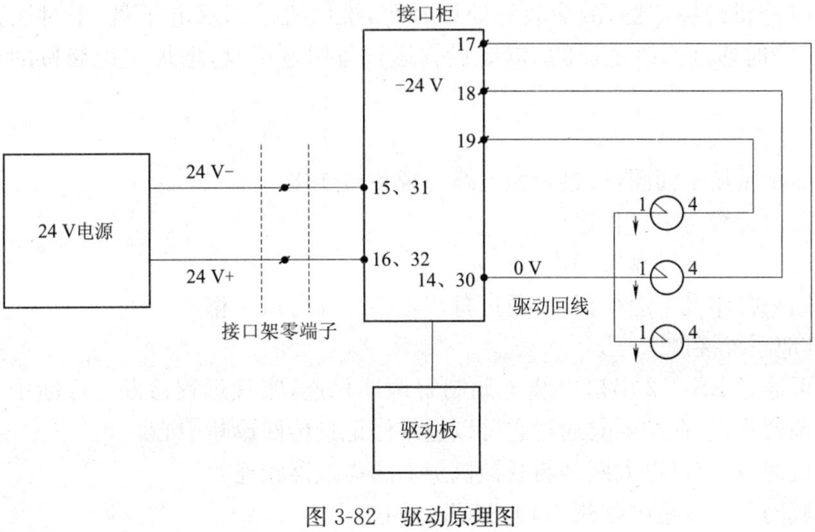


图 3-82　驱动原理图

④与继电器的接口

系统通过采集信号 LXJ、YXJ、DXJ、TXJ、LUXJ、DJ、DBJ、FBJ、DGJ 及其他相关继电器获得现场信号机、道岔、轨道区段的状态；通过驱动 LXJ、YXJ、DXJ、TXJ、LUXJ 实现对信号机开放的控制，通过驱动 DCJ、FCJ、SFJ 实现对道岔的转换和锁闭的控制。

6. 电务维修机

电务维修机采用高可靠、高性能的工业控制计算机，通过网络与监控机相连，与监控机进行数据交换。可显示车务人员的操作命令、系统状态、现场设备状态，并有查询、记录、打印和图像再现功能。电务维修机可接入局域网，实现与其他信息管理系统的信息交换。

电务维修机的主要功能是记录操作信息、错误信息、站场显示信息、输入/输出信息、破封计数器清零。具体有：车务值班员的操作记录；站场状态信息的显示和记录；报警信息的记录；采用图形方式显示系统各组成部分间的通信状态及与 TCC、RBC、邻站计算机联锁等系统的通信状态；采用友好的图形界面实时显示采集信息和驱动命令；具有站场信息回放功能；所有的记录以文件的形式存储 1 个月；提供分类查询的手段检索所有的记录，并可定向查找某些记录；记录打印的功能；远程诊断功能（通过远程拨号将上述功能体现在远程计算机上）；修改维修机的时钟，同时将监控机 A、监控机 B 的时间保持一致；修改监控机 A、监控机 B 的清除严重报警的密码。

电务维修机必须与监控机通信才能完成上述功能。

（1）硬件配置

电务维修机硬件配置见表 3-17。

**表 3-17 电务维修机硬件配置**

| 名称 | 型号 | 数量 | 名称 | 型号 | 数量 |
|---|---|---|---|---|---|
| 主板 | PCA-6004 | 1 | 以太网卡 | 3C90x-CX | 1 |
| 内存 | SDRAM | 256 | 扩展卡 | 422 | 1 |
| 显卡 | 板载 AGP/VGA | 1 | 电子盘 | | 2 |

为增加维修机的稳定性，减少故障处理时间，维修机采用双电子盘，平时运行一个电子盘，电子盘故障时通过修改主板的 BIOS 设置运行备用电子盘，增加了维修机的可靠性和可用性。

（2）配套设备

显示器显示站场平面图，通过视频电缆与视频口连接。

鼠标通过鼠标线与串口相连。

键盘通过键盘线与键盘口相连。

打印机用来打印设备运行记录，通过打印电缆与并行口 1 相连。

（3）与其他系统接口

维修机可通过 RS-232 串口电缆与调制解调器相连，实现远程诊断。诊断中心通过电话线与调制解调器连接，在需要时通过它可以把维修记录传回诊断中心。

与监控机通信，通过以太网卡与联锁机柜上的集线器相连。

通过局域网与信号集中监测、TDCS/CTC 相连。

(4)电源

维修机的电源采用系统电源中的 UPS 提供的 220 V 电源，维修机安装在维修台中，维修机的配套设备中有打印机、调制解调器。因此维修台的电源又分为：维修机 220 V、显示器 220 V、打印机 220 V、插座 220 V(供调制解调器用)。

7. 与 TCC、RBC 系统的接口

TYJL-ADX 型联锁系统采用高铁版平台与 TCC、RBC 系统接口。由于联锁系统采用浮地设计方式，因此在接入安全网前需采取隔离措施，即在每条接入安全网的以太网线上增加了一对光电转换设备，以实现隔离功能，防止外部系统对联锁的干扰。图 3-83 中的 O/E 就是光电转换设备。

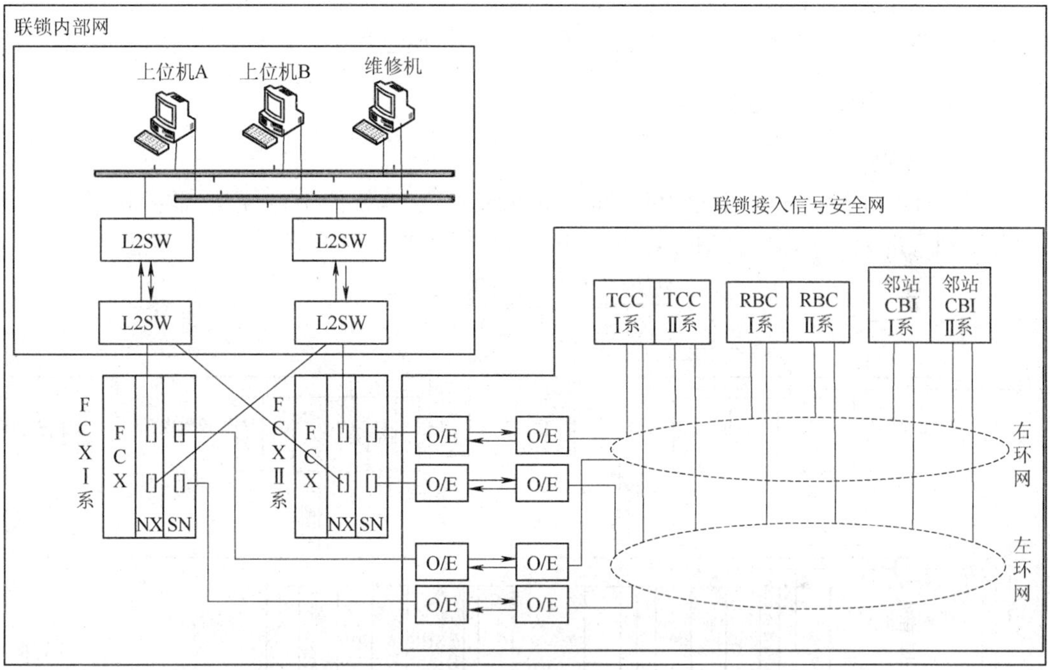


图 3-83 TYJL-ADX 联锁与安全网中 TCC、RBC 接口

接入信号安全网的 TYJL ADX 联锁系统可以与多个 TCC、多个邻站 CBI、多个 RBC 同时进行通信。

(1)TYJL-ADX 联锁系统与 TCC、邻站 CBI 的通信原则

①联锁与 TCC、邻站 CBI 间采用 RSSP-Ⅰ安全通信协议。

②传输层采用以太网协议中的 UDP 单播通信方式，避免广播风暴。

③联锁与 TCC、邻站 CBI 间按 200～500 ms 固定周期交互数据。

④每系每个端口与外部设备两系的对应端口(本系 A 口与对方两系的 A 口，本系 B 口与对方两系的 B 口)均建立通信链接。

⑤双系同步时，主系、备系向外部设备的主、备系发送相同的应用数据，备系数据仅用于通道检查。

⑥设备的两系间应同步校时信息，避免两系切换时，触发重新校时。

⑦当中继站列控中心控制无配线车站时，联锁与该站列控中心直接建立通信。

(2)TYJL-ADX 联锁系统与 RBC 的通信

①联锁与 RBC 间采用 RSSP-Ⅱ安全通信协议。

②传输层采用以太网协议的 TCP/IP，RBC 是服务器，CBI 是客户端。

③联锁在应用层按照相关技术规范的要求实现两种应用层协议，可以满足与不同厂家 RBC 互联。

(3)通信异常处理

联锁系统连续监视与 TCC、RBC、邻站 CBI 的通道接口，当联锁主机连续 3 s 不能从 TCC 主机、邻站 CBI 主机、RBC 主机接收到正确的通信数据时即判为通信中断，立即在控制台上报警，并对相应的数据进行安全处理。如对每个配有可降级的进站口信号机均需降级显示处理、所有取自 TCC 的轨道区段状态均按占用处理等。

当联锁的主机与 TCC、RBC、邻站 CBI 主机通信中断，而备系与 TCC、RBC、邻站 CBI 主机通信正常时，联锁系统主备切换，备机升为主机，在切换过程中不影响整个系统的正常运行。

## 六、TYJL-Ⅲ型计算机联锁系统

1. 系统结构

TYJL-Ⅲ型计算机联锁系统硬件结构分为联锁机、安全智能 I/O 模块、监控机、维修机和综合配电柜 5 部分。TYJL-Ⅲ型计算机联锁系统结构如图 3-84 所示。

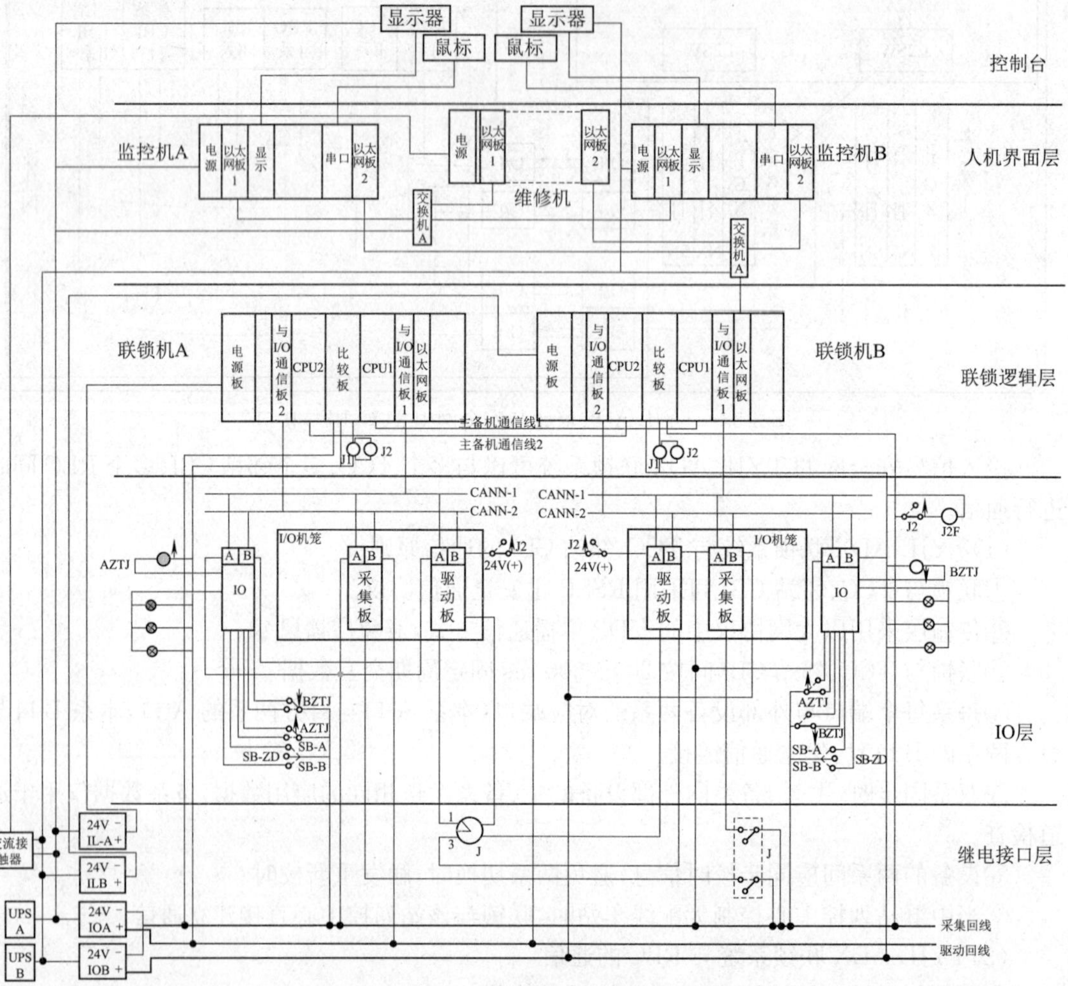


图 3-84　TYJL-Ⅲ型计算机联锁系统结构图

联锁机由两套高可靠的工控机系统组成，采用二乘二取二热备的冗余方式工作。每套工控机系统由主机和从机构成。主机和从机分别进行独立的联锁运算。

采集驱动单元采用安全智能 I/O 模块 FIM I/O，FIM I/O 模块为二乘二取二冗余结构，由安全智能采集模块（FIMI）和安全智能驱动模块（FIMO）构成。每个安全智能模块由内部双 CPU 完成控制、通信及自检任务，通过双 CPU 比较，一致后才执行联锁机的驱动命令，提高了系统的安全性。每个安全智能模块通过双套热备的方式提高系统的可用性，一旦其中某一个模块故障，其备用模块可以保证系统无间断地工作。

联锁机和安全智能 I/O 系统之间通过高可靠的现场总线 CAN 进行通信。采用双 CAN 总线方式的冗余通信，可以实现安全智能 I/O 系统与联锁控制系统间的实时、可靠的数据通信。

两台监控机不分主机与备机，系统运行时两台监控机上的控制命令均有效。单台监控机发生故障，不影响整个系统的正常工作。

系统中采用了多种安全保护措施，如故障安全措施、系统自诊断技术、硬件冗余容错技术、编码技术等，具有很高的安全性和可靠性。

2. 联锁机

联锁机柜安装联锁逻辑子系统（IL）、联锁切换单元、输入子系统（安全智能采集）和输出子系统（安全智能驱动）。

有两个联锁机柜，一个机柜安装 A 系 IL 子系统、安全智能采集、安全智能驱动子系统，另一个机柜安装 B 系 IL 子系统、安全智能采集、安全智能驱动子系统。其中联锁机、联锁切换单元为 IL 子系统。I/O 机箱安装安全智能采集子系统或安全智能驱动子系统。风扇用于机柜散热。零层前面板安装电源空气开关，零层端子排安装接线端子和事故继电器。联锁机柜设备布置如图 3-85 所示。

（1）联锁机箱

联锁机箱安装一块电源板、一块状态 IO 板、一块以太网通信板、两块 CAN 通信板、两块 CPU 板、一块比较板及一块联锁机母板。

电源板提供联锁运算层各板卡的工作电源。

状态 IO 板驱动 A、B 机状态继电器，驱动点亮切换单元上的主控绿灯和同步备用黄灯，采集状态继电器及手柄位置，采集 IO24 V 电源。

以太网通信板负责和监控机、维修机通信。

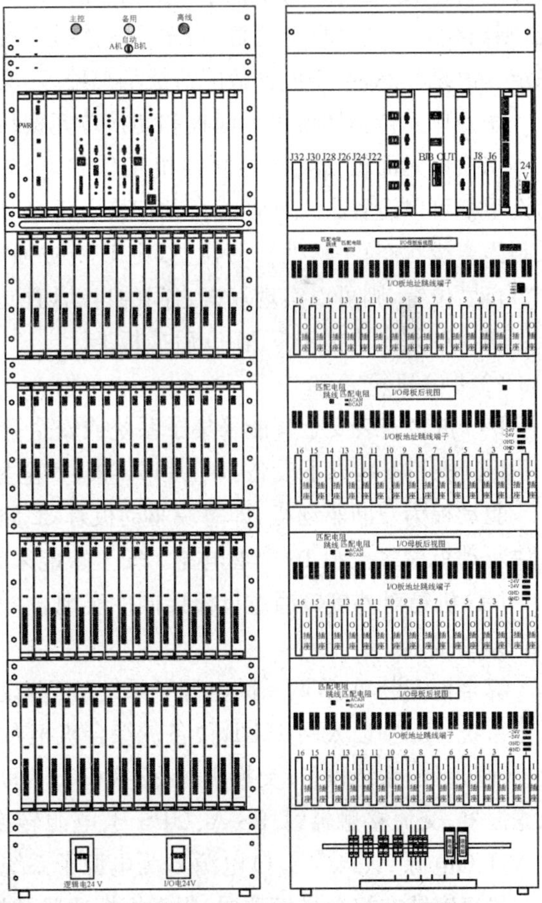


(a) 正视图　　(b) 后视图

图 3-85　联锁机柜设备布置图

CAN 通信板负责和 I/O 通信。

CPU 板是系统处理的关键板卡，联锁程序安装在该板卡。联锁机的应用程序已都固化在 CPU 板的电子盘上，只要开启电源，程序就开始运转。CPU ID 设置通过 5650 通信板后插板上的跳线实现，通信板后插板上 4 个跳线正视从上到下分别对应设置主 CPU、从 CPU、A 系、B 系。

比较板对主从 CPU 的输出进行比较，若比较不一致，切断安全智能驱动板的工作电源。

联锁机箱对外接线通过母板接插件实现。

(2)切换单元

切换单元实现联锁机主备工作状态的切换。

TYJL-Ⅲ型计算机联锁系统支持自动切换和人工切换两种方式。

联锁机 A 上安装有三位切换手柄，分别为 A、自动、B 三个位置，当手柄打在“A”或“B”位置时，分别强制联锁 A 为主控机或联锁 B 为主控机。当手柄打在“自动”位置时，设备根据情况自动选定一套作为主控机，另一套则工作为备用状态，即实现双系同步工作。当主控系出现故障时，备用系迅速升为主控系，原主控系处于离线状态。假如是由于双系采集不一致造成离线，则离线后系统会自动联机，最多连续连接 10 次，若 10 次后还不能稳定处于同步状态，则会稳定在离线状态，由于设备故障造成的离线，不会再自动联机。

切换单元包括切换单元面板和切换单元模块。

切换单元面板安装本系联锁机工作状态指示灯。A 系切换单元面板还安装切换手柄。切换手柄可以设置人工切换或自动切换。手柄处于 A 位置，则 A 机被强制为主控机，B 机被强制为离线状态；手柄处于 B 位置，则 B 机被强制为主控机，A 机被强制为离线状态；手柄处于“自动”位置，则可以实现双机之间的自动切换。

切换单元模块位于 FIMIO 后插板上。

(3)I/O 机箱

I/O 机箱安装安全智能采集子系统或安全智能驱动子系统设备。

I/O 机箱安装以下设备：16 块 I/O 板(安全智能驱动板或安全智能采集板)。

驱动板为双断驱动板，即每块驱动板有 32 路输出端子，每两路控制一个驱动对象，也就是每块驱动板最多控制 16 个继电器。安全智能采集模块为 32 路采集模块。

I/O 机箱对外接口通过母板接插件实现。

3. 综合柜

综合柜安装 A、B 两系的电源子系统(PW)设备、操作显示子系统的监控机设备和联锁逻辑子系统(IL)中以太网 HUB 设备。综合机柜布置如图 3-86 所示。其中，监控机 A、监控机 B 为操作显示子系统设备；交换机 A、交换机 B 为联锁逻辑子系统设备；电源开关、电源防雷、电源滤波器、交流接触器、UPS A、UPS B、电源转换开关、24 V 逻辑电源 A、24 V 逻辑电源 B、24 V I/O电源 A、24 V I/O 电源 B 为电源子系统(PW)设备。

风扇安装在综合机柜顶层，用于机柜通风散热。零层前面板安装电源空气开关，后面端子排安装接线端子、电源防雷、电源滤波器和交流接触器。

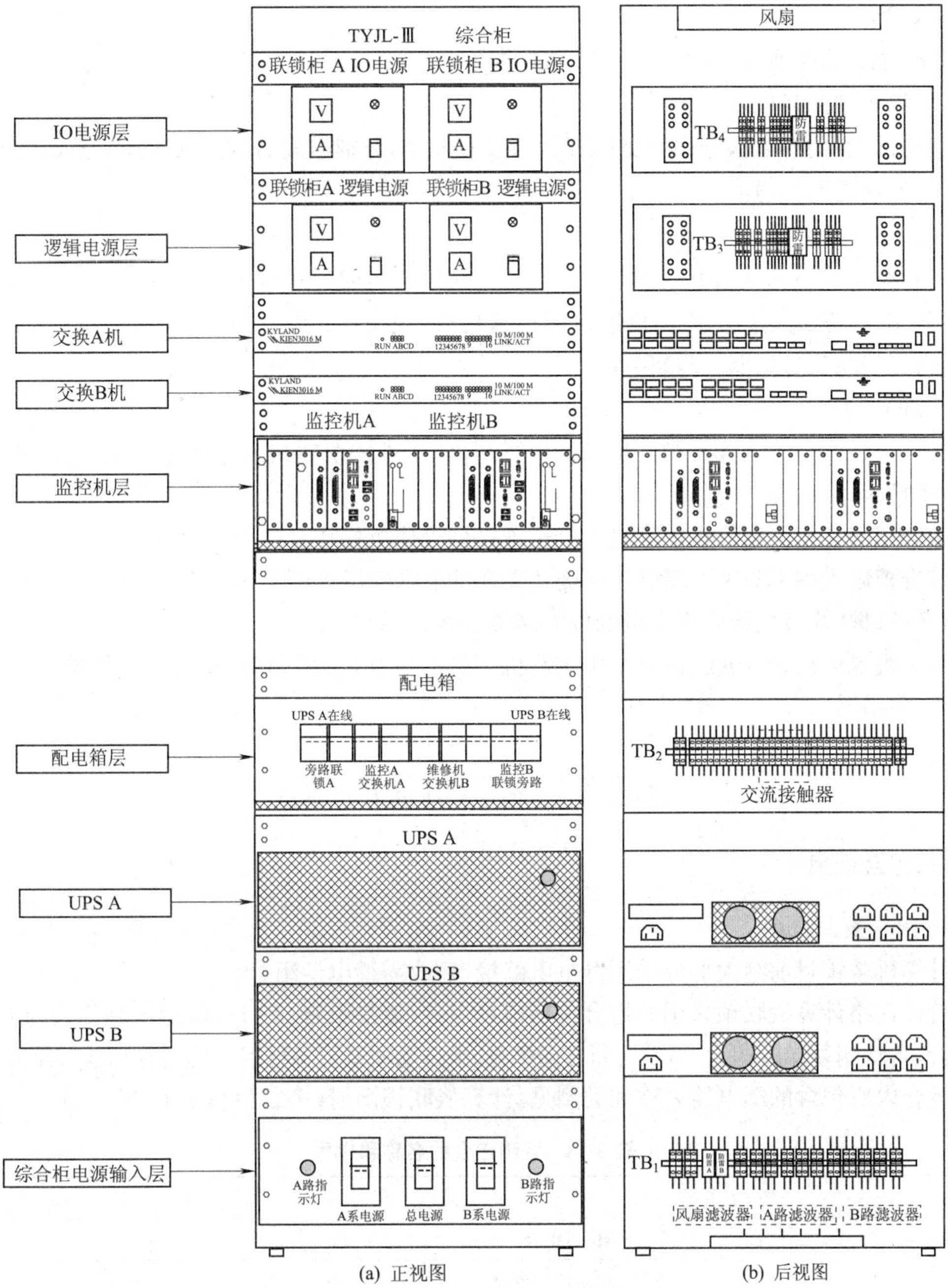


图 3-86　综合柜设备布置图

(1)电源子系统

①I/O 电源

I/O 电源配置为 24 V、40A，分为联锁柜 I/O A 电源和联锁柜 B-IO 电源，分别控制相应机柜 I/O 板的工作电源。

②逻辑电源

逻辑电源配置为 20 A，分为联锁柜 A-逻辑电源和联锁柜 B-逻辑电源，分别控制相应机柜联锁 CPU 板的工作电源。

③UPS

UPS 每站配置两个，分别给 A、B 两系供电。

(2)以太网交换机

两个以太网交换机，分别为交换机 A 和交换机 B，分别组成 A 网和 B 网，用于联锁机和监控机、维修机之间的通信。

(3) 监控机

两台监控机 A 和 B，由工控机和若干工控机板卡构成。通过监控机的以太网卡、以太网 HUB 与 IL 子系统通信。监控机通过鼠标延长线、视频延长线、音频延长线与车务控制终端(控制台)的鼠标、显示器、音箱相连。

4. 维修机

维修机操作台为电务维护人员的操作终端，包括维修机主机、鼠标、显示器、打印机、微机桌、端子排。

综合柜端子排的维修机电源输出端子连接到维修机操作台端子排 220 V 电源输入端子。

综合柜以太网 HUB A 端口 9 连接至维修机主机的以太网板卡 1 $J_1$ 端口；综合柜以太网 HUB B 端口 9 连接至维修机主机的以太网板卡 2 $J_1$ 端口。

维修机鼠标线、打印线、视频线由维修机主机的鼠标口、打印口、显卡口连接维修机鼠标、打印机、显示器。

## 第四节　计算机联锁电路

### 一、组合运用

1. 组合及其选用

计算机联锁目前绝大部分采用继电电路接口，故需继电器组合。

普速铁路计算机联锁采用的组合包括信号组合、道岔组合、25 Hz 轨道电路组合及轨道复示组合、自动闭塞结合组合、改变运行方向组合、半自动闭塞。各种组合的名称和代号见表 3-18，各种组合内所包含的继电器名称和类型见《计算机联锁图册(第二版)》表Ⅰ-06。

表 3-18　各种组合的名称和代号

| 组合名称 | | 组合代号 | 备　注 |
|---|---|---|---|
| 信号组合 | 进站信号组合 | JZ | |
| | 一方向出站信号组合 | $CZ_1$ | |
| | 二方向出站信号组合 | $CZ_2$ | |
| | 三方向出站信号组合 | $CZ_3$ | |
| | 调车信号组合 | DX | |
| 道岔组合 | 道岔组合 | DC-4 | 四线制 |
| | 道岔组合 | DC-6 | 六线制 |
| | 提速道岔结合组合 | TDC-4 | 四线制 |
| | 提速道岔结合组合 | TDC-6 | 六线制 |

续上表

| 组合名称 | | 组合代号 | 备　注 |
|---|---|---|---|
| 道岔组合 | 提速单动道岔组合 | TDD | |
| | 提速双动道岔组合 | TSD | |
| | 提速道岔辅助组合 | TDF | |
| 总保护组合 | 总保护组合 | BHZ | |
| | 双端总保护组合 | BHZS | |
| 轨道组合 | | G25 | |
| 轨道复示组合 | | GJF | |
| 轨道停电继电器组合 | | TDJ | |
| 自动闭塞结合组合 | | JG/LQ | |
| 改变运行方向组合 | 改变运行方向主组合 | WFZ | |
| | 改变运行方向辅助组合 | WFF | |
| 半自动闭塞组合 | | $B_1$、$B_2$ | |
| 报警组合 | | BJ | |

(1)信号组合

信号组合分为JZ、CZ、DX。JZ组合为进站信号机所用，每个组合为一架进站信号机用。CZ组合分为$CZ_1$、$CZ_2$和$CZ_3$。$CZ_1$为一方向出站兼调车信号机所用，每个组合供一架信号机用。$CZ_2$为二方向出站兼调车信号机所用，每个组合供一架信号机用。$CZ_3$为三方向出站兼调车信号机所用，每个组合供一架信号机用。DX组合为调车信号机所用，每个组合可为4架调车信号机用。

(2)道岔组合

①道岔组合的分类

道岔组合分为DC-4、DC-6、TDC-4、TDC-6、TDD、TSD、TDF。

DC-4组合用于单机牵引的普通道岔，每个组合为一组道岔(单动、双动、三动、四动均算一组)用。DC-6组合用于双机牵引普通单动道岔，每个组合为一组道岔(单动、双动、三动、四动均算一组)用。TDC-4组合用于双动道岔一端为提速道岔，另一端为单机牵引的普通道岔情况下的非提速端。TDC-6组合用于双动道岔一端为提速道岔，另一端为双机牵引的普通道岔情况下的非提速端。TDD组合用于单动提速道岔，每个组合为一组道岔用。TSD组合用于双动提速道岔，每个组合为一组双动道岔用。TDF为提速道岔辅助组合，每个组合为一个牵引点用。

②提速道岔辅助组合的运用

总的原则是一台转辙机采用一个提速道岔辅助组合。

a. 采用S700K型电动转辙机时提速道岔组合运用

尖轨和可动心轨的每个牵引点均需设一台S700K型或ZDJ9型电动转辙机，故均需设一个TDF组合。

b. 采用ZYJ7型电液转辙机时提速道岔组合的应用

要区分是双点牵引、三点牵引和单点牵引的不同情况。双点牵引即一台ZYJ7型电液转辙机和一台 SH6 型转换锁闭器各牵引一个牵引点，三点牵引即一台 ZYJ7 型电液转辙机和两台 SH6 型转换锁闭器各牵引一个牵引点。这时，两个牵引点及三个牵引点均只需一个 DTF 组合。单点牵引即一台 ZYJ7 型电液转辙机牵引一个牵引点，不带 SH6 型转换锁闭器，这时，每个牵引点需设一个 DTF 组合。

③总保护组合

为保证各台提速道岔动作的同步，可动心轨的提速道岔必须设总保护组合。总保护组合分为 BHZ、BHZS 两种。单动提速道岔采用 BHZ 组合。双动的提速道岔采用 BHZS 组合。

(3)轨道组合

若采用 25 Hz 相敏轨道电路，轨道继电器采用 $JRJC_1$-70/240 型交流二元继电器，需设专用的 25 Hz 相敏轨道继电器组合 G25。

一个 25 Hz 相敏轨道继电器组合，内设三个受电端用防雷补偿器、防护盒和交流二元继电器。每个组合仅一块侧面端子板，用来连接其他设备。一个组合柜可安装 9 个 25 Hz 相敏轨道继电器组合，当一个组合柜上同时安装轨道组合和安全型继电器组合时，相邻处应空开一个组合位置。交流二元继电器是感应式继电器且无附加轴，它的后接点不得在控制和表示电路中使用。

(4)轨道复示组合

交流二元继电器只有两组接点，故必须设复示继电器，采用专用的 JWXC-H310 型缓动继电器。轨道复示继电器设备在轨道复示组合 GJF 中。

(5)轨道停电继电器组合

为了监督轨道电源供电状态，每个咽喉各设置一个监督电源继电器 JDJ，它们设于轨道柜内，电路见《计算机联锁图册(第三版)》Ⅰ-12。一个车站只要一个 TDJ 组合。

(6)自动闭塞结合组合

自动闭塞结合组合 JG/LQ 与自动闭塞相结合用，一般车站的一个咽喉需一个 JG/LQ 组合。

(7)改变运行方向组合

改变运行方向组合包括主组合 WFZ 和辅助组合 WFF，用于自动闭塞改变运行方向，每个接、发车方向需一个主组合 WFZ 和一个辅助组合 WFF。

(8)半自动闭塞组合

半自动闭塞组合包括 $B_1$ 和 $B_2$，用于半自动闭塞区间，每个接、发车方向需一个 $B_1$ 和 $B_2$ 组合。

(9)报警组合

报警组合 BJ 用于电源报警、轨道停电报警、主灯丝断丝报警、断路器报警、移频报警。每个车站需一个 BJ 组合。

此外，还有站内轨道电路电码化用的组合。

2. 组合排列

组合排列仍按上、下行咽喉分开，然后按信号组合、道岔组合、轨道复示组合等的顺序排列，计算机联锁所需各组合之间较少联系，因此不像继电联锁组合排列那样有严格的要求。

道岔组合中 TDF 靠近该组道岔的 TDC-4 或 TDC-6 或 TDD 或 TSD 排列，TDF 按 $J_1$、$J_2$($J_3$)或 $X_1$、$X_2$的顺序排列，以减少组合间的配线长度。同一咽喉的 WFZ、WXF 组合排在同架。半自动闭塞组合、自动闭塞结合组合排在本咽喉所用的组合柜。

## 二、接口电路

接口电路包括采集电路和驱动电路，两者可以分别用一张图纸表示，也可以表示于同一张图纸上，《计算机联锁图册(第三版)》采用后者。各种型号的计算机联锁，其接口电路略有不同，《计算机联锁图册(第三版)》以DS-K5B型为例。接口电路要表示出机柜端子、接口柜端子和组合侧面端子之间的联系。

1. 采集电路

采集电路包括信号机采集电路、道岔采集电路、轨道电路采集电路、零散采集电路，另外，对于改变运行方向电路和半自动闭塞也需要采集电路。

信号机采集电路还分为进站信号机采集电路、一方向出站信号机采集电路、二方向出站信号机采集电路、三方向出站信号机采集电路和调车信号机采集电路。道岔采集电路分为一般道岔采集电路和可动心轨的提速道岔采集电路。

各种采集电路的采集内容不同，详见《计算机联锁图册(第三版)》Ⅰ-07。

采集是通过各继电器接点进行的，一般采集继电器的前接点，特别重要的采集继电器的前、后接点，如对于进站信号机采集LXJ、DXJ、TXJ、LUXJ的前、后接点。

2. 驱动电路

驱动电路包括信号机驱动电路、道岔驱动电路、零散驱动电路，另外，对于改变运行方向电路和半自动闭塞也需要驱动电路。

信号机驱动电路还分为进站信号机驱动电路、一方向出站信号机驱动电路、二方向出站信号机驱动电路、三方向出站信号机驱动电路和调车信号机驱动电路。道岔驱动电路分为一般道岔驱动电路和可动心轨的提速道岔驱动电路。

各种驱动电路的驱动内容不同，详见《计算机联锁图册(第三版)》Ⅰ-07。

## 三、信号点灯电路

信号点灯电路包括进站信号机点灯电路、出站信号机点灯电路、预告信号机点灯电路和调车信号机点灯电路。

1. 进站信号机点灯电路

进站信号机点灯电路见《计算机联锁图册(第三版)》Ⅰ-08(1)。电路原理同继电集中联锁。

2. 出站信号机点灯电路

举例站场为双线双向自动闭塞区段，它的出站信号机有两种情况，上行出站信号机有三个发车方向，下行出站信号机有两个发车方向，两种情况的出站信号机点灯电路分别如《计算机联锁图册(第三版)》Ⅰ-08(2)、Ⅰ-08(3)所示，用进路表示器来区分发车方向。

两方向出站信号机点灯电路原理同继电集中联锁。

三方向出站信号机点灯电路由LJ、LUJ区分是点黄灯、绿黄灯，还是绿灯。

若此时二离去区段被占用，LJ↓、LUJ↓，则出站信号机点亮黄灯。若此时二离去区段空闲，三离去区段被占用，LJ↓、LUJ↑，出站信号机显示绿黄灯。当二离去、三离去区段都空闲时，LJ↑，出站信号机点亮绿灯。

当为反方向运行时，按站间自动闭塞方式，出站信号机仅有绿灯显示。此时，LJ↑，沟通绿灯电路。

当向东郊方面运行时，为半自动闭塞方式，出站信号机也仅有绿灯显示。此时，LJ↑，沟通绿灯电路。

信号点灯电路中的BXG是信号隔离变压器，为$BXG_1$-35型，使每个点灯回路和其他点灯回路互相隔离，以减少互相影响，并可增大全程信号电缆与大地间的绝缘电阻值。

## 四、道岔控制电路

道岔控制电路有三种不同的情况，同继电集中联锁。

1. ZD6系列直流转辙机道岔控制电路

ZD6系列直流转辙机道岔控制电路包括四线制道岔控制电路和六线制道岔控制电路。

(1)四线制道岔控制电路

非AT道岔为单机牵引，采用ZD6-D型转辙机，四线制道岔控制电路。单动道岔四线制道岔电路，见《计算机联锁图册(第三版)》Ⅰ-09(2)。道岔控制电路结构同继电集中联锁，只是1DQJ励磁电路中的SJ前接点换成$YCJ_{22\text{-}21}$(或SJ或SFJ)和$DGJ_{22\text{-}21}$。双动道岔控制电路中的DGJ前接点是该双动道岔所在的两个轨道区段。1DQJ励磁电路详见《计算机联锁图册(第三版)》Ⅰ-09(1)。

(2)六线制道岔控制电路

普速铁路的AT道岔为双机牵引，采用ZD6-E和ZD6-J型转辙机，六线制道岔控制电路。《计算机联锁图册(第三版)》Ⅰ-09(3)为单动道岔电路图，Ⅰ-09(4)为双动道岔电路图。六线制道岔控制电路1DQJ励磁电路同四线制道岔控制电路。

2. 三相交流转辙机控制电路

单动道岔的室内部分电路图如《计算机联锁图册(第三版)》Ⅰ-09(5)所示，采用2个TDF组合。双动道岔的室内部分电路图如《计算机联锁图册(第三版)》Ⅰ-09(6)所示，采用4个TDF组合。三相交流转辙机采用五线制道岔控制电路。

五线制道岔控制电路结构同继电集中联锁，只是1DQJ励磁电路不同(五线制道岔控制电路1DQJ励磁电路同四线制道岔控制电路)。

## 五、轨道电路

普速铁路站内采用25 Hz相敏轨道电路，有97型25 Hz相敏轨道电路和微电子相敏轨道电路两种。

97型25 Hz相敏轨道电路具体电路详见《计算机联锁图册(第三版)》Ⅰ-10。有发码区段和不发码区段两种情况，它们又各有一送一受和一送多受，具体原理参阅《铁路信号基础》第三章。

微电子相敏轨道电路参阅《铁路信号基础》第三章。

## 六、与闭塞结合电路

与闭塞设备结合包括与半自动闭塞、自动闭塞及改变运行方向电路的结合。在计算机联锁中要用到闭塞的有关条件。闭塞也要用到计算机联锁的有关条件。这样，使得车站联锁和区间闭塞有机地结合在一起，共同构成行车指挥和控制系统。

1. 半自动闭塞与计算机联锁结合电路

半自动闭塞与计算机联锁结合电路图详见《计算机联锁图册(第三版)》Ⅰ-18。

计算机联锁采用鼠标作为控制设备，闭塞按钮、事故按钮、复原按钮都通过鼠标进行操作，闭塞按钮继电器 BSAJ、复原按钮继电器 FUAJ、事故按钮继电器 SGAJ 由计算机联锁驱动。

接车锁闭继电器 JSBJ、发车锁闭继电器 FSBJ 由计算机联锁驱动。

KTJ 和 XZJ 的前、后接点为计算机联锁采集，作为开放出站信号机的条件。

接车表示灯和发车表示灯的条件为计算机联锁采集，构成屏幕显示。

2. 自动闭塞与计算机联锁结合电路

自动闭塞与车站结合电路包括接近轨道继电器电路、离去继电器电路，如《计算机联锁图册(第三版)》Ⅰ-16 所示。接近轨道继电器、离去继电器设在 JG/LQ 组合中。

(1)接近轨道继电器电路

对每一接车方向设第一接近轨道继电器 1JGJ、第二接近轨道继电器 2JGJ 和第三接近轨道继电器 3JGJ，均由相应闭塞分区的 GJ 控制。该闭塞分区空闲时，接收器收到本闭塞分区的移频信号，GJ 吸起，使接近轨道继电器 JGJ 吸起。该闭塞分区被占用时，接收器收不到本闭塞分区的移频信号，GJ 落下，使接近轨道继电器 JGJ 落下。若某闭塞分区的设备设在相邻车站，则要将该闭塞分区的 GJ 条件通过外线引至本站，为保证传输的可靠性，采用接点双断。

计算机联锁采集 1JGJ 和 2JGJ 及 3JGJ 前接点，用于点亮屏幕上设的三个接近表示灯，以及接车进路的接近锁闭。3JGJ 后接点还用于站内电码化电路中。

(2)离去继电器电路

离去继电器电路由反映列车运行前方各闭塞分区的继电器条件构成。在 JG/LQ 组合中设 1LQJ、$2LQJ_1$、$2LQJ_2$、$2LQJ_3$、$3LQJ_1$、$3LQJ_2$、$3LQJ_3$，在站内电码化的 LQF 组合中设 1LQJ、2LQJ、3LQJ、4LQJ，它们平时吸起。当第一离去区段 1LQ 被占用，使 1LQJ 落下，表示列车离去，运行在第一离去区段。第二离去区段 2LQ 被占用，使 2LQJ 落下，表示列车运行在第二离去区段。第三离去区段 3LQ 被占用，使 3LQJ 落下，表示列车运行在第三离去区段。第四离去区段 4LQ 被占用，使 4LQJ 落下，表示列车运行在第四离去区段。因离去继电器接点使用较多，设它们的复示继电器。

计算机联锁采集 JG/LQ 组合中 1LQJ、2LQJ、3LQJ 的前接点，用于点亮屏幕上设的三个离去表示灯。

$2LQJ_1$、$2LQJ_2$、$3LQJ_1$、$3LQJ_2$接点用于出站信号机点灯电路($2LQJ_3$、$3LQJ_3$在《计算机联锁图册(第三版)》中未用，车站股道多时要用)。1LQJ、2LQJF、3LQJF、4LQJ 接点用于站内轨道电路电码化电路。

3. 改变运行方向电路与计算机联锁的结合

改变运行方向电路与计算机联锁结合电路图详见《计算机联锁图册(第三版)》Ⅰ-17。

在与计算机联锁的结合时，按钮继电器 JFZAJ、FFZA、JZFZAJ 由计算机联锁驱动。发车按钮继电器 FAJ 和发车锁闭继电器 FSJ 由计算机联锁驱动。出发继电器 CFJ 也由计算机联锁驱动。当办理发车进路，进路最末一个区段锁闭时，CFJ 落下，断开 DJ 自闭电路，使 DJ 落下。FAJ 前接点、FSJ 后接点、CFJ 后接点被计算机联锁采集。

## 七、报警电路

报警电路包括轨道停电监督报警电路、列车信号主灯丝断丝报警电路、断路器报警电路、移频报警电路，以反映各种电路的故障情况，便于维修。

1. 轨道停电监督报警电路

停电监督报警包括输入电源监督报警、主/副电源监督、轨道停电监督报警。轨道停电监督报警电路详见《计算机联锁图册(第三版)》Ⅰ-12。

(1)输入电源监督报警

在报警继电器组合 BJ 中设电源报警继电器 DYBJ,它由电源屏中的检测继电器 JCHJ 控制。电源屏正常供电时,JCHJ 吸起,使 DYBJ 吸起,计算机联锁采集 DYBJ 前接点。当电源屏出现故障时,JCHJ 落下,使 DYBJ 落下,计算机联锁采集不到 DYBJ 前接点条件,予以报警。

(2)主/副电源监督

在报警继电器组合 BJ 中设主电源继电器 ZDYJ 和副电源继电器 FDYJ,用以监督主/副电源的供电情况。主电源供电时,电源屏中的 1XLC 吸合,使 ZDYJ 吸起。副电源供电时,电源屏中的 2XLC 吸合,使 FDYJ 吸起。计算机联锁采集 ZDYJ 和 FDYJ 前接点,予以表示。

(3)轨道停电监督报警

在轨道柜的停电监督组合 TDJ 中设轨道停电监督继电器 JDJ,上、下行各一个,是交流二元继电器。它们的轨道线圈和局部线圈分别接上、下行的轨道电源和局部电源。如果轨道电源和局部电源符合要求,JDJ 吸起。否则,落下。

在报警继电器组合 BJ 中设下行轨道停电监督继电器 XGDJ 和上行轨道停电监督继电器 SGDJ,它们分别受 XJDJ 和 SJDJ 控制。计算机联锁采集 XGDJ 和 SGDJ 前接点。当发生轨道停电时,GDJ 落下,计算机联锁采集不到 GDJ 前接点 ,予以报警。

2. 列车信号主灯丝断丝报警电路

为了防止列车信号灭灯,影响接/发列车作业,在列车信号的主灯丝断丝后就应及时将该灯泡更换。为了监督列车信号灯泡主灯丝的断丝并及时发出报警,设一套列车信号主灯丝报警电路。《计算机联锁图册(第三版)》Ⅰ-13 是进站信号机和各出站兼调车信号机的主灯丝断丝报警电路。

智能信号点灯报警系统分上、下行采集各进站信号机和各出站兼调车信号机的主灯丝断丝条件,分上、下行驱动灯丝报警继电器 DSBJ。计算机联锁采集 DSBJ 后接点。

当某信号机的主灯丝断丝时,DSJ 吸起,计算机联锁采集不到 DSBJ 后接点 ,予以报警。

3. 断路器报警电路

断路器报警电路由组合柜断路报警器、组合排架集中报警指示器、断路器报警继电器组成,见《计算机联锁图册(第三版)》Ⅰ-14。

组合柜断路报警器安装于组合柜零层及组合侧面。每排设一各集中报警指示器。在报警继电器组合 BJ 中设断路器报警继电器 RSBJ。计算机联锁采集 RSBJ 后接点。

当负载过载或短路时,串接在电路中的断路器脱扣,组合柜断路报警器在使相应的组合排架集中报警指示器报警灯点亮,同时使断路器报警继电器 RSBJ 励磁。计算机联锁采集不到 DBJ 后接点,予以报警。

4. 移频报警电路

移频报警电路对区间自动闭塞移频设备和站内轨道电路电码化电路移频发送设备进行监督,电路见《计算机联锁图册(第三版)》Ⅰ-15。

在报警继电器组合 BJ 中设移频报警继电器 YPBJ。将区间和站内各发送器的条件串联起来，构成 YPBJ 电路。计算机联锁采集 YPBJ 前接点。

当任何一台发送器工作不正常，将使 YPBJ 落下，计算机联锁采集不到 YPBJ 前接点，予以报警。

## 第五节 高速铁路的计算机联锁

### 一、高速铁路对车站联锁设备的要求

高速铁路的车站联锁设备应考虑与列车速度控制和调度集中系统的结合，应采用计算机联锁。

为适应高速行车安全的需要，联络线必须采用侧向通过速度在 160 km/h 或 200 km/h 以上的大号码道岔，解决道岔转换设备的转换力、密贴、锁闭等关键问题。

为适应高密度行车的需要，进路控制必须自动化，尽量摆脱人员的参与。为使车站联锁设备在列车通过时能顺利解锁，可采用一次解锁电路。

车站应采用与区间相同的轨道电路，以连续不断地向列车发送信息。

### 二、高速铁路的计算机联锁

高速铁路的车站、线路所、动车段(所)应采用计算机联锁。为保证计算机联锁系统的可靠性，采用硬件安全冗余结构的二乘二取二计算机联锁。计算机联锁完成车站联锁功能，并接收和执行 CTC 的命令。区间道岔可纳入邻近车站的联锁系统集中控制，综合工区道岔也可根据需求纳入邻近车站的联锁系统集中控制。无人值守站的联锁设备可不设本地控制台，但应具备现地控制条件。

二乘二取二计算机联锁系统有 DS6-K5B 型计算机联锁、EI32-JD 型计算机联锁、iLOCK 型计算机联锁和 TYJL-ADX 型计算机联锁。它们在我国高速铁路都有所采用。

在高速铁路中，计算机联锁系统必须具备与调度集中（CTC)、无线闭塞中心(RBC，在采用 CTCS-3 级列控系统时)、列控中心(TCC)、信号集中监测等设备的接口能力，通过信号安全数据网进行通信。

为此，高速铁路的计算机联锁不同于普速铁路的计算机联锁，它们必须具有与信号安全数据网的通信能力。

DS6-K5B 型计算机联锁的联锁机包括前置通信模块，通过前置通信机实现与 RBC、TCC 及邻站计算机联锁的通信功能。

EI32-JD 型计算机联锁的通信机是为运用于高速铁路的计算机联锁配置的，通过通信机与 RBC、TCC 通信。

iLOCK 型计算机联锁通过内部的安全通信板(DVCOM)与 RBC、TCC 实现安全、冗余的网络通信接口。

TYJL-ADX 型计算机联锁的高铁版平台联锁逻辑运算层具有与 TCC 和 RBC 通信的 ETH-SN 通信板，该平台可接入铁路信号安全数据网。

高速铁路有两种情况：开行非动车组列车的 200～250 km/h 高速铁路，其区间设通过信号机，车站的信号机常态点灯；仅开行动车组列车的 200～250 km/h 高速铁路和 300～350 km/h 高速铁路，其区间不设通过信号机，车站的信号机常态灭灯。它们的电路有所区别。

## 三、常态点灯的高速铁路计算机联锁电路

1. 组合运用

计算机联锁采用组合包括信号组合、道岔组合、轨道复示组合及 25 Hz 电源组合、自动闭塞结合组合，各种组合的名称和代号见表 3-19，各种组合内所包含的继电器名称和类型见《计算机联锁图册（第三版）》Ⅱ-02 所列。

表 3-19　各种组合的名称和代号

| 组 合 名 称 | | 组 合 代 号 | 备　注 |
|---|---|---|---|
| 信号组合 | 调车信号组合 | $X_1$ | |
| | 进站信号组合 | $X_4$ | |
| | 二方向出站信号组合 | $X_6$ | |
| 道岔组合 | 道岔组合 | $C_1$ | 四线制 |
| | 道岔组合 | $C_2$ | 六线制 |
| | 提速道岔组合 | CT | |
| | 提速道岔辅助组合 | $TDF_0$ | |
| | | $TDF_1$ | |
| | | $TDF_2$ | |
| | 总定反位表示组合 | ZDFB | |
| 轨道复示组合 | | GJF | |
| 方向轨道组合 | | $FG_0$ | 一般区段 |
| | | $FG_1$ | 股道 |
| 黄闪黄组合 | | USU | |
| 电源组合 | | DY25 | |

(1)信号组合

信号组合分为 $X_1$、$X_4$、$X_6$ 等。$X_1$ 组合为调车信号机所用，每个组合可为 4 架调车信号机用。$X_4$ 组合为进站信号机所用，每个组合为一架进站信号机用。$X_6$ 组合为二方向出站兼调车信号机用，每个组合可供一架信号机用。

信号组合中按 $X_1$-$X_4$-$X_6$ 的顺序排列。

(2)道岔组合

道岔组合分为 $C_1$、$C_2$、CT 及 $TDF_1$、$TDF_2$、$TDF_0$。$C_1$ 组合用于单机牵引的普通单动或多动道岔，每个组合为一组道岔（双动算一组）用。$C_2$ 组合用于双机牵引的普通单动或多动道岔，每个组合为一组（双动算一组）道岔用。CT 提速道岔组合用于各型提速道岔，每个组合供 3 组提速道岔用。提速道岔辅助组合有 $TDF_1$、$TDF_2$、$TDF_0$ 三种。$TDF_1$ 组合为尖轨第一牵引点或可动心轨第一牵引点用，每个组合用于一组尖轨或一组可动心轨。$TDF_2$ 组合为尖轨第二牵引点用，每个组合用于一组尖轨。$TDF_0$ 组合用于尖轨第三牵引点或可动心轨第二牵引点，每个组合用于一组尖轨或一组可动心轨。

对于各型提速道岔，设总定反位表示组合 ZDFB，每个组合可供 5 组（双动道岔算一组）提速道岔用。

道岔组合按 CT、$C_1$ 或 $C_2$、$TDF_1$、$TDF_2$、$TDF_0$ 的顺序排列。同组道岔的 $TDF_1$、$TDF_2$、$TDF_0$ 顺序排列。

(3)轨道复示组合

高速铁路只有在大站的非正线和非到发线才采用 25 Hz 相敏轨道电路，每个轨道复示组合中有 9 个轨道复示继电器，用来复示轨道继电器的状态。

轨道复示组合 GF 靠近 25 Hz 轨道柜，以减少组合间的配线联系。

(4)方向轨道组合

方向轨道组合分为 $FG_0$ 和 $FG_1$，它们用于采用一体化轨道电路的区段。$FG_0$ 用于一般区段，每个组合可为五个区段用。$FG_1$ 用于股道，每个组合可为两条股道及一个一般区段用。

(5)黄闪黄组合

黄闪黄组合 USU 用于内方有大号码道岔的进站信号机显示闪光信号用，每个组合可为两架这样的进站信号机用。

(6)电源组合

电源组合 DY25 用于电源报警、主灯丝断丝报警、断路器报警、移频报警。每个车站需一个 DY25 组合。

2. 信号点灯电路

常态点灯的高速铁路，其信号机设置和显示同普速铁路。信号机点灯电路大体与普速铁路的信号机点灯电路相同，只是因为正线及到发线采用 18 号提速道岔，因此进站信号机有黄灯闪光电路。

闪光电路见《计算机联锁图册(第三版)》Ⅱ-03。信号闪光继电器 XSJ 由计算机联锁驱动，当符合条件需要开放闪光信号时，XSJ 吸起。XSJ 接通闪光继电器 SNJ 电路，使得 SNJ 脉动。将 SNJ 前接点等接入进站信号机黄灯点灯电路，当 SNJ 吸起时该黄灯点亮；SNJ 落下时因串入电阻 R，黄灯不亮，于是黄灯就显示闪光信号。

闪光监督继电器 SNJJ 在 SNJ 脉动时一直保持吸起，如果 SNJ 停止脉动，SNJJ 就落下，回采其接点，起到对于闪光电路的监督。

3. 道岔控制电路

高速铁路车站正线及到发线采用 18 号提速道岔，一组道岔有 5 个牵引点(尖轨 3 个，可动心轨 2 个)为五机牵引。

联络线采用 42 号、62 号道岔。一组 42 号道岔有 9 个牵引点(尖轨 6 个，可动心轨 3 个)。62 号道岔尖轨有 8 个牵引点，心轨 4 个牵引点，共 12 个牵引点。

高速铁路车站还设密贴检查器，用于检查尖轨和心轨的密贴状态，在 200 km/h 以上区段的道岔必须安装。密贴检查器和转辙机相间安装。

图 3-87 为 18 号道岔尖轨的转辙机、外锁闭装置、密贴检查器的设置示意图。可见，采用了转辙机、外锁闭装置、密贴检查器各 3 台。

图 3-88 为 18 号提速道岔心轨的转辙机、外锁闭装置、密贴检查器、下拉装置的设置示意图。可见，采用了 2 台转辙机、外锁闭装置、1 台下拉装置(300～350 km/h 高速铁路专用)。

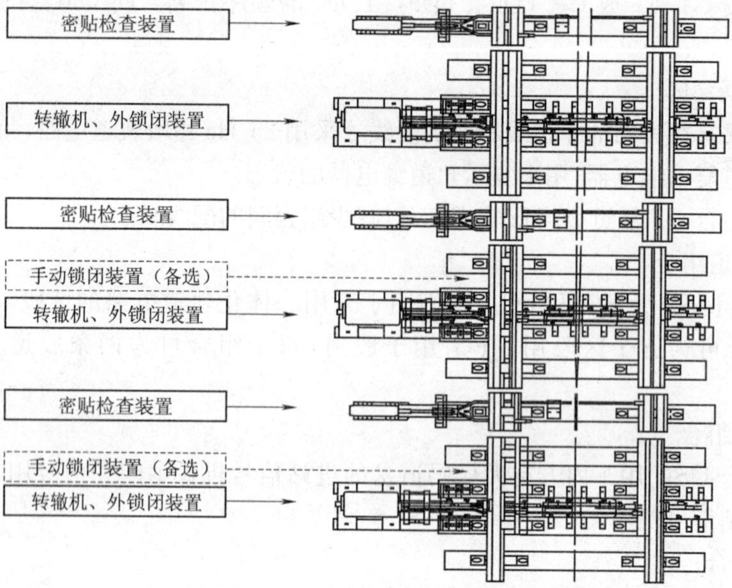


图 3-87　18 号道岔尖轨的转辙装置设置示意图

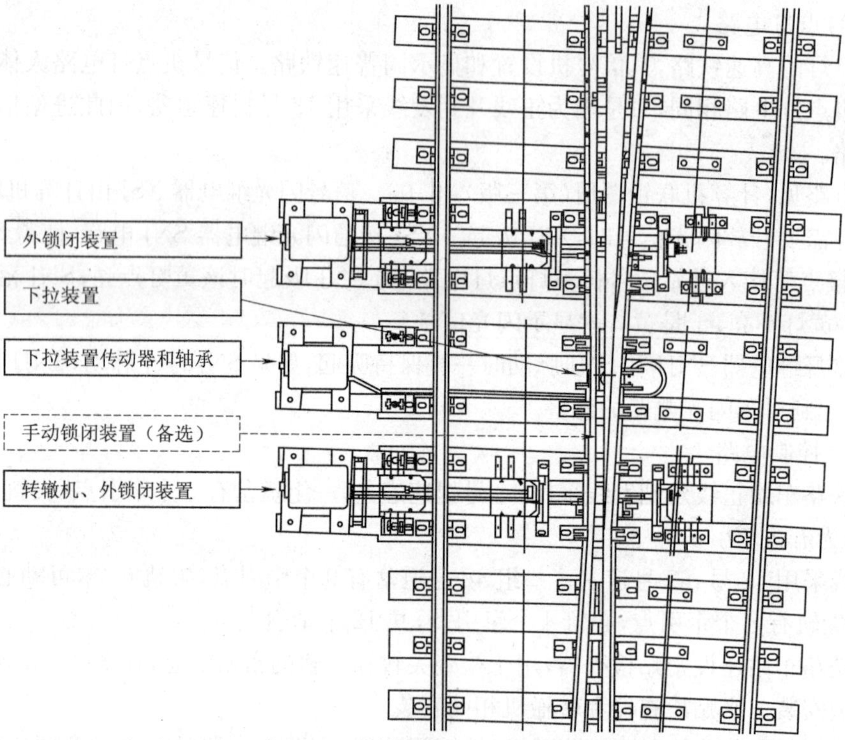


图 3-88　18 号道岔心轨的转辙装置设置示意图

高速铁路的三相交流转辙机控制电路结构与普速铁路三相交流转辙机控制电路大体相同，只是采用的是可动心轨以及道岔密贴检查器，电路略有不同。参见《计算机联锁图册（第三版）》Ⅱ-04。

(1)总断相保护继电器电路

五机牵引时,即尖轨三机牵引,可动心轨双机牵引,则对于尖轨和可动心轨分别设 ZBHJ,以保证尖轨或可动心轨两个牵引点的同步动作。

总断相保护继电器电路增加了通过尖轨故障按钮继电器 JGAJ 或心轨故障按钮继电器 XGAJ 接点构成的支路,如图 3-89 所示。当某牵引点故障,BHJ 不能吸起时,按下故障按钮,使 JGAJ 或 XGAJ 吸起,接通 ZBHJ 电路。

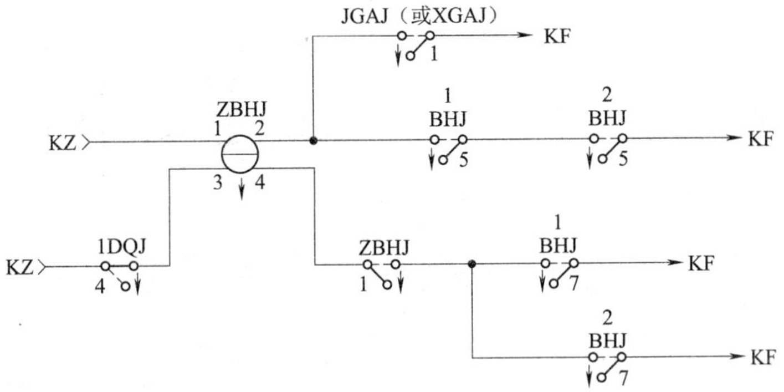


图 3-89　ZBHJ 电路

(2) 切断保护继电器电路

对于尖轨和可动心轨分别设切断保护继电器 QDJ,QDJ 由 ZBHJ 以保证尖轨或可动心轨各牵引点的同步动作。

(3)故障按钮继电器电路

对于每组尖轨设尖轨故障按钮继电器 JGAJ,JGAJ 由计算机驱动,将其前接点接入尖轨的 ZBHJ 电路。在尖轨的某牵引点故障,BHJ 不能吸起时,按下尖轨故障按钮,JGAJ 吸起,接通 ZBHJ 电路,使 ZBHJ 吸起,此时除故障牵引点外(需摇动),其他牵引点的 1DQJ 吸起,转辙机可动作。

对于每组可动心轨设可动心轨故障按钮继电器 XGAJ, XGAJ 由计算机联锁驱动。将其前接点接入该可动心轨的 ZBHJ 电路。动作情况同尖轨。

(4)带密贴检查器的道岔表示电路

高速铁路在两转辙机之间安装密贴检查器,在道岔表示电路中必须检查密贴检查器的接点。S700K 型转辙机带密贴检查器的表示电路如图 3-90 所示。

非提速道岔采用 ZD6 型直流转辙机,为四线制或六线制道岔电路,参见《计算机联锁图册(第三版)》Ⅱ-05。

4. 轨道电路

在高速铁路,区间采用列控中心编码的 ZPW-2000A 型无绝缘轨道电路,用于列车占用检查和向列车提供前方闭塞分区空闲信息。站内正线原则上采用与区间同制式的有绝缘轨道电路(又称一体化轨道电路)。中间站、越行站站内咽喉区比较简单,为减少站内轨道电路制式、简化工程设计,站内其他轨道区段也采用了与正线同制式的有绝缘轨道电路。大站的正线及到发线采用与区间同制式的有绝缘轨道电路。咽喉区轨道区段两端采用机械绝缘节,股道分割处宜采用机械绝缘节。

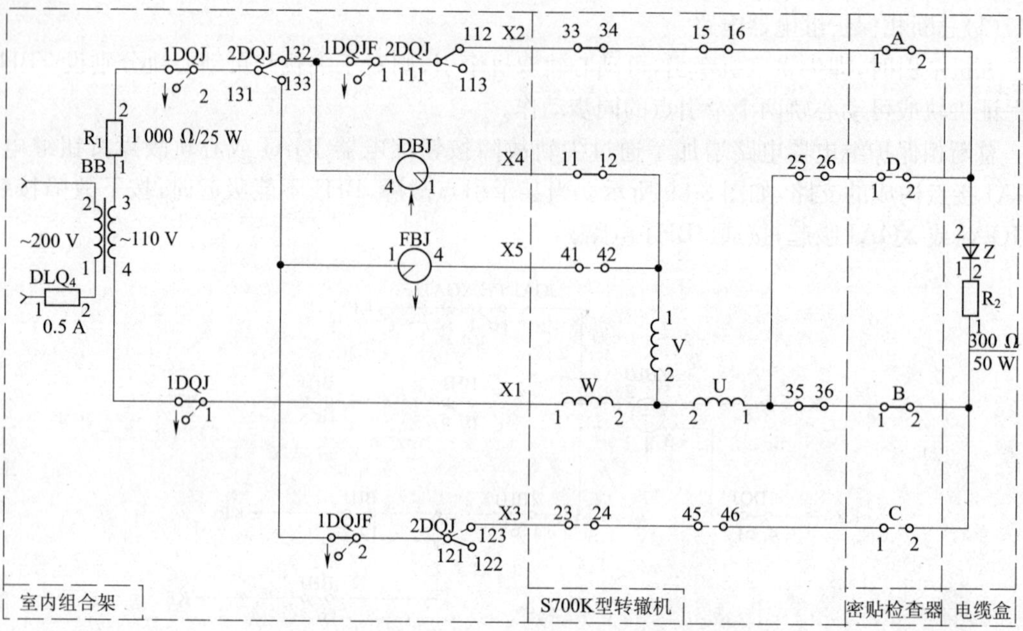


图 3-90　S700K 型转辙机表示电路(带密贴检查器)

列控中心编码的 ZPW-2000A 型无绝缘轨道电路的发送器、接收器载频选择通过列控中心进行集中配置,发送器采用无接点的计算机编码方式,发送器为“1+1”备用模式。

站内一体化轨道电路系统结构机械绝缘节—机械绝缘节轨道电路系统结构如图 3-91 所示。机械绝缘节—电气绝缘节轨道电路系统结构如图 3-92 所示。具体电路见《计算机联锁图册(第三版)》Ⅱ-06。

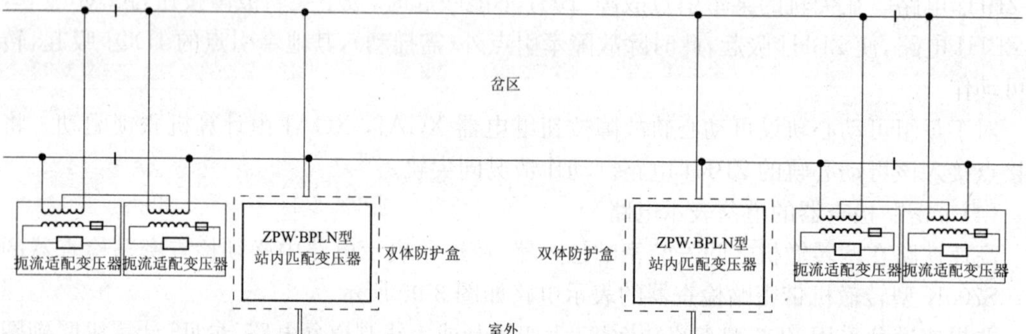


图 3-91　机械绝缘节—机械绝缘节轨道电路系统结构

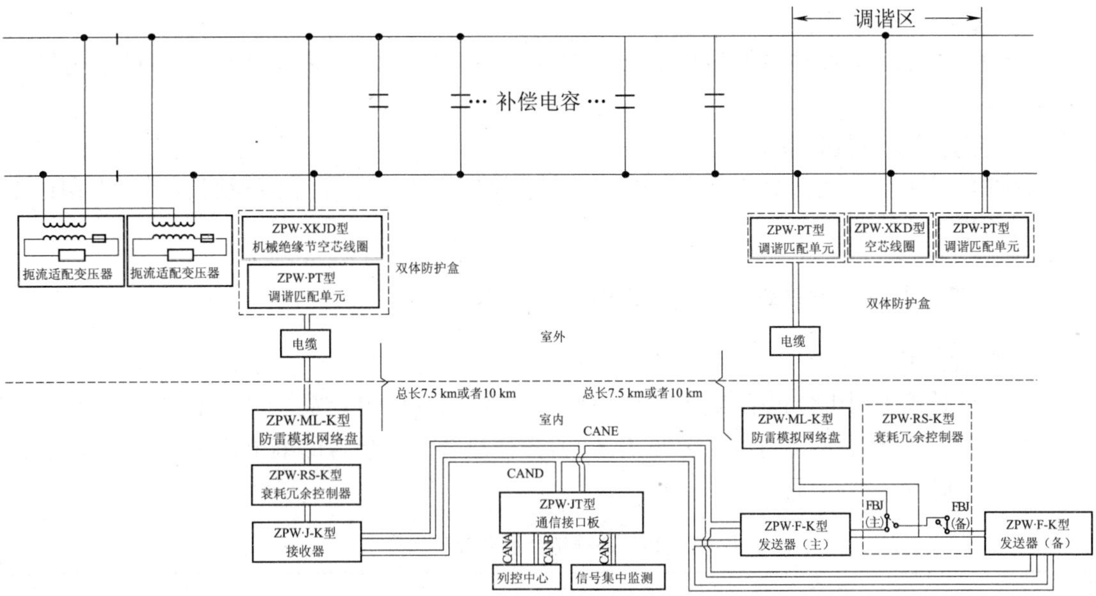


图 3-92　机械绝缘节—机械绝缘节轨道电路系统结构

5. 与外部系统接口

计算机联锁系统必须与 TCC、RBC、CTC、信号集中监测系统接口。例如，DS6-K5B 联锁系统与外部接口连接如图 3-93 所示。

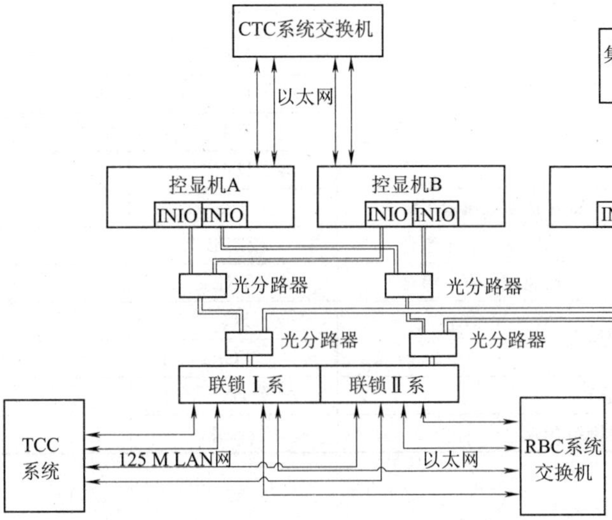


图 3-93　DS6-K5B 联锁系统与外部接口连接示意图

(1)与 TCC 接口

DS6-K5B 联锁系统使用前置通信机上的 LAN 板（VHSC6）与 TCC 设备的 LAN 板通过光纤进行双重冗余连接，用于和 TCC 进行数据信息的交换。

(2)与 RBC 接口

DS6-K5B 联锁系统通过前置通信机上的以太网接口板（Z2ETH）与 RBC 建立安全网络通道进行连接，接收并发送与 RBC 有关的信息。

(3)与 CTC 接口

DS6-K5B 联锁系统通过控显机上加装的以太网卡与 CTC 连接，用于与 CTC 进行数据通信。

(4)与信号集中监测系统接口

DS6-K5B 联锁系统通过联锁维修机将联锁采集到的开关量信息根据协议，通过专用以太网传送给集中监测系统。

## 四、常态灭灯的高速铁路计算机联锁电路

1. 组合及其选用

计算机联锁采用组合包括信号组合、道岔组合、轨道复示组合及 25 Hz 电源组合、自动闭塞结合组合，各种组合的名称和代号见表 3-20，各种组合内所包含的继电器名称和类型见《计算机联锁图册(第三版)》Ⅲ-02。

**表 3-20 各种组合的名称和代号**

| 组合名称 | | 组合代号 | 备注 |
|---|---|---|---|
| 信号组合 | 调车信号组合 | $X_1$ | |
| | 进站信号组合 | $X_4$ | |
| | 出站信号组合 | $X_5$ | |
| 道岔组合 | 道岔组合 | $C_2$ | 六线制 |
| | 提速道岔组合 | CT | |
| | 提速道岔辅助组合 | $TDF_0$ | |
| | | $TDF_1$ | |
| | | $TDF_2$ | |
| | | $TDF_3$ | |
| | | $TDF_4$ | |
| | 提速道岔五机牵引组合 | T5S | |
| | 总定反位表示组合 | ZDFB | |
| | 提速道岔下拉组合 | TXL | |
| 方向轨道组合 | | $FG_0$ | 一般区段 |
| | | $FG_1$ | 股道 |
| 电源组合 | | DY | |
| 灯丝断丝报警组合 | | DSBJ | |

(1)信号组合

信号组合分为 $X_1$、$X_4$、$X_5$ 等。$X_1$ 组合为调车信号机所用，每个组合可为 4 架调车信号机用。$X_4$ 组合为进站信号机所用，每个组合为一架进站信号机用。$X_6$ 组合为出站信号机用，每个组合可供一架信号机用。

信号组合中按 $X_1$-$X_4$-$X_5$ 的顺序排列。

(2)道岔组合

①道岔组合的分类

道岔组合分为 $C_2$、T5S 及 $TDF_0$、$TDF_1$、$TDF_2$、$TDF_3$、$TDF_4$。$C_2$ 组合用于双机牵引的普

通单动或多动道岔，每个组合为一组（双动算一组）道岔用。T5S 组合用于五机牵引提速道岔，每个组合供 2 组提速道岔用。提速道岔辅助组合有 $TDF_1$、$TDF_2$、$TDF_3$、$TDF_4$、$TDF_0$ 五种。$TDF_1$组合为尖轨第一牵引点或可动心轨第一牵引点用，每个组合用于一组尖轨或一组可动心轨。$TDF_2$组合为尖轨第二牵引点用，每个组合用于一组尖轨。$TDF_3$组合用于双动道岔尖轨第三牵引点，每个组合用于一组尖轨。$TDF_4$用于双动道岔第一动的可动心轨第二牵引点或单动道岔可动心轨的第二牵引点，每个组合用于一组可动心轨。$TDF_0$用于双动道岔第二动的可动心轨第二牵引点或单动道岔尖轨的第三牵引点，每个组合用于一组可动心轨或一组尖轨。18 号提速道岔，每组需 5 个 TDF 组合，各牵引点所用组合见表 3-21。

**表 3-21　18 号提速道岔各牵引点所用组合**

| 道岔类型＼牵引点 | | 尖轨 | | | 可动心轨 | |
|---|---|---|---|---|---|---|
| | | 第一牵引点 | 第二牵引点 | 第三牵引点 | 第一牵引点 | 第二牵引点 |
| 单动道岔 | | $TDF_1$ | $TDF_2$ | $TDF_0$ | $TDF_1$ | $TDF_4$ |
| 双动道岔 | 第一动 | $TDF_1$ | $TDF_2$ | $TDF_3$ | $TDF_1$ | $TDF_4$ |
| | 第二动 | $TDF_1$ | $TDF_2$ | $TDF_3$ | $TDF_1$ | $TDF_0$ |

②总定反位表示组合

对于提速道岔，设总定反位表示组合 ZDFB，每个组合可供 5 组（双动道岔算一组）提速道岔用。

③提速道岔下拉组合

对于带下拉装置的提速道岔，设提速道岔下拉组合 TXL。每个组合可供 2 组提速道岔用。

（3）方向轨道组合

方向轨道组合分为 $FG_0$ 和 $FG_1$，它们用于采用一体化轨道电路的区段。$FG_0$用于一般区段，每个组合可为四个区段用。$FG_1$用于股道，每个组合可为两条股道用。

（4）电源组合

电源组合 DY 用于电源报警、断路器报警、轨道电路报警。每个车站需一个 DY25 组合。

（5）灯丝断丝报警组合

灯丝断丝报警组合 DSBJ 用于主灯丝断丝报警。每个车站需一个 DSBJ 组合。

2. 信号点灯电路

只开行动车组列车的 200～250 km/h 高速铁路和 300～350 km/h 高速铁路，列车信号机常态为灭灯状态，一般情况下不使用。当无 ATP 车载设备或车载设备故障的列车接近信号机时，经操作后，首先将对应信号机转为点灯状态，信号机点亮后的列车接/发车进路的办理与办理方式保持一致。列车越过信号机后灯光自动熄灭。各信号机灯丝条件均不纳入联锁，信号灯灭灯时按红灯处理，无 ATP 车载设备的列车应停止运行。

（1）信号机的设置

车站进站、出站及区间道岔区段设地面信号机，包括进站信号机、出站信号机、线路所防护信号机。

进站信号机设置位置符合现行有关规定。进站信号机采用“黄、绿、红、黄、白”五灯位高柱信号机，不得已时可采用七灯位矮型信号机。当矮型进站信号机设于线路右侧时，定型配置的

三、四灯位机构换位，使红灯位于线路侧，如图 3-94 所示。

出站信号机设置位置符合现行有关规定，同时应距对应警冲标 55 m。出站信号机采用"红、绿、白"三灯位矮型信号机，如图 3-95 所示，信号机开放指示列车按站间闭塞方式运行。

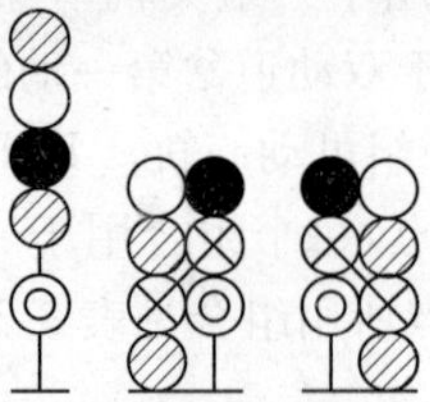

图 3-94　进站信号机

图 3-95　出站信号机

根据需要设置调车信号机，常态为一个蓝色灯光。正线上无特殊需求不设调车信号机。

在进站信号机外方 900 m、1 000 m、1 100 m 处应设置预告标。

区间无岔站、线路所参照进站信号机、出站信号机设置相应防护信号机。

(2)信号机的显示

地面信号机的信号显示仅表示允许列车越过该信号机或在该信号机前停车，不区分进路方向，无速度含义。地面信号机的接近区段长度应保证该信号机的信号关闭后最高运行速度的列车不会在此距离外的区段上产生列车超速防护(ATP)限制信息。

(3)信号机的点灯控制

车站联锁设备在每个车站咽喉增设两个自复式按钮，分别为点灯按钮(KDA)和关灯按钮(GDA)，与原信号机列车按钮配合，可点亮或关闭对应信号机红灯。

①进站信号机点灯电路

进站信号机点灯电路见《计算机联锁图册(第三版)》Ⅲ-03。按压点灯按钮(KDA)+对应进站信号机列车按钮，计算机联锁驱动该进站信号机开灯继电器 KDJ 吸起，对应的进站信号机点亮红灯，办理接车进路锁闭后点亮相应允许灯光。

进站信号机点亮红色灯光，且之前已办理了接车进路，该进路可继续保持锁闭状态，再次按压进站信号机列车按钮，点亮对应允许灯光。

列车越过点亮的进站信号机，进站信号机点亮红灯，进站信号机内方第一区段解锁后进站信号机红色灯光自动熄灭。

按压关灯按钮(GDA)+对应进站信号机列车按钮，KDJ 落下，使进站信号机红灯熄灭。进站信号机点亮允许灯光(绿灯、黄灯、双黄灯、黄闪黄灯、红白灯)时，点灯电路故障或灯丝断丝，进站信号机点亮红灯。进站信号机应点亮红灯时，灯丝断丝，进站信号机灯光熄灭。办理了接车进路，同方向的出站信号机应点亮红灯时，该出站信号机灯丝断丝灯光熄灭，进站信号机点亮红灯。办理了通过进路，出站信号机点亮绿灯时，出站信号机绿灯灯丝断丝，出站信号机点亮红灯，进站信号机点亮黄灯。对于防护 18 号道岔的进站信号机必须开放次一架信号机，才允许点亮"黄闪黄"显示。黄灯闪光电路同上述 200～250 km/h 高速铁路的信号机点灯电路。

②出站信号机点灯电路

出站信号机点灯电路见《计算机联锁图册(第三版)》Ⅲ-04 所示。按压点灯按钮(KDA)+对应出站信号机列车按钮，计算机联锁驱动该出站信号机开灯继电器 KDJ 吸起，可使对应的出站信号机点亮红灯，办理发车进路并符合开放条件后点亮相应允许灯光。当办理接车进路（进站信号机点亮）或向股道办理调车进路时，该进路顺向出站信号机（未办理进路）自动点亮红灯。出站信号机点亮红灯，且之前已办理了发车或通过进路，该进路可继续保持锁闭状态，按压出站信号机列车按钮，若符合开放条件则点亮对应允许灯光。出站信号开放条件：办理发车或引导发车进路，并检查站间区间空闲后，点亮相应允许灯光。列车越过已点亮允许信号的出站信号机，出站信号机点亮红灯，出站信号机内方第一区段解锁后出站信号机红灯熄灭。对于列车或调车立折作业，立折发车进路或调车进路解锁后，原接车或调车时点亮的出站信号机红灯随之熄灭。按压关灯按钮（GDA）＋对应进站信号机列车按钮，可使进站信号机红灯熄灭。

出站信号机增加了引导信号，一个红色灯光和一个月白色灯光表示准许列车由车站以站间闭塞方式出发，发车进路列车速度不超过 40 km/h，并须准备随时停车。

出站兼调车信号机用于调车时，调车进路建立后，信号机点亮白灯，调车车列全部越过信号机后点亮红色灯光，进路解锁后熄灭。

当利用区间调车时，按发、接列车方式办理和控制。

对于应点亮的信号机灯丝断丝，本信号显示应显示红灯，前一架信号机显示做相应调整。

进/出站信号机点亮红灯或灯丝断丝灭灯时，对应接近区段轨道电路应发送“HU”码。

3．三相交流转辙机控制电路

常态灭灯的高速铁路的三相交流转辙机控制电路结构与常态点灯的高速铁路的三相交流转辙机控制电路大体相同，但增加了道岔回转复位继电器、动作开始继电器和动作完成继电器电路、下拉继电器电路。参见《计算机联锁图册（第三版）》Ⅲ-05。

（1）道岔回转复位继电器

每组道岔（双动算一组）设道岔回转复位继电器 FWJ。FWJ 由计算机联锁驱动。当道岔被卡转不到位时，操纵道岔回转，FWJ 吸起，使 QDJ 落下，断开 1DQJ 电路。

（2）动作开始继电器和动作完成继电器电路

对于五机牵引的双动道岔，每端设一个动作开始继电器 DKJ 和一个动作完成继电器 DWJ，将 DKJ 和 DWJ 的后接点接在对端的 1DQJ 电路中。只要一端的道岔在动作，DKJ 和 DWJ 有一个吸起，就断开另一端的 1DQJ 电路中，以免双动道岔的 10 台转辙机同时动作电流过大，影响电源屏的正常工作。

DKJ 在尖轨开始动作，其 1DQJ、1ZBHJ 吸起时吸起，吸起后自闭，表示道岔已经开始动作。待 DWJ 吸起时落下。

DWJ 在道岔动作，只要尖轨的 1ZBHJ 或可动心轨的 2ZBHJ 吸起时吸起。道岔完成转换后，1ZBHJ、2ZBHJ 落下时落下，表示道岔已经动作完成。

（3）下拉继电器电路

下拉继电器电路见《计算机联锁图册（第三版）》Ⅲ-05。

每组道岔设一个下拉继电器 XLJ，由计算机联锁驱动。在道岔需要转辙接收到转换命令后首先使下拉驱动器 XLJ 吸起，XLJ 吸起后使下拉复示继电器 XLJF 吸起。XLJF 经检查下拉装置的断相保护继电器 BHJ 吸起、本道岔的尖轨和心轨的总断相保护继电器 ZBHJ 吸起后自闭。XLJF 吸起后使驱动电机动作，可动心轨辙叉被轻微地抬起，待下拉装置解除对心轨的压力时，心轨才能执行转换命令而转换。道岔心轨转换完毕，XLJF 落下，驱动电机停止动作，下拉装置恢复对心轨的压力，可动心轨被下拉。

## 第六节　计算机联锁阅图练习

《计算机联锁图册(第三版)》第Ⅰ部分是普速铁路计算机联锁电路图。第Ⅱ、Ⅲ部分是高速铁路计算机联锁部分电路图。

### 一、车站信号设备平面布置图阅图

通过对《计算机联锁图册(第三版)》图Ⅰ-01(见书末附图 1)、Ⅰ-02 的阅图，掌握计算机联锁室外和室内设备布置图的阅图方法。

提示:《计算机联锁图册(第三版)》图Ⅰ-01 是车站信号设备平面布置图，表示车站室外设备的布置，通过该图可清楚各轨道电路区段的划分；各信号机的布置、灯光配列；各股道有效长；各道岔类型；各信号机、道岔、绝缘节的坐标。

《计算机联锁图册(第三版)》图Ⅰ-02 是室内信号设备平面布置示意图，表示控制台室、信号计算机房、信号机械室、信号电源室、防雷分线室的设备布置。

### 二、联锁表阅图

通过对《计算机联锁图册(第三版)》图Ⅰ-03(见书末附图 2)的阅图，掌握联锁表阅图方法。

提示:《计算机联锁图册(第三版)》图Ⅰ-03 以进路为主体，逐条地把排列进路需顺序按压的按钮、防护该进路的信号机名称和显示、进路要求检查并锁闭的道岔编号和位置、进路应检查的轨道电路区段名称，以及与所排进路敌对的信号列出。

对于接车进路，要注意迎面敌对进路检查。对于发车进路，要注意闭塞条件检查。对于具有变通进路的进路，要注意确定运行方向的道岔位置。对于具有超限绝缘的进路，要注意超限绝缘的检查。

### 三、组合排列表阅图

通过对《计算机联锁图册(第三版)》图Ⅰ-04 阅图，掌握组合排列表的阅图方法。

提示:《计算机联锁图册(第三版)》图Ⅰ-04 表示各种设备所用组合类型及位置。辅以图Ⅰ-05，可了解各信号机所用信号隔离变压器的位置。辅以图Ⅰ-06，可了解各组合内的继电器名称、型号和位置。

### 四、接口电路图阅图

通过对《计算机联锁图册(第三版)》图Ⅰ-07 的阅图，掌握计算机联锁接口电路图的阅图方法。

提示:《计算机联锁图册(第三版)》图Ⅰ-07 的接口电路包括驱动电路和采集电路。输出接口(OUT)是驱动电路的，输入接口(IN)是采集电路的。通常有多个接口，它们的驱动电路和采集电路是一样的，故采用电路图辅以配线表的方式。

接口电路包括信号机、道岔、轨道电路和零散接口电路。配线表中标明各信号设备所在组合的位置，各驱动点、采集点的组合侧面端子号及引至接口柜的端子号、机柜的端子号。

## 五、信号机点灯电路图阅图

通过对《计算机联锁图册（第三版）》图Ⅰ-08的阅图，掌握信号机点灯电路图的阅图方法。

提示：《计算机联锁图册（第三版）》图Ⅰ-08包括进站信号机、出站信号机、调车信号机的点灯电路图。采用电路图辅以配线表的方式。配线表标明各信号机的名称、组合位置，组合侧面端子号及分线柜的端子号，以及信号隔离组合与信号机组合的配线联系。

## 六、道岔电路图阅图

通过对《计算机联锁图册（第三版）》图Ⅰ-09的阅图，掌握道岔电路图的阅图方法。

提示：《计算机联锁图册（第三版）》图Ⅰ-09包括一启动继电器电路图、各种道岔电路图，双动道岔电路图见书末附图3。

每组道岔的控制条件不同，故专有一启动继电器1DQJ电路图图Ⅰ-09(1)，分别有各1DQJ的电路图。

四线制道岔电路图分为单动道岔的、双动道岔的，为单机牵引的直流转辙机所用。六线制道岔电路也分为单动道岔的、双动道岔的，为双机牵引的直流转辙机所用。《计算机联锁图册（第三版）》Ⅱ-05为四—六线道岔结合电路图，其一动为双机牵引，二动为单机牵引。

五线制道岔电路图为交流转辙机所用，分为固定辙叉的和可动心轨的，单动道岔的、双动道岔的，都只有有关DQJ部分的电路图。另有转辙机控制电路图，包括S700K型电动转辙机控制电路图和ZYJ7型电液转辙机控制电路图，在每张道岔控制电路图中均有配线端子表。

双动道岔结合电路图是一端为提速道岔固定辙叉，另一端为非提速道岔结合电路图，分为一端可动心轨、固定辙叉两种情况。

各道岔电路图辅以配线表，表明各道岔控制线所接组合侧面端子号及分线柜的端子号，还有转辙机连接电缆类型表。

## 七、轨道电路图阅图

通过对《计算机联锁图册（第三版）》图Ⅰ-10的阅图，掌握轨道电路图的阅图方法。

提示：《计算机联锁图册（第三版）》图Ⅰ-10是轨道电路图。其中(1)是电路图，有发码区段、非发码区段的送电端、一送一受受电端、一送多受受电端的电路图。(2)是配线表，列出各轨道电路区段的名称，分线柜至隔离器、隔离器至防护盒、轨道柜至测试盘的联系，以及二元轨道继电器和轨道继电器的联系。

## 八、报警电路图

通过对《计算机联锁图册（第三版）》图Ⅰ-12、图Ⅰ-13、图Ⅰ-14、图Ⅰ-15的阅图，掌握各报警电路图的阅图方法。

提示：《计算机联锁图册（第三版）》图Ⅰ-12是轨道停电监督报警电路图，包括电源屏报警继电器电路；主电源继电器、副电源继电器电路；轨道停电监督继电器电路。

《计算机联锁图册（第三版）》图Ⅰ-13是主灯丝报警电路图，各进站、出站信号机的点灯报警装置通过电缆接至智能信号点灯报警系统（管理机），在有某信号机主灯丝断丝时，驱动灯丝报警继电器，并且报到灯位。该图是示意图，具体电路图根据所用的产品而定。

《计算机联锁图册(第三版)》图Ⅰ-14 是断路器报警电路图,表示了断路器报警器的连接。

《计算机联锁图册(第三版)》图Ⅰ-15 移频报警电路图,包括区间移频设备和站内轨道电路电码化移频设备的报警。

### 九、和闭塞结合电路阅图

通过对《计算机联锁图册(第三版)》Ⅰ-16 的阅图,掌握计算机联锁和自动闭塞结合电路的阅图方法。

提示:《计算机联锁图册(第三版)》Ⅰ-16 的左部和右部分别为下行和上行方向的结合电路,两部分电路的结构是相同的,都是由各闭塞分区的 GJ 前接点接通相关 JGJ 电路,由 1LQG 的 GJ、1GJ～3GJ 前接点接通相关 LQJ 电路。所需 2LQJ、3LQJ 接点较多,故设多个。方框内的各 LQJ 是站内电码化电路的。

通过对《计算机联锁图册(第三版)》Ⅰ-18 的阅图,掌握计算机联锁和半自动闭塞结合电路的阅图方法。

提示:注意计算机联锁对有关继电器的驱动和采集,以及有关继电器接点在半自动电路中的运用。

### 十、高速铁路计算机联锁电路图阅图

《计算机联锁图册(第三版)》第Ⅱ、Ⅲ部分分别是常态点灯的高速铁路和常态灭灯的高速铁路的计算机联锁部分电路图。通过这两部分的阅图,掌握高速铁路计算机联锁电路图。

提示:高速铁路电路图与普速铁路电路图相同的部分,《计算机联锁图册(第三版)》未列,通过以上阅图,应该已经掌握。现在的任务是阅读高速铁路电路图与普速铁路电路图不同的部分,以掌握高速铁路电路图的特点。

第Ⅱ部分是常态点灯的高速铁路的部分电路图。图Ⅱ-01 是车站信号设备平面布置图的阅图,可了解常态点灯的高速铁路信号设备布置的特点。图Ⅱ-03 是进站信号机点灯电路图,其特点是具有闪光电路。图Ⅱ-04 是不带下拉装置的五机牵引五线制道岔电路图,有单动道岔和双动道岔之分。图Ⅱ-05 是非提速道岔电路图,第一动为双机牵引,第二动为单机牵引。图Ⅱ-06 是站内一体化轨道电路图,请注意它的特点。

第Ⅲ部分是常态灭灯的高速铁路的部分电路图。图Ⅲ-01 是车站信号设备平面布置图的阅图,可了解常态灭灯的高速铁路信号设备布置的特点。图Ⅲ-05(1)是带下拉装置的单动道岔五机牵引五线制道岔电路图,图Ⅲ-05(2)是带下拉装置的双动道岔五机牵引五线制道岔电路图,请注意它们的特点。图Ⅲ-03 是进站信号机点灯电路图,其特点不仅是具有闪光电路,而且是常态灭灯的。图Ⅲ-04 是出站信号机点灯电路图,是常态灭灯的。

## 第七节　计算机联锁的使用

本节以 DS6-K5B 型计算机联锁为例介绍计算机联锁的系统操作方法、车务操作方法,以及电务维修机使用方法。

### 一、计算机联锁的系统操作

1. 系统冷机启动

系统从冷机(未加电)状态启动,应首先确认所有设备连接正确,接插件连接牢靠,然后进

行加电。给设备加电应按照先外围，后联锁的顺序进行。具体步骤如下：

(1)接通 UPS 220 V 电源，确认 UPS 输出 220 V 电压正确。

(2)接通控制台设备电源。

(3)接通监测机(含显示器)电源。

(4)接通微机电源柜电源，确认两路 24 V 电源输出正常。

(5)接通联锁Ⅰ系和联锁Ⅱ系的电源开关。在联锁机 F486 模块的 IC 卡插槽内插入 IC 卡。如有两个 IC 卡，可同时插在两系联锁机上；如只有一个 IC 卡，可先插入一系联锁机，待其进入运行状态后，取出 IC 卡再插入另一系联锁机。联锁机从 IC 卡读入程序和数据需30 s左右。首先加电并插有 IC 卡的联锁机将进入"主系"状态运行，另一机进入"从系"状态运行。

(6)接通各 ET 机架上每个 ET-LINE 和 ET-PIO 模块的电源开关，确认每个模块进入正常工作状态："Normal"指示灯亮，"Txd"指示灯闪光。

至此，DS6-K5B 型计算机联锁系统从冷机状态加电启动完成。

系统停机下电，原则上应按上述顺序逆向进行，依次切断各设备的电源。

2. 系统操作注意事项

系统操作时须注意以下事项：

(1)联锁机从冷机启动需从 IC 卡上读入程序和数据才能进入正常运行，因此 IC 卡平时应插在 IC 卡插槽内，这样系统在停电恢复后可自动投入运行。

注意：IC 卡易受静电冲击损坏，不可用手触摸 IC 卡的端子部分。

(2)系统各设备间采用了光纤连接，光纤较为脆弱，应注意以下事项：

①不要用手触摸光纤接头的光端口，光纤接头不用时一定要带上防尘帽。

②光纤的弯曲半径一定要在 5 mm 以上，否则将造成光纤断裂。

③不可使光纤受到强烈的撞击、振动和重力挤压、拉扯。

④拆卸光纤连接须握住光纤接头的外壳拔插，不可拉拽光纤线。

⑤连接光纤接头要注意插头与插座的吻合，同时要拧紧固定螺丝口。

(3)联锁机的三块电路板、两块光电转换板及电子终端的 ETLINE 和 ET-PIO 模块必须插在机架的指定槽位上，插错位置系统不能运行，并有可能造成设备故障。

(4)系统中所有的电路板和模块严禁在带电的情况下拔插，否则将造成设备损坏。

(5)ET-LINE 和 ET-PIO 模块上的电源开关扳动时须用手握住开关柄轻轻向外拉出，然后再扳动，不可直接用力扳。

## 二、计算机联锁的车务操作

1. 屏幕显示

DS6-K5B 型计算机联锁系统屏幕显示如图 3-96 所示。屏幕分两个区域，上部是菜单栏，下部是视图区。菜单栏的左边是系统状态表示区，右边是系统按钮区。视图区包括功能按钮区、站场图型区、指示灯区，提示报警区。

(1)信号机显示

对于常态点灯的列车信号机，关闭状态显示红灯，开放时显示相应的允许信号，与室外信号机显示一致。

对于常态灭灯的列车信号机，则信号机显示带有×。

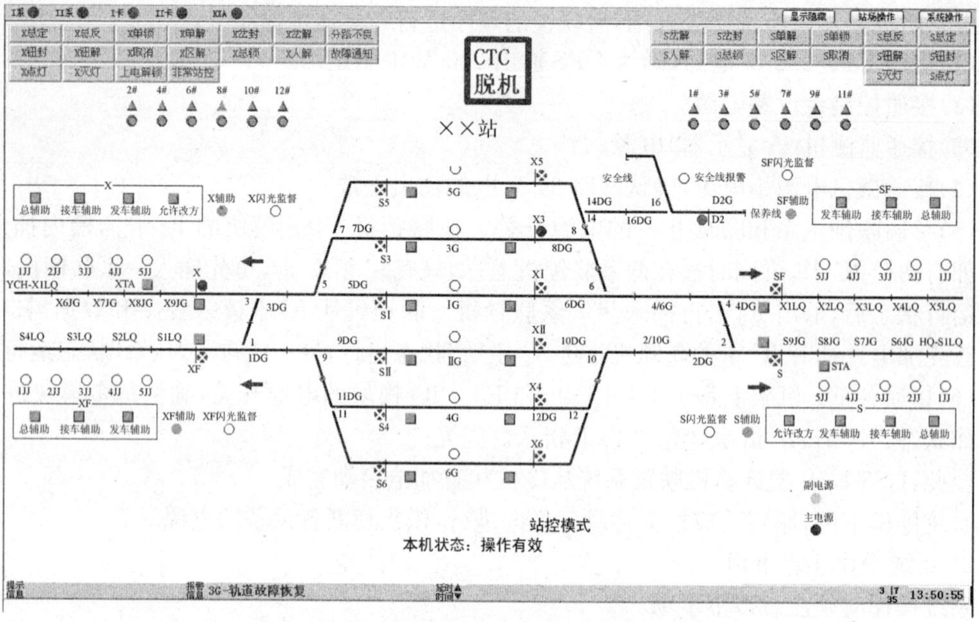


图 3-96　DS6-K5B 型计算机联锁系统屏幕显示

列车信号机灯丝断丝报警只有在室外点灯时出现灯丝断丝才会报警，显示为闪烁的信号机状态。

调车信号机关闭状态显示蓝灯(或红灯)，开放时显示白灯。信号机的名称用拼音字母与阿拉伯数字组合表示。

排列进路时，单击列车按钮是闪烁绿色文字同时信号机名称后加 LA 或 A 字符，单击调车按钮是闪烁白色文字同时信号机名称后加 DA 或 A 字符。进路锁闭后按钮名称恢复原状。

(2)轨道区段显示

轨道区段空闲状态显示为蓝色光带。区段锁闭显示白色光带。已经锁闭的区段出现轨道占用又恢复时区段显示绿色光带，表示该区段还在锁闭状态(当进路由白色光带转为绿色光带时，绿色部分的光带说明有列车经过或相应区段发生过红光带并已恢复，车站值班员可根据运行情况通知电务部门进行处理)。区段占用显示红色光带。无岔区段名称固定显示在轨道区段附近。

(3)道岔显示

道岔通过所在轨道区段断开和连接的状态表示当前开通位置。道岔名称用道岔号的数字表示。

道岔在定位时，道岔名显示绿色；道岔在反位时，道岔名显示黄色；道岔发生挤岔故障时，道岔名显示红色并闪烁。道岔单独或总锁闭或上电锁闭时，在道岔岔尖处显示一个圆圈。道岔锁闭在定位，圆圈为绿色；道岔锁闭在反位，圆圈为黄色；道岔解锁后圆圈消失。

道岔封闭时，道岔名称上显示一个方框，颜色同当前道岔名称颜色，道岔解封后，方框消失。

(4)按钮封闭显示

列车按钮封闭后，对应信号机灯外画一方框；调车按钮封闭后，其对应信号机名称显示红色。

对于出站兼显示信号机，无论封闭列车按钮还是封闭调车按钮，其对应信号机名称显示红色。

无对应信号的按钮封闭后，按钮名称显示红色。

(5)破铅封功能显示

用鼠标单击一个铅封按钮之后，屏幕弹出密码输入方框。如果不想进行破封操作，可连续单击同一个铅封按钮两次，以取消前一次的操作，使屏幕上该破封框消失。铅封按钮完成一次破铅封操作后，自动恢复铅封状态(即操作一次有效)。下次操作必须重复上述破铅封过程。

(6)铅封按钮的计数显示

铅封按钮的操作次数由控显机自动累计计数。计数值不能被维护人员人工消除或修改。计数值平时不显示。破封次数查看通过系统按钮区中破封统计按钮，弹出图 3-97 的对话框。单击系统按钮区中取消统计，破封统计框消失。

需注意，控显机采用 A、B 双机互为备用。A 机中的按钮计数值，只记录 A 机工作时铅封按钮的操作次数。同样，B 机中的按钮计数值，只记录 B 机工作时铅封按钮的操作次数。因此，A 机和 B 机中的按钮计数值是不同的。A 机工作时，图形显示器上显示的是 A 机中的计数。B 机工作时，图形显示器上显示的是 B 机中的计数。当 A 机和 B 机主备交换工作时，会出现显示的按钮计数值不连续的现象。因此，在控制台上进行按钮计数显示进行登记时，须注意并在记录中注明当前是 A 机工作，记录的是 A 机中的计数，还是当前是 B 机工作，记录的是 B 机中的计数。

| 名称 | 破封次数 |
|---|---|
| X总人解 | 3 |
| S总人解 | 1 |
| X事故解锁 | 2 |
| S事故解锁 | 0 |
| X引导总锁 | 1 |
| S引导总锁 | 0 |
| 加电解锁 | 0 |
| 倒机解锁 | 1 |

图 3-97　破封统计对话框

(7)操作报警和提示

屏幕的下方状态栏是操作提示显示区，如图 3-98 所示。

图 3-98　操作提示显示区

左边是提示信息，用红色汉字显示当前办理的作业。当前操作提示覆盖先前的操作提示。

上电锁闭提示用红闪效果显示，以便引起注意，在上电锁闭状态下，需上电解锁操作完成后，闪烁自动消失，并提示上电解锁。才可以进行选排进路操作。

操作提示显示区中间偏左为报警提示区。

操作提示显示区中间偏右是解锁延时时间显示区。

操作提示显示区最右边左侧是系统状态情况：左边三个数字，上边左侧是本进程的 CPU 占用率，上边右侧是整个系统(包括操作系统及其他运行在本机上的软件)的 CPU 占用率，下面是整个系统的内存使用率。正常情况下，上述数值保持在一个稳定的变动范围内。如果出现持续上升现象，说明系统有不稳定运行情况发生，应及时与电务维护人员联系。

(8)系统信息提示

菜单栏的左边是系统状态表示信息。

主备状态显示：通过指示灯标明联锁双系的主备状态及工作状态。

联锁Ⅰ系指示灯绿色：联锁Ⅰ系是主系，工作状态正常；指示灯黄色：联锁Ⅰ系是备系，工作状态正常。指示灯红色:该控显机与联锁Ⅰ系通信故障,可能为通信通道故障或联锁Ⅰ系发生故障。

联锁Ⅱ系指示灯表示同上。

控显A、控显B:指示灯表示同上,控显双机除了显示灯表示外,还有提示字,显示绿色"本机状态:操作有效"。

网络状态显示:通过Ⅰ卡、Ⅱ卡指示灯表示当前网络状态。绿灯表示网络正常,红灯表示网络故障。

注意:如果控显机与联锁机双系通信都中断时,控显机会给出"联锁通信故障"的闪烁红字提示,表明控显机已经失去与联锁机双系的联系,应及时处理。联锁双系若因故障导致无主控制时,显示界面提示红色"联锁脱机"印章。发生上述情况时,车站值班员应立即通知电务维修人员排除故障。

(9)CTC状态信息提示

控显机通过非常站控按钮控制站控还是CTC控制模式,其对应状态如下:

缺省情况下,控显机启动后,非常站控按钮处于抬起状态,此时视图区显示"自律请求中"文字。

若0通道(指控显机与CTC的第一个通道)与CTC通信中断,则显示闪烁"CTC-0通道故障"。

若1通道(指控显机与CTC的第二个通道)与CTC通信中断,则显示闪烁"CTC-1通道故障"。

通信正常情况下,CTC同意自律请求后,控显主机"自律请求中"文字首先转变为"自律模式",备机随后转为"自律模式"。

在控显主机上单击非常站控按钮,联锁确认后,此按钮按下,此时显示文字为"站控模式"。

当需从站控模式转为自律模式时,在控显主机上单击非常站控按钮,联锁系统确认本站当前无按钮处于按下状态且与CTC通信正常,非常站控按钮可以抬起,向CTC系统进行自律请求。

如果在自律模式下,CTC脱机,则文字显示仍然为"自律模式";CTC通道恢复正常后,不需要重新发送请求自律命令,控显与CTC自动恢复正常通信处理。

注意:若CTC两通道均不通,则显示闪烁"CTC-双通道故障",CTC若因故障出现无主控制时,显示界面提示红色"CTC脱机"印章。

发生上述情形时,若没有提示控显机A、控显机B均提示双通道故障,表明计算机联锁仍与CTC有通信连接,自律模式仍可继续使用而不直接影响运输,但车站值班员应立即通知电务维修人员排除故障。

(10)TCC状态信息提示

与TCC(列控中心)系统存在接口关系时,当通信处于正常连接时,在控显机显示界面上无与TCC相关的报警提示;当联锁系统检查到与TCC出现通信中断后,在控显机显示界面上进行报警提示"通信故障",单击其后+号对话框,系统会将故障的通道在弹出对话框中提示。

在采用CTCS-2的区段,发生上述情况时,车站值班员应立即通知电务维修人员排除故障。

在采用CTCS-3的区段,发生上述情况时,若没有提示联锁Ⅰ、Ⅱ系与RBC系统均为双通道故障,表明计算机联锁仍与TCC系统有通信连接,联锁与TCC仍存在信息交互而不致导致与本站连接的TCC通信完全中断,但车站值班员应立即通知电务维修人员排除故障。

(11)RBC 状态信息提示

与 RBC 系统存在接口关系时，当通信处于正常连接时，在控显机显示界面上无与 RBC 相关报警提示；当联锁系统检查到与 RBC 出现通信中断后，会在控显机显示界面上进行报警提示“通信故障”，单击其后＋号对话框，系统会将故障的通道在弹出对话框中提示。

发生上述情形时，若没有提示联锁机Ⅰ、Ⅱ系与 RBC 系统均双通道故障，表明计算机联锁仍与 RBC 系统有通信连接，联锁与 RBC 仍存在信息交互而不直接导致与本站与对应的 RBC 通信完全中断，但值班员应立即通知电务维修人员排除故障。

(12)其他显示

①股道停稳指示灯

在车站的股道上，设置有股道停稳指示灯，当列车完全进入股道解锁后进行 40 s 倒计时(不可作为列车完全停稳的依据)，倒计时结束前不可以向该股道排列任何进路。

②信号降级标识

当联锁接收到列控下发的相应信号机的临时限速命令后，在相应信号机位置设置红色三角符号，作为此信号机目前为限速的提示。进站或通过信号机侧线接车时信号显示应降级为“双黄”。

③轨道电源

控显机根据该站设置的轨道电源继电器设置相应轨道电源的报警表示灯，当相应的轨道电源显示为红灯情况下，经由与轨道电源相关的区段排列进路，列车或调车车列通过后不能自动解锁，此时表明轨道电源处于故障状态，应立即通知电务部门进行处理。

2. 按钮的设置

(1)信号按钮

对应于每架信号机的始端位置设一个信号按钮。列车信号按钮用信号机的红灯灯位表示，调车信号按钮用信号机的名称表示。没有信号机对应的终端按钮、通过按钮、变通按钮，用画在轨道线旁的方框图形表示。

(2)引导按钮

普速铁路和设区间通过信号机的高速铁路，只有进站信号机和接车进路信号机设置引导按钮，一般设置在咽喉端部，用白色方框表示。

不设区间通过信号机的高速铁路，对列车信号机(包括出站信号机)设置引导按钮，引导按钮一般设置在列车信号机旁，用白色方框表示。

(3)道岔按钮

对应于每组道岔设一个道岔按钮。道岔按钮用道岔号的数字或岔心区域表示。

(4)区段按钮

对应于每个轨道区段设一个区段按钮。区段按钮用轨道区段的名称表示。

(5)功能按钮

①按咽喉设置的功能按钮

“总定”“总反”“单锁”“单解”“岔封”“岔解”“钮封”“钮解”“取消”“人解”“总锁”“区解”“点灯”“灭灯”等功能按钮按照咽喉设置，根据上/下行咽喉分别设置在屏幕上方的左面和右面。

“总定”用于单独操纵道岔至定位。

“总反”用于单独操纵道岔至反位。

“单锁”用于对道岔进行单独锁闭。道岔单独锁闭后可以排列经过该道岔所在位置的进路，但是不能单操道岔。

“单解”用于对道岔进行单独解锁。

“岔封”在施工、维修等情况下对道岔进行单独封锁。道岔封锁后不能再排列经过此道岔所在位置的进路，但是可以单操道岔。

“岔解”在施工、维修等情况下对道岔进行单独解封。

“钮封”用于对信号按钮进行封闭。信号按钮锁闭后不能排列以此信号为始/终端的进路。

“钮解”用于对信号按钮进行解封。

“取消”用于取消进路。

“人解”用于人工解锁进路。

“总锁”用于对相应咽喉的引导总锁闭。办理引导总锁闭时该咽喉的所有道岔均锁闭，本咽喉内不能再正常排列进路。

“区解”用于区段事故解锁。

“点灯”用于处于灭灯状态下的列车信号机进行点亮红灯操作。

“灭灯”用于处于点亮红灯状态下的列车信号机进行灭灯操作。

以上按钮若按钮名为红色，则表示其为需破铅封的按钮，否则表示其为不是带铅封的按钮。

②其他功能按钮

“上电解锁”“非常站控”“改方”“坡道解锁”、尖轨心轨故障按钮等。

a. 上电解锁

“上电解锁” 按钮全站设一个。

计算机联锁需要重新上电时，按上电解锁按钮后，将本站所有道岔锁闭到当前位置，并禁止办理任何进路作业，人工确认可以进行信号作业后，对此按钮破封后对于全站进行相关作业。

b. 非常站控

在 CTC 区段设 非常站控按钮，全站设一个。

c. 改变运行方向

为进行正常改变运行方向，在每个反方向发车口设置允许改方按钮，此按钮为铅封非自复式，当需办理反方向发车进路(不论该发车口的区间方向是否为发车方向)时，需先将相关发车口的改方按钮按下，使用完毕后抬起此按钮即可。

为进行辅助改变运行方向，自动闭塞区间的各个方向均设有带铅封的总辅助按钮、接车辅助按钮及发车辅助按钮。

d. 坡道解锁

在进站信号机外方制动距离内有超过 6‰时，延续进路终端设坡道解锁按钮。坡道解锁按钮为带铅封自复式按钮，用一个白色方框表示。

e.“尖轨故障”心轨故障按钮

对于五机或五机以上牵引的道岔，对设置有尖轨故障、心轨故障按钮的道岔设有相关的故障按钮。此按钮为铅封非自复式，对于尖轨故障按钮，在控显图形上用三角形的按钮表示，对于心轨故障按钮，用圆形按钮表示；当设有“尖轨故障”心轨故障按钮的道岔中某转辙机出现故障导致本道岔无法动作时，确认此故障的转辙机属于尖轨还是心轨后，可根据实际情况按压“尖轨故障”或心轨故障按钮（若尖轨的转辙机故障需按压尖轨故障按钮，若心轨的转辙机故障需按压心轨故障按钮），当某一故障按钮处于按下时，计算机联锁驱动相应的故障按钮继电器吸起，并安排人员去现场人工摇动此故障的转辙机至解锁位置，同时室内人员可通过单操道岔的手续配合室外人员对相应道岔进行转动操作，室外人员摇动故障转辙机到规定的位置；待此道岔转换到需要位置或故障的转辙机恢复后，将相应的“尖轨故障”心轨故障按钮抬起即可。

(6)菜单栏系统按钮

①显示隐藏

显示隐藏按钮包括：“道岔”“信号机”“道岔区段”“文本”，单击这些按钮，实现控制相应设备名称的显示和隐藏；单击退出按钮，可退出此菜单。

②站场操作

站场操作按钮包括：“破封统计”“清报警”。单击破封统计按钮可以弹出破封统计框，用于查看本机铅封统计；单击清报警按钮，可以清楚语音和报警栏中的其他报警信息；单击退出按钮，可退出此菜单。

③系统操作

系统操作按钮包括：“关机”“重启”“打开文件”“任务管理器”“版本”，以上按钮用于电务维修人员和厂家对系统维护操作使用；单击退出按钮，可退出此菜单。

3. 按钮操作

(1)控显机A、B使用

控显机A、B均同时可进行操作，但为避免因同时操作可能带来的潜在问题，现场将备用的控显机鼠标用鼠标盒封闭，若正在使用的鼠标出现故障，可将鼠标盒破铅封启用备用鼠标。

(2)按钮操作

对于不带铅封的按钮，通过鼠标单击该按钮或操作菜单后，该按钮操作将立即生效。

对于带铅封的按钮，当单击该按钮后屏幕上立刻弹出“密码输入”窗口，如图3-99所示，操作者输入口令并确认。

口令的输入过程如下：

①输入口令码。每单击一个数字键，窗口中显示口令为“＊”。如果输入错误，可以单击删除按钮，删除错误口令，重新输入。

②操作者认为口令码无误后，单击“确认”键。

③单击“确认”键后，系统自动检查口令的正确性。若口令正确，系统会自动记录破封次数并使操作生效。

图3-99 “密码输入”窗口

④如果口令不正确，窗口将显示密码有误信息，要求重新输入密码或取消破封操作。操作者取消破封按钮操作时，可直接单击取消按钮。

注意：非自复式按钮和具有延缓抬起功能的自复式按钮，结束操作时应使其恢复抬起状态，否则会影响其他操作正常进行。

4. 办理进路操作

(1)排列进路

本操作方法适用于办理列车进路(包括基本进路、通过进路和变通进路)和办理调车进路。

排列一般进路:顺序单击进路的始端信号按钮和终端信号按钮。

排列变更进路:顺序单击始端信号按钮、变更按钮和终端信号按钮。

操作过程:

①鼠标移动到要排列的进路始端信号机灯或信号机名称上,当光标变成小手形状时单击左键。按压按钮后,信号机名闪烁。

②按照以上方法完成对进路始端信号按钮、变更按钮(如果存在)、终端按钮的操作,即可完成进路排列。

操作后对应显示:按压始端按钮后,信号机名闪烁,进路建立过程中,屏幕显示出有关道岔的动作情况。进路呈白色光带,信号机名称呈白色稳定显示,信号复示器给出相应显示。

(2)取消进路

本操作方法适用于取消调车进路和取消列车进路(包括基本进路和变通进路)。

操作过程:

鼠标移动到“取消”功能按钮上,光标变成小手状,单击鼠标左键,“取消”功能按钮处于按下状态并且开始 10 s 延时。

在延时期间移动鼠标到取消进路的始端信号机按钮处,光标变成小手状,单击鼠标左键,完成进路取消操作。

操作后显示:信号复示器关闭,进路白光带消失。

若单击取消按钮后 10 s 之内,没有单击进路的始端信号按钮,取消按钮自动恢复抬起状态。此后再单击进路的始端信号按钮无效。

对于通过进路,需对组成通过进路的每条基本进路进行取消操作。

(3)人工解锁进路

本操作方法同时适用于列车进路(包括基本进路、通过进路和变更进路)和调车进路。

操作过程:

鼠标移动到“人解”功能按钮上,光标变成小手状,单击鼠标左键将弹出密码确认框,确认密码后“人解”功能按钮处于按下状态且开始 10 s 延时。

在延时期间移动鼠标到需人工解锁进路的始端信号机名称(用于人解列车进路)或信号复示器(用于人解调车进路)上,光标变成小手状,单击鼠标左键,完成进路人解操作。在人解按钮按下后 10 s 之内,没有单击进路的始端信号按钮,人解按钮自动恢复抬起状态。

操作后显示:自信号机关闭后,在信号复示器后显示黄色延时倒计时数字,延时到规定时间后,进路白光带消失。

对于通过进路,只需对组成该通过进路的接车进路进行人解操作,而对于组成该通过进路的发车进路进行取消操作。

5. 重复开放信号

信号因故关闭,但开放条件仍然满足,可以通过单击进路始端按钮完成信号重开。

操作过程:

鼠标移动到要排列的进路的始端信号机灯上,当光标变成小手形状时单击左键,完成重开操作。

操作后对应显示:信号复示器显示开放信号。

6. 办理引导

(1)办理引导进路

当需办理引导进路时，确认相关道岔位置和相关区段无车时，可通过按压引导按钮进行引导进路的办理；办理发车引导时，计算机联锁需检查区间第一离去区段为空闲状态（是否检查根据设计要求），否则无法建立发车引导进路。

在进（出）站信号机内方第一区段正常情况下办理进路引导时，首先单击引导按钮，输入密码后单击确认按钮，引导信号即可开放。引导按钮自动抬起，引导信号保持开放。列车压入信号机内方后，引导信号随之关闭。

引导按钮是自复式按钮。在进（出）站信号机内方第一区段故障情况下办理引导进路时，必须人工保持引导按钮在按下状态，使引导信号保持开放。由于鼠标操作方式不能实现按钮的保持单击状态，采取引导按钮延时抬起的方法。

在进（出）站信号机内方第一区段故障情况下办理进路引导时，首先单击引导按钮，输入密码后单击确认按钮，引导信号开放，引导按钮倒计时开始，保持按下状态 15 s。在此倒计时内，必须重复单击引导按钮（不需再输入密码及确认），使引导按钮连续保持按下状态，引导信号保持开放，直到列车进入进（出）站信号机内方。否则，倒计时结束，引导按钮自动抬起，引导信号随之关闭。

办理引导进路作业完毕后解锁引导进路，须先单击人解按钮，出现密码框后输入密码(888)并单击确认按钮，人解按钮按下延时 10 s。在延时时间内单击该引导按钮或其对应信号机列车按钮，出现密码框后输入密码(888)并单击确认按钮，此时引导进路解锁。

当列车进路信号开放且列车接近后，如果进路内方区段故障，车站值班员将列车进路转为引导进路后，这条引导进路不能立即取消。如果要取消这条引导进路，在办理了取消引导进路的操作后，需要延时后进路方可解锁，以保证行车安全。引导进路延时解锁期间，屏幕上显示其人工解锁倒计时。

(2) 办理引导总锁闭

单击总锁按钮，接着按确认按钮两次，听到音响表示按下有效，屏幕上有相应的操作提示。如按下 X 总锁按钮及确认按钮后，屏幕上显示“X 总锁”。再单击有关信号机的引导按钮，输入密码后单击确认按钮，引导信号即可开放。

要抬起此按钮需用鼠标再单击一次引导总锁闭按钮，听到音响，屏幕提示消失，按钮恢复抬起。

高速铁路没有引导总锁闭的作业。

7. 道岔操作

(1)道岔单独操纵

首先移动鼠标到道岔“总定”或道岔总反按钮上，当光标变成小手状时单击鼠标左键，“总定”（“总反”）位按钮处于按下状态且开始 10 s 延时。在其 10 s 延时时间内移动鼠标到待单操的道岔名称上，当光标变成小手状时单击鼠标左键，完成道岔单操定位或反位的操作。在 10 s 延时时间内单击道岔按钮后，命令生效，道岔单操按钮随之抬起。超过 10 s 不单击道岔按钮，“总定”或总反按钮自动抬起，再单击道岔按钮无效。因此单击一次道岔单操按钮只能操纵一个道岔。

(2) 道岔单独封闭

移动鼠标到岔封按钮上，当光标变成小手状时单击鼠标左键，岔封按钮处于按下状态并且开始 10 s 延时。在延时期间移动鼠标到待单独封闭的道岔名称上，当光标变成小手状时单击鼠标左键。完成道岔单独封闭操作。在 10 s 延时时间内单击道岔按钮后，命令生效，岔封按钮随之抬起。超过 10 s 不单击道岔按钮，岔封按钮自动抬起，再单击道岔按钮无效。因此单击一次岔封按钮只能封闭一个道岔。

(3)道岔单独解封

移动鼠标到岔解按钮上，当光标变成小手状时单击鼠标左键，岔解按钮处于按下状态且开始 10 s 延时。在延时期间移动鼠标到待解封的道岔名称上，当光标变成小手状时单击鼠标左键，完成道岔解封操作。在 10 s 延时时间内单击道岔按钮后，命令生效，岔解按钮随之抬起。超过 10 s 不单击道岔按钮，岔解按钮自动抬起，再单击道岔按钮无效。因此单击一次岔解按钮只能解封一个道岔。

(4) 道岔单独锁闭

移动鼠标到单锁按钮上，当光标变成小手状时单击鼠标左键，单锁按钮处于按下状态且开始 10 s 延时。在延时期间移动鼠标到待单独锁闭的道岔名称上，当光标变成小手状时单击鼠标左键，完成道岔单独锁闭操作。在 10 s 延时时间内单击道岔按钮后，命令生效，单锁按钮随之抬起。超过 10 s 不单击道岔按钮，单锁按钮自动抬起，再单击道岔按钮无效。因此单击一次单锁按钮只能单独锁闭一个道岔。

(5)道岔单独解锁

移动鼠标到单解按钮上，当光标变成小手状时单击鼠标左键，单解按钮处于按下状态且开始 10 s 延时。在延时期间移动鼠标到待单独解锁的道岔名称上，当光标变成小手状时单击鼠标左键，完成道岔单独解锁操作。在 10 s 延时时间内单击道岔按钮后，命令生效，单解按钮随之抬起。超过 10 s 不单击道岔按钮，单解按钮自动抬起，再单击道岔按钮无效。因此单击一次单解按钮只能单锁一个道岔。

8. 区段事故解锁

计算机联锁系统不设区段事故解锁盘。在屏幕的左、右上方分设两个咽喉区的区解按钮。

为安全起见，信号开放且列车接近后，如因故障关闭，自信号故障关闭起，需延时(延时时间同人工解锁)，进行区段事故解锁操作方可生效。如在延时期间内进行区段事故解锁操作，操作无效，屏幕上同时显示事故解锁延时操作剩余等待时间。

移动鼠标到区解按钮上，当光标变成小手状时单击鼠标左键，将弹出破封密码确认框。确认后区解按钮处于按下状态且开始 10 s 延时。在延时期间移动鼠标到待区段事故解锁的区段名称上，当光标变成小手状时单击鼠标左键，完成区段事故解锁操作。

9. 按钮封锁

为了防止误操作，可以采取对信号机进行戴帽处理，来完成对信号机按钮的封锁。

移动鼠标到钮封按钮上，当光标变成小手状时单击鼠标左键，钮封按钮按下并开始 10 s 延时。在延时时间内移动鼠标到待按钮封锁的信号机名称上，当光标变成小手状时单击鼠标左键。此后除了按钮解封操作，其他对该信号机按钮的操作都将失效，同时信号机会用一个黄色方框括起来，表示其处于按钮封锁状态，完成按钮封锁操作。同理单击钮解按钮，完成按钮解封操作，信号机操作和显示都恢复原样。

10. 其他操作

(1)点灯、灭灯

在常态灭灯的高速车站,分咽喉设置自复式“点灯”和灭灯按钮,其中“灭灯”属于铅封按钮。

当为车载设备故障或未安装 ATP 车载设备的列车办理相关进路时,应首先将对应信号机点亮后再办理进路。若进行点亮信号机操作前对应进路已经建立,联锁不能点亮信号机并给出提示。操作员应先进行“取消进路”或“人工解锁”,待进路解锁后,再进行点亮信号机及办理进路的操作。列车越过点亮允许灯光的进站信号机,进站信号机点亮红灯,其防护的进路内方第一区段解锁后进站信号机灯光熄灭。

当 ATP 车载设备故障修复需恢复正常办理进路时,应首先将对应信号机红灯灭灯后再办理进路。若进行熄灭信号机操作前对应进路已经建立,联锁不能熄灭信号机并给出提示。操作员应先进行“取消进路”或“人工解锁”,待进路解锁后,再进行熄灭信号机及办理进路的操作。

进站信号机室外点亮时,办理对应接车进路或调车进路的顺向出站信号机自动点亮红灯。对于列车或调车立折作业,立折发车进路或调车进路内方第一区段解锁后,原接车或调车时点亮的出站信号机红色灯光随之熄灭。

出站信号机点亮并办理发车进路(含引导)时,应检查站间区间轨道空闲条件后点亮允许灯光。

当办理同一股道的接车、发车进路时,若进站或出站信号机显示状态不一致状态下,通过进路无法办理。

在联锁“停稳计时”未结束前,禁止人工将原接车时点亮的出站信号机红色灯光熄灭。

(2)办理延续进路

进站信号机外方制动距离内有超过 6‰下坡道办理接车进路时,先顺序按压接车进路的始端按钮和终端按钮,再按压延续进路的终端按钮。接车进路及延续进路均锁闭后,进站信号机即可开放。当延续进路通向车站的出口时,如需接续发车,只需按压延续进路的始端列车按钮,检查区间条件满足后出站信号机即可开放。

向正向接车口办理延续进路时,不检查该接车口对应改方按钮是否按下。如需接续向反向发车区间口发车,需先按下此发车口对应的改方按钮,再按压延续进路的始端列车按钮,区间运行方向由接车方向自动改变为发车方向,出站信号即可开放。

延续进路解锁方式为:

①正常情况下,列车头部驶入股道 3 min 后,延续进路自动解锁。

②取消进路时,必须首先取消或人工解锁接车进路,然后才能取消延续进路。

③使用坡道解锁按钮是特殊解锁方式。当接车进路完全解锁且车站值班员确认列车完全进入股道且已停稳时,可以按压坡道解锁按钮代替限时解锁。先按下坡道解锁按钮,并输入密码(888)后单击确认按钮,在其 10 s 倒计时结束前按下延续进路的始端按钮,延续进路不继续延时立即解锁。

(3)非常站控

系统第一次启动默认为自律控制模式,如需进行站控操作,需首先按压非常站控按钮将控制权改为站控模式;当需转为自律控制时,抬起此按钮,并再次破铅封即可;如果自律控制模式满足,此按钮抬起,系统自动转为自律控制,如果自律模式条件不满足,系统转为自律请求状态,车站不能进行操作。

## 三、电务维修机使用

电务维修机用户界面主要包括站场图形显示、设备信息查询、联锁系统运行图等，用户可根据不同的需求调用不同的界面观察所需信息。

1. 站场图形显示

(1)站场图形显示

站场图形显示基本界面同车务界面。

①行车状况

反映区段、道岔、信号机等站内设备的变化情况。

②系统通信状态

包括联锁机、控显机运行状态，IO 系统状态。

③按钮闪烁、按钮封闭

按钮闪烁表示联锁软件认为按钮按下有效。

④道岔控制状态

表示道岔所处的控制状态，单封、单锁等。

⑤零散信息表示灯

表示联锁零散继电器的状态，如半自动闭塞、自动闭塞等。

(2)操作方法

图形显示有实时、历史两种，操作界面如图 3-100 所示。回放模式灯绿表示图形处于回放状态；实时模式灯绿表示图形处于实时状态。

①实时操作方法

用鼠标单击实时模式按钮，按钮呈按下状态。

②回放操作方法

a. 用鼠标单击回放模式按钮，按钮变绿，为按下状态。

b. 用鼠标单击“回放日期”右侧的弹出按钮，然后用鼠标在列表中点一下需要回放的起始日期，数据将出现在表格中。

c. 选定好“开始时间”，设定“回放速度”，根据需要选择单步前进、单步后退、连续前进、连续后退按钮进行回放，观察现场变化情况。

d. 如需暂停回放内容，则按下暂停回放按钮。

e. 如需继续回放，则再次单击单步前进、单步后退、连续前进、连续后退按钮。

f. 如需显示文字记录，单击“显示文字”；如想隐藏文字记录，单击“隐藏文字”。

通过显示文字可以查看当时的设备变化情况。

2. 设备信息查询

系统对现场所有设备的变化情况均记录在数据库中，可按要求查询。以文本、表格的方式显示及打印各设备的变化信息。系统能够保证数据库信息严格的一致性及安全性。

查询分为设备实时状态查询和历史信息记录查询。

为了方便查询，按照设备分别可以对“全体设备”“区段信息”“信号信息”“道岔信息”“零散信息”“提示信息”“按钮信息”“报警信息”“输出命令”进行查询。

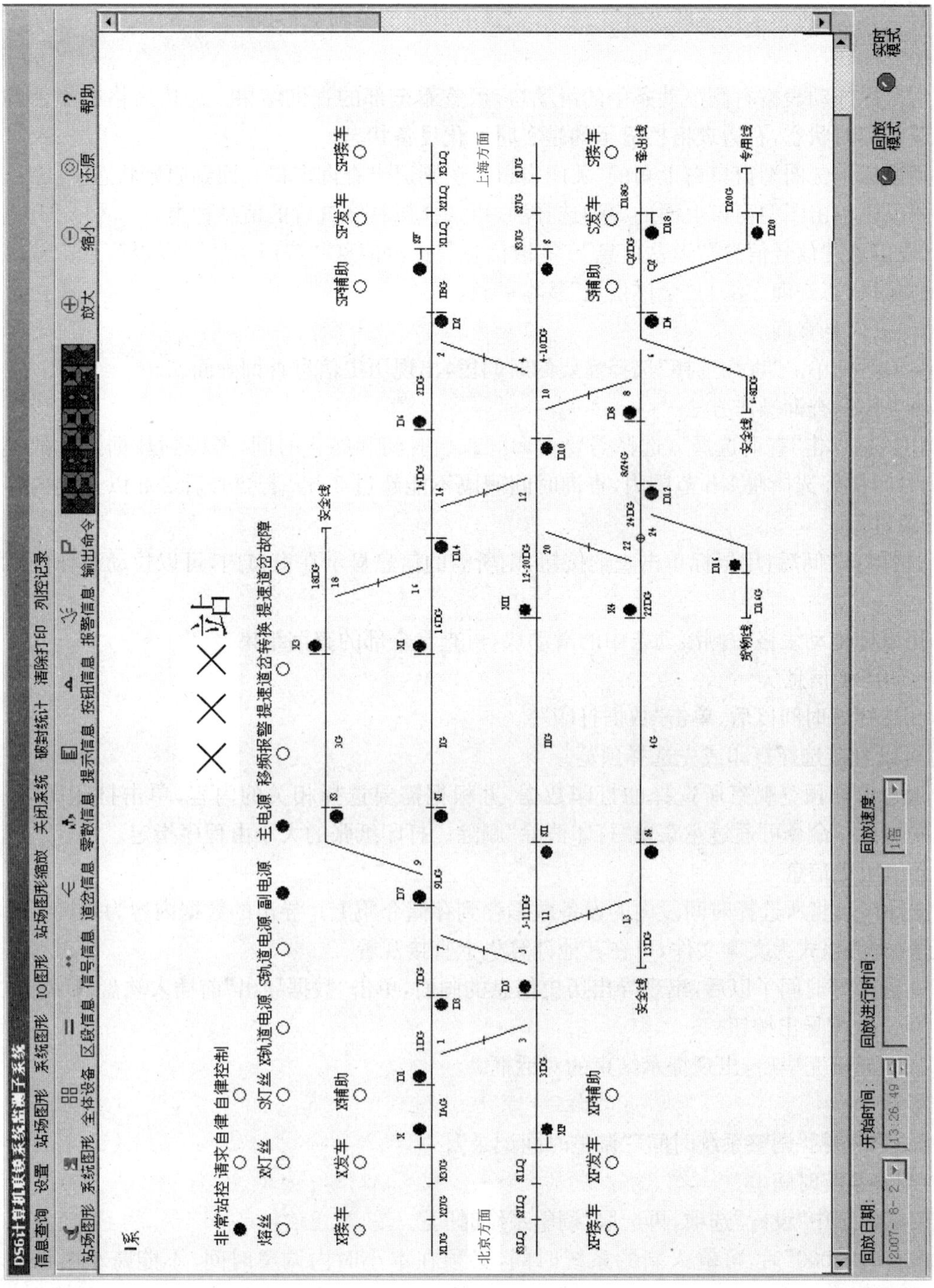


图 3-100　站场图形显示基本界面

(1)实时信息查询

现以查询全体信息为例说明实时信息的查询方法。在主菜单上单击“信息查询”后再单击“全体设备”,或直接单击全体设备按钮,显示图3-100所示的界面。图的左边表示全体设备继电器实时状态;右边表示设备状态变化信息,记录的时间精确到毫秒。

操作方法:

①用鼠标拖动表格右侧滚动条中的滑动块,可查看全部的查询结果。左边表格栏显示的是全体设备实时状态,右边表格栏显示的是实时变化设备状态。

②用鼠标单击图型窗口右上角的“关闭窗口”键,则退出查询窗口。回到原始状态。

③用鼠标单击图型窗口上面的各种选择项,可选择想具体查看的信息种类。

“区段信息”“信号信息”“道岔信息” “零散信息”“提示信息”“按钮信息”“报警信息”“输出命令”的实时状态查询方法与“全体信息”基本一致。

(2)历史信息查询

在菜单上先单击“查询选择”选择需要的时间段,出现历史信息查询画面。

①历史信息查询操作方法

a. 用鼠标单击“查询选择”,选择需要查询的起始时间和终止时间,考虑到数据量大的问题,查询时间最好选择在1 h范围内,查询时间间隔不能超过2 h。若要查看2 h以上的内容时,需分段进行。

b. 选择好时间后,用鼠标单击查询按钮,则所需的信息显示在窗口内,可以拉动游标任意观看。

c. 用鼠标拖动表格右侧滚动条中的滑动块,可查看全部的查询结果。

②打印历史信息

a. 在选择好时间以后,单击“数据打印”。

b. 可以直接选择打印或先选择预览。

c. 通过打印预览观察所选择的打印数据,并根据需要选择相关的内容,单击打印即可。已经下发的打印命令可通过主菜单“打印清除”删除。打印纸张的大小由程序指定。

③导出历史信息

数据导出可将所选择时间段内的设备数据存到存储介质上。导出的数据内容为查询显示后的数据,文件格式为文本文件,可在其他计算机上直接观看。

a. 在选择好时间了以后,出现导出历史信息的画面,单击“数据导出”前插入软盘、U盘。

b. 单击数据导出按钮。

c. 数据导出完毕后,出现提示结束的对话框。

3. 设置

设置主要包括“调整系统时间”“调整时间记录”。

(1)调整系统时间

先用鼠标选中“设置”选项,再选取“调整系统时间”。

输入密码“2000”后,可输入新的系统时间,必须在本小时内调整时间,不能跨小时调整时间。

(2)调整时间记录

先用鼠标选中“设置”选项,再选取“调整时间记录”。

4. 系统图形

用鼠标选中"系统图形"选项,显示系统图形画面。图中表明了联锁系统内部的通信状态及联锁系统与前置通信机及 CTC 外部计算机设备的连接状态。

5. 站场图形缩放

用鼠标单击子菜单"缩小""还原""放大",站场图形会在原有图形基础上做出相应得变化。

6. 站场图形及 IO 图形

用鼠标单击菜单"站场图形""IO 图形",监测界面在两图间切换。

7. 破封统计

用鼠标单击菜单"破封统计",界面显示控显 A 机、控显 B 机破封按钮动作次数的记录,以月为基本时间。

8. 清除打印

用鼠标选中"清除打印"选项,软件将调出 Windows 系统的打印任务框,可通过该对话框对打印任务进行删除、暂停等操作。

9. 列控记录

实时报警框是对联锁系统报警信息的实时体现,如出现联锁报警该对话框自动弹出,人工确认后可关闭该对话框。

用鼠标单击菜单"列控记录"界面,可以对"列控通信状态""列控开关状态""限速信号命令""列控进路信息"进行查询。

"列控通信状态""列控开关状态""限速信号命令""列控进路信息"的数据存储为一个月,查询时按照当前月的日期查询。

10. 重启/关闭系统

用鼠标单击子菜单"重启计算机""关闭计算机",密码"2000"确认后,监测机将执行用户操作重启或关闭监测机。

本章以 DS6-K5B 型计算机联锁为例作以介绍,各种计算机联锁的操作使用方法虽然不尽相同,但大同小异,应该能借助说明书或参阅《正确使用计算机联锁》,掌握其他计算机联锁的操作使用方法。

## 复习思考题

1. 计算机联锁为什么要采用工控机?
2. 计算机联锁系统至少要采用多少台计算机?
3. 计算机联锁系统的硬件分为几层?各完成什么任务?
4. 为提高可靠性和安全性,计算机联锁系统采用哪些技术?
5. 何为故障切换结构?举例说明。
6. 何为故障屏蔽结构?举例说明。
7. 切换开关电路、表决电路各用在何处?
8. 计算机联锁系统的软件分为几层?各完成什么任务?
9. 什么是计算机联锁系统的通道与接口?
10. 简述计算机联锁技术的发展。

11. 简述 TYJL-Ⅱ型计算机联锁系统的结构。

12. 简述 JD-ⅠA 型计算机联锁系统的结构。

13. 简述 VPI 型计算机联锁系统的系统结构。

14. 简述 DS6-K5B 型计算机联锁系统的组成。

15. DS6-K5B 型计算机联锁系统有哪些主要特点？

16. 简述 DS6-60 型计算机联锁系统的组成。

17. DS6-60 型计算机联锁系统有哪些主要特点？

18. 简述 EI32-JD 型计算机联锁系统的组成。

19. EI32-JD 型计算机联锁系统有哪些主要特点？

20. 简述 iLOCK 型计算机联锁系统的组成。

21. iLOCK 型计算机联锁系统有哪些主要特点？

22. 简述 TYJL-ADX 型计算机联锁系统的组成。

23. TYJL-ADX 型计算机联锁系统有哪些主要特点？

24. 简述 TYJL-Ⅲ型计算机联锁系统的组成。

25. TYJL-Ⅲ型计算机联锁系统有哪些主要特点？

26. 为什么说二乘二取二计算机联锁的安全性、可靠性高于双机热备计算机联锁？

27. 二乘二取二计算机联锁中的所有计算机都是二乘二取二安全冗余结构吗？

28. 哪些二乘二取二计算机联锁是国产化产品？与其他二乘二取二计算机联锁相比有何不同？

29. 二乘二取二计算机联锁有哪些接口电路？

30. 哪些二乘二取二计算机联锁采用了光纤连接？

31. 二乘二取二计算机联锁如何实现“故障—安全”？

32. 计算机联锁组合如何排列？

33. 采集电路有哪些？表示哪些设备之间的联系？

34. 驱动电路有哪些？表示哪些设备之间的联系？

35. 高速铁路对于计算机联锁有何特殊要求？

36. 高速铁路的计算机联锁要和哪些系统相联系？

37. 普速铁路的计算机联锁能否用于高速铁路？为什么？

38. 高速铁路的信号点灯电路与普速铁路的信号点灯电路有哪些不同？

39. 计算机联锁系统如何进行冷机启动？

40. 计算机联锁系统操作要注意哪些事项？

41. 简述计算机联锁的屏幕布置。视图中主要有哪些显示？各表示什么？屏幕上主要有哪些按钮？各起什么作用？

42. 对于不带铅封的按钮，如何操作？对于带铅封的按钮，如何操作？

43. 如何排列基本进路？如何排列变通进路？

44. 如何取消进路？如何人工解锁进路？

45. 如何重复开放信号？

46. 如何办理引导？

47. 如何进行道岔操作？

48. 如何进行区段事故解锁？

49. 如何进行按钮封锁？

50. 如何改变运行方向？

51. 如何进行点灯、灭灯操作？

52. 如何进行非常站控操作？

53. 简述电务维修机用户界面布置。

54. 如何显示站场图形？如何进行系统图形选项？如何进行站场图形及IO图形的切换？如何进行站场图形缩放？

55. 如何进行设备信息查询？

56. 如何进行系统时间和时间记录的调整？

57. 如何进行破封统计？

58. 如何清除打印？

59. 如何进行列控记录？

60. 如何进行重启/关闭系统操作？

# 第四章　车站联锁设备维护

车站联锁设备维护是对运用设备进行维修保养，以掌握设备性能，预防设备故障，保证设备经常处于良好的运用状态，充分发挥车站联锁设备的效能。发生故障后，要正确处理，迅速排除。车站联锁设备维护必须贯彻预防与整修相结合，以预防为主的原则，广泛采用监督、检测、记忆、判断等手段，不断监视设备的运用状态，及早诊断设备故障，为逐步实现状态修创造条件。

## 第一节　6502 电气集中的维护

### 一、室内设备的维修

室内设备的维修包括控制台、人工解锁按钮盘、组合柜、分线柜及电源屏的维修。

1. 控制台（包括人工解锁按钮盘）的维修

（1）控制台的维修内容

①日常养护

a. 检查铅封是否良好，检查计数器号码变化并登记，检查破封登记情况，及时补封。

b. 检查表示灯灯泡及按钮帽，不良的更换。

c. 访问车务值班人员，了解设备运用情况。

②集中检修

a. 检查按钮接点的断接情况，清扫，调整，更换不良配件。

b. 检查清扫配线，紧固端子螺丝。

c. 检查、整修防尘、防鼠措施。

d. 联锁试验。

e. 更换故障表示灯。

f. 检查并按期更换断路器。

（2）维修控制台的注意事项

①应首先登记，然后利用行车间隙进行维修，并应加强与车站值班员的联系。

②凡已排列进路的按钮及断路器不可触及。

③凡已办理闭塞本站到发线有列车待发，或自动闭塞区段已同意邻站发车时，不可任意按压进路按钮，以防错误接/发列车。

④不可任意按压总人工解锁按钮、总取消按钮、区段故障解锁按钮，更不能盲目与进路按钮同时按压，以防错误取消进路或错误解锁进路。

⑤在任何情况下都不得代替车站值班员（或信号员）办理行车业务。

（3）控制台的主要维修事项

①控制台的停用分解

控制台停用分解前后必须十分重视与车站值班员的联系与交接。按铁路局集团公司电务部批准的日期，停用前由维修负责人在“行车设备检查登记簿”上详细登记停用项目、影响情况及停用后其他设备的使用办法，经车站值班员确认签字，调度员下达停用命令后方可停用。停用后由信号工区打开转辙机的锁，供车站摇动道岔，接/发列车由车站按《行车组织规则》或《车站行车工作细则》规定办理。

控制台分解的工作项目有：

a. 逐个拆下并细致检查、调整、清扫所有单元块、按钮、表示灯，必要时予以更换。

b. 检查所有单元块、按钮、汇流条、表示灯上的线头，不良者重焊。线头、线把、胶管有污垢者，用棉纱蘸酒精或肥皂水擦净。

c. 更换或增设因电路改动所需的线条，查清并剪除无用线头，线把缺绑者补绑。

d. 检查所有断路器。

e. 测试控制台内部对地绝缘及各汇流排之间的绝缘。

控制台分解完毕后应做全部联锁试验，利用行车间隙对进路逐个进行试验。试验全部正确后，方可由维修负责人销点，取消封锁，车站报请调度员批准后即可正式恢复使用。由信号工区负责转辙机加锁及控制台有关按钮加封。

②控制台漏灰的处理

如控制台门不严缝，会有较多灰尘进入。接点簧片受污染，很快变暗发黑。为防止控制台漏灰，可采取以下措施：

a. 应注意勿使灰尘飞扬。

b. 控制台电缆槽盖板应尽量合缝，伸入控制台底部的部分应加设底部相隔，防止灰尘通过电缆槽进入控制台内。

c. 控制台的门与框不严缝时，可在门框上涂以清漆，待其稍干时贴上 3 mm 厚宽度适量的毛毡条或泡沫海绵条，或用沉头带帽螺栓固定，以确保门锁上后严缝。

d. 在控制台两侧顶部各钻 6 mm 小孔，串入带帽螺栓固定，在控制台内用绞合尼龙绳挂起布帘或塑料帘防尘。计表后将防尘帘拉合再锁门。

③控制台有潮气的处理

控制台门不严缝，亦会渗入潮气。控制台长期受潮，不但接点片生铜绿，而且线把会发霉。控制台内有潮气的主要原因及处理方法如下：

a. 电缆引入槽内有积水，潮气顺电缆槽进入控制台。应将电缆引入口堵严并保持电缆槽干燥。

b. 电缆引入口选择不当，电缆槽在室内通过再拐入控制台，而不是从控制台后直接引入，车站值班人员不注意使水流入电缆槽内，潮气即侵入控制台。应提请他们注意，并在控制台引入口加装木板，再堆放适量石灰包，严密堵死潮气入口。

2. 组合柜及分线柜的维修

(1)组合柜及分线柜的维修内容

①日常养护

a. 观察检查各种器材运用状态，无异常现象，器材安装牢固，插接良好。

b. 检查各断路器、阻容元件、防雷元件无过热现象。

c. 各种标牌齐全，防松措施良好。

d. 室内环境卫生清扫。

②集中检修

a. 逐台检查各种器材类型是否正确，有无超期，内部有无异物，继电器接点状态是否良好。

b. 检查清扫组合柜、走线架、分线柜及电缆沟槽。

c. 检查测试地线，不良的整修。

d. 检查测试防雷单元，不良的更换。

e. 检查整修防尘、防鼠措施。

f. 阻容元件、二极管检查测试，不良的更换。

g. 绝缘不良查找及处理。

h. 按周期更换器材。

(2)组合柜及分线柜维修注意事项

①平时不要随意按压或拨动继电器，以免关闭已开放的信号机。遇有继电器歪斜、松脱等情况，应在信号未开放时处理。

②擦洗组合柜配线上的垢迹后，应由专人联系，在信号未开放时进行。

(3)组合柜及分线柜的主要维修事项

①更换继电器

发生故障的继电器，虽然影响部分电路，但它的接点仍被其他电路所使用，不能贸然拔下。必须与车站值班员联系后，将发生故障的继电器拔下，插上同类型的继电器并试验良好后方可恢复使用。

②接地电阻的测试

组合柜的接地电线用于人身安全防护，接地电阻应不大于 10 Ω。

接地线接地电阻用接地电阻测量仪进行测试，常用 $ZCG_8$ 型接地电阻测量仪或 $JDG_1$ 型晶体管接地电阻测量仪来测试。

用 $ZCG_8$ 型接地电阻测量仪进行测量时，将测量仪平置，调节测量比例调整旋钮至适当比例挡，被测地线接至 $P_2$、$C_2$ 端子，两根辅助接地探测计按 20～40 m 间距打入土内，并分别接至 $C_1$、$P_1$ 端子。左手按住测量仪，右手以 120 r/min 的速度摇动手柄，指针即开始或左或右偏转。随即用左手按压同时调节接地电阻调整旋钮并不停摇动手柄，直到指针停止摆动。此时所指示的电阻值乘以所取的比例即为所测地线的接地电阻。

用 $JDG_1$ 型晶体管接地电阻测量仪进行测量时，将测量仪平置，比例调节旋钮放置于适当位置，被测地线接至 $J_1$、$E_1$ 端子，两根辅助接地探测针按间距各 10 m 打入土内，并分别接至 $J_1$、$E_2$ 端子，把电键扳向测量位置，旋动测量值旋钮，使检流计平衡在零位。此时测量值旋钮所指电阻值乘以所取比例即为所测接地线的接地电阻值。如旋动测量值旋钮不能使检流计平衡，表示所选比例不当，可将电键扳至精调位置，再调节测量值旋钮，使检流计达到平衡。

电源屏、控制台的接地电阻测试同上述。

3. 电源屏的维修

(1)电源屏的维修内容

①日常养护

a. 检查断路器、电源线、变压器、接触器安装状态，有无过热现象、不正常噪声及异味。

b. 调压屏手动、自动位检查。

c. 盘面显示状态检查及屏内/外部清扫。

d. 智能电源屏监测信息检查分析。

e. 电气特性测试。

f. 定期切换主、备屏运用。

②集中检修

a. 进行屏内各部检查，紧固配线端子。

b. 进行主、副屏倒机试验，两路电源的相序检查。

c. 检查、测试地线及防雷元件，不良的整修或更换。

d. 检查并按周期更换屏内断路器。

e. 进行屏内、外部及电源线沟槽清扫，检查防鼠措施。

f. 配合更换电源屏器材及仪表校核。

g. 屏内主要元器件检查测试，不良的更换。

h. 进行电气特性测试。

(2)电源屏的维修注意事项

①不要触动正在使用的电源屏，也不要触及刚停电的电源屏中的电容器，以防高压危及人身安全，须待其储存的电能自然消失或人工放电完毕后方可触及。

②电源屏的变压器不许短路使用，电流互感器不可开路使用。

③检修时必须站在橡皮垫上，接触交流三相 380 V 电源时，要严格遵守单手作业法，并且各屏自身须接地良好。

④主、副电源开关应经常置于开通位置，以确保主、副电源能自动转换。

⑤检修使用各屏时，它们的控制开关应置于断开位置，以尽量做到完全断电作业。

⑥大站电源屏的 24 V 整流器的输出电压系在整流变压器高压侧倒接连接片进行，需调整时必须停电。

⑦凡发生元件烧毁或其他异状而损坏设备时，必须彻底查明原因并真正排除故障后，才能更换新的元件或设备，不可盲目更换，以防故障未排除再次损坏。

⑧夏季须注意电源屏温升，室温超过 30 ℃时，要昼夜降温。

(3)电源屏的主要维修事项

①两路输入电源的相序检查

可用万用表测量两路电源的对应端子上的电压。若电压为零或很低，说明是同相连接；如果不是零且数值较大，则说明该组不同相。

②交流电源对地电压及电流测试

测交流电源对地电压时，交流电压表一表棒接地，另一表棒分别与 JZ（或 JF）电源相接时，所测电压为电源对地电压。各种交流电源未接负载时，两极接地电压之比应不小于 3。而接入负载时，两极接地电压之比应不大于 3。

测交流电源对地电流时，先将与电流表串联的 550 Ω 电阻调到最大值后一端接地，交流电流表另一表棒串联 0.5 A 断路器后与 JZ 电源相接，所测电流为 JF 电源接地参考值。如所测电流大于 100 mA，说明 JF 电源接地严重，不得再将电阻值调小，以防电源短路。此时应查出接地故障点。如所测电流小于 100 mA，可将电阻值逐渐调小直至零，以测出直接接地电流值。

用同样的方法可测出其他交流 JZ 电源的接地电流。当电源输出端接有负载时,各交流电源对地电流均不得大于 20 mA,空载时均应为零。

③直流电源对地电压及电流测试

除改用直流电压表、直流电流表及所接电源端子不同外,与上述测交流电源对地电压及电流接线相同。测直流电源对地电压时,直流电压表一表棒接地,另一表棒分别与 KZ、KF(或 DZ、DF)电源相接时,所测为电源对地电压。空载时,各种直流电源对地电压均应为零。而接入负载时,两极对地电压之比应不大于 3。

测直流电源对地电流时,将与直流电流表串联的可调电阻值换成 60 Ω,其正表棒串 0.5 A 断路器,与 KZ(或 DZ)电源相接。与测交流电源对地电流的方法相同,测出直流电源对地电流。空载时,各直流电源对地电流应为零,接入负载时接地电流为不得大于 1 mA。

④调压精度测试

采用感应调压器时,将调压屏控制开关扳向"手动"位置,拧掉驱动电动机的三相熔芯或断开行程开关,向升压方向摇动手轮,待降压表示灯着灯时止,此时电压应不大于 391.4 V。再将手轮向降压方向摇动,待升压表示灯着灯时止,此时电压应不小于 368.6 V。

4. 继电器室的维护

继电器室应保持清洁、干燥、少尘,温度保持在 10 ℃～30 ℃。电源设备设于继电器室内时,要保持通风良好。继电器室应备有使用于电气火灾的灭火设备。

继电器室的维修内容有:

①用潮抹布抹擦组合柜正面灰尘,用长柄毛刷清扫继电器顶面,用普遍毛刷清扫各柜背面及配线,最好用手提吸尘器配合清扫,吸尽飞起的灰尘,并用干净棉纱抹净各电源屏、组合柜及分线柜周身。

②用吸尘器吸净室内地面、窗台等处的灰尘。

③地面敷以薄薄一层地板蜡,然后用干绒布拖把或打蜡拖把将地面拖光拖亮。

此外,结合年表可进行以下工作:

①逐步自行将水泥地面改为塑料漆地面,将粉墙面改为油漆墙面,并敷以地板蜡,用干棉纱打光,以保持长年不沾灰尘。

②安装适量红外线灯,在霉雨季节定期向配线部分照射,以防线条和接点发霉。

③堵塞通往室外的电缆柜、电缆槽和走线架出口,以防潮、防尘、防鼠。

④继电器室门口放置棕垫,进入室内严禁吸烟。

⑤夏季应注意降温。

## 二、电气集中的故障分析及处理

电气集中设备发生故障时,应积极组织修复。遇到一般故障尚未影响设备使用时,信号维修人员应在联系、登记后,会同车站值班员进行试验,以判明情况、查找故障、及时修复。如试验中发现设备有严重缺陷而危及行车安全,又一时无法排除,应通知车站值班员并登记停用设备。如已影响设备使用,信号维修人员应首先登记停用设备,然后积极查找原因,排除故障,尽快恢复使用。如不能判明原因,应立即上报,听从上级指示。

当发生与电气集中设备有关的机车车辆脱轨、冲突、颠覆事故时,信号维修人员不得擅自移动设备,同时派人监视,保护事故现场,并立即报告电务段调度。

发生影响行车的信号设备故障时，信号维修人员应对接发列车进路排列状态、调车作业情况、控制台的显示状态、列车运行时分、设备位置状态及故障处理情况，登记在"行车设备检查登记簿"内，作为原始记录备查。

1. 排列进路过程中的故障及处理

(1)进路按钮表示灯不闪光

按下进路按钮后，进路按钮表示灯不闪光，此时可先观察排列进路表示灯的状况，如点亮，说明进路按钮继电器正常励磁并自闭，只是进路按钮表示灯灯泡断丝或闪光电源断电，并不影响排列进路和开放信号，更换表示灯灯泡或查找并接通闪光电源即可解决。如排列进路表示灯不点亮，则说明进路按钮继电器没有励磁，故障原因及处理方法如下：

①该进路按钮接点接触不良，单元座松动，调整按钮接点或拧紧按钮座固定螺栓即可解决。

②控制台零层端子到组合柜零层端子间的电缆芯线假焊或脱焊，找到故障后重新焊接即可克服。

③按钮继电器 3-4 线圈断线或接触不良，更换继电器或插好继电器即可解决。

(2)进路按钮表示灯闪一下光后熄灭

按下进路按钮后，进路按钮表示灯仅闪一下光，然后熄灭，说明按钮继电器无法构成自闭电路，故障原因及处理方法如下：

①按钮继电器自闭电路中某接点接触不良，分段测量 KZ 电压即可查明断点，然后更换有关继电器予以解决。

②按钮继电器 1-2 线圈断线，必须更换继电器。

③按压进路按钮松手过快，按钮继电器来不及接通其自闭电路，须按正常速度按压按钮。

(3)进路排列表示灯不点亮

按下进路的始、终端按钮后，两进路按钮表示灯均闪光，但进路排列表示灯不点亮，说明按钮继电器自闭电路已构成，故障原因及处理方法如下：

①排列进路表示灯断丝，此时该表示灯虽不点亮，但进路仍能继续构成，并不影响排列进路和开放信号，更换表示灯灯泡即能解决。

②方向继电器未吸起，原因是某按钮继电器接点接触不良，或该方向继电器断线，分段测量电压以查明原因并进行处理。

③方向继电器能吸起但不能自闭，此时进路排列表示灯点亮一下随即灭灯，自闭电路不能构成的原因无非是方向继电器的自闭接点，或进路终端的按钮继电器的接点接触不良，或配线断线，逐段测量 KZ 电压即能找到故障点。

(4)进路选不出来

按下进路始、终端按钮后，进路按钮表示灯均闪光，排列进路表示灯也点亮，但进路始端按钮表示灯不变稳定灯，进路选不出来，说明进路按钮继电器吸起并自闭，方向继电器也吸起并自闭，故障原因及处理方法如下：

①选岔网路内堵截二极管击穿，使选岔电路错误动作，无法选出整条进路。此时应观察哪一道岔被错误选动，查明并更换已击穿的二极管。此外，在排列长进路时，会因硅二极管压降过大使道岔操纵继电器不能吸起，应改用锗二极管以减少管压降。

②进路始端的 JXJ 未吸起或不能自闭。不能吸起的原因是 6 线未通以 KF 电源，分段测

量 6 线上的 KF 电源可查到故障点，一般为接触不良或配线脱焊。不能自闭，除检查自闭接点是否良好外，应注意方向电源“KF-共用-Q”是否送到 JXJ 的线圈上。

如始端进路按钮表示灯由闪光变为点稳定灯光，说明始端的 JXJ 已励磁，始端按钮继电器已落下，并且始端的 FKJ 已吸起，证明 6 线工作正常。此时终端按钮表示灯仍闪光，说明终端的 JXJ 未吸起，应观察 6 线 KZ 电源的传递情况。若中间信号点的调车按钮闪白光，说明 5 线 KZ 电源已传至中间信号点，并且其 JXJ 已吸起。再进一步查找中间信号点至终端间的选岔网路，看 5 线上 KZ 电源是否传至终端，进路上的道岔操纵继电器是否被选动。

③对于列车进路，LKJ 或 FKJ 未吸起；对于调车进路，FKJ 未吸起，应分别查明原因。

④ZQJ 的前接点一直接通，相当于一直在办理取消进路，使进路无法选出。在这种情况下，本咽喉区的所有进路无法排出，并点亮总取消表示灯。

(5)进路不出现白光带

按压进路始、终端按钮后，始端按钮表示灯由闪光变为点稳定灯光，终端按压表示灯闪光后熄灭，排列进路表示灯点亮后熄灭，但进路白光带不出现，说明进路始端的 FKJ 和终端的 JXJ 已吸起并自闭，进路已选出，相应的方向继电器已落下，并且按钮继电器已落下，选岔电路动作已完成。而选出的进路不能锁闭，进路继电器未落下，故障原因及处理方法如下：

①进路上的道岔未转换到规定位置，可通过道岔表示灯观察，如未转换则查找道岔控制电路。

②进路始端的 KJ 未吸起，应在 7 线上逐段测量 KZ 电源，即能查出故障点，以道岔表示继电器接点接触不良为多见。

③进路始端的 XJJ 未吸起，应在 8 线上逐段测量 KF 电源查明故障点。

④进路上所有区段的 QJJ 未吸起，如果都不能吸起，则系 9 线上得不到 KZ 电源所致，原因多为 XJJ 接点接触不良，如果是个别区段的 QJJ 不能吸起，则是由于该继电器的 3-4 线圈断线或脱焊所致。这时只有该区段的白光带不点亮。

⑤办理调车进路时，ZJ 未吸起，进路终端部位不能经其前接点向网路送 KZ 或 KF 电源。应查找 ZJ 未吸起的原因并予以克服。

如果在办理进路后，始、终端按钮表示灯和排列进路表示灯都熄灭，白光带也不出现，一般是由于进路始端的 FKJ 未吸起。此时应先取消进路，再一边办理进路，一边观察继电器动作情况，予以查找。

(6)信号复示器未有开放表示

进路选出后，白光带已经出现，但信号复示器没有开放表示，说明所办进路已正常锁闭。如此时进路始端按钮仍亮稳定灯光，说明进路始端的 FKJ 未落下，即 XJ 未吸起。此时应测量 XJ 的 3-4 线圈上有无电压。如有电压，则由 XJ 线圈断线、插入不良等所致，更换或插紧继电器即可解决。如无电压，则应进一步测量是缺 KZ 电源还是缺 KF 电源，在 11 线(还涉及 7 线和 8 线)上逐段查找。如此时始端按钮表示灯熄灭，KJ 已吸起，则故障原因是信号机未开放或信号复示器灯泡断丝。

(7)信号复示器开放表示后又立即关闭

进路白光带出现后，进路始端按钮表示灯熄灭，信号复示器开放表示后又立即关闭，说明所选进路已正常锁闭，XJ 已吸起，进路始端的 FKJ 已落下，而允许信号点灯电路有故障。一般为 XJ 不能自闭，故障原因及处理方法如下：

①允许灯光灯泡的主、副灯丝断丝，应及时更换灯泡。

②XJ 线圈断线或焊接不良，更换继电器或重焊配线即可解决。

③灯丝继电器接点或 XJ 接点接触不良，逐段测量电压即能查明故障点。

2. 道岔转换过程的故障与处理

与道岔有关的故障，从动作层次上来分，可分为转换故障和表示故障；从结构上来分，可分为电路故障和机械故障。按照道岔控制电路的动作程序，分析启动道岔和控制台上电流表及道岔表示灯的变化情况，有助于缩小故障范围。

(1)ZD6 系列转辙机常见故障及处理

①电动转辙机无法启动

电动转辙机无法启动的主要原因有：启动电路部分故障、电缆芯线故障、电动转辙机启动接点或插接器插接不良及电动机故障。

电动转辙机无法启动时，应按道岔控制电路的动作程序，分析操纵道岔后控制台上电流表的读数及道岔表示灯的变化情况，判明其原因：

a. 进行道岔操纵后，原道岔表示灯不熄灭，可以断定 1DQJ 未吸起，原因有：

(a)单独操纵时，道岔按钮接点接触不良；CAJ 未吸起或接点接触不良；ZDJ 或 ZFJ 未吸起或吸起后其发送条件电源的前接点接触不良未送出条件电源“KF-ZDJ”或“KF-ZFJ”。测量有无条件电源，并逐段测量 KF 电源是否送至 1DQJ 的线圈，即可查明中断点，通过调整按钮接点或更换有关继电器予以解决。

(b)进路操纵时，先确认本道岔的 DCJ 或 FCJ 是否吸起。如未吸起，应从选岔电路着手查找原因。如已吸起，则可能是接点接触不良或有关线路断线，逐段测量 KF 电压即可查出故障点。

(c)1DQJ 的 3-4 线圈断线或组合插座配线脱焊或继电器插入不良。

(d)本道岔所在区段处于锁闭状态，SJ 落下或区段锁闭，DGJ 落下。应从解锁电路着手查找原因。

b. 进行道岔转换操纵后，原来的道岔表示灯熄灭，挤岔电铃鸣响，电流表指示为零，说明 1DQJ 已吸起，并且其前接点接通。如为单独操纵，松开 ZDA 或 ZFA，原道岔表示灯点亮，可判断为 2DQJ 未转极。如果松开 ZDA 或 ZFA，挤岔电铃仍鸣响，改为按压 ZFA 或 ZDA，约 1～3 s 后恢复原道岔表示，可判定为 2DQJ 已转极。

2DQJ 未转极的原因有：1DQJ 的第 3、第 4 组前接点接触不良或配线脱焊；2DQJ 本身故障不动作。

如 2DQJ 已转极，则应在分线柜上本道岔的 X1-X4 线端子或 X2-X4 线端子上测量电压。如有 220 V 直流电压，则为室外故障，应迅速在现场处理。如测不出电压，则为室内启动电源发送电路故障，原因如下：

(a)电源屏未供出 $DZ_{220}$、$DF_{220}$ 道岔动作电源，此时全站所有道岔均不能转换。

(b)1DQJ 的 1-2 线圈断线或配线脱焊，或 1DQJ 的第 1 组前接点接触不良，或 2DQJ 的第 1、2 组有极接点接触不良。可逐段测量直流 220 V 电压，查明故障点，更换继电器或接通中断处予以克服。1DQJ 的 3-4 线圈的缓放时间不足，转辙机亦无法正常转换。

c. 进行道岔转换操纵后，启动电源已送至分线柜端子，转辙机仍不转换，原因均在室外，有：

(a)与分线柜连接的X1、X2、X4电缆芯线中断,如在道岔电缆盒的1-5或2-5端子上测不出直流220 V电压,即可判断为电缆断线。此时可在分线柜上将电缆芯线与室内电路断开,借地线或X3作回线,以万用表×10电阻挡导通,查明是哪条电缆芯线断线。然后对备用芯线作绝缘测试,如良好则更换使用。如为电缆芯线制环断开,则重新制环连接。如电缆盒端子上测得的直流电压仅为50～100 V甚至更低,则X1、X2、X4可能有接地情况。这时要作对地绝缘测试,查明故障芯线予以更换。

(b)插接器接触不良或电缆盒与插接器间断线。可在插接器接向转辙机一侧的插座1-5或2-5间测量直流电压。如无电压,可判断为该部分故障,插紧插接器或更换插接器或更换电缆芯线即可解决。

(c)转辙机启动接点接触不良或移位接触器接点、遮断器接点接触不良。启动静接点调整不良或维护不善,动、静接点接触面不清洁都能致使电路中断,移位接触器接点及遮断器接点也会因轴承螺帽松动或胶木接点臂断裂脱落而接触不良,逐段测量直流220 V电压可查出故障点,清扫接点,精心维护,可克服之。

(d)电动机定子或转子线圈断线,或引出端子过长机盖使其折断而中断电路,转子换向片间嵌满炭沫使转子电阻变小,或电动机刷握断裂炭刷未压在换向器上,或电动机内部跨线碰转子被磨断,或去遮断器的线条压在电动机底下被压破皮或压断。这些故障通过认真查找,终可发现。

d. 按下CA和ZDA或ZFA后,原道岔表示灯熄灭,电流表在3 s内指示1 A左右,然后升高并持续在2～3 A。可判定电动转辙机无法转换到底,已摩擦空转,应迅速将道岔扳至原位,故障肯定在室外。如果电流表一直指示1.3 A左右,可判定摩擦联结装置压力过小(即摩擦电流调得过小),无法启动道岔或无法密贴至另一位置。如果电流表仅在0.5 s内指示1 A左右,然后立即为零,可判定转辙机刚启动,启动电路便断开,以1DQJ的3-4线圈缓放时间小于0.4 s为常见,或启动接点接触不良,转辙机启动后即断电。

总之,在处理电动转辙机无法启动的故障时,必须首先判断出故障原因,究竟是室外部分故障还是室内部分故障,以缩小查找范围,迅速排除。切忌在故障原因未判明之前。盲目奔走,耗费时间。

②电动转辙机启动后不能内解锁或转换后不能内锁闭

这类故障多与启动电路无关,原因有:

a. 室内送来的启动电源电压不足,电动转辙机启动后降至直流160 V以下,使电动机无法正常转换道岔。应首先查明启动电源是否正常,如总启动电源降低,系电源屏的问题。如总启动电源正常,则应查明本转辙机启动回路有无接地、漏电、回路阻值变大等现象。

b. 摩擦联结装置压力弹簧调整螺帽的固定螺栓松脱,日久使压力弹簧调整螺帽松动,摩擦压力减小,电动机启动后转矩无法通过摩擦联结装置向动作杆传递,摩擦联结装置空转,转辙机不能实现内解锁,因此调整电动转辙机的故障电流后,必须将固定螺栓拧紧。

c. 电动转辙机动作杆伸出时"低头",或内锁闭过紧,或尖轨反弹,或动作齿条上的锁闭圆弧与动作杆上的削尖齿之间缺油,或电动转辙机故障电流偏低,使电动机启动后无法实现内解锁。此时应进行机械整治和故障电流调整,予以改善。

d. 尖轨密贴调整过紧,或基本轨高过尖轨太多,使尖轨爬不上坡,或转辙机故障电流偏低,或尖轨与基本轨间夹入异物,或动作齿条面上落入异物,或密贴调整杆杆架与轨枕摩擦使尖轨转换后无法实现内锁闭，此时应配合工务部门调整道岔尖轨进行整治，以及调整故障电流。

e. 表示杆调整不良，使检查柱与表示杆缺口间隙过小，出现卡缺口情况，引起转辙机无法内锁闭。此时应调整表示杆缺口予以解决。

f. 前、后表示杆连接螺栓松动，尖轨转换时，使缺口错位而造成卡缺口。

③电动转辙机摩擦电流无法调大或无法调小或调整后自动下降

无法调大的原因是，摩擦带与内齿轮表面沾上了油脂，尽管压力调整弹簧已拧得很紧，但摩擦面被油脂润滑，摩擦力调不上去。应更换摩擦带，将换下的摩擦带用碱水洗刷晾干，并用干净棉纱抹净内齿轮表面。

无法调小的原因是，压力弹簧已拧得很松，但因左右夹板并未随着压力减少而松开，故摩擦带与内齿轮表面的摩擦力也未减小，摩擦电流仍保持原状。此时，只需用扳手轻轻敲击压力调整弹簧，左右夹板便会随着调整而松开，摩擦电流即能正常调整。

摩擦电流调整后自动下降的原因是，摩擦联结装置压力弹簧调整螺帽在转动中被松动，摩擦力逐渐减小，摩擦电流自动下降。可在调整摩擦电流后，在原压力弹簧调整螺帽外，再增加一只并紧螺帽。天气炎热时易使调速器内的润滑剂溶滴而落到摩擦联结装置夹板轴上，随着内齿轮的转动流至摩擦面上，从而使摩擦力减小，摩擦电流自动下降，并且无法调大。此时应更换减速器润滑剂并更换摩擦带。

④电动转辙机启动后转速变慢

故障原因有：

a. 电动机转子发生单线圈断线，使转矩变小，如果转动停止时炭刷正好接触断线的换向器面，那么下一次启动电路便无法构成。

b. 摩擦联结装置压力弹簧调整过松，刚刚能带动道岔转换，在道岔转换过程中，会打滑空转，使转辙机转速变慢。

c. 工作电压小于电动机的额定电压(此时工作电流相应减小)，使电动机转速变慢。

⑤电动转辙机不受遮断接点控制

故障原因有：

a. 电动机转子引向遮断接点及遮断接点引向插接器的两条导线受损造成短接，或两线环误接入遮断接点同一端子，使遮断器不起作用。

b. 遮断接点片的固定螺母在胶木座内相碰，或胶木座绝缘不良，均使两接点片之间相通而不起作用。

此类故障对人身危害较大，只有断开遮断接点时，室内仍能扳动道岔，作遮断接点切断试验时才会发现。

⑥电动转辙机动作电源断路器脱扣

故障原因有：

a. 电动机定子或转子线圈短路。

b. 电动转辙机动作电源接地，同时转辙机内启动电路有接地处且接地电阻很小。

⑦电动转辙机向一方不转换，向另一方转换正常

故障原因有：

a. 电动转辙机故障一方的启动接点调整不良，时接时断。

b. 2DQJ 向故障一方转极时动作不良，或转极后的接点接触不良。

调整不良的接点或更换继电器即可解决。

⑧单独操纵时正常，进路操纵时不能转换

单独操纵时正常，说明道岔启动电路的共用部分正常。进路操纵不良，一是 DCJ 或 FCJ 未吸起，二是 CAJ 的第 1、第 2 组后接点接触不良。更换继电器，调整接点，即可克服。

⑨转换双动道岔时，第一动转换正常，第二动未转换

这肯定是室外故障，应先到第一动道岔处测量电缆盒 8-5 或 7-5 端子间有无直流 220 V 电压。如有电压，将道岔转换至另一位置，再在相应端子上测量有无电压。如仍有，则说明故障在第一动道岔以后。如无电压，说明第一动道岔转换后其定位第 3 组启动接点及反位第 2 组启动接点接触不良，启动电源不能向第二动道岔传递。调整这些接点即可解决。

如第一动道岔转换完毕，已将启动电源送至 8-5 或 7-5 端子，说明第一动正常。第二动无法转极的原因有，第一、第二动之间的连接线中断或第二动道岔启动电路故障。

⑩转换双动道岔时，第二动道岔与第一动道岔同时启动，但尖轨离开基本轨便停止转动

待第一动转换完毕后第二动又再次启动并正常转换反位启动时，第一动道岔的电缆盒端子 1 不能与端子 2 具有同极性的电压（或定位启动时，端子 2 不能与端子 1 具有同极性的电压），如果绝缘很不良，混入电压较高，就会提前使第二动转辙机与第一动同时启动。第一动转换后，第三排接点断开时，混电电路被断开，第二动即停止转动，但尖轨已离开基本轨。第一动转至反位，第二排接点接通，向第二动正常传递启动电源，第二动道岔第二次启动将尖轨转换至反位。造成混电的原因主要有电缆盒端子间绝缘不良，或接插器绝缘不良，或连接线绝缘不良。

⑪尖轨已密贴，但电动转辙机动接点无法实现第二次变位

转辙机内部机械故障均可造成动接点无法实现第二次变位，原因有：

a. 道岔部分密贴调整过紧或表示杆位置调整不良，使表示杆缺口空隙调整不良，检查柱无法落入缺口。

b. 表示杆销子孔与销子磨耗，表示杆旷动使缺口变位而受卡，可用消磨的办法予以解决。

c. 前、后表示杆连接螺栓松动，表示杆缺口变位而受卡，应重新调整表示杆缺口，充分拧紧螺栓。

d. 检查柱与自动开闭器座孔之间缺油或沾有油漆，检查柱上下动作受阻，无法落入表示杆缺口。将检查柱周身注油或除去油漆即可解决。

e. 检查柱与座孔边摩擦或旷动，也会影响检查柱落入表示杆缺口。此时应更换整台自动开闭器或入所整治。

f. 速动爪拉簧松弛使拉力不足，速动爪落入启动片缺口后，拉力无法将调整架拉至相应位置，动接点即无法第二次变位。此时应卸去弹簧联结销，略微拧动拉簧接头，缩短拉簧长度以增加拉力，但不可增加过多，以防动接点打入静接点时力量过大。

g. 动接点与调整架之间的连接板与接点座平面边沿摩擦，或拐轴与接点座铸口凸面连接，使连接板动作受阻，影响调整架就位，也影响动接点第二次变位。分解零件，消灭摩擦部分即可解决。

⑫电动转辙机失去表示

a. 正常表示突然熄灭

如电动转辙机正常，表示突然熄灭，但挤岔电铃不鸣响，挤岔红灯未点亮。此时可判定表

示电路未中断，已吸起的道岔表示继电器未落下，只是表示灯灯泡断丝。如挤岔电铃鸣响，则说明励磁的道岔表示继电器已落下。

b. 电动转辙机正常转换后无法构成表示

电动转辙机能正常转换说明其启动电路正常，无法构成表示的原因有：

(a)表示电路中的 $RD_4$ 断路器脱扣，或道岔表示变压器线圈脱焊、断线、烧毁，使表示电源中断，恢复断路器状态或更换变压器即能解决。

(b)道岔表示继电器线圈断线、脱焊或未插好，或继电器机械故障，使表示继电器不能吸起，更换继电器即能克服。

(c)1DQJ 的第 1 组后接点或 2DQJ 的第 3 组接点接触不良，使道岔表示继电器励磁电路不能构成，更换故障继电器即可。

(d)分线柜 $X_3$ 端子至道岔组合间配线断线、脱焊，不能构成道岔表示继电器励磁电路，逐段测量交流 220 V 电压即能查出中断点。

(e)道岔表示电路的降压电阻 R 断线或脱焊，断开表示继电器励磁电路，更换电阻或重新焊线即能克服。

(f)分线柜至电缆盒 $X_3$ 电缆芯线断线断开表示回路，或绝缘不良使表示电源电压下降而不能构成道岔表示继电器励磁电路，更换电缆芯线即能解决。

(g)转辙机内整流二极管被击穿、脱焊，使其起不到半波整流的作用或使表示电路中断，更换二极管或重新焊线即可克服。

(h)电缆盒与转辙机间配线断线或接插器端子 3 接触不良，逐段测量交流电压 220 V 即可查明中断处。

(i)转辙机内自动开闭器接点螺母松动，或接触面有油垢、霉绿使之接触不良而中断表示电路，逐段测量电压即可查明中断点，重新调整或清擦动、静接点予以克服。

操纵道岔后，从电流表上观察，转辙机未出现摩擦空转，定、反位均无表示，可判定表示电路共用部分(整流二极管、$X_3$ 回线、道岔表示继电器、降压电阻等)故障。如一个位置有表示，另一个位置没有表示，则可判定是转辙机有关表示接点、有关道岔表示继电器故障。如电流表指示转辙机摩擦空转，挤岔电铃鸣响，挤岔红灯点亮，则说明表示电路有故障。同样，在分线柜上测量是否有表示电压，也可迅速判断是室内部分故障还是室外部分故障。

判断表示电路是否构成，还可在室外简便地进行，即根据接插器 11-12 端子之间的电压变化判断。如 11-12 端子间没有电压，可判定为转辙机内检查接点断开或整流二极管击穿。如有交流 110 V 电压，则为整流二极管脱焊。如有交流 150 V 以上电压，则为道岔表示继电器本身或 2DQJ 第 3 组接点断开。如为交流 50 V 或直流 25 V 左右，则道岔表示继电器已正常吸起。

⑬道岔表示继电器颤动

电动转辙机表示电路是用交流 220 V 电源经二极管半波整流并由滤波电容器进行平滑滤波后供道岔表示继电器动作的。道岔表示继电器吸起后，连续颤动，说明电容器失效或脱焊，不再起平滑滤波的作用，致使道岔表示继电器在另一半周内无电，使得接点颤动。这时，只需测试电容器是否良好，更换损坏的电容器或重新焊接即可克服。

(2)交流转辙机常见故障及处理

S700K 型、ZDJ9 型电动转辙机和 ZYJ7 型电液转辙机的道岔控制电路基本相同，而两者机械部分差别较大，故分电路部分故障和机械部分故障进行。

①五线制道岔控制电路常见故障及处理

五线制道岔控制电路的故障处理程序如下：

五线制道岔控制电路由三级电路构成，因此它的故障处理也应按这三级控制电路去分别查找。其中：第一级电路的故障是1DQJ不能正常励磁；第二级电路的故障是2DQJ不能正常转极；这两级控制电路的故障都是室内的电路故障。第三级电路是$1DQJ_{1\text{-}2}$的自闭电路监督下的电动机动作电路。这一级电路有两种不同的电路故障。一是$1DQJ_{1\text{-}2}$不能正常自闭，应正确地确认是室内故障还是室外故障。二是道岔不能转换到底的故障，属于室外故障。

动作电路故障的处理应按首先判断是室内故障还是室外故障，然后按先室内，后室外的程序处理。

a. 1DQJ不励磁

1DQJ不能励磁时，道岔动作电路不能工作，其故障现象是控制台的道岔表示灯照常点亮，不灭灯。

1DQJ不励磁的主要原因是：

(a)道岔操纵按钮CA的61-63接点接触不良或车站值班人员错误办理了人工锁闭。

(b)锁闭继电器SJ因故失磁落下或插接不良，或其81-82接点接触不良。

(c)1DQJ插接不良或励磁线圈断线。

(d)2DQJ插接不良或第4组接点接触不良。

(e)进路操纵道岔时，DCJ或FCJ插接不良或它们的61-62接点接触不良。

(f)单独操纵道岔时，道岔操纵按钮继电器CAJ的接点(11-12或21-22)接触不良或缺少条件电源("KF-ZDJ"或"KF-ZFJ")。

(g)连线断线。

故障位置和处理方法可分为三种：

(a)无论是进路操纵道岔，还是单独操纵道岔，该道岔的表示灯不灭(以定位向反位转换为例)。

这时故障在道岔操纵按钮继电器CAJ的11和正电源KZ之间。只需用万能表(直流25 V挡)的负表棒从组合侧面的06-3或06-4借用负电源，用其正表棒在这一范围内检测有没有24 V正电压，便可找到故障点。

(b)进路操纵道岔时该道岔表示灯不灭灯，单独操纵时灭灯，这时的故障点在CAJ的13与负电源KF之间。

用万能表测量到FCJ的61-62间有无24 V直流电压。如有24 V电压，就是FCJ的61-62接点不良，或是FCJ因故没有吸起。

如果没有24 V电压，可用万能表分别在组合的侧面端子06-1或06-2借用正电源KZ，在组合的侧面端子06-3或06-4借用负电源KF查找，查出缺少正电源或负电源的原因。便可找到故障点。

(c)单独操纵道岔时该道岔表示灯不灭，进路操纵道岔时灭灯。这时的故障点在CAJ的11-12与条件电源"KF-ZFJ"之间。

首先同时按压该道岔操纵按钮CA和道岔总反位按钮ZFA，观察道岔总反位表示灯ZFD是否亮灯。

如亮灯说明道岔总反位继电器 ZFJ 已经励磁吸起，可以在 CAJ 的 11-12 与条件电源“KF-ZFJ”的范围内查找。若 ZFJ 没有励磁吸起，就要查找 ZFJ 没有吸起的原因。

b. 2DQJ 不转极

2DQJ 不转极时，故障现象是当人工操纵道岔时控制台上的道岔表示灯灭灯，停止操纵，1DQJ 落下后该表示灯又点亮。

2DQJ 不转极的故障原因主要是：

(a)2DQJ 线圈断线、该继电器插接不良或特性不良。

(b)该道岔的 1DQJF 的 31-32(向反位转换)或 41-42(向定位转换)接点接触不良，或继电器插接不良。

(c)连线断线。

2DQJ 转极的先决条件是 1DQJ 的可靠吸起，所以在处理这一故障时只要考虑 2DQJ 线圈断线和插接不良，以及 1DQJF 的 31-32 或 41-42 接点接触不良，或继电器插接不良。其他线路已由 1DQJ 的吸起检查过了，不必再重复检查。

c. 1DQJ 不能正常自闭

1DQJ 不能正常自闭的故障现象是，控制台上该道岔的表示灯灭灯，不经人工向回转换，表示灯是不会再亮的。

1DQJ 不能正常自闭的主要故障原因是：

(a)三相交流动作电源故障。包括三相交流电源屏停止供电、三相交流电源断相、组合侧面断路器脱扣。

(b)断相保护器 DBQ 故障。包括 DBQ 的传感线圈断线、DBQ 输出直流电压低、无直流电压输出。

(c)保护继电器 BHJ 故障。包括 BHJ 线圈断线及 31-32 接点接触不良。

(d)1DQJ 的 1-2 自闭线圈断线故障。

(e)电阻 $R_3$断线故障。

(f)TJ 的 31-33 接点接触不良。

(g)连接线断线。

(h)室外电缆断线、混线或接线端子松动。

(i)安全接点(遮断开关)K 被打开或因故被震开。

(j)速动开关的动作接点接触不良。

1DQJ 不能正常自闭的故障判断：

首先将道岔由定位向反位转换断开表示，再向回转换有定位表示后，测量分线柜上该道岔的 X2 与 X3 端子之间和 X2 与 X4 端子之间的电压，如果可以测到 57 V 的交流电压、22 V 的直流电压，说明室外设备正常。

如果在该道岔的 X2 与 X3 端子之间测不到电压，为 X3 外线断线。一般情况是安全接点(遮断开关)K 被打开或因故被震开。确认安全接点 K 良好后，再查找其他原因。

如果在该道岔的 X2 与 X4 分线柜端子之间测不到电压，为 X4 外线断线。

同样，将道岔由反位向定位转换切断表示，再向回转换有反位表示后，测量分线柜该道岔的 X2 与 X3 端子之间和 X3 与 X5 端子之间的电压，如果可以大约测到 57 V 的交流电压、22 V的直流电压，说明室外设备正常。

如果在该道岔的 X2 与 X3 分线柜端子之间测不到电压，为 X2 外线断线。一般情况是安全接点(遮断开关)K 被打开或因故被震开。确认安全接点 K 良好后，再查找其他原因。

如果在该道岔的 X3 与 X5 分线柜端子之间测不到电压，为 X5 外线断线。

d. 道岔控制电路室外断线

首先测量分线柜端子上的电压确认是哪一条外线断线，然后在距该转辙机最近的电缆盒内测量已确认外线断线的端子与 X2(道岔在定位)或 X3(道岔在反位)之间有无大约 57 V 的交流电压、22 V 的直流电压。如有，故障点在该电缆盒端子与相对应的分线柜端子之间。如没有，故障点在该电缆盒端子与电动机相对应的端子之间，或电动机线圈断线。

(a)X1 断线

在分线柜端子 X1、X2 之间测量到表示变压器 BB 的输出空载电压大约为交流 110 V，无直流成分时可以认定是室外 X1 断线故障。由于 X1 的外线由分线柜端子经有关箱盒端子直接引到电动机，所以室外 X1 断线原因仅仅是电缆芯线断线、接线端子松动。

判断为 X1 外线断线后，打开离转辙机最近的电缆盒测量 X1、X2 的端子上的电压。如果测量到 110 V 的交流电压，故障点在电缆盒的 X1 端子至电动机的 1 之间；如果测量不到 110 V 的交流电压，故障点在电缆盒的 X1 端子至分线柜上的 X1 端子之间。继续用测量 X1、X2 之间电压的办法查找到有电压与无电压的临界点，就是故障点。

(b)X2 断线

在分线柜 X1、X2 之间测到交流电压大约为 60 V、无直流成分时，可以认定为 X2 外线断线。室外 X2 断线故障原因除了同 X1 断线原因以外，主要有电阻 R2 和二极管 Z 烧毁、速动开关的表示接点断开。

判断为 X2 外线断线后，打开离转辙机最近的电缆盒测量 X1、X2 的端子上的电压。如果测量到 60 V 交流电压，故障点在电缆盒的 X2 端子至电动机的 2 之间；如果测量不到 60 V 交流电压，故障点在电缆盒的 X2 端子至分线盘上 2 的端子之间。继续用测量 X1、X2 之间电压的办法查找到有电压与无电压的临界点，就是故障点。

(c)X4 断线

在分线柜 X1、X2 之间测到交流电压大约 65 V、直流电压大约 35 V 时，可以认定为 X4 外线断线。X4 断线原因除了同室外 X1 断线故障原因以外，还有速动开关的动作接点的断开。

判断为 X4 外线断线后，打开离转辙机最近的电缆盒测量 X1、X4 端子上的电压。如果测量到 110 V 的交流电压，故障点在电缆盒的 X4 端子至电动机的 3 之间；如果测量不到 110 V 的交流电压，故障点在电缆盒 X4 端子至分线柜上 X4 的端子之间。继续用测量 X1、X2 之间电压的办法查找到有电压与无电压的临界点，就是故障点。

以上道岔表示电路故障的处理是以在定位时为例的，处理道岔在反位时的故障，应将 X2 改为 X3，X4 改为 X5。

e. 道岔动作电路的室外混线

在处理动作电路的室外电缆混线故障时，不要认为表示电路经过的芯线混线时表示继电器都能可靠落下，而放弃对其芯线的查找。

道岔在定位时 X1 与 X4、在反位时 X1 与 X5 发生混线故障时，表示继电器不仅不会失磁落下，反而吸合得更可靠。在处理混线故障时应首先排除它们混线的可能。

在分线柜 X1、X2 上测不到电压时，可以测量电阻 $R_1$ 两端的电压。测不到电压时，是室内电源或断线故障；当测到较高的交流电压时（大约 100 V）时，为外线混线故障。

(a) X1、X2 或 X2、X4 混线

在室外转辙机端断开 X4，分线柜端子 X1、X2 之间电压有明显提高，可以判断为 X2、X4 混线；否则为 X1、X2 混线。然后依次断开各电缆盒的 X2 端子，测量分线柜 X1、X2 端子的交流电压，以确定混线故障点。

(b) X1、X4 混线

发生室外 X1、X4（反位是 X1、X5）混线故障时，不影响表示电路的正常工作，分线柜 X1、X2 端子上的交、直流电压没有明显变化；但是转换道岔时要动作电源断路器脱扣。当道岔表示正常，转换道岔电源断路器脱扣时，首先应想到 X1、X4（反位是 X1、X5）室外混线。首先断开转辙机侧的 X4 配线，测量分线柜 X1、X4 之间的交流电压，依次断开各电缆盒的 X4 端子进行查找。

f. 电阻 $R_3$ 断线

可将万用表置于直流 25 V 挡，在组合侧面端子 06-3 或 06-4 上借用负电源 KF，确定电阻 $R_3$ 的 2 上是否有正电源 KZ。如果有正电源 KZ，说明 $R_3$ 是完好的；否则 $R_3$ 断线。

g. 三相交流动作电源供电故障

将万用表置于交流 500 V 挡，测量断相保护器 DBQ 的 11、31、51 端子上有没有 380 V 交流电压。如果有 380 V 交流电压为供电正常，否则三相交流动作电源供电故障。可继续查找是否是三相交流电源屏停止供电、三相交流电源断相或组合侧面断路器脱扣。

在分线柜 X1、X2 端子，电阻 $R_1$ 两端都测不到交流电压，可以认定为室内电源或断线故障。首先测量表示变压器 $BB_{3\text{-}4}$ 有无交流电压（大约 110 V）。如没有交流电压为电源故障，可依次检查电源、断路器、变压器及连线。

如有交流电压为室内断线故障，可依次检查电阻 $R_{1_{1\text{-}2}}$、$2DQJ_{131\text{-}132}$、$1DQJF_{11\text{-}13}$、$2DQJ_{121\text{-}122}$、$1DQJ_{11\text{-}13}$ 及连线。

h. 断相保护器 DBQ 故障

若转换道岔时保护继电器 BHJ 不吸起，在排除了电源供电故障和室外设备故障后，就是 DBQ 故障。

断相保护器的常见故障有两种：一是 DBQ 的传感线圈断线，可通过测量 DBQ 的 21、41、61 之间有无交流 380 V 的电压来确认；二是 DBQ 输出直流电压低或无直流电压输出。可在办理进路时测量 DBQ 的 1、2 端子之间的直流电压来确认。在这两种情况下，都必须更换 DBQ。

i. 表示电路故障

每一台转辙机设置一套表示电路，所以要首先确认是哪一台转辙机的表示电路故障后再去查找。完全可以通过对分线柜端子的交、直流电压的测量来区分故障点在室内，还是在室外。首先判断故障的性质，然后再具体查找。

在道岔表示继电器因故落下时，可通过在分线柜上测量 X1、X2（反位为 X1、X3）端子间交、直流电压来判断表示电路的故障性质和故障点。以定位表示故障为例。

(a) 当表示电路正常工作时，在分线柜端子 X1、X2（反位为 X1、X3）之间可测到交流电压大约 57 V、直流电压大约 22 V。

(b)当表示电源故障,无电源输出,室内由分线柜端子 X1 至 X2(反位为 X1、X3)之间因故断线时,这两端子之间测不到任何电压。

当 X1、X2(反位为 X1、X3)外线混线或当 X2、X4(反位为 X3、X5)外线混线时,分线柜端子 X1、X2 之间基本测不到电压,由于混线的位置和程度不同,可以测到大小不同的低电压。

(c)当 X1 外线断线时,在分线柜端子 X1、X2 之间测到的是表示变压器 BB 的输出空载电压,大约为交流 110 V,无直流成分。

(d)当 X2 外线断线时,在分线柜 X1、X2 之间测到的是电阻 $R_1$ 与 DBJ 串联在表示变压器Ⅱ次侧后,DBJ 线圈 1-4 的分压,大约为交流 60 V,无直流成分。

(e)当 X4 外线断线时,在分线柜 X1、X2 之间测到的是电阻 $R_1$、$R_2$ 与二极管 Z 串联在表示变压器Ⅱ次侧后,$R_2$ 与二极管 Z 的分压,交流电压大约 65 V、直流电压大约 35 V。

(f)当 X1、X4 外线混线时,表示电路仍能正常工作,在分线柜端子 X1、X2 之间可测到交流电压约 57 V、直流电压约 22 V。

(g)当 X4 外线断线时,在分线柜端子 X1、X2 之间可测到交流电压大约 50 V,测不到直流电压。

通过对分线柜 X1、X2 端子之间交、直流电压的测试,完全可以完成对表示电路故障性质和范围的判断。

另外,五线制道岔控制电路在道岔转换时不仅把 380 V 的动作电压加在表示二极管的两端,还可用这一电源电压分别去触及一下 DBJ 和 FBJ。此时如果任一表示继电器(DBJ 或 FBJ)对地绝缘不良或人为地造成接地,都有可能烧坏表示继电器。

②S700K 型、ZDJ9 型转辙机机械部分故障

a. 遮断接点因故被震开

在摇把齿轮与摇把挡板之间必须有一定的侧隙,一般为 1～3 mm。过大时,容易造成遮断开关轴与遮断开关的绝缘体之间因振动产生的过量磨损,可能出现遮断接点被断开的故障。

如果出现遮断接点被震开的故障,需要校正摇把齿轮与摇把挡板之间的侧隙,可以调节叉形接头与连杆的螺纹连接来改变其长度,从而可以调至最小可能的侧隙,就能保证设备的安全运用。

b. 道岔转换不到底

道岔转换不到底的故障现象是操纵道岔后,控制台上的交流电流表一直可以测到动作电流,动作表示灯点亮 30 s 后熄灭。

其故障原因主要是机械卡阻、牵引力过大,其中:

(a)外界影响的原因有:车务部门清扫不良、滑床有杂物;岔尖与基本轨之间夹有异物。

(b)工务设备的原因有:尖轨(或可动心轨)爬行超限;轨距变化、不符合标准;尖轨工作边直线度超限;尖轨及可动心轨弯腰或拱背;基本轨有肥边、顶铁过紧等。

(c)电务设备的原因有:转辙机内部故障;道岔密贴调整不良;杆件不平行;杆件卡阻。

造成道岔转换不到底的机械故障的处理:

(a)道岔已转换到底,道岔已密贴,外锁闭设备已锁闭,检测杆缺口未到位,启动接点未断开。应立即检查轨距,轨道水平差有无变化,检测杆各部螺丝是否松动,叉形接头是否磨耗超限。如工务设备不良应及时与工务联系克服,属电务设备问题应立即处理解决。

(b)道岔不能解锁,即锁闭块不能回缩。应检查锁舌有无卡阻,检查杆的定位销是否滑落

或冒出；检测杆在机内是否被卡阻；各连接杆是否有卡阻现象。另外还应检查滑床板有无吊板，从而造成外锁闭设备磨轨底。

(c)道岔不能转换，即道岔动作到四开位置后就不能再动作。应立即检查工务设备是否有变化，轨面高度差是否超标，是否吊板，基本轨是否爬行，造成杆件、外锁闭装置的卡阻，基本轨与尖轨之间有无异物；转辙机内是否滚珠丝杠与轴套脱离，有无异物造成卡阻。

(d)道岔不能锁闭，即道岔转换到位后外锁闭装置不能锁闭或不能完全锁闭。应立即检查外锁闭装置是否磨轨底，连接杆是否卡阻，滑床板是否严重缺油锈蚀，密贴是否过紧，基本轨与尖轨间是否有异物。

c. 锁舌卡阻

由于锁舌在导向挡板与锁闭块之间间隙太小，绝大部分是由于锁闭块上轴头压接不到位，造成锁舌在锁闭或解锁时动作受阻。锁舌卡阻后，转辙机向定位、反位都不能转换到底，直接影响行车。

处理方法是用紫铜棒(急用时用木棒代替)冲击锁舌使轴头压接到位。平时应加强检查，发现锁舌上有磨痕时要及时处理，以减少对行车的干扰。

d. 锁舌回缩

由于锁舌长期磨耗超限，当列车通过时的冲击力经道岔反弹至保持联结器上，保持联结器作用到锁舌上的垂直于动作杆的分力造成了锁舌的回缩，由于锁舌的回缩，作用于速动开关，切断道岔表示。更换新锁舌，问题就可以解决。

无论什么原因使锁舌回缩，都会切断道岔表示，在维护工作中一定要注意。

e. 滚珠丝杠与轴套脱离

由于滚珠丝杠与轴套间的磨耗超限及由于挡圈材质不过关，原装止动片内齿过短，造成设备运用中有滚珠丝杠与轴套脱离的故障发生。

滚珠丝杠与轴套脱离严重时会造成摩擦联结器碰转辙机外壳，致使道岔不能正常转换，严重危及行车安全。

平时检修时如发现轴套与滚珠丝杠不能同步转动，说明滚珠丝杠与轴套已经脱离。要及时针对滚珠丝杠与轴套脱离的原因采取措施，以防止故障的发生。

故障发生后，要及时更换为合格的挡圈，恢复使用。

f. 检测杆张嘴和左右偏移

检测杆张嘴和左右偏移的产生主要是由尖轨爬行、表示杆本身弯曲度不一致、尖端铁角度不对三个原因造成的。

通过对表示杆本身弯曲度不一致、尖端铁角度不对的调整可以基本上解决检测杆张嘴的情况；检测杆左右偏移的情况必须解决尖轨爬行问题才能得到根治。针对长期受列车振动造成的检测杆张嘴情况，也可采用安装检测杆托架的办法来解决。

g. 速动开关接点断开

速动开关接点断开的故障原因主要有：速动开关材质不良，造成接点接触不良；人为或因故使锁舌、锁闭块回缩；表示杆缺口调整不良；车务部门清扫不良、滑床有杂物，岔尖与基本轨之间夹有异物；尖轨(或可动心轨)爬行超限，轨距变化，不符合标准；尖轨工作边直线度超限，尖轨及心轨弯腰或拱背；基本轨有肥边，顶铁过紧。

③ZYJ7 型电液转辙机机械故障和油路故障

除了电路故障外面，电液转辙机还有机械故障和油路故障。机械故障又分为转辙机内部故障和外部道岔病害造成的故障。

a. 机械故障

电机已启动，道岔尖轨不动或动作不到位，一般是机械故障。

判明发生的是机械故障后，就要按动作顺序、部位逐点进行查找。如：机内油缸处有无机械阻卡，动作杆、尖轨、滑床板处有无严重磨卡；敲打动作杆，看是否别劲，表示杆是否被卡死；基本轨是否肥边过大抱死尖轨，尖轨底部有无障碍物等。

一般机械故障"对症"处理，即紧固松动处，调整变化的杆、件、口、余量，使各部分的力和间隙适当。更换损坏和磨耗超限配件(一般是轴、销)，如果是外界的异物阻卡或工务道岔病害，可根据情况配合处理。

SH6 型转换锁闭器的挤脱故障，也属机械故障。如若发生了挤脱，要认真查找原因，确认是道岔被挤造成，还是非正常挤脱造成。当发生非正常挤脱，还要确认是挤脱器的挤脱压力调整得过小，还是道岔严重病害等。同时还要检查机内其他部件无损坏，才能予以恢复。

b. 油路故障

当电机和油泵都已启动、油路中压力没有上升或上升很小，达不到带油缸动作的压力，致使油缸不动作或动作不到位，还有时发生油缸动作时很慢，有颤抖现象的，一般就是油路故障。常见的油路故障有：

(a)油泵转动正常，油路中压力变化不大，反方向压力表有所升高，很可能是三相电源相序接反了。

(b)压力表压力升高幅值太小。原因有：溢流压力调得过低或溢流阀固定螺母没固定，受振动变松；单向阀处可能有毛刺杂质等，将阀堵顶起造成关闭不严；溢流阀芯关闭不严或下端的 O 形密封圈不良；油箱内油量不足。

(c)压力表压力虽已升高，表针颤动，油缸动作不平稳，这种情况大多是油路掺入空气太多(注油时造成的)，产生了气泡，造成油压不稳和噪声。

判断油路故障可听油泵启动声音是否正常，看油路中压力是否达到规定要求，测油箱中油量的多少。待查明原因后即可用敲打油路中单向阀有无堵塞不严处(如若有异物或毛刺经敲打就可处理)；调整油路中的油压在规定范围之内；加足液压油至规定油标高度；放掉油路中掺入的气泡；更换不良的 O 形密封圈等方法，来处理这些故障。

3. 与信号机有关的故障及处理

(1)列车信号自动关闭

造成列车信号自动关闭的原因有人为原因和设备原因两类，人为原因有：

①信号开放后摇动进路上的转辙机。

②信号开放后调整、拨动进路上的转辙机的动、静接点，使道岔表示电路中断。

③拨动已开放的允许信号的灯泡，使其灯丝继电器落下。

④拨动有关的正在动作的继电器，使其瞬间落下。

⑤扳动电源屏电源开关或进行电源屏转换，使信号点灯电源中断。

⑥人工短路轨道电路或拧动可调电阻等使断路器脱扣。

⑦在半自动闭塞区段，人为地使开通继电器落下。

设备原因又可分为两类：一类是由于维修不良、漏检漏修、调整不良或超期使用造成设备性能变化而引起的，为责任性原因；另一类是由于设备材质不变、特性变化、设备内部结构损坏或外界不可预防的因素，如天气变化等引起的，为非责任性原因。设备原因有：

①转辙机接点调整不良，因邻线列车通过的振动使转辙机表示中断而关闭信号。

②信号灯泡主灯丝断丝后未及时更换，副灯丝又断丝或灯丝与极棒脱焊。

③轨道电路送、受电钢丝绳螺栓未拧紧，未充分固定，腐锈蚀断，塞钉线未铆接，使轨道继电器失磁。

④配线脱焊。

⑤各种继电器、变压器特性变化或线圈断线、半导体元件性能变坏。

⑥供电电源瞬间连续转接，使电源屏输入电源的断路器脱扣。

(2)允许信号不能开放

排列进路后，控制台上亮白光带，但信号不能开放，说明进路继电器已落下，即 XJJ 和 QJJ 已吸起。此时应检查 XJ 是否吸起，如 XJ 未吸起，则检查它是否正常；如正常，则逐段检查 11 线上是否有 KZ 电源，8 线上是否有 KF 电源，查明故障点后予以克服。如 XJ 吸起后又落下，说明其自闭电路未构成。此外，故障原因还有：

①允许信号点灯回路断线，如电缆芯线断线、联结端子线环折断、信号变压器损坏或线头假焊、脱焊。此时应逐段测量信号点灯电压，查明中断处，更换电缆芯线或变压器，接通断线处即可。

②信号灯泡主、副灯丝全断、主灯丝断丝而主、副灯丝转换装置失效、主灯丝与电极脱焊、灯座弹簧失调、灯泡与灯头间松动、灯头引出线椭圆面凹陷等。此时应更换灯泡，或更换或调整灯丝转换继电器。

(3)XJ 吸起后，信号点灯电源的断路器脱扣，说明点灯回路有短路点。在分线柜将内、外电缆芯线分开，确认是室内部分故障还是室外部分故障。此时可再开放一次信号，如室内端电压正常，说明室内无短路；如断路器脱扣，说明室内有短路。如室内正常，则应在信号机处甩开信号变压器的Ⅰ次侧线头，分段测量回路电阻，查明是电缆短路还是信号变压器与灯泡间短路。

4. 与轨道电路有关的故障及处理

(1)轨道电路常点红灯

轨道电路常点红灯，其轨道继电器落下，应先判定是室内故障还是室外故障，可用“轨道电路测试盘”测量该轨道继电器线圈有无端电压。如无交流电压，一般为室外故障，但也可能是轨道继电器故障。应将轨道继电器拔下再测量交流电压，如仍没有电压可肯定为室外故障，如电压在 10 V 以上，则为室内故障。室内故障有：

①轨道继电器断线。

②轨道继电器整流二极管击穿、烧毁或断线。

③轨道继电器未插紧，配线脱焊。

④轨道电路电源送电电压过低。

可“对症”处理。

室外故障原因较多，判断和处理方法如下：

①打开故障区段的送电端变压器箱，测量轨道变压器Ⅰ次侧线圈有无交流 220 V 电压。

如无电压,检查断路器是否良好。如送电端子也无电压,则为电缆故障。更换电缆芯线即可解决。如变压器Ⅰ次侧有交流220 V电压,就改测Ⅱ次侧有无电压。如无电压,可判定为变压器线圈断线或脱焊,或连接螺栓松动。查明原因后更换变压器或重新焊接即可克服。如Ⅱ次侧电压较低,则系限流电阻上压降过大,应调整使之适当。如Ⅱ次侧电压也正常,就改测送电钢丝绳端子上有无电压。如无电压,可能是限流电阻滑动簧片与电阻丝接触不良。如有电压,可判定送电变压器箱内无故障,在受电端或中间有断路情况。

②如送电变压器正常,送电钢丝绳端子上没有电压,可从引出端子上拆下一个线头,此时如有较大火花,可初步判断道床开路电阻已为0 Ω。将万用表置于交流10 V挡,测量拆下的线头后的钢丝绳两端子的电压。如正常说明送电良好,肯定是轨道电路有短路。如测得的电压很小,则说明该区段的开路电阻已不符合要求。

③判定轨道电路有短路故障,应做轨道电路开路测试,以迅速找到短路点。此时可在送电端拆除一个电源线,拆去所有受电端的各一个线头(拆钢丝绳引入端子或受电变压器Ⅰ次端子上的线头均可),使轨道电路成为开路状态。将万用表置于×1电阻挡,从送电端或受电端测量轨道电路的开路电阻。这种情况下开路电阻一般已小于1 Ω·km。然后迅速测查区段内所有绝缘件。如果送/受电钢丝绳没有短接,道床状况没有明显不良,一般可查出绝缘件严重破损处,以轨距杆绝缘破损为常见。查出绝缘破损后,会同工务部门一起处理。然后再复查开路电阻,一直到开路电阻达到1 Ω·km。

拆电源线头时发现火花后,也可以不使轨道电路开路,就对轨道绝缘件进行测试,查明后予以更换,只是准确性较差。

④如果送电端轨面有正常电压,说明送电端正常,轨道电路无短路故障。此时应逐段测量轨面电压直至受电端,如某段轨面电压突然下降过多,则为此段钢轨电阻过大所致。敲紧或更换塞钉线能解决。

⑤如在受电变压器Ⅰ次侧端子上测得正常电压,Ⅱ次侧无电压,则说明该变压器损坏,或是防雷装置击穿造成变压器线圈短接。更换变压器或防雷装置即可解决。

⑥如果受电端轨面有交流电压,并已送至电缆接线端子,而室内分线柜上测不到电压,可判定为电缆芯线断线,更换电缆芯线即可克服。

⑦变压器箱或电缆盒严重渗水,造成端子间短路,使送电端或受电端短路。更换端子,并根除渗水,即可解决。

(2)轨道电路间歇性点红灯

轨道电路间歇性点红灯时,如果轨道继电器安插牢固,在红灯熄灭时交流输入电压偏低,

一般为室外故障。如系方向性间断,例如上行列车驶过后红灯不熄灭,随后下行列车驶过后红灯不熄灭,可判定有方向性松动处。如果为无规律间断,可判定为道床电阻不符合要求,或轨道电路电源电压不稳定,或轨道电路送/受电压调整不当,或轨端绝缘、轨距杆绝缘破损所致。出现轨道电路间歇性点红灯时的故障原因及处理方法如下:

①轨道继电器未插紧,应重新插紧。

②轨道电路送/受芯线与相邻区段的芯线发生混线,必须更换电缆芯线。

③轨道电路电气特性调整不良,轨面电压处于临界点,勉强保持轨道继电器吸起,随着电源电压波动或区段开路电阻的变化,使轨道继电器间断落下。此时必须调整轨道电路特性予以解决。

④轨道电路绝缘件破损且松动，破损处与基本轨接触时，轨面电压下降，轨道继电器失磁，一有振动，破损处与基本轨不接触时，轨面电压又恢复正常，轨道继电器励磁。这时应查找破损的绝缘件，更换为合格的绝缘件。

⑤箱盒上钢丝绳端子松动，使轨道继电器间断落下。重新紧固联结螺栓即可排除。

(3)轨道电路闪烁性点红灯

应首先通过轨道电路测试盘确认是室内故障还是室外故障。室内故障原因有：轨道继电器插入松动，或轨道反复示继电器的缓放电容失效。室外故障原因有：送/受电设备接触不良，时松时紧。

(4)钢轨绝缘故障

站内轨道电路是按极性交叉原理布置的，在两相邻区段，一组钢轨绝缘破损不会出现红光带，两组绝缘同时破损或道岔区段的一组道岔绝缘破损时均会使轨道电路出现红光带。钢轨绝缘破损使轨道电路出现红光带的原因及处理方法如下：

①因轨条爬行或钢轨连接夹板与轨端眼孔不对等原因使钢轨绝缘破损，钢轨连接夹板固定螺栓与两侧钢轨相接触，钢轨连接夹板绝缘又同时破损。将万用表置于×10 电阻挡，测量螺栓与钢轨、钢轨连接夹板间的绝缘，如同时降至零，即可发现。此时须请工务部门配合，拉正爬行钢轨，增加防爬设备，防止钢轨连接夹板固定螺栓中部弯曲，并在带片绝缘与螺栓之间加相同直径的铁垫片，然后加弹簧垫圈，拧紧螺帽。

②钢轨绝缘连接夹板两侧道钉固定方向错误，道钉伸出口与钢轨连接夹板相碰，通过轨底垫板使绝缘两侧钢轨有电气连接，本组绝缘即失去作用。此时应撬出道钉，将其伸出口改向外侧。

③两轨端接缝处道床捣固不良，列车通过时使两轨端错牙，日久磨穿绝缘，或者因轨条爬行使轨缝消失，日久挤压绝缘使之挤穿而导致绝缘失去间隔作用。此时应在两轨接缝处底部加设一段小枕木，减少两轨端错牙，或请工务部门协助增设防爬器。

④轨端表面出现肥边，使轨端绝缘上部短接，而使绝缘失去隔离作用。应请工务部门凿去肥边，并更换以良好的轨端绝缘。

⑤轨条爬行或前/后轨缝消失，更换后的新轨端绝缘不要多久被挤坏，尤其是夏季更甚。应请工务部门加强防爬，轨缝消失并无法拉轨时，只好锯轨或更换短轨。

⑥钢轨连接夹板(鱼尾板)内积存过多油垢铁屑，也会使该组绝缘失去作用。铲尽油垢铁屑，即能解决。

(5)轨距杆故障

轨距杆本身的绝缘件破损或其安装位置的移动都会造成轨道电路故障，故障原因及处理方法如下：

①轨距杆带片绝缘管套未完全进入铁爪孔内，紧固螺帽将绝缘管套挤裂、挤碎，而使之失去作用。此时应该请工务部门按要求安装轨距保持杆。

②轨距杆带片绝缘管套与固定螺帽间未加同样直径的铁垫片，直接加弹簧垫圈后拧紧螺帽，日久弹簧垫圈楔入绝缘片内使绝缘不起作用。处理方法同上。

③道岔区段的轨距保持杆顶端与另一轨距杆杆身或铁爪相碰，造成两区段或本区段轨道电路短路，此时应拧紧轨距杆，使其不能移动。

④轨距杆绝缘件埋入石砟、炉渣或油垢污泥内，长期积水使绝缘性能变坏。应请工务部门清理道床，不使轨距杆埋入道床内。

⑤轨距杆两固定铁爪松动，窜至钢轨连接夹板(鱼尾板)中部将两轨端短路使轨端绝缘失去隔离作用。处理方法同③。

⑥尖轨前的轨距窜动，其两铁爪与电动转辙机大角钢相碰而将轨距杆联通。处理方向同上。

(6)送、受电钢丝绳故障

送、受电钢丝绳故障将影响轨道电路的正常工作，其故障原因及处理方法如下：

①钢丝绳与塞钉之间脱焊使轨道电路中断，如存在虚焊则出现间断性点红光带。此时应更换钢丝绳，将焊口朝下并涂一层牛油。

②钢丝绳年久失修，雨露、脏物沾污腐蚀，一折便断，使轨道电路中断。应更换不良的钢丝绳，并加强防腐处理。

③钢丝绳固定卡钉过紧损伤钢丝绳，或涂塑钢丝绳钉得过紧使表皮破裂，日久蚀断。此时应注意更换以良好的钢丝绳并按技术要求钉紧。

④钢丝绳塞钉与变压器箱连线松动而使送、受电中断，固定钢丝绳塞钉即可。

(7)轨道电路特性不良

轨道电路电气特性不良将影响轨道电路的正常使用，故障原因及处理方法有：

①送电端交流 220 V 断路器接触不良，使轨道电路电源中断。此时应使断路器与配线接触良好，并根治变压器箱渗水。

②送电端轨道变压器线圈引线脱焊，应重新焊接。

③限流电阻滑动簧片与电阻丝接触不良，应调整滑动簧片，使其有一定压力，擦亮电阻丝接触面，使滑动簧片与电阻接触良好。

④轨道变压器特性变化、线圈断线，需更换变压器。

⑤轨道区段开路电阻过低，应测量区段内所有绝缘杆件绝缘，查出绝缘不良处更换绝缘。

⑥轨道电路送电端Ⅱ次侧电压过低，受电端收到的交流电压在 0.5 V 以下，轨道继电器端电压处于临界值。

(8)电气化区段轨道电路的故障及处理

除了和非电气化区段轨道电路相同的故障外，电气化区段轨道电路还有由牵引电流回流不畅、不平衡电流干扰、机车升弓电流引起的故障。

①牵引电流回流不畅引起的故障

造成电气化区段牵引电流回流不畅的原因是多方面的，除供电系统外，从轨道电路方面看就包括：轨端接续线、扼流变压器中点的引接线和负供电线(即吸上线和电缆)是否可靠连接；横向连接线是否连接良好和完整。

发生牵引电流回流不畅，对电务设备，尤其是对轨道电路设备能否正常工作的影响是极其严重的。因为牵引电流一旦出现不畅通，几百安的强电流迂回到哪里都会烧坏设备，严重时可烧毁相邻设备，造成较大范围的设备故障。这是最严重，也是最应重点防范的电气化干扰故障。牵引电流回流不畅轻者可以使断路器脱扣，重者能使整个箱盒、整条电缆、成片设备全部烧坏，可以说对设备的安全使用威胁是很大的。但它又属结合部的问题，也就是说造成的原因不是电务设备单方面的。所以要加强日常检查巡视，发现问题及时反映、协调，对供电等部门设备的问题要及时联系解决，以防止造成较大的故障。就电务设备自身维修方面应采取以下措施：

a. 保证轨端接续线及线间和钢轨间接触线的完整和牢固，扼流变压器中性连接板、引接线和负供电线(吸上线和电缆)的可靠连接。

b. 在双线区间轨道电路加设线间横向连接线，并保证其完整和牢固。

②不平衡电流干扰引起的故障

电气化区段易发生的故障部位是轨道电路，这是因为轨道电路及其设备是直接受牵引电流的强电流冲击的。尽管已经采取了一系列的防护措施，但只要出现不平衡电流，哪怕是瞬间的，也会对轨道电路及其设备造成冲击。

常见的轨道电路受不平衡电流侵扰造成的故障现象，按其现象和影响的严重程度分可分为两种：第一种情况是轨道电路闪红光带；第二种情况强电流侵入烧毁设备。

a. 轨道电路闪红光带

轨道电路闪红光带，这是常见故障，也是易发生的惯性故障，虽然发生的只是瞬间一闪或短时间，但对运输的影响是很大的。

电气化区段不平衡电流侵扰所造成的故障大多是瞬间造成的，故障发生时间较短便自动恢复，这就是轨道电路闪红光带故障。造成该故障的原因，主要是不平衡电流侵扰造成的。在轨道电路中虽然有较严密的防护措施，但不平衡电流侵扰强度的大小难测，是比较复杂的。有可能是基波分量，也有可能是谐波分量，还有可能是基波和谐波共同合成影响的。有时可能是量值（电流强度）较大的侵扰，使轨道电路动作失常，也有可能是基波或谐波分量侵扰后使信号产生相移（相位变化）而造成轨道电路故障，更有可能是量值和相移共同侵扰造成的。

为了减少电气化区段牵引电流对信号设备的干扰，必须采用抗干扰设备，防止不平衡电流出现后损坏设备、器材，如高容量扼流变压器、带适配器的扼流变压器、开气隙的扼流变压器、防雷轨道变压器、防护盒等，都能有效地防护不平衡电流的侵扰。同时应严防电焊机接入轨道电路。

b. 强电流侵入烧毁设备

强电流侵入烧毁设备，虽然发生的机会较少，但影响面大，发生后恢复时间长，损失大，对运输影响也就更大。

发生烧毁设备的电气化区段不平衡电流干扰故障，大多是不平衡电流过高或严重回流不畅造成的。因为过高的不平衡电流侵入设备后会直接使其发热烧损。而回流不畅时，造成牵引电流直接侵入设备某一处，数百安的高电流会直接使设备或电缆等设备烧毁，形成较大的故障范围和损失。

防范这样的故障发生，首先要提高轨道电路的传输性能，解决好牵引电流的回流问题，确保回流的畅通，减小或消除不平衡电流的出现，不使牵引电流在设备的某一处聚集而烧毁设备。比如对各种连接线、中性连接板、吸上线连接点的加固或焊接，加大各种连接线、接续线的截面积，采用等阻连接线调整轨道电路的传输特性等，都能提高轨道电路的传输性能。

③接触网短路等引起的故障

电气化区段中若出现接触网短路的状况，则数千安的牵引电流经钢轨回至牵引变电所，造成不平衡电流急剧增加（达数百安培），通过扼流变压器的半边线圈使Ⅱ次侧（信号线圈）产生很高的干扰电压，从而烧毁信号设备（在变电所跳闸以前）。主要为：烧毁接收设备（滤波器、轨道变压器），烧毁轨道电路受电端断路器或受电端保护硒堆。以上情况虽极少，但较多出现牵引电网的瞬间闪络，这种闪络由于持续时间极短（变电所并不跳闸），其瞬间电流脉冲经接触网支柱火花间隙导通后入单侧轨，使单侧轨中产生一个瞬间的极大不平衡电流，从而烧损设备接触网支柱的火花间隙损坏（短路）或接地线错误连接而出现的稳态较大的不平衡电流，也造成上述后果。

吸流变压器支柱有两组地线，其中护栏地线直接入地，水泥支柱地线经火花间隙接向单侧轨。这两组地线不应相混（相互接触），更不能将两根地线合二为一后接入单侧轨。

另外，由于电力机车撒沙造成牵引回流不畅，撒沙又不可能均匀、对称，会产生瞬态的不平衡电流（一般为百安培量级左右）而致。但由于电力机车的黏着性能好，此种情况仅是偶然事件。

④机车升弓电流引起的故障

机车升弓电流就是即将启动时的瞬间牵引电流，这一电流值一般是很高的，它的瞬间冲击对 25 Hz 相敏轨道电路继电器的正常工作影响也是较大的。比如某股道停靠列车，机车升弓即将启动，其瞬间电流的影响就可使相邻或不相邻区段的轨道继电器瞬间误动（还有可能使其区段轨道继电器的前接点颤动），这就造成了某区段闪红光带，使开放的信号关闭。为了避免这个影响，现采用加装复示继电器的方法来防止误动，只把复示继电器接点用于联锁电路中。

另外还可以采用加装适配器的方法，来消除升弓电流的影响。

5. 进路解锁过程中的故障及处理

(1)列车通过进路后不能正常解锁

列车驶过进路后，进路上所有区段又显示白光带，说明整条进路没有解锁，它们进路继电器 1LJ、2LJ 均未吸起。1LJ 未吸起的故障原因及处理方法如下：

①第一个道岔区段的 1LJ 不能吸起，原因有：1LJ 的 1-2 线圈不能吸起、12 线断线、条件电源“KZ-GDJ”无电。逐段检查 KZ 或 KF 电源即可发现故障点，更换继电器或接通断线处予以克服。此类故障以该区段的 FDGJ 线圈断线或并联的电容器被击穿或该支路断线为常见，应更换继电器、电容器或重新焊接予以克服。

②第一个道岔区段的 1LJ 不能自闭，原因有：其 3-4 线圈断线，自闭接点或 QJJ 接点接触不良等，逐段测量电压即可排除。

1LJ 吸起后 2LJ 未吸起的故障原因及处理方法如下：

①2LJ 不能吸起，原因主要有 2LJ 的 3-4 线圈断线或未从 13 线上得到 KF 电源，逐段测量 13 线上的 KF 电源即可找到故障点并予以排除。下一区段的 FDGJ 不能吸起也使 2LJ 不能吸起。

②此时 2LJ 不能自闭的原因就只有其自闭接点接触不良了，更换继电器即可。

列车驶过某区段后，该区段又亮白光带，以后的区段在列车出清后也亮白光带，说明从该区段开始以后的各区段均未解锁。故障原因及处理方法如下：

①12 线或 13 线断线，逐段测量 12 线、13 线上的 KF 电源即可查明故障点。

②开始不解锁的区段的进路继电器线圈断线或接点接触不良，更换继电器即可解决。

③后一个区段的 FDGJ 线圈断线或并联在其上的电容器击穿或该支路断线，此时应更换继电器、电容器及重新焊线。

④前一个区段的 CJ 提前吸起，未将解锁电源传递到本区段，原因是前一区段的 FDGJ 缓放时间不足，调整其缓放时间即可克服。

(2)进路取消不了

在列车或调车车列未接近时，办理取消进路手续后，原排进路不能取消。如此时已开放的信号机的信号复示器仍有开放表示，则说明 XJ 尚未落下，原因有：

①总取消按钮接点接触不良，ZQJ 线圈断线或配线断线使 ZQJ 不能吸起，而不能送出

"KF-ZQJ-Q"条件电源，或 ZQJ 上并联的电容器被击穿，或该电容器容量变化使 ZQJ 缓放时间不够。

②进路始端的 QJ 因线圈断线、励磁电路上有关接点接触不良等不能吸起，更换继电器、接通断线处即能排除。

若信号复示器关闭开放表示，而白光带仍点亮，说明 XJ 已落下，而进路尚未解锁，故障原因有：

①12 线、13 线断线，逐段测量解锁电源即可找到故障点。

②进路上某进路继电器不能吸起，除了 12 线、13 线不通，不能送解锁电源外，进路继电器本身的线圈或自闭接点接触不良都使得进路继电器吸不起来。这时必须更换继电器。

③某区段的 CJ 不能吸起或不能自闭，原因有 CJ 线圈断线、励磁电路上有关接点未接通。更换继电器，接通中断处即可排除。

(3)办理人工解锁进路时不能解锁

办理人工解锁时进路不能解锁的原因除由于 ZRJ 不能吸起或其缓放时间不够，以及延时电路的人工解锁继电器或限时继电器故障送不出延时解锁电源外，其余原因与(2)相同。

(4)办理人工解锁时不经延时或延时不足即解锁

办理人工解锁时，如果没有延时或延时不足白光带就熄灭了，说明进路未经延时立即解锁或提前解锁。故障原因多为限时继电器的电容器击穿或容量变小所致，应立即更换继电器。

(5)调车中途返回时应自动解锁的区段未能解锁

例如，在举例站场中，办理下行端的ⅠG 向ⅡG 转线的调车作业，建立了 $S_{Ⅰ}$ 至 $D_3$ 的长调车进路，当调车车列进入 3DG，出清 17-23DG 后，开放了 $D_{13}$ 信号机，调车车列即按 $D_{13}$ 的显示向ⅡG 推送，退出 9-15DG 后，9-15DG、5DG 和 3DG 均应自动解锁但未能解锁。对于 9-15DG 来说，故障原因主要是 $D_9$ZJ 第 1 组前接点未能将 KF 电源送至 8 线，$D_{13}$XJJ 第 8 组后接点和 $D_{13}$KJ 第 2 组前接点未接通，未能将 KF 电源转向 12 线，以及 $D_{13}$ZJ 第 5 组前接点、9-15FDGJ 第 7 组后接点、$D_{13}$ZJ 第 6 组前接点未能将 KF 电源转向 13 线，可逐段测量 KF 电源查明故障点。若以上电路正常，则继续向 2LJ、1LJ 励磁电路查找。对于 5DG 和 5DG 来说，主要是 $D_3$ZJ 第 1 组前接点未接通，或 8 线上的 5DGJ 第 1 组前接点和 5DGJ 第 1 组前接点及 $D_7$KJ 第 1 组前接点、$D_7$JYJ 第 6 组前接点和 $D_7$XJ 第 5 组后接点未接通，未能将 KF 解锁电源送至 12 线，或 $D_3$ZJ 第 3、第 6 组前接点，5FDGJ 第 5 组前接点未能将解锁电源转向 13 线，可在 8 线、12 线、13 线上逐段测量电压进行查找。

## 第二节　计算机联锁设备维修

各类计算机联锁结构不尽相同，维修也各有不同，本节介绍一般维修内容，具体事项详见各厂家的维修手册。

### 一、维护工作内容

1. 日常养护

(1)检查系统主机(机柜上的各种运行指示灯显示状态)、各种电路板及接插件、断路器插接状态、电源、显示器工作状态，无异常现象。

(2)检查室内继电器件工作状态,无异常现象。

(3)检查风扇运行情况,保持机箱通风良好。

(4)检查维护机有关报警信息,无异常现象。

2. 集中检修

(1)进行设备清扫,接插件及各部螺丝的检查、紧固。

(2)清理计算机、UPS通风防尘网。

(3)进行设备地线、防雷地线、防雷单元测试,各部配线检查。

(4)电源设备检查测试。

(5)阻容元件、二极管检查、测试,不良的更换。

(6)时钟精度校核。

(7)双机热备系统定期切换主(A)、备(B)机(含电源)运用。

(8)定期进行系统复位重启,并进行联锁机通信板至维修机的通信口切换和联锁机主、备用电源板、CPU板、采集板、驱动板切换。

(9)检查整修防尘、防鼠设施。

(10)电气特性Ⅰ级测试。

(11)断路器容量核对、测试、检查、整修、更换。

(12)按周期更换轮修器材。

(13)不良器材更换。

## 二、维护注意事项

维护计算机联锁时应注意的事项有:

(1)联锁机从冷机启动需从IC卡上读入程序和数据才能进入正常运行。因此IC卡平时应插在IC卡插槽内,这样系统在停电恢复后可自动投入运行。

注意:IC卡易受静电冲击损坏,不可用手触摸IC卡的端子部分。

(2)对于采用光纤连接的计算机联锁系统,因光纤较为脆弱,应注意以下事项:

①不要用手触摸光纤接头的光端口,光纤接头不用时一定要带上防尘帽。

②光纤的弯曲半径一定要在5 mm以上,否则将造成光纤断裂。

③不可使光纤受到强烈的撞击、振动和重力挤压、拉扯。

④拆卸光纤连接须握住光纤接头的外壳拔插,不可拉拽光纤线。

⑤连接光纤接头要注意插头与插座的吻合,同时要拧紧固定螺丝口。

(3)联锁机各电路板必须插在机架的指定槽位上,插错位置系统不能运行,并有可能造成设备故障。

(4)注意电路板和模块能否带电拔插。

有的计算机联锁系统中所有的电路板和模块可以在带电的情况下拔插,有的计算机联锁系统中所有的电路板和模块严禁在带电的情况下拔插,要注意按使用要求进行。

对于严禁在带电的情况下拔插电路板和模块的计算机联锁系统,不能在带电的情况下拔插任何电路板和模块,否则将造成设备损坏。

(5)电源开关扳动时须用手握住开关柄轻轻向外拉出,然后再扳动,不可直接用力扳。

## 三、上位机的维修

上位机(控显机、操表机、监控机)系统工作状态可以在电务维护机的系统图上观察,维护的主要内容有:鼠标操作是否正常;鼠标线两端连接是否紧固;显示器图形显示是否正常;视频线两端连接是否紧固。

上位机的维修事项主要有:

(1)在确认设备连接在位后,开启主机及显示器电源,上位机自动进入开机自检程序,逐个对外部设备及主机进行检查,若系统完好,出现相应提示,机器自动进入工作状态。

(2)当上位机停电后恢复供电时,应首先确认已送电到上位机后再打开上位机的电源开关,启动上位机。

当设备故障需重新启动上位机系统时,则只需按复位按钮,可以重新自检和启动系统。使用中禁止按压复位按钮。

(3)当上位机和联锁机通信中断时,屏幕上有“联锁机通信中断”的提示,并且有语音报警。

(4)如发现屏幕上时钟不变,表明机器工作异常,需由电务值班人员处理。

造成这种现象的原因主要是死机。死机时控制台站场图形固定不变,不接受任何操作命令,系统时标固定不变,此时需重启或启用备用机,以保证系统正常工作。

上述情况车站值班员室的显示器屏幕显示将不变化,不能真实反映情况,但此时联锁机仍工作正常,不会影响已排通的进路和开放的信号及其联锁关系。

(5)根据上位机显示器上的状态显示窗口的显示判断系统机的各种故障,若有问题则需启用备机,以维持系统正常工作。

(6)若屏幕监示器的图像消失,可判断为显示器出现故障或电源接触不良,若颜色显示不正常和图像滚动是由于显示器的连接线有断线故障造成的。

(7)若上位机与联锁机的通信多次启动后,仍不恢复,可能是机内的网络板有故障。

(8)上位机因不能自动切换,所以切换手柄平时应在主控机位置,需要切换时则只需把手柄切换至备机位置即可。

## 四、联锁机的维修

观察电务维护机系统图形上联锁双系的工作状态和与各子系统的连线是否正常,故障设备以红色或蓝色标识;观察联锁双系机笼中各通信接口板的状态指示灯是否正常。

### 1. 开机

联锁机的应用程序已固化在CPU板上,只要开启电源,程序就开始运转。

联锁机关机后再重新开机,首先应确认已送电到联锁机,然后再打开位于顶层的电源总开关,启动联锁机。

### 2. 办理联锁机备机与联锁机主机联机同步

在联锁机备机状态面板上,按一下联机按钮,联机手续即告完成。主、备机联机后,待所有采集驱动信息和锁闭信息完全一致时,主、备机自动同步。

### 3. 人工切换

联锁机切换手柄平时处于“自动”位置且联锁备机处于同步状态,当主用联锁机故障时会自动切换至备机工作。而当手柄不在“自动”位置时，则主用联锁机故障时，不会自动切换，只能人工切换手柄至另一联锁机位置，使备机变为主控机。

当工作机故障影响到设备正常使用时，为缩短故障延时，应尽快人工倒机，恢复正常使用后，再对故障机进行故障处理。

联锁机人工倒机时需电务人员和车站值班员共同确认全站均无进路在使用中，并且所有机车车辆都没在运行中。

4. 更换采集板及驱动板

观察电务维护机系统图形上输入/输出机笼和各控制板的工作状态是否正常，如果出现异常，故障设备以红色标识。观察电务维护机系统图形上输入/输出机笼与联锁系的连接是否正常；观察输入/输出机笼中各控制板的状态指示灯是否正常。

采集板和驱动板均为通用模板，可以互换，但机柜零层、插头必须对号入座，否则就有采集到错误信息或发出错误控制命令的可能。

为了查找故障可以利用电路图册中采集信息或控制命令表。表内直接给出了某信息或控制命令的序号、机柜零层、面板指示灯、单元板端子及采集光耦、采集芯片或驱动光耦、驱动芯片，从而找出故障所在，判断出故障单元后，单元内的故障可脱机检查，用万用表检测光电耦合器、电容、电阻等元器件，进一步找出故障所在。

5. 接口电路的维护

定期检查：接口柜插头固定螺丝是否紧固；I/O机笼内电缆插头固定螺丝是否紧固；逻辑电源电压是否正常，电源线是否紧固；接口电源电压是否正常，电源线是否紧固；系统接地电阻阻值是否正常。

## 五、常见故障处理

计算机联锁系统各关键部件均采用双重冗余设计，在系统运行时，单一设备故障时不会影响到系统正常使用，但需要维护人员根据系统故障提示，能够及时发现并排除故障，以保证系统的可用性。系统维护人员可根据维护机上显示的系统报警信息及设备运行状态指示确定故障点，通过更换备件，保证系统稳定运行。

系统故障通过3个途径提示：

(1)维护机系统图形和报警框出现红色或蓝色线条或模块，说明系统存在故障，根据故障现象及时更换故障板。

(2)各电路板面板工作状态指示灯灭灯，说明电路板工作异常，要及时更换。

(3)上位机系统报警闪烁提示，说明系统存在故障，要及时观察维护机系统图形和报警框文字报警，根据报警内容定位故障，及时维修。

系统维护人员应定时对设备状态进行巡检，以便及早发现故障。

设备发生故障，首先应认清故障现象、故障影响范围、区分模块本身电路故障和模块之间通信联系故障。确定故障点后，用备品进行更换。

根据故障发生部位可分为计算机部分故障和继电部分故障。继电部分主要是与室外信号设备相关的继电电路。继电部分的故障主要是断线、混线、继电器损坏等。

1. 故障处理应遵循的原则

故障处理应遵循的原则有：

(1)当计算机联锁系统发生故障时，首先要判断是大面积故障，还是局部故障。如果发生大面积故障，应首先检查工作电源是否正常。如正常，则应着重检查接口柜至机柜的各种设备，如未发现异状，然后再检查其他信号设备。当发生局部故障时，则应着重检查接口柜至现场信号设备是否正常。

(2)当判断为联锁机或上位机故障时，应首先切换至备机工作，以缩短故障延时。

(3)当主备机切换后，原有故障报警自动恢复，则可判断为原工作机故障，如主备机切换后，原故障报警信息仍然报警，则表明故障在主备机外，如组合柜、现场信号设备故障或通信线路故障等。

2. 系统停机故障应急处理

倒机是故障处理最捷径的应急处理方法，也是判断故障位置的重要方法。倒机包括联锁机倒机、上位机倒机。

当工作机故障影响到使用时，为缩短影响使用时间，应尽快人工倒机，恢复正常使用后再对故障机进行故障处理。

(1)鼠标操作失效

屏幕显示正常(能反映站场变化)，但移动鼠标，光标不动。应启用另外一套显示操作设备，如无效，先后重新启动上位机双机。

(2)显示器黑屏

屏幕显示站场图形画面消失。应启用另外一套显示操作设备，如无效，先后重新启动上位机双机。

(3)显示器功能失效

屏幕图形不能正确反映站场变化或操作无效。应启用另外一套显示操作设备，如无效，全系统复位(复位后需进行上电解锁操作)。

3. 上位机故障及处理

上位机提供人机会话功能，因此其故障最容易被车站值班员发现。

上位机故障有上位机不工作、控制命令不执行、显示器故障及上位机与联锁机的通信故障等。

(1)上位机停机

上位机停机，面板上电源指示灯灭灯。此时，用万用表测量接入上位机电源是否正常，如果异常，检查电源线是否松动；重新开机查看上位机面板电源指示灯是否正常点亮，电源风扇是否转动，如果异常，需更换上位机电源。

(2)上位机不工作

上位机不工作时，表现为显示器上的时钟停止、图像静止不动、任何操作均不起作用。原因可能是上位机的某些功能键被误按，此时只要再次按压即可恢复系统工作。也可能是上位机系统故障，这时应首先进行上位机切换，然后再复位故障上位机。若切换后多次复位仍不能正常工作，可判断为内部故障。

(3)上位机不能启动

电源正常，上位机无法启动，屏幕显示蓝屏。可能的原因有：上位机断电；上位机主板故障；机箱中某网卡或显示卡故障。

用修复系统还原；如无法还原，可能是电子盘故障，需更换电子盘；如电子盘无故障，则可能是CPU板故障，需更换上位机CPU板。

(4)上位机死机

上位机死机主要表现为：屏幕显示无任何变化，即使列车通过后其进路白光带也不变化，信号也不恢复；接受任何操作命令，鼠标移不动，按压鼠标按键无效；时钟停止跳动。

当上位机主机死机时，应先切换至备机工作，以缩短故障延时。然后再处理死机故障，方法为复位上位机，则系统自动启动。

(5)鼠标故障

鼠标故障主要表现在无鼠标符号、鼠标移不动或移动不灵敏、点压按钮不起作用等。原因为：鼠标滚子或磁钢不清洁，按钮开关接触不良，严重时要更换鼠标。

此外，要检查控制台切换盒至上位机通信插头有无松动，通信线是否良好；检查控制台切换盒是否故障。

如果双鼠标都不能操作则需重新启动上位机；如果单鼠标不能操作，检查故障鼠标连接线是否紧固连接，若连接线没有问题更换备用鼠标；如果鼠标和连接线都正常则可能是CPU板串口存在故障，需要更换上位机CPU板。

(6)显示器故障

显示器故障主要表现为黑屏、缺色或滚动。

发生这些故障时，首先应检查其电源是否正常，因为电源电压过高或过低都可能导致这些情况。如电源正常则应检查显示器和上位机的视频线是否有断线或接头松动。如视频线连接正常则需要进行上位机切换，这时若故障恢复，则表明是原上位机显卡故障，若故障仍未恢复，则可判断为显示器故障，需要更换显示器。

①显示器黑屏

显示器屏幕无任何显示时称为黑屏。

显示器发生黑屏的原因有：显示器掉电；监控机掉电；显示卡故障；视频线插头脱落；控制台切换板故障；显示器故障。

a. 显示器黑屏，电源指示灯灭

显示器在电源开关处有一电源指示灯，当给显示器通电后该指示灯就会亮。如指示灯灭，说明显示器掉电，屏幕不会有显示。用万用表测量显示器接入电源是否有电；若电源正常，检查电源连接是否松动，如果电源连接正常，需更换显示器。

b. 显示器黑屏，电源指示灯亮

显示器收不到由微机送来的显示信号，从而屏幕无显示，造成该现象的原因主要有：

(a)上位机没有运行本站的应用程序，需对上位机复位，使之正常工作。

(b)电源屏主、副电源转换时电压冲击保护也可导致显示器自动关闭显示，当给显示器输入的电压瞬间有电压冲击时，有的显示器为了防止冲击损坏显示器而自动关闭，可重新开启电源。

(c)从上位机到显示器的视频电缆头松动或脱落，信号线的针脚弯曲。

(d)若有显示切换板，切换板故障也可导致黑屏，可通过跳过切换板直接短连视频线和显示器的显示线而观察显示器的显示来判断。

(e)显示卡故障也可造成屏幕无显示。此时，先检查上位机是否在工作，如果上位机在停机状态需重新启动上位机；检查视频连接线各连接处是否连接线松动，紧固连接后检查；控显机视频卡故障，更换视频卡。

②显示器缺色

显示器屏幕出现颜色显示不正常，如缺红色、黄色或绿色的显示，称为缺色。

显示器缺色的原因有：视频线插头松动；视频线插头中端子断线或视频线断线；若有显示切换板，切换板故障也可导致缺色，该故障可以通过跳过切换板直接短连视频线和显示器的显示线而观察显示屏的显示采判断；显示卡故障；显示器故障。

③显示器花屏

显示器屏幕出现不正常的色彩，称为花屏。此时，应检查视频连接线是否松动，紧固视频连接线各连接处；调整显示器菜单中相关选项；更换显示器。

(7)与联锁Ⅰ系或Ⅱ系通信故障

查看集线器电源指示灯和各通道接收和发送指示灯是否点亮，如果在灭灯状态，重新开启集线器电源，如果不能恢复需更换集线器；查看上位机内电源指示灯是否正常点亮，如果异常，需更换网卡；查看联锁双系是否在工作；查看光纤是否连接正常；重新启动上位机。

4. 联锁机故障及处理

通过观察维护机的系统状态和报警信息可以及时发现联锁机的故障。

当联锁单系发生故障，若故障系为主系，系统自动切换到从系工作，原主系转为待机或退出控制；当故障系为从系，从系转为待机或退出控制。系统将由双机工作态自动降级为单机工作状态。故障板可停机更换，更换完毕后加电投入自动进入同步状态。

联锁机主机出现故障，主要有死机、通信中断、电源故障、采集故障、驱动故障等。

当备用联锁机处于同步状态时，主机发生故障，备机自动发生切换，使同步状态的备机升为主机，使已开放的信号继续开放。当备用联锁机处于非同步状态时，若发生上述故障，需要人工手动切换。切换后全场锁闭，信号关闭。

当判断故障在联锁机时应首先进行联锁机切换，应使故障联锁机脱机。然后再观察故障联锁机的运行灯是否还在运行，若停止运行，则记录各指示灯的状态后对机器复位，复位后恢复正常（备用上位机会指示“上位机通信正常”），表明发生故障瞬时外界对电源或通信有较强的干扰，干扰消失后，设备就可以经复位后恢复正常工作。

若复位后仍不能正常运行，则要对联锁机的电路板逐个更换，直到故障排除。若联锁机虽能正常运行，但备用上位机仍然报“联锁机通信中断”，则要更换通信网卡。

(1)死机

联锁机上设有运行灯，运行灯可直观地表示机器是否在运转状态。当运行灯停止运行时，表明程序走飞了，即“死机”。联锁机死机时，其状态运行指示灯停止闪烁。

备机未在同步状态时，工作机的运行灯停止运行，控制台有“联锁机通信中断”的文字报警和音响报警。发生此情况应尽快记录各种指示灯此时的状态，然后对机器重启。造成这种情况的主要原因有：电源电压不稳；通信有强的干扰；CPU 板有故障等。由前两种原因造成的死机，在故障原因消失后可用“复位”键恢复正常，由于电路板故障造成的死机可对其逐个更换，直到故障排除。若所有指示灯点亮，则为连接驱动板的 I/O 板故障。

若重启后仍未正常，应观察联锁机采集板指示灯是否闪烁，如能正常闪烁，则可判断为该联锁机报警板插头松动或故障；如采集板最上一排的指示灯也不闪烁，则为电路板故障，可按下列步骤处理：

①关闭电源后首先更换 CPU 板，更换时必须注意核对板上的跳线和插好相应的芯片。

②如更换 CPU 板后系统仍不能恢复时，可关闭电源，将全部的 I/O 板逐一拔出后分别上电启动，如指示灯恢复闪烁，则很可能为某一 I/O 板故障。

备机在同步状态时会自动倒机，原备用机会升为工作机，在控制台屏幕上只会看到故障倒机的报警信息，而不会有“联锁机通信中断”的提示。自动倒机后，显示器上备机同步的指示也会自动消失。

备用机的运行灯停止运行，只会造成备机脱机，不会影响工作机的正常运行。

(2)通信中断

系统通信主要是联锁机和上位机之间的通信，有指示灯可观察。当联锁机和上位机均进行故障处理后，系统仍不能恢复正常工作，则故障一定在通信线路上。通信故障可能的原因有：通信板故障；通信线插头有松动或断线；通信线断线。

若故障发生在通信线路上，可以通过备用通信线直接连接联锁机和上位机来应急使用。

①联锁机和上位机通信中断

控制台屏幕显示“联锁机通信中断”，联锁机运行正常，说明联锁机和上位机通信中断。此时首先进行联锁机切换，如仍未恢复，再进行上位机切换，恢复使用后再查找备机故障，应着重检查通信网卡是否故障、通信接口是否松动和通信线路是否完好。

②联锁机通信中断

此种故障往往在控制台处有语音报警或音响报警，并且屏幕上有“联锁机通信中断”的文字报警提示。可查看系间通信板电源指示灯是否正常点亮，如果在灭灯状态需更换对应通信板；查看系间通信板的接收灯和发送灯是否闪烁，如果停止闪烁；则需更换系间通信板；更换连接光纤或电线。

当备机处于同步状态时，发生联锁机通信中断，联锁机会自动倒机，若倒机后正常，联锁机通信中断的报警提示可能会由于倒换时间极短，在屏幕上来不及显示就又恢复正常，但此时有联锁机倒机的提示，并且主、备机同步信息也消失，这种现象一般为联锁机故障造成的。当故障部位在联锁机上，倒机后系统不间断使用，此时故障机变为备机，并应与备用的监控机通信。

当备机未处于同步状态时，出现联锁机通信中断，应先人工倒联锁机。若联锁机倒机后恢复正常，表明故障点在联锁机上。若联锁机倒机后仍不能正常使用，则人工切换上位机。通过切换上位机恢复正常，说明故障在上位机上。

当故障在联锁机上时，应先观察联锁机的运行灯是否还在运行，若停止运行，记录各指示灯的状态后对机器重启，如恢复正常(上位机会提示“联锁机通信正常”)，表明发生的是瞬间故障或是在某种特定条件下因软件缺陷而引起的死机，一般复位后就可恢复正常使用。如重启后仍不能正常运行，则要对联锁机的板子逐个更换，直至故障排除。若运行灯正常运转，则要更换通信网卡或 CPU 板。

上位机故障造成报“联锁机通信中断”，一般是上位机里的通信网卡故障。

(3)电源故障

联锁机机柜有 3 个开关电源：计算机电源、采集电源和驱动电源。采集电源故障影响信息采集，驱动电源故障影响控制命令输出。

机柜电源误差范围应在 15%以内，否则会影响机器的正常工作。平时应注意观察各机柜的电源指示灯，发现故障及时处理。

查看联锁机电源板指示灯是否点亮，如果在灭灯状态需更换电源板；用万用表测量联锁机机笼背面的逻辑电源是否正常，如果异常，需检查电源连接线是否松动。

①UPS无输出

当UPS电源有电压输入，而无电压输出时，联锁机A、上位机A、电务维修机将会断电而无法运行。应急措施办法是：立即把双刀双掷闸扳到另一侧，将UPS甩掉，直接向设备供电；或者进行联锁机和上位机的切换。应注意：进行电源开关转换或主备机切换时，应确认没有办理任何进路和所有机车车辆都已停止运行。

②动态稳压电源故障

动态稳压电源A故障时会自动切换到动态稳压电源B供电，并且控制台伴有故障提示。动态稳压电源B故障在控制台上也有故障提示。要求电务维修人员遇有动态稳压电源故障提示，要随时解决处理，否则，两个稳压电源同时故障，将造成全站设备瘫痪。如遇有两个稳压电源同时故障，此时应急措施为，用其他直流稳压电源暂时代替解决。

③采集电源故障

联锁机A、联锁机B都有自己的采集电源，但由于它们所采集的对象是同一个对象（为了节省采集接点），为了降低电源故障对采集的影响，它们的采集电源是并联的。因此，当其中一套的采集电源故障时，另一套的采集电源继续供电，仍然能采集到信息。但是，既然电源有故障，仍然要求及时更换处理，防止另一采集电源也发生故障时影响全站设备正常使用。

(4)联锁备机不能联机

联锁备机不能联机可能原因有：切换手柄不在自动位置；主、备机通信线没插好；主、备机通信板故障；电线盒故障；备机故障。

造成脱机的原因比较多，一般为备机故障、通信干扰、锁闭失步等。分析脱机原因时，主、备上位机的记录都要考虑，尤其是备用上位机的记录直接记录备机脱机时的状态。

(5)自动倒机

在备机联机同步时，如果工作机出现关键性错误，工作机会自动倒机变为备用机，而原备用机升为工作机，在显示器上只会看到“故障倒机”的报警信息，而不会有“联锁机通信中断”的提示。自动倒机后，显示器上“备机同步”的指示也会自动消失，而显示“备机脱机”。

发生下列情况之一时，同步状态的备机会发动切换：主机自检发现严重故障；主、备通信中断；主机与上位机通信中断或通信应答时间过长；备机的控制命令多于主机。

由于联锁机采用的是整机系统的切换方式，因此除微机部分发生故障时要进行自动切换外，对采集、驱动模块的故障，如导致突发性关闭信号的故障，也要进行自动切换。其原因可根据主、备上位机的记录分析，主上位机的记录直接记录原工作主机倒为备机的原因。

若自动倒机后正常，联锁机通信中断的报警提示可能会由于倒机时间极短，在显示器上来不及显示就恢复正常，但此时有联锁机“故障倒机”的提示，并且主、备机同步信息也消失，这种现象一般为联锁机故障造成的。当故障部位在联锁机上，倒机后系统可不间断使用，此时故障机变为备机并应与备用的上位机通信。查看主、备监控机的记录，可找到自动倒机的原因。

若自动倒机后系统不能正常工作，并且控制台有“联锁机通信中断”的报警，表明故障不在联锁机，而是在上位机、通信网卡或通信线路上。

5. 电务维护机故障及处理

(1)电务维护机停机，面板 5 V 和 12 V 板电源指示灯灭灯

用万用表测量接入电务维护机 220 V 电源是否正常，如果异常检查电源线是否松动；重新开机查看电务维护机面板 5 V 和 12 V 板电源指示灯是否正常点亮，电源风扇是否转动，如果异常需更换维护机电源。

(2)电务维护机无法启动，屏幕显示蓝屏

用键盘修复系统，在开机时始终按下键盘的 F11 键，选择还原系统；更换系统硬盘；更换维护机 CPU 板。

(3)显示器无显示

检查显示器电源；检查电源连线是否松动；更换维护机 CPU 板。

(4)通信中断

检查光纤连接是否正确；检查 ARCNET 集线器是否正常；更换 ARCNET 网卡。

(5)打印机不工作

检查打印机电源和联机电缆，以及打印纸安装情况。如一切正常，则可能是主机板上的打印机接口电路故障，需更换电务维护机 CPU 板。

注意：电务维护机加电时严禁拔插打印机联机电缆插头，否则可能损坏打印机接口电路。

6. 输入采集故障及处理

(1)输入机笼故障，所有输入板指示灯灭灯，CPU 板电源指示灭灯

开启输入机笼电源板电源开关，查看输入机笼电源板的 24 V 和 5 V 指示灯是否点亮，如果在灭灯状态用万用表测量机笼背面逻辑电源是否为 24 V，如果逻辑 24 V 电源正常，则需要更换电源板，如果逻辑 24 V 异常，则需要检查电源配线是否连接正确。

(2)机笼电源正常，所有输入板指示灯灭灯

检查机笼 I/O 部 CPU 板 5 V 电源指示灯是否点亮，观察 I/O 部 CPU 面板各指示灯是否正常点亮或闪烁，如果指示灯正常，需要用万用表检查接口 24 V 电源线是否连接正确；如果指示灯异常，需要更换 I/O 部 CPU 板。

(3)采集板单板故障，板内所有采集指示灯灭灯

检查采集板安装是否紧固，板上 5 V 电源指示灯是否点亮，如果 5 V 指示灯没有点亮更换采集板；如果电源灯点亮则检查对应后插输入端子板安装是否紧固，检查连接电缆插头是否紧固，检查对应接口柜电缆插头是否紧固。

(4)采集板通道故障，继电器在吸起时，输入板通道指示灯灭灯，上位机或电务维护机对应的采集状态为继电器落下

查看继电器的状态，用万用表测量接口柜故障通道采集电压，如果继电器在吸起态，则前接点采集电压应为 18～24 V，如继电器状态和测量采集电压一致，说明采集板故障，需更换采集板，如果采集电压不正确，说明继电器端的配线存在故障。

(5)采集电路故障

采集电路可能故障原因：采集板故障；采集回线断线；继电器故障。

处理采集电路故障首先要分清是机柜内故障，还是机柜外断线。

①采集板面板灯是否亮灯，若不亮可用万用表电压挡测发光二极管两端有否电压，有电压而灯不亮，则发光二极管损坏，更换采集板即可。

②采集板上的发光二极管完好而面板灯不亮，则说明故障在机外，可能是继电器接点接触不良、采集线断线、接口插座松动等。若只是个别对象采集不到，可怀疑是采集板故障。

③检查采集电路时，可借助采集地测量各采集点处是否有电。

个别信息采集不到，可能是采集板的对应光耦损坏、信息采集线断线、继电器接点接触不良。

大量信息采集不到，可能是采集回线有断线，若集中在一块板上，也可能是采集板不工作或接口插座松动。采集板不工作的原因有：采集板故障、与机柜采集母板的连接部分有故障。

7. 输出驱动故障及处理

(1)输出机笼故障，所有输出板指示灯灭灯，CPU 板电源指示灭灯

开启输出机笼电源板电源开关，查看输出机笼电源板的 24 V 和 5 V 指示灯是否点亮，如果在灭灯状态，用万用表测量机笼背面逻辑电源是否为 24 V，如果逻辑 24 V 电源正常，则需要更换电源板，如果逻辑 24 V 异常，则需要检查电源配线是否连接正确。

(2)机笼电源正常，联锁有输出信号但所有输出板指示灯灭灯

检查机笼 I/O 部 CPU 板 5 V 电源指示灯是否点亮，观察 I/O 部 CPU 面板各指示灯是否正常点亮或闪烁，如果指示灯正常，需要用万用表检查接口 24 V 电源线是否连接正确；如果指示灯异常，需要更换 I/O 部 CPU 板。

(3)驱动板单板故障，板内所有驱动指示灯灭灯，所有驱动无输出电压

检查驱动板安装是否紧固，板上 5 V 电源指示灯是否点亮，如果 5 V 指示灯没有点亮，需更换输出板，机笼重新加电；如果电源灯点亮，则检查对应后插输出端子板安装是否紧固，检查连接电缆插头是否紧固，检查对应接口柜电缆插头是否紧固。

(4)驱动板单路没有输出

查看双系对应的输出通道指示灯是否都没有输出，如果通道指示灯亮而在接口柜测量该路输出没有输出电压，则需更换驱动板。

(5)驱动电路故障

继电器不励磁，可能是驱动板无驱动信号或驱动板有驱动信号而继电器不励磁。

①驱动板无驱动信号

驱动板的驱动灯不闪或亮稳定灯光均表示无驱动命令输出，原因有：驱动条件不具备；驱动板故障。

查找驱动故障前，必须确认联锁条件是否满足。

更换驱动板。大面积驱动命令无输出，也可能是插头松动。

②驱动板有驱动信号而继电器不励磁

原因有：驱动板故障、继电器故障、驱动电源故障、驱动回路断线。

若驱动板闪烁，继电器不动作，则更换继电器。

检查驱动信号时可用驱动回线做参考高电位，测量驱动信号回路经过的端子上有无脉动信号，以查明是否有断线。

## 六、更换备件

必须首先切断被更换模块的电源，再从机架上取下故障模块，插入新模块，然后加电恢复。系统的冗余设计，容许单重系模块断电更换，不间断系统运行。

对于不允许带电插拔的计算机联锁系统，系统内所有电路板都不允许带电插拔，现场维修或检修需要插拔电路板时需按照以下顺序操作：

(1)用螺丝刀打开电源板的防护盖,按下电源开关,关闭故障电路板所在机笼的电源板。

(2)用工具拧松固定电路板的2个螺丝。

(3)分别按下电路板面板上的2个辅助扳手的红色按钮。

(4)双手分别按住面板上2个黑色助力扳手内侧,向外用力,从机笼中拔出电路板。

(5)插入新的电路板,双手分别按住面板上2个黑色助力扳手外侧,向内用力,使电路板面板与其他电路板面板在同一平面。

(6)用工具把固定电路板的2个螺丝拧紧。

(7)开启机笼电源板电源开关。

(8)电路板的电源灯正常点亮,说明电路板更换成功,用螺丝刀关闭电源板的防护盖。

## 七、远程诊断

### 1. 远程诊断的意义

由于采用计算机等高新技术,某些设备故障已无法在现场进行维修,所以一般实行二级修。在现场根据诊断结果替换故障模块,指电源模块及印制板功能模块等,故障模块将送往维修管理中心甚至返回生产厂家进行维修或替换。

对于计算机联锁系统,很有必要设立维修管理中心,由此来实现远距离诊断和集中维护。远程诊断系统的建立是实现信号维修现代化的重要步骤,有利于提高维修水平和排除故障的速度,也有利于维修资源的合理配置和使用。

### 2. 远程诊断系统的结构和组成

远程诊断系统由电务维修机和通信网络组成。

电务维修机与两套上位机通过以太网进行通信,实时采集控制台和继电器的各种表示、车站值班员的办理情况、联锁机各种错误等。对这些信息进行记录储存。电务维修机利用串行通信口连接调制解调器。

通信网络由调制解调器和电话交换网组成。数字信息通过调制解调器的调制,把数字信号转换成模拟信号,通过模拟电话交换网传递到远程的维修中心,在那里通过解调把模拟信号转换成数字信号,完成数据的通信过程。由于采用拨号网络,只要在能拨通电话的地方就可以设置远程诊断中心,并且可以建立移动维修系统。

### 3. 远程诊断的实现

远程诊断系统的基础是被监视和诊断的设备要具备完善的自检测功能,除了能自检出系统级故障功能外,还应具备板级的自检功能。

计算机联锁系统中各子系统的设备状态信息,通过车站综合数据局域网,汇总在电务维修机,电务维修机通过光纤数据通信 WAN 与远程诊断中心进行信息交换。

远程诊断是电务维修机的一项重要功能。这项功能建立在远程访问服务(RAS)的基础上,从而使原来简单的双机串口远程通信演变成局域网络通信。

在 RAS 的支持下,调制解调器和串口成为系统的虚拟网络适配器,远程连接的两台工作站将建立起一个对等型局域网,具有所有局域网的功能。

现场的电务维修机将作为拨号连接的应答方,时刻在侦听来自远程工作站的连接请求,一旦有请求,则由调制解调器进行应答,在 RAS 验证登录权限(包括用户名和密码等)后,连接建立。在规定的权限内,双方可以共享包括打印机在内的一切软/硬件资源。

建立连接后，现场电务维修机向远程客户实时传送站场状况、所有实时记录，通过映射网络驱动器，远程用户可以得到现场维修机上可以共享的所有文件。这一切都是由现场维修机相应的服务程序来完成的。不须现场人员进行任何操作。

远程诊断中心配备有备件库，具有过程诊断、维修指导咨询、软件维护等业务功能。

远程诊断中心随时监视着各车站联锁控制系统的设备运行数据，并对这些数据进行诊断分析，当发现某设备有故障时，能及时报警。维护中心的技术人员根据故障性质和情况，采取相应的措施进行维修，比如通过电话指导现场更换某故障单元板或发生故障切除命令或隔离命令等。必要时，在远程诊断中心通过图像再现等手段，分析列车运行时设备的工作情况。

## 复习思考题

1. 电气集中室内设备维修包括哪些内容？要注意哪些事项？
2. 电气集中室内设备的主要维修事项如何进行？
3. 继电器室的维修包括哪些内容？
4. 电气集中设备发生故障时应如何处理？
5. 排列进路过程中常见的故障有哪些？应如何处理？
6. 道岔转换过程中的机械故障有哪些？如何处理？
7. 道岔转换过程中的电路故障有哪些？如何处理？
8. S700K 型电动转辙机的常见故障有哪些？如何处理？
9. ZYJ7 型电液转辙机的常见故障有哪些？如何处理？
10. 与轨道电路有关的常见故障有哪些？如何处理？
11. 与信号机有关的常见故障有哪些？如何处理？
12. 进路解锁过程中的常见故障有哪些？如何处理？
13. 计算机联锁设备的维护工作包括哪些内容？
14. 维护计算机联锁设备要注意哪些事项？
15. 如何进行上位机的维修？
16. 如何进行联锁机的维修？
17. 计算机联锁系统故障通过哪些途径得到提示？
18. 计算机联锁系统故障处理应遵循哪些原则？
19. 上位机有哪些常见故障？如何处理？
20. 联锁机有哪些常见故障？如何处理？
21. 电务维护机有哪些常见故障？如何处理？
22. 输入采集、输出驱动有哪些常见故障？如何处理？
23. 如何更换计算机联锁系统备件？
24. 远程诊断对于计算机联锁系统的维护有何意义？如何实现？
25. 计算机联锁系统的维护和故障处理与继电集中联锁有何异同？

# 参考文献

[1] 中国铁路总公司.普速铁路信号维护规则[S].北京:中国铁道出版社,2015.
[2] 中国铁路总公司.高速铁路信号维护规则[S].北京:中国铁道出版社,2015.
[3] 林瑜筠.6502电气集中学习指导[M].北京:中国铁道出版社,2006.
[4] 林瑜筠.计算机联锁[M].3版.北京:中国铁道出版社,2013.
[5] 林瑜筠.铁路信号联锁[M].北京:中国铁道出版社,2016.
[6] 林瑜筠.正确使用计算机联锁[M].北京:中国铁道出版社,2015.
[7] 林瑜筠.铁路信号工程图识读[M].北京:中国铁道出版社,2016.
[8] 林瑜筠.高速铁路信号技术[M].北京:中国铁道出版社,2012.